汉武帝的五十四年

戴波 著

北京联合出版公司

图书在版编目（CIP）数据

有为：汉武帝的五十四年 / 戴波著. -- 北京：北京联合出版公司, 2024.7（2024.12重印）

ISBN 978-7-5596-7503-3

Ⅰ.①有… Ⅱ.①戴… Ⅲ.①汉武帝（前156-前87）—传记 Ⅳ.①K827=341

中国国家版本馆 CIP 数据核字（2024）第062196号

Simplified Chinese edition copyright © 2024 by Beijing United Publishing Co., Ltd.
All rights reserved.
本作品中文简体字版权由北京联合出版有限责任公司所有

审图号：GS（2023）3809号

有为：汉武帝的五十四年

戴波　著

出　品　人：赵红仕
出版监制：刘　凯　赵鑫玮
选题策划：联合低音
责任编辑：马晓茹　李　伟
封面设计：杨　慧
内文制作：聯合書莊

关注联合低音

北京联合出版公司出版
（北京市西城区德外大街83号楼9层　100088）
北京联合天畅文化传播公司发行
北京美图印务有限公司印刷　新华书店经销
字数515千字　710毫米×1000毫米　1/16　37.5印张
2024年7月第1版　2024年12月第4次印刷
ISBN 978-7-5596-7503-3
定价：99.00元

版权所有，侵权必究
未经书面许可，不得以任何方式转载、复制、翻印本书部分或全部内容。
本书若有质量问题，请与本公司图书销售中心联系调换。电话：（010）64258472-800

前言

英国汉学家鲁惟一在《汉武帝的征伐》一文中说：

> 汉武帝时代值得研究是因为它的时间足够长，能够见证中国新扩张方略最初的执行与成功，以及后来的失败和放弃。我们还可以看到立场和观点各异的官员们的反应。

尽管鲁惟一所论仅着眼于军事，但可以扩及汉武帝整个时代的方方面面。汉武帝执政五十四年，历时之长占了西汉王朝的四分之一，也相当于很多人一生的寿命，的确可以从中看到许多具有代表性的人事变换。

司马迁作《史记》，班固作《汉书》，凡帝王之史，一称本纪，如《史记·秦始皇本纪》；一称纪，如《汉书·武帝纪》。"纪"是绞丝旁，本义为丝线。故班马的体例，也是以帝王一生为时间线，把其他相关世家、传、书、志等统筹起来，形成一部蔚然可观的时代史。

那么理论上，讲解汉武帝五十四年执政生涯中时代发生着怎样的改变，众生遭遇着怎样的命运，这样的一本书应该很适合用编年的方式去写。唯有如此，读者才能逐步感受到历史车轮为何不可阻挡，大小人物如何被它裹挟前进。但可惜的是，历史上除了司马光主持修撰的《资治通鉴》、王益之编撰的《西汉年纪》等极个别著作，很少有关于汉武帝时代的编年作品。现代著作，更是一部没有，无一例外都按主题分章撰写，比如征伐四夷单列一章，凿空西域单列一章，巫蛊之祸单列一章，财政改革单列一章……这种体例的好处是主题鲜明，叙事清晰，可以把某一块知识作一系统性全览。但其缺点则是，把五十四年这么长一个时间段里发生的史事全部打乱重组，某种程度上会割裂人对时间逻辑的观感。比如，算缗、告缗是汉武帝时期的重要财政政策，但它们的出台，实则和汉对匈奴的战争有紧密关系，假如分为两个不同的篇章去写，可能导致读者对政策的时间定位不够敏感，不太容易感知事件之间的先后关系和逻辑关联。又如，汉武帝的太初改历也是重要时间点，不准确定位它在时间坐标轴上的位置，了解前后发生了哪些事，就不容易理解为什么田余庆先生在《论轮台诏》里感慨汉武帝在太初年间错过了改弦易辙的最好时机。总而言之，通过编年，读者可以更清楚地捋顺时代变迁之脉络。

这就是我为什么想尝试用编年体例写一下汉武帝。

但我稍做尝试，就似乎明白了没人这么写的原因——这真是一件吃力不讨好的事。

先说为何不讨好。一定会有读者咄咄逼人地问，《资治通鉴》就是编年的，你这么写还有什么意义，和《通鉴》又有什么区别，难道你会写得比《通鉴》更好？会这么问的，大概率并没有真的看过《通鉴》。如果看过，应该知道司马光只取有资政作用的大事，取材有很多取舍，所记并不全面，有些细节也略失客观。举个例子，元朔四年（前125年），司马光只写了两句话：

冬，上行幸甘泉。
夏，匈奴入代郡、定襄、上郡，各三万骑，杀略数千人。

除此之外，没有任何细节。

这也正是我吃力的原因之一。既然本书按时间分篇章，尽管不能做到各年篇幅完全相等，但也不能某年写二三十字就草草交差。我必须遍翻原典，寻找这一年被司马光认为没有资政作用，略而不记，但值得读者了解的其他史事。

吃力的原因之二于是也出现了，汉武帝时代大事的纪年，其实是很混乱的。《史记》是最重要的原始材料，但汉武帝时期，正值年号纪年的创置，几套纪年系统并行，故《史记》里许多大事并不直接写明发生于何年。《汉书》对此作了一些考辨，但错误不少。比如汉武帝曾经获得一头白麟，并根据这一瑞应改元；后来又获得一个宝鼎，也因此改元。这两个事件都是时间轴上的重要坐标，很不幸《汉书》都定位错了。它一错，导致《资治通鉴》等其他史书跟着一起错。为了交出一本能力范围内足够严谨的编年体史著，本书仅纪年考辨的工作量就增加了许多。

当然，困难远不止如此，此处不唠唠叨叨向读者诉苦博同情。无论如何，这本书最终写成了，作为一种新的尝试，希望能为读者朋友带来一些新的阅读体验。本书虽是写汉武帝，实则是把他当政的五十四年当成一段时间引线，写围绕在他身边的众生相，写一个急剧变化的时代，写所有人在时代里的悲苦与无奈。

阅读本书时，还希望大家习惯这样一个观点：虽然历史学总是力求真实，但由于时间久远、资料缺失，许多问题未必会轻松得到确定的结论。汉武帝时期留下的悬而未解的谜团有很多，很大原因是《史记》《汉书》这些原始史料记载未详，甚至互相抵牾造成的。我们能做的，是通过研究和讨论，结合新出土文献，一步步比之前逼近真相。在尚未到达真相面前时，只能有几分材料，说几分话，最多再作一些合理范围内的推论和猜想。历史学从不奢望给出最终答案，但总是试图启发人的思考。

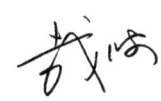

目录

楔子：从三个常识说起 /001
    常识一：汉初以十月为年首 /001
    常识二：新天子即位次年改元 /002
    常识三：年号的由来 /004

建元年间

建元元年（公元前 140 年） /009
    初招贤良 /009
    跋扈的祖母 /012
    第一次尊儒尝试 /016

建元二年（公元前 139 年） /022
    祖母的反击 /022
    作为著作家的淮南王 /027
    卫子夫蒙宠 /030
    帝王的陵邑 /033

建元三年（公元前 138 年） /037
    卑微的诸侯王 /037

七国之乱的影响　/ 040

　　天子好兵　/ 043

　　张骞第一次出使西域　/ 047

建元四年（公元前 137 年） / 049

　　天子的男宠　/ 049

　　消失的《今上本纪》　/ 052

　　南方的另一个武帝　/ 054

建元五年（公元前 136 年） / 058

　　从"坑儒"说起　/ 058

　　独崇五经　/ 064

建元六年（公元前 135 年） / 068

　　再度兴兵　/ 068

　　董仲舒和灾异论　/ 073

　　两项人事任免　/ 078

　　　　附录一：建元六年淮南王刘安谏汉武帝用兵闽越书　/ 081

元光年间

元光元年（公元前 134 年） / 084

　　李广与程不识　/ 084

　　天人三策　/ 089

元光二年（公元前 133 年） / 098

　　失败的马邑之谋　/ 098

　　鬼神之祀　/ 105

元光三年（公元前 132 年） / 109

　　黄河改道　/ 109

　　灌夫之祸　/ 112

元光四年（公元前 131 年） / 119
- 窦婴、田蚡之死 / 119
- 丞相和御史大夫 / 122

元光五年（公元前 130 年） / 126
- 河间献王：更佳的天子人选 / 126
- 第一次巫蛊案 / 130
- 公孙弘的复出 / 134

元光六年（公元前 129 年） / 137
- 初征车船税 / 137
- 卫青亮相 / 140
- 司马相如作《难蜀父老》 / 144

附录二：司马相如《难蜀父老》 / 149

元朔年间

元朔元年（公元前 128 年） / 151
- 皇子初生 / 151
- 再战匈奴 / 153
- 大汉的入仕之路 / 156

元朔二年（公元前 127 年） / 161
- 阳谋"推恩令" / 161
- 夺回河南地与初置朔方郡 / 164
- 大侠郭解 / 169
- 主父偃的结局 / 173

元朔三年（公元前 126 年） / 177
- 张骞回来了 / 177
- 《春秋》决狱 / 180

元朔四年（公元前 125 年） / 189
    混乱的衡山国 / 189

元朔五年（公元前 124 年） / 194
    白衣丞相 / 194
    奇袭匈奴右贤王 / 197

元朔六年（公元前 123 年） / 202
    绝幕大战和进击的霍去病 / 202
    二十等军功爵和武功爵 / 205

    附录三：公孙弘与吾丘寿王辩"禁民间弓弩" / 213

元狩年间

元狩元年（公元前 122 年） / 214
    淮南太子引发的血案 / 214

元狩二年（公元前 121 年） / 224
    霍去病两征河西 / 224
    李广右北平之战 / 231

元狩三年（公元前 120 年） / 235
    元狩年间史事纪年考 / 235
    帝国的财政危机 / 241

元狩四年（公元前 119 年） / 245
    盐铁专卖 / 245
    漠北大决战 / 249
    祥瑞麒麟 / 259

元狩五年（公元前 118 年） / 265
    宦海悲歌 / 265

元鼎年间

元狩六年（公元前 117 年） / 274
  方术、疾病与死亡 / 274

  附录四：终军"祥瑞"对 / 283

元鼎元年（公元前 116 年） /284
  算缗与告缗 / 284

元鼎二年（公元前 115 年） / 292
  张汤之败 / 292
  张骞又回来了 / 297

元鼎三年（公元前 114 年） / 304
  大广关 / 304

元鼎四年（公元前 113 年） / 311
  后土祠与天命宝鼎 / 311

元鼎五年（公元前 112 年） / 322
  南越王国消亡史 / 322
  战争的幕后插曲 / 337

元鼎六年（公元前 111 年） / 341
  南方大定 / 341
  倾国倾城 / 344

  附录五：汉乐府《有所思》/ 350

元封年间

元封元年（公元前 110 年） / 351
  封禅大典 / 351
  两个黄帝 / 356

被封禅影响的人与事 / 359

元封二年（公元前 109 年） / 367
天下 / 367
循吏与酷吏 / 370

元封三年（公元前 108 年） / 375
东征朝鲜 / 375

元封四年（公元前 107 年） / 381
大民溃 / 381

元封五年（公元前 106 年） / 389
南巡与射蛟 / 389
初置刺史 / 392

元封六年（公元前 105 年） / 399
死在异乡的公主 / 399

附录六：司马谈《论六家要旨》 / 407

太初年间

太初元年（公元前 104 年） / 409
太初改历 / 409
汉朝的马政 / 414

太初二年（公元前 103 年） / 420
西征大宛与再战匈奴 / 420

太初三年（公元前 102 年） / 427
再战大宛 / 427

太初四年（公元前 101 年） / 432
大宛之战的尾声 / 432
"高皇帝遗朕平城之忧" / 435

附录七：匈奴冒顿单于与汉高后往来书信 / 442

天汉年间　　**天汉元年（公元前 100 年）** / 443

　　　　　　　　苏武牧羊 / 443

　　　　　　天汉二年（公元前 99 年） / 450

　　　　　　　　李陵兵败 / 450

　　　　　　　　天下大乱 / 456

　　　　　　天汉三年（公元前 98 年） / 461

　　　　　　　　初榷酒酤 / 461

　　　　　　　　长安城的防卫系统 / 464

　　　　　　天汉四年（公元前 97 年） / 470

　　　　　　　　李陵与苏武的后事 / 470

　　　　　　附录八：《汉书·李广苏建传》节选 / 476

太始年间　　**太始元年（公元前 96 年）** / 478

　　　　　　　　秦汉刑罚制度 / 478

　　　　　　太始二年（公元前 95 年） / 487

　　　　　　　　田仁与任安 / 487

　　　　　　太始三年（公元前 94 年） / 491

　　　　　　　　赵地、赵国与赵人 / 491

　　　　　　太始四年（公元前 93 年） / 497

　　　　　　　　寂寞的独白：《报任少卿书》 / 497

　　　　　　附录九：司马迁《报任少卿书》 / 505

征和年间　　**征和元年（公元前 92 年）** / 509

　　　　　　　　巨变的前奏 / 509

征和二年（公元前 91 年） / 514
   长安城里的巫术 / 514
   巫蛊之祸 / 516
   谜团 / 521

征和三年（公元前 90 年） / 527
   余波 / 527

征和四年（公元前 89 年） / 532
   《轮台诏》 / 532

   附录十：刘彻《轮台诏》 / 539

后元年间

后元元年（公元前 88 年） / 540
   扑朔迷离的最后时光 / 540

后元二年（公元前 87 年） / 547
   落幕 / 547
   辅政疑云 / 551
   盖棺难论定 / 553

   附录十一：甘肃玉门花海汉代烽燧出土疑似汉武帝遗诏 / 558
   附录十二：《汉书·武帝纪》 / 559

参考文献 / 577
后记 / 585

楔子
从三个常识说起

本书采用编年的写法，故有必要在讲述历史前先介绍几个关于年代的历史常识。

常识一：汉初以十月为年首

在本书五十四年的叙事里，我们需要熟悉汉初君臣百姓墨守的某个生活习惯，即国家使用的历法每年是以十月为岁首的。汉朝从短命的秦朝那里继承了很多遗产，包括这种历法。这意味着，假如汉初人有我们现在使用的那种月历，翻开封面之后，第一页上写的就是十月，十月初一就是汉人新年的第一天，然后他们依次过十一月、十二月、一月、二月……七月、八月，最后一个月是九月（或许再加一个闰九月），在秋天结束的时候告别过去的一年。所以汉初中央的年终统计，总是要求各个郡县在九月之前派人上报，称为上计。这种历法和我们现在所使用的迥然大异。

如果不知道这个常识，看待秦末汉初的一些史事时，就很容易算错时长。

举例而言，请看这两桩事情：秦二世元年九月，项梁项羽起兵反秦；秦二世二年十二月，陈胜被自己的车夫杀死。

我们的问题是，这两件事之间，究竟隔了多长时间？按现代人的习惯来看，时间排序似乎应该是元年九月、十月、十一月、十二月，二年一月、二月、三月……十月、十一月、十二月，即元年九月和二年十二月之间隔着一年零三个月。假设是这样，我们就很难理解另一个史实：项梁、项羽起兵之后，本有意投奔陈胜，为何双方相距不算太远，却长达一年多都没有实现这一目标呢？

而参照上述汉初历法常识，我们就知道，秦二世元年九月，实际已经是此年最后一月，紧接着的下个月，就是二年十月，然后是二年十一月、二年十二月，从项梁、项羽起兵到陈胜被杀，中间不过三个月多一点，项家叔侄没能成功投奔陈胜，非常合乎逻辑。

现代著作里就有没注意汉初这一历法特点而描述错误的。比如广东人民出版社1995年出版的《南越国史》，提及汉灭南越这场战争，用语为"战争持续了一年"。之所以这么描述，是因为战争起于元鼎五年秋（七月至九月），结束于元鼎六年冬（十月至十二月），该书误以为两者中间还隔着五年冬、六年春、六年夏和六年秋，有一年多。实际上，五年秋之后，就立刻进入六年冬了，这就是连着的六个月，起讫时间最多也就半年而已。

当然，作为汉武帝一朝的人，有可能会告别这样的旧习惯。作为继往开来的一位君主，汉武帝创新和改变了许多帝国制度，这项传统历法也会在他手里终结。不过在此之前三十多年，他和他的臣民还要继续保留这个习惯。

常识二：新天子即位次年改元

我们的正文会从汉武帝刘彻十七岁说起，有些熟悉历史的朋友也许马上会质疑：刘彻不是十六岁就即位了吗？这些朋友说的没错，而我标注的年龄也没有问题。这就是我要介绍的第二个常识。一位君主故去后，新君无论隔多久即位,只要还在同一年份中,一般不会立刻改元。这是为了表示自己的谦谨,以及对前任君主的尊重。特别当两者是父子关系的时候,这份尊重就更是孝道的体现。因此,新君主即位的下一年,才是他的元年,是他真正实行自己主张的开始。

拿汉武帝刘彻来说,他的父亲汉景帝刘启驾崩于后元三年(前141年)一月,由于刘启生前一早指定刘彻为皇太子,所以在其驾崩同日,十六岁的刘彻就顺利即位为皇帝。但此时,刘彻还要继续使用先帝的纪年,直到九月——按照上述第一个常识,也就是该年的结束。这九个月里,刘彻名义上只能算代理执行父亲的遗制。他必须等到第二年(前140年),自己十七岁时,才可以改元,拥有自己的纪年,开启一个全新时代。

"代理"时间的长短,完全看前任皇帝驾崩、现任皇帝即位发生在一年的哪个时间段。比如,秦始皇死于七月,秦二世胡亥仅需等待两个多月就可改元,进入自己的元年;汉高祖刘邦死于四月,孝惠帝刘盈因此等了五月有余;刘盈死于八月,他的儿子少帝要改元,只需等待一个多月,但其时真正执政者为太皇太后吕雉;吕后死于七月,九月功臣集团和诸侯王发动政变,共诛吕氏,迎立代王刘恒,为汉文帝,时间凑巧在一年之尾,他很快就开启了自己的新纪元;刘恒死于六月,儿子汉景帝刘启等了三个多月才改元;汉武帝刘彻等待的时间最长——将近九个月。

如果迫不及待,非要在前任死去之年就改元,从权力上来说当然行得通,于礼法却不合,会在道德上陷入千夫所指的窘境。毕竟在古代,违背"礼制"是极度恶劣的行为,往大了说会动摇社会和谐稳定的根基。故新任皇帝即使性子再急,这几个月的时间总还能忍耐过去,尤其是权力和平交接的时候。

反言之,当帝位处在一些特殊、极端的情境中,就会出现不符合上述常识的做法。比如南朝刘宋元嘉三十年(453年)二月,刘劭杀死父亲宋文帝刘义隆并取而代之,成为刘宋第四帝,马上改元称当年为"太初元年"。

> 劭遽即位，下诏曰："徐湛之、江湛弑逆无状，吾勒兵入殿，已无所及，号惋崩衄，肝心破裂。今罪人斯得，元凶克殄，可大赦，改元太初。"（《资治通鉴·宋纪九》）

如前所说，新君即位当年不改元，目的是展示自己谦逊知礼，以及表达对先帝的孝敬。这两条原则，对于已经弑父的刘劭来说，显然没有任何意义，他也就没有必要故作姿态，非要等到下一年再改元。

历史上还有一位即位当年就改元的知名皇帝——赵宋太宗赵光义。他的帝位是从哥哥宋太祖赵匡胤手中接来的。宋开宝九年（976年）十月，太祖与太宗共宿宫中，凌晨突然宣告驾崩。太宗即位后，在十二月二十二日改元太平兴国。太宗极力营造敬爱兄长的人设，这一举动却令人十分疑惑，为什么离年终只剩几天都不愿意等。赵匡胤之死，本来就有"烛影斧声"的传说，留下众说纷纭的千古之谜；太宗急迫改元的做法，更为谜团抹上了几分悬疑色彩。

> （十月）癸丑，上崩于万岁殿……甲寅，太宗即位……十二月甲寅，上御乾元殿受朝，愁而不乐。大赦，改元。（《续资治通鉴长编》卷十七）

目光重新回到本书的主人公汉武帝身上来，一个十几岁的少年，富有四海，想要挥洒人生、书写篇章的心情，应该也很热烈和急迫，但他还是规规矩矩忍耐了九个月，才进入自己的纪元。

常识三：年号的由来

我们正文的第一个标题是"建元元年"。"建元"是年号，"元年"表示第一年，古人长期用这样的组合方式来纪年。

南宋祥兴二年（1279年），南宋丞相文天祥正在元军的控制之下，他严词拒绝敌人的劝降，表现出视死如归的气魄。于是他想起了唐朝时同样死于敌营、为国捐躯的忠烈义士颜真卿。文天祥写诗追慕道："公死于今六百年，忠精赫赫雷行天。"

实际上，颜真卿死于唐兴元元年（784年），到文天祥作诗时只有四百九十五年，和诗中所说的"六百年"，"误差"显得过大。但若因此就嘲笑文天祥的算术差，可能也有些冤枉文丞相。因为他生活的年代，还不知道我们如今连小学生都掌握的公元纪年法，他没办法通过1279减784这样一个简单的运算得到答案。文天祥大约能知道自己所在的宋朝已开国三百余年，但是要精确反推唐朝颜真卿牺牲的年份，他就必须用三百加上颜真卿之后唐朝和五代多个皇帝的多个年号实际使用的年数。这就变成了一道比较复杂的数学题，因为即使同一个皇帝任内，也经常多次改元，使用好几个年号，而每个年号使用多久也没有定数。如此一来，文天祥为写这句诗，可能要先翻阅不少资料。想必身陷囹圄的他没有如此闲情，更没有必要斤斤计较。

通过这个例子，可以发现，对于现代人研究历史、计算年代来说，年号纪年一点都不如公元纪年来得方便。不过对于古人来说，年号纪年比起更古老的纪年方式已经是一项相对进步、较为明晰简便的创造。

第一个使用年号加数字来纪年的皇帝，就是汉武帝刘彻。

在刘彻之前，纪年没有年号，只用数字。

> 汉武帝行用年号纪年以前，普遍行用的纪年方式，是当时人记述某帝王在位期间的纪年方式，只标记其在位年数，而无须标注出具体是哪一位帝王。（辛德勇《建元与改元》）

比如秦始皇在位期间，只称元年、二年、三年、四年……统一时是二十六年，数字前面一般不加其他标识说明。他的儿子秦二世即位后，同样也称元年、二年。因此，假如我们出土了一支秦简，上面写有二年发生了某事，仅从这个纪年我们没有办法知道究竟是秦王政二年，还是秦二世二年，或者是另一个先代秦王的二年，必须再将后面所记的具体事件与历史文献相比较、参考，才能准确定位。湖北张家山曾经出土了一批汉简，内容是汉朝的一些法令，题为"二年律令"，这种没有年号仅有数字的纪年方式，只能说明不会是汉武帝之后的物品，具体是什么时期的，经过多方研究论证，才大致推断为吕后二年。

秦始皇、秦二世、汉高祖、孝惠帝、吕后时期都没有改元，故纪年的方式就是数字逐年累加。而汉文帝在执政十六年之后，决心改元，于是次年纪年归零，重新从元年开始累计，直到第七年文帝去世。这样一来，仅文帝一个人在位时期，就有两个元年、两个二年、两个三年……为了区别，史家便以"前""后"冠在数字之前，称以"前元某年"或"后元某年"。汉景帝比父亲更喜欢除旧布新，改元两次，于是史家冠以"前""中""后"来区别。

以上便是汉武帝刘彻之前的纪年方式，可以看出，由于过于简单，加上君主喜欢改元，越来越容易混淆。幸好这些帝王在位时间不长，改元次数不多，否则只怕会造成更多混乱。

而此刻，一位即将执政五十四年之久，改元多达十余次的皇帝正要登上舞台。假如他也像爷爷汉文帝、父亲汉景帝一样，没有做出创新，估计后世史家只能用"甲乙丙丁……"或"子丑寅卯……"来标记他的不同纪元了。

年号恰好在汉武帝时期诞生了。为什么称"恰好"，是因为它诞生的主观目的并非谋方便，而是用来记录天瑞，夸耀盛世。但客观上，它确实起到了清晰易辨的效果。今天我们可以看到，汉武帝在位的五十四年，被分割成十一个时期，采用了十一个年号，依次为建元、元光、元朔、元狩、元鼎、元封（以上六个年号各有六年）、太初、天汉、太始、征和（以上四个年号各有四年）和后元——最后一个比较特殊，有两年。

但初涉这段历史的人,看到如此规范整齐的年号,很容易误以为,汉武帝十六七岁刚即位,就已经别出心裁,确定了年号纪年这种全新模式,并以"建元"命名。事实却并非如此,实际情况要复杂得多,现在也没有定论。

目前可以确知的是,至少建元、元光、元朔、元狩这前四个年号,肯定是汉武帝中后期才追改的。也就是说,在他执政前期,仍然执行祖辈、父辈的传统,只用数字纪年,而不冠以其他标志。每当改元则重而复之。我们还知道,从第五个纪元元鼎开始,虽然年号的使用已被接受,但还是没有像后世那样,在改元的同时就已经想好并颁布这一元要用什么年号。比如,元鼎这一年号,应该是在元鼎四年才确定下来的。至于从哪个纪元开始,改元和颁布年号并举,这就没有确切的结论了。

尽管不是首年就使用年号,但唐朝史学家颜师古说的"自古帝王未有年号,始起于此",宽泛一点来说也没有什么问题。

建元元年

（公元前140年）

● 刘彻十七岁 ●

初招贤良

有句耳熟能详的俗语叫"一朝天子一朝臣"。这句话的底层逻辑是，天下虽是帝王一人之天下，但不能靠帝王一人去治理。他需要一群精英围绕在身边，去代理执行自己的主张。从治理效果出发，这群精英必须高度专业；而从个人安危考虑，这群精英又必须忠诚可信。然而专业性往往有目共睹、容易判断，忠诚度却事关内心，藏于幽隐，非长久密切接触，很难洞悉一个人的真实性情。

怎么解决忠诚度的问题，自古以来的天子，不外乎两个办法。

第一个办法是从长久服侍自己的人中间去挑。这些人长期陪伴，知根知底，有没有学问、靠不靠得住，基本一清二楚。刘彻七岁那年，就被立为太子。从此以后，他的身边就围绕着一群太子属官，包括太子太傅、太子少傅，下辖太子门大夫、太子庶人、太子洗马、太子舍人等等。这些人按照分工负责太子的教育引导、监督规劝以及生活起居等具体事务，以免国家储君在道德上误入歧途，在学问上荒废受业，在健康上不幸有损。

除非特殊情况，太子一般不处理政务，也不允许和非太子属官有过多来往。一旦太子过早和朝官形成派系势力，很容易提前向皇帝逼宫。这种事情后来唐朝就发生过很多次。虽然皇帝和太子是父子关系，但在绝对权力面前，亲情常常被抛诸脑后。

由于这些原因，太子最亲密、最信任的人，往往正出自身边的属官。当太子改头换面，登上天子之位，最乐于提拔的，也是这些亲爱的老面孔。

上述办法针对熟人，缺陷是太子属官终归有限，也并非人人身怀大才，堪当大任。所以，要有针对全天下人的第二个办法，让那些散布四海之内，而自己并不熟悉的精英，通过合理的途径，悉数浮上水面，脱颖而出。

这个办法，高祖刘邦时便已经在探索。刘邦去世前一年，曾发布了一条"求贤诏"。

> 贤士大夫有肯从我游者，吾能尊显之。（《汉书·高帝纪》）

这条诏令的措辞特别简单：你觉得自己有能力，就可以来为我服务，我保证让你出人头地。语气甚至像个既带点俗气，又带点霸气的土豪，听上去很像是刘邦本人的话风，而非经过文士手笔修饰。这样的语气底下，是一条朴素的逻辑：价值交换，各取所需。帝王负责提供功名利禄这些美好的人间欲望，而精英负责展示自己的才能，当然，额外还需要负责忠诚。

刘邦的诏令，没有对人才的特征进行准确描述，仅仅用了一个"贤"字概括。相当于发布招聘广告时，只写着要求能力出色，其他性别、年龄、学历、工作经验都不限，自然有失之于滥的嫌疑。汉文帝开创了一个先例，"举贤良方正能直言极谏者"。他明确表示，自己需要的人才是贤明、优秀、公道、正派，并且敢于说真话、坚持说真话的人。这是一种有针对性的专科人才选拔方式，也是后世制科的滥觞。

建元元年十月，如前所述，这是当年的第一个月。十七岁的汉武帝刘彻也像祖父文帝一样，诏"举贤良方正直言极谏之士"，他要求丞相、御史、列侯、中二千石、二千石、诸侯相这些朝廷的重要官员都要举荐相应的人才。各郡太守就是二千石，说明这一诏令发布的范围遍及天下，确实是举全国人才以供中央选拔。

这次选拔最终有一百多人被举荐，会稽吴人庄助、菑川薛人公孙弘、景帝时期的博士辕固生、楚国相冯唐等人都列名其间。

公孙弘时年已经六十岁，建元元年离大汉统一全国已有六十二年，也就是说他生于刘邦消灭项羽后不久，是随着大汉帝国一起长大的。他年轻时做过基层小吏，因罪免职，由于贫穷，一直受雇在齐国的海边养猪。公孙弘直到四十岁才求学，不仅学了《春秋》，还有诸子杂说。不过，他显然在当地已经是有名望的学者，否则也不会被推荐在这批贤良中。刘彻没有对他特别加意，让他留在朝中做了一名博士官。不久，因为公孙弘一次出使匈奴的任务完成得不太成功，刘彻大发雷霆，直接对其能力表示了否定。公孙弘干脆称病辞职。一个六十多岁的老人离开朝廷，后事往往渺茫，但是几年之后，公孙弘却要卷土重来，并位极人臣。

这批贤士里，刘彻最喜欢的是会稽人庄助。在一些典籍中，他可能被记载成严助。这是东汉时为了避讳汉明帝刘庄，把"庄"姓改成了"严"姓。

> 郡举贤良，对策百余人，武帝善助对，繇是独擢助为中大夫。
> （《汉书·严朱吾丘主父徐严终王贾传》）

一个"独"字，显出了刘彻对庄助的特别青睐。庄助所担任的中大夫一职，虽然其编制挂名在九卿郎中令之下，实际职责是备皇帝顾问，直接听命于皇帝本人。这同样是刘彻给出的一种价值交换：我给你亲信的位置和平步青云的机会，你从此效忠于我。初为天子的刘彻，无论对于能力还是忠诚的需求都是迫切的，他需要庄助这样的人才帮助自己实现伟大理想。

读到此处，不知你有没有产生异样的感觉。提拔可靠之人的两个办法，我仅于第二种举出了公孙弘、庄助的实例，他们担任的博士、中大夫二职，虽见亲信，也并非三公九卿之类的高位。而第一种办法，我虽讲清了选拔熟人的必然，却迟迟不举例说明。其中原因在于，此时的刘彻尽管已经贵为天子，却还不能独秉朝政，依自我意志行事。从内心来说，他当然想让亲近之人担当丞相、太尉、御史大夫这些要职，但此时，这些职位由谁来担任，却并非可以单凭他个人喜好来定。

天子的这种尴尬境况，和西汉一朝某个特色有关。

跋扈的祖母

西汉之后，女性绝大多数情况下都被排除在政治之外，除了一些特殊时期。比如天子未成年时，会允许其母后听政。其他时候，女子染指朝政会被当作极大的罪恶。即便如武则天，在位时群臣无不奉承阿意，死后仍然被视为道德的反面典型。这当然是一种男权时代的性别偏见。

而在西汉，太后政治却是寻常，哪怕吕后事件带来了血的教训，也没有实际改变这一局面，最多只是让太后影响朝政的身影从幕前隐到了幕后。

> 汉母后预政，不必临朝及少主，虽长君亦然。（洪迈《容斋随笔》）

洪迈这段话的意思是，西汉的太后们，就算皇帝已经成年，仍然不放弃自己过问朝政的权力。

汉武帝的祖母窦太皇太后（以下简称窦太后）便是典型之一。

窦太后的性格，从各种迹象来看是刚烈跋扈的，甚至带有一些不亚于吕后的残酷。

她本以良家子身份被选为吕后的宫人，大概就是侍女一类。良家子，只能说明她不是出自医生、占卜、商人这些贱籍家庭，不代表家境富足。

事实上，窦太后之家在赵国清河，原很贫困，弟弟很早就被人拐卖，她自己也被送进了宫。不久之后，她和另四名宫女一起被赐给了当时仍在做代王的刘恒。刘恒先已有王后，从此却独宠窦氏。其中固然有刘恒巴结吕后的意图，然而窦氏在五名宫女之间得此地位，则一定是她靠自己的能力和手段赢来的成功。

刘恒的前王后生有四子[1]，前王后不幸早死，又恰逢朝廷发生功臣和诸侯王联合剿灭吕氏的政变，刘恒突然得到了入京为天子的机会，是为汉文帝。前王后所生的四子在随后几个月内接连病死。

> 而代王王后生四男。先代王未入立为帝而王后卒。及后代王立为帝，而王后所生四男更病死。孝文帝立数月，公卿请立太子，而窦姬长男最长，立为太子。(《史记·外戚世家》)

即便从原文来看，阴谋的味道也呼之欲出。王后的四个儿子，几乎不可能是自然死亡，因此也就引出了究竟是谁下毒手的讨论。

有一种很容易得出的猜想是，会不会前王后姓吕，是吕后族人。功臣们答应文帝登基，前提之一就是要杀死所有吕氏后代，以免将来报复。这个猜想虽然合情，但一考究细节就站不住脚。功臣集团从自身安全出发，在诛杀吕氏之后，考虑了不止一个天子候选人，假如文帝真有四名吕氏所生子，基本连被考虑的资格都不会有。

另外根据资料，文帝的前王后可确信是窦姬得幸之后才死。

> ……及窦太后得幸，前后死……(《史记·孝景本纪》)

这就说明，窦氏初得幸时，王后尚活着。其时，吕后将不少吕氏女和

---

[1] 《史记·孝景本纪》称三子。

刘姓诸侯王结亲，凡刘姓诸侯不宠幸吕氏女者，无一不遭到严厉惩治。赵幽王刘友因此被幽禁饿死；赵恭王刘恢因宠妃被吕产之女（赵王后）毒死，悲愤自杀，吕后废其嗣。假如文帝的前王后也是吕氏，他必没有不宠前王后而偏宠宫人窦姬之理，即或有之，也难逃被吕后惩治之下场。故前王后是吕氏的可能性微乎其微。

前王后四子突然相继死亡，最大受益者自然是窦姬和她的长子，也就是后来的汉景帝。前王后已死，文帝即位之后，窦姬为皇后已是势所必然，而皇后的儿子必然要当太子储君。那四名无母的孩子，除了以死让出继位资格，好像也没有第二条路可供他们选择。

之后文帝还有宠爱的慎夫人。有一回，文帝带着窦皇后、慎夫人一齐到上林苑视察工作。文帝和慎夫人本欲同坐，中郎将袁盎极力阻止，他劝谏的理由是尊卑有序，皇帝只能与皇后同坐，慎夫人只是一名妾室，没有这个资格。假如话只说到这里，还算是坚守礼的立场。袁盎紧接着又说了一段话，可谓意在言外，他说："陛下若是宠爱慎夫人，可以重重赏赐；让她同坐，反而是害了她。陛下难道忘记'人彘'的事情了吗？"

皇帝宠爱的人，有谁能害？自然是被"同坐"冒犯的人，舍窦氏其谁？所谓"人彘"，是指当年吕后施于争宠的戚夫人身上的极其残忍的肉刑。袁盎这一番话，直把窦氏比作吕后，侧面印证了窦氏强硬狠辣的性格。

文帝死后，景帝即位，窦氏升格为太后，仍然在很大程度上影响朝政。比如，在帝国继承人问题上，她始终坚持让景帝不传子，而是传位给弟弟梁王。为此，母子关系一度非常紧张。

终景帝之世，窦太后都像一个挥之不去的阴影。景帝的一举一动，每一个决定，都必须考虑母亲的意见和感受。

在汉朝执政的指导思想上，窦太后尤其固执己见，极力维护黄老之术的地位。在她的威严之下，宗室外戚无人敢不读黄老。

> 窦太后好黄帝、老子言，帝及太子诸窦不得不读黄帝、老子，尊

其术。(《史记·外戚世家》)

造成太后政治的原因，一些学者认为和西汉一朝以"孝"治国有关，除此之外，太后本人的性格也是重要因素。

于是，现在轮到十七岁的刘彻走进祖母的阴影了。窦太后虽然已经因病目盲，强势的性格却一丝都没有改变。更糟糕的是，刘彻除了有这样一位跋扈的祖母，还有一位性格同样不弱的母亲——王太后。

头上顶着如此两座大山，建元元年的重要人事安排显然不是一件他能轻易做主之事。

这一年的六月，原先的丞相卫绾被免职，理由是在先帝病重那段时间，很多官司审理得不公正，导致一大批人无辜坐牢。司法和刑狱归九卿之廷尉主管，司法不公，完全可以归罪廷尉。之所以这次牵连丞相，无非是找个理由让卫绾挪一挪屁股，把丞相之位空出来而已。卫绾被免职之前最后做的一件大事，就是在前述"举贤良方正直言极谏之士"的过程中提出了一个重大建议：所举贤良，如果有学申不害、商鞅、韩非、苏秦、张仪之流的，全部罢免，不予录用。这几个名字通常被认为是法家或纵横家，罢免的理由则是这两种人都会败坏政治，搞乱时局。卫绾的建议被采用了，但很多学者对这一建议是否由卫绾提出抱有怀疑。理由之一是此事不见于《史记》，而仅见于《汉书》，一件发生在汉武帝早中期的大事，司马迁没有记录下来，班固却讲得头头是道，我们就有必要考究一下其信息来源。理由之二是，无论司马迁，还是班固，都说卫绾是一个忠厚长者，在丞相任上没有什么建言，故提议罢黜法家和纵横家不像是他的做派和功劳。

卫绾免职后，魏其侯窦婴被任命为丞相，武安侯田蚡被任命为太尉。西汉初年百官最高的三个职位是丞相、太尉和御史大夫，统称"三公"[1]。太

---

[1] "三公""九卿"并非正式官职名称，只是汉初对一些高级职务的习称。

尉不常设，特殊情况下才会有任命。这次就很特殊：窦婴是刘彻祖母窦太后的侄子，先帝时期有平定七国之乱的大功；田蚡则是刘彻母亲王太后的弟弟。这并非说窦、田二人是两位太后直接插手安排任免的，而是刘彻为顾全大局，不得不主动把三公之职虚位以待两位外戚，来向窦太后、王太后示好。这一举动，也是整个建元年间朝廷权力格局的一个缩影。

第一次尊儒尝试

一种学说是被推崇，还是走向消亡，既和该学说本身的底蕴和进取程度有关，也和大时代的潜在需求有关。帝王的个人喜好，看上去随机而独立，其实和时代相互作用，相互影响。

文帝、景帝、武帝祖孙三代和知识分子的关系，就在时代变迁里悄悄发生着变化。

……然孝文本好刑名之言。及至孝景，不任儒，窦太后又好黄老术，故诸博士具官待问，未有进者。(《汉书·儒林传》)

看到"刑名之言"，首先要避免被"刑"字误导，立刻联想到残酷的刑罚上去。这里的"刑"没有那么恐怖，只是"形"字的通假。任何事物都有实质（是什么）和名称（叫什么）两个属性。刑名对应的就是实质和名称。刑名之学，往往主张循名责实，就是要求名实相符。

值得注意的是，刑名之学是先秦学术里的大共识，而非一家之言，也就是说，不管学者持何种学术观点，至少在刑名的问题上，没有认为它不重要的。比如推崇西周礼制者也讲刑名，讲究别贵贱、分等级，是天子，就用天子级别的礼；是诸侯，就用诸侯级别的礼；假设诸侯大夫家里也用上了八八六十四人的天子级别的舞蹈队（"八佾舞于庭"），就"是可忍，孰不可忍"了。提倡复礼者莫过于孔子。子路曾经问孔子："卫国的国君假如让老师您主政，老师准备先做哪一件事呢？"孔子回答："必须是正名啊。"他的理由是，万事万物如果名不正，则言不顺，其连锁反应最终会导致天下人进退失据，乱了手脚。

> 子路曰："卫君待子而为政，子将奚先？"子曰："必也正名乎！"……子曰："野哉，由也！君子于其所不知，盖阙如也。名不正，则言不顺；言不顺，则事不成；事不成，则礼乐不兴；礼乐不兴，则刑罚不中；刑罚不中，则民无所措手足。"（《论语·子路》）

另外，据说是孔子编订的《春秋》，常被认为其中有"大义"。所谓的大义，是指它依据周公之礼，对各国或符合或违背礼制的各类事情做出褒贬，这就是孔子的循名责实。

提倡严法重刑如商鞅、韩非者，当然更讲刑名。商韩[1]的理想社会是每个人都像螺丝钉，不偏不倚地安放在属于自己的位置上，既不可以懒惰懈怠，不完成自己的职责，也不可以过于积极，越俎代庖去处理不属于自己分内的工作。商韩所制定的制度和律令，其运行逻辑就是明晰每个人是什么（名），必须做什么（形），做得好与不好，应该受到什么样的奖励与惩罚。没有爵位的士兵在战场上砍下敌人一颗脑袋，该升一级就升一级；议论国家法令被抓到了，该死刑就死刑。不要以为此处"议论"仅是"批评"的意思，赞美同样不行。因为在商韩眼中，百姓的"实质"里没有"可以议论"这一项。国家法令是螺丝钉运行的规则，螺丝钉只需要默默接受并照做，发表意见则超出了权利范围。为了确保政令通行，商韩之流往往比任何其他学者都要重视刑名，甚至到了苛刻而不近人情的地步。比如，韩非主张，臣下做事情，最终的成果比之前承诺的小，要罚；比承诺

---

[1] 之所以称"商韩"，而不称习用的"法家"，是因为根据对先秦学术的研究，儒、墨、道、法这种分类法并不合理，也不符合当时实际。后文对此会有更详细的说明。

的大，同样要罚。理由就是说话不恰如其分，名不副实。

> 故群臣其言大而功小者则罚，非罚小功也，罚功不当名也；群臣其言小而功大者亦罚，非不说于大功也，以为不当名也，害甚于有大功，故罚。（《韩非子·二柄》）

由于这种极致追求循名责实的原则，故世人说到刑名，首先想到商韩，也在情理之中。他们运用刑名的方法，常用一个词来概括：苛察。所谓苛察，通俗理解就是带着放大镜找寻每一个人身上的负能量，让一切不符合统治意图的行为无所遁形，从而确保整部机器的有效运转。

《史记》说汉文帝"好刑名之言"，究竟是偏重于兴礼教，还是重打压苛察呢？从事实来看，应是后者。这些事实包括采用贾谊建议，遣列侯出长安以消化肘腋之下的威胁，还包括用下狱凌辱的方式打击功臣集团首脑周勃，以及以莫须有的罪名逼死弟弟淮南厉王刘长，等等。这些措施与文帝继位后的政局紧密相关，苛察的对象集中于帝国上层的功臣、诸侯，跟文帝施用在民间的无为之治并不矛盾，也无冲突。

相对而言，贾谊所上诸策中提倡的改制、定服色等明显带有礼教色彩的措施，却几乎都没有在文帝朝施行。终文帝朝，重吏治实效、轻学术思想的风格十分明显。

不仅如此，文帝认为下一代仍然要延续如此做法。这从景帝还是太子时，文帝任命晁错为太子家令便可得知。这便是景帝朝"不任儒"的起源。"窦太后又好黄老术"则是限制儒生学者在景帝朝冒头的另一现实原因。

汉兴以来，继承了秦朝的博士官制度，各种学术渊流人士杂列其间。由于以上原因，直到景帝时代，儒生学者仍然只是"具官待问，未有进者"，大部分时间是个摆设，偶尔会参与讨论一些理论问题，却很少能致以实用。

刘彻即位，终于决定崇儒。

但我们必须先做一强调和解释。本章乃至本书所有提及"儒""儒生"的地方，都不是狭隘地指后世理解的儒家。"儒"在先秦至西汉始终是一个大概念，是墨者以外学者的统称，"儒生"就是"学者""知识分子"的代名词。后面对此会有更详细的论述。刘彻崇儒，是相对于文、景二帝和窦氏形而下的重吏治实效而言，是推崇他所认可的学术思想及这些学术在政治上的形而上之用，特别是"儒"的文学[1]作用。

窦婴和田蚡在被刘彻分别任命为丞相和太尉后，向少年天子投桃报李，推荐代县儒生赵绾为御史大夫，这是"三公"中剩下的一席。虽然同列三公，御史大夫却比另二位略低一等，通常被认为是储备丞相，是晋级丞相的必经之官。同时，窦、田又推荐兰陵儒生王臧为郎中令。郎中令是"九卿"之一，不仅掌管宫殿门禁，还实际负责人才选用。不难看出，赵绾、王臧才是武帝真正想用之人。

赵绾、王臧刚任职，便迫不及待地向武帝推荐他们的老师——鲁人申公。

申公是一位名儒。秦朝还未灭亡之时，他就跟着荀子的弟子浮丘伯学《诗经》。今人看来，《诗经》只不过是一部古奥的文学书，似乎除了修饰一个人的文学素养，别无他用。然而在先秦时，它却是知识分子修身齐家治国平天下的宝典，因为《诗经》里不仅能见到先王的礼义教化，还能见到各地的风俗民情，学到包罗万象的百科知识，同时充满当时正确的"三观"。这就使得交流、作文时引用《诗经》成为知识分子的必备技能。故此，孔子很认真地叮嘱儿子伯鱼：

不学《诗》，无以言。(《论语·季氏》)

---

1 "文学"原义是"文饰之学"。

申公学《诗》的进程被秦始皇的"焚书令"打断了。当时焚书的主要对象除了各国史记，便是《诗经》和《尚书》，正是因为这两部作品属于政治书的范畴，而非简单的文学。吕后时期，申公重拾学业，成为名儒。高祖时，他服务于刘邦亲弟弟刘交的楚国，后在文帝朝为博士，再因遭遇种种挫折，退而居家教授学生。如前所说，儒生在文、景两朝，大致上都不太得意。

此时，赵绾和王臧把申公推荐给武帝刘彻，刘彻却欣然接受。申公已经八十多岁了，刘彻用十分厚重的礼物"束帛加璧"以及十分隆重的礼节"安车蒲轮"前去迎接。所谓"蒲轮"，是用蒲草包裹车轮来减少颠簸，生怕一把年纪的申公路上有所闪失。

申公被接到长安。看着这位名闻天下的大儒，刘彻兴奋地请教他治国要术，心想读了这么多书的一位老宗师，总该说出些振聋发聩的治世良言吧。然而，千里迢迢被召唤而来的申公却给出了一句看上去极其敷衍的回答："想要天下大治，不在于说什么，而在于做什么。"

这句话无论让谁来看，怎么看，大约都会有一种大跌眼镜的感觉。它实在太像一句废话了。这么朴素的道理，是个人都懂，还需要兴师动众从鲁国专门请一个大儒来为天子讲解吗？所以《史记·儒林列传》紧接着用一段口吻十分风趣的文字写道：

> 是时天子方好文词，见申公对，默然。然已招致，则以为太中大夫，舍鲁邸，议明堂事。（《史记·儒林列传》）

从本质上来说，刘彻是公认"多欲"的性格。多欲者，往往好面子，讲究气势和排场，喜欢奢靡夸张的风格。这种性格体现在政治上，往往好大喜功；体现在生活上，往往纵情声色；体现在文学上，往往喜欢追求华丽繁复。所谓"天子方好文词"，是说十七岁的刘彻内心预设的，一定是申公洋洋洒洒，作好了一篇漂亮文章，来为天子阐述一生所学精华。可想而知他听到申公最终的"废话"之后，内心有多失望，故此《史记》称其"默然"。用今天的话来说，约等于"无语了"。"然已招致"这四个字也充满了刘彻对申公的嫌弃，约等于今天所说的"来都来了"。反正都已经请来了，不妨让申公发挥余热，试上一试，带领他的弟子赵绾、王臧一起研究立明堂、改服色这一套复古的礼制吧。或许真的如他所讲，说得不一定多么漂亮，却能干出一些成果来。

刘彻第一次尝试崇儒的时候，不知道有没有发觉，长乐宫里年迈的祖母窦太后已经怒火中烧。

建元二年

（公元前 139 年）

● 刘彻十八岁 ●

祖母的反击

申公和两位弟子赵绾、王臧为刘彻设计了一套方案，包括立明堂、改正朔、定服色、行封禅、巡狩天下等等。所谓立明堂，就是在长安城南建立一个接受诸侯朝拜的建筑；改正朔，就是更新历法；定服色，就是按照当时的"科学"理论——"五德终始说"，确定本朝的天命属于哪一德，在五行里对应哪一种颜色；行封禅、巡狩天下，就是古代王者在成就大功、展现大德之后祭天地和巡视全国的仪式。这一套方案，来自儒生从经典中学到的先王礼制，他们坚定地认为古代圣王都是这么做的，并且只有这么做才能彰显圣王受命于天的正统性。

可以想象，这是一整套规模宏大的改革方案：既要兴建富丽堂皇的建筑，又要织造奢华高贵的服饰，还要筹组威武迤逦的仪仗，然后用一系列煞有介事、繁复琐碎的仪式串联起来。而这一切的背后，则是高昂的财政支出。后人用旁观者视角看待这一套礼制，难免有对形式主义的鄙薄。但假如你就是这一切繁华和威严的中心，就是一切恭奉和推崇的焦点呢？假如所有财富都由你支配，一切物质都随你心意变化形态来讨好你，众生都匍匐周旋在你周围听从于你呢？能克制原始欲望而不醉心向往于此间者，恐怕寥寥无几。

申公师徒方案里很多礼制的细节，比如明堂的规制，在秦朝时就已经失传了。刘邦一统后，儒生叔孙通只是给他恢复了一些简便易行的礼仪，就已经让刘邦大发感慨："我今天才知道做天子的尊贵！"而现在，离汉兴已六十余年，经过惠、吕、文、景四朝的无为之治，天下又安无事，黎民富庶安居，国库中的钱数以亿计，长期不用，以至于串钱的绳子已经腐烂，太仓里储存的粮食一年年累积成山，甚至满溢到仓外，陈旧腐败得不能食用。至少在班固这些东汉人眼里，刘彻接手的，是一个真正民富国强的美好时代。

> 至武帝之初七十年间，国家亡事，非遇水旱，则民人给家足，都鄙廪庾尽满，而府库余财。京师之钱累百巨万，贯朽而不可校。太仓之粟陈陈相因，充溢露积于外，腐败不可食。(《汉书·食货志》)

刘彻生于景帝元年（前156年），他的孩童和少年时代，就是在汉朝国运直线上升的局势里度过的。唯一的危机七国之乱，发生和平定都在他三岁那年，之后四岁便被封为胶东王，七岁便被定为太子。说刘彻生于富贵、养于安乐，大概没有什么问题。他对于时代的感受和理解，自然和高祖及文、景二帝有很大不同。他多欲的性格，恐怕也与成长环境有相当大的关系。高祖时期传承下来那套简易版的礼制，已经不能满足内心繁复的少年天子。故此，文饰之学、复古改制应刘彻的需求，或者说应时代的大势，适时走来了。

用一句不太好听的话说，所有的形式主义，都是为了虚张声势。申公等人搞这么一套复杂的方案，其目的也是通过隆重的仪式为天子制造至高无上的神圣感、万民拥护的虚荣感，以维护独一无二的权力归属。

问题是，此时的长安城里，天子是不是真正拥有这样独一无二、说一不二的地位？这一番尊崇天子一人的改革，会不会冒犯另一个人的权威？

或者我们干脆换个角度说,刘彻一即位便急迫地谋求崇儒改制,是不是希望借此挑战某人权威,强化天子本人的集权?

当赵绾等人的改制方案涉及以下这样一条的时候,答案就很明显了。

建元二年,赵绾借机向刘彻进言,希望以后有事不再上奏窦太后。这正说明之前重要的事情似乎都需要由窦太后定夺。

窦太后的愤怒可想而知,她狠狠地说道:"这不是第二个新垣平吗?!"然后她派人暗中探得赵绾、王臧一些不轨之事,以此责备刘彻识人不谨、用人不当。刘彻贵为天子,在祖母面前却无能为力,眼睁睁看着赵、王二人下狱自尽。申公赶紧称病告辞,拖着一把老骨头回到了故乡。他们在刘彻授意之下拟订的改制方案全部废置。这一次借崇儒发起的权力挑战,窦太后不费吹灰之力便宣告大获全胜。

窦太后发怒之时,提到一个人名,称赵绾和王臧要做第二个新垣平。这和一桩她还是文帝皇后时的旧事有关。

新垣平出生于赵地,善于望气。古人认为,万事万物都会散发气,云就是其中一种最容易观察到的气。所谓望气,就是通过观察天地间各种云气显现的特征,对未来做一些预测。它和占星术一样,源自古人观察自然界现象后,与人事相联系,并从中总结出一些朴素规律,寄希望以此更好地指导生产和生活。《史记·天官书》中列举了一些望气的规律:北方的气看起来就像牲畜和穹庐;南方的气看上去则像巨帆大船;假如某地出现似雾非雾,沾衣却不湿的气,则有可能遭遇兵祸。这些规律大多都是经验教训的简单归因,显然没办法做到太科学,但有时候也会误打误撞地恰好符合一些物候特征。在普遍缺乏科学认知的古代,占星者和望气者掌握的技术已经足以让他们成为一种稀缺的专技人才。据《史记·秦始皇本纪》记载,仅秦朝廷就收有"候星气者至三百人"。

望气比较著名的应用实例,是汉朝人曾用它来塑造高祖刘邦的天命。《史记》里有两处提到刘邦还没称帝时身上就有"天子气"。

第一处在《史记·高祖本纪》,说秦始皇一统后频繁东游,就是为了顺便压一压东南方的天子气。刘邦因此怀疑这未来天子是不是自己，便藏匿在芒砀山之间。不管他怎么躲，老婆吕雉总是能轻易找到他，因为刘邦待的地方上空常常有云气。

> 秦始皇帝常曰"东南有天子气"，于是因东游以厌之。高祖即自疑，亡匿，隐于芒砀山泽岩石之间。吕后与人俱求，常得之。高祖怪问之。吕后曰："季所居上常有云气，故从往常得季。"（《史记·高祖本纪》）

此故事编造出来，明显是为了美化和神化刘邦。事实上，刘邦是因为押送刑徒时刑徒跑掉了，无法完成任务，才不得不躲藏在山里。吕雉为他在山里和家乡之间沟通消息，运送物资，自然知道其藏身之处。

另一处则在《史记·项羽本纪》。鸿门宴之前，范增曾劝项羽直接攻打刘邦，理由便是他派望气者仔细观察，发现刘邦的气呈现出五彩斑斓的龙虎之形。望气者下结论说："这便是天子之气。"

> 范增说项羽曰："……吾令人望其气，皆为龙虎，成五采，此天子气也。急击勿失。"（《史记·项羽本纪》）

这两个故事从理论和细节来看，都是无稽之谈。但事关开国皇帝的形象，又不太好直斥其虚妄。太史公记录下来，正是他一贯的"信以传信，疑以传疑"的做法：既然汉初君臣、阡陌间巷之间流传着这样的故事，便当作宝贵资料存之于世。而从此故事来看，承认"望气"这种技术是科学的、可信的，实在也是西汉王朝的一种政治正确。

新垣平正是因善于望气，在文帝前元十五年（前165年）被推荐给了朝廷。按照惯例，他需要浅露几手，证明自己的确有真才实学。于是新垣平说宫殿门外看着似乎有一股宝玉的气，且越来越近。文帝派人出去瞧，果然有人在殿门外上书请求进献玉杯，玉杯上还刻着"人主延寿"四个字。这自然是新垣平事先安排好的。他又在一天午后说，待会儿太阳会再次回到天空正中。不一会儿，日头果然后退到中午的位置。这就不知道他使用的什么障眼法了，或者其实是一种特殊的天文现象，如此则说明望气者常常具备一定的天文知识。见识过这些神奇之后，文帝相信了新垣平的神通，决定在执政的第十七年（前163年）改元，同时他已经在谋划巡狩和封禅这些盛大的仪式。

然而，改元的第一个月，就有人上书举报，称新垣平所说的话、所玩的把戏都是假的。文帝当月诛灭新垣平三族，并废弃了之前准备大搞的所有仪式。

这件事的记载非常简单，过程却十分蹊跷。文帝在位期间，夷三族的刑罚早已废除，且文帝一直主张减轻刑罚。在此事中，文帝为什么一反常态，对新垣平采用了极刑呢？只是因为新垣平用假的方术"欺君"吗？诛杀新垣平之后，文帝为什么又罢封禅等，对改制那一套突然兴味索然呢？显然，新垣平和改制之间也有一定关联。

再把时间拉回建元二年，窦太后怒斥为武帝刘彻推行改制的赵绾、王臧，愤慨地指责他们要做第二个新垣平，似乎也可以为上述猜想做某种程度的印证，并令人忍不住继续怀疑，新垣平被超越常规诛灭三族，以及文帝当年突然罢行改制，背后是不是同样有窦太后的身影和怒火。

赵绾、王臧死后，丞相窦婴和太尉田蚡也被免职，显然窦太后认为怂恿刘彻通过改制来夺权，窦、田二人难辞其咎。甚至有学者认为，田蚡责任更大，《史记·魏其武安侯列传》称刘彻"所镇抚多有田蚡宾客计策"。而田蚡代表着刘彻母亲王太后的意志。换句话说，整个改制夺权事件，有学者认为反映的可能是两位太后婆媳之间的权力矛盾。因为西汉朝太后政治的特点，王太后想要亲自操控儿子，无法接受还有婆婆压在自己头上。而十八岁的刘彻，虽然不愿意和任何一位太后分权力之羹，但此时还需步步为营，所以乐得先借母亲和舅舅来挑战一下跋扈的祖母。

只不过，窦太后因此处理田蚡，势在必然，窦婴却是她的堂侄，为什么在此事里也没有和她保持同一立场，最终被免职呢？理由很简单，窦婴在面对太后和皇帝的矛盾时，一直都是拥帝派。当年在处理景帝继承人的问题时，景帝内心想传位于儿子，窦太后则一意想让景帝弟弟梁王继位。矛盾激烈时，正是窦婴和其门客袁盎等人据理力争，才最终为景帝夺回了决定权。窦太后为此气得一度废掉了窦婴的宗籍和进入宫门的资格。然而窦氏并不是世家大族，在有限的几名外戚里，又只有窦婴能力最强，关键时刻最靠得住，故窦太后最终仍然只能对他寄予期望和信任。这正是武帝即位后窦婴先为丞相的原因。只是没想到，在这次太后和皇帝的权力之争中，窦婴依然坚定地站在了皇帝这头。

在罢免两位外戚，逼死赵绾、王臧之后，帝国高层一下空出了好几个职位。继任丞相的叫作许昌，继任御史大夫的叫作庄青翟，继任郎中令的叫作石建。这几个人都是高祖时期功臣的子孙，他们有什么行政能力，史书没有明载，但想来肯定都是窦太后精挑细选的可信之人。

作为著作家的淮南王

上述窦太后反击儒者、罢免三公的事，发生在此年十月。每年这个月，分布在各地的刘姓诸侯王要轮流履行一项义务：从自己国内赴长安朝拜天子。这是一项重要仪式，不过也容许诸侯王自称身体原因而暂缓履行。

这一年朝拜的时候，淮南王刘安向刘彻进献了一部自己的作品，叫作《鸿烈》，共有二十一篇。

刘安是刘彻的叔父。和绝大多数汉室宗亲不大一样，刘安对走马游猎毫无兴趣，他最大的爱好是读书、音乐。恰好当时刘彻也是一位文学青年，据《汉书》说，刘彻对这位叔父十分尊重，不仅把他所献的《鸿烈》珍藏起来，而且拉着他从早聊到晚，并让他即兴创作《离骚传》。刘安也表现得才华横溢，文思泉涌，一上午便完成了任务。

> 时武帝方好艺文，以安属为诸父，辩博善为文辞，甚尊重之……初，安入朝，献所作《内篇》[1]，新出，上爱秘之。使为《离骚传》，旦受诏，日食时上。又献《颂德》及《长安都国颂》。每宴见，谈说得失及方技赋颂，昏莫然后罢。（《汉书·淮南衡山济北王传》）

从《汉书》的原文看来，叔侄二人，天子与诸侯王之间，一副其乐融融的场景，令人感动。实际情况则要比这段描述复杂得多，而刘安也是武帝刘彻前半生大戏里最重要的人物之一，我们得花多点笔墨了解一下这位淮南王。

刘安的父亲刘长是汉高祖刘邦最小的儿子，也是第一代刘姓淮南王。淮南国辖有四郡，即便在汉初王国普遍地广时期，也俨然是一大国。吕氏被剿灭后，功臣元老商讨究竟迎立哪一位诸侯王，理论上刘长也有机会。他毕竟是刘邦仅存的两名亲儿子之一，但最终以"年幼"为由被排除在外。拙著《帝国的阴阳两面》一书解释过，当时刘长已经十九岁，"年幼"一说实在站不住脚，真正原因，或在于审食其的阻挠，审食其和刘长母亲之死有莫大关系。于是，天子之位落在刘长同父异母的兄长刘恒（汉文帝）手中。

由于以上内情，一来刘长对审食其仇上加仇，恨之入骨，竟公然行凶将其杀害；二来文帝也对这位弟弟颇多忌讳，借故称其有谋反行迹，将其逼死，淮南国暂时废除。

刘长死时，长子刘安年方六岁。十年之后，欲为此事作一补偿的文帝恢复淮南国，封刘安为王，但所辖已经只剩一郡。刘安便是第二任刘姓淮南王。

照这么说，刘安既是刘彻的叔父，同时二人祖辈又有杀父深仇。淮南国和汉朝廷之间有如此一层尴尬的关系，若说二人真能做到亲密无间，恐

---

[1] 即《鸿烈》。

怕谁都不敢轻易相信。反过来，假设有人说刘安因父亲之死，从此怨恨朝廷，暗怀谋逆之心，听上去倒似乎更合情合理。

事实上，《史记》里真有两处如此提及。一处是说汉景帝时七国之乱，刘安便欲趁机起兵反抗朝廷，后被淮南相说服放弃这一念头，因此事后也没有遭到景帝的报复。徐复观先生认为这件事属于刘安死后汉朝廷的栽赃，因为"若果有此事，便没有安然度过景帝时代的可能"。徐先生这么说是有理由的。七国之乱时，齐王也是先有谋逆之心，后幡然悔悟，并以一己之力拖住了胶西、胶东、菑川、济南四国兵力，虽将功赎罪，最后仍然被景帝逼得饮药自尽。按照景帝刻薄寡恩的性格，又有父辈仇恨，刘安若怀同样企图，即便没有实际行动，也很难不遭事后清算。另一处则更为直接，明说刘安"时时怨望厉王（刘长）死，时欲畔逆"。不过这一处更无有力证据，刘长被文帝逼死时，刘安六岁；刘安被封为继任淮南王时，十六岁；七国之乱时，刘安二十六岁；刘彻即位时，刘安四十岁。虽说"君子报仇，十年不晚"，但二三十年都不见任何举动，还说他有谋逆之心，那刘安的拖延症也已经病入膏肓了吧？其实，最适合谋反的机会，倒正是七国之乱，那时刘安年富力强，做淮南王已经十年，握有兵力，又据民心，且外倚强援。这时仍不图谋反，以报父仇，大概率是已经认命了。

刘安是真的喜欢读书写作，研究学术。他在封国内招揽了大批文学方术之士，经常一起交流讨论，很有学术沙龙的味道。他所献的《鸿烈》二十一篇，究竟主创是谁，学者争了很长时间也没有确论。比较中肯的意见是，它就像《吕氏春秋》，由集体创作而成，但刘安本人也承担了分量很大的撰写工作。甚至有可能最后一稿就是刘安亲手修订的，因此整部书展现出非常齐整的规制。

《鸿烈》是刘安本人起的书名，"鸿"是广大，"烈"是光明，合在一起大概是"天理昭彰"或"大道昭昭"之意。汉朝时，《鸿烈》也被叫作《内篇》，是今天更为人所熟知的《淮南子》的一部分。

这是一部内容广博的哲学思想书,《汉书》把它归为杂家,也就是说它包含了各学派的理论,包罗万象。同时,它有自己的偏重,最推崇、最重要的思想,来源于老庄。考虑到刘安四十岁之前经历了文、景二帝时期,其时黄老之学正是国家的主流思想,想必对刘安的影响非常之大。要之,它可能算是一部契合主旋律的作品。窦太后见到这部书,应该会拍手叫绝。

刘安趁十月朝拜,千里迢迢把《鸿烈》带到长安来进献。他从淮南国出发时,显然无法预知窦太后和刘彻的意识形态之争。从这个角度来看,刘彻拿到《鸿烈》之后,爱而"秘之",就显得有些不同寻常的味道了。"秘"有珍藏于秘阁以保存之意,也有不让人轻易见到之意。或许刘彻极怕窦太后欣赏这部著作,怕刘安因此得到窦太后的赏识?前有父仇,今天又因为触怒窦太后而自身难保,刘彻的内心必然是有几分惶恐的。无论刘安是否真的一片坦荡,刘彻对这位叔父却不得不有所戒备。

卫子夫蒙宠

刘彻的第一任皇后姓陈,其母亲馆陶长公主刘嫖是窦太后最疼爱的女儿、汉景帝的亲姐姐,也是刘彻的亲姑姑。

刘彻与陈皇后的结合,有个众所周知的"金屋藏娇"故事。大意是说,刘彻还很年幼时,馆陶长公主有一天抱他坐在自己膝盖上,开玩笑问他想不想娶老婆。刘彻回答想。长公主于是指着一群侍女让他自己挑,刘彻摇摇头,说这些都不行。最后长公主指着自己女儿阿娇问:"这个怎么样?"刘彻露出了心满意足的笑容,说:"谢谢姑姑,如果能娶阿娇,我要用黄金给她盖一座大房子。"

(武帝)数岁,长公主嫖抱置膝上,问曰:"儿欲得妇不?"胶东王曰:"欲得妇。"长主指左右长御百余人,皆云不用。末指其女问

曰："阿娇好不？"于是乃笑对曰："好！若得阿娇作妇，当作金屋贮之也。"（《汉武故事》）

《汉武故事》托名班固所作，但从古至今的学者都认为它是一部传闻集合，里面所记之事真伪混杂，相当一部分不可直接轻易作为史料。比如上面"金屋藏娇"的故事和"阿娇"这个名字，就极可能是虚构的。

馆陶长公主起初想要的女婿并非刘彻，而是景帝所立的第一个太子刘荣，刘荣的母亲栗姬却不是个聪明人，对此要求一口拒绝。与她相比，刘彻的母亲王夫人更会打小算盘，她极力撮合馆陶长公主女儿和刘彻的婚事，并利用馆陶长公主与窦太后的亲密关系，最终成功使得景帝废了刘荣，改立刘彻为太子。这桩婚姻从一开始便充满了阴谋和算计。

刘彻能够顺利登上皇位，岳母馆陶长公主功不可没，因此这对母女在刘彻面前，常常仗着功劳和窦太后的威势，母亲贪得无厌，女儿骄悍无礼。刘彻无形间流露出无法忍受的态度，母亲王太后见状，严肃告诫他："你已经因为改制的事情惹怒了窦太后，现在又忤逆长公主母女，只会让祖母怒上加怒。女人很好哄，切记好自为之！"刘彻深知自己境况艰难，只好重新扮出恭敬的态度对待馆陶母女二人。然而十八岁的少年心中，已经装满了憋屈和愤怒。

暮春三月上巳节，刘彻参加了霸上的祓禊仪式，这是一种辟邪求福的古老习俗。返程时，他路过一座府邸，顺便进去休憩了一会儿。这座府邸里住的是他的同母姐姐，即王太后长女一家。刘彻的这位姐姐因为嫁给了高祖功臣曹参的曾孙曹寿，而曹家世袭平阳侯，故而她也被称为平阳公主。

天子弟弟难得大驾光临，公主赶紧大摆酒宴，张罗歌舞，盛意款待。她家里有十来个侍女，都是良家子，《史记·外戚世家》称"饰置家"，用来装饰家里的，想来姿色不会差。平阳公主有意让刘彻看看有没有中意的，刘彻遍视一圈，一个都没有看上。倒是歌女里有一个叫卫子夫的，刘彻看得有些入迷。当天刘彻"更衣"（上厕所）的时候，平阳公主赶紧让卫子夫进去服侍。《史记》称卫子夫在"轩中"得到了刘彻的宠幸。按照《释名》的解释，轩就是厕所的一个别名。也有学者认为轩指天子马车，刘彻为安全起见，只在自己的豪华马车中如厕。

武帝更衣结束，回到座位，神情舒畅，兴高采烈，当场赏赐平阳公主金千斤。平阳公主自然不会错过巴结皇帝的天赐良机，请求将卫子夫送入后宫，继续服侍刘彻。卫子夫登车进宫时，平阳公主抚摸着她的背，叮嘱道："去吧，好好保重。一旦富贵，不要忘记故人。"

不知道你有没有留意到，卫子夫脱颖而出的故事和"金屋藏娇"的传说里，都有一个众里寻她的情节，这大概属于古代文人的写作套路。

卫子夫在建元二年的事情到这里其实已经结束了，但还有一些与她相关的事情发生在此前或此后几年，有必要一起说说。

卫子夫的母亲人称卫媪。这真的只是一个称呼，因为她并不姓卫，也不叫媪。"卫媪"相当于"卫老太"，只能说明她年纪不小，且有过一个姓卫的男人。卫媪给这个男人生了三女：卫君孺、卫少儿、卫子夫；一子：卫长君。之后平阳人郑季在平阳侯家服役，与卫媪私通，卫媪又生两子，一名青，一名步广。由于卫子夫得幸，这两个原本应该姓郑的孩子干脆冒姓卫，从此叫作卫青和卫步广。除此之外，又有一名平阳人霍仲孺与卫子夫的姐姐卫少儿私通，生下一子，叫作霍去病。

细心的人也许已经发现，这些和卫家私通的人，都是平阳县人。但是如前所说，平阳公主的府邸却在长安，为何如此呢？这里面存在一个平阳侯曹寿搬迁的问题。

西汉时的平阳县隶属河东郡，具体位置大概在今山西省临汾市西南，与长安的直线距离大约有三百公里。平阳侯曹寿没有和公主成婚前，府邸就在平阳县，当地人郑季和霍仲孺在侯宅服义务役，故而得以和平阳侯家的奴仆卫媪母女私通，生下卫青和霍去病。卫青生得早一些，年幼的时候曾经回到父亲家中牧羊，大约是在这一阶段学会了精湛的骑术。父亲正妻所生的子女都把他当奴隶一样使唤，有人曾给他相面，说："你这是贵人的相貌啊，将来必然拜官封侯。"其时的卫青正饱受歧视，哪里敢相信，只是笑答："像我这种出身，少被人抽几鞭子就谢天谢地了。"

和卫青相比，外甥霍去病出生的时机不太巧，大约正赶上平阳侯曹寿和平阳公主结婚。按照当时的惯例，公主一般不就国，平阳侯的住所便从平阳搬迁到了长安，卫媪一家老少自然也全部跟着主人来到了新环境，也就是前文所说卫子夫得幸的那座府邸。尚在襁褓中的霍去病自此离开平阳，还没来得及见到自己的父亲，机缘巧合之下却离刘彻更近了。站在全知视角来看，这一次公主大婚，改变了太多人的命运。

卫子夫进宫后，并没有像预期的那样立刻得到恩宠。刘彻似乎忘记了先前的一时之欢，整整一年多都没有再宠幸过她。直到有一次，后宫准备遣出一批不常得到召见的宫人，卫子夫借此机会在刘彻面前哭得梨花带雨，请求赐她出宫的机会。刘彻见状倒顿时起了怜惜之心，再度召她侍寝。这一次之后，卫子夫有了身孕。虽然还不能确定是儿是女，但这是刘彻第一次体验为人父的感觉，从此便开始"尊宠"卫子夫，对她另眼相待。

和卫子夫相比，早就成婚的陈皇后就没有那么幸运了。她也深知，自己的地位将与子嗣紧密相关，重金向医者遍求良方，但一直没能为刘彻诞下一儿半女。卫子夫有孕，更增添了陈皇后的忧惧和妒忌。她的母亲馆陶长公主派人抓捕卫青，卫青幸被好友公孙敖搭救。刘彻听闻此事，干脆将卫青召至身边，任命为建章监。我们可以先记住公孙敖这个名字，因为这一次救命之恩，他不仅由此显贵，二十年之后或多或少还导致了另一位名将的生命悲歌。

帝王的陵邑

这一年对于刘彻来说，还有一件人生大事启动。年方十八，他却已经着手修建自己的陵园和陵邑。[1]

现代人可能觉得这未免有些晦气。不过帝王的陵园不是一个简单的墓穴，按照古人"事死如事生"的观念，帝王到了地下，也要尽量获得如生前一样的奢华体验。为他们陪葬的，不仅有各种车马服饰、珠玉宝藏、典籍文献，甚至还有数量巨大的活人或人俑。这些随葬品被分门别类地安置在陵园不同区域，构成了一个如宫殿般的身后世界。《史记·秦始皇本纪》描述了始皇帝的陵园规制：累计使用七十多万刑徒，穿凿骊山，深可见水；仿制始皇帝生前使用的各种宫殿、百官、奇珍异宝，填满墓穴；令能工巧匠装置了自动发射的机弩，防止靠近棺椁的盗墓贼；又以水银和机械模拟天下江河湖海的流动，上有天文星象，下有山川平原；然后用人鱼的油膏[2]燃烛，希望能千秋万世照亮这个恢宏的黄泉地宫。我们只要想象一下，可能埋葬着六千至八千尊真人大小兵马俑的陪葬坑，只是秦始皇陵的一小部分，甚至不足以让太史公浪费笔墨记载，就可以知道帝陵究竟是多么浩大的工程，以及为何要提前规划建设。

陵邑则是专为帝陵配套的，简言之，就是在帝陵附近新建一座城市，然后有针对性地从各地移民来充实。这个做法也是秦始皇始创的。他所征发的七十万刑徒，除了兴建骊山的陵园，应该也承担着在山下建设丽邑这座新城市的重任。西汉初继承了这样的制度，直到后期才废除，只建陵园，不置陵邑。

如上所说，新城市的居民从各处移民而来，移民的对象往往是那些在原籍难以管理的人。比如，为刘彻所建的帝陵叫作茂陵，陵邑也因此叫作茂陵邑。这一年，史书记载迁徙到茂陵邑的对象是"郡国豪杰"。这样做的目的是迫使地方上的豪强离开他们的势力范围，无根可依，同时释放出大量他们

---

[1] 建元二年是史书记载的汉武帝陵邑工程启动时间，陵园何时修建则没有记载，以西汉其他帝陵情况为参考，应在陵邑修建前后不久。
[2] 即鲸鱼的脂肪。

原先占有的土地，从而缓解当地的治安顽疾和贫富差距。而这些拖家带口的政治移民，则不得不离乡背井，在新城市重新生根发芽，开枝散叶。

西汉时期累计有十一座帝陵，其中七座在附近设置了陵邑。根据现代考古发现，基本可以推断这些陵邑都是有城墙的，其中茂陵邑的城郭周长约六千七百米，是其中最大之一。这些陵邑建成之后，城市居民不但担负着侍奉护卫帝陵和长安城的重任，还就近向朝廷贡献大量赋税，这也是大批迁徙富民豪民带来的红利。陵邑虽然是县一级的，但由于和帝陵紧密相关，地位特殊，故而它不属于任何郡，而直属于中央太常管辖。直到陵邑制度废除之后，陵邑才逐渐变成普通一县，只是住的人口比普通县城更多，居民更加富庶。

陵邑的特殊性及其靠近长安的便利性造就了它的虹吸能力，到西汉中后期，高级官员、文人富豪自发迁往的也比比皆是，陵邑很快便成为权贵遍地、商贾流行、豪杰聚居的五方杂错之地。先秦直到汉初，关中都是文化洼区，随着陵邑移民带来的文教影响，终于也开始不断涌现文化精英。王子今先生的《秦汉区域文化研究》中统计，《汉书》里一共出现了四十二位从政的关中籍文人，其中出身陵邑的有三十人，占到了百分之七十强。

这些陵邑给人留下的最深刻印象，是那里遍处可见贵族世家、纨绔子弟，他们成日鲜衣怒马，斗鸡走狗，生活纸醉金迷。那里是人人嘴里不迭抨击的堕落之地，又是人人心里暗自艳羡的欲望之都。那简直是最坏的地狱，又仿佛是最好的天堂。高祖刘邦的长陵邑、惠帝的安陵邑、景帝的阳陵邑、武帝刘彻的茂陵邑、刘彻之子昭帝的平陵邑合称"五陵"。《西京杂记》绘声绘色地描写了茂陵富人袁广汉的家况：

茂陵富人袁广汉，藏镪巨万，家童八九百人。于北邙山下筑园，东西四里，南北五里，激流水注其内。构石为山，高十余丈，连延数里。养白鹦鹉、紫鸳鸯、牦牛、青兕，奇兽怪禽，委积其间。积沙为洲屿，激水为波潮，其中致江鸥海鹤，孕雏产鷇，延漫林池。奇树异草，靡不具植。屋皆徘徊连属，重阁修廊，行之，移晷不能遍也。广汉后有罪诛，没入为官园，鸟兽草木，皆移植上林苑中。

后世提及"五陵"，往往用来形容出身富贵，生活奢靡。比如李白的《白马篇》有"龙马花雪毛，金鞍五陵豪"，白居易的《琵琶行》有"五陵年少争缠头，一曲红绡不知数"，都是写富贵之态。唐伯虎也有一句"不见五陵豪杰墓，无花无酒锄作田"，大意是说，你看那些贵族世家，在朝代更替里纷纷落魄凋零了，如今连墓地也被推平为耕地，没有后人去祭祀悼念。

是的，帝王陵邑便是如此，它由和着血泪心酸的政治移民开始，以流淌的人间欲望为相，又以落寞的荒烟蔓草为终。刘彻的茂陵邑，数次动辄迁徙成千上万户人家前往居住，在西汉末一度达到六万多户，近二十八万人口，然而最迟在西晋时期便已废弃。白云苍狗，世事无常，盛世会崩塌，权势会倒台，财富会散尽，唯有慢悠悠的时光，始终在日出日落之间不住地往前奔涌。

建元三年

（公元前138年）

● 刘彻十九岁 ●

卑微的诸侯王

这一年的十月，十九岁的刘彻依旧按照惯例，接受了诸侯王的新年朝拜。按照《汉书》的记载，来朝拜他的有长沙王刘发、中山王刘胜、代王刘登、济川王刘明。后两位是刘彻的堂兄弟，而前两位都是景帝的儿子，算是刘彻同父异母的亲兄长。

长沙王刘发的母亲唐姬，本来只是景帝程姬的侍女。有一夜，景帝喝多了过来，程姬恰好在例假期间，不能侍寝，让唐姬代劳，于是有了刘发。由于母亲只是一个替代品，刘发在景帝诸子里也就显得身份低微一些。他被封的长沙国，地处大汉南疆，卑湿贫弱，一向是流放失意之人的所在。长沙国在汉初辖有二十二县，文、景二帝之时被削去九县，变得更为弱小。东汉人应劭注解《汉书》，记载了一桩逸事。景帝曾在接受朝拜时命儿子们跳舞祝寿，当时的舞蹈有"转圈"的规定动作，刘发却只站起来随便摆了摆手，挥了挥衣袖。景帝问他为什么不好好跳，刘发带着牢骚回答："臣在国内跳舞都是这样的，因为臣的国家小、地方狭窄，根本转不过身来。"

景帝后二年,诸王来朝,有诏更前称寿歌舞。定王但张袖小举手,左右笑其拙。上怪问之,对曰:"臣国小地狭,不足回旋。"(《汉书集解》引应劭语)

虽然生前没有得到重视,刘发的后世倒挺有出息。西汉末年,他的一系子孙里出了两位皇帝——更始帝刘玄和光武帝刘秀。

中山王刘胜的母亲则是景帝的贾夫人。好奇的人可能会问:贾夫人和唐姬,两人名号中的"夫人"和"姬"有什么区别呢?《汉书·外戚传》说到后宫名号制度:

汉兴,因秦之称号,帝母称皇太后,祖母称太皇太后,適[1]称皇后,妾皆称夫人。又有美人、良人、八子、七子、长使、少使之号焉。

这段话班固说得有些不清不楚,还是不太容易分辨"夫人"的正确含义。同样是《汉书·文帝纪》里,文帝遗诏中提到"归夫人以下至少使",意思是从夫人开始,一直往下到少使,把她们都遣出宫,送回家去。在这里,夫人显然和美人、良人、少使等一样,是后宫某一级的具体名位,而不是一个统称。我们同时注意到,前面的说法里提及,"汉兴,因秦之称号",也就是说汉初的后宫名位是承袭了秦的制度,而《后汉书·皇后纪》里称秦的后宫"爵列八品",把夫人算进去,恰好就是皇后、夫人、美人、良人、八子、七子、长使、少使八个品级。故此我们知道,汉初的夫人不仅是一个具体名位,还是后宫中级别仅次于皇后的称号。而姬是对皇帝之妾的统称,非具体品级。简言之,夫人可泛称姬,姬却未必能晋升为有具体品级的夫人。中山王刘胜的母亲贾夫人,可知必然位高有宠,而长沙王

---

[1] 適通嫡。

刘发的母亲唐姬，不能确切知道她的品级，按照不怎么受宠来推断，应该不大可能到夫人这一级。

在后宫里，母子的受宠程度是息息相关、彼此影响的，景帝喜欢刘胜应该远胜刘发，所以把中山国封给他。其地大致在今天河北省保定市的西南面，是一个人口众多、比较富庶的地区。

刘彻设宴款待了刘胜、刘发这两位亲兄长，以及刘登、刘明这两位堂兄弟。席间，刘胜听着乐声却哭了起来。刘彻赶紧问他怎么了。刘胜即兴作了一番很有文采的回答，大意如下："内心充满悲伤和哀思的人，听到唏嘘叹息之声，只会愁上加愁。高渐离易水边送别荆轲，慷慨击筑，荆轲闻之低落不食；雍门子为孟尝君弹琴说谏，孟尝君闻之动情泪下。臣的内心就和他们一样，愁肠百结很久了，一听到略带伤感之音，便忍不住涕泪横流。为什么呢？众所周知，众人一起哈气，可以吹走高山；足够多的蚊虫一起振翅，声音可以盖过响雷，当年周文王被幽禁在牖里（同羑里），孔子被困于陈、蔡之间，正是因为有太多的谗言陷害。臣听说宗庙和家里即使有老鼠，也不会用水灌、火熏的方法捕捉，这是因为怕伤及建筑，得不偿失。臣虽然卑微，好歹是陛下的兄长；中山国虽小，也算是朝廷东面的屏障。群臣和陛下无亲无故，却结党营私，纷纷离间陛下与宗室的骨肉之情。臣远在异国，忠恳之言平日不得上闻，因此无时不暗暗自悲。《诗经》云'心之忧矣，疢如疾首'，说的就是臣此刻的心情。"

这番话的意思，其实很明白。刘胜借朝拜的机会，向刘彻诉苦，诸侯王压力很大，日子很不好过啊，朝廷的大臣个个争先恐后找诸侯王的碴儿，治他们罪，希望刘彻看在骨肉亲情的分上，改变现有政策，对兄弟们优待一点。刘胜的原话远比拙译更有文采，为了把群臣形容成苍蝇般叽叽喳喳出鬼主意的小人，用了大量比喻和排比，贡献了诸如"众口铄金""积毁销骨""众煦飘山""聚蚊成雷""十夫桡椎"一类的成语。这些话的主旨都是一样的，生怕说谗言的人多了，皇帝陛下就听进去了。

这番话自然是所有诸侯王的一致心声，但最终不得不由刘胜作为代表说出来。因为另外三个诸侯王，不是堂兄弟，就是亲兄弟里的边缘人物，只有刘胜最合适、最有资格探探刘彻的口风，看看刚上台的刘彻对诸侯王会是怎样一种态度。另外，刘胜的王后叫作窦绾，很可能是窦太后的亲属，有此关系，刘彻当然要对他格外尊重。不过，这也就是刘彻刚即位，再过若干年，刘胜将再也不敢做同样的尝试。

那么，刘胜所说的悲惨境况，是不是事实呢？基本是的。这一切都是从他们的父亲景帝平定七国之乱后开始的。

七国之乱的影响

汉朝建立的那场战争，名义上是楚汉之争，实际上在项羽的楚、刘邦的汉之外，还有许多其他割据势力，包括燕地的臧荼、齐地的韩信、梁地的彭越、长沙的吴芮等等。这些势力，原则上可以保持中立，但常因利益相关不得不加入战局。

比如，韩信在担任齐王之后，拥有不亚于刘、项的实力。策士蒯彻便劝其中立，和刘邦、项羽鼎足而分天下。韩信深知自己偏向哪一方，哪一方就有更大的胜算，最后还是念在刘邦于己有恩，决定助汉。但韩信也并非没有利益算计，这样的帮助是有条件的。垓下决战前，韩信先故意不出兵围攻项羽，导致汉军首攻挫败。直到刘邦承诺到时会分割楚地作为酬劳封赏，韩信才布下十面埋伏，击溃楚军。刘邦以关东土地作为诱饵，才建立了与韩信、彭越、英布等人的灭楚同盟，最终决胜。

战争胜利之后，刘邦不得不兑现诺言，让这些同盟领袖在各自的地盘建立了诸侯国，成为异姓诸侯王。如果手上有一张汉初的地图，会赫然看到，函谷关以东约占全国一半面积的领土，并不在刘邦的实控之下。名义上，刘邦是皇帝，而实质上，他更像一个众异姓诸侯暂时推举的盟主，和大家维持着脆弱的联盟关系。这也是刘邦接受娄敬、张良建议，从洛阳迁都长安的原因：洛阳处在异姓诸侯王的包围之中，简直是置天子于众虎环伺之下。

　　为了真正打造刘姓天下，交给继任者一个稳定的帝国，刘邦在临终前基本上一一剿灭了异姓诸侯。怎么处置他们原先的地盘，有两种办法：一是不再设诸侯国，国内郡县和其他地方一样，直属中央朝廷；二是保留这些诸侯国，改遣信得过的宗室子弟去当诸侯王。刘邦选择了后者，这样一来，异姓诸侯几乎全部变成了刘姓。

　　诸侯王还有一个名称叫藩王。《说文解字注》说："藩，屏也，屏蔽也。""藩"字的本义是篱笆。朝廷设置诸侯国的目的，就是希望他们组成一道拱卫长安的篱笆，一旦外敌入侵，诸侯王可以有效地为天子御敌。通常来说，由同姓宗室来组成篱笆，自然要比异姓外人来得靠谱。刘邦刚从天下大乱的秦末走来，根本未固，随时面临战争威胁，选择保留诸侯国也在情理之中。

　　然而刘邦建立汉朝时，已经到了生命末年，很多制度只是匆匆草就，未遑完善，留下了一些后遗症，诸侯国实力过强便是最严重之一。高祖末年全国五十七郡，诸侯王占去四十二郡，朝廷自己只拥有十五郡，对比悬殊。同时，诸侯王在自己国内拥有一切治国权，除了要向汉朝廷尽一定宗室、效忠、纳贡的义务，他们可以自己任命官吏，制定政策，拥有土地资源，握有私属军队，一些大国如齐国、吴国等，国力丝毫不亚于中央。篱笆理论还有个致命的漏洞，随着世代延续，亲情越来越淡，组成篱笆的诸侯王自己也会成为有野心的外敌。更有甚者，一旦几个诸侯王联手反叛，原先的屏障反而会成为对长安的包围。总的来说，汉初诸侯国是一把尚未出鞘的双刃剑。

　　吕后、文帝、景帝三朝，深知此腹心隐患尤为重大，对外敌如匈奴、南越等均采取了隐忍的态度，专务如何削弱诸侯国。吕后的做法是削刘姓诸侯之地，加封吕氏。文帝则采取贾谊"众建诸侯而少其力"的建议，将齐、淮南等大国一分为几，化小其害。景帝一上台，即在晁错的主张下加快侵削诸侯王的地位、权力和领地，进一步激化了诸侯国与中央的矛盾。

景帝前元三年（前154年），吴、楚、赵、胶西等国一起举兵反抗，这便是景帝时期最大的危机——七国之乱。

七国之乱初期，朝廷陷入被动，景帝不得不杀死谋主晁错以齐人心。在魏其侯窦婴节制下，周亚夫等诸将与梁王合作，最终平定了联军的反叛。打赢了这一场生死之战，景帝得以顺利进一步实施削弱诸侯国、加强中央集权的措施。

首先是削国削地。至景帝驾崩时，诸侯国占有的郡已经从高祖时的四十二个降至二十六个，除齐国、江都国各有两郡，其余王国都只有一郡，再也没有高祖时期动辄领有七郡、四郡的大国。中央统辖的郡则从十五个增至四十四个，实力对比彻底扭转。

其次，诸侯王在国内不得再参与政事，四百石以上官员，皆由中央直接任命。至此，诸侯王名义上虽仍是一国之主，真实地位却已沦为由地方财政供养的无实权贵族。

不仅如此，朝廷派出的地方官吏，知道天子对诸侯王务在打压，皆竞竞于苛察诸侯王平素不端，以期求媚于主上。七国之乱之前和之后，诸侯王境况天翻地覆，在这样一种现实里，这一群体自然惶惶不可终日。

刘彻即位后，诸侯王的待遇仍未有好转的趋势。七国之乱初，汉军陷于被动，主张削藩的晁错成了众矢之的而被杀。等到形势反转，大臣们又转换口风，纷纷为晁错喊冤，只嫌对诸侯王下手还太轻。

> 武帝初即位，大臣惩吴、楚七国行事，议者[多]冤晁错之策，皆以诸侯连城数十，泰强，欲稍侵削，数奏暴其过恶。（《汉书·中山靖王刘胜传》）

中山王刘胜代表所有诸侯王向刘彻诉苦，正是发生在这一背景之下。刘胜斗胆进言，希望以亲情打动年幼的弟弟。他选择的时机非常巧妙，一来刘彻刚刚即位，态度未明；二来刘彻正处于窦太后的阴影之下，处境岌岌可危，也需要和诸侯王之间增进感情，获得良好的声誉和外部支持。听完刘胜一番文采洋溢的哭诉，刘彻显得非常动情，承诺会优待诸侯王，若再有举报，自己一定会大事化小，小事化了。

刘彻很快就用实际行动兑现了自己的诺言。半年之后，朝拜四人中的济川王刘明被有司告发，称其在国内射杀了中尉。虽然史书没有详说事件起因和细节，估计不外乎大环境之下诸侯王与朝廷任命官员之间的矛盾。有司称，妄杀朝廷命官者，理应处死。刘彻对这位本来就不太亲近的堂兄弟额外开恩，留他一命，废为庶人。其国内郡县从此全部划归朝廷所有。

天子好兵

十九岁的刘彻，对军事有一种跃跃欲试的冲动。这种冲动可能来自多方面的原因。其一，少年很容易拥有建立勋功伟业的抱负；其二，之前各朝在对外，特别是对匈奴的军事和外交上表现出的隐忍和收获的屈辱；其三，经惠、吕、文、景休养生息之后，强盛国力提供的自信。这些因素纠合在一起，让刘彻迫切地想通过军事行动证明自己。

然而，动武需要一些由头。很巧，南方边境以外的不安给了他一个很好的机会。

这次不安多少也跟七国之乱有关。七国之乱的首谋是吴国，兵败之后，吴王和吴王子逃亡东瓯国。东瓯诱杀吴王向汉朝示好。吴王子又奔逃至闽越国。东瓯和闽越都是南方百越之族，本来就常常相攻，加上吴王子记恨东瓯有杀父之仇，从中挑唆，这一年，闽越悍然发兵围攻东瓯，东瓯力有不支，急忙发使向汉朝求救。

机会摆到了刘彻面前，到底该不该出兵拯救数千里之遥的外邦小国，他准备先征求一下意见。

他第一个问的，是已经从太尉之职上被罢免的田蚡。田蚡已经无官，却仍然要向他咨询，显然这是刘彻在顾虑母亲王太后的看法。

田蚡回答:"百越之族常年你攻击我,我攻击你,这是他们的常态。而且这些蛮夷之人,性情反复,衰弱时依附,强大时反叛,所以秦朝的时候就置之不理、弃之不顾了,这种蛮夷小邦的内部矛盾,实在不值得我泱泱大汉兴师动众去处理。"

某种程度上来说,田蚡的话并非没有道理,只不过此时恰好与刘彻的内心想法背道而驰。

站出来替刘彻表露心迹的是中大夫庄助,也就是建元元年(前140年)举荐贤良时被武帝列为第一名的那位亲信顾问。[1]

庄助强烈反对田蚡的看法:"大国对于小国,除非力不能及,否则为什么不救?拿秦朝举例子也很没有说服力,秦朝何止是把越国弃之不顾,到最后他们连咸阳都弃给我们大汉了。如今小国因为穷困而来告急,天子若不出兵搭救,何以让天下万国心服口服?"

无论这是不是庄助的真实想法,关键时刻能说出这番话,正是刘彻把他选在身边当顾问的原因。

刘彻心满意足地下结论:"舅舅的意见不足取。我们该出兵,但是我即位不久,还不想轻易动用虎符征发大军。"

虎符之制,先秦就有。但是汉朝直到文帝时,才对调用地方上的郡兵也采用虎符之制。《汉书·文帝纪》说:"(二年)九月,初与郡守为铜虎符、竹使符。"应劭注曰:"国家当发兵,遣使者致郡合符,符合乃听受之。"也就是说,光凭天子使节,还不够让郡守听命出兵,必须有虎符相合。毕竟"节"这个东西容易伪造,而虎符一人一半,只有正品才能严丝合缝。这里刘彻用新即位为由,解释为何不用虎符,实际内情恐怕仍是顾虑窦、王两位太后,毕竟动用大军便要任命将军,此时大动干戈、大张武事,极有可能让窦太后误以为自己想要发动军事政变。甚而至于,刘彻此时能不能调用虎符,都是件值得怀疑之事。于是,他只派庄助一人,持天

---

[1] 见建元元年"初招贤良"。

子使节前往毗邻东瓯的会稽郡，尝试发郡兵就近前往解救。然而，会稽郡守见没有虎符，果然一口拒绝。庄助临机应变，斩杀了一名司马，才胁迫郡守为刘彻发兵。

庄助的军队还没开到东瓯，闽越就罢兵归国了。东瓯为免屡受侵害，请求举国内迁至大汉。刘彻接受了这一意见，将其国人全部安置在长江和淮水之间的地区。这一次出击兵不血刃，却得到了一个小国的归附，尽管接下来迁徙和安置其国人需要耗费大量财政支出，但看上去的确是一次成功和漂亮的军事行动。这为刘彻好兵的内心增添了一些底气。

除去这一场悄无声息的小小尝试，从这一年开始，刘彻学会了在大部分时间韬光养晦，以避免引起窦太后更多不满。他韬光养晦的方式有两种。

第一种，刘彻招选很多有文学才能之士，却并不让他们在政府担任职务，只是作为近臣陪伴。不任官位，便不会招致嫌疑；作为近臣，则能养为心腹谋士，便宜行事。继庄助之后，陆续来到刘彻身边成为亲信和弄臣的有吴人朱买臣、赵人吾丘寿王、蜀人司马相如、平原人东方朔、吴人枚皋、济南人终军等等。看起来，刘彻只是和一群近侍谈谈辞赋文学，玩玩诙谐滑稽，潜移默化影响的却是刘彻对外朝和中朝两个系统的信任程度。所谓外朝，是指居于禁宫之外以丞相为首的政府序列；中朝，是指可以出入禁宫之内的皇帝近侍，他们未必在政府中担任职务，但会有侍中、常侍等称号的加官。武帝一朝，刘彻有意把权力收归中朝，并不时以近侍在辩论中摧折打压外臣，极有可能便发萌于这几年在窦太后阴影之下的经历。

刘彻第二种韬光养晦的方式，是开始微服游猎，做出一副不恋权位、不务正业的样子。他仔细挑选了一群精于骑射的卫兵，夜里领着他们一起在长安城附近纵马游猎，因此踏坏了不少庄稼，居民无不号呼骂娘。为了隐藏身份，他自称平阳侯曹寿，也就是他的姐夫。长安附近鄠县、杜县的县令得知有这么一拨人扰民如此，差点要将他们捉拿治罪，直到随从拿出天子信物才作罢。有一回半夜，刘彻一行寄宿在柏谷的旅舍之中，向店主老头讨要喝的。大约是这群人看上去气势张狂，店主老头怀疑他们非奸即盗，没好气地回了一句："喝的没有，新鲜的尿你要不要？"说完便暗中纠集一些少年来捕捉盗贼立功。店主老太劝丈夫道："我看他们不是一般人，且瞧上去似乎有所防备，不可轻举妄动。"见老头不听，为免生事，老太把丈夫灌醉绑了起来，少年们一哄而散。老太杀鸡做菜好好款待了刘彻一番。刘彻第二日回到宫中，便赏赐了老太金千斤，拜老头为羽林郎。羽林郎负责宿卫宫殿，老头为人警觉，正适合这个岗位。但为免再发生类似危险，刘彻从此在行猎途中私设了十二个临时驻点。

> 又尝夜至柏谷，投逆旅宿，就逆旅主人求浆，主人翁曰："无浆，正有溺耳！"且疑上为奸盗，聚少年欲攻之；主人姬睹上状貌而异之，止其翁曰："客非常人也；且又有备，不可图也。"翁不听，姬饮翁以酒，醉而缚之。少年皆散走，姬乃杀鸡为食以谢客。明日，上归，召姬，赐金千斤，拜其夫为羽林郎。（《资治通鉴》卷十七《汉纪九》）

为了更方便地游猎骑射，又不至于扰民之声传入祖母和母亲耳中，刘彻干脆让近侍吾丘寿王在长安附近、终南山边用财政圈了一大块地，准备扩大皇家私人游苑——上林苑。吾丘寿王汇报该项工作进度之时，东方朔正好在旁，以殷纣王、楚灵王、秦始皇等大兴土木的例子为谏，希望刘彻不要擅夺民田以满足个人私欲。刘彻对东方朔的进谏非常满意，赐他黄金百斤，加官太中大夫，但是上林苑的工程一切照旧。司马相如也曾劝刘彻不要亲自驰逐野兽，搏击猛虎，以身犯险，刘彻非常高兴，但也没有停止游猎的日程。

刘彻这种欣然表彰进谏却绝不接受意见的态度，其实并不矛盾。究其原因，在于他兴建上林苑便于游猎，根本不是纯为爱好，而是一边以纵情玩乐来麻痹窦太后，一边训练一支忠于自己、精于骑射的私人警卫，以备任何不虞，同时还可为将来对匈奴用兵提前做准备。这常常是人君处于弱势而为求自保的应变之招，故他既欣赏东方朔、司马相如等人的直言，又拒绝因此改变这一计划。这些警卫夜里出发随刘彻行猎之时，通常相期于殿门之外，所以这支队伍后来被称为"期门军"，郎官被称为"期门郎"，没有定员限制，多的时候可达上千人。

刘彻知道，韬光养晦虽然是一种明哲保身的智慧，但拥有自保的实力，才是这种聪明哲学背后的信心来源。刘彻的好"兵"，在于"兵"既是支撑他此刻度过危机的依靠，也是未来实现他宏大抱负的倚仗。

刘彻已经懂得"尺蠖之屈，以求伸也"的道理。他隐忍不发，运筹帷幄，蓄势待机，为将来走出外戚政治的阴影，施展自己远大的抱负埋下了伏笔。（庄春波《汉武帝评传》）

张骞第一次出使西域

汉朝与匈奴之间，无论平时和战时，士兵、平民常有互相投降之举，"南下""北上"者不乏其人。有一回，一个匈奴投降者为汉朝带来了一桩故事。

秦朝的时候，在敦煌与祁连之间，也就是所谓的河西走廊之中，有个游牧民族建立的政权叫作大月氏。《汉书·西域传》称其与匈奴同俗，但在秦时应比匈奴更为强大，故匈奴头曼单于把儿子冒顿作为质子送到大月氏。后冒顿逃回匈奴，杀父篡位。其时正值陈胜、吴广起义，中原大乱，匈奴趁机向东吞并东胡之地，向南夺取秦河套地区，向西又连连复仇大月氏。冒顿单于之子老上单于继位于汉文帝时期，也是一位致力于扩张的首领，在位期间继续袭击大月氏，杀月氏王，以其头作为饮器。大月氏因此不断西迁，离河西走廊的故土越来越远。

匈奴投降者讲述的这件往事，未必一定如史书所说，在武帝朝才为人所知晓。这种就发生在邻国的兴亡大事，一定早已在汉朝廷流传。经验让

建元三年（公元前138年）　047

我们知道，一件事如果不断被口口相传，则必然会塑造出夸大的印象并逐渐强化、固化。汉朝人心目中的大月氏人形象，想来可能是苦大仇深、遗民血泪，听到"匈奴"二字眼里恨不得冒出火，顿时激发无限家国仇恨。

向西和大月氏人取得联络，组成同盟，怂恿他们复国，借他们的力量一起对抗匈奴，这种计划在汉朝君民内心，无论从逻辑上还是情感上都显得非常自然，几乎不可能是到刘彻即位后才产生的，却只有到刘彻的时候才有可能实行。此计划最大的难点是西行途中必然经过匈奴的领地，搞不好就是一次送命之旅；即使顺利找到月氏人，也有可能说不动对方，无功而返。总之，这是一项前途未卜、结果难料的挑战，只有具备足够冒险精神、牺牲精神以及外交能力的勇士、智士、辩士方敢应募。

激进的时代注定会有激进的人才，一位年轻的郎官站了出来，他叫张骞。这一年，一支上百人的队伍浩浩荡荡地从大汉的陇西出发，目标是找到不知位置所在的大月氏。由于本书是按照纪年来叙事的，从此很长时间里，这群人，包括他们的领队张骞在内，将消失在我们的叙事中，正如同当年一离开汉界，汉朝人就长达十多年得不到他们的消息一样。但我们现在总算可以知道，这段时间里，他们仿佛处在汉朝人的平行时空，正用肉身挑战一个未知的西域世界和一段凶险无比的个人命运。

建元四年

（公元前 137 年）

● 刘彻二十岁 ●

天子的男宠

这一年十月来朝拜天子的诸侯王里，有大刘彻十二岁的异母兄长江都王刘非。这位兄长，经历比较传奇。他们的父亲景帝在位第三年，就爆发了七国之乱。其时，刘非年方十五，胆色过人，主动上书请求领兵攻打叛军主力。景帝被他的豪气感动，赐他将军之印，随军出征。平叛之后，景帝又欣然赐给他天子之旗以表彰军功。从此事可见，刘非大约是个勇武刚烈之人，而景帝对这个儿子也颇为欣赏。

这一年，刘非三十二岁，正值壮年。见这位英勇的兄长前来，刘彻很兴奋，邀请他一起去上林苑游猎，就像一个孩童迫不及待地要向同伴展示新买的玩具。

刘非等候在大道旁，忽见数十百人的骑兵队伍簇拥着一辆装饰豪华的车子疾驰而来。刘非见来者如此盛装威武，料想必是天子乘舆，连忙让侍从躲避起来，自己恭恭敬敬，按照礼节拜伏在路边。谁知那一群人丝毫没有停下与他同行的意思，一霎间便从他身边绝尘而去。刘非心里不禁生疑，经过打听才知道，刘彻尚未出行，只是先派宠臣韩嫣去上林苑中巡视一番。一个卑贱的奴仆，竟然如此招摇，还让自己在众人面前行此大礼、丢尽脸面，性格刚强的刘非勃然生怒，径直跑到王太后处，一把眼泪，一把鼻涕，委屈地告状："请太后把臣调回长安，为皇帝当个宿卫就行了。做诸侯王有什么意义呢？身份还不如韩嫣尊贵。"王太后虽然不是刘非的亲生母亲，却肯定不想刘彻在当前的局势里和众兄弟闹僵，只能好言相劝，以化解刘非心中的怨气。而王太后自己也因此对恃宠生骄的韩嫣产生了愤怒。

韩嫣到底是个什么人呢？他的来历还真的不简单。

高祖刘邦打天下时，手下有两个名叫韩信的功臣。一个是我们熟知的与萧何、张良齐名的三杰之一，淮阴侯韩信；另一个则是战国时期韩国的王室后裔，也是有名的战将，被刘邦封为韩王，通常称他作韩王信，以和淮阴侯相区别。韩王信也在刘邦剿灭异姓诸侯王的计划里。他择机逃往匈奴，在匈奴颓当城生下一子，起名韩颓当。文帝时，韩颓当带着侄儿重回汉朝，被封为弓高侯。他"遗传"了韩王信的作战能力，在平定七国之乱中表现极为出色，"功冠诸将"。韩嫣就是韩颓当的孙子，韩王信的曾孙。

刘彻与韩嫣年龄相仿，刘彻四至六岁还在做胶东王时，韩嫣就陪他一起读书学习。

> 今上为胶东王时，嫣与上学书相爱。及上为太子，愈益亲嫣。嫣善骑射，善佞。上即位，欲事伐匈奴，而嫣先习胡兵，以故益尊贵，官至上大夫，赏赐拟于邓通。时嫣常与上卧起。(《史记·佞幸列传》)

《佞幸列传》这段文字其实也约略解释了韩嫣能得宠的原因。首先，他和刘彻幼年相识，一起长大，长期伴随；其次，他人也聪慧，善于揣摩人意，迎合主上。他继承了家族的骑射天赋，提前学习过兵法，恰好刘彻又有与匈奴开战的志愿，像这么懂事又有能力的小伙伴，怎么会不讨刘彻喜欢呢？随着年龄增长，两人关系越来越亲密，甚至在刘彻登上帝位之后，仍然"共卧起"。

西汉的天子，几乎都有豢养弄臣的癖好。高祖时有籍孺，孝惠时有闳孺，文帝时有邓通，景帝时有周仁，武帝之后又有著名的石显、董贤等，故《史记》《汉书》都单为"佞幸"设有传记。《说文解字》说到"佞"字，释为"佞，巧谄高材也。从女，仁声"，意思是有才能，又能以巧取媚于上。从这个定义来看，韩嫣非常符合。

刘彻对于喜欢的人，赏赐起来从不吝啬，《佞幸列传》称韩嫣的待遇堪比文帝时的邓通。《西京杂记》记有长安歌谣一条："苦饥寒，逐金丸。"是说韩嫣常常以黄金为弹丸射猎鸟兽，长安城里的孩童只要听说韩嫣出来打猎，就蜂拥跟从，希望能侥幸捡到几颗金丸。

韩嫣为讨刘彻欢心，之前还做过另一件事。刘彻母亲王太后入宫侍奉景帝之前，在民间曾先嫁给金王孙，生有一女。韩嫣打听得此女就住在长陵邑，悄悄向刘彻禀告。刘彻大惊，亲自前去迎接。天子车驾一路行至门前，这一家人哪里看过这等阵势，以为犯了什么事，惊恐得说不出话，金氏女更是吓得躲避不及。随从将她扶了出来，刘彻下车激动地安慰道："大姐，干吗要隐藏得这么好？"随后，他带着金氏女来到长乐宫，一起拜见王太后。久别的母女相见，也是一顿洒泪。金氏女至此被封为修成君。

这件事看上去像韩嫣同时巴结了刘彻和王太后，助他们一家团聚，然而不少学者却对此事的性质有所怀疑。怀疑的理由是，长陵邑离长安城那么近，韩嫣都能找到金氏女，王太后假如真的挂念此女，凭她的权势，有找不到的可能吗？如果没有找过，王太后不去相认的原因又何在呢？怀疑者推断的最大可能是，作为太后，曾经嫁过人并生过女儿，毕竟不是一件特别光彩的事，或者王太后根本就不想暴露过往的历史，否则怎会连刘彻都不知道自己有一个民间的姐姐呢？而韩嫣自以为是，自作主张，本是出于好意助母女团圆，却不小心暴露了王太后的隐私，最终埋下了王太后内心怨恨于他的种子。

江都王刘非告状，无异于火上浇油，韩嫣也因此大难临头。不久，韩嫣便因随意出入后宫中的永巷，和宫人有奸情，被王太后赐死。即便刘彻在母亲面前为他苦苦哀求，"终不得"。身为天子，连一个亲信下人都保不住，由此也可见太后之主张在西汉一朝的威严。

韩嫣的生卒年，《史记》和《汉书》都没有明确交代。《资治通鉴》则干脆没有直接记载此人，大约觉得为一个佞幸之臣不值得多费笔墨。南宋学者王益之编纂了一部《西汉年纪》，把韩嫣之死置于建元四年，大约也只是附于江都王刘非入朝后顺势一提作为完结，并不表示韩嫣确定卒于此年。

消失的《今上本纪》

了解西汉每个皇帝在位期间发生了哪些大事，最可靠的材料当然是《史记》中的"帝王本纪"或《汉书》中的"帝王纪"。只不过这些"本纪"和"纪"，基本只简要列举每一年和帝王相关的大事，很多并不展开描述细节，甚至有的年份没有值得记载的事件就直接跳过。

比如《汉书·武帝纪》记载这一年，只有三句话，累计二十个字：

> 四年夏，有风赤如血。
> 六月，旱。
> 秋九月，有星孛于东北。

第一句颇有点武侠的味道，说夏天的时候，刮起了大风，殷红如血。第二句更简单，说夏天快要过去的时候，发生了大旱。第三句则说，晚秋九月，东北的天上出现了一颗彗星。

建元四年难道就如此平静，只有这么几件事值得一书吗？这不免令研究历史的人略感失望。班固拥有皇家藏书的副本可以阅读，且他写武帝朝及之前的事，都有司马迁的《史记》可以作为参考。他只写了这么几句话，那说明他真的也就知道这么多了。但好奇心重的人也许会想刨根问底，查个究竟：我偏不信，我倒要把司马迁写的武帝本纪拿来看看，有没有班固漏看漏记的内容。

司马迁在创作《史记》时，每写一篇，都会对应写一段序论，说清楚创作本篇的要旨。那么关于汉武帝刘彻的本纪，司马迁打算如何写呢？我们来看看他的序论是怎么说的：

> 汉兴五世，隆在建元，外攘夷狄，内修法度，封禅，改正朔，易服色。作《今上本纪》第十二。（《史记·太史公自序》）

这段话里透露的信息是，司马迁觉得刘彻可以传世的功绩，包括"外攘夷狄，内修法度，封禅，改正朔，易服色"等等，这些事都将在此篇本纪里一一叙述。同时，司马迁创作此篇时，刘彻还没有去世，还没有获得"孝武"这样一个谥号，所以篇名只能叫"今上本纪"，和传写文、景二帝的《孝文本纪》《孝景本纪》不一样。

但诡异的是，现存的《史记》里，并没有《今上本纪》这一篇，却有《孝武本纪》，这个名字显然不可能是司马迁的口吻。那会不会是后人改动了标题，而文章本身仍是太史公原文呢？学者们认为可能性不大。原因是，《史记》里还有一篇讲古往今来封禅和祭祀史的《封禅书》，而《孝武本纪》的文字竟就是从《封禅书》里直接节选、复制过去的，仅有个别字词的差异。也因此，《孝武本纪》里只提到了与封禅和祭祀相关的事件，"外攘夷狄，内修法度"这些司马迁原本在序论里计划要写的内容一样都没有提到。故大多数研究者相信，《孝武本纪》绝不是太史公原来写就的《今上本纪》，而是因为《今上本纪》早已消失不见，好事者不得不从《封禅书》里挪用了一些和武帝相关的事情，补在空缺的位置。

《今上本纪》为什么会消失，到哪里去了，向来众说纷纭，成了一个不解之谜。

和班固差不多同一时期的东汉学者卫宏曾经给出过一个解释。他说，因为司马迁把景帝、武帝父子写得实在不堪入目，武帝看完大怒，删去了这两篇。

这个解释带有小说家的色彩，很符合人的八卦心理，但大概率不会是真的。清代学者梁玉绳就驳斥道："《封禅书》《平准书》等篇章，也充满了对武帝的讽刺，既然要删，这几篇为何能保留至今？"

对这一解释不利的因素还有，后来人们发现《孝景本纪》其实还存在，支持卫宏的学者只好硬着头皮曲为弥缝，说武帝删削的只是皇家的藏本，而民间的副本还在，所以最后把《孝景本纪》找出来了。那为什么《今上本纪》没有找出来呢？解释者又辩称，因为武帝朝历史比景帝朝更敏感，连民间也不敢保留。这就越发有些强词夺理的味道了，为了证明一个不靠谱的观点，不得不继续编造更多不靠谱的论据。

《今上本纪》最迟到西汉末就已经不见了，班固自称，他看到的《史记》，有十篇只存目录而没有正文，《今上本纪》就是其中之一。所以我们也不能怪他在《汉书·武帝纪》的建元四年没有记载任何大事，只写了三句异常天气。但仍然有一个问题困扰着好奇心重的朋友：如果确实没有大事，可以直接跳过不写啊，一定要拿大风大旱这样的异常天气来凑数吗？或者说，莫非异常天气也算是大事吗，班固写这三句话的目的是什么呢？

这个问题，我们留到两年之后的"建元六年（公元前135年）"一章里解答，因为它和一个重要人物有关。这个人叫董仲舒。

南方的另一个武帝

相比《汉书·武帝纪》，《资治通鉴》在这一年只多记了一句话：

> 是岁，南越王佗死，其孙文王胡立。（《资治通鉴·汉纪九》）

这里所说的南越王，叫作赵佗。"南越王"是汉朝承认的名号，实际上赵佗在国内自称"南越武帝"。眼尖的人可能立刻会产生疑问，这里的"武"是不是和刘彻的"孝武"一样，乃死后才有的谥号？答案是否定的，"武"就是赵佗生前所用的帝号。

赵佗的老家在战国时期的赵国，后来属于汉朝的常山郡真定县（今河北省石家庄市正定县）。秦始皇并有天下，在遥远的岭南新设了三个郡——桂林郡、南海郡、象郡，大概包括今天中国的广东、广西、贵州，以及越南的部分地区。赵佗起初担任的是南海郡龙川县（今广东省河源市龙川县）县令。

秦二世继位，天下大乱，南海郡的军事长官任嚣临死之际，十分看好赵佗，劝他据岭南自立，不理会中原纷争。赵佗因此设置关卡，断绝北上交通，兼并桂林和象郡，自号为南越武王，从此成为汉朝南疆实力最强劲的邻居。

从汉高祖直到景帝时期，汉朝因内部矛盾，自顾不暇，有意和南越国保持和平关系，只是希望南越在外交礼节方面对汉朝名义上称臣。高祖和文帝时期，辩士陆贾两次出使南越，有惊无险，双边关系终于没有恶化，但两次的情形完全不可同日而语。高祖时期，南越国尚是初立阶段，自身既不稳定，又未知汉朝虚实，故赵佗甘于称臣。文帝时期，南越国无论军事还是财富都有了长足进步，二十年间以兵耀边，国境竟达东西万余里之阔。正是此时，赵佗僭号为南越武帝，出兵汉朝南境的长沙国，展示自己的雄心和野心。陆贾临危受命，二度出使。这次出使，对话全无记载，细节非常隐秘，但陆贾带回一封署名赵佗、口气谦卑的国书。我们不知道其中究竟发生了什么，只知自此之后，南越暂时放弃对汉用兵，名义上仍然称汉藩属，不过在南越国内，赵佗使用帝号如故。

赵佗自汉高祖三年（前204年）即位，到建元四年去世，整整在位六十七年。他看着大汉陆续送走了五位统治者，换上来的少年天子已在位四年，年方二十，自己才闭上双目，溘然长逝。由于赵佗在位时间太长，太子没等到继位就去世了，因此第二任南越文王是他的孙子赵胡。当然，在南越国内，他必须叫南越文帝。

一南一北，安于稳定和平的旧时代老人已经相继离去，汉朝和南越的关系也将在各自新领头人的带领下，迈入一个平衡渐渐被打破的全新时代。

时光往后推三百多年，三国时期，吴国流传着一个令很多人垂涎欲滴的消息。据说，当年的南越武帝赵佗以及他的后裔，把大量珍奇宝物带入了墓葬。三国时期，得知此消息的孙权也忍不住派军队前往岭南寻宝，最终从第三代南越王的墓穴里发掘出大批宝藏，而武帝赵佗、文帝赵胡葬在何处，则没有任何线索。

又过了两千年，1983年6月9日，广州市北部一个叫作象岗的小山丘上，几位民工正在凿土，突然发现了一个巨大无比、黑不见底的洞穴，敏感的负责人员立刻上报。广州市文物管理委员会的考古人员协同专家实地勘察，很快认识到这是一个规模惊人且未被盗掘的汉墓，是一桩极其重大的考古发现，随即将消息一层层上报到国务院。得到批示后，由精英专家组成的考古小组开始了谨慎细致的发掘。除了各种丰富宝贵的随葬品，研究者格外关注那些能够证明墓主身份的物件。结果既令人吃惊，也带有遗憾。考古人员在棺椁的位置发现了中国南部地区首见的玉衣敛服，但玉衣内部墓主的骨骸已经基本化成粉末，只找到一小部分残存的颅骨片。不过，据此已经可以通过专业手段推断出墓主的死亡年龄大约在四十至四十五岁之间，同时根据玉衣的尺寸，大致可以估算出他的身高为一百七十厘米左右。专家在墓穴里还找到了许多印玺，这往往是昭示墓主身份最直接的证据。其中一枚上刻"文帝行玺"，且有使用痕迹，不仅揭示了这的确是自古至今许多人苦苦寻找的南越王墓葬，而且证明了"武帝""文帝"果真是南越王生前就使用的帝号，而非死后的谥号。另有一枚刻有"赵眜"的私人印章则制造了一个谜团，因为文献中的南越文帝分明叫作"赵胡"，"赵眜"这个名字从未出现在任何关于南越国的历史记载中。这究竟是赵胡的别名，还是南越王室另一个重要人物，虽然大部分学者赞成"别名说"，但实际上至今也未能真正辨明。

建元五年

（公元前 136 年）

● 刘彻二十一岁 ●

从"坑儒"说起

这一年和上一年相比，《汉书·武帝纪》的篇幅并没有增加多少，累计是五句话：

五年春，罢三铢钱，行半两钱。
置五经博士。
夏四月，平原君薨。
五月，大蝗。
秋八月，广川王越、清河王乘皆薨。

大意是，春天的时候，实行了币制改革，更换新钱的原因，不外乎旧钱重量不合适、不方便，民间私铸普遍，钱的磨损和掺杂现象严重等等；五月，发生了大规模蝗灾；一年里逝去了三位重要人物，平原君是王太后的母亲，即刘彻的外祖母，广川惠王刘越、清河哀王刘乘都是景帝的儿子，他们的母亲是王太后的亲妹妹，但这两个诸侯王本身没有什么值得记述的事情。

这一年的记录里，最应该大书特书、对后世影响最为显著的，是"置五经博士"这简单的五个字。为了更好地理解此事，需要先从秦始皇"坑儒"这一曾引起广泛争议的事件说起。

完整记录坑儒前后因缘的，是《史记·秦始皇本纪》。始皇帝三十五年（前212年），为秦始皇求仙药的方士卢生、侯生将他批评一番，认为他刚愎自用，以刑杀为威，在这样的环境里工作实在没有意义。两名方士随即逃之夭夭。始皇帝得知此事后大发雷霆，发了很长一段牢骚："去年我把天下不中用的书籍全部烧毁，招了大批文学方术士和方士在身边[1]，目的就是致太平、炼奇药。谁知这群炼药者光耗费钱财，全不见功效，倒是中饱私囊、以权谋私的丑闻天天传到我耳里来。卢生等人，我待之不薄，如今又诽谤我，毁坏我在天下人心目中的光辉形象。有司速速审问在咸阳的诸生，仔细盘问究竟还有没有胡言乱语煽动百姓者。"于是，在京城的诸生有四百六十余人被坑杀，同时始皇把这桩大案公之于世，令天下人都引以为戒。

> 始皇闻亡，乃大怒曰："吾前收天下书不中用者尽去之。悉召文学方术士甚众，欲以兴太平，方士欲练以求奇药。今闻韩众去不报，徐市等费以巨万计，终不得药，徒奸利相告日闻。卢生等吾尊赐之甚厚，今乃诽谤我，以重吾不德也。诸生在咸阳者，吾使人廉问，或为妖言以乱黔首。"于是使御史悉案问诸生，诸生传相告引，乃自除。犯禁者四百六十余人，皆坑之咸阳，使天下知之，以惩后。（《史记·秦始皇本纪》）

此事的前因后果很清晰。两名方士说了些不好听的话，又玩失踪。秦

---

[1] 先秦至汉的文献里，"文学方术士"和"方士"是两类人。前者指学者，目的是致太平；后者目的是炼丹药求长生。详见拙文《秦始皇"悉招文学方术士甚众"的"方术士"指什么人》。

始皇感觉遭到背叛，受到侮辱。从他的愤怒，以及拿来警示天下的要点来看，更让他无法忍受的是两名方士对他的评价。始皇认为这是对自己的"诽谤"，从而迁怒整个在咸阳的学士集团。故而他让御史审问的内容，也是诸生有没有和两名方士一样"为妖言以乱黔首"。整个事件虽由方士引起，焦点却是言论问题。他要解决的后患，并非方士逃亡，而是让天下人知晓不可以随意评论高高在上的自己。

但这个事件被后世和"焚书"并举，概括为"坑儒"，一下子就引起了争论。争论的关键在于，秦始皇所坑的，到底是方士，还是儒生？

从原文看，激怒始皇帝的卢生确实是方士，但同时也说到所审所坑的为"诸生"。争论双方似乎都有可以令人信服的理由。

如果我们再考察《史记》其他各篇，还能找到另外两处描写坑儒事件的文字。

> 昔秦绝圣人之道，杀术士，燔《诗》《书》……（《史记·淮南衡山列传》）

> 及至秦之季世，焚《诗》《书》，坑术士……（《史记·儒林列传》）

这两处都用了"术士"的说法。这样一来，支持"方士说"的人仿佛看到了新证据。用我们今天的语境来看，"术士"不就是装神弄鬼、玩弄奇术的"方士"的同义词吗？

先别急着下结论。如果求诸《说文解字》，我们会得到相反的结果。《说文解字》说："儒，术士之称。"获得鼓舞的人立刻换成了支持"儒生说"者。

这扑朔迷离的证据，简直搞昏人的脑袋。究竟孰是孰非，其实很简单。我们只需要搞清楚一个事实即可，从先秦至汉，"术"是一个含义非

常广泛的统称词,它的意思等于"知识""方法"。我们来看几个同为《史记》中"术"的例子:

> 天下无异意,则安宁之术也。(《史记·秦始皇本纪》)
> 此言取与守不同术也。(同上)

故"术士"的含义相当于"知识分子",它不是单指一个具体学派,无论学者持何种学术思想,他们的学问都是"术"。试看《史记》中几个不同的例子:"招致儒术之士"(《史记·礼书》);"而燕、齐海上之方士传其术,不能通"(《史记·封禅书》);"其治要用黄老术"(《史记·曹相国世家》);"(韩非)喜刑名法术之学"(《史记·老子韩非列传》);"始尝与苏秦俱事鬼谷先生,学术"(《史记·张仪列传》);"亦颇采驺衍之术以纪文"(《史记·孟子荀卿列传》);"仆尝受相人之术"(《史记·淮阴侯列传》)。

从这些不同主语、定语可以看出,任何人的思想,都可称为"术",所以把"术士"简单等同于"方士",是把"术"的意思理解狭隘了。司马迁两处提到"杀术士"或"坑术士",一处提到"诸生",说明他采用的原始资料都认为秦始皇杀死的是一批统称的"知识分子",或者说"学者",并没有刻意提到这些学者究竟属于何种派别。我们后面的篇章还会介绍,其实秦始皇时甚至还没有产生以"家"来细分学派的做法,没有后世所习称的道家、法家、名家、农家等称谓。

那么问题就来了,既然没有特指学派,把这一事件径直概括为"坑儒",是不是也狭隘化了呢?是不是儒家有意突出自己的受害者身份呢?另外,《说文解字》说,"儒,术士之称",为什么也把知识分子的统称径直归为"儒"了呢?

这就要说到"儒"和"儒家"的区别了。

德国人卡尔·雅斯贝尔斯提出了著名的"轴心时代"理论,他认为,在大约公元前 800 年至公元前 200 年这一时段,世界各个地区不约而同出现了哲学流派的大爆发。中国在此时期正处于先秦诸子时代。

学术之大进，固然和社会制度之大变有不可分割的联系，但没有任何一种思想是无源之水，是可以脱离传承而到了诸子时代就突然凭空出现的。如果要追溯知识的最初来源，大约可以往前推至上古先民部落里掌握祭祀和占卜特权的少数人。这些人是最早掌握系统知识甚至文字的特定人群，因为垄断了大事的解释权、主持权，而成为族群里的上层贵族。随着部落不断融合，进化到早期国家形态，上层贵族也就变成了掌握国家权力的官僚系统。知识库里除去原有的"神道"，融入了更多的"世务"。"神道"的知识多为祭祀与占卜的知识，"世务"的知识则多为战争与牧民的知识。早期国家采用世官制，故知识先只在职务内部、家族内部传承，从上一任直接传授给下一任，从上一代直接传授给下一代。

春秋是中国古代社会形态开始大变革的重要时期，贵族没落已成社会普遍之态，种种官学、家学加速从上层覆盖到平民社会。而"儒"，就是当时一群以传授知识为职业的人。

> 所谓儒，是一种有知识有学问之专家，他们散在民间，以为人教书相礼为生。（冯友兰《原儒墨》）

这些"儒者"也就成了生发诸子百家思想的主干。《汉书·艺文志》给出过一种更为理想的传承模型，即诸子的区别就是王官职业的区别，儒家出自上古的司徒官，司徒相当于后世的丞相，负责协助人君治理天下；道家出自史官，负责从历史兴亡中吸取教训，总结规律；阴阳家出自羲和官，负责上观天象，制定历法；法家出自理官，负责刑狱和赏罚；名家出自礼官，负责制定和维护各种礼制；墨家出自清庙之守，负责宗族事务和祭祀，所以他们主张兼爱族人和敬畏鬼神；纵横家出自行人官，负责外交；杂家出自议官，负责掌握各种知识，以言论来补缺辅政；农家出自农稷官，负责劝农助耕，养育百姓；最后还有一个小说家，出自稗官，负责收集街谈巷语、道听途说。

这个思路对后世学者启发很大，因为知识"从上到下"，即从官方到民间的传播路径，几乎是颠扑不破的事实。后世学者很多建论都是从这个起点开始的。但《汉书·艺文志》的模型过于理想，又过于分裂，认为诸子百家有着各自泾渭分明的传播途径，而忽略了一个事实，如前所说，先秦至汉，除了墨者有严密的组织形式，其他学者在先秦几乎没有自然的学派界限，先秦论及学术，只称某子，而不称某家。被后世归为法家的李斯、韩非，竟然师出后世被归为儒家的荀子，若不明先秦学术无学派的事实，就很难理解这一现象。究其原因，在于诸子传播的知识原先都来自上层的官学，有几乎统一的来源，在数百年的传承里，又不断融入个人的、地域的、时代的新知，最后才散为不同的后世所谓的诸子，故诸子的主张虽有时大相径庭，却仍你中有我，我中有你，有不少观念异常一致，可以找到同出一源的痕迹。

孔子本人，首先就是一名从事教书相礼工作的最知名的"儒者"。

孔子曾教育弟子子夏说："你要做君子式的儒，不要做小人式的儒。"

> 子谓子夏曰："女为君子儒，无为小人儒。"（《论语·雍也》）

钱穆先生注释此处的"儒"说：

> 儒在孔子时，本属一种行业，后逐渐成为学派之称。孔门称儒家，孔子乃创此学派者。本章儒字尚是行业义。（钱穆《论语新解》）

可以佐证儒是行业义的人，正是孔子叮咛教育的子夏。他的本名叫卜商，字子夏，是孔子的绝对高徒。孔子死后，子夏到魏国传教，李悝、吴起等人皆为其弟子，而李悝被后世归为法家，吴起被归为兵家，这既是儒为行业的证明，也是先秦诸子传承无界限、无学派的表现。

由上可知,"儒"起初是指广义的传授知识的学者、知识分子、以学术干政者,和"术士"是同义的。葛兆光先生在给研究生的《学术史讲义》里也提到,"章太炎说得很对,在最宽泛的意义上,古代所有学者可以叫做'儒'"。那什么是我们现在常说的"儒家"呢?这是后世为先秦学术研究硬性分的家,狭隘地单指孔门弟子且崇尚六经者。后来的"儒家",更确切地说是"经学生",和广义的"儒"所代表的"学术之士"大相径庭。由此我们可知,《说文解字》说"儒,术士之称",是非常精准的定义;"坑儒"之说,也没有任何问题。部分人觉得有争议,只是把"坑儒"之"儒"理解成后来狭义的儒家经学生了。

独崇五经

前面说到,秦始皇称自己"悉召文学方术士甚众",这个"甚众"的数量大约为七十人,这是秦朝的博士官制度。实质上,战国时魏、齐等国就有博士,一般认为是从齐国设置"稷下先生"发萌而来。博士的职责是"通古今",要知晓往古历史,还要明晰当代社会,所知要"博",所论要"通"。一个七十人的博士集团,就相当于在皇帝身边备了一套天文、地理、人事无所不包的百科全书。秦始皇的博士官,兼有各种学说,并非只为某一种思想而设。秦焚毁民间的《诗》《书》和百家书时,唯独没有祸及博士官所藏的这些书籍,直到项羽入咸阳宫才一把火烧光。

汉初承袭秦制,朝廷也设有博士官,数量达到与秦始皇时等量齐观的七十余人。其所操学术为何种?除了前面提到的开创"《鲁诗》学"的鲁人申公,文帝时以治《诗》为博士,晁错曾往九十多岁的伏生家中受《书》,景帝时又有董仲舒、胡毋生等以治《春秋》为博士,其他学说想来应该都有备员。

而建元五年的变化,之所以对后世影响最为显著,在于二十一岁的刘彻终于把其他学说都摈除在博士官之外，而独设《诗》《书》《礼》《易》《春秋》五经博士。上一节我们说过，后来的儒家，实际上指的就是经学生。所以，独设五经是导致"儒"的含义从广义的学者统称变为狭义的经学生的重要事件。

不仅如此，经学生还将这五经与孔子联系起来，认为是圣人孔子之术。具体是如何联系的呢？

我们知道，周朝的贵族基础教育，以"礼乐射御书数"六艺为内容，这些项目都跟祭祀及军事有关，正是"国之大事，在祀与戎"的直观体现。而《诗》与《书》类似于一种进阶版的选修内容。《诗》可以理解为歌词，它不仅能与乐结合，用在祭祀、宴会等正式场合，也能脱离乐单独作为社交辞令。《书》则记录了三代先王的重要讲话和重要事迹，很有借鉴意义。两者都属于具有积极意味的政书性质。王葆玹先生认为战国末期齐人喜好功名，故特别好讲《诗》《书》。

> 《诗经》的辞句是齐人在从事政治游说活动时所必须熟记的，因而诗学在齐地极其兴盛。《尚书》载有三代政治文献，论及许多政治法则，这在热衷于从事政治活动的齐人眼里也是必须了解的，因而《尚书》也成为齐人所重视的经典。（王葆玹《西汉经学源流》）

而在更早之时，《诗》《书》则是有志于政治的贵族普遍的学习内容。不独孔门，在诸子的言论与著作里，都能看到大量引用《诗》《书》。经学生认为孔子对此二部经典有整理删定之功。《史记·孔子世家》说，古代的诗本来有三千多篇，孔子做了筛选，最后成为现在三百零五篇的版本。因为经过圣人之手删定，《诗》就变成《诗经》，作为经典存在了。《书》也是如此，孔子从三代浩博的文书中编选排序一百篇，成为经典《尚书》。

"礼"是孔子特别重视的，它的内容尤其广，涉及生活的方方面面，孔子经常带着弟子一起操练，也经常在交流时提及。但孔子在时，有没有一部成文的《礼》，很值得怀疑。同样，《春秋》是鲁国的编年史，据说孔子晚年亲手修订，并在其中寄予了"微言大义"，所以孟子说"孔子成《春秋》而乱臣贼子惧"，但在《论语》里，没有见孔子与其弟子谈及《春秋》哪怕一次。《易》和孔子的关系最为扑朔迷离，它起初只是一本单纯的卜筮书，上升到哲学高度至少要到春秋时期。《论语》里，孔子曾说过一句："加我数年，五十以学易，可以无大过矣。"但古书是没有标点的，所以在另一个版本的《鲁论语》里，这句话被断句为"加我数年，五十以学，亦可以无大过矣"，变得和《易》全然没有关系。现在我们大概可以知道的是，孔子本人可能对《易》稍有涉猎，但后学把不知何人为《易》所作的《易传》加到了孔子头上。

无论孔子也好，后人也好，总之五经就相当于从当时知识分子普遍学习的知识库里选取了一部分，编订为一套属于经学生自己的教材，最后把总编之名冠给了孔子本人，用以彰显此五部教材的经典性。

刘彻独设五经博士，将其他学说全部排除在外，相当于把五经抬高到国学地位，把治五经的博士抬高到国师地位。他之所以显示出尊儒（实际上是尊经）尊孔的鲜明态度，内在原因有诸多猜测。比如钱穆先生就认为，这是因为孔门保留古代王官之学最系统、最完整，从他们兴教办学的效果和他们的教材编写就能看出。刘彻尊儒，是为了复古，把私学重新统为官学，回到圣王时代。也有学者认为，这是因为经学生与时俱进，他们尤其推崇的《春秋》中的"大一统"理念，非常符合刘彻此时的集权需求。无论出于何种目的，结果是一致的，刘彻亲手为诵法孔子的儒生打开了一道通往金光大道之门。而进入这道门当然有条件，天子陛下将在未来用生动的实例把条件一一挑明。

独设五经博士带来了两个额外的问题。第一，这一设置算不算传说中的"废黜百家，独尊儒术"？这个问题我们稍后解答。第二，刘彻在继位第一年就尝试过尊儒且已经宣告失败,他一直处在祖母的阴影之下小心谨慎、韬光养晦,怎么又突然行动起来,且一切顺利无阻?这个答案现在就可以揭晓:下一年,年迈的窦太后就去世了。所以基本可以推断,建元五年,她的健康状况已经不容许她再插手朝政。

建元六年

(公元前 135 年)

● 刘彻二十二岁 ●

再度兴兵

　　这一年五月，刘彻的祖母窦太皇太后去世了。她做文帝朝皇后二十三年，景帝朝太后十六年，武帝朝太皇太后六年，凭着强势的性格影响大汉命运近半个世纪。如前所说，西汉的太后政治现象尤为突出。窦氏之前有吕后，之后还有王政君，只不过吕、王二人造成的后果更严重，更为后世所诟病。窦氏虽也在幕后操持朝政，好在文、景、武三朝局势稳定，故后世批评女性干政的悠悠之口不及窦氏之身。

　　刘彻的心情想必颇为复杂。一方面，死去的毕竟是亲祖母，当年自己七岁被立为皇太子，离了祖母的认可是做不到的；另一方面，窦太后又确实像一座庞大无比的山压在自己肩上，让年轻的他全然无法施展拳脚。

　　现在，山崩了。

　　帝国的未来要变了。

　　大人物的死亡，常常伴随着高层的人事更替。窦太后死后一个月，丞相许昌、御史大夫庄青翟就被问责免官。这两人，是刘彻第一次崇儒失败后，按照窦太后意愿，用以更换窦婴和田蚡的。[1] 如今安给他们的罪名，却是怪他们没有把窦太后的丧事办好，多少有点讽刺。这次两人下台，理论上可以让窦婴和田蚡官复原职，但实际的情势已经截然不同。窦婴当初担任丞相，固然有前朝功勋的因素，更多则是因为窦太后侄儿的身份光环，如今失了窦氏这座靠山，虽不至于立刻潦倒，想要重新占据第一要位，恐怕已经力不从心。田蚡则完全相反，当初他不得不处处让窦婴一头，如今姐姐王太后已经是宫里唯一的太后，是唯一能让刘彻俯首帖耳之人，他的权势也跟着水涨船高，理所当然登上丞相之位。这样的人事更换，虽前后不同，内里仍一样是太后政治的体现。

田蚡为人骄奢，豪宅田园遍布长安城，又多受四方贿赂，家中金玉、妇女、狗马、声乐不计其数。由于田蚡身兼天子舅舅和帝国丞相，刘彻对他保持着最大限度的尊重和忍耐，凡田蚡上奏之事、推荐之人，几乎言听计从。偶尔，刘彻也会表达些许不快。有一回，他抱怨道："舅舅你的人任免完了吗，可不可以留几个位置给我看上的？"理论上，任免官吏的确是丞相的责任，但正如刘彻所说，皇帝也有自己想用之人，情商高一些的丞相，任免官吏时往往懂得兼顾。任人这种大事，一旦完全不考虑主上意见，皇帝难免会疑心你是不是要拉帮结派，架空自己。还有一次，田蚡想拿考工的一部分土地为自己建造宅院，刘彻终于忍不住发了一回火，他怒斥不知足的舅舅："你干脆把武库拿去用好了！"

"考工"这个机构属于少府，少府是专用来奉养皇室的。性质上，丞相代表的政府属于公家，少府则是皇帝个人私属。田蚡这个请求等于是借公家的名义，把手伸到了刘彻自己的腰包里。所以刘彻觉得田蚡简直胆大包天，肆意妄为，说干脆把武库给你，你拿着里面的兵器直接造反吧。人如果太春风得意，容易不知分寸，这时需要当头棒喝。田蚡经过这次警告，果然收敛了很多。而从刘彻的态度来看，不难发现他其实并不喜欢这

---

[1] 见建元二年"祖母的反击"篇。

位过分骄奢的舅舅，尊他为丞相，完全是看母亲王太后的面子。

摆脱了窦太后的控制，刘彻很快就得到了第二次用兵的机会。这次机会同样是闽越国给的。三年前，闽越围攻东瓯，刘彻不敢动用虎符，只能让庄助单人持天子使节悄悄发郡兵前往。这次，闽越又进攻更换新君不久的南越国，南越向汉朝上书，请求发兵来救。刘彻甚至没有像上回那样征求意见，直接决定"大为发兵"。汉军兵分两路，一路由大行令王恢率领，从豫章郡进军，一路由大农令[1]韩安国率领，从会稽郡进军，浩浩荡荡向南越进发。军权在手，气势果然大不一样。

汉军还没有翻越五岭，闽越国就发生了内讧，闽越王的弟弟馀善和他的支持者借机发动政变。政变自然需要一个听上去正当的理由，馀善表示："哥哥没有向大汉天子请示就擅自用兵攻打南越，因此引来了汉朝的大军，就算现在我们能抵抗一时，也无法阻挡汉军的不断攻击，灭国是迟早的事。不如我们杀掉哥哥，向大汉天子谢罪。天子若立刻退兵，我国尚能保存完整；若汉军不退，我们再力战求存；若终究无法取胜，就举族逃入海中避难。"于是，闽越王的人头很快被馀善的支持者砍了下来，由一名使者送至汉军王恢处。

王恢心想，此行的目的，本来就是为了惩罚闽越国，如今对方已杀王谢罪，我军兵不血刃，不战而胜，岂不是最好的结果？于是，他暂时按兵不进，一边遣使把闽越王首级速送长安，请求天子作进一步指示，一边派人知会韩安国停止进军。刘彻听报，下令立刻罢兵，但是在怎么处置闽越国的问题上，刘彻耍了一个手段。按理说，馀善杀死哥哥，向汉臣服，论情论势，都该由他继任闽越王。但刘彻立另一王室，和馀善同为王，一为越繇王（丑），一为东越王（馀善），在闽越国内故意搞分裂，让他们不断内斗而自削实力，留待将来征服。

---

[1] 秦朝的治粟内史官，景帝中元六年（前144年）更名为大农令，武帝太初元年（前104年）更名为大司农。

刘彻同时再遣亲信庄助前往南越，向他们告以天子助人之德。新任南越文王赵胡谦恭地向庄助表示："感谢皇帝陛下为臣兴兵讨伐闽越，这份大德永世难忘，请使者先行一步，我安抚好国内民众就日夜兼程，亲自前往长安向皇帝谢恩。"赵胡同时派自己的太子赵婴齐先到长安入宫宿卫。所谓"入宫宿卫"，其实是一种"质子"现象，即小国向大国输送亲属（一般为儿子）当作人质，表示依托和臣服。而赵胡本人后来在大臣的劝谏之下，称病没有前行。

庄助回程禀命途中，又专程去淮南国找了一趟淮南王刘安，此行同样出自刘彻授意。起因是刘安得知汉朝要发大兵攻打闽越，写了一封长信劝谏刘彻。这封信很值得一读，这里只讲一下大概，全文用附录的形式加在本章之后。

信中，刘安一上来就把侄儿好好夸了一番，称刘彻即位以来，"布德施惠"，刑罚轻了，赋税也少了，鳏寡孤独、男女老少都得到很好的照顾，全国上上下下沉浸在和谐祥乐的氛围之中，一片升平景象，百姓以为有生之年再也不会经历战事。紧接着，刘安话锋一转，过渡到自己的本意上。

> 今闻有司举兵将以诛越，臣安窃为陛下重之。（《汉书·严朱吾丘主父徐严终王贾传》）

刘安措辞非常小心聪明。既然前面都在夸天子圣明，当然不能立刻批评天子不对，于是他把"举兵"的主语冠以"有司"，暗示并非天子决策失误，而是下面的人胡乱作为，给刘彻留足了可下的台阶。

刘安继续交代为什么觉得不妥，这是信的主要内容。他花了很长篇幅分析闽越的地理、习俗，以及中原和闽越交战的历史，最后得出几个结论：第一，闽越山水多而农田少，得到那里的土地并没有什么价值；第二，闽越地势险恶，气候苦热，易守难攻，从历史来看，战胜他们虽是必然，但我方也将付出同样惨重的代价，实在得不偿失；第三，越人性情反复，一旦开了交兵的先例，之后恐怕动不动就要交战，中原百姓势必连年遭受战乱之苦，刚展开的美好生活将再次化为泡影。

最后，刘安给出了自己的建议，他认为闽越、南越两个边境小国有纠纷，有德天子只要居间调停，派人向他们喻以大义，他们就会羞愧停战，何必兴师动众、事倍功半地去做一名使者就能解决的事情。

这封信由淮南国的中大夫送到长安，交至刘彻手上时有些晚了，闽越投降的消息已经到达。故这封信哪怕字面上再情真意切，再有理有据，和胜利的事实一比，也显得过于苍白。闽越屈服于天子之威，刘彻心情应该是极好的，刘安这封迟到的劝谏信，可能让他更为得意。就像两人打赌猜谜，谜底揭晓前，可能会争得面红耳赤；揭晓的那一刻，胜利者事实胜于雄辩的快感，简直无与伦比。人的快乐有时很简单，让人哑口无言就是一种。于是，刘彻特意回了一封信，授意庄助去拜会一下刘安。信的内容很短很客套，更多天子想说的话则由庄助本人口头传达，大意是解释为什么用兵闽越，以及讲述事情的经过，重点是告诉刘安，汉朝不费一兵一卒，就让闽越和南越两国从此甘心臣属。整个事件足以证明当今天子虽然年少，但深谋远虑、德被海内。与此相比，刘安那封长信，实在是书生之见，缺乏见识胆量。

> 此一举，不挫一兵之锋，不用一卒之死，而闽王伏辜，南越被泽，威震暴王，义存危国，此则陛下深计远虑之所出也。事效见前，故使臣助来谕王意。（《汉书·严朱吾丘主父徐严终王贾传》）

结果摆在面前，刘安无话可说，唯有承认自己确实愚笨，远不及天子圣明。他盛情款待了庄助这位天子身边的红人，两人从此结交。庄助大概不会想到，此举已经给自己埋下了杀身之祸。

征讨闽越还带来另一个收获。闽越国屈服之后，汉军领军之一大行令王恢，曾派番阳县令唐蒙前往南越告知对方汉军胜利的消息。南越国自然要设宴好生答谢。在宴会上,唐蒙吃到一种味道鲜美的枸酱,听说不是当地所产,便询问出处。南越人解释说,首都番禺(今广东省广州市)城下有一条牂牁江,只知道这个酱是沿着水路从西北运来的。回到长安之后,唐蒙对枸酱念念不忘,恰好有蜀地到长安的商人告诉他,只有他们家乡产这东西,经常有人从蜀地偷贩到附近一个小国夜郎国。而夜郎国就在牂牁江边上,经常和南越国从水上通商。

从商人口中,唐蒙不仅知道了枸酱的产地,还了解到一条从前未知的通往南越国的水路。敏感的他立刻上书:"南越王虽然名义上臣服于汉,然而在其国中自称为帝,地域东西万余里,实在是汉朝潜在之敌。汉朝前往南越,一般从长沙、豫章两地出发,道路不通,复杂难行。臣听说夜郎国有精兵十余万,从牂牁江浮船能出其不意而至南越,可以作为制服南越的奇招。建议开通前往夜郎的道路,收服当地为汉朝郡县,在那里设置我们的官吏。"

刘彻立刻同意了这一战略方案,拜唐蒙为中郎将,具体负责此事。唐蒙见到夜郎侯多同,将巴蜀特产锦帛作为贿赂,同时喻以大汉威德。夜郎尚未同意,周边的小邑却纷纷表示愿意归附,于是这一年,夜郎附近设置了犍为郡,领有十二县,郡的治所在鳖(在今贵州省遵义市西)。这一举措,说明汉始终把南越作为大敌对待,刘彻对于南越之地也早有吞并之心,何时下手,只是早晚问题。

董仲舒和灾异论

这一年春天和夏天的时候,发生了两起火灾,地点都和汉高祖刘邦有关。二月,辽东高庙起火。高庙就是祭祀刘邦的祖庙,本来郡国是不设高庙的,景帝朝才下令皆设。四月,长安高园的便殿也着了火。高园自然也是祭祀刘邦的一大块园地,园中模仿帝王生前所居,既有正式场合的建筑,叫作正寝,也有燕居休息的地方,叫作便殿。这次就是便殿发生了火灾。

古代建筑多为木结构，起火本极为平常，只不过因为这处建筑地位特殊，古人又异常敬奉祖先之灵，于是刘彻为此素服五日。这已经是对待灾异非常谨慎恭敬的态度。

而在另一个人眼里，这显然还不够，他认为灾异的发生并不简单，其中一定蕴含着上天的某种寓意。

此人叫作董仲舒。

我们前面也提过一笔董仲舒的事情，他在景帝朝就以治《春秋》为博士，但由于窦太后偏好黄老清静，儒生当时不能得到重用。虽然如此，董仲舒还是凭着精深的学问和儒生的做派被广泛尊奉。有志于学者纷纷前来向他学习，他隔着帷幕讲授课程。由于学生过多，有人无缘旁听，只能成为他的再传弟子，甚至从头至尾没有机会见他本人一面。

那么这位大儒、大学问家、大《春秋》博士，是如何看待两起火灾的呢？

董氏专门为此写有一篇文章，文章模拟天子发问，自己作答。

他是这么作答的："《春秋》是一部圣人所作的经典。为什么经典呢？就在于它虽然记载的是历史，是往事，但完全可以用来作为现实的参考。今人要想知道某件事的警示意义，只要去《春秋》里寻找类似的例子即可。"

《春秋》里有没有记载连续发生的火灾呢？还真有，至少董仲舒找到了相关例子，认为有借鉴作用。第一起火灾发生在鲁定公时期，地点是鲁国的"两观"。董仲舒认为，"两观"本是天子才能拥有，现在鲁国也有，显然是僭越之物。这一建筑发生火灾，就好像上天在警告鲁定公，你的国家有僭越之臣，是时候引起注意除去他们了呵！然而鲁定公并没有领会上天的意思，于是第二起、第三起火灾发生了，起火的地点是鲁国的桓宫和釐宫。这时已经到了鲁哀公时期，可惜鲁哀公同样没有重视。又过了一年，果然亳社也发生了火灾。亳社是鲁地殷商遗民祭祀先祖的场所，董仲舒认为鲁国是封给周公族人的，保留亡国的亳社不符合礼制。所以，上述四个火灾发生地属于同一类建筑，是"不当立者"，这是上天在反复警告鲁君要除去国内的僭越之臣。

但问题来了，鲁国的僭越之臣季孙氏掌权架空鲁君并非一天两天，严谨的人难免会问：为什么上天不早点发出警告呢？董仲舒当然会给这一明显漏洞打上补丁。他解释道，上天会选择最合适的时候给出警告信息。之前圣人未出，想要除去季孙氏并不容易，上天不会贸然让人以身犯险。而鲁定公、鲁哀公之时，圣人孔子已出，正是维护礼制的最好时机，上天这才发出连续不断的提示。这就叫"不时不见，天之道也"。

> 季氏亡道久矣，前是天不见灾者，鲁未有贤圣臣，虽欲去季孙，其力不能，昭公是也。至定、哀乃见之，其时可也。不时不见，天之道也。（《汉书·五行志》）

这个解释颇有些诡辩的味道，但好歹也能强行说得过去。在董仲舒的描述里，上天和凡人一样，有着鲜明的态度和主张，对于人间乱象，上天扮演着一个"吹哨人"的角色。

有了这几个《春秋》中的例子，就可以拿来参考当今社会了。董仲舒认为，郡国不该设高庙，便殿不该居陵旁，这两个建筑和鲁国的例子一样，属于"不当立者"，故老天连续用两次火灾来警示天子。那么老天这次提醒的具体内容是什么呢？董仲舒说，这不很明显吗，老天仿佛已经在亲口对你说了："现在困难重重，不拿出公平公正的态度，就无法解决。要杀掉最远、最有威望的诸侯宗室，就像我烧掉辽东高庙一样；还要杀掉尊贵却奸邪的身边近臣，就像我烧掉长安高园殿一样。"

> 董仲舒对曰："……故天灾若语陛下'当今之世，虽敝而重难，非以太平至公，不能治也。视亲戚贵属在诸侯远正最甚者，忍而诛

之,如吾燔辽东高庙乃可;视近臣在国中处旁灾及贵而不正者,忍而诛之,如吾燔高园殿乃可'云尔……"(《汉书·五行志》)

董仲舒所指的希望刘彻杀掉的诸侯和近臣,研究者拿后面的史实来套,多认为是淮南王刘安和丞相田蚡。这种观点多少像开了全知视角,故也有学者认为他只是虚指,没有具体对象。

这篇文章是虚拟问答,写完之后,董仲舒并没有呈交给刘彻,不知是不是对此灾异理论尚没有十足把握的缘故。他把文章放在家里,之后不慎被人偷去,造成了自己的牢狱之灾,这是后话,暂且不提。

需要提一提的,是灾异理论和董仲舒的关系。《春秋》里面确实记录了很多灾异现象,西汉末年学者刘向曾专门做过统计,二百四十二年的历史里,有三十六次日食、五次地震、两次山陵崩塌、三次彗星、一次流星雨、十四次火灾等等。这只是纯粹对特殊现象的记录,未必含有过多褒贬的意思。唐朝史学家刘知幾对《春秋》记录灾异如此评论:"古之国史,闻异则书,未必皆审其休咎,详其美恶也。"同时,早期的人类也的确会因为对灾异的恐惧和不知其解而揣测天意,不过只是个人的偶发行为。到董仲舒这里,他试图将此理论化,建立一种天意和灾异的关联模型,而实际目的是希望借此来指导政治活动。董仲舒的灾异论思想,可以从他的著作《春秋繁露》里窥见。这种模型,如果用简单的话来概括,就是国家政策有失误,老天现出灾异来警告君主,君主若不吸取教训,改弦更张,后面老天将用更大的祸患来惩罚他。这时的祸患往往就不是灾异现象那么简单了,而是会导致其国其君其民受到更严重的实质性伤害。

> 凡灾异之本,尽生于国家之失。国家之失乃始萌芽,而天出灾害以谴告之;谴告之而不知变,乃见怪异以惊骇之,惊骇之尚不知畏恐,其殃咎乃至。(《春秋繁露》)

仔细看这样一条逻辑链，其实从第一环的政策失误，直接推至第三环的国民受到伤害，才是正确的因果关系。但如果臣下如此议政，一来过于直言不讳，二来理论底气不足。董仲舒在这条逻辑链中间插上一个代表老天意志的灾异，就可以借天的威严压天子一头。

而这个理论最大的问题在于，灾异和其前后的逻辑链都很脆弱。同样的政治事件前后，显然不可能保证都会发生同样的灾异。那不同的灾异如何关联同样的事件呢？最终全靠学者怎样附会。这就导致了灾异论从来没有一套标准答案，学者不得不各据己见，各说各话。

以董仲舒上面解释的火灾为例，如果让其他经学家来看，就会对亳社这一论据提出很大异见。董仲舒为了前后不矛盾，把亳社和发生火灾的其他地点归为同一类"不当立者"，认为这不符合礼制。而实际上，同是经学典籍的《礼记》和《公羊传》都认为保留亳社完全合乎礼法。

董仲舒初创灾异论，在武帝朝并没有被普遍认可。不过董仲舒名望甚高、弟子众多，故灾异论不断被修正和抬高，儒生始终希望可以借此来约束皇权。西汉末年刘向和刘歆父子，分别作《洪范五行传论》，为灾异论的经典之作。有意思的是，父子俩对同一灾异所作的解释，几乎没有一条是相同的。原因在于，刘向作传论，是为了反对王氏外戚专权；而刘歆作传论的目的恰恰相反，是为了帮助外戚王莽造势。立场相背，自然立意迥异。这也正是灾异论的荒谬之处，它是一种人为建构的主观的政治观点，可以根据目的随意更换口径。

陈侃理先生曾总结灾异论虽然荒谬，但影响仍不断扩大的三个条件：

> 灾异论自身的完善，儒学权威的提升和扩张，汉朝由盛转衰。（陈侃理《儒学、数术与政治：灾异的政治文化史》）

理论的自身完善是通过不断用阴阳、五行、占卜等元素更新升级、打补丁，经学地位的提升增强了儒生的话语权，汉朝转衰则指导政治的机会增多，三者缺一不可。故到儒生和经学地位更尊的东汉，灾异论已经成为一种君臣都需要的政治正确。因此，班固在《汉书》中单独设了一篇论灾异的《五行志》，在所有十篇志里，《五行志》的篇幅竟独占三分之一。我们回过头看建元四年（前137年），《汉书·武帝纪》没有记载其他大事，只列了三件异象："有风赤如血""旱""星孛于东北"。虽然《春秋》也如此记灾异，不同的是，班固会在《五行志》里对这些灾异代表上天的什么意志做出解答。

比如建元六年，也有一件异象被记录下来。八月，一颗长星竟夜出现在东方的天空中，三十天之后才消失不见。武帝时，人们已按照星体特征的差异，将"扫把星"大体分为三种：孛星、彗星、长星。《五行志》对此次出现的长星的解释是，这就是蚩尤旗，当它出现的时候，往往代表人间的王者即将征伐四方，天下将久陷于兵事。

班固最后用十个字作为"蚩尤旗"的注脚，也相当于为刘彻接下来的执政时代作了一个冷冷的预告：

其后兵诛四夷，连数十年。（《汉书·五行志》）

两项人事任免

在进攻闽越的战役里，分头领军的两个人，一个是大行令王恢，另一个是大农令韩安国。

韩安国在景帝朝就已赫赫有名，他担任景帝弟弟梁王的中大夫，七国之乱中，又为大将，为梁国正面抵抗住了强大的吴楚联军，使得周亚夫等人能从侧面击破反叛的诸侯王。梁王死后，韩安国因罪失官，在家中闲居。恰逢武帝即位的建元元年，田蚡当时还是太尉，韩安国私下送了五百金给田蚡，请求他在王太后面前美言。在王太后授意下，刘彻起用韩安国为北地都尉，很快升迁为九卿大农令。从这件事可知，在某种程度上，刘彻会认为，韩安国算是田蚡派系之人。

在威服闽越之后，韩安国因军功升任御史大夫，跻身三公，应该也是田蚡在背后力主的结果。略显奇怪的是，王恢虽也立有大功，却没有因此升职，原因我们不得而知。

这时，正赶上匈奴来请求和亲。究竟是保持原先的隐忍策略，还是采取主动进攻的策略，韩安国和王恢在刘彻面前有了首次辩论。王恢出生于北方燕地，熟悉胡人的风俗习性，他主张："匈奴与大汉和亲，往往不过数年就翻脸不认，前来骚扰侵边，不如从此不再答应，找机会发兵征讨，以绝后患。"韩安国则认为，应该保持原有政策，继续跟匈奴和亲。此时这种辩论，既是汉初以来主战与主和之争的延续，又暗中体现了刘彻与田蚡主张的矛盾。争论的结果是，群臣大多附和韩安国的意见，实质上选择了站在田蚡一边。于是，刘彻勉强答应了和亲之策。

除了韩安国担任御史大夫，另一个人的任命也需要提及，此人叫作汲黯，这一年被刘彻任命为九卿之一的主爵都尉，他和韩安国都是武帝朝前期的重要人物。

汲黯担任东海郡太守的时候，治理崇尚清静无为，由于身体抱恙，甚至经常整日待在屋里不出门，凡事全部交由下属办理，自己只抓要领，不拘小节。汲黯的性格也很不讨人喜欢，《史记》称其"性倨，少礼，面折，不能容人之过"，意思是他为人性格倨傲不驯，看到别人的过错就喜欢当面直斥。几乎人人生活中都见识过这样的人，人缘往往不会太好。但这一性格，却让刘彻觉得既讨厌，又有用。讨厌之处在于，他连天子的面子都不给，经常直言批评，让刘彻下不来台。比如刘彻招了很多文学儒士在身边，经常谈及效法尧舜的志愿，汲黯就很不以为然，直截了当地说："陛下内心欲望那么多，只是外表施行仁义而已，说什么效法古代圣王呢？"

天子方招文学儒者，上曰吾欲云云，黯对曰："陛下内多欲而外

施仁义，奈何欲效唐、虞之治乎！"（《史记·汲郑列传》）

刘彻被呛得说不上话，当场大怒罢朝，下朝后仍忍不住和左右亲信抱怨："汲黯这个戆人，实在太过分！"

而从另一个角度来看，汲黯谁都不给面子，凡事都据理力争，自然也就不会阿谀权贵。当时，他是为数不多不巴结奉承田蚡者。刘彻有一次问庄助："你看汲黯是什么样的人？"庄助答："如果让汲黯任官具体做事，可能也就是个普通人，看不出有过人之处；但是如果让他辅佐少主，坚韧不屈，召之不来，挥之不去，我认为即便是古往今来最杰出的勇士义士，也不会比汲黯更好。"刘彻点头，赞同道："然也，古人常说有社稷之臣，我看汲黯就很像。"

附录一：建元六年淮南王刘安谏汉武帝用兵闽越书

陛下临天下，布德施惠，缓刑罚，薄赋敛，哀鳏寡，恤孤独，养耆老，振匮乏，盛德上隆，和泽下洽，近者亲附，远者怀德，天下摄然，人安其生，自以没身不见兵革。今闻有司举兵将以诛越，臣安窃为陛下重之。

越，方外之地，劗发文身之民也，不可以冠带之国法度理也。自三代之盛，胡越不与受正朔，非强弗能服，威弗能制也；以为不居之地，不牧之民，不足以烦中国也。故古者封内甸服，封外侯服，侯卫宾服，蛮夷要服，戎狄荒服，远近势异也。自汉初定已来七十二年，越人相攻击者不可胜数，然天子未尝举兵而入其地也。臣闻越非有城郭邑里也，处谿谷之间，篁竹之中，习于水斗，便于用舟，地深昧而多水险；中国之人不知其势阻而入其地，虽百不当其一。得其地，不可郡县也；攻之，不可暴取也。以地图察其山川要塞，相去不过寸数，而间独数百千里，险阻林丛弗能尽著。视之若易，行之甚难。天下赖宗庙之灵，方内大宁，戴白之老不见兵革，民得夫妇相守，父子相保，陛下之德也。越人名为藩臣，贡酎之奉，不输大内，一卒之用，不给上事；自相攻击，而陛下发兵救之，是反以中国而劳蛮夷也！且越人愚戆轻薄，负约反覆，其不用天子之法度，非一日之积也。一不奉诏，举兵诛之，臣恐后兵革无时得息也。

间者，数年岁比不登，民待卖爵赘子以接衣食。赖陛下德泽振救之，得毋转死沟壑。四年不登，五年复蝗，民生未复。今发兵行数千里，资衣粮，入越地，舆轿而隃领，拖舟而入水，行数百千里，夹以深林丛竹，水道上下击石；林中多蝮蛇猛兽，夏月暑时，欧泄霍乱之病相随属也，曾未施兵接刃，死伤者必众矣。前时南海王反，陛下先臣使将军间忌将兵击之，以其军降，处之上淦。后复反，会天暑多雨，楼船卒水居击棹，未战而疾死者过半。亲老涕泣，孤子啼号，破家散业，迎尸千里之外，裹骸骨而归。悲哀之气，数年不息，长老至今以为记，曾未入其地而祸已至此矣。

臣闻军旅之后，必有凶年，言民之各以其愁苦之气，薄阴阳之和，感天地之精，而灾气为之生也。陛下德配天地，明象日月，恩至禽兽，泽及草木，一人有饥寒不终其天年而死者，为之凄怆于心。今方内无狗吠之警，而使陛下甲卒死亡，暴露中原，霑渍山谷，边境之民为之早闭晏开，朝不及夕，臣安窃为陛下重之。

不习南方地形者，多以越为人众兵强，能难边城。淮南全国之时，多为边吏，臣窃闻之，与中国异。限以高山，人迹所绝，车道不通，天地所以隔外内也。其入中国，必下领水，领水之山峭峻，漂石破舟，不可以大船载食粮下也。越人欲为变，必先田余干界中，积食粮，乃入，伐材治船。边城守候诚谨，越人有入伐材者，辄收捕，焚其积聚，虽百越，奈边城何！且越人帛力薄材，不能陆战，又无车骑弓弩之用，然而不可入者，以保地险，而中国之人不能其水土也。臣闻越甲卒不下数十万，所以入之，五倍乃足，挽车奉饷者，不在其中。南方暑湿，近夏瘅热，暴露水居，蝮蛇蠚生，疾疠多作，兵未血刃而病死者什二三，虽举越国而虏之，不足以偿所亡。

臣闻道路言，闽越王弟甲弑而杀之，甲以诛死，其民未有所属。陛下若欲来内，处之中国，使重臣临存，施德垂赏以招致之，此必携幼扶老以归圣德。若陛下无所用之，则继其绝世，存其亡国，建其王侯，以为畜越，此必委质为藩臣，世共贡职。陛下以方寸之印，丈二之组，镇抚方外，不劳一卒，不顿一戟，而威德并行。今以兵入其地，此必震恐，以有司为欲屠灭之也，必雉兔逃入山林险阻。背而去之，则复相群聚；留而守之，历岁经年，则士卒罢倦，食粮乏绝，男子不得耕稼树种，妇人不得纺绩织纴，丁壮从军，老弱转饷，居者无食，行者无粮。民苦兵事，亡逃者必众，随而诛之，不可胜尽，盗贼必起。

臣闻长老言，秦之时，尝使尉屠睢击越，又使监禄鑿渠通道，越人逃入深山林丛，不可得攻；留军屯守空地，旷日引久，士卒劳倦；越出击之，秦兵大破，乃发適[1]戍以备之。当此之时，外内骚动，百姓靡敝，行者不还，往者莫反，皆不聊生，亡逃相从，群为盗贼，于是山东之难始兴。此老子所谓"师之所处，荆棘生之"者也。兵者凶事，一方有急，四面皆从。臣恐变故之生，奸邪之作，由此始也。《周易》曰："高宗伐鬼方，三年而克之。"鬼方，小蛮夷；高宗，殷之盛天子也。以盛天子伐小蛮夷，三年而后克，言用兵之不可不重也。

臣闻天子之兵有征而无战，言莫敢校也。如使越人蒙徼幸以逆执事之颜行，厮舆之卒有一不备而归者，虽得越王之首，臣犹窃为大汉羞之。陛下以四海为境，九州为家，八薮为囿，江汉为池，生民之属，皆为臣妾。人徒之众，足以奉千官之共；租税之收，足以给乘舆之御。玩心神明，秉执圣道，负黼依，冯玉几，南面而听断，号令天下，四海之内莫不响应。陛下垂德惠以覆露之，使元元之民安生乐业，则泽被万世，传之子孙，施之无穷。天下之安，犹泰山而四维之也，夷狄之地何足以为一日之闲，而烦汗马之劳乎！《诗》云："王犹允塞，徐方既来。"言王道甚大，而远方怀之也。臣闻之，农夫劳而君子养焉，愚者言而智者择焉。臣安幸得为陛下守藩，以身为鄣蔽，人臣之任也。边境有警，爱身之死而不毕其愚，非忠臣也。臣安窃恐将吏之以十万之师为一使之任也！

（摘自《汉书·严朱吾丘主父徐严终王贾传》）

---

[1] 適通谪。

元光元年

(公元前 134 年)

● 刘彻二十三岁 ●

李广与程不识

长安城里有两座大的宫殿：未央宫与长乐宫。前者坐落在城西南，为天子居所；后者在东南，为太后居所。两座宫殿都设有兵士守卫，统管这些守兵的人，官职是卫尉，也属于九卿之列。能担任卫尉者，首先要值得信任，其次在军中较有威望。此时分别担任未央、长乐两宫卫尉的是两位名将——李广、程不识。

根据记载，这一年两位名将突然被任命为将军，派去北方边境驻守了六个月，李广为骁骑将军，屯守云中郡（治所在今内蒙古自治区托克托县）；程不识为车骑将军，屯守雁门郡（治所在今山西省朔州市右玉县）。史书没有说明原因，大约是边境收到匈奴大军动向的情报，故朝廷决定提前屯兵以防万一。

由于程、李二将同任两宫卫尉，又一起驻防前线，且都为当时声震天下的名将，故引发了大家对他们治兵和作战风格的比较讨论。

从出身来看，李广似乎更显赫一些。他的籍贯在陇西成纪（治所在今甘肃省秦安县），那里先秦时期就毗邻游牧民族，当地人多善骑射，能为骁将。李广祖辈里最出名的是秦国大将李信，最为彪炳的事迹是在灭燕战争里以轻骑抓捕燕太子丹。李广继承了家族世传的武艺。文帝前元十四年（前166年），匈奴老上单于亲率十四万骑兵从萧关大举入侵，杀汉朝北地都尉。李广当时可能不超过十七岁[1]，以良家子身份从军，凭借精湛的射术杀敌尤其多，得到文帝的欣赏。李广后为郎官，经常作为侍从陪同文帝射猎，得以展示一身武艺。文帝曾感慨："可惜李广生不逢时，若是生在高祖时代，万户侯何足道哉！"文帝可能没想到，这句发自肺腑的赞扬，竟然会成为李广一辈子的魔咒。

七国之乱时，李广以骁骑都尉身份跟随太尉周亚夫力战，名显当时，并接受了梁王颁发的将军印。这一举动历来被认为是李广缺乏政治头脑的体现。其实倒也不能完全怪他，毕竟那时节连景帝本人都在极力营造和梁王兄弟情深、亲密无间的氛围，甚至亲口许诺百年之后要传位给这位好弟弟。当然，脑袋灵活一点的，早已看出景帝用意不过是为了稳住梁王，让他在正面战场抗击叛军。李广人虽不笨，线条却粗了一点，大概把宣传口径当了真，才毫无嫌疑地接受了梁王的官职，所以尽管他也立有大功，事后却被景帝排除在封赏名单之外。

景帝对李广有偏见，不过抵御匈奴还是得依赖他。李广历任上谷、上郡、陇西、北地、雁门、云中等郡太守，都是与匈奴接壤的边境。其中最为人熟知的一段经历是在上郡太守任上与匈奴的一次交手。这次交手，把李广的长处和短处同时暴露无遗。

那一回，匈奴侵入上郡境内。李广军中有一名中贵人，所谓中贵人，是指景帝身边的亲信。名义上，中贵人是派来跟随李广学习军事技战术的，实际上我们生活里都见过类似的人事安排，把需要提拔的人放到一线业务岗位上镀镀金，时间不用太长，工作往往不用真干。李广当然知道其中的门道，也知道中贵人的业务水平肯定不怎么样。《汉书·李广苏建传》

---

[1] 按李广死于元狩四年（前119年），称"年六十余"。古人皆称虚岁，六十余往往指六十一至六十四岁，故其生年应在公元前182年至公元前179年之间，文帝十四年约十四岁至十七岁。

称中贵人有数十名骑从，想必便是李广安排在身边起贴身保护作用的，毕竟若中贵人在自己管辖郡内有个闪失，难以向景帝交代。

这次匈奴入侵，这名中贵人可能过于自信了，尤其是看到三个仿佛落单的匈奴，他仗着自己有数十名保镖，毫不犹豫冲上去主动开战，也许是想借此机会给自己的履历增加点光彩。谁知三名匈奴不慌不忙，引弓射击，不但射伤中贵人，还几乎把那些骑从全部射杀。

有些读者看到这里，不免会说："骑从都射死了，中贵人自己竟然只是受伤，看来身手可以嘛。"其实想象一下当时的场景就能明白，这些骑从的职责本就是保护中贵人，见他主动送死，谁敢不舍命搭救，必然争先恐后围绕在其身边"堵枪眼"，宁可自己受伤，也要保护中贵人无虞。这些骑从加起来，实力本来可能还比匈奴高一点点，因为多了个累赘，反而乱了手脚，落了下风。

受伤的中贵人在众人拼死保护下逃离现场，一路狂奔去找李广求救。李广听说之后，暗呼侥幸，只说了句："这三人想必是匈奴的射雕者。"说完，李广亲自带着百余骑前去为中贵人报仇。杀三人为何需要带百余骑，岂非胜之不武？这应该和"射雕者"的含义结合起来看。历来对"射雕者"的解释，都认为是形容匈奴中最善射之人，没有再深入探讨。但《汉书》称李广追上三人之后，亲自射杀两人，活捉一人，询问完下结论"果匈奴射雕者也"。这句话显然属于一种事实判断，如果"射雕者"仅是一种强调技术的称谓，而无特指，这句判断就显得没有来由。"射雕者"应指担任某种具体任务且善射的人（很可能类似于斥候），而非一般就技术泛泛而言。李广先凭借经验，猜测此三人正在境内执行该项任务，预判为"射雕者"，及抓住俘虏，通过询问验证猜测，才能下"果匈奴射雕者也"这样的结论。同时可以推论，"射雕者"执行任务时，往往应该不会离大军过远，故李广尽管一向自恃武艺高强，仍然谨慎起见带了一百多人前去。

为中贵人报得大仇之后，李广上山张望，果然望见不远处有数千骑匈奴大军。匈奴见汉军人数寥寥，以为是一小股诱兵，不敢轻动，纷纷上山列阵以待。

汉军此时也已人心惶惶,有人建议快马加鞭回头就跑。李广安抚大家道:"我们离开大本营数十里,就这么转身狂奔,匈奴追上来可轻易将我等射杀殆尽。不如镇定留下,匈奴必然以为是要引他们主动攻击,反而不敢胡来。"

李广随即下令道:"听我号令,前进!"

一百多骑迎着敌人,齐头并进,直走到离匈奴阵营仅二里地才停下。

李广又下令道:"下马解鞍!"

下马解鞍的意思,就是向匈奴表示自己不会轻易离开,继续迷惑敌人。但是众将不禁面面相觑,小声问道:"对方这么多人,万一发起攻击,我们岂不是跑都来不及?"

李广道:"正因为我们人数少,越是从容,匈奴越不敢轻举妄动。"

于是众将照做,匈奴果然更为猜疑,派了一名白马将,到阵前试探。

说时迟,那时快,只见李广和十余名麾下忽然飞速上马,往前奔驰,扬手一箭,便把白马将射杀在阵前。匈奴尚未反应过来,李广等人已经回到众人之中,若无其事再次下马,仿佛对敌人完全不屑一顾。

> 广令曰:"前!"未到匈奴陈二里所,止,令曰:"皆下马解鞍!"骑曰:"虏多如是,解鞍,即急,奈何?"广曰:"彼虏以我为走,今解鞍以示不去,用坚其意。"有白马将出护兵。广上马,与十余骑奔射杀白马将,而复还至其百骑中,解鞍,纵马卧。(《汉书·李广苏建传》)

天色越来越晚,匈奴始终搞不清汉军葫芦里卖的什么药,又怕有大军在背后伏击,最终趁着夜色悄悄引兵而去。李广也担心匈奴只是佯退,带着一百多人在原地守到天亮,才返回大本营。

如前所说,这一仗,把李广的长处和短处悉数暴露。他的长处是射术一流，心理素质极强，善于灵活应对，短处则是行事择机过于冒险，很容易就把自己和军队陷于危境。假如这场遭遇战里匈奴指挥官风格大胆一些，李广的百人恐怕很难有机会脱身。

史书没有交代程不识的出身，甚至连战绩也无。但能把他与李广对比，可见时人眼中两位将军无论声名还是经历的差距应该不会太大。

《资治通鉴》里专有一段比较二人治军风格的文字，是这么说的："李广的风格比较随意，什么都不讲究，人人自便，行军时会选择水草丰茂的地方休息，军中也不用警报，文书能省则省，但是会派斥候远离大营放哨。而程不识与李广完全相反，一切都以严谨为要求。程不识曾有评价：'李广将军治军崇尚简易，但是敌人一旦来犯，仓促之间无以防备，不过士兵都愿意为李将军所用，甘愿为其冒死犯险。我军虽然一切要求烦杂苛刻，敌人倒也从来不敢轻易冒犯我军。'"

程将军的口气里面，充满了对自己治军之术的自信和自豪。比较完之后，《资治通鉴》后面还有一句："然而，匈奴更害怕李广的谋略，在李广与程不识之间，士兵的心也明显更偏向前者。"

这些对比一定程度上解释了为什么程不识没有留下传奇事迹。汉初对待匈奴，一直保持防御为主的策略，程不识又相当持重严谨，匈奴既占不到便宜，也不太愿意去招惹，这样的将军当然没有什么故事性。而李广乐于冒险，作战主动，匈奴遭受李广的打击必然多于汉朝其他将军，加上李广本人有一手神射，其传奇声名自然更能远播于匈奴人心目之中。

司马光对于李广的风格不太认可，比较完李、程二人，语重心长地发表了一通自己的看法。他说："李广拥有超人的才能，故这样的治军风格只适用于他自己，绝不可以当作模板推广学习。而且这种风格的存在绝对弊大于利，一旦士兵都认为李广这样简易的风格最好，就会不服从那些严格的将军的管教，甚至以下犯上，军纪大乱。这就是治军简易的害处。所以，古人说'兵事以严终'。为将者，只有从严治军这一条路。学习程不识的做法，就算无功，好歹也能保持不败；学习李广的做

088　有为：汉武帝的五十四年

法，鲜有不失败覆亡的。"

明末清初思想家王夫之写有一部《读通鉴论》。在读到司马光对于李广和程不识的评论时，王夫之觉得温公有些偏激，他准备做一个更为辩证的发言。他说："程不识的风格，适合用来统率大军，让敌人不敢轻易冒犯；李广的风格，适合用来率领小支部队，方便随时发现战机，发动奇袭。如果反过来，让李广去率领大部队，就会指挥不动导致溃败；让程不识去率军奇袭，则容易因过于死板而贻误战机，反而失利。所以李、程二人，各有所长。将军统领士兵，方法可以不一样，而更高位的统领者要学会兼用这两类将军。"

> 束伍严整，斥堠详密，将众之道也。刁斗不警，文书省约，将寡之道也。严谨以攻，则敌窥见其进止而无功。简易以守，则敌乘其罅隙而相薄。将众以简易，则指臂不相使而易溃。将寡以严谨，则拘牵自困而取败。故广与不识，各得其一长，而存乎将将者尔。将兵者不一术，将将者兼用之，非可一律论也。（王夫之《读通鉴论》）

王夫之这一段论述，等于是给了李广一个定位，他再如何有名于当世，也不过是一名"将兵者"，而不是"将将者"。很多人喜欢孤立地评价李广，而王夫之建议，李广的成败，可能要拔到更高的视角来看，不仅要看他如何用兵，也要看一看大时代里，更高位者如何使用李广。

天人三策

秦汉史专家劳榦先生称元光元年是"中国学术史和中国政治史的最可纪念的一年"。他这么说的原因是，当年十一月，刘彻发布了一条诏令，在历史上首次让郡国各"举孝廉"一名。

顾名思义，"孝廉"就是对父母有孝行、品格清廉。刘彻希望天下郡国可以举荐这样的人给朝廷。举荐来的人当然是要任官使用，各尽其职，但举孝廉不免带来问题：道德高尚的人就一定有卓越的能力吗？道德和能力究竟哪个是第一位的呢？

古人反复辩论过这个话题，一个比较能够被大家认可的答案是，乱世把能力放第一位，治世把道德放第一位。

刘彻目前当然算是治世，突出道德标准无可厚非，更何况，这些举荐上来的人才仍然需要经过策问考试以鉴定能力。"孝"和"廉"只不过是进入面试和笔试的一道门槛。

王子今先生也认为，这道诏令代表汉朝的察举制度成熟了，从此人才仕进渠道更通畅，更具可操作性。前面我们介绍过，建元元年（前140年）刘彻就曾诏举贤良方正，文景之时也有类似举措，所以究竟哪次开始算成熟，可能尚有争议。但这一年孝廉作为察举的名目首次在历史上被提出，确是板上钉钉之事，从此孝廉将成为两汉时期最重要的一种人才标准。

《汉书》还在这一年的五月记载了一次策问贤良。一般来说，策问无非就是天子和贤良一问一答。但由于董仲舒第一篇回答过于精彩，刘彻意犹未尽，紧接着追问了第二个问题，直到最后变成对群臣的三问三答。董仲舒个人的三篇回答就是著名的"天人三策"。如果把问答内容全部写下来解释一遍，估计几万字都拦不住。这里只作简要介绍。

刘彻的第一问："古代圣王曾经让天下升平，但渐渐就王道大坏，出现了夏桀、商纣这样的暴君。多少有志的君臣想要复兴先王之业，然而都不能成功，是他们运用的方法不对呢？还是天命就是希望人间改朝换代？夏、商、周三代兴起之时，有没有什么受命于天的符瑞呢？灾异的出现，又是什么原因呢？我应该怎么做，才能复兴先王的太平伟业，让天下苍生都受惠？你们都是有大学问的，请不要有所隐瞒，为我直言不讳，我将亲自一一审阅。"

从这道试题里，颇可以看出刘彻的性格、喜恶，以及与先前帝王的不同。刘彻非常相信受命之说，对灾异背后的天意也略有关心，同时他的终极追求很明确，是要比肩古代的圣王时代。这种崇尚三代甚至更古的思路，首先在秦始皇身上是没有的。秦国自商鞅变法以来，直到李斯时代，一直主张"法后王"，认为古代社会已经过时了，古人的经验也不足取，先王时代未必美好，必须与时俱进。所以秦始皇在琅琊的刻石上说：古代所谓的三皇五帝，用鬼神来吓唬臣民，欺世盗名，所以不能长久，死了没多久，诸侯就背叛了。

> 古之五帝三王，知教不同，法度不明，假威鬼神，以欺远方，实不称名，故不久长。其身未殁，诸侯倍叛，法令不行。（《史记·秦始皇本纪》）

这些否定古圣的话，刘彻肯定不会同意。汉兴以来，从高祖到景帝，除了墨守清静无为之治，逐步解决内部矛盾，也一直没有提出一个鲜明的目标。司机驾驶着列车一路稳稳地朝前开，没有人问过究竟要开向何方。直到刘彻这里，终于有了一个较为透明的方向，"大汉号"列车是要开到一个与先王时代同样美好的未来。

对于刘彻的第一问，董仲舒回答的大意如下：

"所谓道，就是通向太平盛世之路。先王就是掌握了这种道的圣人，至于他们的后代变成乱世，不是因为这种道不存在了，而是后人没有坚持先王的做法。这时候天就会发出灾害警告，如果后人仍不知变，最终将被新的圣人取代。

"新的圣人出现时，会出现一些祥瑞符兆，表明他的确是受命于天。陛下现在贵为天子，富有四海，为什么还没有出现符瑞，正是因为还没有施行先王的大道。

"大道具体是什么，我认为最重要的是理顺阴阳。德教就是阳，刑罚就是阴。应该突出德教的重要性，以刑罚为辅，就像阴是阳的辅佐一样。

"孔子说：'朽木不可雕也，粪土之墙不可圬也。'秦就是朽木粪墙，汉继秦之后，应该把秦制全部推倒重来，改弦更张，施德教于四方，让天下百姓都知道仁、义、礼、智、信这五常，如此才有助于复兴太平盛世。"

董仲舒的回答里有些有意思的内容。首先，他肯定了刘彻提出的受命符瑞和灾异说。我们不用认为这是对天子的谄媚附和，其实这是社会上普遍存在的一种思潮。其次，董仲舒还提到了阴阳理论，这也不能简单说是从战国阴阳家那里得来的，阴阳理论的诞生要更早。阴阳、五行都是当时学者的共识，是流行元素，人人都说，而非一家之言。最后，他提出改弦更张，建立全新的汉家制度，这一建议非常符合年轻的刘彻有大作为、建大功业的内心。

《汉书·董仲舒传》称刘彻看到这一回答后非常惊奇，于是紧接着发出了第二问，第二问里又包含了四个具体的小问题："第一，舜用垂拱无为之治，周文王却兢兢业业连饭都顾不上吃，为什么同是圣人，一逸一劳区别那么大？第二，有的圣人崇尚俭约，而周朝制度隆盛华贵，为什么同是治世，一简一奢区别那么大？第三，殷人重刑，周人轻刑，而秦人复又重刑，是怎么一回事？第四，我即位以来，如履薄冰，勤勤恳恳，无非想继圣王、兴太平，但现在离古圣治世还有很大差距，这又是什么原因？"

董仲舒对于第二问的回答大意如下：

"第一个问题，尧足足用了七十年，把天下治理得井井有条，这就是孔子所说的'王者也需要长时间施行教化，才能让天下都行仁义'。但正是因为尧的功劳，舜继位之后就可以坐享其成，垂拱而治。而周文王继承的是殷纣的乱世，自然不得不废寝忘食，兢兢业业。一逸一劳，是因为所继承的时代不同。

"第二个问题，孔子说过：'过于奢华会丢掉恭敬之心，过于俭易则显得鄙陋。'只要不过度，服饰、车马、宫室制度可以分别贵贱，明晰尊卑；新圣即位，改正朔，易服色，更是顺应天命的必要措施。故礼仪制度，该建立的还是不能省略。

"第三个问题，刑罚用与不用，关键在于德教有没有施行，周朝时周公定下礼乐，教化仁义披于四海，自然用不到严刑酷法；而秦朝抛弃先圣之道，任用申、商、韩非之法，所以上下奸伪无耻，犯法者众多，死者相望于道路，这就是不用德教的后果。

"第四个问题，如今陛下并有天下，海内莫不臣服，然而天下尚未大治，不是陛下的原因，而是因为官吏的能力问题。臣建议陛下兴办太学，用明师教导贤士，为国家培养人才。同时让各郡国每年选拔两名贤能上贡朝廷，量材授官，人尽其职，则陛下尧舜之名可得，太平盛世必至。"

这一答里，大部分仍然是先秦延续下来的常规理念，如任用德教、尊奉礼制，没有变出什么新的花样。甚至"王者也需要长时间施行教化，才能让天下都行仁义（如有王者，必世而后仁）"这句话，经常会被一些急功近利的帝王认为过于古板和不切实际。回答里最针对时弊的，是兴办太学和上贡贤能的建议。当时，汉朝的官吏多从郎官晋升，而郎官的来源一是高官子弟，二是靠财富达到四万钱以上的家庭[1]。董仲舒认为这样选拔出来的人未必真有才能，所以提出了察举的方法。《汉书》干脆据此认为，汉朝的举孝廉制度就是由董仲舒建议而来。

刘彻最后又提出了第三问，这一问里也包含几个小问题："首先，天人感应是怎么回事？其次，尧、舜慢慢兴盛，桀、纣慢慢衰亡的原因何在？最后，夏、商、周三代的执政理念似乎各自不同，又都有其不足之处，但是学者都说大道是不会变的，岂不矛盾？"

对此，董仲舒给出答案：

"第一，天是万物之祖，而圣人代表上天来养育和管理万民。上天用春季来生万物，圣人则用仁来爱护万民；上天用夏季来养万物，圣人则用德来感化万民；上天用霜寒来让万物凋亡，圣人则用刑狱来惩罚万民的不轨。所以天人感应就是要求圣人的一举一动上要遵循天道，下要符合人性。

"第二，尧、舜逐渐兴盛和桀、纣慢慢衰亡的原因都是一样的，前者

1　汉初的标准为十万钱，景帝将此标准降为四万钱。

在于不断积善，后者在于不断积恶。故人君的一言一行不可不谨小慎微。

"第三，道的确是永恒不变的，但是每一任先圣为了拯救前世的弊端，不得不相应有所偏重。夏朝偏重忠诚，商朝偏重恭敬，周朝偏重文教，由此看来，继承治世者其道不变，继承乱世者则有所偏重。如今大汉继承暴秦而来，臣以为应该相应调整，稍微减少一些周朝的文教，尊用夏朝崇尚的忠诚。"

在回答完刘彻的问题之后，董仲舒在第三策里又补充了两个观点。第一是不与民争利。他认为天之道就是如此，牙齿锋利的生物不再长角，有翅膀的生物不会生四条腿，老天不允许一个生物把什么好处都占遍了。所以官吏身居高位，享有厚禄，就不可以凭借自己权位的优势再去和普通百姓争夺其他资源。第二是提倡"大一统"。董仲舒认为这是《春秋》最重要的价值观之一。"大一统"现在普遍被狭隘理解为地理上的"大统一"，其实这个"统"字是线头的意思，《春秋》崇尚"一统"，是指政治制度、思想观念等要有同一起点、同一源头。董仲舒对策里主要指思想层面，学者应该全部尊尚孔子这个源头，因此他主张，孔子流传下来的经学以外的学术，都应该"绝其道"，不让它们有传到朝堂之上的机会。

到这里，董仲舒的回答就都结束了。由于三策都不断提到天的意志，以及天与人之间的感应，所以被称为"天人三策"。作为汉朝乃至后世最尊奉的大儒之一，他的学说在其中基本都有所体现。之所以把三个问答都简要介绍一遍，是因为由此生发了很多问题和学术争论。

首先，董仲舒第三策最后提到禁绝其他学术，而述及建元五年（前136年）刘彻设五经博士时，我们也遗留了一问没有解答，即所谓的"罢黜百家，独尊儒术"在武帝朝真实发生了吗？随着对汉武帝时代研究的深入，越来越多学者认为，"罢黜百家，独尊儒术"这个说法并不科学。最大的原因在于，如前所说，"儒"起初是学者统称，都是儒，如何独尊？董仲舒对策里的原话也并非如此，而是"诸不在六艺之科、孔子之术者，皆绝其道"。六艺就是据说孔子有删定编修之功的六经：《诗》《书》《礼》

094　　有为：汉武帝的五十四年

《易》《乐》《春秋》。几年前，《乐》之外的五经确实被定为了官学。所以"罢黜百家，独尊儒术"这个说法恐怕不对，"罢黜百术，独尊经学"才是更精准的概括。

但是，天子把经学定为官学，必然会对民间学术流传起极大的引导作用。简单来说，既然经学有跻身朝堂的功能，学生自然趋之若鹜而不顾其他，这也是后世经学不断尊尚，其他学说渐而式微的根源。这就是思想文化领域的"大一统"。故有不少学者认为，刘彻的独尊经术和秦始皇的焚诗书实则殊途同归，都是对不同思想的禁锢。

第二个问题，是董仲舒作"天人三策"究竟发生在哪一年。由于史料相对缺乏，记载又含混不清，武帝朝许多事情的年份都很混乱，这也是本书写作最大的困难之一。《汉书》把董仲舒对策的时间定在此年，也就是元光元年的五月，但矛盾随之而来。因为班固又说，刘彻举孝廉、罢免其他学派的贤良都是出于董仲舒的建议，而这两件事明明发生在此年的十一月，以及六年前的十月[1]，都在对策之前。司马光编纂《资治通鉴》注意到了这个矛盾，经过一番考异，他说我也搞不清"天人三策"具体发生在哪年，但是放到建元元年（前140年）矛盾就迎刃而解了。问题是这样一来，新的矛盾又被制造出来。董仲舒对策里提到的许多具体史实都发生在建元元年之后，且对策原文曾明确提到汉兴以来已七十余年，而建元元年离高祖元年（前206年）才六十六年。后来的学者也为此争论不休，甚至又提出了对策在建元五年（前136年）、元光五年（前130年）等多种意见，直到现在也没有争出个结果。

我本身不是一个喜欢极端学术观点的人，但这个问题的所有意见中，我却比较认可一种最极端的观点，即根本就没有发生过"天人三策"这一次问答。原因在于，作为同时代人，司马迁非常熟悉和尊敬董仲舒，且曾受学于他，然而在《史记》里，压根没有提到任何一丁点关于"天人三

---

[1] 详见建元元年"跋扈的祖母"篇。

策"事件的信息。那么为何班固在《汉书》里把对策的过程写得有模有样，且有洋洋洒洒的三篇文字呢？有两种可能：一种可能是同解释辽东高庙、长安高园殿火灾一样，董仲舒只是在家中模拟了一次天子的三问三答，而这篇文章司马迁并没有看到，到董氏的后世再传弟子才公之于众，为班氏采用；第二种可能是董氏传人从董氏的著作，如《春秋繁露》中，摘取重要观点，代笔杜撰了"天人三策"，目的是尊奉董氏，并把经学在汉朝的崛起都归功于他。我认为第二种可能性更大一些。

以上是关于董仲舒"天人三策"的种种争论。真伪先搁置不论，有一点是可以肯定的，其中的思想确实源于董仲舒本人，因为都可以从《春秋繁露》里找到依据。希望借天意来神化帝王的正统性（符瑞说），同时一定程度上约束皇权（灾异说），从而完美行使经学家的治国理念（法先王、施德教），这便是以董仲舒为代表的西汉儒生的主张，他们认为如此便可以人人安居乐业，天下太平大治，复兴伟大的圣王时代。

而对于刘彻来说，全盘接受董仲舒等人的理论是绝无可能的。对于事业成功的渴望，使得他某种程度上以功利主义为先，他的雄心和能力也不允许自己被某一人、某一种学说彻底牵绊住。他只愿意相信那些能在有生之年看到效果，能让天下人崇拜他、记住他的主张，而阻碍这一切的注定将被摒弃。比如符瑞说和"大一统"理论，刘彻都欣然拿来为我所用了；而不与民争利等观念，后来的事实与此截然相反；再如灾异说，刘彻虽然关心，但从来不以为其咎在己。吴青曾在《灾异与汉代社会》一文中统计西汉朝天子因灾异下罪己诏的次数，文帝、宣帝、元帝、成帝、哀帝合计二十七次，而刘彻一人在位就有五十四年，从未因灾异下过任何一次罪己诏。[1]

二十三岁的刘彻相信，自己这一套实用主义的治国之术，同样能带领大汉走向太平盛世。

---

[1] 刘彻晚年下过一次罪己诏，不过不是因为灾异。

然而，元光年间还发生了一个天文异象：满天星斗闪烁得特别厉害，仿佛都在一齐摇动。刘彻找来候星者问这是什么征兆。候星者回答："这预示着天下百姓要开始更加辛劳了。"

> 元光中，天星尽摇。上以问候星者，对曰："星摇者，民劳也。"
> （《汉书·天文志》）

元光二年

（公元前 133 年）

• 刘彻二十四岁 •

失败的马邑之谋

这一年春天，刘彻下诏，重新把一个老话题摆到台面上交给群臣讨论。诏书是这么说的："朕把宗室女嫁给匈奴单于，赠送的财礼多得不计其数，然而单于骄慢无礼，不断侵盗边境，百姓颇受其害。朕实在于心不忍，想要发兵攻打匈奴，你们意下如何？"

说是征求意见，其实刘彻已经把自己的态度明白无误地表达出来了。之所以挑这个时候下诏书，除了他一贯有击胡的志愿，还因为去年雁门郡马邑豪强聂翁壹[1]通过大行令王恢向他提供了一条可以全歼单于大军的计策。具体来说，是让聂翁壹当间谍跑到单于那里，称自己能杀死马邑的县令、县丞，以城归降。利用匈奴贪图城中的财富，引诱他们入城。而汉军提前埋伏在周围，届时将他们一网打尽。

这个计谋如果只是如此简单一说，连我们听上去都像天方夜谭，哪有这么容易的事，更别提说服刘彻。所以其中一定会有一些细节，必须和当时的实际情况结合起来考量。

---

[1]《汉书》作聂壹。

比如，单于本人的行踪动向历来是汉军最想得到却很难得到的情报，聂翁壹凭什么自信能找到单于？但是回想去年，程不识将军曾突然被派去雁门郡驻守了六个月，我们可以据此推想，应该是刘彻收到风声，知道单于大军在雁门附近出现了。而这个消息，当然是雁门郡上报给刘彻的，聂翁壹作为雁门郡马邑的豪强，知道这个情报也在情理之中。且马邑作为胡汉边境，平时就有关市交易，豪强本身颇参与其中，聂翁壹和匈奴之间，应该一向有密切的商业来往，才有自信能获得单于信任。

其次，聂翁壹豪强的身份，也是他能够杀死县令、县丞的资本。秦汉时期，县令、县丞都由中央直接任命，由外地人担任。特别是县令，在任上多要借助土豪势力实施治理，故常有意建立交情，聂翁壹完全有能力接近和杀掉他们，这种方式和秦末项梁、项羽叔侄杀死信任他们的会稽郡守如出一辙。

最后，马邑的地理环境很特殊，南、西、北三面被黑驼山、句注山、神头山、契吴山紧紧围绕，东南面又有一条桑乾河，确实可以提前埋伏大量军队，等匈奴入城之后迅速形成包围之势。

补上这些细节，整个计谋的过程就显得顺理成章，可行性很强了。至少从诏书来看，刘彻被说服了。全歼单于本部大军是一件前无古人的伟业，对他来说绝对值得一试。

这个计划是通过王恢提交给刘彻的，王恢本人自然也是极力主张者之一。然而群臣中还真有反对的，仍然是前两年赞成和亲的御史大夫韩安国。和当初一样，王、韩二人再次展开了辩论，不过这一回，更像高手过招，见招拆招。王恢首先说："陛下即使不下诏书，臣内心也早就想用兵匈奴。以陛下之威德，四海统一，天下同心，又派遣汉家子弟驻守边塞，谨慎防卫，然而匈奴仍然侵盗不绝，正是因为对大汉还没有恐惧之心。臣认为是时候用大军给他们一个教训了。"

韩安国立刻表示："非也。我听说当年高祖皇帝被困平城，围攻他的匈奴马鞍堆积在好几处，比城墙都高。高祖皇帝因此七天七夜没有进食，甚至被百姓编了歌谣讽刺嘲笑。然而高祖皇帝解围返京以后,并没有恼羞愤怒。圣人以天下为虑,不以个人私仇而伤黎民百姓的共同福祉,所以高祖皇帝派遣刘敬以千金和匈奴结和亲之约,至今大汉五世和平,都是受此政策之惠。孝文皇帝曾举天下精兵欲击匈奴,一时人心惶惶,天下百姓莫不内怀忧惧。孝文皇帝终于明白兵不可轻举,故再行和亲之事。两位圣人的做法,应当成为后世范式。臣窃以为不应用兵。"

王恢道:"非也。臣听说三皇五帝之间的传承,后王并不照搬承袭前王的礼乐。不是因为故意标新立异,而是因为时代形势不同。且高皇帝不报平城被围之仇,并非不能,而是先前灭秦击楚连年战争,高祖体谅百姓劳苦,欲让天下休养生息而已。如今边境屡遭侵袭,士卒遇害,运送烈士尸体回乡的槥车道路相望,仁人义士谁不恻隐含怒。这正是臣支持攻击匈奴的原因。"

韩安国又反对道:"非也。臣听说利润不超过十倍,不轻易更换旧业;功利不超过百倍,不轻易改变旧法("利不十者不易业,功不百者不变常")。所以古代人君谋事布局,必遵循以往经验;制定政策,必参考先人告诫,慎重地对待每一件事。夏、商、周三代鼎盛之时,匈奴也不服从中原制度,圣人以为他们既在远方绝地,是一些不接受管理的边民,没有必要为此多费精力。且匈奴仗着骑马之便,来如疾风,去如闪电;以畜牧为业,弯弓射猎,追逐水草野兽;居无定所,不知所踪,很难真正制服。若为此而让大汉边境之民废弃耕织的正常生活,整日以兵事为念,实在得不偿失。所以臣坚持认为不应用兵。"

王恢继续道:"非也。臣听说大鹏因风而起,圣人因时而作。当初秦以雍地为都城,地方仅三百里,然而秦穆公因势利导,攻取西戎,吞并十四小国,也就是如今的陇西和北地两郡,疆域从此大至千里。之后蒙恬进击匈奴,又开辟数千里,以黄河为边境线,设置城塞,胡人从此不敢饮马中原。可见匈奴只能以威力屈服,不可以仁义说教。如今以中国人口之盛,且有万倍于往日的财富,哪怕用百分之一的人力财力出征,也如强弩射烂疮，不费吹灰之力。若征服匈奴，则北边大小国家如月氏等也将纷纷归顺。所以臣坚持认为应该用兵。"

韩安国仍反对道："非也。臣听闻，圣人用兵必定先饱食以等待对方饥饿，镇定以等待对方慌乱，休养以等待对方疲惫，如此则攻城伐地，短兵相接，谈笑间可以擒灭敌国。臣又听说，劲风最后衰弱时，连羽毛都无法吹起；强弩力道消亡时，连轻薄的鲁缟也射不穿。有盛必有衰，正如有朝必有暮。如果轻敌深入，长驱万里，恐怕很难成功；行军太速则粮草不济，行军太迟则贻误战机。且不用行至万里，恐怕人马都已饥饿疲劳。这正是兵法所说的自寻死路。或者有别的妙计可以在这种情况下获胜擒敌，那就不是臣所能知道的了。如果没有，臣不觉得此战有任何好处，故不应用兵。"

王恢又道："非也。深谋远虑的计策，不能因为一些外行人阻止就放弃不用。臣之所以说应该用兵，并非指千里深入，而是指利用单于的贪欲，引诱匈奴主动前来，我军选枭骑壮士十面埋伏，届时纷纷而出，有人遮其左，有人拦其右，有人阻其前，有人断其后，单于必插翅难飞，束手就擒，此乃万全之策，绝无失败之理。"

前面几个回合，王、韩二人只就理论和形势上进行辩论，还算旗鼓相当。到最后一回合，一旦涉及具体战术，韩安国显然吃了不知内情的亏。从他想当然以为要采取千里深入的战术，可见他并不知道马邑豪强聂翁壹的计谋，也不知道刘彻和王恢早已定好了所有细节。辩论双方的准备工作完全不对等，一方提前拿到了评委给的全套资料，一方到开赛才看到辩题，胜负自然早就内定。之所以还要拿到朝堂上来讨论一番，大概是想通过这场不对等的比赛，打击一下反对者的气焰。

不过，这么精彩的一场辩论，还是有疑点。疑点之一是此事同样完全不见于司马迁的《史记》，只见于班固的《汉书》。这段内容，班固应是取材于西汉末年刘向的《新序》，不知刘向又是依据什么资料。疑点之二是前几回合要不要用兵的争辩，跟《商君书》里商鞅和对手争论要不要变法的套路和理论极其相似，简直像是洗稿，很像好事者添油加醋编出来的段子。

无论如何，聂翁壹这个计策，刘彻最终决定采用。诏书是春天下的，具体施行则在六月。一共有五名大臣被任命为将军：御史大夫韩安国为护军将军，未央宫卫尉李广为骁骑将军，太仆公孙贺为轻车将军，大行令王恢为将屯将军，太中大夫李息为材官将军，后四位全部统属于韩安国。五人一共率领了三十多万骑兵和步兵埋伏在马邑周边山谷之中，约定等单于一进入城中便纵兵包围。

安排妥当，聂翁壹如计奔入匈奴，告诉单于，自己可以杀县令、县丞，以马邑城投降，财物任取。单于果然听从。聂翁壹回去便砍了几个死囚的脑袋，悬在城头，作为信物，令匈奴使者通知单于速来。

单于得信立刻率领十万骑，穿越关塞，离马邑还有百余里时，见牛羊牲畜遍布原野却无人放牧，不禁有些奇怪。谨慎起见，单于停下脚步，先往附近攻打了一处亭障，俘虏了一名雁门尉史。尉史为了活命，招供了汉军埋伏之处。单于得知之后大惊，呼道："我本来就有些疑心。现在得到这名尉史，大概是天意不欲亡我。"单于封尉史为天王[1]，迅速引兵出塞。

等到塞下士兵来通报匈奴已去，汉军才从山谷里拍马逐奔，然而已追赶不及。王恢独率一军，负责袭击匈奴辎重，也就是说，他是驻扎在离马邑城最远的地方，准备断敌军后方的。当单于逃走时，他应该离匈奴最近，最适宜阻截或追赶。然而王恢见匈奴大众有十万骑，也没敢出来迎战。

至此，部署周详的马邑之谋因为一个小小的意外而流产，竹篮打水一场空。回到长安之后，刘彻震怒异常，矛头直指王恢，责怪其"逗留不进"。

刘彻的心理也很容易理解，他当然不可能责怪马邑之谋本身，毕竟自己点头认可了这一策略。其余诸将也没有理由怪罪，毕竟匈奴尚未到马邑

---

[1] 匈奴的"王"不同于中原王朝的诸侯王，有点类似于"将军"之号，故有大大小小的各种王。

便转头离去了。而王恢离敌人最近，却没有任何动作。刘彻于是认为他才是导致三十万大军白忙一场的罪魁祸首，若是王恢果断追赶敌军，虽说不一定能活捉单于，至少可以剿灭部分匈奴、缴获一些辎重，让这场行动看起来不那么狼狈。

这里需要强调一下"三十万大军"是个什么概念。马邑之谋后，刘彻又曾对匈奴用兵十余次，兵力大多在十万人左右，连超过二十万的都几乎没有。三十万应该已是汉朝当时可以调用的最大兵力，这说明刘彻对此计谋抱有十足的把握，非常希望举全国之力，毕其功于一役，对匈奴造成致命打击。三十万人马，从各地纷纷调往雁门郡，即使什么都不做，每日消耗的粮草也是天文数字。而最后的结果，汉朝承担了巨大的损耗，却眼睁睁看着匈奴从眼皮底下来而复去，白白做了一场无用功。韩安国在争辩中曾说，高祖平城之围，被天下人编歌谣取笑了很久。刘彻这场无功而返的大兴兵，难保不会也变成一个被人传说的笑话。而这一切，只要王恢在匈奴撤军时果断阻击或许就能避免。在刘彻心目中，王恢显然是最应该把锅背上的不二人选。

王恢对这一指责并不服气，他为自己辩解道："当初按照部署，臣的责任就是等单于进入马邑城，大兵开始围攻之时，攻击其辎重。单于不战而退，臣只有三万人马，寡不敌众，虽然知道回来也是死罪，但起码为陛下保存了三万将士的生命。"

王恢这番话自然是有一定道理的。他说"按照部署"，意思是提醒刘彻，让我负责攻击辎重的不是陛下您吗？同时他又提醒刘彻，攻击辎重的做法，只有与前线开战同时才能奏效，当匈奴开始反向撤退，应该是辎重在前，单于主力在后，那么王恢主动出来袭击，不等于是把少数汉军放到匈奴大军面前，生生送入虎口吗？为大汉保存了三万将士不说是大功一件，至少也该功过相抵吧？

然而王恢并没有意识到，这两个理由非但不能解刘彻之怒，反而起到了火上浇油的作用。刘彻现在考虑的关键，还是三万将士的生死问题吗？

哪怕前期策略再严谨，再完美，马邑之谋事实上的失败，必须要找到一个适当的理由向天下人作一交代。大规模军事行动的落空，究竟是因为天子决策失败，还是部下执行失误，这似乎是个非常简单的选择题，而王恢的那一番辩解，不幸选中了错误的答案。

王恢被交给廷尉处理，廷尉做出了"逗桡，当斩"的判决。王恢慌不择路，用千金贿赂丞相田蚡，希望他为自己美言几句。田蚡也知道这件事关乎刘彻的面子，并非那么简单，不敢亲自求情，但还是把钱收下后跑去找王太后，称"王恢是马邑之谋的建议者，如今因为计谋不成就杀死他，无异于为匈奴报仇"。不过这次王太后的话也没起作用。刘彻对母亲说："王恢首建马邑之谋，所以我才发动数十万兵马。即使情况有变，无法捉得单于，王恢所率之军若能果断击其辎重，或多或少可以安慰满朝士大夫之心。不杀王恢，朕实在无以谢天下！"在母亲面前，刘彻把心里话都说了出来，他深知举全国之力的一场大行动，落空后需要一颗人头来堵住士大夫和天下人的悠悠之口。

> 上朝太后，太后以丞相言告上。上曰："首为马邑事者，恢也，故发天下兵数十万，从其言，为此。且纵单于不可得，恢所部击其辎重，犹颇可得，以慰士大夫心。今不诛恢，无以谢天下。"（《史记·韩长孺列传》）

刘彻这番话适时传到王恢耳中，王恢终于明白过来，选择了自尽。刑不上大夫，允许其自我了断，算是给他留了最后的体面。

同样是在刘向的《新序》中，提到马邑之谋，还有一句不起眼但很重要的话：

> 于是遂从大行之言，孝武皇帝自将师，伏兵于马邑，诱致单于。

我们不知道刘向参考的是什么原始材料，照这个说法，本次行动刘彻实际选择了亲征，虽然李广、王恢等四将都统属于护军将军韩安国，但他本人才是统领全军者。那整个行动就很接近高祖刘邦的平城之役了，同样都是亲征，都调用了三十余万大军。如果刘向这个记载属实，一方面我们可以知道刘彻对计谋确实有十足的把握，因此毅然亲征，他一定十分希望通过此役为高皇帝报当年之仇。事实上，平城之围一直是刘彻的心头之耻并屡屡提及。另一方面，我们也更能理解为什么刘彻对空手而归、无功而返表现得这么愤怒，毕竟这场战役由他首肯，又是他本人在战场的首次亮相，故决不允许有任何闪失。

从马邑之谋开始，刚刚通过和亲建立起来的和平关系就此结束。匈奴对于边境的骚扰变本加厉，不可胜数。不过民间的关市照旧，互通有无。

政治决裂了，生活还要继续。

鬼神之祀

前面说到，司马迁在《史记》里写有一篇介绍古往今来封禅和祭祀历史的《封禅书》。在说到往古祭祀史的时候，其实主要只讲了秦的种种祭祀，不知是因为汉直接继承于秦，还是因为其他各国资料已经被焚毁，只剩秦的记载。

秦最知名和最重要的祭祀，包括祭祀陈宝，以及祭祀白、青、黄、赤四位天帝的雍四畤。

陈宝是什么，李零先生在《陈宝怒特解：陨铁与羚牛》一文中有非常专业详细的讲解。大意是，秦文公十九年（前747年），陈仓当地掉落了一颗铁陨石，流星穿越大气层时，发出巨大的声响和闪光，有如雄鸡高唱，天空大白，并引发野鸡齐鸣。因此这一天文现象被当成祥瑞，秦人制造出许多关于鸡头人身神陈宝的传说。这也是陈仓在唐代改名为宝鸡的原因。

而雍四畤是指秦人几百年间陆续在雍地建立的祭祀四位天帝的祠。雍城是秦国历史上使用时间最长的都城,接近三百年,历十九任国君。雍四畤祭祀的分别是白帝、青帝、黄帝和赤帝。楚汉相争时,刘邦好奇地问:"我听说一共有五位天帝,为什么秦人只有四畤呢?"没人能解释原因。刘邦自圆其说道:"我知道了,还有一帝是在等待我来补齐。"于是他在雍地又建了北畤,曰黑帝祠,雍四畤从此变成了雍五畤。不过在高祖时期,雍地祭祀只令有司主持,天子并不亲自前去。文帝前元十五年(前165年),因为出现黄龙现身的祥瑞,天子才开始亲自前往。同时,文帝在长安附近、渭水之北复制了一套五帝庙,以便就近让祠官祭祀。

秦统一之后,秦始皇依然十分重视雍地的地位。甚至到了西汉时期,秦的神祀传统为汉帝国的执政者几乎全面继承,雍地依然是最受重视的皇家神祀中心。(王子今《秦汉雍地诸畤中的炎帝之祠》)

这一年的十月,刘彻也完成了人生第一次对雍五畤的祭祀。《史记·封禅书》按顺序论述古今祭祀,讲到他这段时,用一句"今天子初即位,尤敬鬼神之祀"开头。称呼用"今天子",可见是司马迁本人口吻,在他眼里,刘彻是一个从年轻时代开始就特别相信和尊奉神灵的帝王。

可以证明这一观点的事例很多。比如就在这一年前后,刘彻特意把一位神君之灵请到了上林苑的宫观中。这位神君生前只不过是一位居住在长陵邑的普通女子,所生的孩子几岁就夭折了,女子自己也哀痛而死。其妯娌名叫宛若,从此称该女子会降神到自己身上,称女子之灵为神君。古代民间往往认为不到寿命而暴死者死后便会显灵作祟,必须祭祀他们的鬼灵才能免灾祈福。这种非官方的祭祀,称作淫祀。神君的神迹,显然经过了妯娌宛若的包装宣传,当地百姓十分迷信她的灵异,经常去宛若家中向神君求福祷告。刘彻的外祖母——前几年死去的平原君还未显达时就去过,之后女儿果然位登皇后,母仪天下。一个人中了大奖,彩票店也跟着沾光。平原君身上这种世俗身份的大跨越，更成了能够证明神君神奇的宣传点，民间自然把对神君的信奉抬高到了一个新的高度。于是刘彻即位之后没多久，就把神君，当然实际上是她的妯娌宛若从民间请到了大内。

除此之外，另有一个活着的"神仙"被推荐给了刘彻，叫作李少君。李少君自称七十多岁，但有一回，他在田蚡的宴席上，突然对座中一位九十多岁的老人谈起自己曾和老人的祖父在某处游射。老人做出一副非常吃惊的样子，称自己年幼时确实跟着祖父去过那里。如此一来，满座皆惊，都以为李少君其实已经上百岁，那他自称七十多岁就更显得谦虚低调了。除了拥有不老之术，世人传说李少君还有一些本领，比如可以招致鬼神，会炼金术。他凭着这些把戏在诸侯之间四处游走，信徒经常主动供奉金钱和衣物。人们看到他不治产业却从来衣食无忧，更愿意相信他拥有化丹砂为黄金的法术，疯狂地抢着要做他的弟子。史书虽然没说刘彻如何知道的李少君，但依据上面所说，极有可能缘于田蚡的推荐。

刘彻见到李少君之后，也先将信将疑验证了一番，拿出一个年代有些久远的青铜器，问他认不认识。李少君仔细端详了一会儿道："这是齐桓公十年陈列于柏寝台上的东西。"刘彻叫人来辨认青铜器上的铭文，证明果然是齐桓公所有。春秋时齐国的文字对于汉朝人来说，已经算是极其难识的古文，故提前串通在解释上造假并不是什么难事。齐桓公死于公元前643年，这样一来，大家对于李少君的年龄推断又生生地长了好几百年。

李少君得到宠信后，跟刘彻说了很多虚幻缥缈的东西。比如用自己炼出的黄金做成餐具装饮食，吃下去可以延年益寿；还说他曾经在东海上见过神仙安期生，吃了甜瓜那么大的仙枣；帝王如果见到神仙，再封禅祭天地，就可以长生不死。刘彻尽管才二十出头，对炼金求仙却展示出莫大的兴趣，跟着李少君学起了他的法术，并派遣方士入海，以期能在蓬莱岛上遇见安期生等众仙。但没过多久，号称能长生的李少君自己却病死了。他的信徒掩饰说他实际已经化去成仙，刘彻也就宁可信其有地接受了这一说法。天子的喜好一表露，燕地、齐地喜欢谈鬼神的方士从此趋之若鹜，蜂拥而来。一千多年后，康熙读朱熹编纂的《资治通鉴纲目》，读到刘彻这段，痛心疾首地做了御批："何其迷而不悟耶？"

这一年，还有一位楚地巫师叫作谬忌的，向刘彻建议祭祀太一之神。太一原本是楚文化里的天神，与雍五畤的五帝神不属于同一系统。谬忌则为了抬高太一神，称太一才是天神中最贵者，而五帝都是太一的辅佐。刘彻也接受了他的建议，在长安东南郊建立了太一祠，令祠官按照谬忌所说的方法按时祭祀。古代所称的天神，往往都在天文中有对应的星。由于刘彻对太一神的尊奉，其在星象中的地位也有所提高。《史记·天官书》称，中宫天极星便是太一神所居，它也是北极最明亮的那颗星。但据钱宝琮先生考辨，汉朝时北极最亮的并不是今天我们看到的北极星，而是如今赤经十四时五十分五十三秒、赤纬七十四度二十四分五十四秒处一颗比较明显的大星。刘彻时代，这颗星还明亮地闪耀在北极附近，时人也称其为北辰，唐代以后则经常叫它帝星。

对鬼神的敬畏，对神仙的向往，对长生的追求，将贯穿于刘彻漫长的一生。

元光三年

（公元前 132 年）

● 刘彻二十五岁 ●

黄河改道

这一年春天的时候，黄河在顿丘县（今河南省濮阳市清丰县西南）决口改道。本来河水应该从顿丘县的西面北上而去，然而春夏之际，由于上游气温升高、冰雪融化等原因，水势往往难以控制，于是在顿丘决口，变成往东南流。

黄河上游由于多是高山狭谷地形，河水流动受限较大，河道稳定。但是一到下游的平原地区，蓄积了一路的浩大水势便常常狂放奔突，往各种意想不到的地方夺路奔涌。故黄河虽然是孕育中华文明的重要资源，同样也是造成生民罹患数不尽洪灾和饥荒的罪魁祸首。

> 根据现存历史文献记载，在 1949 年以前的 3000 年间，黄河下游决口泛滥至少有 1500 余次，较大的改道有二三十次，其中最重大的改道有 6 次。（葛剑雄《黄河与中华文明》）

濮阳县（在今河南省濮阳市）在顿丘南面二十公里左右处。往常，黄河在濮阳县之西本是从西流向东，然后突然九十度拐弯，一路往北流向顿

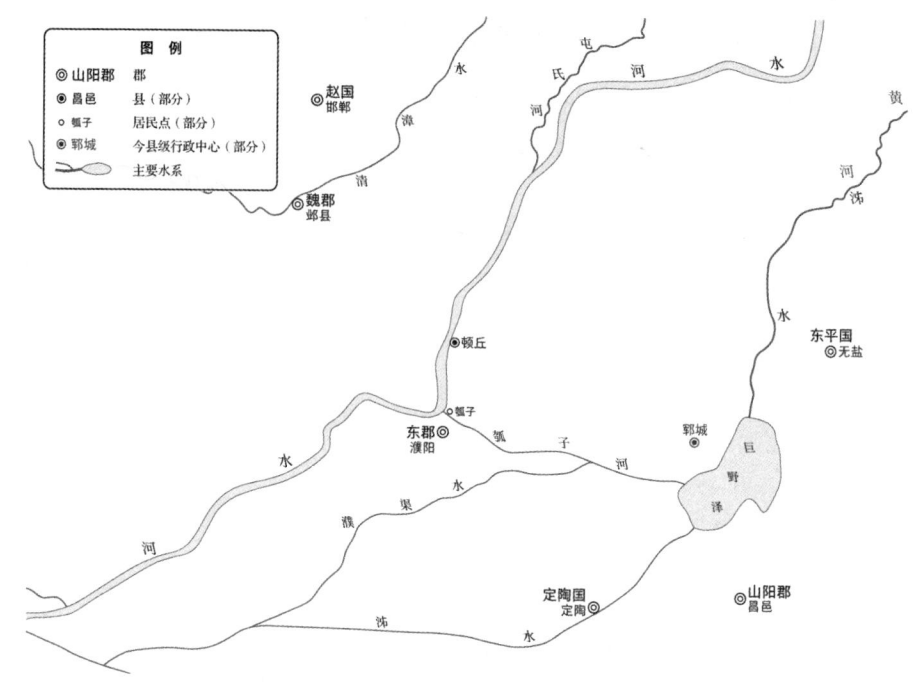

元光三年（公元前132年），黄河改道示意图

丘。顿丘这次决口，造成了下游河道的失序，导致濮阳段局部水量也暴增。这年夏天，黄河就紧接着在濮阳河段的九十度拐弯处也冲破瓠子堤，引发幅度更大的改道，泛滥了更多的郡县。

瓠子堤是秦时就建立的一道防河大堤，根据《史记集解》的记载，该堤"广百步，深五丈所"。一步相当于人左右脚各跨一次迈过的距离，按照西汉的度量衡，一尺为二十三点一厘米，六尺为一步，十尺为一丈[1]，故此瓠子堤的规模约为一百三十八点六米长、十一点五五米高。咆哮汹涌的黄河之水冲破了这样一道阻拦，不再北上，而是向东偏南方向生生制造了一条新河道，一路汇进九十多公里之外的湖泊巨野泽[2]，然后继续向东南肆

---

1 此处度量衡数据参考《剑桥中国秦汉史》。
2 巨野泽西汉时位于今山东省郓城县和巨野县之间，今已消失不见。

110　有为：汉武帝的五十四年

意泛滥梁楚之地，又奔涌数百公里，并入在今江苏省北部的泗水，最后一起流入大海。这一次改道，洪水足足祸害了十六郡。这一年汉朝大约共有七十郡，也就是说，将近四分之一的地方成了黄泛区，那里的人民饱受水患之苦。

这显然是一场巨大的灾难，刘彻为此发动了十万服役人员前往救灾，总负责是两名直臣，一名为前文介绍过的汲黯，另一名叫作郑当时。他们接受的任务有两项，第一是迅速堵住瓠子大堤的破损缺口，第二是在附近修建一座龙渊宫。后者是一种古代治洪灾的玄学，用建筑来压住作祟的水神。之所以派遣这两人，可能一是因为他们都担任过地方首长，有基层实践经验；二是因为他们直爽强硬的性格更有利于落实救灾这一类需要执行力的重任。然而这次的情况要比想象中更艰难，汲、郑二人虽然带领十万劳役及时建好宫殿，堵住缺口，黄河此段的水势却有增无减，很快再次冲破大堤，继续为虐东南，更加一发不可阻挡。

这个时候，刘彻突然做了一项令人意想不到的决定：停止治河，由着黄河水在农田屋舍间肆虐夺路，形成新的河道。这一奇怪的决定自然让人猜测不已。史书里其实给出了原因，说是由于田蚡的建言。他的食邑本来在黄河故道的北岸，由于这次决口改道，河水汤汤向东南流去了，田蚡的食邑从此就免除了受灾的危险。收成越好，他的财富就越多，所以他向刘彻建议，说"黄河改道乃是天意，用人力强行扭转，是逆天而行"，而刘彻身边的望气者、占卜者也纷纷应和，所以刘彻才决心放任不管。

现代学者不相信此举仅仅是顺应大臣建言，觉得一定还有其他客观因素：有认为当时财政紧张的，也有认为黄河泛滥区域地位不够重要的。这些分析目前来看，都还停留在猜测层面，缺乏有力佐证，而且和元光三年的实际情况不太相符。在新的更成熟的意见出来之前，我们还是只能依据史书的资料，情愿相信有一些大臣和亲信说服了刘彻放弃治理黄河。

治理和放弃，都是需要付出代价的，无非是换成谁去承担。从这年开始，刘彻直到元封二年（前109年）才重新下决心治河，而这二十多年里，瓠子决口造成的黄泛区因为农田被淹，土地盐碱化，粮食连年歉收，十六郡之地百姓的境况可想而知。

自河决瓠子后二十余岁，岁因以数不登，而梁、楚之地尤甚。（《史记·河渠书》）

灌夫之祸

假如我们真的相信董仲舒的灾异论，黄河决口显然也能算是上天的一次警告。而这场灾难对应着什么政治现象呢？可惜董仲舒并没有像火灾那样专门就此事再写一篇对策。不过，《汉书·五行志》里留下了不少他对《春秋》中水灾的评论，我们不妨扮演一下董仲舒，看看可以用哪一条评论作为瓠子决口的参考。

《五行志》里共有七条记先秦洪灾，最能和元光三年对应的是鲁成公五年秋天那场大水，董仲舒这样解释大水的原因：当时鲁成公年幼弱小，政权掌握在大夫手里，前一年连续用兵，后一年季孙氏又建了一座新城以增强私人实力，还有两位大夫没有得到国君允许就私自会见外国，这是阴盛阳衰的表现。

刘彻此年二十五岁，不能说年幼弱小了，但还算年轻，丞相田蚡也确实凭借王太后的关系握有大权，甚至时而压刘彻一头，再联系之前田蚡曾请以考工之地为自己建私宅，前一年又用兵马邑，与鲁成公时代对比，竟有些相似。可能让董仲舒本人来，也只能如此附会。按照他对鲁成公五年的评价，这意味着上天正通过黄河决口警告刘彻：田蚡的权力已经盖过人主了。

我们当然不能相信灾异论，但这一年，田蚡的权力确实到了鼎盛，他和魏其侯窦婴的关系也走到了决裂的关口，导火索则是因为一个叫作灌夫的猛士。

灌夫本姓张，父亲张孟曾是高祖手下大将颍阴侯灌婴的舍人，得到灌婴的宠信之后，父子二人干脆就冒姓了灌。七国之乱时，灌婴已死，其子灌何在太尉周亚夫手下担任将军，强行要求年老的灌孟以校尉身份随同出征。灌孟虽不大乐意，却碍于灌何是主家，无奈从之。灌夫带领一千人跟随父亲同行。仗开打没多久，灌孟就因力不从心战死沙场。按照汉朝的律令，如果父子一起从军，其中一人死亡，剩下那人可以运送尸首回乡料理丧事，以免一家双亡。灌夫性格刚硬不屈，坚决不肯离军，反而准备招募数十个敢死队员和他一起冲锋陷阵，发誓一定要砍下吴王或者将军的首级以报父仇。真正出了军中壁垒，望见吴军坚如铁桶的阵营，最终只有十几个人敢跟随他前去赴死。一番厮杀，吴军伤亡数十人，灌夫这边也损失惨重，只剩一人和他活着回营。灌夫身受大伤十余处，幸好军中有上佳的金疮药帮他保住了命。伤势刚有些好转，灌夫称自己经前番挑战，已掌握了吴军阵营如何部署，向灌何请求再次出击。灌何生怕贸然用兵失去这一名勇士，遂上报太尉周亚夫，用军令才止住他再去报仇的念头。等到七国之乱平定，灌夫英勇无畏的大名也传遍天下。

史书称灌夫"不好文学，喜任侠，已然诺"。当时的"不好文学"，通常指的就是没怎么读过书。但是灌夫为人很讲义气，性格直爽，不喜欢当面奉承别人，越是身份高贵、气势凌人者，他越看不上；越是贫贱有士行者，他越以礼相待。灌夫还喜欢饮酒，酒劲一上来就没个分寸，不知道轻重。建元二年（前139年），灌夫和当时的长乐宫卫尉窦甫宴会，酒醉之后把窦甫痛打了一顿。窦甫是窦太后的堂弟，年纪不会太小，哪里经得起这一顿老拳。从长乐卫尉很快换成程不识将军来看，窦甫的伤势估计挺重。刘彻生怕窦太后对灌夫不利，将他从长安调往遥远的燕国为相避难。

这一年，灌夫已经因事免官，在长安闲居，与业已失势的前丞相窦婴意气相投，整日混在一起。两名退职干部很容易就找到了共同语言，一时相见恨晚，《汉书》称"其游如父子然"。然而正是这份落魄里的交情，决定了二人的生死。

其时丞相田蚡当道,他对魏其侯窦婴的态度有着前后截然不同的转变。窦太后未死之时,田蚡有意巴结窦婴,每天像个晚辈一样亲自侍奉。等窦婴失势之后,田蚡骄矜起来,从此不再将其放在眼里。这种前恭后倨,倒也是世间人的常态。

有一回,灌夫家中有丧,还在服丧期间,因事去见田蚡。田蚡不经意对他道:"我正想和你一起去魏其侯家中聚聚呢,不巧碰上你在服丧。"[1]灌夫答道:"将军如有兴致,我怎能以丧事为推辞。这就回去转告魏其侯,请将军明日一早大驾光临。"从灌夫这个回答来看,可能他和窦婴未必没有商量过要仰仗田蚡之势东山再起。所以田蚡稍一示好,灌夫立刻觉得魏其侯会欣然抓住良机。而且从此事来看,灌夫也并不对所有权贵都冷脸相对。当然,这更可能非他本性,只是失意境况下的权宜之计。

窦婴得知田蚡要来,也很重视,与夫人一起大设宴席,从夜里张罗到明晨,然而等到中午也没见田蚡人影。窦婴不禁有些怀疑地问灌夫:"莫不是丞相贵人多忘事,忘了今日之约?"灌夫本就好面子、重然诺,此时已有些许不乐,于是亲自前去迎接。谁知田蚡昨日只是随口一说,此时还躺在床上休息。灌夫道:"将军昨天答应光临魏其侯家,魏其侯夫妇洒扫备食,至今仍在等候将军。"田蚡原本就没有打算真去,只是没想到灌夫会亲自来请,于是一拍脑袋,找了个理由道:"我昨晚喝醉了,忘了和你约有此事。"然后田蚡才坐车出门,路上又故意让人慢慢驾驶,性格急躁的灌夫内心愈加愤怒。到了魏其侯窦婴家,总算正常宴乐起来。酒过三巡,灌夫按照礼节翩翩起舞,并上前邀请田蚡,然而田蚡丝毫没有起身的意思,场面一度非常尴尬。这一连串无礼的表现,终于让酒劲上头的灌夫爆发了,他把座位移得离田蚡更近,直接使酒性对其破口大骂。窦婴见状不好,赶紧叫人扶他离席,自己忙不迭地向田蚡道歉。

《汉书·窦田灌韩传》最后用一句话结束此事:

---

[1] 依照礼法,服丧期间不得宴乐。

> 蚡卒饮至夜，极欢而去。

席间发生了这么不愉快的事，还能"极欢而去"，原因当然不是酒宴本身，而是见到以前奉承的窦婴，现在却不得不卑躬屈膝来迎合自己，田蚡从中得到了极致的快感。

此事过后，三人的矛盾便走向了公开化，纠纷不断涌现。

比如有一回，田蚡使人直接向窦婴要一块城南的田地。窦婴这回也没能忍耐住，内心大为不平，恨恨道："我虽被弃用，将军虽然矜贵，难道可以公然以势压人，强取豪夺吗？"灌夫也跟着大骂使者。田蚡听说后，暴跳如雷："窦婴之子曾身负人命血案，是我想办法救了他。我当初侍奉窦婴，无所不可，他如今竟然爱惜区区数顷田地。且此事和灌夫有什么关系，也在这里胡乱搅事！"

田蚡因此上奏刘彻，称灌夫家族在颍川郡豪横乡里，颍川儿童甚至传唱一首歌谣，歌词曰"颍水清，灌氏宁；颍水浊，灌氏族"，请天子查办。灌夫也不甘示弱，上书称田蚡勾结诸侯王，私受淮南王刘安的黄金，并不知密谋了什么。有一个很有意思的细节是，那么多诸侯王，灌夫偏偏挑了淮南王来说，可见诸大臣似乎都知道刘彻对于这位叔父内心有多忌讳。

这场风波因为双方的宾客居间调停平息下来。真正的斗争高潮很快来临。

这年的夏天，田蚡娶了燕王的女儿为夫人，为了长长兄弟面子，王太后亲自下了一道诏令，让列侯、宗室都去庆贺。窦婴身为魏其侯，自然也在列。窦婴经过灌夫家，邀请他一道前去。灌夫以自己和田蚡有矛盾为由推辞，但窦婴还是逼着他同行，可能是抱着"冤家宜解不宜结"的心态，想要借此喜宴为双方一洗前嫌。

酒席中，有一种祝寿行酒的礼节。当如日中天的丞相大人田蚡起来祝寿时，所有人都离开席位，恭恭敬敬地拜伏答礼；而当失势的窦婴祝寿时，只有一些故人对他如此尊重，其他人只是一个膝盖跪在席上，随意敷

元光三年（公元前132年）

衍。等到灌夫行酒到田蚡面前，田蚡同样如此傲慢，又不肯一饮而尽。灌夫强压怒火，继续行酒到临汝侯灌贤面前，灌贤正和程不识两人耳语，没来得及马上离席答礼。灌夫顿时心态爆炸，对着灌贤大骂道："平日里把程不识说得一钱不值，现在长辈行酒到面前，怎么却跟他窃窃私语，怠慢长者，一点礼数都不懂！"

灌夫的父亲是灌婴的舍人，而灌贤是灌婴之孙，故灌夫算是其长辈。但教训小辈就算了，灌夫的问题是把无关人员程不识将军也拉了进来，且极尽侮辱，这就给了田蚡火上浇油的机会。

田蚡立刻道："程不识将军和李广将军都是两宫卫尉，齐名天下，你当众瞧不起程将军，让李将军何以自处？"田蚡又把更不相关的李广也拉了进来，唯恐灌夫没有引发众怒。

灌夫果然上当，大怒道："今日有本事便砍我的头，我不知道什么李广，什么程不识。"

有试图息事宁人者强行按着灌夫的头，让他赶紧道歉，灌夫宁死不肯，且无法平息胸中怒火，越想越气，干脆打算中途离场。田蚡怒道："各位请恕罪，怪我平时太过骄纵这厮。"当场派人把灌夫逮捕，并弹劾其"骂坐不敬"，下令捉拿灌氏亲戚支属，准备全部治以死罪。

窦婴本想让双方和解，却不料事情闹得更大，非常羞愧，故决心一定要搭救灌夫。夫人劝他："灌将军得罪的非只丞相，而是王太后家族，还有挽救的余地吗？"他却坚持道："我绝不让灌夫一人死，自己独活。"

窦婴悄悄上书刘彻，辨明灌夫乃酒后闹事，罪不至此。刘彻立刻召见窦婴，表明自己同意这一观点，但没有办法，还是要到"东朝"，即王太后处进行一番"廷辩"。

刘彻的无可奈何是可以理解的。正如窦婴夫人所说，这件事缘于王太后下诏令列侯宗室庆贺婚宴，故已经绝不是田蚡一人之事，而是关乎王太后的面子，刘彻不能不听听自己母亲本人的意见。

窦婴和田蚡在长乐宫开始了你来我往的争辩，一开始，话题还能控制在灌夫身上,一个说灌夫清白无罪,一个说灌夫大逆不道。但说着说着,窦婴不知不觉就把矛头对准了田蚡,称其飞扬跋扈、纵欲奢侈、诬陷好人等等。这显然是一个非常低劣的昏招。相对来说,田蚡就清醒得多。面对窦婴的指责,他也不多做辩解,而是承认自己有不足。他道:"臣有幸生在太平盛世,所以身为丞相,有闲情享受狗马音乐田宅之乐,臣的确有许多私人的不良趣味,但比起魏其侯、灌夫要好多了,他们每日和一群天下豪杰壮士在一起谋划议论,臣真是不敢想象他们究竟要做些什么!"

> 蚡曰:"天下幸而安乐无事,蚡得为肺附,所好音乐狗马田宅,所爱倡优巧匠之属,不如魏其、灌夫日夜招聚天下豪桀壮士与议论,腹诽而心谤,卬视天,俛画地,辟睨两宫间,幸天下有变,而欲有大功。臣乃不如魏其等所为。"(《汉书·窦田灌韩传》)

两人的对战,很像天下绝大多数辩论的套路,逐渐从就事论事,变成双方的人身攻击。

等他们说完,刘彻问旁听的大臣孰是孰非。大多数人都不敢表示明确的意见,只有汲黯坚定支持窦婴。御史大夫韩安国则模棱两可,说"魏其侯说的有道理,丞相说的也没有问题"。内史郑当时起初支持窦婴,后来又支支吾吾不敢坚持意见。刘彻对郑当时的态度尤为冒火,大怒道:"公往日经常评论魏其侯与丞相的长短,今天怎么犹犹豫豫,信不信我一起斩了你们!"

从前后的表现来看,在这件事上,刘彻本人应该是更愿意相信窦婴的,否则完全可以直接按照田蚡意见办理,再到王太后处邀功,不必多此一举进行廷辩。假如群臣有比较统一的撑窦婴的意见,他也能以此来劝服母亲。可惜群臣前怕狼后怕虎,在天子和太后之间虚与委蛇,明哲保身,故刘彻对他们的表现极其失望愤怒。

刘彻和王太后的侍臣一起进入内殿,把争论的情况如实禀告。王太后听完大为光火，指责儿子道："我现在还活着，别人就敢如此欺负我弟弟；等我百年之后，还不把他当鱼肉任意宰割？皇帝你的心难道是石头做的吗？"王太后的意思是，是非这么明白，为什么拖到现在才处理，难道你还有别的心思，反而要治你舅舅的罪不成？刘彻听完惶恐不已，赶紧谢罪解释道："因为两家都是外戚，慎重起见，所以才让他们廷辩，否则一个狱吏就可以解决了。"

如此一来，灌夫之祸已绝不可免，最终他被判定为族灭之罪。窦婴也因为在此事中帮灌夫"说谎"而被宗正属官收押。不过，此事仍然还没有到结束的时候。

元光四年

（公元前 131 年）

● 刘彻二十六岁 ●

窦婴、田蚡之死

所有人都知道，灌夫被定罪是王太后的旨意，已经成了板上钉钉的事实，没有谁再敢说三道四，试图营救。除了窦婴。

从情理来讲，窦婴所做的事已经足够义气，足够对得起灌夫，所以实在猜不透为什么他还是不肯放弃，非要逆王太后之意再次以身犯险。最有可能的理由是，窦婴估计，田蚡的最终目标其实是自己，毕竟自己是前朝留下的功劳最高，对丞相之位威胁最大的人物，所以除掉灌夫只是田蚡的第一步而已。窦婴拯救灌夫一族，就是拯救他自己的命运。

但既然刑罚都已经确定，还有什么人能驳回当今最高位的太后、天子二人的主意呢？倒还真有，那就是太后的丈夫、天子的父亲——先帝。窦婴称自己曾受景帝遗诏，如遇到事有不便，可以直接拿出意见和皇帝商量，这封诏书如今就收藏在家中。然而蹊跷的是，虽然窦婴家里确实有遗诏，但当尚书检查宫内文书存档时，竟找不到这一份遗诏的副本。这就有三种可能了：一种是窦婴在撒谎，所谓的景帝诏书是其伪造；一种是诏书没有副本或没有保存；还有一种是副本被临时清理掉了。第一种的可能性最小，因为从情理来推断，窦婴此时实在没有理由，也绝无胆量再编一条这种内容的谎话。但要治窦婴的罪,第一种情况对应的罪名最方便实用。

很快,一封弹劾窦婴伪造遗诏、罪当弃市的奏书交到了刘彻手上。在较长一段时间里,究竟该不该处死窦婴,没人知道确切意见,只有众说纷纭。

这一年的首月十月,灌夫之家先被族灭。十二月,窦婴突然被处死。

这期间不知具体发生了什么,但古往今来的学者都认为是田蚡促成了此事,而既然刘彻没有表示反对,看来背后仍有王太后的身影。

为什么要在十二月对窦婴行刑,也有说法。元代胡三省注解《资治通鉴》,是这么说的:

> 汉法,以冬月行重刑,遇春则赦若赎,故以十二月晦论杀魏其侯。此武安侯蚡之意也。

这是古人"天人合一"观念在司法体系中的投射。董仲舒《春秋繁露·四时之副》中说:"天之道,春天之所以温暖,是为了让万物生长;夏天之所以炎热,是为了让万物得到滋养;秋天之所以清冷,是为了让万物萧条;冬天之所以苦寒,是为了让万物自藏以待来年……而圣人行政就应该符合天的观念,所以'天有四时,王有四政'。庆[1]、赏、罚、刑,这四种王政分别对应春、夏、秋、冬四季。"

> 天之道,春暖以生,夏暑以养,秋清以杀,冬寒以藏……圣人副天之所行以为政,故以庆副暖而当春,以赏副暑而当夏,以罚副清而当秋,以刑副寒而当冬。(董仲舒《春秋繁露》)

此观念并非董仲舒独创,而是有更古老的传统。从这一观念出发,自

---

[1] 指程度较轻的奖赏。

然就有了在秋、冬两季，特别是在冬季实施肉刑的做法，所谓的"秋后处斩"便是体现。春天做什么呢？春天经常会实施大赦，以符合上天生养万物的大德。

理解了这种做法，再回头看胡三省对处死窦婴事件的注释，意思就是，田蚡担心拖到春天，刘彻会大赦，窦婴就有了活命的机会，所以抢在十二月最后一天对他执行死刑。

至此，对田蚡相位威胁最大的人物，已经借灌夫一事被彻底清除了，此事可以告一段落。田蚡也终于可以安心地坐在相位，当好天子的舅舅，享受他下半辈子的荣华富贵了。

然而更意外的事情发生了。三个月后，田蚡突然在家中病死。关于他的死，有一些玄幻的说法，比如《史记》里说，进入春天，田蚡就生了病，嘴里不停地向空气谢罪。刘彻派"视鬼者"，即自称能看见鬼物的巫师前去察看，回来禀告：看见魏其侯窦婴和灌夫两个鬼魂守着田蚡，想要杀死他。从《史记》的描述来看，田蚡并没有病痛，只是像受到了惊吓，精神有些失常。而《汉书》又加入了一些其他细节，说田蚡的症状是浑身作痛，感觉好像有人在狠狠打他，巫师的报告里相应也就多了窦婴和灌夫的鬼魂用鞭子狠狠抽打田蚡的内容。

窦婴被杀、田蚡病死时，司马迁大约十五岁，尚在家乡居家耕读，但他的父亲司马谈已经当上了太史令，就在刘彻身边任职。窦、田二位知名高层人物的恩怨情仇，必定是当时天下人最爱传说的故事，父亲闲暇时也许就绘声绘色地跟司马迁讲过，司马迁的视角大概可以代表时人对田蚡的一个具体印象：飞扬跋扈、心狠手辣，终于报应不爽、罪有应得。这种有着强烈因果色彩的复仇情节，是民间最偏爱的模板。

丞相和御史大夫

田蚡一死,丞相之位再次空缺,这已经是刘彻继位十年以来第四次需要更换丞相人选。

研究古代史,邓广铭先生提出了"四把钥匙"说:职官、地理、年代、目录。"职官"就是一项非常复杂难懂的制度,有许多概念不辨不明。比如说,在阅读史料时,经常遇到"丞相"和"宰相"这两个词,看上去好像是一回事,那它们有什么实际区别吗?

如果简单做一个解释,那就是除了辽朝,"宰相"并不是实际存在的官职,"任命某某为宰相"是一个错误表达。"宰相"泛指具体行使相权的某些身份。那么相权是什么权?祝总斌先生的意见很值得参考,他认为只有同时掌握议政权、监督百官执行权,这样的身份才能称得上"宰相"。而在不同时期,究竟由谁来行使相权,往往随帝王的心意而有所改变。所以,"宰相"只是一个笼统的说法,可以理解为行政系统的主要领导。

而"丞相"是很多朝代具体设置的官职名称,比如我们现在所讲的西汉朝,窦婴和田蚡都担任过丞相一职,再往前担任丞相的还有萧何、曹参、陈平、周勃等人。秦和汉初,丞相究竟设一名还是两名,往往视具体情况而灵活变化。比如秦始皇设左、右丞相,但秦二世时赵高独秉大权,就一人称"中丞相"[1]。汉高祖刘邦也只设一名丞相,但到吕后和惠帝共治时期,为了方便两宫运作,丞相一职又分设左、右,直到文帝即位以后才逐渐固定为一名。

西汉朝丞相具体的职责是什么,《汉书·百官公卿表》称是"掌丞天子,助理万机",里面的关键字就是看上去像动词的这个"丞"。《说文解字》解释为"丞……山高,奉承之义"。所以丞相就是在下面死死托住天子,为他打理所有国事的那个人,有点像是一国的大管家。

---

[1] 此处的"中"是指能出入禁中,非针对"左右"而言,实际只有一名丞相。

学者具体研究丞相职事，还经常会拿出文帝和陈平的对话来作为参考。文帝曾经问及丞相所管，陈平答："丞相一职，上该帮助天子理顺阴阳四时之变，下该帮助天下万物各得其生长所宜，外该镇抚四夷诸侯，内该亲附百姓，让官吏大臣每个人都尽忠职守。"

> 宰相者，上佐天子理阴阳，顺四时，下育万物之宜，外镇抚四夷诸侯，内亲附百姓，使卿大夫各得任其职焉。(《史记·陈丞相世家》)

从陈平的回答来看，西汉丞相的职权的确包含议政权、监督百官执行权，故西汉丞相可以称为宰相。

而御史大夫一职，通常认为是"掌副丞相"，跟丞相的"掌丞天子"一比，就知道"副"也是一个动词。"副"作动词，是"相符、匹敌"之义。也就是说，御史大夫和丞相，相当于 AB 岗。所以在西汉朝，御史大夫也可以算是宰相。但御史大夫和丞相的职级实际上还是有差别的，丞相是金印紫绶，御史大夫则为银印青绶；丞相年俸万石，御史大夫则为中二千石。

两者的具体职责也有所区别，且御史大夫这一官职的设置充满权力制衡的智慧。

凡称"御"，往往是指皇帝本人所用。御史大夫就直属于天子，不对丞相负责。因为他的职责里，有一块很重要的任务就是监察百官，包括丞相。假如需要对丞相负责，就无法正常行使监察权。按照西汉初期惯例，丞相一职空缺之后，就由御史大夫升任，如此御史大夫必然会对丞相实施非常严格的监督，以求早日将其弹劾离位。这一制度的设置，避免了丞相的权力过于膨胀而不受约束。

> 御史大夫一职对有野心的丞相说来是一个牵制。与丞相一样，御史大夫关心的是向下级官员发布命令；他的特殊责任是考察文职官员

的表现。有时他甚至负责检查丞相对国事的处理；作为政府工作记录的持有者，他能考察建议中的措施是否与国家已制定的规定相矛盾。（《剑桥中国秦汉史》）

回到这一年的叙事里，田蚡死去，理所当然应该由现任御史大夫韩安国升任丞相。但从三月直到五月，刘彻只是让韩安国以御史大夫的身份，代理行使丞相职权。如前所说，两者其实是 AB 岗的关系，执行起来倒也不是什么难事。只是我们不易理解，为什么刘彻迟迟不作真的任命。

接下来更巧的事情发生了，韩安国有一天突然称自己从车上摔下来，腿脚受了重伤。刘彻派人去他家中探病，回报也称果然伤得非常严重，几乎无法行走。由于已经无法上朝议政，韩安国自然不得不从宰相之位退出。刘彻便临时提拔了一位高祖时期的功臣之后薛泽为丞相，又提拔中尉张欧为御史大夫。等到韩安国一年之后病愈，只能接替中尉一职，仍然被排除在三公之外。这样一来，田蚡之死，韩安国非但没有得利，反而阴差阳错被降了职。

《史记》和《汉书》的行文中，都提及"天子……欲用安国""上欲用安国为丞相"，但是从事情的走向来看，我们不禁为刘彻是否真的怀有此意打个问号。

倒是这次临时提拔的薛泽，连续当了七年丞相，在整个汉武一朝的所有丞相中，时间算是相当长了。司马迁另在一篇中写道：

> 及今上时，柏至侯许昌、平棘侯薛泽、武强侯庄青翟、高陵侯赵周等为丞相。皆以列侯继嗣，娖娖廉谨，为丞相备员而已，无所能发明功名有著于当世者。（《史记·张丞相列传》）

大意是说，薛泽的优点无非是廉洁、谨慎，但在任上就像个摆设，起不到任何作用。或许这才是刘彻提拔他当丞相的真实用意。经历过田蚡的使权任性，刘彻对丞相利用"相权"牵掣自己可谓深恶痛绝，故他不再需要有能力、有志向之人登上宰辅之位，他开始试图将议政权从政府系统逐渐收归至中朝，交给自己的亲信左右。刘彻的这番改革，也是历史上宰相制度变迁的一个动力和起点。

　　站在对韩安国好的一面来想，我们可以善意地认为，或许他已经意识到了刘彻的心理，毕竟田蚡的例子很能警醒聪明人。《汉书》说，韩安国一方面贪财，一方面有雄才大略，也很懂得取舍。借腿脚受伤退出要位，正是他人生最重要的一次取舍。《汉书》又说，"天子以（韩安国）为国器"。刘彻内心是知道韩安国有用的，但有用的人，不必放在丞相之位。后续的事实也证明，武帝朝丞相一职，从此只需要一些懂得逢迎附和的花瓶就行了。

元光五年

（公元前 130 年）

● 刘彻二十七岁 ●

河间献王：更佳的天子人选

这一年的十月，河间王刘德来长安朝拜天子。回去之后的一月，他就突然去世了。刘彻给这位兄长批准的谥号是"献"。这是个美谥，《谥法》曰"聪明睿知曰献"，看来刘德是个公认有智慧的人。

从现存的史料来看，河间献王刘德最大的优点或者说功绩，主要在好儒和藏书两方面。

这两件事听起来简单，当时要实践倒真不算容易。一来，秦始皇三十四年（前 213 年），颁布了焚书令，具体内容是，非秦国史书，一律烧毁；《诗》《书》和其他学派思想著作都属于政书，民间拥有者一律主动上交到地方官处烧毁，这些书只能在朝廷博士官处留有存档；聚在一起讨论《诗》《书》内容者，死罪；以古非今者，族灭；官吏知道有人犯禁而不检举，与犯禁者同罪；焚书令下达三十日之内尚没有完成烧书者，刺面劳改；凡医药、卜筮、农业之类的书，则不在禁毁之列。

> 丞相李斯曰："……臣请史官非秦记皆烧之。非博士官所职，天下敢有藏《诗》《书》、百家语者，悉诣守、尉杂烧之。有敢偶语

《诗》、《书》者，弃市。以古非今者族。吏见知不举者与同罪。令下三十日不烧，黥为城旦。所不去者，医药卜筮种树之书。若欲有学法令，以吏为师。"制曰："可。"(《史记·秦始皇本纪》)

与短期焚书令配套的，还有一条长期的挟书令，禁止民间私藏所有禁书，这条律令直到汉孝惠帝四年（前191年）才被废除，实行了二十二年之久。至于触犯挟书令会得到什么处罚，现在只有东汉人张晏对《汉书》的一条注解可以参考，他认为当时私藏禁书也是族灭的罪。

焚书和禁挟书，实质上是禁止非官方允许的思想在民间传播，由于书是传授知识的重要载体，故这一措施对所有知识分子不异于致命打击。在这二十二年里面，儒业是萧条惨淡的，学术是停滞不前甚至倒退的。

挟书令被废除后，文化教育自然百废待兴，只差皇家和政府的力量在上面倡导带动，然而不巧又遇上文景时期偏重吏治，博士官只是具官待问，学术在朝廷的复兴之路难免暂时受阻，故只能转向民间和远国发展。

河间献王刘德受封于景帝即位之初，在这样的背景之下开崇学尊儒先声，确实不易。《汉书》称刘德酷爱藏书，向民间广求各种珍本善本，得到之后，必定叫人好好誊写一份，原件自己收藏，副本则还给原主，同时重金赏赐。于是四方之民有祖传旧书者，纷纷不远千里来进献，刘德因此得到了很多用先秦古文写就的珍贵资料，包括《周官》《尚书》《仪礼》《礼记》《孟子》《老子》等，河间国的藏书数目竟可与汉朝廷等量齐观。

刘德在国内设有研习《诗经》《春秋》的儒生博士官。值得一提的是，虽然儒生所用的"经"是固定的几套教材，但不同流派可以有不同的阐述。就像同一套语文课程大纲，李老师有李老师的教法，王老师有王老师的教法。当时《诗经》就有鲁人申公、齐人辕固生、燕人韩婴、赵人毛公等几个流派，河间王用的博士正是毛公。如今我们看到的《诗经》，就是毛诗。河间王的《春秋》博士也和主流不同，当时朝廷主流是《公羊春秋》,其次是《穀梁春秋》,河间所治为《左氏春秋》,要到西汉末年才被尊奉,这再次说明刘德治学并不有意向朝廷靠拢献媚。关东的儒生既然无法在朝廷施展所长,自然多向河间国另谋出路。河间国大约在今河北省沧州市西南献县一带,是个非常小的小国,本来就是从汉初的赵国中割取一郡所置,后来又从河间划出一部分分置广川郡、渤海郡,所辖范围实在有限。然而就是这么一个远方蕞尔小国,成了知识分子的避难所,学术复兴的根据地。

这一年,刘德朝拜刘彻的时候,向天子推荐了河间国研究保存的雅乐。"雅"字的含义是"正",意为标准的、正式的(先秦时候的"普通话"叫作"雅言")。所谓雅乐,是指商周时期帝王在很多重要场合使用的正规音乐。严格来说,雅乐应该包含曲和词,配套使用。但是真正在传承的时候,很多歌词能够通过《诗经》这种文本模式留存下来,曲调却往往没有特别好的载体,更容易失传。所以到汉武帝时,存在一个现实的困境,民间的祭祀倒有配套的喜闻乐见的音乐,官方祭祀反而没有。刘德进荐的雅乐,当然是河间国的儒生团体研究的作品,应该说有着比较正统可靠的来源。刘彻下令太乐官将此雅乐保存下来,却并不经常使用,可见他对此未必有多么认可。究其原因,可能存在两个因素。

其一,比起刘德的崇儒,刘彻虽然言必称尧舜,真正落实到政策上,却不愿事事效古。他的思路是清晰而现实的,达到先圣那样的治世,需要考量当世的状况,制定一套符合如今实际的"汉家制度"。所以雅乐虽然古而正,却不适合完全照搬用于当代。现代人很容易理解这种曲风的不同,20世纪90年代的流行歌曲,二三十年后有些年轻人就嫌其老套落伍了。

第二个原因,可能是刘彻对刘德本人也有一些排斥。刘德是景帝的第二子,跟废太子刘荣一样,都是栗姬所生。如果按年龄排序,刘荣被废之后,就该轮到他当太子。之所以他被排除在外,除了刘彻母亲的积极运作,还和栗姬的性格导致失宠有关。而在所有封建帝王眼里,只消存在过一点点即位可能之人,或多或少都是心里刺、眼中钉。而刘德在河间的声望又非常之高，养众多宾客，受儒生追捧，这些行为对同样在实行尊儒政策的刘彻更是造成了无形间的刺激。假如尊用河间的雅乐为国家正统，岂不是承认刘德比自己更符合知识分子眼中的圣人标准？

因为刘彻对刘德的忌讳，故刘德此年回到河间即很快去世便成了一桩令人生疑的悬案。这种怀疑并非没有依据。南朝刘宋人裴骃的《史记集解》里，引有一条杜业的奏疏，里面说到：

> 河间献王经术通明，积德累行，天下雄俊众儒皆归之。孝武帝时，献王朝。被服造次，必于仁义。问以五策，献王辄对无穷。孝武帝艴然难之。谓献王曰："汤以七十里，文王百里，王其勉之。"王知其意，归即纵酒听乐，因以终。（《史记·五宗世家》集解引杜业奏）

这段话是说，天下英雄和儒生都心向河间献王，朝见时，刘德的聪明才智又让刘彻非常难堪，于是刘彻对他讲了一番话："商汤和周文王，当初都只有区区百里地，最终成为王者圣人，你是不是也往这个方向努力努力。"听上去像是在夸对方的才德，但商汤和周文王都是革了当时天子命的新王，让刘德朝这个方向努力，言下之意当然是一种赤裸裸的警告。所以刘德听完，回国就纵酒享乐死去了。光喝酒当然不可能马上就死，更大可能是服下药酒自尽。

说这段话的杜业又是谁呢？是汉武帝时期酷吏杜周的曾孙，所以他的这番话有一定可信度，没办法完全忽视，这就加深了学者对刘德之死的种种猜测。

刘德一死，河间的儒生集团很快就消散了，某种程度上也可以证明他在儒生中地位过高，是刘彻比较在意的焦点。但刘彻没办法改变的，是河间献王刘德在后世儒生眼里的形象。他刻意不想刘德有和自己对比的可能，儒生却不约而同都爱拿两人做比较。当然，在儒生的心目中，刘彻是假崇儒，儒生不过是其手中的工具，而刘德是真崇儒，儒业是其内心所信

元光五年（公元前130年）

奉追求的大道。在这样的标准下，自然刘德更容易占道德上风。比如司马光就很大胆地畅想过："当初景帝假如按照年龄排序，真的传位给献王，一定可以省去祭祀求仙、宫观巡游这些铺张浪费，百姓可以免掉很多战争劳役之苦，民间风俗变得更崇仁尚义，重新回到先哲往圣的太平盛世，其时代必然远远超过文景之治。"

> 景帝之子，十有四人，栗太子废而献王最长。向若遵大义，属重器，用其德，施其志，必无神仙祠祀之烦，宫室观游之费，穷兵黩武之劳，赋役转输之敝，宜其仁丰义洽，风移俗变，焕然帝王之治复还，其必贤于文、景远矣。（《困学纪闻注》引司马温公《河间献王赞》）

这段话里的"神仙祠祀之烦，宫室观游之费，穷兵黩武之劳，赋役转输之敝"，显然是针对刘彻而发。

无独有偶，《朱子语类》里，朱熹和他的学生也引用过学者胡寅的一段话，畅想得更加完整，说"假如让河间献王当天子，董仲舒为丞相，汲黯担任御史大夫，礼乐制度一定会在汉朝复兴。"

这种设想，多少有些醇儒式的天真。历史无法假设，公元前2世纪的臣民也没有选择的余地，那些未能发生的，我们永远不会知道究竟是幸运，还是遗憾。

第一次巫蛊案

陈皇后的地位，早已岌岌可危。自从窦太后去世，刘彻终于不需要再忍受她的骄悍无礼。可以拯救陈皇后命运的，可能只有她自己，要么认清形势，收敛性格屈从刘彻，要么在后宫中第一个诞下皇子，借继承人反过来保住自身后位。但刘彻若因厌恶而不愿与其同房，又谈何生子呢？

于是陈氏转而向玄学求助。她找到一名叫作楚服的女巫，希望通过巫术让刘彻不再迷恋其他后宫女子，只宠幸自己，从而成功怀孕。

巫术虽然迷信，但在古人眼里同时也是一种拥有巨大威力的武器。但凡一样事物有着不可预测的危险，就必然成为有权者垄断的禁忌。

可想而知，陈氏既然一直受冷落而无子，这种巫术显然是一项长期在进行的活动。只不过平时刘彻可以选择无视，到这一年，他决定不再忍受，就可以借触犯禁忌的由头趁机向陈氏发起清算。御史张汤受命审理巫术案，女巫楚服被枭首示众，连坐及被诛杀者达到了三百多人。这三百多人，肯定并不完全与巫术有关，只是为了铲除陈氏的关联人员而已。案件最后，陈氏作为主谋，被收回皇后印玺，搬出未央宫，到长门宫居住。这个长门宫，本来就是陈氏母亲馆陶长公主献给刘彻的，位置在长安城之外的霸陵邑，也就是说，陈皇后被废之后，实际上相当于被赶出皇宫，回到了娘家。

窦太后活着的时候，馆陶长公主因宠生骄，一贯仗势凌人，如今靠山已倒，也不得不低声下气地向天子女婿道歉谢罪。刘彻总算给这位姑姑兼岳母留了些面子，安慰她道："皇后所作所为，有亏大义，因此不得不废。姑姑当放宽心，不要听信别人胡言乱语，心怀忧惧。皇后虽废，一切礼数、供奉都照旧，只不过换个地方居住而已。"

直到陈皇后被废，窦太后在刘彻生命中所留下的阴影才算彻底驱除。

我们要借此机会，认识一下主审此案的张汤其人。《汉书》称其为杜陵人，此处的杜陵指杜陵邑，这是东汉人的视角。杜陵邑实际上是汉宣帝时设置修建的。武帝时期，张汤出生的这个地方还只叫杜县。

张汤的父亲是长安县丞。秦汉时期超过万户的大县，长官称县令；不超过万户的小县，长官称县长。县令相当于一县之君，县丞相当于一县之相，另有县尉一职相当于一县之太尉。官僚体制有一个显著的特点，越到基层，事务越是具体烦琐。作为一名县丞，面对的都是关乎百姓切身利益的诉讼、赋税、农事等市井日常，必须掌握十分专业且具体的业务知识。

元光五年（公元前130年）

张汤从小耳濡目染，从父亲身上学到了非常扎实的行政技能。

有一回父亲外出，令张汤看家。回来之后，父亲发现肉少了一些，张汤辩称是被老鼠偷了，父亲却想当然认为小孩贪嘴撒谎，将他鞭打了一顿。事情已过，张汤非常不服气，有一番经典操作，因为涉及许多汉朝司法名词，我们先将原文抄录一下再作解释：

> 汤掘熏得鼠及余肉，劾鼠掠治，传爰书，讯鞫论报，并取鼠与肉，具狱磔堂下。父见之，视文辞如老狱吏，大惊，遂使书狱。(《汉书·张汤传》)

张汤首先想办法抓到了老鼠，找到没吃完的剩肉，鼠证物证俱在。然后"劾"，意思是起诉老鼠。再对它"掠治"，这是汉法允许的刑讯。接下来这句"传爰书"，"爰书"是指司法文书，而"传"字有些争议。唐人颜师古认为"传"是"传递"之义，整句的意思是提取相关文书。而清人钱大昕认为"传（傳）"是讹写，原字为"傅"，整句是说附上相关文书，总之区别不大。紧接着的"讯鞫"，是指继续拷问，对案情追根究底；"论报"则是对比相关法律条文，确定其罪其刑。然后，张汤再次调取老鼠与肉证，"具狱"，"具"是完备之义，此处是说最终结案。最后，张汤对罪鼠实施"磔"刑。什么是磔刑，后面会有专章论述。

这一套操作，显然是因为张汤生于县丞家，见惯了类似的审案流程，故能熟烂于心。父亲回来之后，虽然没能目睹儿子的办案过程，却见到了结案形成的各种文书，"文辞如老狱吏"，专业得像个办了几十年案的老手。从此，父亲就有意让张汤在审案方面勤加训练。秦以及汉初，为吏的专业技能，基本都是手把手传带，即"以吏为师"。

张汤的父亲死于汉景帝时期，张汤在此之后许是凭着父亲的人脉关系，也在长安县担任县吏。在长安县，他机缘巧合结识了一位贵人——刘彻母亲除了田蚡之外的另一个弟弟田胜。田胜当时犯事关在县牢，张汤这种小吏反而可以利用职务之便，对他处处照顾有加。等田胜出狱，凭借姐姐的关系当上列侯，感恩张汤，带着他遍见长安权贵，张汤向上跃升的道路从此打开。

这次负责审理陈皇后的案子，牵连三百多人，自然都是和陈皇后母女有盘根错节之关系者。如此深究党羽，为的是避免后患。处理一桩事情，就要处理得干干净净。刘彻对这种做法非常放心满意，十分欣赏张汤的能力与态度，于是提拔他为太中大夫，同另一名酷吏赵禹负责修订律令。

《汉书》称张汤、赵禹修订律令的标准是"务在深文"，大意是最大限度往严格、严密、严重的方向去制定、去追究。《汉书》还举了一个例子，两人推出了"见知之法"和"监临部主之法"，主要针对官吏，内容是官吏知道有人犯法而不举报，与犯法者同罪，以及追究主管官员的监管责任。在今天看来，这实际上不是什么大不了的事情，官吏不作为，当然应该对违法造成的后果负责。不过放到武帝时代，它的象征意义显得更大一些，毕竟当初的治理手段还带着黄老之术的遗风。

黄老之术最大的特点是"无为而治"。此"无为"，本义乃"因循"或"顺势而为"，讲究顺着自然规律、人情秉性做事，而非什么都坐视不理。但理论是理论，真正落实到操作上，人人对"顺势"的尺度把握都不一样，"无为"就很容易变成"不作为"。比如下属上班偷懒睡觉，该不该管？难道偷懒不是人之常情吗？比如百姓穷困潦倒偷了块饼，该不该抓？难道进食求生不是人之本能吗？"无为而治"的理念下，好的一面是大事不怎么折腾百姓，而同时带来的就是细节处很容易藏污纳垢。所以汉初曹参在齐国实施黄老之术，学者就建议他对监狱、市集睁一只眼、闭一只眼，因为这些地方如果细查深究，全是问题。某种程度上来说，曹参的做法就是不作为。而在刘彻默认之下，张汤、赵禹的"见知之法""监临部主之法"，相当于一巴掌拍在久无人坐的椅垫上，虽然拍的只是官吏这一小部位，然而整个垫子很快都要随之震颤起来，空中扬满积压多年的灰尘。"有为而治"好的一面是"时时勤拂拭"，每个地方至少看上去都是干

元光五年（公元前130年）

干净净的，但也很容易走向过分苛察，撕毁人与人之间的信任与温情。这是两种治理理念的分歧，它们就像一根绳子的两个方向，没有哪一种绝对正确。张汤式酷吏的出现，深文之法的出台，更大的象征意义是代表刘彻时代的一种倾向，绳子要换一头使用了，宁静的时代即将过去，社会的每一个细胞很快都要一起紧张颤动起来。

公孙弘的复出

这一年的八月，刘彻再次向郡国征召贤良文学士。菑川国打算继续推荐公孙弘。十一年前，他已经通过举荐，在朝廷当上博士官，因为出使匈奴办事不力被刘彻斥责无能，称病免职回家。此时，公孙弘已经七十开外，对于推荐自己一事断然拒绝："我前番已经因能力不够罢免回来，你们还是另请高明吧。"但最终，他还是拗不过郡国的好意，再次西入长安应征。

同样，刘彻进行了一次策问，他提出的问题和元光元年（前134年）几乎没有区别，包括怎样才能复兴先王的治世，天人之道的理论有什么本源，灾异吉凶的原因何在，怎么对待仁、义、礼、智这四样东西，以及天命符瑞和王朝废兴应该怎么看待。公孙弘的回答也和董仲舒的"天人三策"没有太大理论上的区别，甚至看上去更简约敷衍。为什么同样内容的对策，四年里发生了两回呢？这也是部分学者认为"天人三策"那回其实根本没有真实发生，是董氏后学伪造的论据。

公孙弘的对策平平无奇，在上百人的答卷中没有任何出彩的地方，因此负责阅卷的太常看完，将其评为下等。然而刘彻看完之后，却独独把公孙弘的答案挑了出来，置为第一名。这的确是一件特别奇怪的事，此处还是把他的对策大意简单翻译如下，供大家自行阅读体会。

"臣听说上古尧舜之时，并不特别重视赏赐、使用重刑，而人民自觉向善，不去犯法，这是因为圣王自己德行端正，以身示范，用诚信对待天下。到了末世则完全相反，原因也正是因为君主其身不正，对百姓不够诚信。可见'信用'比赏罚更加重要。

"治国之本，在于八条原则。

"第一，因才任官，则各种业务都能得到很好办理；

"第二，去除虚而无用的空话，则万事的根源、内情都能洞明；

"第三，不随意兴建不必要的建筑、器物，则可以减免百姓的赋税重担；

"第四，不妨碍百姓的耕作时间，不随便劳役他们去做其他事情，则民间自然富裕；

"第五，让有德者身居高位，无德者弃置不用，则朝廷自然受人尊敬；

"第六，让有功者有渠道晋升，无功者必须退位避能，则群臣自然兢兢业业；

"第七，依法公平处理每一件违法之事，则罪恶自然渐渐消除；

"第八，恰如其分奖励有才能、有德行者，既不漏赏，也不滥赏，则臣下自然懂得自勉进步。

"所以百姓有各自谋生的事业，就不会争利；心安理得，就不会抱怨；懂得礼节，就不会粗暴；关心他们，就自然爱戴君主，这些都是治理天下的当务之急。制定法律时不违背道义的准则，百姓就会服从而不离心；在礼的基础之上倡导和谐，百姓之间就会亲近融洽。赏罚的施行，都要遵循礼义的大原则。

"臣听说，气类相同，就会互相跟从；音类相近，就会互相响应。人君合乎道德于上，百姓自然忠诚在下。君民心和则气和，气和则形和，形和则声和，声和则天地之间一切都无比和谐。从而阴阳和合，风调雨顺，甘露下降，五谷丰登，六畜蕃育，嘉禾兴盛，朱草丛生，山不崩颓，水不干涸，百姓没有疾病，儿童不会夭折，麒麟凤凰、灵龟神龙频现，河图洛书自出，远方国家之君无不倾慕天子的德义，主动前来朝拜进贡，这就是和谐到达极致的征兆。

"臣又听说,'仁'就是爱人,'义'就是坚持真理,'礼'就是运用正确的方式,'智'是驭民之'术'的本源。具体来说,'仁'是指用无私的情怀兼爱百姓,为他们谋福利;'义'是指让百姓明白是非道理,树立行为的准则和边界;'礼'是指让百姓知道尊卑有分,进退不至于失去分寸;'术'是指人君要自己独掌杀生之权,通人才上下之路,知道如何权衡得失轻重,使远近之人无论真诚虚伪,都一一暴露在君主面前,不受任何人的蒙蔽。这四样东西,都是治国之根本、大道之所用,不能偏废。用得好,天下安乐;用不好,则必然陷入人主昏聩于上、官吏糜乱于下的局面。

"臣还听说,尧遇到洪水,使禹治理,可见洪水不是因禹所发;商汤遭遇的大旱,是因为夏桀暴戾之遗祸,不是针对商汤而来。从此可知,上天之德无私,顺应天意则天下祥和,逆天意而行则灾害频生。这就是天、地、人之间的关系。"

公孙弘的这份对策,如果用后世学术分家的眼光来看就有些怪异,大体思想是儒家的底子,而又有阴阳和合之类的观念,谈及仁、义、礼、智那部分,他把"智"归结为"用术",而具体内容是叫君主明白集权的重要,这已经是非常明白的法家理念。但用先秦至汉学术不分家,统称儒生的理念来看,这实在是很正常的一件事。公孙弘谈的所有理念,几乎都是当时学者的共识。

很难分辨其中究竟哪些内容打动了刘彻,以至于他把这篇答案列为头名。公孙弘因此再次担任博士一职,待诏金马门。金马门指宦者署之门,因为门旁立有铜马,故有此别名。西汉朝待诏根据地点不同,一般有三类:"待诏公车"在皇宫的外墙大门处,离天子非常远,很难有机会见面;"待诏黄门"在禁宫之内,离天子最近;"待诏金马门"介于前二者之间。

七十多岁,已经是古代少见的长寿老人,所谓"古来稀"。这个年纪担任博士待诏,按常理来说,可能也就发挥发挥余热,利用自己丰富的人生阅历和知识储备,起一些天子顾问的作用。然而,公孙弘的人生履历还远远没有到头的意思。

元光六年

（公元前 129 年）

● 刘彻二十八岁 ●

初征车船税

这一年的冬天，一项新的赋税正式开征：车船税。这项税制主要针对平民阶层，尤其是平民中的商贾群体。具体内容包括，不是"三老""北边骑士"这种身份的百姓，如果拥有"轺车"，需要交税"一算"；如果是商贾身份，则要出钱"两算"；如果还拥有长五丈以上的船只，每只船再缴"一算"。

这里有几个概念需要稍作解释。三老是秦汉时期基层设置的专门负责教化的一种职务，一般挑选五十岁以上有德望，在乡里能服众之人担任。轺车是一种结构非常简单的小型马车，形制脱胎于先秦战车，搭乘两人且起初只能站立，但到秦汉时，已经被改造成可以坐乘，成为一种非常快捷方便的交通工具，无论公务出行，还是私人驾游，使用非常普遍。最后，此处的"一算"可能是指一百二十钱，"两算"即二百四十钱。

新征一种税项，无非是两个目的：对被征收对象进行抑制管理，以及增加财政收入。从上述内容来看，此次车船税的征收对象，主要是商贾，也就是说，其目的之一是为了抑制商业活动。这其实是战国以来重农抑商理念的延续。

现代经济的框架下，农业属于第一产业，商业属于第三产业，两者非但没有冲突，甚至可以互相促进和融合。而放在较远的古代，农业的重要性更为突出，因为居民的衣食、缴纳的赋税、军队的粮食，全部直接来源于农业生产。同时由于生产力低下，需要更大比例的人口去从事耕织，才能满足生活日常、国家开支、战争消耗和灾害储备。

> 古之人曰："一夫不耕，或受之饥；一女不织，或受之寒。"（贾谊《论积贮疏》）

换句话说，即便是古代和平时期，哪怕全国人都来耕种，粮食也未必饱和，更何况连年用兵的战国时代。而任何一个国家的百姓，除了耕织，还要抽出一定时间来应付劳役、兵役等等。在这种情况下，只有尽最大的人力，才能开发使用最大的地力，从而最大程度增加军力、国力。这时，农业和商业就有了直接冲突，因为多一个人从事商业，就意味着少一个人从事农业。

而商业比起农业来，天生有着利润空间更大、致富更为容易的优势，自然对人的吸引力也更强。

> 夫用贫求富，农不如工，工不如商。（《史记·货殖列传》）

人性总是趋利的，假如不采用强制性的行政手段，很难阻止百姓往利益更多的地方涌去。特别是商贾在变成巨富之后，必然会为了扩大经营规模雇佣更多人员，占有更多奴仆，使他们离开农田，进一步跟政府的工程和军事争夺劳力。面对如此矛盾，重农抑商的思想自然应运而生。在这种思想里，往往把农业视为"本"，把商业视为"末"。需要强调的是，"商"并非单指资本雄厚的大商人，小手工业者制造的器具同样需要销售才能得利，他们一般也被归入商贾。

在先秦各国中，秦对于"尽地利"最为积极，因为秦国地广人稀的问题最严重，所以商鞅变法竭一切手段促使百姓放弃其他职业，投入农业生产。相应的，就必须从法律上剥夺商人的某些政治权利，形成全社会贬低鄙视"末业"的环境。比如，从事商业者，遇到战争属于首先被征发的对象，到后来征发人数越来越多，连曾经做过商人或者父辈做过商人的也要优先征发。而因从事商业致贫者，可以任意收为官奴。到战国末年，韩非子甚至直接把"商工之民"归为国家"蠹虫"之一，认为不彻底消除他们，国家必然破亡。

汉初经历了长年战乱，急需恢复民力，故高祖时期仍然承袭重农抑商政策，对商贾征收更重的租税，禁止他们穿着锦绣、出入乘车。《九章算术》是一本汉朝的数学习题教材，里面就有关于商贾携带货物过关时如何征收关税的题目。

> 今有人持米出三关，外关三而取一，中关五而取一，内关七而取一，余米五斗。问本持米几何？答曰：十斗九升八分升之三。（《九章算术·均输》）

孝惠帝和吕后时期，对商人的各项律令稍微松了一些，不过仍禁止商贾家庭入仕为官吏。

但论其实质，商贾的存在与兴盛自有其社会规律，即便有政治上的长期贬损，也改变不了"今法律贱商人，商人已富贵矣；尊农夫，农夫已贫贱矣"的现实。囿于旧识，古代学者都爱把农民与商人二元对立起来，仿佛商业是伤农的根本原因，商人是贫富差距的罪魁祸首。其实，农夫的贫贱有着更多更复杂的原因，比如朝廷的租税、徭役，以及天灾人祸等等。也并非说，除掉商人这部分群体，他们占有的社会财富就会相应分摊到农民手里。

回过头来看刘彻这一年所颁布的开征车船税的律令，拥有一车缴二百四十钱，拥有一船缴一百二十钱，其思路不过是延续重农抑商观念，对商贾群体实施力度更大的盘剥。这几百文钱对于巨商来说自然不在话下，对于数量庞大的中小手工业者、小商小贩来说，则无异于从饥饿之人手中夺食，势必迫使部分商贾要么弃业归农，要么卖身为奴。同时要看到，征收车船税带来的财政收入增加，应该也是刘彻所急需的资源。自他即位以来的十二年里，国库巨额支出已经包括且不限于迁徙郡国豪杰兴建及定居茂陵邑、将东瓯国举国迁至江淮、兴三十万军马设伏马邑、发十万士卒治河及修龙渊宫等等。而接下来我们要说的几件事，也件件都是费钱的大事。

卫青亮相

这一年的冬天，匈奴入侵上谷郡（治所在今河北省张家口市怀来县东南），大肆杀掠吏民而去。历史上对匈奴相关的记载和研究非常稀缺，以至我们对于这样一个中原王朝数百年里的主要对手其实知之甚少。甚至由于游牧国家和农业国家的文化差异，产生了很多误解。比如此处，《汉书》记有"匈奴入上谷"，就很容易理解为这是一种国家行为。实际上，游牧民族的国家组织形式和汉朝的中央集权帝国是很不一样的。具体来说，匈奴是由许多不同部落组合起来的较为松散的联合体，他们的首领是单于，单于的一项主要权利和义务就是为各个部落划分草场，以避免部落之间产生纷争。这便是《史记·匈奴列传》所说的"各有分地"。单于对于各分地的游牧情况，其实并不作太多干涉。

> 游牧社会中蕴含的平等自主原则，可能让匈奴单于难以约束其治下所有部落的行为。（王明珂《游牧者的抉择：面对汉帝国的北亚游牧部族》）

单于之下，分设左、右贤王，其实便是两个大部落酋长。再往下又有左、右谷蠡王，左、右大将，左、右大都尉等等。左、右两个方位词，代表他们的势力范围。也就是说，汉朝长长的北方边境线上，不同的边郡面临的匈奴势力是不一样的。古代人和现代人看地图的方位恰好相反，"左"指东方，"右"指西方。汉初，从上谷郡往东，毗邻的就是匈奴的各左方势力。所以这一年冬天入侵上谷的，应该是匈奴左贤王或者其部下。

对于这样的挑衅，加之几年前马邑之谋失败的遗憾，刘彻感到有必要做出回应，不能任由其在边境之上肆意妄为。春天的时候，他指定了四位将军从四路齐发。从西向东排序，分别是轻车将军公孙贺出云中郡，骁骑将军李广出雁门郡，骑将军公孙敖出代郡，车骑将军卫青出上谷郡。四支大军的位置从最西到最东，相距足有四百公里，而且用了"出"字，说明匈奴左方部其实已经得胜离开了上谷郡，既然不知敌人归向何处，故四位将军必须从不同方向前往寻敌。同时，四位将军各自只率领了一万士兵，与马邑之谋动用三十万人马完全不可同日而语，似乎也可见本次军事行动只是一次试探性出征。毕竟汉兴以来七十多年，朝廷对于匈奴的挑衅始终采取防御姿态，主动出击还是头一回，小心谨慎一些也是理所当然。

四位将军最后的境遇截然不同。公孙贺出云中郡，"无所得"，应该是没有遇见匈奴大军，空手而归。公孙敖出代郡，被匈奴击败，一万骑只剩三千骑。李广更惨，出雁门郡之后遇到匈奴大军，这个方向遇到的应该就是单于本部的一支。李广不仅军破大败，自己也被对手击伤并生擒。由于他在匈奴之中名声甚大，单于一早便有关照，称遇到李广必须活捉，于是匈奴人在两马之间挂了一个网兜，兜着李广准备献给单于邀功。行有十余里地，李广假装伤重不治，其实暗中打量，选定了一匹好马准备逃走。趁对手放松警惕，李广忽然从网中一跃而起，翻身跨上那匹看中的马。马上本有一名骑乘的胡儿，李广用双手紧紧将其箍住，胡儿竟动弹不得，于是李广转身驾马绝尘而去。数百名匈奴骑兵回头来逐，他边驾马，边取胡儿弓趁隙射杀几名追兵，很快便逃脱追捕，赶上了己方残部。

最后来说说卫青。这是史料记载的卫青首次战场亮相，但似乎有理由相信，建元三年（前138年）起，刘彻在上林苑里训练骑兵，卫青就已经参与其中，甚至马邑之谋的三十万大军里未必没有他的身影。不过，这是他第一次担任将军实战。

刘彻对卫青的任用，除了因为他是卫子夫的弟弟，还因为他本身的能力。

> 青虽出于奴虏，然善骑射，材力绝人……（《资治通鉴·汉纪十》）

刘彻唯独把卫青安排在上谷郡出发，这是有意让他追击刚刚得胜离开上谷的匈奴左贤王军队，建立一番军功。卫青也确实不负圣望，四支军队里，唯有他获得小胜，击杀和捕获匈奴累计七百人，可惜关于战斗的细节史书却未有任何记载。《汉书》还称，这一次出击，卫青进军到匈奴龙城这一地点。关于龙城是个什么地方，先看一段原文：

> 岁正月，诸长小会单于庭，祠。五月，大会茏城，祭其先、天地、鬼神。秋，马肥，大会蹛林，课校人畜计。（《史记·匈奴列传》）

这段话的意思是，匈奴人每年有三次聚会。第一次在正月，大部落长们聚集在单于庭，举行一次小型祭祀和碰头会。第二次在五月，聚集于龙（茏）城，这是一次大规模祭祀祖先、天地、鬼神的活动。第三次则是秋高马肥之时，一般在九月，聚会于蹛林这个地点，王明珂先生认为，九月之会的主要目的，"应是动员、聚集各部落可参与作战的人畜……秋季士壮马肥，一年的游牧工作又大体完成，这时是青壮出外劫掠或参加战争的最佳时机。"

从这段描述来看，龙城显然和单于庭不是一个概念，并且从原写作"茏"字来看，有学者认为它可能特指水草丰茂之处。

2020年，蒙古国关于哈日干杜尔沃勒金城遗址的初步考古成果对外公布，从遗址里发掘出一些有"天子单于"字样的瓦当碎片，很多人认为位于蒙古国中部的此处遗址便是匈奴龙城，并已经着手以此为口号进行宣传。但严谨来讲，这一判断还为时过早。据史料和相关研究来看，我们应该相信，龙城在匈奴的历史上并不是一处固定不变之地，比如卫青到达的龙城，就不可能是距离上谷郡足有上千公里距离的该遗址。《资治通鉴》称此战四将军"击胡关市下"，也就是说，卫青等受命的内容只是到胡汉交易的关市附近寻找匈奴踪迹，即便稍深入，也不会离开边境太远。故卫青到达的这一龙城，应该在今张家口市以北，河北省和内蒙古自治区交界处附近。

王明珂先生引乌恩先生的看法，认为龙城虽然称作城，但不是固定建筑的定居城镇，而是由许多庐落（帐幕）聚集而成。各级首领率领部下牧民在水草茂盛的河边搭建好帐幕，蜿蜒如龙，这可能也是"龙城"之名的由来。

另据史料记载的匈奴习俗，龙城之会应在五月，而卫青之出击在春季，所以到达龙城之会地点时，匈奴应该还没有大量聚集，卫青碰到的并非大规模的匈奴主力。不过七百人的杀虏和捕虏数量，已经是本次用兵的唯一收获，刘彻很满意地赐卫青关内侯，这是秦汉二十等军功爵制里的第二高级爵位，仅次于列侯。而兵败的李广和公孙敖，按律都是死罪，但是可以出钱赎为庶人。这些赏罚制度都和秦国建立的军功爵制紧密相关，我们留待后面详说。

这一年秋天的时候，匈奴再次入寇边境地区。不知是不是初次反击没有收到太好效果的缘故，这一回，刘彻没有再次兴兵追讨，而是派遣韩安国为材官将军屯兵渔阳郡。渔阳郡就是秦末陈胜、吴广要前往屯戍的地方。近阶段匈奴在此处入边的频率很高，当年因平定七国之乱而赫赫有名的韩安国，即将在边境度过人生的最后光景。

元光六年（公元前129年）　143

司马相如作《难蜀父老》

后世说及汉武帝的一生作为，都很爱引用一句话："世必有非常之人，然后有非常之事；有非常之事，然后有非常之功。"大意是多亏了那些不一般的人物坚持不走寻常路，因此建立了常人无法想象的不朽功绩。

这句话的问世时间正是本年，原创者司马相如在作品《难蜀父老》中用来评价二十八岁的刘彻。尽管刘彻已经即位十二年之久，但从惠及时人和后世的大功劳来讲，此时似乎还言之过早。不过司马相如已经认识到，这个青年皇帝和汉朝前面几任天子相比，显然是个"非常之人"，并且十分积极地在做一些"非常之事"。

司马相如是蜀郡成都人，小名犬子，喜欢读书，学过击剑，因为钦佩蔺相如为人，故改为现名。他在景帝时期以訾为郎，担任武骑常侍。所谓"以訾为郎"，是汉朝郎官的一种入选资格，起初要求拥有十万钱家产，景帝时改为四万钱。但是骑郎的衣饰、马鞍等费用全由自己承担，假如一个人担任此职时间太长而得不到升迁，往往会入不敷出。加之景帝朝朝廷还弥漫在黄老之风中，并不崇尚华丽铺张的辞赋，司马相如最擅长的文学才能毫无用处。相反，景帝之弟梁王却招纳了不少辞赋名家，且一段时间里梁王身具帝国继任者的神秘光环，司马相如便趁机辞去郎官，客游梁王处。在梁国那段时间里，他创作了著名的《子虚赋》。

梁王备受景帝打击后，郁郁而卒。司马相如失去了倚靠，再次回到蜀郡，受到熟人临邛县（今四川省邛崃市）县令王吉的邀请，居住在县内一处亭下。这个"亭"就是高祖刘邦曾经担任亭长之机构，它同时有治安和招待的功能。司马相如一到临邛，立刻和王吉两人上演了一出双簧。王吉每天前去亭中拜谒，司马相如起初还规规矩矩答礼，后来就拒绝不见，王吉的态度却显得愈发恭敬。整个临邛县很快就知道了有一位贵客到访。有多贵呢？连县令大人上门拜访都吃闭门羹。

王吉和司马相如这出戏，实质是做给当地土豪看的。王吉需要土豪知道他背后有依仗，从此服从管理；司马相如则因为已经陷入贫穷，急需得到经济上的资助。临邛县有一户凭冶铁发家的巨富，主人叫卓王孙，家中光僮仆就有八百人。卓王孙得知县令有贵客，赶紧大摆宴席相请，座中客人近百数，确实是一副土豪的做派。司马相如继续和王吉演着双簧，故意不露面，非等王吉假模假样亲自上门迎接，才缓缓前来。酒席之间，王吉又故意邀请司马相如奏琴，表演才艺。为什么非要露这一手呢？这是因为卓王孙有一个女儿卓文君，刚刚死了丈夫新寡在家，平时爱好音乐，而她正是司马相如此行瞄准的猎物。司马相如在奏琴时，故意在琴音中倾注了内心情感，有意撩拨卓文君的心弦。

据《史记索隐》引三国魏张揖云，司马相如当时演奏的琴曲有两版不同的歌词，其中一版曰："凤兮凤兮归故乡，遨游四海求其凰，有一艳女在此堂，室迩人遐毒我肠，何由交接为鸳鸯。"

这当然是后来好事者托名杜撰的歌词，现场不可能有这么直截了当、嚣张大胆的暗示。

《史记》原文没有记载司马相如所奏为何曲，只是说卓文君隔着窗户听到了琴声，又看到了司马相如雍容雅贵的仪态，当时就动了心，十分爱慕，只担忧自己和他不够般配。

宴会结束后，司马相如立刻派人买通卓文君的侍女暗通款曲。得到明示，卓文君趁夜私奔，司马相如不敢久留，带着她迅速离开卓王孙家，回到老家成都，把生米煮成熟饭。

至此，骗局终于揭穿了。千百年以来，人间行骗无非为利。卓王孙此时也终于明白了司马相如的现状和用意，恨得咬牙切齿，发誓说："不孝女做出如此丑事，我虽不忍心杀她，但也绝对不会赠予一钱让骗子得逞！"

卓王孙狠心下的决定，其实很对症下药，哪怕搭进去一个女儿，也不让司马相如得到真正想要的东西：财富。于是司马相如夫妻两个只好在成都继续过着清贫的生活。久而久之，过惯富贵日子的卓文君先抱怨起来："我们两个哪怕回临邛，跟我的兄弟们借钱做点小生意，也好过在这里吃苦挨饿。"两人一合计，说走就走，典卖了其他家产，买了临邛的一间酒屋，当街做起了卖酒的生意。卓文君亲自当老板娘，司马相如则穿着犊鼻裈——一种牛鼻子形状的短裤——和酒保们一起干活。两人这么一抛头露面，消息和压力很快就同时传到了卓王孙这里。堂堂卓家的女儿，与人私奔不说，夫妻两个还在街头亲自干着下人的活计，卓王孙的老脸顿时羞愧得无处安放。亲戚好友借机开解他道："你缺的又不是钱，既然木已成舟，司马相如好歹也曾是朝廷中人，又有才能，跟县令关系也不错，何必一直怀恨，有意跟他过不去呢？"卓王孙想想也是，顺台阶而下，分给女儿、女婿僮仆百人、钱百万以及嫁衣等。司马相如和卓文君得到这笔财产，再次回到成都，买田买宅，摇身一变成为当地的富豪。

司马相如之后得到刘彻的青睐，则是因为刘彻读到了《子虚赋》。其时刘彻即位不久，尤其喜欢辞赋文学，读完这一名篇，以为作者必是一位高邈传奇的古人，忍不住赞叹道："可惜朕不能和此人生在同一时代啊！"在一旁侍奉的狗监杨得意恰好是蜀人，赶紧奏言："我曾听同乡司马相如说过，《子虚赋》似乎是他的作品。"司马相如因而得到召见，又为刘彻创作《上林赋》，从此极受亲任。"文章两司马"，指的便是西汉朝文学水平最高的两人：司马相如和司马迁。

前面说到，建元六年（前135年），唐蒙曾受刘彻之命，说服夜郎国周边的一些小国归服，成为汉朝边境之县，并新设犍为郡统辖它们。继此之后，唐蒙继续受命开通南夷道。需要一提的是，南夷道中这个"道"字，并非简单指道路，这个"道"是和"县"一样的概念，是专用于少数民族地区的行政区划。当然，把一个蛮荒之地内地化，修筑与之相连接的交通线也是必需的。

古代在崇山峻岭的边地设置新郡县、开辟新交通并非易事，唐蒙为了开通南夷道，就近发动巴蜀两地数万人民参加劳役，由于条件恶劣，多有死亡和逃逸。巴蜀之民很多为少数民族，其酋长率众反抗，又遭唐蒙用军法镇压。过程残酷反复，因此南夷道的开通整整三年时间都没有完成，反而在巴蜀两地造成了民间极大的恐慌不安。在前一年，即元光五年（前130年），公孙弘和司马相如曾相继出使当地，视察工程的具体情况，回来都说难度极大，非常不便。司马相如顺势建议放弃南夷道，而改通西夷道。所谓西夷道，是指蜀郡以西的邛（今四川省西昌市）、筰（今四川省汉源县）、冉駹（今四川省茂县）等少数民族居住区。这三地据说秦朝时已经归附，秦末又独立，他们的酋长听说汉朝赏赐多，也愿意再次归附内地化，成为汉朝的郡县。因此，元光六年，司马相如实际上是作为朝廷中郎将带着使命再次回到蜀郡，打算发巴蜀两郡百姓改筑西夷道。

不过，他这次回家乡可比过去风光多了。蜀郡太守亲自到郊外迎接朝廷命官，县令在前面开道，老丈人卓王孙、临邛县有头有脸的人物都前来敬献牛酒。特别是卓王孙，由衷地感慨自己女儿嫁晚了，自己应该早一点、更主动地和司马大人结为亲家。表态之后，卓王孙又重新送给女儿、女婿一大份家产——和分给儿子的一样大。

> 卓王孙喟然而叹，自以得使女尚司马长卿晚，而厚分与其女财，与男等同。（《史记·司马相如列传》）

世态炎凉，在太史公笔下这一段中显露无遗。

虽然司马相如称西夷道比南夷道更简易，在巴蜀人民眼中，却仍然是残酷害命的劳役。一役方罢，一役又起。如何消除当地的民心恐慌，司马相如写了《难蜀父老》一文。

在这篇文章里，司马相如虚构了二十七个当地德高望重的耆老大夫、荐绅先生，一起来造访自己，造访的目的则是为了进谏。他们认为，天子对待夷狄，保持正常的外交联络即可，非要开通西夷道，将其人纳入中国，是一项劳民伤财、得不偿失的措施。

紧接着，司马相如对二十七名士绅进行了统一思想，开头便是那句："盖世必有非常之人，然后有非常之事；有非常之事，然后有非常之功。"

司马相如的态度并不客气，直接表示，你们想不明白太正常了，英明天子的行为本来就不是群氓众生所能理解的。

司马相如说："当初大禹治水，难道没有兴师动众吗，最终受益的不还是后世万民。新天子即位以后，难不成墨守成规，念念旧经就可以了吗？当然不，真正的圣人必然要开创新的事业，制定新的制度，成为后世效法的准则。再说了，《诗经》有云：'普天之下，莫非王土；率土之滨，莫非王臣。'夷狄人民也是圣天子挂念的苍生，对不服从的进行征讨，对服从的施以礼教，拯救天下苍生于水深火热之中，让六合八方全部感受到天子的仁德，中外一体，和谐康乐，这正是天子的当务之急。为了完成天子的千古大业，百姓暂时辛苦一点，又算得了什么呢（'百姓虽劳，又恶可以已哉'）？"

文章最后，司马相如又虚构了二十七位士绅被感化以后的回答，他们一致感恩戴德，称："大汉之德真是伟大啊，这正是我们之前想听而没有听过的深刻道理。请允许我们回去身先士卒，带领百姓一起为天子这份事业贡献自己的力量。"

关于司马相如写这篇文章的用意，存在两种截然不同的解读。一种称其借此来讽刺和规劝刘彻，毕竟其中"百姓虽劳，又恶可以已哉"这类话读起来实在有些阴阳怪气。还有一种称这是对刘彻的谄媚，至少从字面上看的确是在为天子劳民一事开解。

抛开此文用意不谈，其内容倒真正涉及一个拷问：盛世伟业，受益的是后代黎民，吃苦的是当世百姓，成就"非常之功"大名的则是高高在上者，那么当世百姓究竟值不值得用生命去换取这一切呢？是不是"盛世"，又该交由谁去评价呢？可惜，在创造盛世中死去的人也同时失去了发言权，只有活下来的人才有机会为盛世做注解，不知这算不算一种盛世的"幸存者偏差"。

附录二：司马相如《难蜀父老》

汉兴七十有八载，德茂存乎六世，威武纷纭，湛恩汪濊，群生澍濡，洋溢乎方外。于是乃命使西征，随流而攘，风之所被，罔不披靡。因朝冉从駹，定筰存邛，略斯榆，举苞满，结轶还辕，东乡将报，至于蜀都。

耆老大夫荐绅先生之徒二十有七人，俨然造焉。辞毕，因进曰："盖闻天子之于夷狄也，其义羁縻勿绝而已。今疲三郡之士，通夜郎之途，三年于兹，而功不竟，士卒劳倦，万民不赡，今又接以西夷，百姓力屈，恐不能卒业，此亦使者之累也，窃为左右患之。且夫邛、筰、西僰之与中国并也，历年兹多，不可记已。仁者不以德来，强者不以力并，意者其殆不可乎！今割齐民以附夷狄，弊所恃以事无用，鄙人固陋，不识所谓。"

使者曰："乌谓此邪？必若所云，则是蜀不变服而巴不化俗也。余尚恶闻若说。然斯事体大，固非观者之所觏也。余之行急，其详不可得闻已，请为大夫粗陈其略。

"盖世必有非常之人，然后有非常之事；有非常之事，然后有非常之功。非常者，固常（人）之所异也。故曰非常之原，黎民惧焉；及臻厥成，天下晏如也。

"昔者鸿水浡出，泛滥衍溢，民人登降移徙，陭㠎而不安。夏后氏戚之，乃堙鸿水，决江疏河，漉沉赡灾，东归之于海，而天下永宁。当斯之勤，岂唯民哉。心烦于虑而身亲其劳，躬胝无胈，肤不生毛。故休烈显乎无穷，声称浃乎于兹。

"且夫贤君之践位也。岂特委琐握龊，拘文牵俗，循诵习传，当世取说云尔哉！必将崇论闳议，创业垂统，为万世规。故驰骛乎兼容并包，而勤思乎参天贰地。且《诗》不云乎：'普天之下，莫非王土；率土之滨，莫非王臣。'是以六合之内，八方之外，浸浔衍溢，怀生之物有不浸润于泽者，贤君耻之。今封疆之内，冠带之伦，咸获嘉祉，靡有阙遗矣。而夷狄殊俗之国，辽绝异党之地，舟舆不通，人迹罕至，政教未加，流风犹微。内之则犯义侵礼于边境，外之则邪行横作，放弑其上。君臣易位，尊卑失序，父兄不辜，幼孤为奴，系累号泣，内向而怨，曰'盖闻中国有至仁焉，德洋而恩普，物靡不得其所，今独曷为遗己'。举踵思慕，若枯旱之望雨。戾夫为之垂涕，况乎上圣，又恶能已？故北出师以讨强胡，南驰使以诮劲越。四面风德，二方之君鳞集仰流，愿得受号者以亿计。故乃关沬、若，徼牂柯，镂零山，梁孙原。创道德之途，垂仁义之统。将博恩广施，远抚长驾，使疏逖不闭，阻深暗昧得耀乎光明，以偃甲兵于此，而息诛伐于彼。遐迩一体，中外提福，不亦康乎？夫拯民于沉溺，奉至尊之休德，反衰世之陵迟，继周氏之绝业，斯乃天子之急务也。百姓虽劳，又恶可以已哉？

"且夫王事固未有不始于忧勤，而终于佚乐者也。然则受命之符，合在于此矣。方将增泰山之封，加梁父之事，鸣和鸾，扬乐颂，上咸五，下登三。观者未睹指，听者未闻音，犹鷦明已翔乎寥廓，而罗者犹视乎薮泽。悲夫！"

于是诸大夫芒然丧其所怀来而失厥所以进，喟然并称曰："允哉汉德，此鄙人之所愿闻也。百姓虽怠，请以身先之。"敞罔靡徙，因迁延而辞避。

（摘自《史记·司马相如列传》）

元朔元年

（公元前 128 年）

● 刘彻二十九岁 ●

皇子初生

这一年对于二十九岁的刘彻来说，最开心的事莫过于第一个皇子刘据的出生。在这之前，刘彻成婚十余年只生有一女，而此后，累计又育有五男五女。看来他本人的生育能力是没有任何问题的，汉朝贵族男性普遍十五六岁便开始不断繁殖后代，刘彻三十岁前却绝少子女，有理由怀疑是厌恶陈皇后母女的跋扈而不愿同房，故陈皇后被废之后，他的生育状况便开始正常起来。

生下皇子的卫子夫于三月被册封为皇后，这实际上意味着赐予刚出生的刘据嫡长子的身份，不出意外，若干年后他就要被立为皇太子，成为帝国预定的继承者。

嫡长子继承制公平吗？很不公平，尤其是对于那些庶出子和出生晚的嫡子来说。凭什么一个人能力和德行并不最出色，仅凭着出生早、母亲是正妻就可以天然拥有权力和财富的继承权？但公平从来不是君位继承需要考虑的因素，毕竟财富可以做到理论上的均分，权力却永远只适合独掌。所以继承与被继承之间，最关键的是稳定，而非公平。

在历史上，存在过许多种君位继承制度，比如"幼子继承制""兄终弟及制"。

"幼子继承制"指的是把兄弟排行中较小的孩子（未必是最小的）留在家中继承财富和权位，并负责赡养父母，其他孩子一到成年便分给一定财产，出外独立、自谋营生。这一制度在上古时期曾普遍存在，认识这一制度可以带给我们研究历史的不同视角。比如周朝王室的祖先，有一件事历来为儒生所津津乐道。故事的主人公叫作古公亶父，他有三个儿子，老大泰伯、老二虞仲、老三季历。在古公亶父准备传位儿子时，老大和老二都认为弟弟季历最贤明，更重要的是，季历的儿子虽然年龄小，看上去竟然有圣人的影子，叫作昌，也就是后来的周文王。在流传的故事版本里，泰伯和虞仲为了不和弟弟争位，逃离了族人的居住地，到江南和蛮夷生活在一起，同时断发文身，表示绝不回去的心志。这个故事，显然是在后世儒生的道德标准体系下重新构建的表述。实际上，泰伯出奔的地方并非江南，而出奔的原因也并不一定是让贤。这个故事更有可能的逻辑背景便是"幼子继承制"的体现。另外，先秦楚国早期可能也一直在采用"幼子继承制"，即《左传》所谓"楚国之举，恒在少者"。历史上，这一制度在很多地区都有遗存，比如蒙古族至少在成吉思汗时期仍然如此。现在我国的哈萨克族、南方的一些少数民族，还可以看到类似的继承方法。

"兄终弟及制"曾经频繁地出现在商王朝的前期，虽然现在学界倾向认为它只是作为"父死子继制"的补充，而非主流，但统计下来有近一半的商王是传位于弟，足够说明这是一种重要的常规手段。降至春秋时期，鲁宋两国也都有兄终弟及的实例，这两国均是和商文化传统有密切关联者。鲁庄公曾问弟弟应该如何传位，弟弟回答：父死子继、兄终弟及，都是鲁国的传统。王恩田先生通过对鲁国金文的统计研究，认为鲁国的子继模式也是幼子，也就是说实质是"幼子继承制"和"兄终弟及制"的结合。

> 庄公病，而问嗣于弟叔牙。叔牙曰："一继一及，鲁之常也。庆父在，可为嗣，君何忧？"（《史记·鲁周公世家》）

通常认为，嫡长子继承制成为主流，归功于周公制定西周礼乐文化，它体现一种财富和权力作为私产在小家内部传承的趋势。但"周公制礼"是春秋战国时人托古的说法，许多所谓西周初就被周公定下的礼制，实际上是后来渐渐形成的。比如这里所说的嫡长子继承制的普遍确立，从史实来看，至少要推迟至春秋战国之交。如前所说，君位继承，最关键的要素是稳定，而最稳定的办法无过于确立唯一一套具体明确的标准，且越早确定谁是继承人，越能避免争端。从这个角度来看，嫡长子继承制绝对不是最公平的，但相对来说却是最早能选出继承人，更安全可靠的。当然，皇位作为世间最大的一项权力归属，它的继承实况要比理论上复杂得多，也残酷得多。无论它的继承制度有多么稳定，也永远都会有人想要打破这种稳定。

刘彻将近而立之年才得到一子，"甚爱之"。群臣们也喜出望外，东方朔等人兴高采烈地写了辞赋为天子贺喜。因为皇子的诞生，意味着帝国的未来可以得到天意允许而往后延续。这一年，刘彻可能比任何时候都更想亲手打造一个盛世，若干年后交到这名叫刘据的皇子手上。谁都不会想到，此刻爱意流露的父子俩在三十多年后，会兵戎相见，最终生死异路。

再战匈奴

这一年的秋天，匈奴左方势力的两万骑兵再次入侵边境，杀死辽西（治所在今辽宁省锦州市义县西）郡守，劫掠两千余人而去。

辽西郡再往西，相继是右北平、渔阳和上谷，四郡均是毗邻匈奴的多战之地。上一年已经说到，韩安国被派遣到渔阳屯守。他是一名久经战阵的老将，而他的治军风格也是特别持重。听闻匈奴袭击了辽西，他派人捕捉到一名胡人俘虏，打听匈奴动向。俘虏称大军已远行，韩安国这才放心下来。秋天是一个对胡汉双方形势不太对等的季节，对于匈奴来说，草长马肥，是最适合四出劫掠的时候；而对于边境的汉民来说，此时却正需要抽空农作。韩安国因此上奏,既然匈奴已经远去,请求暂时罢屯,让大部分士兵归田,以免影响粮食收成。但这一次,向来谨慎的他失算了。罢屯一个多月后,匈奴大军突然卷土重来,大规模入侵上谷、渔阳两郡,包围了韩安国的壁垒,此时壁垒中士兵大部分归田未返,仅有七百余人。韩安国在一次战斗中受伤,便入壁坚守不出,只能坐视匈奴再次从渔阳劫掠千余人和大批牲畜而去。

匈奴的另一部还同时入侵了雁门郡,按照方位来说,这有可能是单于本部。刘彻再次令卫青出雁门追击,得到了一场漂亮的胜利,诛杀和捕获俘虏累计数千级。但截至此时来说,汉朝对匈奴的策略仍然只是停留在入侵之后的反击应对,尚未真正改变一直以来的被动局面。

刘彻对于韩安国的表现十分愤怒,特意派了使者前往边境谴责,并把他从渔阳调往东面的右北平继续屯兵驻守。自前丞相田蚡死后,韩安国位置不升反降,又被调出中央朝廷,本来就闷闷不乐,再经此一役,更加内心郁结。数月之后,这名老将就呕血死在右北平任上。[1]

右北平是防御匈奴的重要前线,需要一个同样有能力、有威望的将军坐镇,刘彻想到的人选是李广。

由于上一年兵败被活捉,李广已经废为庶人,此时正隐居在蓝田(今陕西省西安市蓝田县)的南山中打猎为乐。有一夜,他与一名骑从打猎到很晚,回程途中经过霸陵的一处亭。霸陵尉当晚又恰好喝了点小酒,醉劲上头,当场喝止住了李广,因为他犯了宵禁。李广随从赶紧打招呼道:"这是以前的李将军。"霸陵尉仍道:"现任将军都不得夜行,别提以前的了!"就这样,李广当晚被坚持要求在亭上过了一夜,到白天才放行。等刘彻召他接替韩安国担任右北平太守时,李广请求带那名霸陵尉一同随军。按照很多故事的套路,这时应该有一个李广尽释前嫌,霸陵尉知恩图报,在沙场上尽死效忠的结局。然而实际走向并没有如此美好,李广到了

---

[1] 韩安国之死和下面的李广任右北平太守实际都发生在下一年,此处一并说及。

军中就立刻将这位得罪过他的仇人杀死，然后向刘彻上书请罪说明原因。

刘彻对李广的行为非但没有批评，还特意回书宽慰。书里是这么说的："将军，是国之爪牙。《司马法》说，将军在军中可以不拘泥于平时的礼节，关键是要和三军战士勠力同心，破阵杀贼，让敌国胆寒。报仇除害，以兵止暴，这正是我期待将军所做的事。为一点小事免官请罪，这难道是我想看到的吗？将军请大胆率军东向，为朕在右北平的盛秋时节好好树立大汉国威！"

> 上报曰："将军者，国之爪牙也。《司马法》曰：'登车不式，遭丧不服，振旅抚师，以征不服；率三军之心，同战士之力，故怒形则千里竦，威振则万物伏；是以名声暴于夷貉，威棱憺乎邻国。'夫报忿除害，捐残去杀，朕之所图于将军也；若乃免冠徒跣，稽颡请罪，岂朕之指哉！将军其率师东辕，弥节白檀，以临右北平盛秋。"（《汉书·李广苏建传》）

两人一来一回，思路都很清晰。李广敢先斩后奏，摆明了就是看准天子以防御匈奴为重，不会在意此事。而刘彻也确实如此，他需要的是李广做好分内之事，为此可以牺牲一些小小的代价。这种高层的默契与和谐，以大局为名取走了一个尽忠职守的基层官吏的性命。

不过李广这次倒真算比较好地完成了屯兵防御任务。在右北平太守任上，匈奴给他起了个外号叫"飞将军"，连续多年不敢进犯右北平。下一次见诸史料的入侵，已经是七年之后的元狩三年（前120年）。现代人可能对七年无事感受不深，对于汉朝边境的百姓而言，七年和平是多少人梦寐以求的岁月静好。

李广以往任边郡太守的时候，经常喜欢出外亲自射虎。据说他有一次出猎，见野草之中匍匐着一只猛虎，吃惊之下引弓怒射，往前探视时发现原来是一块石头，而箭竟然深深没入石中，可见力道之大。后来李广再找

元朔元年（公元前128年） 155

机会尝试，却怎么也做不到。这是能证明他射术最传奇性的故事，然而却未必是真事。清人梁玉绳在《吕氏春秋·精通》《韩诗外传》等典籍里找到了许多先秦时期类似的射石故事，有放在养由基身上的，有放在楚国熊渠子身上的。所以"射石以为虎"很有可能是一种民间故事的模板，经常被好事者用来放在各种射术精湛的英雄人物身上以夸张叙事。李广射虎是真事，射石则未必实有。在右北平太守任上这几年，李广倒是被射中的老虎临死前扑伤了一次，不过考虑到这时他已五十开外，反应有所退化也是正常之事。

大汉的入仕之路

六年前，刘彻就已经下诏，让郡国各举孝廉一名。这条诏令虽然具有历史开创性，接下来的几年里，却并没有被地方上严格执行。因此，这一年的十一月，刘彻再次下诏，批评有些郡甚至一个人都没有举荐，他希望提升察举孝廉的重要性，把它从一项倡议变成为郡守的一项固定责任。变成责任，意味着没有完成的话，就要受到相应的惩罚。

经过群臣研究，最终确定，郡守如果不举孝，就是没有把天子的诏令放在眼里，应该按不敬之罪处理；如果不察廉，则应当按照不能胜任本职工作处理，给予免职处分。一项政策既有具体要求，又有相应考核，说明真正制度化了。从此时起，我们可以说"举孝廉"制度在中国历史上成熟且有效了。

从群臣的意见也可以得知，所谓"孝廉"，起初实质上是两个分开的项目，一为"举孝"，一为"察廉"。"察廉"的对象相对来说比较窄，是针对本郡官吏的。作为郡守，自然必须对属下吏员的清廉程度有所掌握和管理，所以不能识别廉吏，可以论为不称职。而"举孝"的对象可就大多了，理论上全郡百姓，无论官民身份，只要有显著的孝行，都可以成为被举荐之人。另外，一个人既是廉吏，又是孝子的可能性当然也有，因此

"孝廉"既能分列，也可以并置，这是这项制度的一个独特性，而到后来，这两个分项在发展中又逐渐变得更偏重于"孝"。

"举孝廉"制度之所以重要，在于一定程度上打通了基层和平民入仕晋升的有效渠道。

汉朝廷有一大批"郎"官，作为中央和地方首长的储备人才库。但是在"举孝廉"制度出台前，成为郎的条件一般只有两种。一种是由担任二千石职位三年以上的父兄保荐自己为郎；一种是家庭资产达到某条及格线，通过捐纳钱物得以为郎，如前所说，这条及格线在景帝时从十万钱降至四万钱。郎官得到赏识提拔，就可以直接赴全国各地担任县令或县长，政绩优秀者更可以继续往公卿身份一步步进阶。由于郎官的来源通常只有以上两种，故西汉朝前期县令以上的官员，实际上几乎被官员世家和富民阶层所垄断。"举孝廉"制度的产生，就是希望在此之外，多开辟一条人才选拔之路，能让最基层的"积行之君子"也有机会浮出水面，为天子所用。同时，树立"孝""廉"两项标准，可以达到扬善的教化作用，让民间百姓看到向善的现实好处，自然心羡而效仿，"所以化元元，移风易俗也"。

不过，"举孝廉"虽然成为两汉最重要的人才举荐制度，起到的作用却比较受限。任何一项制度的诞生，总是同时伴随着舞弊。一郡之"孝廉"有固定名额，不得不承认的事实是，人类社会里，世家和富民的子弟总是比其他人更有机会占用任何名额，哪怕这些名额本来并非为他们而设。举孝廉的权力在郡守手中，只要他稍稍松动，就可以用此权力去换取世家的人脉、富家的厚谢。其次，官方弘扬道德看上去是一件很正常之事，然而过犹不及，过分提倡道德往往一方面催生虚伪，另一方面会制造层出不穷的极端行为。假设表现出"孝"就可以得到官方褒扬、打通入仕之途，则一定有不孝之人也会在人前表现得像个孝子，同时在孝的标准上不断内卷，直至违背人之常情。

除了被举荐，其实还有另一条捷径可以得到天子青睐，即"公车上书"。

什么是"公车上书"呢？如前所说，天子所居在未央宫，未央宫被一整圈宫墙围住，只在东面和北面设有正门，并在门外建有东阙和北阙。其中东门是用来接受诸侯朝见的，北门则是供臣民日常奏事谒见使用。未央宫之宫墙守卫，是卫尉的职责，前面也曾提及，李广就曾担任未央卫尉。卫尉属下有一官职名为"公车司马令"，此人专门领有卫士驻扎在宫门内侧，所有到北阙来上书奏事的，都交由他统一收集上奏，所以这类行为见诸史书的名称有"公车上书""北阙上书"等。

这一年，有三个人都通过上书这一方式，得到刘彻召见，分别是无终（今河北省唐山市玉田县）人徐乐，临淄（今山东省淄博市临淄区）人严安、主父偃。可想而知，一年之中毛遂自荐，希冀以一言打动天子，从而平步青云者肯定不在少数，但这三人所上之书、所奏之言应该最符合刘彻的心意，故他们早晨投递了上书，当天傍晚时分，刘彻就迫不及待要见三人。

徐乐的上书创造性地提出了"土崩"和"瓦解"的概念和区别。他上来就先提出观点，认为"天下之患，在于土崩，不在瓦解"，这是古今同一的规律。什么是"土崩"呢？他以秦末为例，陈胜既不是王公贵族之后，又没有乡间贤德之称，既不像孔子、墨子那么有知识，也不似陶朱、猗顿那么有财富，然而这样一个人振臂一呼，天下响应，这是因为他借助了三个有利形势：人民困苦而君主不知体恤，基层仇怨而高层不加重视，社会紊乱而政策不作调整。这种情形就叫作土崩之势。

> 由民困而主不恤，下怨而上不知，俗已乱而政不修。此三者，陈涉之所以为资也。此之谓土崩。（《汉书·严朱吾丘主父徐严终王贾传》）

那什么是"瓦解"呢？徐乐举景帝时七国之乱为例。当时，吴、楚、齐、赵四地之诸侯王，以威严和财富驱使国内百姓，兴数十万之兵，然而不能夺尺寸之地，反而束手就擒、身死国灭，难道是因为他们的权势、财富、兵力比陈胜更弱吗？当然不是，而是因为汉朝先帝的德泽披于四方，百姓无不乐土重迁，不愿为诸侯以身犯险。这种情形就叫作瓦解之势。

徐乐这一理论，把底层百姓视为脚下实际依仗的土，而把上层贵族视为屋上之瓦，有一种非常形象的视觉化效果。他借此概念向刘彻提出要让百姓处于一种"安"的状态，所谓"安"，就是不折腾，不轻易耗损民间的元气。他的理论虽然过于简单二元，总体出发点还是建立在仁政的基础之上。

临淄人严安的上书内容，主要针对民间淫佚之风，劝谏谨慎用兵以及加强天子集权的，其立论没有什么创造性的意见，故此处不做详说。

主父偃也是齐国临淄人，起初学长短纵横术，"长短"是指诡辩的技巧，很晚才又学《易》《春秋》及百家学术。主父偃这个人的性格或者人品大约是有不小的问题，所以他在齐国的时候，很不受学者待见，史书甚至用了"不容于齐"这么严重的话语。之后他又游说于燕、赵、中山等地，没有一处看得上他。于是在元光元年（前134年），他转而来到长安，找到卫青在刘彻面前引荐自己，同样没有得到重视。我们可以回忆一下，那一年朝廷是什么格局。其时窦太后刚去世不久，田蚡初任丞相，用人上大部分由田蚡说了算，这可能是卫青之言都不起作用的原因。主父偃没理由不知道应该走田蚡这一条路，但史书没有提及，可能他也找了关系，但田蚡也压根看不上他。总之《汉书》称，他穷困潦倒，在长安的人际关系十分糟糕，大约是他为了出人头地，四处奔走求情，时间一长，自然人人嫌弃、避而远之。所以六年之后，实在走投无路的主父偃才不得不尝试北阙上书这最后一招。

刘彻或许对卫青介绍过的这个名字还有些印象，于是很快就召见上书的三人，并且忍不住感叹了一句："你们之前去哪里了，为什么这么晚才来相见？"之后，刘彻把三人全部拜为郎中。从种种迹象来看，刘彻尤其欣赏的，的确就是主父偃，在接下去的一年里面，连续四次提拔了他。主父偃的上书一共说了九件事情。和徐乐、严安不同的是，他所讲的八件事情都和具体的律令有关。既然是律令，大抵总离不开尊皇权、抑臣民之类。我们也可以从中理解刘彻对他相见恨晚的一些原因。主父偃建议的一些律令，将很快在帝国推行，他的人生，也将在下一年迎来戏剧性转折。[1]

---

[1] 主父偃上书的实际时间也有多种说法，但据《汉书》称尊卫子夫为皇后之谋也出于主父偃，故其上书时间不会晚于本年春天。

元朔二年

(公元前 127 年)

● 刘彻三十岁 ●

阳谋"推恩令"

主父偃给刘彻出的建议里,有一条叫作"推恩令"。他是这么说的:"上古之时,诸侯所拥有的地盘不过方圆百里,与中央对比,强弱差异非常明显,容易控制。而当今大一点的诸侯国,连城数十,地方千里。对他们宽容一点,他们就骄奢淫乱;对他们严苛一点,则滋生反叛之心。最根本的原因还是在于他们实力仍然太强。现在诸侯王的兄弟儿子人数众多,但是汉法只有嫡长子可以继承王位,其余子弟虽有骨肉之亲,却没有任何土地封赏。希望陛下利用这一因素,让诸侯王推恩至所有子弟,使所有人都可以得到侯爵以及王国的土地封赏,诸侯子弟必无不感激陛下恩德,诸侯王国则不需要中央的削减而自然分割变弱。"

前面说过,诸侯王的实力,经过文、景二帝的连番谋算,特别是在平定七国之乱后,其实已经远远不如汉朝建立之初。最大的两个变化是,汉初常有统辖三四郡甚至七郡的大国,而景帝后期几乎所有诸侯国都只剩一郡,同时诸侯王已经没有治国的权力,只能享有赋税收入,成为被供养的闲人。诸侯国内政事均由中央派遣的官员接管,这些官员不仅处理日常事务,还专门窥伺诸侯王平时的不轨之事,向朝廷提供继续打击诸侯王的罪证。这就是建元三年（前138年）中山王刘胜借朝拜之机向刘彻诉苦求情的背景。[1]

建元三年离此年也已经有十一年之久，形势早已不可同日而语。当时的刘彻十九岁，在窦太后的压力之下，不得不向淮南王、中山王等外间宗亲示好。此年，他已经三十岁，需要考虑的是如何确立皇权独尊，如何维系天子之位的稳定，诸侯王当然再次从盟友变成了需要打压的潜在对手。因此主父偃的建议可谓投其所好，正中刘彻心意。虽然诸侯王的实力已经一削再削，但还需要最后一锤定音的政策来彻底消除隐患。

推恩令的具体逻辑，表面来看是雨露均沾。原先一个诸侯王死后，王位和王国土地只能由嫡长子继承，其他儿子最多获得一部分财产，而无尺土之封。用主父偃的话来说，这无法彰显父慈子孝的仁道，难道孝只是父亲和嫡长子两个人的事情，无关其他子女吗？所以诸侯王应该在活着的时候，就拿出王国中的一部分县，作为食邑分给其他没有继嗣资格的儿子、弟弟。而按照汉法，必须有侯爵才能享有食邑。这时，就需要刘彻额外开恩，批准他们成为王子侯。如此一来，天子的恩德也体现了，诸侯王的父爱也普及了，各个王子也得到了实惠，真是一件至少从理论上看从上到下都没有理由不皆大欢喜的事情。而在这表象之下，还存在一个事实，王子侯们取得的食邑，原本是属于诸侯王国的县，一旦成为王子们的食邑，就归并到附近直属中央统辖的郡中了。将来即使王子们的侯爵被取消或者无人继承，食邑也不可能再还给诸侯王国。所以在皆大欢喜背后，诸侯王国的地盘也再次被中央以推恩的名义大肆掠夺。更关键的是，推恩这顶帽子无异于道德绑架，还不好拒绝。哪个诸侯王不接受，可能从此会受到"不施父爱"的道德批评，首先起而反对他的，就将是他那些本可以从推恩中受惠的儿子们。

---

1 详见建元三年"卑微的诸侯王"篇与"七国之乱的影响"篇。

"推恩"使中央与封国的矛盾转化为封国内部财产与权力再分配的矛盾。(庄春波《汉武帝评传》)

从制度层面来说,"推恩令"真是天才级别的设计,非聪明至极、刻薄至极很难研究出这样接近完美的阳谋。当然论理论渊源,主父偃并不是"推恩令"的首创者。这个策略的雏形,要归功于另一个天才:贾谊。

贾谊生活在距离此年四十多年前的文帝时代,当时诸侯国的实力和权力远强于后来,文帝自己的上台就得力于诸侯国和开国功臣联手制造的政变。贾谊敏感地意识到,诸侯国强大到可以反制中央,是当前汉朝的主要矛盾之一,他把朝廷比作人的身体,诸侯国比作人的四肢,认为四肢已经肿大得身体无法驱使,说明已经病入膏肓,形势之危急,简直应该为之"痛哭"。

贾谊对此提出的建议,一句话概括就是"众建诸侯而少其力"。

欲天下之治安,莫若众建诸侯而少其力。力少则易使以义,国小则亡邪心……地制壹定,宗室子孙莫虑不王,下无倍畔之心,上无诛伐之志。(贾谊《治安策》)

文帝正是在贾谊这一思路的启发下,等齐王死后将齐国一分为六,淮南王死后将淮南一分为三,无形间把大国的实力化整为零。景帝即位后,面对当时最强的吴国,本也可以采取同样的策略,因为当时的吴王已六十多岁。只可惜他和晁错急功近利,选择直接削吴国郡县,从而逼反了惶惶不安的一群诸侯王。景帝的做法,恰恰反证了贾谊的策略是一种更优解。

贾谊和主父偃策略的区别,只是在于所处阶段的不同。文帝时,诸侯国动辄有数郡,故可以分出若干郡来分封新的王爵。到刘彻时代,诸侯国只剩一郡,地方狭小,大部分已经不足以分为两国或多国,故只能取其中一县分封王子侯爵。故主父偃所做的事情,是建议刘彻在文、景二帝的基础之上,对诸侯国进行再分解、再弱化,直至其对于中央彻底没有威胁。

既然朝廷已有此意，只消稍稍往外吹吹风，自然有一些本就不强的诸侯王为表忠心，愿意率先垂范。这一年，梁王和城阳王主动提出把国内县城分给弟弟作为食邑。刘彻借此机会，正式下诏，让各诸侯王有同样想法的，赶紧上奏。

刘彻一生，共分封了一百七十八个王子侯，这意味着诸侯王国至少有一百多个县被剥夺，变成了直属于朝廷的地盘。诸侯王这一肇始于建国之初的隐患，在"推恩令"的实施之下得以最终解决。内部局势的安稳，给刘彻创造了征战四夷的良好条件。

夺回河南地与初置朔方郡

和"推恩令"相比，卫青此年对匈奴的大胜也具有同样重要的意义。

要认识这场战役的细节和意义，需要有一些历史地理方面的背景知识。黄河中上游在流经青海、甘肃、宁夏、内蒙古、山西、陕西等地区时，形成了著名的"几"字形河道。而在秦汉时，"几"字上面那一横的左半部分河道还要再往北，实际上是如今内蒙古自治区的乌加河。当时这部分黄河更像一个"乃"字，当然，"乃"字收尾的钩应该向右拐弯，拐弯之处就是著名的风陵渡。"乃"字上面两横以北不远处，就是与它们平行的阴山山脉。习惯上，我们把阴山以南、"乃"字两横附近的地方叫作河套地区。

然后再看"乃"字中间被黄河绕行框出来的区域，我们需要在里面添一道从左下至右上的倾斜辅助线，把这块空白区域分成上下两部分，上面这部分秦汉时期称为"河南地"。这条斜线就是秦昭襄王时期修筑的秦长城，它代表着当时秦国的北部国境线，也即说河南地以及河套地区在秦昭襄王时还不属于秦国。河南地原先应该居住着林胡民族，由于其紧邻秦国，离咸阳的直线距离非常之短，故赵武灵王占领此处后曾经打算经此直接南下进攻秦国。

164　有为：汉武帝的五十四年

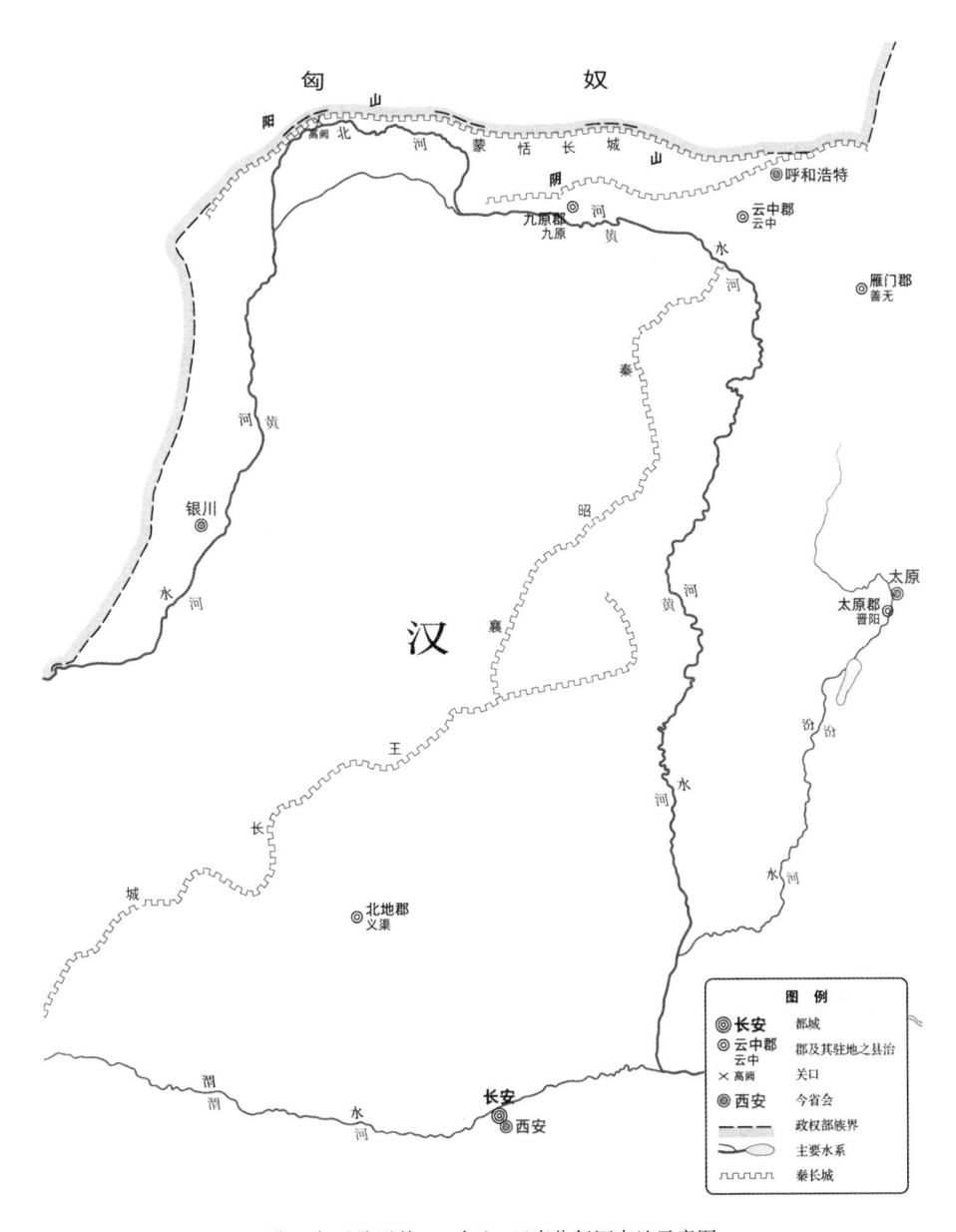

元朔二年（公元前 127 年），卫青收复河南地示意图

> 主父欲令子主治国，而身胡服将士大夫西北略胡地，而欲从云中、九原直南袭秦，于是诈自为使者入秦。(《史记·赵世家》)

赵国在灭亡之前，重心转移到抵御秦人之上，放松了对匈奴的防御，故河套地区、河南地反为匈奴所占领。秦始皇统一后，大发国内赘婿、商贾和各种低贱身份之人，驱赶西北方向，即河南地和河套地区生活的匈奴，直至将他们赶出阴山之外。随之，秦始皇又令蒙恬率三十万人在"河套地区"建造关塞亭障，沿着阴山新筑长城，同时，从关中修直道直通此段长城，为的都是紧防匈奴，可见这一区域对于咸阳的军事意义。蒙恬作为一个将军，率庞大军队，又身处在如此重要的军事要地，纵使秦始皇也不无忧虑，故令长子扶苏在上郡监军。上郡的位置，大部分其实在秦昭襄王长城以内，在河套地区以及河南地以南，故扶苏并不是真正被贬谪到北方，他的作用是防范蒙恬的"长城军"联合匈奴反攻关中。从这一设置来看，秦始皇对扶苏非常信任并委以重任。只不过他一死，扶苏和蒙恬就迅速被秦二世和赵高、李斯逼死，"长城军"转由王翦之孙王离接管。

陈胜、吴广起义之后，中原大乱，"长城军"被调往南方平叛，秦国无暇顾及这一区域，而匈奴又恰值冒顿单于的强势时期，故河南地和河套地区又重新为匈奴所夺去。

> 悉复收秦所使蒙恬所夺匈奴地者，与汉关故河南塞，至朝那、肤施，遂侵燕、代。是时汉兵与项羽相距，中国罢于兵革，以故冒顿得自强，控弦之士三十余万。(《史记·匈奴列传》)

失去了这一区域，对于中原尤其是关中来说，是极大的隐患。上述引文中提到的"朝那""肤施"两地，就在原先的秦昭襄王长城，即我们添加的那条辅助线上，这也就意味着匈奴再次把边境线推到了离关中非常近的位置。西汉的首都长安大致就在"乃"字收笔那个钩的地方，敌人从河南地入侵，如果加上直道的便利，快马能以迅雷不及掩耳之势威胁长安。这一重要军事区域也就成了悬在汉朝头顶的一把利刃。

理解了这一地理和历史背景，才能知道卫青重新夺回河套地区和河南地的巨大意义。

而关于这一战役的具体过程，其实很模糊，这是《史记》和《汉书》的硬伤。无论司马迁还是班固，对于战争细节着墨都不太多，或者根本就不太重视，甚至出现了一些讹误和矛盾之处。比如《汉书·武帝纪》只用"遣将军卫青、李息出云中，至高阙，遂西至符离，获首虏数千级。收河南地，置朔方、五原郡"三十四个字描述了整个战役的前因后果，其中还有错误，李息实际上是衍文，他并没有参与这一次任务。当然，这是帝王纪的固有写法，只作简略的大事记，细节要去相关的人物传里找。所以我们找到《汉书·卫青霍去病传》，里面有一封刘彻对卫青事后封赏的诏书，总算大致把战役的过程提了一下。

> 今车骑将军青度西河至高阙，获首二千三百级，车辎畜产毕收为卤，已封为列侯，遂西定河南地，案榆谿旧塞，绝梓领，梁北河，讨蒲泥，破符离，斩轻锐之卒，捕伏听者三千一十七级。执讯获丑，驱马牛羊百有余万，全甲兵而还，益封青三千八百户。（《汉书·卫青霍去病传》）

从刘彻这封诏书来看，这场意义重大的胜利实际上包含两次出征。

第一次，卫青从云中郡出发，"度西河至高阙"。云中郡在"乃"字右上角河道之外，"西河"就是左边那一撇代表的黄河河道，"高阙"则在左上角河道之外。故卫青此次是沿着"乃"字上面两横的黄河从东向西进军，击败了这一区域内的匈奴主力，回军之后便已经从关内侯晋升为列侯。为什么认为他已经回军了呢？因为第二次出征的文字记载为"西定河南地"，可见卫青是重新从国内出发，假如他是从高阙返程途中顺便收河南地，只能说"南定"或者"东定"。并且，第二次出征，卫青走的是秦时榆谿旧塞，这一旧塞，就在秦昭襄王长城一线，今陕西省榆林市附近，毗邻汉朝的上郡。故卫青应是从上郡出发，往西北方向进军，驱赶在河南地的剩余匈奴，直至将阴山以南这块区域全部囊括在汉朝境内。

将匈奴赶走以后，就存在一个守土问题。刘彻再次接受了主父偃的建议，在"河套地区"新设朔方郡、五原郡，并发十多万人修筑朔方城，同时修缮秦朝时蒙恬在黄河边所建造的关塞，重新把汉朝在这一带对匈奴的防御线推到阴山之下。负责此项大工程的是卫青麾下校尉杜陵人苏建，他也参与了本次收复河南地的战役，因功封为平陵侯。

站在军事战略角度来看，这无疑是十分正确的选择。朔方郡以阴山、黄河为限，位置的特殊性，使得其防可成为拱卫关中的最坚实屏障，攻可作为刘彻继续征战匈奴的前线集结地，称得上兵家必争之处。但守住这块地的代价也是巨大的，十多万修建新郡新城的士卒，应该就是新移民，这批人的粮食物资都要从内地通过漕运转送过去，"自山东咸被其劳，费数十百巨万，府库并虚"，全国百姓共同为这一新建的军事基地默默背上了又一副重担。

河南地位在匈奴右方，属于匈奴右贤王部。前面曾说到，匈奴是划分各自草场牧区的，这一区域起初就分给了右贤王之下的楼烦王和白羊王。卫青这一仗，不仅将他们逐出了河南地，还夺得匈奴牛羊百余万。根据一些俄罗斯学者的成果，匈奴人均拥有的牲畜数大约不到二十头，最主要的便是牛羊，马的数量远少于此。所以卫青这次夺去的百余万牲畜，可能是四五万匈奴人的生活资料。同时失去一大片水草丰茂的好牧区和一大批赖以活命的资源，势必加剧右贤王部队对河南地的反攻和掠夺。从这一年开始，匈奴连连入侵朔方、上郡以及附近的雁门、定襄等地，胡汉边境的冲突不断加剧升温。

> 匈奴右贤王怨汉夺之河南地而筑朔方，数为寇，盗边，及入河

168　有为：汉武帝的五十四年

南，侵扰朔方，杀略吏民甚众。(《史记·匈奴列传》)

大侠郭解

从内地迁徙百姓充实朔方郡的主意，同样是主父偃出的，与此同时，他还建议再次迁徙郡国豪杰和三百万资产以上者至茂陵邑定居。为什么是这群特定对象，自然因为他们在地方上拥有雄厚实力和根基，很容易成为不服从管理的豪强，故无论其实际上是否良民，都粗暴地一起连根拔起，以绝后患。

> 又说上曰："茂陵初立，天下豪桀兼并之家，乱众民，皆可徙茂陵，内实京师，外销奸猾，此所谓不诛而害除。"上又从之。(《汉书·严朱吾丘主父徐严终王贾传》)

在这场政治大迁徙中，有一户人家，家主叫郭解，是天下闻名的游侠。郭解是轵人（今河南省济源市），字翁伯。他生在一个传奇的家庭，他的外祖母许负是当地有名的相士，很会看相，曾经准确预言过薄姬（文帝母）会嫁给天子，周亚夫将来会出将入相以及最终饿死。郭解的父亲则因为任侠，在孝文帝时犯法被诛。总的来说，这是一个有故事的家庭，像这样的人家，或多或少和政治圈有着关联。风平浪静时，他们往往因和官场人物关系密切而多有受惠，而风波来临时，他们又常因同样的理由受到牵连。

郭解本人短小精悍，不喜欢饮酒。少年时继承了父亲任侠的性格，做下许多替人报仇、窝藏逃犯、盗铸铜钱、掘人坟墓等不法之事。然而他运气也很好，总能逃脱法律的制裁。这当然不可能完全靠个人的运势，毫无疑问，当地的官吏中一定有他的保护伞，甚至可能是他家族几代人经营下来的人脉。

年长以后，郭解突然像换了个人似的，变得对人恭恭敬敬，经常以德报怨，平时也乐善好施且不求回报。这其实也不奇怪，一个人在黑道行走时间长且行得顺，最后总要想办法为自己营造一些良好的个人形象，俗称"洗白"。或者是沽名钓誉，或者是为了自保。还有一个很重要的原因是，经过少年时期的打拼，郭解已经名声在外，自然有很多追随者，有时候一些个人私怨，完全不需要亲自动手，早就有粉丝小弟替他摆平了，自己当然可以扮演一个宽宏大度、笑面迎人、公平公正的大佬形象。

郭解的姐姐有个儿子，与人宴饮时强行灌酒，被灌之人怒而拔刀将其杀死，亡命在外。姐姐闻说大怒，将儿子的尸体丢在路上不肯收葬，向郭解施加压力。郭解派出耳目，很快就知道了凶手的藏身之处。凶手很害怕，向郭解自首，以实情相告。郭解听完非但没有怪罪，还主动承认是自己的侄子有错在先。这又是一桩令外间感到郭解不私亲、有大义的事例。但是这个案子里，从头至尾都没有公法参与其间，凶手似乎畏惧郭解，远胜畏惧当地官府，郭解对凶手的处理也完全一人言事，说放就放。这样完全不顾国家法律的民间势力，会是刘彻想看到的吗？

郭解每次出行，人人都躲避不及，唯恐得罪。但有一次某人非但没有避开，还"箕踞"看着郭解。"箕踞"就是张开两腿而坐，这是一种非常不礼貌的坐姿。郭解便问门客此人姓名。而门客第一反应竟然以为是要将此人杀掉，可见平时这类睚眦必报的小事不会少发生。不过这回郭解阻止了门客。不久，奇怪的事情发生了，冒犯郭解的这人发现，每当轮到自己要去服役时，官吏从来不点自己的名，一问之下才知道是郭解的关照，于是主动上门谢罪。天下少年听说此事，对郭解的义行不禁崇拜更甚。但是问题来了，一个人在礼节上冒犯自己，选择无视就足以表明豁达了，反过来还要先去向他示好，怎么想也不符合逻辑，不免有沽名钓誉之嫌。

另有一次，洛阳有两家人互有仇怨，当地贤士土豪居间调解了很久，双方始终不肯放下。有人无奈求助于郭解，郭解趁夜去见两家，也不知用了什么方法，两家当场就接受了劝说。但是郭解在离开前，仍关照了一句话，他说："我听说洛阳诸公为此事忙活了很久，我这是抢人功劳。你们千万不要告诉别人我来过,改日多听诸公劝说一回,再假装是接受了他们的意见才最终放下。"这个故事大约也是说明郭解很谦谨,不居功,非常会做人。只不过这种密谋类的历史事件,总是透着一丝诡异,不知究竟是谁最终把这么秘密的事情公之于众。

因为有这么多光辉的事迹,大侠郭解之名早就世人皆知。他的门客自然有许多,甚至不需要自己出钱,每天夜里都有十几辆车到他门前,都是闻名而来的少年和附近的土豪,争着要把他的门客接回家供养,通过这种方式来巴结郭解。

这样一个人、一个家族,该不该列在此年迁徙茂陵邑的"郡国豪杰及訾三百万以上"名单里?令人费解的事情发生了,经过官吏调查,郭解的家产竟然达不到三百万。无论这是不是事实,相信郭解的能力至少可以让它成为"真实"的调查结果。但由于他的名声实在太大,官吏还是不敢隐瞒,将他列在了迁徙名单中。

最后为郭解求情的,是刚刚立有大功封侯的宠臣卫青。或许他以为刘彻不会在意一个民间布衣,于是向刘彻进言说:"郭解家中贫穷,达不到三百万的标准。"刘彻听完道:"一个布衣,可以让朝廷的将军为他说话,足以说明他绝不是穷人。"刘彻在这件事情上是清醒的,布衣的确可以放过,但能把关系网伸进朝廷的,又岂是普通百姓。卫青的求情,反而起到了坚定其心的催化作用。

郭解家族离开家乡前,仅各方送的礼金就达到了上千万,说他家资产不及标准,确实很难令人信服。临走前还发生了一个突发情况,当时把郭解列入名单中的县掾姓杨,郭解的侄子怒而报复,砍下了他的脑袋。侄子的想法可能是反正都要迁徙离开本乡了,或许在此地犯下的错可以既往不咎,谁知这一次行凶却决定了郭解命运的走向。

郭解到茂陵邑不久,杨家就派人到长安阙下告御状。更令人震惊的是,告状之人竟被当场刺杀在未央宫北门之外。这件事当然有几种可能。一种是郭解的门客自作主张;一种是对手故意整他。总之在天子眼皮底下发生血案,刘彻更加不可能放过郭解,立刻下令追捕。郭解四处逃亡,许

元朔二年(公元前 127 年)

久之后还是被捉拿归案。

在深入追查郭解所涉命案时又遇到了新的问题，他杀死的那些人，时间都有些久远了，中间经历过多次大赦，从法理上可以不用追究其罪。但刘彻的内心，是绝对不愿放过郭解这一类民间游侠的，于是治案之人需要新找一条理由为其定罪。最终御史大夫商议说："郭解身为布衣，任侠使权，他的门客经常以一点小事便杀人行凶，有些事情虽然郭解并不知晓，但其养恶的罪过，胜过亲自下手。应当判以大逆不道之罪。"《汉书》称这段话是公孙弘说的，应该是搞错了，这一年御史大夫还是当时顶替韩安国上任的张欧。刘彻同意了这一奏议，郭解因此被灭族。

郭解被司马迁写在了《史记·游侠列传》中，但是郭解的行为似乎很难和我们心目中的"侠"相对应。我们自小在各种小说、影视作品里见到的侠，多光明磊落、仗义行事，以公理人心为准则，而郭解却似乎总在发泄私怨、纵容罪恶，视朝廷法律为无物。司马迁为什么会认为这样的人是侠？是不是司马迁本人的三观有问题？

这个答案，可能在《游侠列传》的开头。司马迁先辩证地说："游侠们的行为，虽然不符合法律，但是他们言出必行，重视履行诺言，有时不惜牺牲自己生命为别人出生入死，脱人于困，救人于急，不夸耀自己的恩德。这也是游侠值得称赞的地方。"

紧接着，他话锋一转说："人人都有可能遇到急难，连虞舜、商汤、孔子这样的圣人都曾经遭受困境，何况那些身处乱世的普通百姓？"

> 且缓急，人之所时有也。太史公曰：昔者虞舜窘于井廪，伊尹负于鼎俎，傅说匿于傅险，吕尚困于棘津，夷吾桎梏，百里饭牛，仲尼畏匡，菜色陈蔡。此皆学士所谓有道仁人也，犹然遭此灾，况以中材而涉乱世之末流乎？其遇害何可胜道哉！（《史记·游侠列传》）

太史公的言下之意是，普通百姓的权益得不到应有保障，除了求助急人之困的侠者，还能有什么办法呢？尽管他们的做法常常在违法边缘试探，不符合程序正义，却是百姓陷入绝境时的唯一希望。司马迁本人在茂陵邑见过郭解，那是郭解在逃亡前人生最后风光的日子，无论他走到哪儿，都有一群崇拜者簇拥追随。我们回过头去看郭解的那些事迹，无论是处理杀侄凶手也好，调解民间纠纷也好，替人去除劳役也好，他都不免越俎代庖行使了官方的权力，然而民间却似乎十分依赖这样一种人来维持秩序、伸张正义，尤其是官方的正义总是迟到甚至缺席的时候。故司马迁认为越是乱世，游侠精神越有存在的必要性。那么问题来了，司马迁写下郭解的列传时，所说的"乱世"，究竟指向郭解时代（武帝前期），还是自己创作《史记》的时代（武帝后期），这个答案可能我们永远无法弄清了。

主父偃的结局

这一年年末，春风得意的主父偃卷入了齐王自杀的案件中。

齐王刘次昌是高祖刘邦私生子刘肥一系，跟刘彻的关系已经比较疏远。齐王的母亲称纪太后，为了巩固外戚的尊宠地位，纪太后把自己弟弟的女儿嫁给齐王作为王后，又让自己的长女、齐王的姐姐纪翁主主持后宫，让其他姬妾不得靠近齐王，以便让王后得到专宠。意料未及的是，齐王对王后一点兴趣都没有，反而和姐姐纪翁主搞在了一起。至于纪翁主为什么长年住在王宫，可能和齐地"长女不嫁"习俗遗存有关。

前面曾提及，刘彻的母亲王太后在民间曾先育有一个女儿，被刘彻找到接了回来，并封为修成君[1]。修成君也有一女，王太后想把这个外孙女嫁给诸侯王。恰好长乐宫里有个宦者徐甲是从齐国选上来的，徐甲便自告奋勇，称能说动齐王来提亲。主父偃听说此事，打起了小算盘，他思量齐王既然要迎娶，不如多带一个，把自己女儿也迎进齐国后宫，于是又以此事

---

1 详见建元四年"天子的男宠"篇。

元朔二年（公元前 127 年） 173

顺便委托徐甲。

这两件事到了齐国纪太后那里，全部被否。倒也不能怪徐甲办事不力，只能说修成君之女这门婚事，成不成都有挺大风险。毕竟是王太后的亲外孙女，接回来给不给她当齐王后？万一对她稍微有些不好，会不会去长安告御状惹来麻烦？这样一个人，放在身边就随时是个定时炸弹。故纪太后回绝的托词是"齐王已经有了王后，后宫也非常完备了"。这是对王太后的回答。对徐甲和主父偃就没那么客气了，纪太后直斥徐甲道："你本是齐国穷人，当了齐王的宦者才有机会去长安侍奉太后，不想着怎么报答齐王和我，反而一天天给我找麻烦！再说主父偃又算个什么东西，也妄想让女儿混入后宫？"

徐甲回到长乐宫，对王太后回复的却是另一番话。他说："齐王本来已经答应迎娶修成君之女了，但是我在齐国察觉到，齐王的品性有问题，恐怕迟早要像燕王那样不得善终，所以还要不要继续这门亲事？"徐甲所说的燕王之事发生在去年，燕王刘定国被人告发在国内有乱伦、杀人灭口等罪行，主父偃从中挑唆，最后刘彻给他定了死罪，燕王因此自杀，燕国从此在地图上消失。

徐甲的这番回答挺有技巧，不仅掩饰了说亲任务的失败，反而像智勇双全，在前线挖掘了不为人知的真相，避免了后患，立了一件大功一样。故王太后听完，完全没有怪罪于他，只是淡淡说了一句"切莫再提此事"便作罢。

主父偃这里却没有那么容易过关，大约徐甲对他如实说了纪太后的回应，主父偃于是怀恨在心，借机向刘彻告发齐王和姐姐纪翁主乱伦之事，并称齐国一向国富人众，最好是由最亲密的宗室子弟在那里当藩王，否则很容易生变。这一点，刘彻应该深有同感，毕竟在汉朝七十多年的历史里，仅有的两次政治大内乱——诸吕之变和七国之乱，其中都有齐国的身影。主父偃因此受命，前往齐国深究齐王罪行。

如前所说，主父偃本身是齐人，起初的志向也无非是在家乡出人头地，然而由于性格原因，受尽了齐国上上下下的白眼。后来无论是在齐、赵、燕还是长安，越是他想要跻身融入的团体，越瞧不上他。在这种四处遭到冷眼和排斥的境遇里度过四十多年，人很难不走向极端。在主父偃得志后，有人认为他太过于横行霸道。主父偃毫不在乎地回答："我游学四十多年以来，干啥啥不成，亲人不把我当儿子，兄弟不肯收留我，朋友嫌我是累赘，我受够了。既然生不能享尽荣华富贵，我只求死得轰轰烈烈让世人铭记。我年岁已老，时间不多，你们骂我逆天下而行，我却就是有意如此。"

或说偃曰："大横！"偃曰："臣结发游学四十余年，身不得遂，亲不以为子，昆弟不收，宾客弃我，我厄日久矣。丈夫生不五鼎食，死即五鼎烹耳！吾日暮，故倒行逆施之。"（《汉书·严朱吾丘主父徐严终王贾传》）

用所谓道德观念来衡量主父偃这种人，恐怕是对牛弹琴，缘木求鱼。半辈子的遭遇，在他胸中燃起了难以浇灭的复仇之焰。他的人生意义逐渐变得异常简单：报复。曾经遭受的鄙视，有机会要千倍百倍地还给这个世界。而天子，是他最有力且唯一的依仗。这次作为天子使节前往齐国，恰好成了主父偃扬眉吐气、发泄私愤的好机会，可想而知他内心有多么痛快。当时，私德败坏这种行为在诸侯王身上，只要天子不介意，就是不值得一提的小事。但有燕王的例子在前，主父偃就有了穷治的依据。在他的威逼之下，齐王果然如徐甲预料的那般，同燕王一样选择了自杀谢罪，齐国之地也和燕国一样，全部划归中央朝廷所有。

然而事态很快发生了变化。主父偃尚在齐国治案时，赵王刘彭祖悄悄给刘彻上了一封书，告发主父偃在推行"推恩令"的过程中徇私舞弊，收受了不少诸侯王的金钱贿赂。赵王之所以选择先下手为强，是因为担心燕、齐两国之后，下一个被主父偃整治的就是自己。他的担忧，可以说既不无理由，又略有些多心。不无理由在于，燕王和齐王虽然是以私德之罪被问责的，明眼人却都能看出，刘彻的真实目的是为了拿走两国之地。治罪和推恩，是消除藩国威胁两套并行的办法。主父偃在其中的作用，是助成刘彻此志，顺便报复私仇。恰好，主父偃和赵国就是有私仇的，当年他游学燕、齐、赵、中山，备受歧视，如今燕齐两国已灭，赵王很难不怀疑自己是下一个。而之所以说赵王略有多心，是因为他和刘彻都是景帝之子，远比高祖堂兄弟之后的燕王、高祖私生子之后的齐王要亲密得多。在"推恩令"已经开始实行的局面下，刘彻倒没有非要把所有兄弟之国一一消除，以显得他过于冷血无情。

再来看赵王的告发理由，仅凭徇私舞弊之罪，恐怕也很难击倒主父偃。真正决定主父偃命运的，是刘彻的面子问题。齐王之死，还是引起了全国上下的震动，这从公孙弘的建议里可以得到佐证。公孙弘是这么说的："齐王因为忧惧自杀，又没有后嗣。不杀主父偃，没有办法堵住天下人悠悠众口。"

> 是时公孙弘为御史大夫，乃言曰："齐王自杀无后，国除为郡，入汉，主父偃本首恶，陛下不诛主父偃，无以谢天下。"（《史记·平津侯主父列传》）

公孙弘的言下之意是，齐王一死，齐地全部变成汉郡，等于向天下人摆明了朝廷是贪图齐地而故意为之。要想消除天下人的"恶意揣测"，只有一个办法，就是表明天子本来不想杀齐王，全部是主父偃自作主张，民间差评自然就全往主父偃一个人身上去了。而天子为公道人心，毅然出手、拨乱反正，将这名罪恶的贼臣诛杀，让正义之光重新闪耀在大汉的天空。一个主父偃的人头，就可以让大汉的凝聚力变得更强。危急关头，适时推出一个公认的坏人集火，这是百试不爽的治民要术。

在这里，还需要稍做补充的是，上述《史记》原文提到，公孙弘此时的职位为御史大夫，而他任此职的年份实际应该在下一年。故存在两个可能，第一，司马迁表述公孙弘的身份有误；第二，表述无误，那么整个事件里，齐王之死虽然发生在此年，而主父偃因此事被审理到最后被诛则时间较长，拖到了第二年。为严谨其事，特别说明。

176　有为：汉武帝的五十四年

元朔三年

（公元前 126 年）

● 刘彻三十一岁 ●

张骞回来了

这一年，汉朝和匈奴都有重要人物过世。

汉朝过世的是刘彻的母亲王太后，崩于六月。相比窦太后，她对刘彻的牵掣和压力要小得多，但总归是个需要顾忌的角色。王太后一死，刘彻就更无拘无束，可以撒手作为了。

匈奴过世的则是军臣单于。军臣单于即位于汉文帝晚期，除了在即位第三年大举入侵汉朝，震动长安之外，整个景帝时期，匈奴基本和汉朝保持着相对和平的关系。刘彻即位后，军臣单于的亮相主要在马邑之谋那一次。马邑之谋代表着汉匈战略关系的扭转，从此，边境入侵变得异常频繁。

匈奴单于之下，分设左右贤王，再往下则有左右谷蠡王。和汉朝相反，匈奴以左为尊，往往以太子为左贤王。军臣单于的太子名叫於单，虽然没有明确记载，估计其任左贤王不会例外。同时，军臣单于的弟弟伊稚斜担任左谷蠡王。

军臣单于一死，伊稚斜发兵击败太子於单，夺去了本属于侄子的单于之位。回想过去数年里，匈奴左方势力的入侵尤其频繁，渔阳、右北平等地连年遭寇，可能也和伊稚斜的野心与实力扩张有关。

太子於单兵败无以自立，选择了投降汉朝。四月，刘彻封他为涉安侯。但是五月，於单就也去世了。

陈序经先生认为匈奴此次单于之位的争夺，很不一般。

> 这在匈奴历史上是一件很重要的事情，因为自头曼至军臣的百多年中，匈奴单于的位置，都是父子相传，没有兄终弟及现象。（陈序经《匈奴通史》）

他的言下之意，大概是指开了政变夺位的先例之后，单于之位从此会让更多原本没有继承资格的野心家觊觎，本来只是单于众多儿子之间的争夺，现在兄弟们也开始觉得自己凭什么不能染指。匈奴的内部纷争，将愈发显化和激烈。对于汉朝来说，其实是个利好。

这次动乱还带来了另一个意想不到的附带效果，出使西域十多年的张骞回来了。为什么张骞回国和匈奴动乱有关，我们从他出发之后的经历说起。

张骞西行的目的，是为了寻找失踪的大月氏人。河西走廊原先不在秦汉境内，位于中原王朝的西面，其中居住着大月氏、乌孙两国人。乌孙在"走廊"西部，实力较弱；大月氏在"走廊"东部，实力较强。而他们的北邻便是匈奴。大月氏先攻灭乌孙，占有其地，乌孙人逃入匈奴。后匈奴和乌孙族人又不断击败大月氏，大月氏人渐渐西徙，离河西走廊越来越远。汉朝人认为，大月氏人一定非常仇恨匈奴，所以可以找到他们，说服他们回到故土，与汉人组成联盟，一起攻打匈奴。张骞于是在建元三年（前138年）自告奋勇踏上了这一条西行之路。

这趟出行充满危险，除了路程遥远，还因为中间地带被匈奴所占领，张骞的使节团又浩浩荡荡有一百多人，很难不引人注意。果不其然，他们从陇西郡出发，没多久便被匈奴抓住，作为俘虏献给了军臣单于。单于似乎并不相信张骞的任务，他认为："月氏还在匈奴的更北方，汉朝怎么可能派遣使者越过我的领土去执行任务？好比我要派人越过汉朝去结交南越国，汉天子也不会同意吧？"单于觉得张骞肯定有所隐瞒，于是将他扣押下来。当时，匈奴往往对汉朝官员采用羁縻诱降的态度，希望他们能够留下来为己所用。故军臣单于也好生款待张骞，赐给他匈奴女子为妻并育有子女，但绝不允许他擅自离开。张骞这一扣押，就住了有整整十年。

张骞的羁留地在匈奴的西部，这样大约可以很好地防止其逃回汉朝，却反而有利于他完成此行的目的。随着时间一日一日过去，匈奴对他的看管也越来越松。十年之后，张骞终于得到了逃脱的机会，带着随行们一起继续往西狂奔了数十日，首先到达大宛国。

大宛国位于中亚帕米尔高原西部，离开长安已有万里之遥。在张骞到达之前，汉朝人并不知道这个国家。故《史记》称"大宛之迹，见自张骞"。大宛和汉朝未来还有很多恩怨故事，但这一次，它并非张骞的目的地。

张骞向大宛王说出自己请求，他道："我为大汉出使月氏，为匈奴羁留十余年，终于冒死逃脱。假如大王助我抵达月氏完成任务，返回汉朝之后，天子必然以厚礼答谢大王。"

大宛王倒是早就听说过汉朝的富饶，可能也是因为路途遥远，又被匈奴等国隔绝，正愁无法通使。见到张骞，大宛王喜出望外，当即派遣向导和翻译，领着张骞先到达西北方向的康居国，再由康居国出发，最终到达南面大月氏人的新领地，大约在今中亚阿姆河下游。

张骞的使命是说服大月氏人回到河西走廊，与汉朝结为军事同盟。然而他在当地住了足足有一年多，发现事情并没有想象得那么容易。月氏人离开河西走廊的时间，大约和汉朝建立的年代相差不远，虽然历经数次西迁才到达目前所在位置，然而现在，他们的新家园土地肥沃，人民生活非常安乐。月氏人本就是"随畜移徙"的种族，得到一块适合游牧定居的领地，比什么都来得重要。六七十年的时间，足够他们忘掉久战的故土和不快乐的往事。更何况，月氏人对远在万里之外的汉朝几乎一无所知，张骞从匈奴中逃亡而来，所带的随从不可能还有出发时的规模，也无法有效证

元朔三年（公元前126年） 179

明汉朝国力。月氏人凭什么为了一介之使的口舌之辞，就放弃当前美好生活，奔波万里去为了所谓的"故乡情结"冒险呢？故在一年多时间里，张骞始终"不能得月氏要领"，找不到说服他们的好办法。

最后，张骞不得不放弃军事联盟计划，黯然离开大月氏，准备回国禀命。他从祁连山南面绕道，途经羌族领地，不幸再次被匈奴抓住扣留，眼看着又要在匈奴中度过漫长岁月，归期愈发渺茫。还好，仅仅过了一年多，军臣单于就去世了。左谷蠡王伊稚斜发兵攻打太子於单，匈奴国内陷入大乱。趁着天赐良机，张骞果断逃离。此时，离他当时领命西行，连头连尾已经十三年之久。

站在汉朝入境关口，不知风尘仆仆的张骞是什么心情。当年他是那么意气风发的一位青年郎官，手持天子使节，一心要建不世之功。然而这十多年的经历，丰富曲折、艰难凶险得令人后怕。当时出行，使节团有一百多人，如今只剩一位堂邑氏胡人奴仆甘父还跟在张骞身边。这位甘父，除了忠诚，还拥有一手好箭术，逃亡过程中张骞每每陷入穷困饥饿，都靠他打猎食物来救急求生。

从出行目的来看，张骞的使命算是失败了，但也不能算一无所得。他不仅掌握了西域大月氏、康居、大宛等国的信息，也凭着在匈奴中的十多年生活经验对敌人更加熟悉，这段外交岁月使得他自然成为抗击匈奴的最佳顾问之一，也为他二次出使西域奠定了扎实基础。刘彻也知其不易，壮其经历，立刻拜他为太中大夫，封堂邑甘父为奉使君。此时，由于占有河南地这一战略要位以及朔方郡的新置，大汉对匈奴的主动进攻正在徐徐拉开序幕，等待张骞的，是又一个更为凶险、更充满挑战的新舞台。

《春秋》决狱

十年前，刘彻在朝廷设立了《诗》《书》《礼》《易》《春秋》五经博士，独崇孔门经学。不过这五经的地位并不一样，其中《春秋》是最重要最实用的。

> 隋唐以前人尊孔子，《春秋》尤重于《论语》。两汉《春秋》列博士，而《春秋》又几乎是五经之冠冕。（钱穆《孔子与春秋》）

冯友兰先生也说过："在汉朝，《春秋》仿佛是一部宪法。凡有政治上和法律上的重大问题，都引《春秋》解决。"

那么《春秋》究竟是一本什么样的经书呢？这涉及一个古今史学的概念。我们借用雷家骥先生的一段话区别之：

> 所谓古、今史学，即先秦上古史学与马、班以后的中古史学是也，其间差异多方，若必以一言以蔽之，则以记录性与论述性为分野。（雷家骥《中国古代史学观念史》）

简单来说，史学可以用司马迁的《史记》、班固的《汉书》为分界线。在他们之前，虽然也有史官、有史册，但主要是简略的记录性质。一般设有左右史官，分别记录君主的言和行[1]，言简意赅，点到即止，只记录事实而不加以自己的主观论述。这和班马开创的纪传体史学迥然不同。

先秦各国都有自己的史书，《孟子·离娄下》说："晋之《乘》，楚之《梼杌》，鲁之《春秋》，一也"，意思是这几部书，就是晋楚鲁三国的史书，性质是一样的。不过古代学者孔颖达等人认为，先秦各国史书的学名应该都叫《春秋》，至于《乘》和《梼杌》，只不过是晋国和楚国起的别名。

秦始皇焚书，重点针对的对象之一就是各国史记，故这些珍贵的文献自然难以留存于世，唯独鲁国的这部《春秋》由于儒生的教学而传承了下来。当然，经学生们认为，这部《春秋》并不是鲁国史官记录的原貌，而

---

[1] 左右史官谁记言、谁记行，存在两种矛盾的说法。

是经过他们的掌门人孔子修订而成，在其中寄寓了他老人家的"微言大义"，是可以奉为经典的教科书，故这部传世的《春秋》，一般也可以称为《春秋经》。"经者，道之常。"凡称"经"者，就是指古人奉为经典的学说，是不容置疑的普遍真理。

"经"虽不能否定，但是允许加以适当的阐述和解释，对"经"的解释称为"传"，就相当于同一份教材，可以配有不同的辅导材料。孔子修订的《春秋》，仍然没有脱离简略的外在形式。它记录鲁国二百四十二年的历史，只用了一万五千余字，平均每一年只着墨六十多字。最短的如"僖公三年六月条"，只写了一个"雨"。那一月下大雨，这种写法，算哪门子史书，哪门子经典呢？换成现代人，用一万五千字写一年的历史都未必够用。

所以经学生们认为孔子的著作不可能如此简单，在这寥寥的"微言"之中，一定蕴含着深刻的"大义"。当然，有支持者就有反对者，从古至今也不乏学者对此意见不屑一顾。比如王安石就觉得《春秋》只是一部"断烂朝报"，是各国文书的残留片段。既是公文，自然很简洁很模板化，因此王安石也不相信《春秋》是孔子的作品。钱锺书先生觉得事情很简单，先秦史料那么惜字如金，只是因为当时记录都用简帛，成本实在太高，所以凡事都尽量简单概括而已。

通常认为，孔子写成了《春秋》的原文，而其中的"大义"则是通过口述的方式传授给了传播学术最积极的学生子夏，子夏又口授公羊高和穀梁赤二人，自此形成了《公羊传》《穀梁传》两种对《春秋》原经的不同解释流派。[1]

治《公羊传》的学人里，有两位比较重要，我们先前都已经认识：一为董仲舒，一为公孙弘。

由于"天人三策"真伪难辨，董仲舒本人的行事纪年也非常复杂，不容易知道具体发生在哪一年。大约可以知道的事实是，董仲舒在景帝朝即

---

[1] 除此还有《左氏传》《邹氏传》《夹氏传》，后两种已失传。

为《春秋》博士，然不得大用。刘彻即位后，先以董仲舒为江都国相，后废为中大夫，同样未有重用。而在这几年里，他又经历了一场无妄之灾，缘由在于建元六年（前135年）他针对辽东高庙、长安高园便殿两起火灾写的灾异论。[1]那篇文章写就之后，可能因为其中涉及建议刘彻诛杀权臣和诸侯王，话题过于敏感，又可能因为对此理论尚没有十足把握，董仲舒并没有立刻呈交朝廷。有一日，主父偃前去拜访，等候的时候在书案上发现了草稿，偷偷顺走交给了刘彻。系统的灾异论当时还是个新鲜事物，并非惯有的学说，刘彻于是隐去作者名字，遍召诸儒让他们对此文各抒己见。有意思的是，即便是董仲舒的弟子们，也不知道老师有这项理论创新，一名叫作吕步舒的董氏弟子当场直斥该理论属于歪理邪说、胡编乱造。董仲舒因此被判处死罪，不过刘彻大发慈悲赦免了他，只是从此以后，董仲舒再也不敢轻言灾异。当然，不敢轻言灾异的实质是不得妄议朝政。

需要指出的是，董仲舒那篇文章里的灾异论，实质上就是他对于《春秋》的一种应用。在古代，五经都不是单纯学术问题，而是用来资政治国的实用技术。作为当时最享有盛名的"春秋公羊学"博士，董仲舒自然认为《春秋》是最具有指导性和操作性的宝典。他引用"微言大义"第一代传人子夏的话：

故卫子夏言，有国家者，不可不学《春秋》……（董仲舒《春秋繁露·俞序》）

这一句究竟是子夏本人的原话，还是董学弟子用来抬高《春秋》的杜撰，实在可疑，但从中能看出《春秋》在五经中的地位。

刘彻虽对灾异论这一理论创新没有太大兴趣，但对《春秋》的资政作用还是比较认可，毕竟它本身是一部史书，以史为鉴，终归是一种朴素常

---

1 见建元六年"董仲舒和灾异论"篇。

识。所以他提拔任用的公孙弘，同样是一名治《春秋》的学者。这一年，七十五岁的公孙弘晋升为御史大夫，位列"三公"。

那么问题来了，为什么都是治《春秋》的，且同为"公羊派"，董仲舒一生始终不得重用，而公孙弘却在晚年平步青云，位极人臣呢？许多学者从学术分歧、人品差异等各种角度分析了二人遭遇之悬殊。比如张实龙先生认为其间存在"师道与臣道"的区别，意思是董仲舒的学术与建议，总以"王者师"的定位出发，不免与君权有所冲突；而公孙弘则以"顺臣""忠臣"身份自居，故更讨刘彻喜欢。这个说法颇有新意，但似乎仍有所偏颇。就拿"忠"这一观念在武帝朝的普及来说，董仲舒并不比公孙弘贡献少。他甚至在《春秋繁露》里提出了一个"大忠"的概念。大忠应该是什么样子的呢？应该是像地对天那种态度。地是怎么对天的呢？董仲舒解释道：地上的水变成云，然后才能下雨，地上的气凝聚起来，才能形成风。明明都是地的功劳，但是地却不居功，让人觉得刮风下雨都是天的本事，所以才有"天风""天雨"这些词，却没人说"地风""地雨"。活儿都让地干了，但是名都让天赚了，如果地没有大义，怎么能这样呢？所以臣子事君父，也能像这样任劳任怨，却不计较名声，就称得上大忠了。

（董仲舒）对曰："地出云为雨，起气为风。风雨者，地之所为。地不敢有其功名，必上之于天。命若从天气者，故曰'天风天雨'也，莫曰'地风地雨'也。勤劳在地，名一归于天，非至有义，其孰能行此？故下事上，如地事天也，可谓'大忠'矣。"（董仲舒《春秋繁露·五行对》）

以此为忠的标准，似乎不能说董仲舒没有以"臣道"自轨。但是"顺"的一面，他确实远不如公孙弘。司马迁作为董与公孙的同时代人，他的意见很具有参考性。太史公说到公孙弘时，称其每次参与议事，只是把事情原原本本、前因后果说得清清楚楚，等天子自己下决定，从不提出反对意见。如果自己奏的事被否决，也绝不当庭争辩。有时和群臣商量好统一意见，但到了天子面前发现不对劲，立马变卦以顺应圣意。越是这样，刘彻越觉得这个人特别老实厚道。同时，公孙弘口才很好，非常熟悉法令和政务，处理政事又总能找到经学作为依据。这样的人，现代生活里也不少见，通常我们称之为"人精"，站在领导的位置，似乎很难不喜欢用他。

> 每朝会议，开陈其端，令人主自择，不肯面折庭争。于是天子察其行敦厚，辩论有余，习文法吏事，而又缘饰以儒术，上大说之……弘奏事，有不可，不庭辩之……尝与公卿约议，至上前，皆倍其约以顺上旨。(《史记·平津侯主父列传》)

从司马迁的描述来看，刘彻对公孙弘和董仲舒的态度有别，本就无关于《春秋》等学术。在刘彻即位天子的头十几年里，他常常迫于窦太后、田蚡等人的压力，无法完全顺遂己意，故此对"顺臣"的需求显得尤为迫切，此是其一。刘彻对于《春秋》和经学，本也非真实喜爱认同，他需要的绝对不是董仲舒之类的学术型纯儒，而是熟悉"文法吏事"，并且会用《春秋》等经学来"缘饰"的"外儒内法"式官员，此是其二。综此二点，他可以用董仲舒之术，却只能用公孙弘之人。

用《春秋》缘饰吏事，主要是针对审理案件，即所谓"《春秋》决狱"。它的原理或者宗旨同样也体现在董仲舒的学说里。

> 《春秋》之听狱也，必本其事而原其志。志邪者，不待成；首恶者，罪特重；本直者，其论轻。(董仲舒《春秋繁露·精华》)

大意是，用《春秋》断案，一定要根据事实而前推作案动机。故意作恶的，即使未遂也有罪；团伙中的首脑，必须从重判决；而出于善意触犯法律者，应该从轻量刑。

从现代人角度看，这似乎都是些常识。然而汉朝从秦继承而来的司法原则，本来并非如此。除了常说的严苛细密，董仲舒认为秦朝之法最大的特点是"诛名而不察实"。什么意思呢？就是法律规定的罪名，你触犯了就是触犯了。只看事实，不问动机。见义勇为把流氓打死了，拦路抢劫把路人杀了，都是致人死亡，没有多大区别。看到这里，可能有人会问：商鞅韩非不是最讲究名实相符吗，为何董仲舒会说秦法"诛名而不察实"？答案在于两者对什么是"实"理解不一样。商韩之流认为行为结果是"实"，只看结果是不是符合法律所定"罪名"；而董仲舒则认为，行为背后的动机才是"实"，同样的结果，可能是不同的动机导致的，当然不可以对应同一个"罪名"。

从简单易操作的角度来说，当然是商韩的做法最方便推广，办案官吏只需拿着律令一一对照、严格执行即可。而这样做的弊端也很明显，它完全把人性和伦理排除在司法之外，非常高效，极度无情。因为他们要打造的就是每个人除了本分，对其他任何事情都畏首畏尾、缩手缩脚的秩序。

董仲舒试图把道德伦理融入司法，这正是他德教为主、刑罚为辅理念的再次体现。但是基层官吏怎么去执行，道德伦理的标准去哪里找，这是个实操的问题，必须有所本、有所依，才适宜推广。因此，董仲舒抬出了自己的专业教材《春秋》。他认为，孔子在《春秋》中记载那些史实，就是供后世治理国家、审判案件参考的。具体来说，一个疑难案件究竟怎么判决，可以去《春秋》当中找找相似的案例。

举个例子，父子两人与第三方因争吵而导致斗殴，第三方抽佩刀想要杀父，子危急之中拿起木棒还击，却不小心打伤了自己父亲。这个案件之中，应该怎么判儿子之罪？

按照最简便的司法原则，不管出于什么理由，事实就是殴打了自己父亲，属于不孝，应该判以枭首之罪。董仲舒给出的答案却是，父子至亲，哪有看着父亲有性命危险自己却不出手相助的。《春秋》当中有个许国太子许止，父亲病重时进药一碗，喝下去没多久，父亲就死了，看上去就好像是被药死的一样。而当时的君子却认为，实际上他的父亲已经奄奄一息，许止只是出于孝心凑巧在临死前又进了一次药而已。按照《春秋》的大义，原案件中儿子那种为救父亲的无心之失应该得到赦免。

从董仲舒的解释来看，即使把其中《春秋》的具体例子去掉，一样成理，也符合人性。但是加上《春秋》，就等于是贴上了孔子的标签，是圣人之训、经典之说、版权所有，显示出一种自古以来的朴素正义，理论高度瞬间就上去了。

情理结合、德法相辅，这是司法制度从秦到汉直到刘彻时代的一个变革，是有着积极意义的进步。然而它的弊端也同样非常明显：假如动机才是"实"，那么动机究竟是什么，如何判断，谁来作最终解释？其中多出来的主观性，会不会在司法过程中增加舞弊的空间？

答案是肯定的。

继续拿董仲舒本人所说的父子与第三方斗殴案件为例。儿子说是出于孝心，却不慎打到了父亲。法官凭什么相信他所提供的动机是真实的？有没有可能儿子早就想害死父亲，借机行凶？有没有可能第三方也是串联好了一起演戏？这一切可能性的解释权都在审案官手中。同时，董仲舒有意要借助《春秋》的权威性，然而《春秋》只有一些关于史事的"微言"，"大义"则全凭后人解说，需要时可以左右逢源。只要审案官足够聪明，足够狡猾，就必然能从中寻找到舞弊徇私的机会。

这一年帝国有一个重要的人事任免，治陈皇后巫蛊案中得到赏识的酷吏张汤，他被任命为廷尉，掌管全国司法和刑狱。涉及重要人物的案子、地方上解决不了的疑难杂症，最终都要交给他处理。他敏锐地意识到，既然天子喜欢以经术缘饰政事，而"《春秋》决狱"又有无限回旋余地，这一套方法必将成为自己最得力的政治工具。

张汤十分恭敬地对待公孙弘和董仲舒，又请治《春秋》《尚书》的博士弟子担任廷尉属吏，《尚书》中的文辞主要用来让司法文书看上去更古奥威严,《春秋》则用来附会审案。张汤用此随心所欲地行使司法大权,以满足刘彻和自己的心意。他和公孙弘一样懂得揣摩圣情,奏明疑案的时候,会原原本本把各方意见说清,然后静待刘彻指示,回去以后还会将天子的重要讲话精神记录下来,让属吏们作为今后判决的依据。凡是刘彻想要治罪的对象,他一定从《春秋》中找到依据从严办理;凡是刘彻不想追究之人,他也同样能从《春秋》中找到依据从轻处罚。张汤的会做人还不仅体现在对天子,他对下属一样的体贴关照。假如某次被刘彻批评了,他总是会把罪过揽到自己一个人身上,说某某属官已经提醒过我了,我固执己见,果然犯了错;假如办的案子被刘彻表扬了,则会说我哪里懂得其中的门道,都是某某属官的功劳。除此之外,张汤对士大夫、宾客、故人子弟,无论高低贵贱,都一视同仁地尊敬或爱护。身为廷尉,除了对那些不得不办之人残酷无情,张汤对所有人似乎都如春天般温暖。这样巨大的人格差异,集中在这一名武帝时期最著名的酷吏身上。

刘彻对张汤的办事能力以及办事方法非常满意,他甚至让张汤经常往董仲舒家里跑,请教如何更好地应用《春秋》审案。从此我们也可以看出他对于董、公孙、张三人的不同用法,对于董仲舒,只取其学术中有用的部分;公孙弘,让其成为议政中附和应声的代表;张汤,则是其行使皇权真正所依仗的爪牙。

很快,刘彻就有一桩超级大案等着张汤去办。

元朔四年

（公元前 125 年）

● 刘彻三十二岁 ●

混乱的衡山国

这一年，《汉书·武帝纪》的记载也尤其简单，一共只有两句话，二十一个字。

> 四年冬，行幸甘泉。
> 夏，匈奴入代、定襄、上郡，杀略数千人。

有一个词叫作"泾渭分明"，指泾河、渭河两条河水的含沙量不同，一清一浊，当它们合流时，会形成界限分明的两种颜色的河面。渭水河道从西流向东，泾水河道则从西北方向蜿蜒而来，并入渭水之后一起继续向东，两条河流流经区域形似京字头（亠）。泾渭汇合之处，就在长安城的北面。从长安城沿着渭水往上游走，大约一百五十公里之后就可以到雍五畤，那是继承自秦朝的皇家祭祀中心[1]，假如换成沿着泾水往上游走，一百公里之内就可以到达云阳（今陕西省咸阳市淳化县）甘泉山上的甘泉宫，

---

[1] 详见元光二年"鬼神之祀"篇。

这座宫殿也是从秦继承而来的。

甘泉宫建自何年，很难推断。我们所知的是，甘泉山一带很久以前为匈奴的祭天之地，秦国夺来以后，仍然很重视此一区域，秦始皇以修建在山上的甘泉宫为起点，修直道北上，直通蒙恬北筑的长城之处，沿路经过的，就是卫青刚刚夺回的河南地，包括刘彻新设置的朔方郡区域。

也就是说，从咸阳到达帝国的北部边境，有一条非常便利快捷的路线：先往西北到甘泉宫，然后从直道迅速抵长城。在古代，交通能力往往意味着统治能力和军事能力。如此看处在交通要线中转位置上的甘泉宫，更能理解其对于帝国的重要意义。时代变迁至汉朝，这条北上的直道仍然在使用。司马迁曾亲自走过这一路线，他说："我从北部边境走直道回来，沿路看当年蒙恬为秦朝修筑的长城、亭障，这些工程穿山填谷，险恶异常，实在是太轻贱民力了。"

《武帝纪》的这一年出现了刘彻行幸甘泉宫的首次记录。他在冬天前往，然后整个冬春两季，帝国异常平静，没有发生其他大事，连夏季匈奴大肆入侵代、定襄、上郡，杀掠数千人，刘彻也没有如往常一样发起反击。由于前后数年都特别多事繁忙，故这一年显得特别另类。我们似乎可以据此推测他前往甘泉宫后，离开长安的时间可能不短，不知道他有没有沿着直道，悄悄巡视一下卫青为他刚夺回的军事要地。河南地很好地屏障了甘泉宫以及长安，甘泉宫因此变得更加安全，从此之后，它将在刘彻的生命中发挥越来越重要的政治功能，刘彻离开长安来此地的次数也将越来越频繁。

假如我们仅依《武帝纪》就此略过此年，未免过于平淡。只不过，即便是司马光的《资治通鉴》、王益之的《西汉年纪》这两本编年体史书，在这一年里也没有补充什么新的资料。还好，遍查《史记》《汉书》每个角落，我们终于发现一件此年发生在衡山国的事情，极具代表性，同时也相当于后面几年一件大案的序幕。

衡山国大约在今湖北省和安徽省交界一带，南北以长江和淮水为限，与淮南国紧紧相邻。衡山、淮南这两个国家，都是从汉文帝弟弟刘长的旧淮南国里拆分出来的，而衡山王刘赐、淮南王刘安也都是刘长的亲生儿子，是刘彻的叔父辈。

衡山王的前任王后育有三个孩子：太子刘爽、女儿刘无采、少子刘孝。由于前任王后死得早，所以刘无采和刘孝都由现任王后徐来抚养长大，徐来自己还育有四名子女。此外，还有一名美人叫作厥姬，有子二人。说到这里很多人便已经有数了，前妻已死，继室当位，另有姬妾，又各有子女，这样的王者家庭格局，毫无疑问要发生争宠夺位的狗血剧情。

事实也正是如此。先由妾室厥姬发难，她既眼红徐来能继任王后，又替自己的孩子觊觎刘爽的太子之位。按照宫斗剧的常规做法，此处便应该挑唆徐王后和太子的关系了。厥姬暗中向太子透露一条"秘密"，称太子的母亲，即前任王后就是徐王后使奴婢用巫蛊之术谋杀的，太子果然从此对她心存怨恨，有一日饮酒的时候竟然用兵刃击伤了徐王后的哥哥。这一年，恰好又发生了徐王后的后母被贼人击伤一案，既然大家都知道太子对她有私怨，自然怀疑也是太子买凶报仇。除此之外，妹妹刘无采出嫁之后被休，回到宫中与奴仆、宾客多人通奸。见妹妹如此无行，太子忍不住经常批评教育，以此又激怒了刘无采。经过徐王后和刘无采共同潜毁，衡山王对太子越来越不满，经常动不动就将其鞭打一顿。有一回衡山王生病，太子借口自己也不舒服，不肯前去服侍。刘无采和三弟刘孝一起在父亲面前诋毁大哥，说他其实身体根本没有问题，甚至听到父亲有病，还面露喜色。衡山王顿时大怒，起了废掉太子改立刘孝之心。而徐王后有一个侍者平时很受衡山王宠爱，她又故意让侍者勾引刘孝，打算借此机会把前王后的儿子一齐除掉，为自己孩子继承王位清除障碍。

数千年人类历史，总不外乎这些狗血的权力争抢。汉朝有个叫作中行说的宦者，投靠匈奴后评价中原文化道："中原人表面上道貌岸然，实际上亲属之间相争相杀，生活奢靡浪费，所谓的礼义廉耻，往往掩盖着无尽的虚伪。"当然，匈奴人的钩心斗角也好不到哪里去，这实际上是人类的

元朔四年（公元前 125 年）

通病，而非哪种文化所独有。

从上面的表述来看，虽然涉及的事情众多，背后无非是一根关于"太子之位"的主线。前任王后死得早，失去庇护的太子势必成为众矢之的。即便没有厥姬从中挑唆，徐王后也不会轻易放过他。而徐王后的心机体现在，她从头到尾都没有让自己的任何一名子女露面，而是把刘无采和刘孝推到了反对太子的前线，让他们兄弟姐妹反目成仇、两败俱伤，自己坐收渔翁之利。

《史记》叙述这一段情节的原文很有意思：

王大怒，欲废太子，立其弟孝。王后知王决废太子，又欲并废孝。王后有侍者，善舞，王幸之，王后欲令侍者与孝乱以污之，欲并废兄弟而立其子广代太子。太子爽知之，念后数恶己无已时，欲与乱以止其口。（《史记·淮南衡山列传》）

短短一百字，用了五个"欲"字，主语分别有衡山王、王后、太子，鲜活勾勒出王国高层互相盘算、钩心斗角的画面。原文最后一句说的是，太子知道一切的根源在徐王后那里，不解决王后，那些对他捕风捉影的攻击永远不会停止。然而太子想到的对策也挺别出心裁，他觉得如果自己和徐王后发展出私情，大概她就不会再伤害自己了吧。于是很快发生了太子借着祝寿敬酒，试图强暴徐王后之事。当然，这件事是徐王后本人哭哭啼啼向衡山王告发的，究竟有没有真的发生，还要打个疑问。衡山王倒是立马相信了，当时就召来太子一顿训斥，打算再把这名狂妄不道的儿子捆起来鞭打一顿。太子见状，知道父子、母子之间的矛盾已经绝无调和可能，恨恨地说道："刘孝与您宠幸的宫人有奸情，刘无采和自己的奴仆淫乱，我这就上书向朝廷告发，父亲您好自为之吧！"说完，太子就冲开阻拦，扬长而去。衡山王又怒又慌，亲自带人追捕，总算将太子抓回来囚禁在宫中。

太子离去时所说的话，相当于决裂，令衡山王非常害怕。原因仍然在

192　　有为：汉武帝的五十四年

于衡山、淮南两国跟朝廷的关系。前面曾经说过，衡山王和淮南王的父亲刘长，是被汉文帝以谋反之罪逼死的，全国上下无人不知这是一桩冤案，连民间都为刘长不平。由于此背景，朝廷一直以来看此两国都有些异样的感觉，总担心他们会为了报父亲之仇而反叛中央，这也成为刘彻的一个心病。衡山王自然知道这种隐秘而不可言说的心结，故绝不能授以朝廷任何把柄，让刘彻可以借机治自己之罪。尤其是前面几年，燕王、齐王连连遭到清算，自杀国除，各诸侯王更成惊弓之鸟，此时太子称要向朝廷告发，岂不是相当于要把衡山国架在火上烤吗？

而站在太子角度而言，这实在是被逼无奈的反击。不出此策，被废也是迟早的事，在徐王后和刘孝等人的围剿之下，甚至逃难一死。既然不让我活，那干脆一拍两散，什么父子之情，兄弟之义都别谈了，衡山国也没有存在的必要了，我倒要看看最后谁能得利。

衡山国发生的这一切，其实是西汉诸侯国的常态，从中可以看到当时贵族的内部混乱和伦理崩塌。不过这种混乱，正是刘彻此时想看到的，衡山国与淮南国，恰好就是他下一步想要收拾的眼中钉。

元朔五年

（公元前 124 年）

● 刘彻三十三岁 ●

白衣丞相

这一年的十一月，当了七年丞相、毫无存在感的薛泽被免职，继任者为业已七十七岁的公孙弘，他同时被封为平津侯。

假如真的可以穿越到西汉朝武帝时代，我们或许会发现，公孙丞相的故事在天下士子间广为流传，而他的口碑也形成了两个极端。瞧不上他的，对他充满鄙夷，认为其既没有精深的学术，又没有正直的人格，是一个不纯粹不入流的知识分子，不过是靠着阿谀逢迎、屈己媚上的卑劣手段才位极人臣。用另一位老儒辕固生当年劝谏公孙弘的话来概括，叫作"曲学阿世"。这样的人登上丞相之位，简直是对真正学者的侮辱。更多的底层读书人，则把公孙弘的经历作为鸡汤一遍遍咀嚼服下。一个四十多岁才开始求学的穷苦百姓，没有背景没有人脉，凭着钻研《春秋》的学问一步步登上权力顶端、人生巅峰，七十多岁封侯拜相，还有比这更能激励天下士子拳拳向学之心的大汉童话吗？

他的"成功"就成为朝廷向全国儒生发出的强有力的信息：读经是入仕的门径，晋升的阶梯。这个榜样的力量使"天下之学士靡然乡

风矣。"（孟祥才《秦汉政治思想史》）

尽管董仲舒的后学弟子们把董抬到了亚于孔子的至高地位，并认为经学在武帝朝的独尊其有着不可磨灭的最大贡献，但至少从推动经学的实际效果来看，公孙弘的个人履历，起着更为鲜明的导向作用。

这是一个略有些尴尬的事实，推动学术发展，往往靠的不是学术本身的精妙高深，而是靠强有力的集权政治和现实利益。因此学术和政治之间存在一种若即若离的暧昧关系，为了彰显独立精神，它必须离政治越远越好；但为了普及弘扬、应用验证，它又不得不依附于权力提供的平台。做一个纯粹学者，还是成为一个政治角色，理论上可以兼顾，现实中却两难。正因为如此，对于提升学术影响力贡献最大的，常常不是那些守静研学的知识分子，而是适当收敛个性去迎合政治口味的"离经叛道"者。他们也很容易因此被视为不纯粹的投机分子。

从西汉前中期改变知识分子地位来说，贡献最大的，就是两个"投机"之人。一为叔孙通，一为公孙弘。

叔孙通是秦末汉初人，先在秦二世朝廷任博士，陈胜、吴广起义后，见形势不妙，他决然投靠了起义军，先从项梁，再从楚怀王，随后跟随项羽，再入汉。从正常的价值观来看，叔孙通是个不折不扣的"墙头草"，哪有一点知识分子的气节。仕汉之后，他为高祖刘邦制定礼仪，并不严格按照传统所习，而是尽量按照刘邦的喜好去调整，这在保守的儒生眼里，自然又是违背古制、违背圣训的叛逆行为。叔孙通在鲁国征集礼仪创作团队时，有两名儒生坚持不肯应征，他们拒绝的理由是，礼乐制度的建立，必须先有仁义礼信的人文基础，经过秦法和战争的联手摧残，民间已经没有这样的土壤了，必须先通过一百年的德教才能恢复，而叔孙通所设计的礼仪，完全不符合老师的教导，也没有严格遵循教科书，只不过是满足天子心意的一套花架子——你搞你的，不要拉我们下水。叔孙通听完笑笑："你们真是一群不知变通的书呆子。"就这样，部分知识分子一意维护的礼乐制度，却由叔孙通这名不合格的儒生在汉初草创了雏形，当初加入他团队的那些"知变通"的儒生，全部在朝廷当了郎官，因此把叔孙通称为"圣人"。

那么，究竟是留在鲁国不肯合作的两位儒生对学术推动和改变知识分子命运贡献更大，还是叔孙通？叔孙通是一名"投机者"还是"圣人"？知识分子应该"守道而穷"还是"变通而贵"？永远是一件很难三言两语说清的事情。

> 叔孙通曾经批评不予合作的儒生："若真鄙儒也，不知时变。"而他的弟子则赞美他："叔孙生诚圣人也，知当世之要务。"（王子今《汉代儒学的神学色彩及其社会影响》）

公孙弘显然面对着和叔孙通一样的境遇。你不得不承认他有着阿谀取容，迎合主意的一面，又不得不承认他借助高位，在"文化复兴""广厉学官"方面起到了巨大的积极作用。

迎合的一面，并非指他从不建言议政，如前任丞相薛泽一样，找不到任何言论记录。公孙弘也经常趁着"朝觐奏事，因言国家便宜"，之所以说他"取容"，是指他一旦发现刘彻的意思相反，懂得马上服软认错。比如他曾经上过一次"禁民间弓弩"的建议，理由是这个武器威力过大，百姓家中如果私藏，一旦落草为寇，会增加基层官兵捕寇的难度。刘彻则让亲信侍中吾丘寿王与他辩论。吾丘寿王的意见是，上古圣人制造兵器，是给百姓防身之用。只有乱世才会持兵器互相戕害。秦朝即使收天下之兵全部销毁，民间一样拿着锄头、棒槌犯法，可见乱象的根源在于不施德教，在于地方官的能力，而不在于百姓持有兵器。朝廷能够禁止普通人持有弓弩，却无法有效杜绝盗贼得到这些武器。这样一来，并没有减少官兵捕贼的难度，反而剥夺了守法百姓抵御盗贼的能力。公孙弘收到这一意见，知道代表了刘彻意图，立刻表示心服口服。

"广厉学官"的一面,这一年,在公孙弘的奏请之下,刘彻下诏为博士官增置弟子五十人。这些弟子,同样由地方基层选拔之后,推荐至中央跟随朝廷的五经博士学习经术。每年对这些学生考试,通一经就可以补文学掌故官之缺,特别优秀的得以直接担任郎官。如前所说,郎官其实就是各地方首长的储备人才,故这一措施,让广大白衣儒生有清晰的路径得以复制公孙弘的成功,"书中自有黄金屋",民间向学之风自然越来越盛。当然,"向学"只是指能够带来现实好处的经学而已。

> 利禄之途,一开一塞,实儒术兴盛之大原因也。(吕思勉《秦汉史》)

公孙弘这一年封侯拜相,还有一个历史性的转折。在他之前,所有丞相任命几乎都遵循按资排辈的原则,要么是功臣,要么是功臣之后,都是带着列侯爵位上任的。公孙弘是先拜相,再封侯的首人,这当然是因为他出自白身。这一标志性的变化,意味着汉朝整整花了八十多年,终于彻底消解了汉初军功阶层这一特殊集团在朝局中的影响力和垄断性,从此,"公卿、大夫、士、吏彬彬多文学之士矣"。

奇袭匈奴右贤王

从这一年开始,刘彻将连续地对匈奴实施大规模主动攻击,汉匈双方的冲突到达了高潮,这是形势使然。游牧经济相较农业经济,不确定性要更高,拥有一块稳定草场的意义十分重要。失去一大片肥沃的河南地,很容易让匈奴内部混乱动荡。为了生存,他们不得不增加了入边侵扰的频次。而对于汉朝来说,这几年对于朔方郡的开拓修置,建成了一个位置极佳的军事防御地和集结地,很适合从此处向匈奴发起反击。

这一年车骑将军卫青的三万人马,就是从朔方郡的高阙出发的。从此推测，前面几年的相对平静，或许正是为了集中精力加快开发朔方。刘彻还为卫青配了四位下属，游击将军苏建、强弩将军李沮、骑将军公孙贺、轻车将军李蔡，四位将军也一齐率领人马从朔方进军，配合卫青作战。同时，还有一支军队从遥远东面的右北平郡出发，东西两军合计超过十万人，这是马邑之战后汉朝第一次大规模出征，显示出刘彻与匈奴决战的心态。

东方的军队没有什么收获，可能没有找到敌人的踪迹。单说卫青这一军，朔方郡正对匈奴右贤王的势力。当五位将军悄悄越过阴山，大举前进时，右贤王丝毫没有防备。因为从经验来说，汉兴八十多年来，汉军对匈奴一向都只是防御反击，从没有离境长途跋涉发起过主动进攻，没有人能料到这一次行动的果决。当右贤王还在帐中饮酒作乐，喝得酩酊大醉时，卫青已经率军行走了六七百里，趁夜形成了对他的包围之势。闻听周围马嘶人喝的汉军声威，右贤王吓得顿时酒醒一半。仓促之下，他料想不敌，放弃了对战，果断带着一名爱妾、几名护卫壮骑冒刃突围而去。卫青立刻派轻骑校尉率人追捕，几百里之后不遂而归，但是包围圈中剩下的匈奴人众，不见首领，失去了抵抗的信心，全部束手就擒。卫青累计俘虏匈奴小王十余人，民众男女老少一万五千多，牛羊马畜数十百万，大获全胜而归。

这是自高祖以来，汉朝对匈奴最扬眉吐气的一次胜利，捷报快马传到长安，刘彻的喜悦可想而知。这或多或少证明了他主动进攻战略的英明，甚至可以一洗高祖平城之围和自己马邑之谋失败的耻辱。所以卫青凯旋才走到边塞，刘彻的使者就已经在此等候了。使者当场宣布了任命卫青为大将军的诏命，所有的将领、士兵从此皆归大将军调遣。

大将军这一职务像"三公"中的太尉一样，过去并不常设。两者都是军事最高指挥官，那之间有什么区别呢？从汉初的实际情况来看，太尉和大将军既有同时并列的时候，也有只设其一的时候。两者的区别大约在，具体大规模军事行动中，需要用到一人节制诸军，才任命其为大将军，随事而任，事毕而罢。但没有军事行动的时候，仍然可以任命一名太尉掌管军权。如果君主更集权一些，还可以把太尉也罢掉，由自己掌管全军。故两者都是随形势而定，不似丞相、御史大夫一般常有。刘彻即位后，只在建元元年（前140年）任命田蚡为太尉，第二年便在窦太后干涉下取消此职，从此再无新任。这一年，刘彻封卫青为大将军，跟过去又不太一样，实质上有以大将军取代太尉一职，让卫青长期接管军权的意思。军权之重要性、敏感性，非极其信任之人无法轻授，卫青既有卓越战功，又兼皇后之亲，实在是最佳人选。自他之后，两汉的大将军也无一例外均由外戚担任。

大将军之下，一般又统有卫将军、车骑将军、前后左右四将军[1]，全部金印紫绶，位列上卿。另有一些杂号将军，分由以上六军统辖，从而组成一套上下分级的军事系统。我们回过头看卫青这次出征，当时他的军职便是车骑将军，归他调度的游击将军苏建、强弩将军李沮、骑将军公孙贺、轻车将军李蔡四人都是杂号将军。假如某次出征，各军将都是杂号将军，则选择一名位次最高之人为领军，具体事例可参考马邑之谋中的各军任命，当时由杂号将军韩安国统领各将，因为他任御史大夫，职位最高。

当大将军卫青带着无上荣耀回到长安，刘彻仍觉得意犹未尽，又加封了八千七百户给他，同时封他的三个尚在襁褓中的儿子皆为列侯。卫青只接受了自己那份封赏，坚决拒绝功荫子孙。他推辞道："臣有幸领兵出征，赖陛下的神灵，取得大捷，这都是校尉们死命力战的功劳，我的儿子年幼无功，陛下若是对他们封侯赏赐，恐怕无法起到激励将士的作用。"刘彻对这番话也十分欣赏，将卫青麾下参与此战的公孙敖、韩说、公孙贺、李蔡等人全部封为列侯或关内侯。

尽管卫青出身奴隶，但再出身论的人也能看得出刘彻此时对卫青的尊宠，也明白刘彻是要为皇后卫子夫和年幼的皇子打造可靠的外戚势力，所以聪明一点的做法便是努力和这名国舅大将军打好关系。史书称此战之后，"公卿以下皆卑奉之"。"卑奉"的意思是特意降低自己身份来对待卫青，

---

[1] 大将军本营有时还任有中将军。

元朔五年（公元前124年）

比如明明见面只需要作揖，却非要下拜行大礼。

这里就涉及一桩经典公案了。在所有人当中，唯独汲黯没有这样做。有人就劝说："世人皆知皇帝想让大将军居于群臣之上，就算屈尊拜一拜又有什么呢？"汲黯回答："大将军如果有我这样一名只作揖的客人，不是更显他的高尚吗？"卫青听说之后，对汲黯果然更加尊敬。而《史记》在这里，为了突出汲黯为人庄严正直，又拿刘彻对卫青、汲黯的态度不同做了一个对比。司马迁说：卫青虽然权位已贵，但侍奉天子的时候，刘彻经常"踞厕而视之"；私下召见丞相公孙弘时，刘彻也偶尔穿得随随便便；只有汲黯觐见的时候，刘彻不穿戴整齐绝不敢见他。

>大将军青侍中，上踞厕而视之。丞相弘燕见，上或时不冠。至如黯见，上不冠不见也。（《史记·汲郑列传》）

公案指的就是"踞厕而视之"，对这句话应该如何解释，引发了很大争论。三国时期人如淳将"厕"解释为"溷"，即厕所，唐人颜师古也赞成他的说法。如果这个解释是对的，那"踞厕"自然就是上厕所的姿势了，也就意味着刘彻虽然极力抬高卫青在公卿中的地位，自己却并没有以公卿的身份来看待他，用公卿的礼节来对待他，仍然将其当作下人一样来使唤。蹲在厕所上和他交流，这大概是人能想到的最不堪、最具侮辱性的场景之一。苏轼也采用了这一说法，并且加上了自己的发挥。东坡先生说："汉武帝这个人是个无道的帝王，一无是处，只有踞厕见卫青、不戴帽子不见汲黯这两件事做得很好。像卫青这样的奴才，只适合给主子舔痔，蹲厕所时见他，不是正好吗。"

>汉武帝无道，无足观者，惟踞厕见卫青，不冠不见汲长孺，为可佳耳。若青奴才，雅宜舐痔，踞厕见之，正其宜也。（苏轼《东坡志林》）

如淳的解释的确让喜爱卫青者很难接受，苏轼的评价更是一下子得罪了汉武帝和卫青的两大粉丝群体。苏轼对卫青的鄙视，代表了士大夫阶层对外戚群体的普遍看法，就像高考生看不起关系户或体育特长生，此处我们不去细说。这里只说"踞厕而视之"有没有可能是别的意思。同是三国时期的学者孟康就给出了不一样的观点，他认为"厕"是"侧"的通假，"踞厕"是指坐在床边侧，张开双腿，即"箕踞"的坐姿。与苏轼同一时期的宋代学者刘奉世则赞成这一说法。这当然也是一种对卫青比较无礼的姿态，胜在环境看上去没有厕所那么糟糕了。除此之外，今人闫爱民、赵璐在《"踞厕"视卫青与汉代贵族的"登溷"习惯》一文中，根据对汉代如厕习惯和用具的考辨，认为汉代有床和厕所结合在一起的坐便方式。

我偏向于给出一种更简单的解释。"踞"字本身就有"倚靠"的意思，未必一定指双腿张开。西汉时皇宫乘舆的屏风上有一幅画——"纣醉踞妲己"，场面就是欢饮之后纣王倚靠妲己之身。"厕"字在《史记》中也有"旁侧"之例，如"奉剑从王之厕""厕之宾客之中""阴阳相夹厕"。所以"踞厕"就是人斜靠着椅子一侧，坐姿不正，比较随便，这样才能和"视之"搭配成一个正常语句，与刘彻整容严肃见汲黯形成对比。

但不管是以上哪一种解释，除了场所有区别，都体现了刘彻对卫青一方面重用，一方面"未尝以士大夫礼待之"的矛盾。

元朔六年

（公元前 123 年）

● 刘彻三十四岁 ●

绝幕大战和进击的霍去病

去年春天卫青大胜匈奴右贤王，给了刘彻莫大的鼓舞。不仅仅是天子本人，汉朝上下，从朝廷到民间应该都弥漫着一股自信、激动的情绪。这一仗让国人振奋不已，让大家看到了大汉的强盛，看到了汉军的威武和对手的衰弱，看到了长途奔袭战略的可行，也看到了洗刷八十多年来为匈奴欺辱之耻的可能。

这一年的春天，大将军卫青再次领命，率赵信、公孙敖、公孙贺、苏建、李广、李沮六名将军、十余万人马，从定襄郡出发。经过一些小规模的战斗，汉军斩首数千敌军后，暂时分散到定襄、云中、雁门三郡休整。

史书没有交代休整的原因，但是从这三郡所处的位置来看，这一次刘彻的目标是伊稚斜单于本部，故休整可能是为了获得更确切的单于动向，以免出师无功。

两个月后，在夏天刚来时，卫青大军重新越过大漠，与匈奴主力展开一场艰苦卓绝的遭遇战。其中，右将军苏建、前将军赵信率三千多精骑，合兵一处，恰好遇上了单于本部数万人。双方厮杀一日有余，毕竟寡不敌众，苏建全军覆没，独自一人逃回中军。赵信本就是投降汉朝的匈奴小王，这场战斗中也亡失过半，便带领剩下的八百骑兵重新投奔匈奴。

左将军公孙贺、后将军李广则因为所走路线并没有遇到敌军，两人无功而返。只有卫青和公孙敖的中军，虽然没有遭遇单于本人，但碰上了匈奴的主力部队，众将士奋勇作战，累计斩首和俘获一万多敌军，杀得匈奴主力落荒而逃。其中特别值得一提的是卫青军中的两名校尉。一人是张骞，由于他在匈奴中待了十年之久，熟悉胡中地形，故作为全军向导，让军队得以快速找到水草茂盛之处解决饥渴问题，这是汉军能够长途跋涉、千里奔袭发起主动进攻的重要依仗，故张骞被封为博望侯。另一名年轻的校尉率领八百轻骑，择机弃大军而去，追奔匈奴数百里，斩首单于的祖父，生擒一干贵族，累计杀获两千零二十八人，功冠全军，被刘彻特别下诏封为冠军侯。这个年轻人，便是卫青的外甥霍去病，这是他在战场上有记载的首次亮相。

应该如何处置逃归的右将军苏建，卫青请教了大将军幕府中的军正、长史、议郎等人。议郎周霸说："自从大将军出征以来，从未斩过裨将。如今苏建弃军而逃，正好可以斩首以明军威。"军正闳、长史安[1]则表示不同意，他们称：《孙子兵法》有言，小部队若坚持硬拼，必然会成为大部队的俘虏。苏建以数千骑兵抵挡单于数万人马，以死力战一日有余，哪怕拼到最后一人，也不敢有二心投降匈奴，这样的人如果斩首，不是逼将士们失败后都不回军，要么投降要么逃亡吗？"

仔细思忖之后，卫青给出了自己的意见。他道："青有幸得到天子信赖，任以领军出征。有天子的威严在，不怕没有军威。周霸的话，我无法认同。况且，虽然使臣的职权可以先斩后奏，但我还是想把这件事交给天子亲自处理，以表明虽受尊宠而不能擅权，给所有为人臣子者做一个示范，这样不是更好吗？"

---

[1] 军正闳史失其姓，而长史安一般认为便是司马迁《报任少卿书》中的任少卿，即任安。《报任少卿书》也称《报任安书》。

> 大将军曰:"青幸得以肺腑待罪行间,不患无威,而霸说我以明威,甚失臣意。且使臣职虽当斩将,以臣之尊宠而不敢自擅专诛于境外,而具归天子,天子自裁之,于是以见为人臣不敢专权,不亦可乎?"(《史记·卫将军骠骑列传》)

刘彻免去了苏建的死罪,令其赎为庶人。苏建之后曾复起为代郡太守,看来刘彻仍然很借重其守边才能。苏建的三个儿子里,第二子未来最有名,叫作苏武。

苏建还向司马迁透露过另外一件和卫青有关的事。他说:"我曾经跟大将军建议说,你的职位至尊至重,应该凭借这个有利条件,像古代君子一样,把天下名将贤士都招纳到身边,一起为天子效力。"卫青是这么回答的:"当初魏其侯窦婴、武安侯田蚡招纳宾客,天子为之切齿痛恨。奖赏刑罚,这是人主的权力,做臣子的只需要遵守法令、尽忠职守就可以了,何必自己招纳贤士。"

> 太史公曰:苏建语余曰:"吾尝责大将军至尊重,而天下之贤大夫毋称焉,愿将军观古名将所招选贤者,勉之哉。大将军谢曰:'自魏其、武安之厚宾客,天子常切齿。彼亲附士大夫,招贤绌不肖者,人主之柄也。人臣奉法遵职而已,何与招士!'"骠骑亦放此意,其为将如此。(《史记·卫将军骠骑列传》)

从卫青和苏建相关的这两件事里可以看出,其之所以能得到刘彻的信任,除了在于卓越的才能和外戚身份,与其谨小慎微的性格也不无关系。他非常清楚刘彻的个性和所忌,故越是位高权重,越是约束自己言行,凡是刘彻在意和紧张的权力,他坚决不肯染指。

这一年的绝幕大战,虽然前后斩获一万九千多人,霍去病和许多将军、校尉都因功封侯,卫青作为总指挥却没有得到加封,因为对大将军的考量是军团整体作战的战绩。毕竟失去了两路军马和前将军赵信,算是功过大致相抵，刘彻另外赏赐卫青千金作为鼓励。拿到奖赏之后，便有人劝卫青说："大将军之所以功劳并不算太多，就能封为万户侯，是因为和皇后沾亲带故。现今，王夫人正受天子宠幸而她的宗族还没有富贵，建议大将军拿赏赐亲自去为王夫人贺寿。"这番话的意思是，外戚的一时荣华皆因女子受宠，但有受宠的时候，就会有失宠的危险。谁能保证卫子夫能长命健康呢？谁又能保证她不会像陈皇后那样被王夫人取代呢？故提前和正受宠幸的王夫人打好关系，是保证卫氏家族将来不遭覆灭的一步先手棋。卫青听得此言，果然拿出了五百金亲自前去贺寿。此事也可证明卫青的聪明和谨慎，他十分清楚自己的富贵从何而来，故不得不未雨绸缪。

当然，人算不如天算，王氏和卫氏家族的走向，未来都诡谲得很。

二十等军功爵和武功爵

这一年的六月，刘彻下诏新置武功爵，"以宠战士"。众所周知，汉朝还实行着一种从秦朝继承而来的二十等军功爵。一曰武功，一曰军功，这两者究竟是什么制度呢？

先说二十等军功爵。朱绍侯先生对此有过一个言简意赅的定义。[1]

> 所谓军功爵制，就是因为军功（实际也包括事功）而赐给爵位、田宅、食邑、封国的爵禄制度。（朱绍侯《春秋时期军功爵制的产生》）

众所周知的二十等军功爵，是指彻侯、关内侯、大庶长、驷车庶长、大上造、少上造、右更、中更、左更、右庶长、左庶长、五大夫、公乘、公大夫、官大夫、大夫、不更、簪袅、上造、公士这二十级爵位（见下

---

[1] 本书写作期间，国内研究秦汉军功爵制的顶尖专家朱绍侯先生仙逝，享年九十六岁。本书关于该内容的绝大多数知识，都得益于朱先生对此长达六十年左右的不懈研究，在此向朱先生致以深深的敬意和哀悼。

表），或许有人会以为这是商鞅创制并早已定型的，里面存在一些误解。

秦汉二十等军功爵表

级别	汉时爵名	等级划分	非因公死亡的爵位继承办法	受田（顷）	受宅（宅）	汉朝中后期等级划分	商鞅时爵名
二十级	列侯（彻侯）	侯级爵	继承原爵		105	贵族爵	
十九级	关内侯			95	95		
十八级	大庶长	卿级爵	继承公乘爵	90	90	官吏爵	
十七级	驷车庶长			88	88		大良造
十六级	大上造			86	86		大上造
十五级	少上造			84	84		右更
十四级	右更			82	82		中更
十三级	中更			80	80		左更
十二级	左更			78	78		大庶长
十一级	右庶长			76	76		正卿
十级	左庶长			74	74		客卿
九级	五大夫	大夫级爵	降两级继承	25	25	民爵	五大夫
八级	公乘			20	20		公乘
七级	公大夫			9	9		公大夫
六级	官大夫			7	7		官大夫
五级	大夫			5	5		大夫
四级	不更	士级爵	不能继承	4	4		不更
三级	簪袅			3	3		簪袅
二级	上造			2	2		上造
一级	公士			1.5	1.5		公士
							小夫

首先，军功爵制绝非到商鞅时才有，只要有战争，论功行赏就是必然，因功赐爵也就是顺势自然而出的制度。根据文献资料，春秋时期的晋、宋、楚等国就已经有了按照军功赐爵的先例。即便是当时被视为蛮夷的秦国，也能找到庶长、不更等后来出现在二十等军功爵制里面的爵位。

而商鞅所做的，是利用秦国的原有爵制，借鉴魏国等山东六国的变法经验，形成了一套十七级的新军功爵。然而更重要的并不是爵位名称，而是秦人通过什么方式才能获得这些爵位。商鞅关于军功爵制的指导思想是"利禄官爵，抟出于兵"，具体标准则是"计首授爵"，意思是秦国无论宗室大臣、平民百姓，只能通过上战场砍下敌人的脑袋并统计数量作为赐爵的条件。

《韩非子·定法篇》称，砍掉一颗敌首，就可以赐爵一级，如果本人愿意，可以担任俸禄为五十石的官吏。砍掉两颗，赐爵二级，可以担任俸禄一百石的官员。韩非没有继续往后说，实际上更高爵位者往往是大小指挥官，对他们的考量就不是本人斩首数，而是团队功勋。

那么获得这些爵位有什么好处，秦人何以要通过战场搏命来汲汲以求呢？

首先从物质方面来看，获得爵位的同时，会相应地赏赐农田和宅基地，达到一定级别后还可以拥有食邑，相当于有了固定的赋税收入。从政治待遇来看，高爵位可以出任高官职，爵位还可以用来免除徭役、减轻刑罚、提早享受国家给予老年人的养老福利。举例而言，秦法下百姓经常会因犯法或其他原因受到罚款，因此倒欠政府许多债务，这时，每一级爵位可以偿还一万钱以内的债务。爵位带来的好处，体现在日常生活的方方面面，它和每个秦人的生老病死、柴米油盐都息息相关。故军功爵的实质是，破除西周"王—诸侯—卿—大夫—士—平民"这种旧等级制度的同时，建立一种以军功大小决定爵位高低的新等级制度。爵位高低往往决定着人的贵贱。比如有爵位者可以申请让无爵位者成为自己的"庶子"，每个月为自己服务六日，上战场的时候必须跟随自己一起打仗。爵位越高，可以拥有的庶子数量越多。

这种把官爵和首级数严格捆绑的制度，显然是为了适应战国时代的军国主义特征。和春秋时代不一样，这一时期的战争更加频繁、更大规模、更为残酷、更关系存亡。国力的外在表现，就是军事实力。商鞅变法的目标，就是通过奖励耕战，把秦人变成一个个嗜血的赏金杀手，进而把秦国变成一部无人可以抵抗的战争机器。故他制定的这一套奖励军功的办法，虽然晚于别国，却集大成而效果最著。试想，一个秦国的平民百姓，既然注定无法逃脱兵役和战争，而军功爵制又打通了财富和权位之途，让其可以染指过去只有贵族世袭才能享有的一切，为什么不豁出去拿命搏一搏呢？反过来，"计首授爵"的标准又进一步加剧了战争中的屠杀。春秋时期的各国纷争，有时还带有象征性的贵族荣誉感，并不过于崇尚杀戮；而进入战国以后，战斗却往往伴随着大规模的死亡。每一个人头都是加官进爵的筹码，砍死敌人显然比俘虏他们更为有利。据朱绍侯先生统计，从商鞅变法至秦昭襄王五十一年，一百一十年的时间里，秦人在战争中有记录的杀戮人数为一百六十一万七千人。这种唯首级论的导向，不可避免地会增加"杀良冒功"的现象，比如杀死无辜的老弱妇孺。睡虎地秦简中的一些断案实例表明，有时士兵会故意把首级的颈部砍得较短，不保留喉头部分，让人无法分辨男女。

细心的人会发现，上表中商鞅最初制定的爵位里，并没有"彻侯"和"关内侯"这两个侯爵，大良造就已经是最高爵，商鞅本人的爵位就是大良造。为什么此时不设侯爵，因为当时的秦国国君为秦孝公，从属周朝五等爵"公侯伯子男"系统，秦孝公当然不可能分封臣下为侯爵与自己平起平坐。简而言之，侯爵起初属于老的一套爵制，脱离并进入新的军功爵系统，尚需时间，至少要等秦国国君称"王"，与周天子同等身份以后。

商鞅制定了十七级爵位，秦始皇统一之后制定了完整的二十等军功爵，也即汉朝继承的我们所熟知的那一套，不过仍有一些小小区别。秦始皇时期第十九级爵位，可能还不叫"关内侯"，而称"伦侯"。秦始皇二十八年琅琊台刻石题名中有这么一句话：

> 列侯武城侯王离、列侯通武侯王贲、伦侯建成侯赵亥、伦侯昌武侯成、伦侯武信侯冯毋择、丞相隗林、丞相王绾、卿李斯、卿王戊、五大夫赵婴、五大夫杨樛从，与议于海上。（《史记·秦始皇本纪》）

从这段刻石文字来看，秦朝把侯爵列于丞相之上，体现了爵位高于官职的导向，这一导向到汉朝时便扭转了。

汉高祖刘邦在起事之后，因为打的是楚国旗号，军中自然也采用楚国的旧爵，一统之后立刻换成了秦国的二十等军功爵。秦人对爵位非常看重，除了军功，很少因其他事赐爵，而汉人则会在皇帝即位、立皇后或太子、改元、自然灾害、出现祥瑞等各种大事件里普遍赐吏民爵位，赐爵对象有时为全天下男子，有时为户主，有时为每户法定继承人。汉高祖在位期间非军功原因赐爵一次，惠帝时三次，吕后时三次，文帝时一次，景帝时八次，武帝时五次。也就是说，一名汉人假如足够长寿，又没有获罪，即使没有在战场上立功，他的爵位也会因为朝廷的赏赐而越来越高。赐爵越多，自然越轻贱，故汉朝又对爵位的获取加以限制，非官吏身份的平民，只能获得一级公士到八级公乘这些爵位，再往上则属于官吏才能拥有的高爵。当一位汉朝的平民已经到达八级公乘这一上限，再得到爵位赏赐，只能转给兄弟子侄。同时，朝廷在一些特殊情况里允许吏民通过交钱交粮来购买爵位，价格大约在每级数千到一万钱不等，这自然使得爵位越来越贬值，尤其是八级民爵，几乎毫无价值，等同于虚衔。

在二十等军功爵里，最高的两级为侯爵，即：列侯与关内侯。这两者差异其实也很大。在分封列侯时，会将一县作为其封国，原县令（长）则改称为相。这一县每户的赋税都要按比例缴纳给列侯。汉初，因为列侯都是开国功臣，大部分在朝中任官，住在长安。汉文帝即位后，鉴于诸吕之变的教训，为了避免列侯们在肘腋之下形成威胁，曾听从贾谊的劝告，下诏命令列侯纷纷"之国"。所谓"之国"，就是让他们离开长安，回到自己所封之县去居住。

> 今列侯多居长安，邑远，吏卒给输费苦，而列侯亦无由教驯其民。其令列侯之国，为吏及诏所止者，遣太子。(《史记·孝文本纪》)

从文帝的诏书来看，列侯似乎对其国内的县民还承担着教化的责任，其实这只是个漂亮话。列侯在封国内，也只是享受财政供养，社会、经济和军事权都归相掌管。同时，该封国实质上是一个县，故仍归原先上级郡领辖。比如绛侯周勃的封国绛县隶属河东郡，周勃虽是开国元老，但在被文帝赶回封国后，每次河东太守巡视到县内，他都胆战心惊怕被问罪。

汉初由于战乱，县内户民流失，故列侯虽称"万户侯"，实际封户大者不过万家，小者只有五六百户。文景时期生活安定，人口繁衍，列侯的封国内已经大可至三四万户。户数多少决定了他们可以收缴的财富数字。

而十九级爵关内侯不可有封国，甚至有些连食邑都没有，有食邑的也只是从某县划出一小部分，大约在三五百户到两千户之间。同时，关内侯尚受连坐法约束，而列侯则无须。因为有这样的区别，朱绍侯等学者倾向于把关内侯下划在官吏爵中，而刘敏等学者则站在能否食邑、能否世袭等角度，倾向于把关内侯和列侯一起归为贵族爵。

说完军功爵，下面再来说一说何为武功爵。

军功爵和武功爵有一个相同之处是相关文献和研究都非常少，大量成果都要归功于出土简帛提供的补充资料。这里面，武功爵由于存世时间更短、影响更小，记载尤其少，故直到如今仍众说纷纭，更多只是停留在猜想阶段。这里还是先把原始材料列举一下：

> 有司言："天子曰'……日者，大将军攻匈奴，斩首虏万九千级，留蹛无所食。议令民得买爵及赎禁锢免减罪'。请置赏官，命曰武功爵。级十七万，凡值三十余万金。诸买武功爵官首者试补吏，先除；千夫如五大夫；其有罪又减二等；爵得至乐卿，以显军功。"（《史记·平准书》）

《汉书》的《武帝纪》和《食货志》中也有相关记载，与《史记》相差无几。这段材料里，说清楚了一些事情，比如设置武功爵的目的，正是为了奖赏此年春天卫青率领汉军对匈奴的这场大胜。虽然将官们都已得到了封侯拜爵，但大量军士的赏赐却无法兑现，因为每场战斗要结算的，除了爵位，还有数额巨大的赏金。1981年敦煌酥油土汉代烽燧遗址出土的简文《击匈奴降者赏令》，恰好被认定为武帝初期的军事制度。其中有两条，一条的意思是能击降匈奴八千人以上者，即可封为列侯，若官位已至二千石，还可赐黄金五百斤，另一条是能击降二百户、五百骑以上者，赐爵十六级少上造，黄金五十斤，可食邑。这些简文证实了黄金和爵位都是军功奖赏之物。同时，即使达不到赐爵的条件，只要有功，也要赏赐若干钱币。然而，只经过不到二十年的连续征伐、大兴土木、开置新郡、迁徙平民，汉朝曾经"累百巨万，贯朽而不可校"的国库竟然已经拮据到无法兑现这些士兵的功劳，故不得不商议放开爵位交易，让士兵可以把爵位卖给他人来换回物质奖励。所以实际上这一策略是政府转移支付，让天下吏民一起来为这场战争买单。问题是，过去的二十等军功爵已经因种种原因泛滥而轻贱，平民即使购买也只能买至第八级公乘，自然少人问津，在这种情况下，武功爵作为一种新的爵位制度就被推了出来。

原始材料没有说清楚的是，武功爵到底有多少级，可以怎么交易，"级十七万，凡值三十余万金"更是说得云里雾里。新莽时期，赤眉军在长安附近大肆发掘西汉帝陵，在武帝的茂陵中带出一批简牍，被称为《茂陵书》，其中恰好有武功爵的等级明细，共十一级：

> 一级曰造士，二级曰闲舆卫，三级曰良士，四级曰元戎士，五级曰官首，六级曰秉铎，七级曰千夫，八级曰乐卿，九级曰执戎，十级曰政戾庶长，十一级曰军卫。

把这个分级对应到《史记》的原材料里，对武功爵的理解就又清晰了几分。"诸买武功爵官首者，试补吏，先除，千夫如五大夫；其有罪又减二等；爵得至乐卿"，意思是买新的武功爵到第五级官首开始，就可以优先当公务员，新爵第七级千夫，相当于旧爵第九级五大夫，有罪可以减轻二等，而民间交易最多只可以买到第八级乐卿。

元朔六年（公元前123年）　211

不过，这样仍然没能成功解释清楚"级十七万，凡值三十余万金"的概念，古往今来很多学者都试图算清楚这笔账，然而都不是很成功，只能停留在"三十余万金"这笔总数目上。汉时一斤黄金大约等于一万钱，三十余万金差不多是三十多个亿，这是朝廷通过新出台的武功爵转移到天下百姓身上的一笔支付订单。

晋文先生认为，"作为应急措施，武功爵实际是一种国家暂时没钱而被迫实施的临时性赏官。这种临时性赏官的最大特点，就是单纯应急，而没有长期规划。"这一概括相当精准。武功爵的弊端确实一目了然，它既无法解决财政短缺的根源问题，也没有很好地解决新旧爵制如何并行的问题。更何况，虽有新爵，能不能卖掉也是需要考虑的现实困境。假如不能，则无异于将士拼死为国战斗却只换来一张空头支票。鉴于以上原因，武功爵问世不久就被中止，只成为战争残酷的一个荒唐印证。

附录三：公孙弘与吾丘寿王辩"禁民间弓弩"

丞相公孙弘奏言："民不得挟弓弩。十贼彍弩，百吏不敢前。盗贼不辄伏辜，免脱者众，害寡而利多，此盗贼所以蕃也。禁民不得挟弓弩，则盗贼执短兵，短兵接则众者胜。以众吏捕寡贼，其势必得。盗贼有害无利，则莫犯法，刑错之道也。臣愚以为禁民毋得挟弓弩便。"上下其议。寿王对曰：

"臣闻古者作五兵，非以相害，以禁暴讨邪也。安居则以制猛兽而备非常，有事则以设守卫而施行阵。及至周室衰微，上无明王，诸侯力政，强侵弱，众暴寡，海内抗敝，巧诈并生。知者陷愚，勇者威怯，苟以得胜为务，不顾义理。故机变械饰，所以相贼害之具不可胜数。于是秦兼天下，废王道，立私议，灭《诗》《书》而首法令，去仁恩而任刑戮，堕名城，杀豪杰，销甲兵，折锋刃。其后民以耰锄、箠梃相挞击，犯法滋众，盗贼不胜，至于赭衣塞路，群盗满山，卒以乱亡。故圣王务教化而省禁防，知其不足恃也。

"今陛下昭明德，建太平，举俊材，兴学官，三公有司或由穷巷，起白屋，裂地而封，宇内日化，方外乡风，然而盗贼犹有者，郡国二千石之罪，非挟弓弩之过也。《礼》曰，男子生，桑弧蓬矢以举之，明示有事也。孔子曰：'吾何执？执射乎？'大射之礼，自天子降及庶人，三代之道也。《诗》云'大侯既抗，弓矢斯张，射夫既同，献尔发功'，言贵中也。愚闻圣王合射以明教矣，未闻弓矢之为禁也。且所为禁者，为盗贼之以攻夺也；攻夺之罪死；然而不止者，大奸之于重诛固不避也。臣恐邪人挟之而吏不能止，良民以自备而抵法禁，是擅贼威而夺民救也。窃以为无益于禁奸，而废先王之典，使学者不得习行其礼，大不便。"

书奏，上以难丞相弘。弘诎服焉。

（摘自《汉书·严朱吾丘主父徐严终王贾传》）

元狩元年

（公元前 122 年）

● 刘彻三十五岁 ●

淮南太子引发的血案

有些罪名加到身上，若只需用自己的生命去偿还，都已经算幸运，更悲惨的是还要延及子孙后代。比如汉文帝时淮南王刘长被诬谋反，不仅祸及己身，还让儿子淮南王刘安、衡山王刘赐兄弟一生都背负着反王之后的名声，战战兢兢活在朝廷的猜忌、防备、计算之中。不仅天子担心他们会因为父仇，心生怨恨图谋造反，恐怕连天下百姓也是带着这样的疑虑在看待他们，仿佛只有他们谋反才是唯一合乎情理的选择。

最近的若干年里，这两位诸侯王都因为各自太子，陷入了连续不断的麻烦。衡山王是因为和太子爽反目成仇[1]，而淮南王不同，他和太子的关系非常亲密，但这同样是一种烦恼。

淮南王太子叫作刘迁，连同他的母亲荼王后都得到淮南王的宠爱。刘迁娶修成君女儿为妃，也就是刘彻母亲王太后当初想嫁到齐王后宫那位外孙女。那桩婚事被齐太后拒绝后一年，王太后就驾崩了，故极有可能她是在临终前，想为外孙女安排好婚事。以此推断，刘迁娶妃的时间，极有可

---

[1] 详见元朔四年"混乱的衡山国"篇。

能在元朔二年至三年之间（前127年—前126年）。然而成婚不久，太子妃就"求去"，淮南王因此修了谢罪书，连人带信一起送回长安，看来刘迁和她的夫妻感情非常不合。

具体内因按照史书，是淮南王父子商量谋反，怕走漏风声，太子妃又是天子刘彻的外甥女，难免担心她告发。于是淮南王刘安暗中令太子刘迁三月不与她同房，自己则扮和事佬，假装大发雷霆把儿子、儿媳锁在屋内。然而刘迁宁死不屈，就是不碰太子妃哪怕一下，太子妃终于绝望死心，主动要求离开。

很难判断以上是不是实情，但从齐国当初拒绝这一婚事来看，似乎诸侯国并不把迎娶天子的外甥女当成一件美事。尤其是在近年燕王、齐王接连被问罪，人死国灭的背景之下，明眼人都清楚刘彻正陆续拿诸侯王开刀来维护中央之权威，谁能保证嫁外甥女不是一招打入内部、窥测情实的策略呢？

不过这件事情总算还停留在夫妻矛盾的层面，朝廷不至于为此兴师问罪，另一件事情，刘彻就没那么容易放过淮南王父子了。

两年前的元朔五年（前124年），一名淮南国的郎中灰头土脸跑到长安，向天子上书，称受到了淮南王和刘迁的政治迫害。此人并不是什么无名小卒，而是天下有名的剑客雷被，被淮南王收为门客。恰好刘迁也性喜耍剑，经过一些名师指点后，自以为剑术已经无人能及，听说父亲座下有这么一名高手，一时技痒，主动要求和雷被过过招。在刘迁的想象中，这定是一场精彩激烈、火星四溅的高手对决，然而现实场面却十分尴尬，司马迁只用九个字就描述完了决斗全过程：

被一再辞让，误中太子。（《史记·淮南衡山列传》）

"辞"字说明雷被一开始是拒绝比试的，毕竟身份不对等，身为人臣和主君太子比武，输了丢脸，赢了丢未来，实在是一件很难掌控平衡的买卖。但最终他还是拗不过刘迁，硬着头皮上阵了。"一再"和"让"字则说明甫一交手，雷被就知道太子的剑术究竟有几斤几两了。此时，这场决斗对他的考验就从赢还是输，变成了怎么让刘迁输得没那么难堪。然而即使他"一再让"，已经把临战水平贴着底线发挥了，还是高出刘迁不少，结果一个拿捏不好，就将其误伤。

可能是因为过程实在丢脸，意外发生之后，刘迁很愤怒，数次在父亲面前告状。雷被则非常惶恐，淮南王将近六十岁，刘迁继任是不久可见之事，眼见得自己失手葬送了未来，最好的办法当然是离开淮南国另谋发展。恰好，元朔年间正是刘彻打算拉开主动进攻匈奴序幕的关键时期，朝廷向天下郡国发有诏令，征召有志之士自告奋勇前往长安参军，雷被便借此机会向淮南王表示自己也有从军击胡之愿。淮南王断然拒绝，并免去了他郎中之职。此处，史书用了一句有些含混的话：

> 此时有欲从军者辄诣京师，被即愿奋击匈奴。太子迁数恶被于王，王使郎中令斥免，欲以禁后。（《史记·淮南衡山列传》）

"欲以禁后"的意思是警戒其他人不得效仿雷被的行为。但此处的行为，究竟是指雷被伤了太子，还是指雷被离开淮南国投靠朝廷，原文的表述其实并不太清楚，我倾向于后者。雷被作为赫赫有名的剑客，代表着社会的精英阶层，这一阶层的归属实际上正是中央和诸侯的核心矛盾之一。站在诸侯王的立场，招纳精英算是先秦遗风和实际需要；而对于帝国制的中央朝廷而言，忌讳地方广招门客扩充实力又是一种维护集权统治的本能反应。

雷被的上书给了刘彻治理淮南国的理由。公卿们经过商议，一致认为淮南王刘安无视天子诏令，故意阻碍愿意奋击匈奴的勇士为朝廷效力，应当处以弃市死罪。结果呈报之后，刘彻不同意，发回重议。公卿们又建议废去刘安的王号，刘彻再次表示否决。最后的意见是从淮南国里削去五县划归中央，刘彻首肯了其中的两县。

刘彻为什么选择从轻发落、额外开恩，我们不得而知。考虑到这一事件发生在卫青率领五军奇袭匈奴右贤王的同年，故有可能是他担心逼得太急，淮南王果真谋反，汉军无法南北两面同时作战。当然，也有可能是刘彻真的对这名伯父还留有一丝情分，想网开一面。

然而紧接着的第二年，即元朔六年（前123年），又一件麻烦事找上了淮南王刘安和太子刘迁。淮南王的长子因为是庶出，在家族中既无宠爱又无地位，父母不把他当儿子看待，刘迁也不敬以兄长之礼。朝廷的推恩令颁布以后，淮南王甚至根本没有打算分一块地给长子做王子侯。长子自己虽然没有说什么，而他的儿子刘建却表示了极度不满，毕竟这事关他将来可以继承的资产。于是刘建也找了熟人到长安上书，向天子告发淮南王以及刘迁对他们父子二人的不公。上书的最后还特意加了一句，称刘建知道淮南王的所有阴谋，欲知详情，可以征问刘建。

刘彻立刻下令廷尉张汤以及河南郡负责办理此案，同时丞相公孙弘作为天子辅弼，自然也参与其中。另外还有一人的加入，对审案起到了推波助澜的作用，这个人是汉初功臣审食其的孙子辟阳侯审卿。

审家和淮南王家算是有世仇。简单来说，初代淮南王刘长的母亲因事下狱死亡，刘长怪怨审食其作为吕后的亲信宠臣，没有为母亲求情，于是在文帝即位后亲自行凶将审食其杀死。因此，第二代淮南王刘安对于审卿来说，就是杀祖仇人之子。此时刘安父子陷入大案之中，正是复仇雪恨的好机会。审卿建议丞相公孙弘把此案从家庭内部的父子矛盾往谋反上引。其实不用旁人提醒，恐怕公孙弘也会这么做，毕竟他太了解刘彻的真实意图了。

在张汤、公孙弘的联手"查办"下，一个可以证明淮南王有谋反嫌疑的关键人物浮出水面，此人是淮南王刘安引为重用的第一谋士伍被。或许他知道刘安父子难逃此劫，为求自保他选择了主动投案，这当然令张汤和公孙弘喜出望外。我们现在能看到的关于谋反的细节，应该基本都来自伍

元狩元年（公元前122年） 217

被的口供。

据伍被说，淮南王早就怀有异心，尽管自己反复暗示规劝，刘安不但听不进，还将自己的父母囚禁了三个月逼迫自己就范。

伍被又称，刘安曾问自己汉朝廷现在算是政治清明，天下太平吗，自己如实回答他说，大汉从上到下君臣父子、夫妇长幼各安其分，天子的政策一切都遵循古制，社会上公序良俗秩序井然，商业发达，四夷宾服，虽然和圣王时代还有小小差距，已经足称太平盛世了，这番话又引起了刘安的震怒。

伍被又称，刘安曾问大将军卫青的为人，自己恰好有个友人跟随大将军出征过匈奴，说大将军对人有礼有恩，士兵都愿意为他拼命，他率领的骑兵训练有素，上下山如履平地，锐不可当，即便是古代名将也不过如此，若是一定要举事，除非先刺杀大将军才有胜算。

伍被还称，自己曾引七国之乱的教训劝谏，说明诸侯国不能抵抗大汉之威，行叛逆之事，然而淮南王刘安始终心存侥幸，认为可以发兵一搏。

有了伍被的证词，朝廷立刻下令逮捕了太子刘迁和荼王后，包围了淮南王宫，并大肆搜查，寻找出了一些可以佐证谋反的物品。淮南王刘安因此刎颈自杀，与此事有任何牵连者全部被族灭。

衡山王刘赐就受到了牵连，作为淮南王的弟弟，本就是此案的重要嫌疑对象。他本想废了自己的太子爽，改立幼子刘孝，刘孝见情况不妙却学起了伍被自保，主动向朝廷招供了父亲也有谋反大计。衡山王同样选择了自杀，太子爽、刘孝、徐王后等相关联者皆被处死。

另一位被牵连处死之人为庄助，他曾在建元六年（前135年）闽越和南越的纠纷平息后，代表刘彻谕意南越国和淮南王刘安。那一次之后，淮南王努力和这名天子身边的红人打好关系，平时少不了有些馈赠。张汤以庄助身为腹心内臣，与诸侯王暗中勾结为罪名，建议刘彻将其治罪杀死，以杜绝朝中大臣与外间沟通的苗头。

至于主动自首，转为污点证人的伍被本人，也没有逃过一死。从他的供词里可以看出,他已经有意把汉朝君臣上下夸赞得无比清明,刘彻也几乎因为这个原因就打算放过他了。张汤则表示伍被虽然有自首情节,但作为淮南王谋反的第一谋士,绝对罪不可赦。伍被最终成为警示天下人的一个祭品。

淮南王和衡山王两案,累计被朝廷治死罪者多达数万人,堪称刘彻执政前期第一大案。那么回过头来看,这桩案件里的核心争论问题就在于:淮南王刘安是不是真的有谋反之意,伍被的供词究竟有几分属于真实呢?

如果论意图,这是个永远都不可能得到答案的难题。即使口供不是伍被而是刘安本人交代的,谁能保证不是逼供屈服的呢?在这种情况下,我们只能"论迹不论心",来看看有哪些谋反的证据可能存在疑点。

按照《史记》的记述,淮南王一早就有不臣之心。有多早呢?还在建元二年(前139年),即刘彻执政的第二年,刘安就在入朝时和时为太尉的田蚡秘密建立关系。田蚡私下对刘安表示:"皇帝没有太子,大王您是高皇帝的亲孙,天下无人不知您的仁义,有朝一日皇帝晏驾西归,除了您谁还有资格继位呢?"听到此话之后,刘安就起了谋逆之意。

> 及建元二年,淮南王入朝。素善武安侯,武安侯时为太尉,乃逆王霸上,与王语曰:"方今上无太子,大王亲高皇帝孙,行仁义,天下莫不闻。即宫车一日晏驾,非大王当谁立者!"淮南王大喜,厚遗武安侯金财物。阴结宾客,拊循百姓,为畔逆事。(《史记·淮南衡山列传》)

这段情节从逻辑上来看,完全不符合情理。建元二年(前139年),刘彻年方十八,刘安已经四十出头,哪有理所当然觉得刘彻会死在刘安前头的道理?即使少年天子突然病故,膝下无子继承,当时文帝和窦太后的孙辈、景帝的子辈里,仍有江都王刘非、中山王刘胜、河间王刘德等十几人在,哪里轮得到旁支的淮南王?更何况,田蚡是什么人?作为外戚,他和姐姐王太后的荣华富贵全凭刘彻能当天子，哪有外甥皇帝做得好端端，舅舅却急着要把皇位和自己未来拱手他人的？退一万步说，就算田蚡所言是真，按照他的建议，刘安回去之后也只需耐心等候刘彻突然死亡即可，这和"阴结宾客，拊循百姓，为畔逆事"之间又有什么必然的逻辑关系呢？无论怎么看，这一桩事情都荒唐得像是凭空捏造。司马迁为什么会把这样一条荒诞不经的证据列在最前，很多学者以为这正是太史公的曲笔，目的在于暗示淮南王事件是一件疑点重重的冤案。

除了此一处，《史记》其他地方也屡屡提到刘安有谋反之意。

比如建元六年（前135年），天文异象蚩尤旗出现。《史记》称刘安认为天下将大乱，于是"谋反滋甚"。

元朔五年（前124年），刘安因雷被告发被削两县，觉得非常耻辱，"为反谋益甚"。

元朔六年，刘安被刘建告发，"恐国阴事且觉，欲发"。

这些描写越多，却越令人生疑，何以前后十几年，一个早有谋反之心的诸侯王却迟迟没有任何动作，甚至在最后几年里连连遭人告发的情形之下，仍然光说不练，不见任何调兵遣将的踪迹，最后竟丝毫不做抵抗自杀身死？且建元六年，在刘彻初次大发兵征伐闽越时，刘安还曾特意写有一封长书劝谏用兵，假如此时他果真有反意，岂不是应该坐视朝廷与闽越相斗，自己方便收渔翁之利？

由于存在诸多说不清辨不明的疑点，古往今来相当一部分学者都认为淮南王之死存在莫大冤情。比如晚清人吴汝纶总结了一条历史规律：史书里凡是没有谋反实迹，就被提前发觉意图先行治罪的历史事件，一般都是栽赃陷害，比如吕后杀韩信。

> 吾考之史，淮南之反，则审卿公孙宏[1]构之，而张汤寻端治之，

---

[1] 吴汝纶系晚清时人，此处避清乾隆帝弘历讳，改"弘"为"宏"。

盖冤狱也。凡史所称谋反反形未著，而先事发觉受诛者，大率皆类此。（龚莉媛《刘安研究》引吴汝纶语）

但话又说回来了，就算朝廷找不到谋反之迹，仅凭谋反之心就不能治刘安之罪了吗？现代人学过逻辑当然知道，一个人是没有办法证明自己"没有……之心"的，故不能仅凭怀疑某人有某某企图就定罪。然而放在刘彻时代，倒还真的可以。这就再次显出我们前面所说过的"春秋决狱"的厉害了。

《春秋》对鲁庄公三十二年有一条简要的记载：

秋七月癸巳，公子牙卒。

问题是，公子牙实际上是被弟弟季友毒死的，《春秋》为什么不明写出这个事实呢？公羊派对此的解释是，公子牙有弑君的念头，于是季友提前下手将其鸩杀，所以季友的行为显然是一个正义的举动，然而毕竟是弟弟杀害哥哥，不懂事的人难免会指责他，《春秋》因此才隐晦地交代了公子牙之死，而不提季友之名。这个逻辑之所以成立，完全建立在"一个人假若有弑君念头，那么杀死他就是正义行为"这样一个基础之上。公羊派从此归纳出了一个非常重要的价值观：

君亲无将，将而诛焉。（《公羊传》）

这句话的意思是，对君主或者父亲，哪怕只是产生了叛逆的念头，没有付诸行动，也应该判决死罪。

是不是非常苛刻？对一些人权利的苛刻，往往意味着对另一些人权力的放任。"君亲无将"这样的判罪原则，君主和酷吏拿在手里自然无往不利。

如前所说，公羊派是刘彻钦定，董仲舒、公孙弘都是这一派的弟子，而张汤又投刘彻所好，喜欢用经术来缘饰行政。假如拿着"君亲无将"这一条原则去决淮南王案，真是恰到好处，毕竟无论谁都没有办法确切证明没有产生过谋反之心。这一桩大案，由公孙弘和张汤牵头，而最后受命前往淮南国执行者，正是董仲舒的弟子吕步舒。

> 上思仲舒前言，使仲舒弟子吕步舒持斧钺治淮南狱，以《春秋》谊颛[1]断于外，不请。既还奏事，上皆是之。(《汉书·五行志》)

故淮南王有没有谋反之迹，有没有谋反之心，其实都无关紧要，重要的是刘彻需要他死。为了巩固中央政权，死在刘彻手中的诸侯王不在少数，而淮南王刘安案情最重、罪名最大、牵涉最广，这并非偶然。父亲之死是刘安身上卸不掉的阴影，而其广招门客的行为又尤其招统治者忌讳，《汉书》还称其"不喜弋猎狗马驰骋，亦欲行阴德拊循百姓，流名誉"，这种广行仁义的名声也是刘彻心头的一根刺，种种因素积压在一起，使得他成为所有诸侯王当中的矛头和典型，其悲剧命运早已注定，不得不死。马庆洲先生总结刘安之死的意义说：

> 如果他被铲除，那么也就意味着自汉代初年以来的诸侯国，作为一种独立的力量将不复存在。(马庆洲《淮南子考论》)

然而，刘安的故事并没有因死亡而中止。东汉初年人王充在《论衡》中驳斥了一个流传的神话，神话的内容是说淮南王和门客当中的有道之士一起修炼，终于得道成仙，阖家人连鸡犬禽兽都跟着他一起升上了九天。这便是成语"鸡犬升天"的典故，说明早在王充之前，民间就已经流传着

---

[1] 颛通专。

淮南王未死登仙的故事。之所以这样的故事产生在淮南王刘安身上，而非其他自杀的诸侯王，可能一是民间为其鸣冤不平，二是其著作《淮南子》在道术流派中的影响。一个更有意思的对比是，刘彻后半生极力追求成仙，然而百姓却自发地把成仙的传说送给了被他治死的"反臣"，也算是无意之中的一个小小讽刺。

淮南王、衡山王案结束在此年的十一月，紧跟着，四月，刘彻向天下诏告，立七岁的皇子刘据为太子，遍行赏赐。或许刘彻认为，国内政局此时终于算彻底安定了，他为太子亲手奠定了一个牢固的基础。这是两家死亡换来的一家稳定。

元狩二年

（公元前 121 年）

● 刘彻三十六岁 ●

霍去病两征河西

国内局势的稳定，给刘彻创造了进击匈奴的良好条件。这年春夏两季，冠军侯霍去病在刘彻授意下，连续两次西征。前面若干年里，匈奴右贤王势力遭卫青几轮进攻，受到沉重打击。刘彻此番继续对这一面强攻不已，显然目的是要清除河西走廊一带匈奴右方的残余势力，彻底断其"右臂"。

要详说这两次战役，同样碰到了史料细节不多的难题。最详细的相关记载就是《史记》和《汉书》中刘彻的诏书，我们先来看春季第一次西征的诏书。

上曰："票骑将军率戎士逾乌盭，讨遨濮，涉狐奴，历五王国，辎重人众摄詟者弗取，几获单于子。转战六日，过焉支山千有余里，合短兵，鏖皋兰下，杀折兰王，斩卢侯王，锐悍者诛，全甲获丑，执浑邪王子及相国、都尉，捷首虏八千九百六十级，收休屠祭天金人，师率减什七，益封去病二千二百户。"（《汉书·卫青霍去病传》）

这封诏书尽管作了最详尽的描述，仍然没能完全交代清楚霍去病暮春第一次西征的具体线路。由于古今名称殊异，诏书中涉及的专有名词已经很需要好好考辨一番。通常认为，霍去病率领将士们从陇西郡出发，先是翻越了"乌盩"这座山；紧接着攻打了"遬濮"部落，"遬濮"也叫作"须卜"，是匈奴的一支贵种，经常与单于联姻；再然后涉过"狐奴"之水；中间穿越了五个匈奴部落，差点俘虏了单于的儿子。如前所说，单于的太子一般任左贤王，故在右方的应是其他子女。霍去病六天之内，且战且行，一路向西，翻越焉支山千余里之后，又在皋兰山下遭遇匈奴大众，进行了一场激烈鏖战。

这里提到的两座山名，焉支山没有疑义，在今甘肃省张掖市山丹县、金昌市永昌县之间，皋兰山却引发了争论。一种观点认为此皋兰山是今兰州市内的同名山峰，但兰州所在位置与霍去病西征进军方向相反，这与"过焉支山千有余里，合短兵，鏖皋兰下"的描述有悖。支持此一观点的学者因此认为霍去病是在出师获胜，回程途中行军到兰州时遭到了匈奴的反攻堵截。不过考诸《史记·匈奴列传》对同一件事的描述："其明年春，汉使骠骑将军去病将万骑出陇西，过焉支山千余里，击匈奴，得胡首虏万八千余级"，显然所说的都是进军状态而非返程。

既然仍在进军，说明此皋兰山应该还在焉支山以西的方向，故另一种观点认为此山为今甘肃省张掖市高台县等地北部的合黎山（如图），"皋兰""合黎"可能是音近转化的叫法。

> 而去病鏖战之皋兰，去焉支山千余里，当今甘州之合黎山。（陶保廉《辛卯侍行记》）

《汉书》里这一封诏书，还有两个细节和《史记》有出入。第一个细节是捕获和斩首的敌人数量，《汉书·卫青霍去病传》和《史记·卫将军骠骑列传》都称是八千九百六十级，而《史记·匈奴列传》则称是一万八千余级，未知孰是。第二个细节是《汉书》诏书里独有"师率减什七"这几个

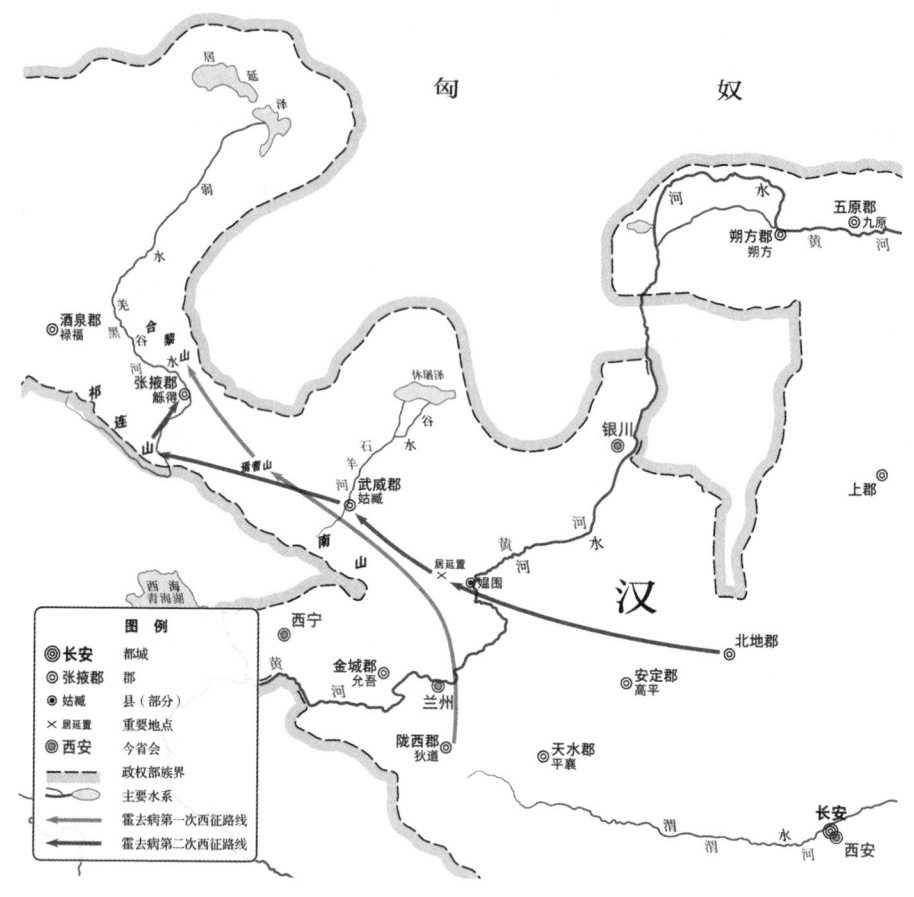

元狩二年（公元前121年），霍去病两征河西示意图

字，意思是霍去病所率领的一万骑兵，在鏖战中也损失了百分之七十，照此说法汉匈双方可谓两败俱伤。不过这几个字并不见于《史记》，从这一战的其他结果"杀折兰王，斩卢侯王"，"执浑邪王子及相国、都尉……收休屠祭天金人"来看，应该是一场酣畅淋漓的大胜，"师率减什七"很有可能是后人整理誊抄时误加进去的一段衍文。更何况按照汉法，丧师过半，霍去病很难得到益封二千二百户的赏赐。诏书累计提到了遬濮、折兰、卢侯、浑邪、休屠五个族名，或许就是诏文中"五王国"所指。

226　有为：汉武帝的五十四年

总的来说，此年春季霍去病领一万轻骑，凭借其最擅长的闪电战战术，六日之内转战千余里，深入河西走廊东部和中部，击溃了匈奴右方的五个大小部落，全胜而归。

由于第一仗胜得轻松漂亮，第二次出征很快就在夏天紧随而来。略微不同的是，这次由霍去病和公孙敖各领一军，从北地郡分兵而进，具体细节同样见诏书：

> 天子曰："骠骑将军逾居延，遂过小月氏，攻祁连山，得酋涂王，以众降者二千五百人，斩首虏三万二百级，获五王，五王母，单于阏氏、王子五十九人，相国、将军、当户、都尉六十三人，师大率减什三，益封去病五千户……"（《史记·卫将军骠骑列传》）

《汉书·卫青霍去病传》对出征过程略有补充：

> 上曰："票骑将军涉钧耆，济居延，遂臻小月氏，攻祁连山，扬武乎鱳得，得单桓、酋涂王，及相国、都尉以众降下者二千五百人，可谓能舍服知成而止矣……

第二次出征的描述，比第一次还要简略，而关于第二次出征路线的争论，甚至比第一次更大，主要矛盾焦点集中在"居延"和"祁连山"两个地名。在数十年前，学者所知的"居延"，指向大概只有一个，即今内蒙古自治区阿拉善盟额济纳旗北部的湖泊居延泽（今称居延海），它的位置在张掖郡治往北将近七八百里（同见上图）。而"祁连"是匈奴人对"天"的叫法，故此处的"祁连山"一度被认为有可能是位于新疆的天山。不管霍去病从北地郡选择哪条路线，经居延泽，再到最近的天山东脉，所履路程已经远远超过行军打仗和后勤补给的合理性，故天山的可能最先被排除。诏书里提到的"祁连山"，应该是指张掖郡南部的山脉，它和北部的合黎山南北相对，把河西走廊紧紧夹在中间。然而，即便确定了祁连山的位置，从汉朝北地郡，先行进至居延泽，再往南直插祁连山，仍然是一条很诡异的路线，因为北地和居延泽中间，还隔着乌兰布和、巴丹吉林两片大沙漠。霍去病没有理由在炎炎夏日，放弃春天已经走过的河西走廊东部路线，转而冒险穿越缺水乏食的沙漠绝境。故诏文里所提到的"居延"，有没有可能并非居延泽，而是另有所指呢？

这个问题通过考古，得到圆满解决。20世纪出土的居延汉简、悬泉汉简里，都发现了大量"里程简"。里程简的简文记录了汉朝交通驿站和驿站之间路程长短等珍贵资料。从这些资料中，我们大致可以整理出一条从长安通往河西走廊最西端敦煌郡的汉时故道，共分六段。

第一段，京畿段（当时属右扶风）："长安至茂陵七十里，茂陵至茯置卅五里，茯置至好止（畤）七十五里，好止至义置七十五里。"这一段五个站点，全程二百五十五汉里，当时一汉里约等于今天的四百一十五点八米，合今一百零六公里。从长安出发，经今兴平县境之茂陵、过乾县、永寿、彬县进入泾水流域，而后经长武进入今甘肃东部的平凉和宁夏南部的固原。

第二段，安定段："月氏至乌氏五十里，乌氏至泾阳五十里，泾阳至平林置六十里，平林置至高平八十里。"这一段亦五个站点，二百四十汉里，近一百公里。高平是汉代安定郡首县，遗址在今固原市原州区。这一段路线是从平凉东部往西北到固原。

第三段，武威段："媪围至居延置九十里，居延置至里九十里，里至揟次九十里，揟次至小张掖六十里，小张掖去姑臧六十七里，姑臧去显美七十五里。"媪围、居延置、里、揟次、小张掖（武威郡之张掖县）、姑臧、显美七个站点，四百七十二汉里，一百九十六公里。这是横贯武威郡的路线。

第四段，张掖段："删丹至日勒八十七里，日勒至钧耆置五十里，钧耆置至屋兰五十里，屋兰至氏池五十里，氏池去觻得五十四里，觻得去昭武六十二里府下，昭武去祁连置六十一里，祁连置去表是七十里。"这一段有九个站点，四百八十四汉里，二百公里。是横贯张掖境内的东西大道。

第五段，酒泉段："玉门去沙头九十九里，沙头去干齐八十五里，干齐去渊泉五十八里。右酒泉郡县置十一,六百九十四里。"简文中"右酒泉郡县置十一,六百九十四里"，可知横跨酒泉停靠站点有十一个，全程六百九十四汉里，合今二百八十八公里，每个站点相距二十八点八公里。

第六段就到了敦煌，简文记载就更清楚了。当时的敦煌郡东西约三百公里，有"厩置九所，传马员三百六十匹"（张德芳《悬泉汉简整理研究的若干问题》）。

这段文字中提及很多茯置、平林置、居延置、钧耆置、祁连置之类名称，"置"就是驿站。特别是第三段路程里，我们发现有个中转站叫"居延置"，根据它连接的几处地名和距离，大概可以知道在今甘肃省白银市景泰县附近，地处河西走廊的东部。而这些驿站的名称，往往根据周边比较有标志性的山水命名，《汉书》用的说法既然是"济居延"，故大致可以推知"居延置"邻近应有一条汉朝时称为"居延水"的河流。霍去病西征祁连山的路途中，越过这一位置的居延水，相比绕道沙漠涉过北方的居延泽可能性要大得多。因此，霍去病二次进军仍是沿着和春季大致相同的路线往河西走廊深入，直到祁连山再转头北上，"扬武乎鱳得"。鱳得这个地名在上面所引第四段路程里也有提及，位置在今张掖市甘州区。

公孙敖率领的另一军不知走了哪条路，耽误了日子，没有及时和霍去病会和。面对这一不利因素，霍去病没有畏惧也没有迟延，选择了孤军勇战。而这一次的战果比春季更卓著，累计斩首和捕获匈奴各部落人众三万多，俘虏了大小头领、贵族、官员超百人。只不过公孙敖的没有及时接应还是造成了一些不利影响，此战汉军损失了近三成兵力。

春夏两季连续两次对河西走廊的征服，对匈奴右方势力无疑是再一次毁灭性打击。侥幸在霍去病手下逃生的浑邪王、休屠王既失去了安全的游牧地，又担心受到单于的责罚，不得不商量着向汉朝称臣投顺。其间休屠

元狩二年（公元前 121 年） 229

王犹豫反悔，浑邪王干脆将其杀死，吞并其众，独自遣使者投降。

刘彻闻听，大喜过望，毕竟这意味着匈奴右臂的彻底断除，汉朝西境从此可以暂时解除敌情，绝对称得上有汉以来一件至大功绩。于是刘彻授命霍去病亲自前去迎降，或许是觉得这名少年将军挟两战威名，最能震慑降众。

霍去病领军渡河，浑邪王率领人众四万，号称十万，与他直面相对。忽然，匈奴阵中发生了一些骚乱。看到过去曾拼命厮杀的对手站在面前，有一些匈奴将士由衷觉得屈辱，情绪非常激动，表示坚决不降。见情形有异，霍去病立刻领骑兵突入浑邪王阵中，令其一起当场斩杀八千多名不愿投降者示众，其他人才慑服安静下来，最终完成了受降仪式。刘彻将匈奴降众分为五属国，全部安置在河南地。所谓"属国"，颜师古的解释是"存其国号而属汉朝，故曰属国"，即仍然保留了匈奴原来的部落形式。

而浑邪王和休屠王原来的栖息地，即霍去病这两次西征的主战场，大约在河西走廊的中部和东部，这一带原来就是大月氏人的故地。浑邪王投降并带领族人内迁后，刘彻将此地新设武威、酒泉两郡，为将来出使西域开辟了一条较为安全的通道。另外，由于匈奴右方敌情的极大缓解，原先汉朝西部边境的陇西、北地、上郡三郡从此撤去一半戍卒，民力得以稍宽。匈奴人对放弃河西走廊这一肥沃的游牧地、妇女胭脂原料的产出地始终非常惋惜，在他们之间流传着一首悲歌：

亡我祁连山，
使我六畜不蕃息；
失我焉支山，
使我妇女无颜色。

浑邪王的归顺，无论规模还是意义，都大过之前任何一次匈奴人投降。为了隆重其事、夸耀武功，刘彻除常规的金银赏赐之外，还准备了两万辆马车前去迎接他们。由于事急，长安县一时之间既无法调度足够的马匹，又没有足够的财政进行购买，只能临时向民间赊欠征集。百姓拿不到实际好处，多有将私马藏匿不报者，以致任务久久不能完成。刘彻因此大怒，欲斩首怠慢了盛事的长安县令。汲黯此时正担任右内史，长安县正在其管辖之内，他借机进谏道："这不是县令的罪过，而是为臣的责任，陛下只有把我杀了，百姓才会愿意交纳马匹。更何况，只不过是一批背主归顺的降人，叫沿路的郡县依次慢慢传送即可，何必大张其事，搞得天下骚动，疲敝中国人去侍奉这些夷狄之辈？"刘彻听完默默不语，这件事最终有没有作罢则不得而知。

匈奴人对于中原的物资，一向十分倾慕和依赖，浑邪王等一众来到内地后，不少商贾纷纷抓住良机与他们展开货物交易，却被法吏以"走私财物出边关"为由，判了五百多商贾死罪。事实上，与已经归顺的胡人贸易，还能不能沿用过去的法律条文，的确值得商榷。汲黯为了这件事再次进谏，认为刘彻对投降的匈奴太客气，而对本国的子民却太过严苛，是所谓"庇其叶而伤其枝者"，极不可取。刘彻的反应是，很久没听到汲黯的声音了，今天一听怎么还是些胡话。五百名商人的性命有没有挽回，同样史文无载，不得而知。

这次归顺对于未来的汉朝还有另一个遥远的影响，休屠王反悔投降被浑邪王杀死后，其太子也被俘虏，献给汉朝作为官奴，名为日䃅。此人相貌堂堂，身高八尺二寸，相当于今尺的一米九左右。因为霍去病西征获得了休屠王祭天金人，刘彻因此赐这名休屠王太子金姓。金日䃅将在刘彻晚年冒头，成为政权交接时的重要人物。

李广右北平之战

霍去病夏季第二次出征的同时，时任郎中令的李广、卫尉张骞受命，从右北平郡进军，征讨匈奴左方。多年来西线战事的顺利，让刘彻看到了先断单于左右两臂战略的可行性，故在霍去病第一次出征获胜后，适时发动了东线攻势。

然而这一条战线没有想象得那么容易。匈奴以左为尊，以太子为左贤王，左方实力本就比右方强劲。从汉军的兵力配置来看，李广领有四千骑，而张骞率有一万骑，两人分道而行。

在深入匈奴左方数百里之后，李广军突然遭遇左贤王本部。敌军足足有十倍之多、四万余骑，出其不意地迅速形成包围圈，将李广的四千人马围得水泄不通。

面对如此悬殊的兵力对比，又陷入被困的绝境，即便是再有经验的战士也难免心生恐惧，汉军阵中一时惶惶不安。这时便显出指挥官的重要性了。为镇定军心，李广令儿子李敢亲率数十名勇骑突然发起小规模冲锋，趁匈奴不备一下子将包围圈冲出缺口，驰出圈外，紧接着再次折返撞进圈内，并大声向李广汇报："胡虏容易对付得很！"这一招实际上是以自己的儿子作为敢死队员，冒死为其他士兵作示范，来稳定军心。从这一策略也可见李广平日的治军风格，既作风大胆，又身先士卒。李敢这一来回，还真让大家的情绪安定了不少。

军心稳定下来，才可以继续指挥调度。李广迅速布置全军围成圆阵，以盾牌外向防御，一边对敌一边等待博望侯张骞接应。不久之后，匈奴开始先以弓矢发起射击，汉军也做出同样回应。一时之间，两边万箭齐发，矢下如雨。毕竟匈奴人数占尽优势，汉军阵亡者很快超过了一半，弓矢也快用完。为保存实力，李广令士兵把弓箭持满，待命不发，他亲自用射程更远、力道更劲的大黄弩瞄准，连连射杀数名匈奴将领，引发了匈奴一阵骚乱。加上天色慢慢变暗，汉军总算抵挡住了第一波进攻。

夜月黄沙，孤军重围，死伤惨重的将士们面无人色，勉强壮胆等待命运未卜的明天。而在这一夜，李广看上去仍然意气自如，治军之制一如往常。我们没法知道他这种从容不迫是真实的，还是硬撑的，但至少在这一刻是必须的。作为指挥官，他的镇定几乎就等同于绝境中的生存之光。

第二日的太阳和死亡威胁一同升起，匈奴毫不留情发动了新一轮攻势。汉军虽知不敌，仍然坚持着力战，没有表现出任何放弃或投降的念头。这样的坚持可能徒劳，却并不无谓。鲜有人喜欢战争，但既然走上战场，就有值得为之伸张不屈的气节。汉军将士又死伤了过半，不过竭尽全力杀死的敌人更多。就在绝望之幕全部合上的最后一刻，张骞的一万军队终于赶来。匈奴不知后面还有多少救援，谨慎起见，立刻拔营而去。汉军也筋疲力尽，没能远追。凶险万分的右北平之战至此画上惨烈句号。

　　这一次东线出征，让张骞独领一军，可能是觉得他在匈奴日久，熟悉地理环境，可以很好地配合李广作战。这也正是刘彻封其"博望侯"所望。然而事有凑巧的是，恰恰是他的失期，导致了李广军伤亡惨重，几乎全军覆没。失期的原因，多半认为是迷路导致。所有将领中，张骞应该被认为是最不可能迷路之人。实际上，他当初羁留匈奴时，一直居住在西方，即使有机会了解匈奴东方地形，跟实际行军的体会还是有很大不同。联系到此年西线配合霍去病作战的公孙敖也同样因迷路失期，充分说明了汉人当时对匈奴的不熟悉，以及匈奴国内地理状况的复杂性。后人多有觉得"迷路"是低级失误而耻笑当时汉将的，如若考虑到汉初七十多年几乎从未长途跋涉主动远攻北方的现实，以及那么多迷路失期的事例，就应对此抱有更宽容的理解。

　　不过理解是后人之事，按照当时的汉法，军事误期就是死罪，幸而可以通过缴纳钱币赎为庶人。张骞因此失去了辛苦多年获得的侯爵，不知这是不是促成他极力赞成二次出使西域的动力。

　　而李广则因为"军功自如"，意思是杀敌的功劳和己方伤亡数相当，功过互抵，没有得到任何赏赐。很难判定这样的结果究竟公不公平。如果非要站在个人的角度作一评价，我觉得似乎严苛了一些，毕竟是以陷入包围的四千孤军对抗敌人四万主力，且又偏巧援军误期，不能和旗鼓相当的情况同等判罚。然而军法就是这么冷酷严格，李广只能接受再一次无功无赏的结局。与之相对比的是，这一年，八十岁的丞相公孙弘去世了，接替相位的是李广的族弟李蔡。李蔡和兄长一样，都是从文帝到刘彻的三朝老臣。他的声名远在李广之下，为人甚至被司马迁列为下中。然而三年前，他就和一众将官跟随卫青奇袭右贤王，已经全部因功封为列侯，此年又荣为宰执，甚至李广曾经的下属军吏都有些获得了侯爵，李广本人却从来没有封侯，官不过九卿。想起数十年前文帝那句"万户侯岂足道哉"，时间久远得让这句话变了味，听起来已经不再像是赞许，倒浑似一句讽刺。

李广有时也想不通为何命运如此戏弄他，有一次他忍不住问著名的望气者王朔："自从汉朝与匈奴开战以来，我几乎无不参与其中，作战从来不甘心落人之后，然而诸校尉才能不及我者都已封侯数十人，我却没有尺寸之功取侯爵、得食邑，是何道理？您帮我相相面，难道真是我的命有问题吗？"王朔反问他："李将军您自己回忆一下，平生有没有什么觉得悔恨遗憾之事呢？"李广如实回答："我在陇西郡当太守时，治下羌人曾经反叛。为平定叛乱，我诱降了八百人之后又同一天杀掉了他们。想来想去只有这件事情我懊悔不已。"王朔顺势答道："杀死已降之人，历来是最不祥之祸，这正是将军不得封侯的原因。"望气者之言当然是无稽之谈，这段对话反映的是，当人极度失意绝望又找不到能信服的理由时，往往会不自觉求助于玄学。

而李广的悲剧到此尚没有结束，两年之后还有更绝望的一场战事在等着他。

元狩三年

(公元前 120 年)

• 刘彻三十七岁 •

元狩年间史事纪年考

汉武帝刘彻在位五十四年,《史记》中记载的许多相关史事纪年都有些模糊。这不能怪太史公马迁不仔细,而是因为当时的纪年就是容易搞混。至少本章前面的二十多年里,年号制度还未诞生,所谓的建元、元光、元朔、元狩年号,都是后来追改。甚至,是不是从起初就坚持每六年一改元,也大有可疑。也就是说,司马迁手中的官方原始材料,很多都使用旧的纪年,但是当他后期创作时,脑海里却存在新旧两套纪年系统,互相换算相当麻烦。《史记》行文,诸多事件之间,用很多"明年""后两年""其后三年"连接,而并不直接说清具体发生在哪一年。

所以后来学者如司马光、王益之等在编撰编年体史书时,虽致力辨明史事具体发生年份,却遇到了极大困难,有些实在无法解决的疑问只好含混带过。《汉书》本来应该是极好的对照参考版本,班固也的确解决了一些武帝大事的纪年问题,但他在元狩年间(前 122 年—前 117 年)一件史事的处理上,给后人制造了新的问题和更大的混乱。

班固没有处理好的史事是"获麟"事件,即刘彻亲自到雍地郊祀祭天的时候,捕获了一头神兽"麒麟"。这件事情发生在何时,按照《史记·封禅书》的描述，是在元狩四年（前119年），而《汉书·武帝纪》却兀然提前到了元狩元年（前122年）。

班固没有交代这么做的原因，但是我们可以尝试揣摩一下他的理由。《史记·封禅书》里有这么一段话：

> 其后三年，有司言元宜以天瑞命，不宜以一二数。一元以"建"，二元以长星曰"光"，三元以郊得一角兽曰"狩"云。

这段话的意思是，某件事发生后三年，有关部门提了一个建议，认为纪年不应只用"一元""二元"这样的数字来记录，既然正值圣王盛世，上天降下那么多祥瑞，就应该用祥瑞来纪年。所以，之前的"一元"应该以圣人即位命名，称"建元"；"二元"应该以天现长星命名，称"元光"；"三元"应该以捕得瑞兽命名，称"元狩"。

这简短的一段话里包含的信息量超乎寻常。首先，我们可以知道这是年号纪年的创始，而在这条建议提出之前，刘彻还在使用和祖辈文帝、景帝一样的纯数字纪年方式。其次，我们还知道，年号纪年的诞生并不是为了图方便，只是纪录祥瑞、粉饰盛世的一种政治策略。最后，首次追改过去纪年时，只出现了"建元""元光""元狩"，却没有"元朔"，说明后来可能还存在二次追改，司马迁和当时人脑海里的纪年系统甚至可能超过两套。[1]

班固时代，年号纪年制度已经非常成熟了，往往改元的首年，年号早已商议确定并同步颁布。或许出于这一惯性思维，他认为"元狩"年号，必然是在元狩元年因为捕获神兽而同时确定和颁布的，所以才把"获麟"事件提到此年。班固这一轻率的操作，竖了一个错误的时间参照点，带偏了许多后来研究者。从这个时间点出发，其他事件怎么看怎么矛盾，简直

---

[1] 严耕望先生等也认为首次追改没有"元朔"，且"元朔"并非祥瑞，与有司建议不符，故有可能是二次追改。辛德勇先生认为缺少"元朔"是传抄时遗漏。

无所适从。其实，《史记》里虽然未标明具体年份，但每件史事的先后顺序是非常明白的。我们对元狩年间重要史事纪年的考察也正是基于这种顺序才得以进行。

我们考察的第一处信息为《史记·平准书》中元狩年间史事。

> 明年，大将军将六将军仍再出击胡……请置赏官，命曰武功爵……其明年，淮南、衡山、江都王谋反迹见……其明年，骠骑仍再出击胡，获首四万。其秋，浑邪王率数万之众来降……初，先是往十余岁河决观……其明年，山东被水灾，民多饥乏……徙贫民于关以西……以白鹿皮方尺，缘以藻缋，为皮币……其明年，大将军、骠骑大出击胡。（《史记·平准书》）

这里面，有着非常清晰的时间逻辑，且一些重大事件的年份是确定无疑的。比如骠骑将军霍去病西征导致浑邪王来降，时间为元狩二年，最后卫青、霍去病大出击，则在元狩四年，那么，夹在其中间的造白鹿皮币，可十分确定为元狩三年。

元朔五年（前 124 年）	卫青击右贤王
元朔六年（前 123 年）	卫青击胡，置武功爵
元狩元年（前 122 年）	淮南王因谋反被诛
元狩二年（前 121 年）	霍去病西征，浑邪王来降
元狩三年（前 120 年）	造白鹿皮币
元狩四年（前 119 年）	卫、霍大出击与匈奴决战

在确定了白鹿皮币这一重要节点之后，我们再来看《史记·封禅书》里的相关事件。

其后，天子苑有白鹿，以其皮为币，以发瑞应，造白金焉。<u>其明年</u>，郊雍，获一角兽……<u>其明年</u>，齐人少翁以鬼神方见上……<u>居岁余</u>，其方益衰，神不至。乃为帛书以饭牛……果是伪书，于是诛文成将军，隐之……<u>文成死明年</u>，天子病鼎湖甚……幸甘泉，病良已。大赦……<u>其后三年</u>，有司言元宜以天瑞命……<u>其明年冬</u>，天子郊雍……<u>是岁</u>，天子始巡郡县……<u>其春</u>，乐成侯上书言栾大……其（栾大）以二千户封地士将军大为乐通侯……（《史记·封禅书》）

由于白鹿皮币已确定为元狩三年，那么"其明年"发生的"获麟"事件，毫无疑问应当是在元狩四年，齐人少翁的得宠应在元狩五年。然后我们跳至最后一条信息，栾大进见并封侯的时间，在《建元以来侯者年表》中也有对应确定时间，是在元鼎四年，并且封侯的诏书中有刘彻"临天下二十八年"这样的佐证，同样毫无疑问。这样确定了前后两个时间点，我们就可以再夹推中间的事件。比如栾大封侯是在"有司言元宜以天瑞命"的明年，那有司建言应该发生在元鼎三年。再倒推三年的元鼎元年，刘彻在鼎湖生了一场大病。再前一年的元狩六年，齐人少翁诛。少翁得宠与诛死的时间间隔也符合"居岁余"的描述。

元狩三年（前120年）	造白鹿皮币
元狩四年（前119年）	郊雍得神兽"麒麟"
元狩五年（前118年）	齐人少翁进见
元狩六年（前117年）	少翁诛
元鼎元年（前116年）	天子病鼎湖
元鼎三年（前114年）	有司言元宜以天瑞命
元鼎四年（前113年）	郊雍，始巡郡县。栾大进见并封侯

从此我们可见班固把"获麟"事件提前,确实属于比较轻率的误操作。至此,我们似乎理清了所有的逻辑关系和纪年时间,但如果考诸《史记·酷吏列传》,则又会发现一点小小的矛盾。

> 上幸鼎湖,病久,已而卒起幸甘泉,道多不治。上怒曰:"纵以我为不复行此道乎?"嗛之。<u>至冬</u>,杨可方受告缗,纵以为此乱民,部吏捕其为可使者。天子闻,使杜式治,以为废格沮事,弃纵市。<u>后一岁</u>,张汤亦死。(《史记·酷吏列传》)

由于张汤之死也可明确为元鼎二年(前115年),按照这段记载,杨可主持告缗发生在前一年的冬天,即元鼎元年,而冬天又是一年之首,刘彻病鼎湖又发生在这个冬天之前,应为元狩六年,这和前述推断他病于元鼎元年存在抵牾。唯一合理的解释,在于这段描述里的"病久"两字,假如刘彻的生病时间是从元狩六年的年底持续到元鼎元年年初,则司马迁在不同篇章里采用了不同年份的表述,是符合情理和逻辑的。

元狩三年(前120年)	造白鹿皮币
元狩四年(前119年)	郊雍得神兽"麒麟"
元狩五年(前118年)	齐人少翁进见
元狩六年(前117年)	少翁诛
元鼎元年(前116年)	天子病鼎湖(从去年底至此年)。杨可告缗
元鼎二年(前115年)	张汤死
元鼎三年(前114年)	有司言元宜以天瑞命
元鼎四年(前113年)	郊雍,始巡郡县。栾大进见并封侯

至此,我们才可以说真正把元狩年间的史事年份理清了。从中可见,如果只以《史记》为坐标系,纪年虽然没有明说,时间线实际上是清晰且

内洽的。至少这一期间完全没有必要再用《汉书》来参照。为什么本书要花这部分笔墨来考辨，正是因为这一时间段里，后世学者受了《汉书》《资治通鉴》所作处理的误导，对元狩年间史事纪年的观点往往众说不一，针锋相对。下表中列出了一些本书观点和常见观点的区别。

事件	本书观点	常见其他观点
造白鹿皮币	元狩三年（前120年）	元狩四年（前119年）
齐人少翁得宠	元狩五年（前118年）	元狩四年（前119年）
少翁被诛	元狩六年（前117年）	元狩五年（前118年）
天子病鼎湖	元狩六年（前117年）底—元鼎元年（前116年）初	元狩五年（前118年）

正因为存在太多不同，故此处不得不作一详细考辨，但并不表示本书绝对正确，欢迎方家批评指正。

不过，本书所理出的时间线，还顺带解决了另一桩疑案，即《史记·封禅书》所记刘彻宠爱的王夫人早卒，而齐人少翁为刘彻施展法术招王夫人鬼魂相见一事。王夫人之死绝无疑问，可确定是在元狩六年，而很多学者囿于常见观点，认为少翁被诛于元狩五年。一个先被诛杀的方士，如何为后死的王夫人招魂呢？学者无法解释其间矛盾，只好曲为弥缝，有的认为少翁招的是另一位王姓夫人之魂，有的认为是李夫人之魂，有的干脆认为招魂的方士不是少翁，而是另有其人。如果老老实实按照《史记·封禅书》的时间线，王夫人和少翁死于同一年，招魂的故事完全合乎逻辑，何来矛盾和疑问？

帝国的财政危机

在上一篇的纪年考辨里，提到此年刘彻下令制造白鹿皮币。具体来说，刘彻在御史大夫张汤等人的建议之下，设计了两样东西。

第一样称作"白金"，实质是银锡合金，共有三种形制，最大的重八两，圆形，上有龙形图案，一枚可换三千钱；其次略轻略小，方形，上有马形图案，一枚可换五百钱；最小的椭圆形，上有龟形图案，一枚可换三百钱。

第二样叫作"白鹿皮币"，即利用天子禁苑中养殖的白鹿为材料，将它们的皮剥下来裁成一尺见方，四周画上图案，成为一种具有特殊作用的物品。白鹿皮币虽称为"币"，甚至起初有学者认为"是我国古代纸币的前驱"，实际上，它并不具有流通作用和支付功能，不能称之为"货币"。白鹿皮币唯一的作用是卖给诸侯王，每一张的价格高达四十万钱，且不买不行，因为朝廷规定诸侯王在举行朝拜聘享等重要礼节性活动时，必须用此来搭配玉璧。

> 乃以白鹿皮方尺，缘以藻缋，为皮币，直四十万。王侯宗室朝觐聘享，必以皮币荐璧，然后得行。(《史记·平准书》)

由此看来，白鹿皮币只不过是一种强买强卖的噱头，它的材料、规制从某种程度上来说毫无意义，它从问世之初就没有带着调控社会经济的目的，也不受任何市场规律约束，它的价格完全由君主一言决定，只是单纯为了方便从某一群体中掠取财富。皮币的这一性质，也多有学者言之。

> 皮币是一种财政手段，可以弥补武帝时的财政赤字……用皮币向王侯要钱就是另一种强制王侯献款的手段。(王勇《〈皮币考辨〉辨》引马大英语)

元狩三年(公元前120年)

刘彻并非不好名不要面子，之所以采用这一近乎赤裸裸掠夺的方式，自然是因为帝国财政遇到了极大困难。这一年是刘彻即位以来的第二十一年，他的祖辈文帝、父辈景帝以不折腾的无为理念，用近四十年时间，为他创下百姓"人给家足"、城市"廪庾尽满"的繁盛局面，也给他实现志愿、展现有为打下基础。然而一切有为都是需要代价的，无形的民力不说，最直观的代价则是一笔笔真金白银的流失。

关于国家财政的大额消耗，司马迁在《史记·平准书》中毫不隐讳地全部记录了下来，成为时代的最好见证。我们不妨来历数一下这二十一年的大事。

建元年间，东南方的东瓯举国内迁，刘彻又调停闽越和南越战事，这使得"江淮之间萧然烦费"。元光年间，唐蒙、司马相如等相继受命开通西南夷之道，发动数万人凿山开路千余里，历经数年而没有完成，巴蜀之民疲惫不堪。劳役之士的粮食仅靠周边供应远远不足，需要从千里之外遣大批人力挑担的挑担，押车的押车，源源不绝往西南运送。由于交通缓慢，运送者本身又需充饥，故效率极低、耗损极大，"率十余钟致一石"。一钟大约有六石有余，从出发地运送粮食至前线，到达率竟不足六十分之一，故财政不得不拨款为西南夷工程大批买粮。其后又发动十余万人开置朔方郡，工程量比西南夷道有过之而无不及，"费数十百巨万，府库益虚"。为此，朝廷不得不向民间开出兑换条件，有能贡献奴隶者，免除终身徭役，缴纳一定数量的羊，可以入朝担任郎官。之所以需要征集奴隶和羊，因为这些都可以拿到市场上换取货币。

自从元光二年（前133年）马邑之谋开汉匈战事之衅，兵连不解十多年，战争对于钱粮的消耗，更是天文数字。元朔六年（前123年）之前，卫青数次领军进击，虽斩捕首虏数万人，但俘虏之后投降的匈奴数万人到了内地，"皆得厚赏，衣食仰给县官"，意思是这些降虏平时全部靠地方财政供养，同时汉军战士累计获赐黄金二十余万斤，以致"大农陈藏钱经耗，赋税既竭，犹不足以奉战士"，不得不新置武功爵把对军队的赏赐转移到平民头上。元狩二年，也即去年霍去病两征河西之后，浑邪王率数万之众来降。对于投降的匈奴，也是和之前一样的待遇，当年的财政开支又是"百余巨万"。秦汉时期的表达，"巨万"往往也是"亿"的意思。

除此之外，还有一些治水工程，比如元光三年（前132年）黄河下游决堤改道的治理，以及郑当时主持的从长安直通渭水的新渠，工程同样浩大，"费亦各巨万十数"。

就在推出白鹿皮币的本年，关东再次经历巨大洪灾，造就大量灾民。房屋漂毁尚在其次，农田被淹、粮食歉收则直接威胁大批饥民的生命安全，刘彻不得不派遣使者分行各郡国开仓救济。以本就捉襟见肘的储备应付突如其来的大量流民，只能顶得了一时。刘彻又广发诏令向天下富民借贷救灾，仍然是杯水车薪。最后无奈之下，只能将多达七十余万的贫民全部迁徙至朔方郡以南的河南地。这一块区域自卫青从匈奴手中夺回以后，尚未开发。灾民既已失去家园，不如变成此处的新移民，既解决了生存问题，又帮助帝国开拓荒土，一举两得。但数十万人起初的迁徙、定居，都要靠官府组织保障，又是一笔巨大的开销，"其费以亿计，不可胜数"。

这就是刘彻用二十一年便把文、景二帝几十年的积累耗费殆尽的原因。客观来看，这些大事的确有利国或利民一面，意义重大，无可厚非。然而同样，我们还可以追问，这么多的事情，有没有必要集中在一世一人身上完成。毕竟在短期之内，资源和民力都是有限的，以有限之力赴无穷之役，会不会急功近利了一些。在这方面，文、景二帝相对更有节制，更循序渐进。而想到刘彻心目中那个圣王盛世的宏愿，我们这个问题似乎又显得有些多余。

以上刘彻前期大事和财政状况，多亏了司马迁记录在《史记·平准书》里，我们才得以了解。《平准书》是《史记》"八书"之一，普通历史爱好者一般更爱看宫廷权斗、沙场征战，往往会略过这一类制度史。制度是历史演进的底层数据、内在逻辑，熟悉制度史有助于更好地了解史事发生的背景和根源。

元狩三年（公元前120年） 243

与事件、人物相比，制度是历史发展中更具根本性的因素，因为它的作用是结构性的。制度是人类社会的组织规则，它规定人的活动范围，影响人的选择，注定其结局。（赵冬梅《法度与人心：帝制时代人与制度的互动》）

司马迁对于财政开支的这些记录，看似冰冷的语言里，还是流露出了痛心和讥讽。清人梁玉绳就以《平准书》为依据，认为东汉初流传的武帝怒而删去司马迁所作《景帝本纪》《今上本纪》的说法是"妄说"，否则没有道理字字讥切的《平准书》还能留存于世。

　　且《封禅》《平准》诸篇，颇有讥切，又何以不删？（梁玉绳《史记志疑》）

　　了解以上背景，再来看刘彻此年推出白鹿皮币的行为，就明白其撕破脸皮向诸侯王下手强制纳款，实属财政空虚之后的急迫应对之举。而此事发生在淮南王、衡山王谋反被诛的第三年，诸侯王们尚如惊弓之鸟，自然也没有任何胆量反抗。不过，朝中倒有一些正直之人委婉地表达了反对，比如掌管经济的大农令颜异。

　　颜异对刘彻进言说："白鹿皮是朝拜进献玉璧的陪衬，如今玉璧只值数千钱，陪衬反而值四十万钱，似乎有些本末倒置。"

　　颜异并没有直接表示不应该推出白鹿皮币，他只是站在经济官的角度，认为商品的价格要和其定位相匹配。他的话已经非常讲究技巧，留有余地，还是让刘彻感到了忤逆，非常不快。作为掌管全国钱粮的九卿，不但没有缓解财政危机，还对天子政策抱有微词，在刘彻眼里，这样的官员显然不能令人满意。此刻的颜异并不知道，命运的铡刀已经暗自向他压顶而来。

元狩四年

（公元前 119 年）

- 刘彻三十八岁

盐铁专卖

无论推出武功爵制还是制造白鹿皮币，终属一种应急的敛财手段，不能解决府库入不敷出的长久问题。因此在上一年，还有另一项特殊的人事任命，正是为了研究更好的"富国"方案。

这一项任命是以东郭咸阳、孔仅两人为大农丞。大农丞是大农令的属官，具体负责全国的财税和农经业务。普通的任命之所以显得不普通，主要原因在于两人的身份。东郭咸阳是齐地的大盐商，孔仅是南阳郡的大铁商，都是富甲一方的商贾。按照汉律，商人是不可以出仕官吏的，刘彻却破例让二人担任中央属官，让他们研讨盐铁改革之事。

> 汉朝任用官吏是把……商人排斥在外的，即使是以富訾选官，也不包括商人在内。（安作璋《学史集》）

除此之外，还有一位叫作桑弘羊的心腹侍臣也参与了改革，桑弘羊同样出身于商贾家庭。汉朝人做计算，常常需要借助一种叫作筹策的竹制工具，桑弘羊却不需要，他从小就表现出强大的心算能力，对数字极其敏感。

可能正是因为这项实用的特殊技能，他在十三岁时被征为侍中。桑弘羊的入宫时间，大约在刘彻即位之年前后，故他也算是一路陪刘彻走来之人，不过二十多年里都未见有正式官职，不知是否也缘于出身的限制。不过这一次，刘彻打破了惯例，足可见东郭咸阳、孔仅和桑弘羊参与的盐铁改革计划之意义重大。

经过一年的详细谋划，盐铁专卖的方案在这一年正式提出并施行。具体内容是这样的：禁止百姓私自煮盐和冶炼铁器，也不得将成品盐和铁器作为商品私自贩卖。由官方统一招募盐户，为他们提供煮盐的"牢盆"，而煮盐的费用由盐户自己承担，官方再将成品全部统一收购和销售。在产铁矿之郡设置铁官，不产铁之郡设小铁官，负责冶铁铸铁事务，所铸铁器也均只能由官方统一销售。凡违反以上禁令者，没收作案工具，并在左脚戴上六斤重的铁镣铐作为惩罚。

盐和铁的共性在于，都是自然资源，且是百姓生活必需品。举盐为例，古人很早就认识到"无盐则肿"，缺乏食盐会对人体造成一定的危害，因此先民学会了从海水、地下水，以及岩石中萃取食盐。甚至有学者认为，中国文明的兴起也围绕着食盐的使用。

> 中国最古的文明，实兴起于河东盐池附近，我想夏、商、周三代的国都大体上都位于消费池盐的地区，毫无疑问，盐池就是三代文明的经济基础。（孙丽萍《河东盐春秋》引宫崎市定语）

这本是天地和生民的一种纯自然互动，然而当土地上有了封君之后，情况就不一样了。所谓"溥天之下，莫非王土"，所有的山川河流都被当作是封君私有，出产盐的那些土地概莫能外。作为封君，很难抵抗从这些天然所出资源中获取财富的诱惑。于是，用什么方式让百姓使用盐，怎么收取利益，就成了需要考虑的论题。

春秋时期的齐国拥有丰富的海盐资源，晋国则拥有发达的河东池盐，这成为两国争霸重要的财富支撑。可惜由于资料的缺乏，我们已经很难考察出当时具体采用什么样的盐政。《管子》一书托名齐国国相管仲所作，里面提到了一些措施，从中也未能窥见全貌。即便是商鞅变法之后，秦国的盐政也同样不是特别清楚。可以知道的是，秦始皇时期，一些巨商世家可以有煮盐的权利，但是要向朝廷缴纳相当比例的税款。这部分税款进入少府机构，而非归大农所有。两者的区别是，少府的钱是帝王的私奉养，大农的钱则是国库，有着私与公之分。汉初基本承袭了秦的旧制，问题是秦的天下没有分封王国，绝大多数盐税都可进入皇帝的腰包；而汉朝诸侯国林立，相当一部分盐税都留在了诸侯王手中。汉初诸侯王国有充分的治民权，故盐政可自行决定，比如七国之乱中的吴国，地处东方海滨，因为煮盐和铜矿之暴利，甚至减免了百姓其他赋税。

> 然其居国以铜盐故，百姓无赋。(《汉书·荆燕吴传》)

汉朝廷自身所征的盐税，根据出土的《二年律令》，大约是六分之一。

> 诸私为卤（卤）盐，煮济、汉，及有私盐井煮者，税之，县官取一，主取五。

这条律令是汉初允许私人煮盐和征税制的明证。冶铁的情况则和盐政类似。

若在国库充盈、人民少事的承平时代，放任的盐铁政策以及自由的市场秩序，对于百姓日常生活来说是一种便利，也极易催生出一批赖此为生的大小盐商、铁商，皇室也并不急于要从盐铁之中榨取更多的利益。而边衅一开，战事不已，加上无节制的徙民、工程耗费，在无法有效"节流"的情况下，刘彻很快就不得不考虑如何"开源"，自然锱铢必较地把管控之手伸向了盐铁资源。

刘彻所推行的盐铁改革，一来，将主管机构从少府调整至大农，把盐铁之利从天子、诸侯王、封君的私奉养归入了"公家"的国库，如此就可以名正言顺地把原先在各封国、封县境内产盐和铁矿的资源尽数收归国有。二来，刘彻在全国设立盐官三十九处，铁官四十八处，由官方垄断盐铁的生产和销售权。具体负责这些业务，需要用到一大批专业吏员，这些吏员往往仍由原先的大盐商、大铁商之家人担任，再由他们雇佣民间劳动力进行大规模的煮盐、采矿和冶铸。

所以在这场盐铁改革中，链条最底层的劳动群体并没有太大变化，他们仍然是盐铁生产最基础的劳动力。盐铁大商的利益虽然部分受损，但至少保住了饭碗，完成了由民营到官营的身份转换。官方则在这一过程中完成了经典的权力寻租和利益攫取，坐拥矿山盐海宝贵资源，并垄断了从中获利以及分配利益的决定权，从此盐铁商品产生的利润源源不断流入地方财政并上缴国库。

一个社会，假如生产力不能显著提高，那么短期内它的整体财富总是相对固定的。朝廷收益多一些，民间相对就少一些。盐铁专卖并非一种促进社会发展的改革，其本质仍然是蛋糕的重新分配。刘彻死后没多久，朝廷就召开了著名的盐铁会议，贤良文学在辩论中直截了当指出，盐铁专卖是在与民争利。专卖制度下谁受损最严重？首先是原先拥有盐铁资源的封君，他们被直接取走了一部分收入源头；其次是中小商人，由于实力原因，他们被剥夺了盐铁经营权且无法像富商一样继续和官方进行合作；最后则是百姓，一旦某样生活必需品被垄断，很容易随之而来的就是价格飞涨、品质跌降、服务效率低下，原先的便利性不复存在。

盐铁会议中，反对者列举了专卖制度，特别是铁的专卖制度实施以来给百姓生活造成的种种困难。困难之一：改革之后朝廷对设铁官的各郡县均有考核，为了应付，郡县争相铸作大件以图快速完成任务，而不是以实用作为标准，铁器质量无法保证，农夫买到的镰刀，有时连草都割不动。困难之二：统一销售导致许多偏远地区之人不能及时更换农器，以致错过最好的农时，甚至还有千里迢迢赶去购买，而"吏数不在"的情况，吏民身份的不对等更是导致了购买时不可随意挑选，"善恶无所择"，百姓无法买到称手的工具。困难之三：当郡县无法完成盐铁制造任务时，会大量征用民工放下自己的活计来应官府之急；而无法完成销售任务，达不到向朝廷上缴财税的额度时，又只好向百姓征收其他名目的税赋，以补足定额。综上，百姓既没有得到更好品质的盐铁商品，又增加了原先没有的负担，自然遭逢比改革之前更为严重的困苦。

"铁器失其宜，而农民失其便"，是对盐铁改革底层效用最准确的总结。

漠北大决战

元朝六年（前123年）卫青与匈奴那场大战，汉军前将军赵信与单于本部遭遇，厮杀一日有余，自己所率的千余名骑兵丧失过半，兵败而降。赵信早前本就是降汉胡人，在汉朝封为翕侯。此番重新归匈奴，单于非但没有怨其反复，反而委以重用，把自己的姐姐嫁给赵信，把他引为重要谋士，很大概率是看中了他熟知汉朝内部情报的优势。赵信也的确明晓刘彻的对匈战略，知道他绝不仅满足于被动防守，一定会连连发动进攻，便建议单于适当向北部迁移，有意把战线拉长，引诱汉军深入。

匈奴本部的地理环境，属于蒙古高原中的一片大盆地，也是一片辽阔的戈壁沙漠，古文中经常称为"幕"。

> 这个荒漠地区，现在叫做大戈壁，范围很广，几乎占了蒙古高原盆地的全部，包括了现在的内蒙古自治区的大部分……东西最长处约为两千公里，南北最长处约为一千公里，面积达一百五十万平方公里。（陈序经《匈奴通史》）

虽称荒漠，却并非流沙土质，而是砾石混杂泥沙，少数地方可以长草。

可以尝试在其上行军，然而难度极大。一来方向不易辨别，二来补给十分困难。故对于不谙此处地理的汉军来说，长途跋涉千里进击是一项危险性极大的冒险。赵信的策略也正是基于这个现实，他认为最好的办法是让汉军奔袭以后补给跟不上，陷入疲劳饥饿之态，匈奴以逸待劳，"敌疲我扰"。

单于的动向本来就是最重要和最难获取的情报，在赵信的建议之下，汉朝打击单于本部的难度进一步增加。

不过这一年，刘彻认为决战时机已到。从好的一面来说，诸侯王局势稳定，再无掀起风浪之虞，匈奴右方势力又几近摧毁殆尽，卫青霍去病等将领在历次大战中积累了足够的经验和威望；从不利的一面来说，财力消耗得过快，府库难以支撑长期战争，假如再不倾其所有发动"乾坤一掷"，恐怕短期之内很难再组织起大规模的军事行动。

这年的夏天，刘彻给汉军众将作总动员："赵信给单于出谋划策，轻视大汉，认为我们绝对没有能力穿越大漠。我决定，此番举全国之力，发动总攻，誓要拿单于人头扬我国威！"

刘彻对于这场决战的投入确实是空前的，组织了十万匹战马装配骑兵，由大将军卫青和骠骑将军霍去病各领其半，另外又调集了四万马匹负责辎重和备用。除此以外，还有数十万步兵紧随其后。其中，又特意挑选凡是不惧死，敢于深入力战的勇士，全部归属霍去病统领。霍去病这一支军队原计划从定襄郡出发，直对单于本部。然而军队还没有启动，边境上捕捉到的匈奴俘虏交代称单于已经向东方转移。刘彻立刻改令霍去病从更东面的代郡进军，定襄郡这里转由卫青率诸将同步出击。从这样的配置和任命来看，刘彻是有意要发挥霍去病勇锐奔袭的特长，冀望他率先越过大漠，活捉或斩首单于本人。

而卫青这里，除了自己坐镇中军，其下仍然分设左、右、前、后四军。平阳侯曹襄担任后将军，后军一般为辎重所在，较少遇敌。曹襄是开国功臣曹参的玄孙，娶了汉武帝和卫子夫的女儿，也就是说，他是天子的女婿，卫青的侄女婿。把这样一个人安排在后军位置上，既相对安全，又较容易获得一定战功。左将军为公孙贺，公孙贺娶了卫子夫的姐姐，故他也算是卫青的嫡系姻亲。右将军为赵食其，这个人史书没有交代其来历。在最重要的前将军位置上，刘彻安排的是已经从军击胡数十年之久，经验丰富的李广。起初，刘彻觉得李广年过花甲，可能有些老了，颇有些犹豫，不过在李广不断坚持之下，他还是作了如是安排。

除此之外，与卫青一起待在中军的还有公孙敖，这个人物在此战中是个关键因素，有必要简单回顾一下他的经历。当初卫子夫刚刚得宠时，馆陶长公主和陈皇后母女有意绑架并杀卫青泄愤，正是公孙敖救了卫青。元光六年（前129年），他在卫青初次亮相那场战争中，独自领兵于代郡塞外关市附近几乎全军覆没，死罪赎免，废为庶人。元朔五年（前124年），卫青奇袭右贤王大胜，向刘彻声明都是手下校尉之功，公孙敖因此被封为合骑侯。元朔六年，卫青已经荣升大将军，两度出定襄战匈奴，此时公孙敖就已经留在中军为中将军。此战虽颇有斩获，然因丧师过多，又降了赵信，故卫青的中军无功无赏。又两年之后的元狩二年，公孙敖配合霍去病第二次西征，结果却迷路失期，再次被废为庶人。这次出征，他又以中将军身份跟随卫青。从这份短短的简历里，已经可以看出他和卫青关系之亲密，也可以看出卫青对其多有庇护，不知是不是为了报答当初的救命之恩。

卫青这一支属于正规军团的规制，与霍去病相比，一持重，一勇锐，作战风格完全不同，预期目标也不完全一致。不过人算不如天算，卫青大军从定襄出发之后，却意外从俘虏手中得到了单于所在位置的准确情报。

经过深思熟虑，卫青做了一个至关重要的决定，把李广的军队调至右方，与赵食其军合并。这就意味着，李广不再为全军先锋，失去了首先碰面单于本部的机会。李广收到命令，十分不解和焦急地向卫青请愿："臣自年少结发以来，抗击匈奴至今，此番终于得到与单于一战的机会，臣别无所求，惟愿死在诸将之前！"尽管李广说得诚恳壮烈，卫青却并不作解释，只是下军令催促其赶紧赶往右军会合。李广见状，知难以说动，愤愤离开。

最终，卫青的中军突前，成为先锋。按照情报穿越大漠，行进一千多里之后，卫青果然见到了人马浩荡的单于本部。匈奴可能也通过斥候获取了汉军的动向，早已提前列阵以待。大漠的劲风吹卷着砂砾，划过人面，双方数十万士众遥遥相对，静默不语，只有萧萧的马鸣偶尔撕破狂野的死寂，空气里弥漫着紧张气氛和死亡气息，一场百年难遇的决战一触即发。

卫青首先下令，用携带的名为"武刚车"的战车围成营，作为屏障保护己方军队，这是一种抵御射击和骑兵冲锋很有效的策略。等营阵落定之后，又派出五千精骑正面冲击敌军，匈奴阵中也驰出万骑与汉军相对，双方捉对拼杀，一时难解难分。随着战事加剧，大漠之上的风也愈发猛烈。黄昏时分，夕阳渐下，劲风已经飞沙走石，迷乱人眼，石块击打到脸上生生作疼，两军战士虽近在咫尺，却几乎睁不开眼看清对方。卫青趁混乱，果断从后方又遣左右两侧翼骑兵绕开正面战场，直接夹击单于，迅速对其形成了围攻。

匈奴对汉朝历来所持有的优势，在于马匹带来的机动性。一旦双方都拥有强大骑兵部队，真正近距离正面交锋，匈奴其实不占上风，尤其是汉朝铁制兵器的精良程度要远远胜过他们。单于见汉军兵强马壮，又时值夜间，担心有所不利，选择放弃抵抗，率领数百骑突围而去。剩下的匈奴和汉军在夜色里胡乱拼杀一场也遁去，双方死伤相当。卫青听报单于已走，不甘心就此放过到手的机会，立刻派遣轻骑连夜追击，自己率领大军紧随其后。一夜急行两百余里之后，终于不见了单于踪影，好在斩捕首虏一万九千余级，也算大有收获。卫青继续领军前行，直到赵信城（今蒙古国车车尔勒格）。在那里，卫青停留了一日，得到了匈奴的粮食补给，然后一把火烧光无法带走的剩余粮食，开始返程。

卫青大军回到大漠以南，才遇到合军一处的李广与赵食其，由于东方路线复杂，水草稀少，两人没能在指定日期和中军会合。卫青遣军长史督责相关人员迅速到大将军幕府接受调查，准备如实向天子汇报。李广闻令向长史道："与校尉们无关，迷路是我的错，我一人负责。"

到得幕府，李广慷慨激愤地对陪同来的麾下将士说了一番话：

> "广结发与匈奴大小七十余战，今幸从大将军出接单于兵，而大将军又徙广部行回远，而又迷失道，岂非天哉！且广年六十余矣，终不能复对刀笔之吏！"（《史记·李将军列传》）

说罢老将军当场抽刀自尽。在这段相当于遗言的感慨里，李广提及自己一生大大小小与匈奴战斗七十多场，终于有机会和单于本人决一死战，却被调去侧翼并迷失方向。他不能责怪卫青，于是归结于天意愚弄。他也不愿意接受军中法吏的苛刻调查，认为只有一死谢罪才符合军人尊严。数十年前那个意气风发、弯弓射胡的六郡良家少年，终于在风烛残年把生命完全奉献给了毕生守卫的大汉。但问题来了，在整整十年前，即元光六年（前129年）那次关市附近的战斗中，李广就曾因兵败被俘而死罪赎免过，公孙敖、张骞等人也都因失期受过同样的处罚，理论上李广完全可以不用为此而死，为什么这次他毅然决然选择自尽呢？这个答案我们当然永远不可能知道了，或许是因为意识到年龄过大对封侯彻底绝望，或许是认为军人败于战场事属正常，而失期被责不可原谅，又或许是认为自己在本次战役中受到了不公平对待，不得不以死鸣冤，以死抗争？

由于事关卫青和李广的冲突，现实中两人的粉丝群体基本属于不可调和的两拨人群，大约无论怎么说都无法做到令双方都满意。但研究历史不能回避这样的矛盾，故还要来就事论事一下。

李广遗言中说"行回远"，认为自己的路线迂回更长，这属实吗？从卫青部最后到达的赵信城位置看，卫青中军从定襄郡出发后，走的是一条往西北方向斜插的路，那么把李广调往赵食其的东线，确实是绕了远。不过这并不能成为李广迷路失期的理由，我们最多只能问一问卫青这么调遣，究竟是出于什么原因。

卫青没有说出的隐情，据史书交代至少有两条。

一条是他个人的想法。斩捕单于是一项建国八十多年无人完成过的不朽功业，也是汉朝将士人人心中的宏愿和梦想，卫青不能例外。恰好他的好友亲信公孙敖又在前年被夺去侯爵贬为庶人，这一立功的机会如果由自己的中军来完成，当然更好。

> 而是时公孙敖新失侯，为中将军从大将军，大将军亦欲使敖与俱当单于，故徙前将军广。(《史记·李将军列传》)

另一条则据说是临行前，卫青得到了刘彻的暗中交代，认为李广年老，运气又不好，千万不要让他去抵挡单于，以免误了大事。

> 大将军青亦阴受上诫，以为李广老，数奇，毋令当单于，恐不得所欲。(《史记·李将军列传》)

这两条理由从内容来看，都不可能是官方记录，应该都是当时军中、朝中、民间流传的说法，甚至有可能就是当时卫青和李广各自支持者所相信的不同观点，李广的部下相信卫青出于私心夺李广之功，卫青的拥趸则辩解称卫青只是执行刘彻的诏命。既然存在不同的理由，司马迁干脆两存之，"疑以传疑"，留给后人体会。"私心"和"诏命"如今都无法验证，只能从逻辑上看看有没有漏洞。比如吕思勉先生就认为，"诏命"说和刘彻之前的部署存在矛盾，斩捕单于本就是霍去病军队的任务，为此甚至一再更换出发地点，卫青只是恰好得到了单于位置的情报，既然李广和卫青都不在刘彻进击单于的预期里，又怎么会暗中特别再下一条"毋令（李广）当单于"的诏令呢？

> 其云"阴受上诫，以为李广老，数奇，毋令当单于，恐不得所欲"，乃诬罔之辞。上既不令青当单于，又自以广为前将军，安得有此言乎？（吕思勉《秦汉史》）

254　有为：汉武帝的五十四年

不过就算"诏令"说是虚构的，也不代表"私心"说就是真实的，这并不是个二必居一的选择题。李广所有的威名，在于其本人精湛的骑射技艺，以及文、景二帝时对匈奴的成功防御。到了刘彻的时代，战略变成了大规模集团军主动进攻，不管是由于年事已高也好，治军风格也好，命数机缘也好，总体来说李广屡次战斗的表现并不怎么有说服力。站在大将军卫青的立场，斩捕单于是个千载难逢的机会，及时调整战略，把一个不合适之人调换岗位，似乎也并不为过。

而且，如果我们翻查卫青过去的作战经历，早在元朔六年（前123年）出定襄时，他就有把前军赵信和右军苏建合兵一处的做法。当然，不知道那次是把谁调往谁的位置，不过至少可以说明类似的调遣对于卫青来说，是一种常见的战略处置，未必就是有意针对李广。

正因为有这些说不清辨不明的因素，卫青、李广的关系才成为千古之争，并因此连累了记录此事原委的司马迁本人。许多喜欢卫青之人，觉得司马迁带有偏见，尊李抑卫过于明显，甚至有人怀疑是不是司马迁胡乱编造，有意栽赃给卫青。这么认为的人，可能既不了解史学，也不了解司马迁。和一般人想象的历史需要完全客观不同，司马迁、班固开创的新史学，本就是带有评论性质的，《史记》和《汉书》每一篇末尾的"太史公曰""赞曰"，就是作者对人物的主观评价。"客观"更多指的是对材料的辨别取舍。

就拿司马迁对于卫青、李广的情感来说，毫无疑问他是更喜欢和尊敬李广的。《李将军列传》一篇饱含着激昂不平的情绪，他写道：李广死讯传到军中，"一军皆哭"；传到天下，不管男女老少熟不熟悉，"皆为垂涕"。李广死时官职为郎中令，而司马迁恰好就在这一年左右担任了郎官，理论上他可能见过李广本人，听闻过身边人闲时啧啧称道飞将军的传说。在他印象里，这位英雄人物、顶头上司"口不能出辞"，很不善于表达，而且行为举止和没见过世面一样，"悛悛如鄙人"，然而就是这样一个看上去平平无奇的老者，让士兵和百姓都为之倾倒、痛哭，究竟是什么样的人格魅力才能造就这样的反差呢？司马迁交代了一些原因：李广历任七郡太守，为人廉洁无比，得到赏赐辄分散麾下，饮食起居与士兵无异，故虽任二千石官员四十余年，却家无余财。其行军，一切从简，士卒如果没有吃饱喝足，本人绝不饮食，士卒因此无不乐为其死。司马迁最后用"桃李不言，下自成蹊"八个字作为对李广的盖棺论定，这是对一个实力派英雄极高的赞扬。

但有人不免会对此看法抱有微词，李广的表现，迷路失期、兵败被俘都占全了，战胜的情况倒是没见过一次，他真能配得上"实力派"这一荣誉称号吗？我们必须承认，有些事情天生难以公平，就如同足球场上防守型后卫注定不会获得明星前锋同样的关注度，战争中防御者的功劳簿也不会有攻城略地、杀敌俘虏的将官来得更为出彩。李广在遗言中自称和匈奴"七十余战"，其中我们能看到的在刘彻时期的仅有五次。也就是说，他一生主要的功绩其实是在文、景二帝时为大汉防守边疆，阻挡匈奴不定期的战略性掠夺。可惜的是，被动防御是没有办法计太多首级论功赏爵的，也没有足够的分量记录在史书中。然而在这样的情况下，李广仍在汉朝、匈奴中都具有盛名，这显然与其英勇分不开。即使已进入刘彻时代，他仍然有防御上的一流表现。匈奴左贤王势力一度频频入侵，东北诸郡不堪其扰，李广于元朔二年（前127年）临危受命继韩安国任右北平太守，其后匈奴连续七年不敢入其界。这样的决定性作用在《汉书》里，一句"避之，数岁不入界"就带过了，远没有"斩捕首虏一万九千级"来得光鲜亮丽，振奋人心，然而带给边民七年[1]实实在在的安稳却是不可磨灭的现实功勋。有学者认为，正赖于李广长期、完美地守住更强势的匈奴左方，才给予了刘彻授命卫青、霍去病连续进取匈奴右方，奠定决战基础的良机。

可以说，元朔元狩年间汉军在西线取得的诸多胜利，离不开韩安国、李广等人守卫东线。但不可否认，对于韩、李二人来说，"计首受功"的传统制度无法真实评价他们的守边功绩，从这一角度看，他

---

[1] 李广实际任右北平太守四年左右，后三年左右为继任者之功。

们是战略的牺牲品。(张亦鸣、李家妍《〈史记〉〈汉书〉记载的西汉元狩年间右北平之战考证》)

和李广相比,司马迁写到卫青霍去病时,笔触相对平静了许多,没有那么多汹涌澎湃的感情,但仍然一笔一笔如实记录着两位青年英杰的不朽战绩。刘勃先生有一句评价写得非常中肯:

现在大家吐槽李广的材料,都是司马迁留下来的;歌颂卫霍的材料,也是司马迁留下来的。司马迁的偏见只是表现在,他把他喜欢的事实写得更动人。(刘勃《司马迁的记忆之野》)

拿着司马迁提供的材料反过来攻击他本人"有意带节奏",九泉之下若有知,太史公大约也只能苦笑两声。

介绍完卫青这一路的战事,再来说霍去病那一路。《史记》关于此线的描述更为简洁,甚至没有任何作战的细节,更多是对战果的记录。但里面有几句:"躬将所获荤粥之士,约轻赍,绝大幕……取食于敌,卓行殊远而粮不绝",这些信息充分显示了霍去病的智谋、勇敢和不易。"荤粥"是北方游牧民族,从此处的表述来看,应该所指就是匈奴,也就是说霍去病所率领的军队里,可能有相当一部分匈奴投降者,这从后面刘彻封赏时提到了他部下有因淳王复陆支,楼剸王伊即靬等名字也可以看出,降者不但有普通士卒,还有一定数量的匈奴小王。霍去病很好地利用了降胡熟悉匈奴地理、习性、部署等条件,这是他历次战争中能够屡屡轻骑深入而从不迷路的重要保障。为了保证行军速度,他的部队只带了很少的辎重,补给往往"取食于敌",这当然也离不开降胡的情报,更离不开他指挥作战确保胜利的英勇。

司马迁虽未提及战斗过程,但写到了"师率减什三",即至少损失了数万士卒,可见霍去病这一路也并非一帆风顺,路上必然经历了同样艰苦卓绝的死斗恶斗。正是在这样的条件下，霍去病行进二千余里，纵越几乎整片大漠，到达了汉军从未抵达的深度，捕获匈奴左方势力的王三人、其他各级官员八十三人，累计俘虏七万零四百四十三名匈奴人众，获得了汉朝历史上前所未有的胜利。霍去病在狼居胥山和姑衍山封禅，与帝王封禅泰山不同，学者认为这是一种军队对远征到达边界树立标志以作纪念的仪式。因此大功，刘彻为霍去病加封五千五百户食邑，其麾下的路博德、赵破奴等人都得到了相应的赏赐。李广之子李敢为校尉，在和左贤王部战斗中表现出色，斩首尤其多，并夺取了左贤王旗鼓，也被封为关内侯，食邑两百户。相较而言，卫青则没有得到益封，军吏士卒也没有因此封侯者。

自从刘彻决定主动进击匈奴以来，卫青和霍去病作为统军人物，完成的任务、建立的功勋都堪称前无古人，刘彻此战后特意设置了大司马职位，同时授予卫霍二人以示尊崇。大司马是一种加官，没有印绶，也没有俸禄，故一般加在本来的官职之前，属于荣誉称号。后世，大司马大将军一职将逐渐成为权臣的代名词，不过在刘彻时代不必有这种担心，作为一个集权君主的典型，无论卫青还是霍去病，在他面前都不敢触碰任何权力红线。更何况，刘彻把霍去病提至卫青同样地位，未尝不是一种分权制衡的手段。

以上为此年刘彻举全国之力与匈奴轰轰烈烈决战的相关史实。这是有汉以来规模最大、行进最远的一场征伐行动，从积极一面来说，这场战争再次展现了汉军的军事实力，彻底扭转匈奴一贯认为的汉人不能长途跋涉征战的固有印象，自此远遁到更北方，漠南鲜有匈奴之迹，边境之民获得了一段难得的远离侵扰的宁静时光。而从代价来看，尽管此战创纪录地累计斩捕匈奴八九万人，汉军士卒也同样失去了数万条生命，带出关外的十四万马匹，活着回来的不满三万。一战几乎耗尽所有国力，在接下来的若干年里，汉朝没有能力再组织起像样规模的军队，可以对匈奴残余势力继续进行清剿。讨论值不值是一件很残忍的事情，我持有的价值观告诉我，只有那些在战争中失去生命者才有资格回答这一问题。而活在他们用生命换来的盛世里，享受盛名与和平之人，只宜怀有敬畏和感恩，敬畏战争的无情，感恩前人之付出。

祥瑞麒麟

这一年大决战前，刘彻还特意在新年伊始跑到雍地，祭祀了此地的"五畤"。如前所说，这是秦以来祭五帝之祠。这是他一生中第三次亲自参与这一祭天仪式，第一次是在元光二年（前133年），当年发生了马邑之谋；第二次是在元狩二年，当年霍去病两征河西。在这之后，刘彻还有五次祠五畤，其中只有两次祭祀完成后当年没有紧跟着军事行动。

此年的祭祀充满神奇色彩，仪式尚未开始时，就在野外捕获了一头奇怪的野兽，白色的皮肤，头上长有一角。经过有关部门研究后，得出结论：这大概就是麒麟。于是产生了两个问题，一是真的有麒麟这种动物吗？二是为什么麒麟会出现在此时？

我们先来关注第一个问题。

麒麟有没有真实存在过，学者持两种截然相对的意见。一种认为从开始，麒麟就是个纯属虚构的概念，是先民一种主观的创造，直接从各种动物身上提取特征，捏合在一起，成为麒麟这一名称。而另一种观点则认为，麒麟本来是先民对某种常见生物的叫法，只不过后来因种种原因这种生物灭绝或迁徙了，不常见了，先民才在印象中，逐渐将其形象夸张神化，随后加入其他动物的特征，最终成为独具一格，超越真实生物的神兽。

仔细看这两种观点，区别在于，前者以为麒麟最初就由多种原型整合而成，而后者认为先有单个真实原型，后来才融入其他元素。两种观点的结果是殊途同归的：不管因为什么原因，后世人已经搞不清麒麟具体所指，故常常看到有些相似特征的动物，就怀疑其是不是麒麟，以致张冠李戴。

比如，《诗经·周南》中有一篇《麟之趾》，分别拿麒麟之足、额、角来比喻贵族：

> 麟之趾，振振公子，于嗟麟兮。
> 麟之定，振振公姓，于嗟麟兮。

麟之角，振振公族，于嗟麟兮。

有人据此认为至少在西周时期，中原某些地区还存在麒麟这一物种，这正是有原型的例证。这个逻辑未必成立，因为我们已经无法确定这首诗中的"麒麟"，究竟是原型，抑或已经是张冠李戴的结果。

认为有单个原型的，也存在不同意见。习见的观点认为麒麟是先民对麇（或麋）的特称。从构字角度而言，"麒麟"二字，都从鹿旁，"麟"字在《说文解字》里还写作"麐"。

麒：仁兽也，麋［麇］身，牛尾，一角。
麟：大牝鹿也。
麐：牝麒也。

许慎是东汉人，从这三句解释可以看出至少在东汉人的观念里，的确把麒麟归为一种体形较大的鹿类。其中，麒指公鹿，麟指母鹿。

年代更早于《说文解字》的辞书《尔雅》中，也有对"麐"字的解释。

麐：麋身，牛尾，一角。（《尔雅·释兽》）

四条释字相互印证了"麒""麟""麐"是同一种鹿类生物。只不过，这一原型论无法回答"一角"作何解释。

王晖先生则认为麒麟的原型为印度犀牛，这一新鲜的观点虽然可以解释"一角"，然而其他论据却不太充分。其在《古文字中"麐"字与麒麟原型考》中还列举了宋朝时交趾贡献犀牛当作麒麟的事例。

嘉祐二年，六月交趾贡二兽，状如水牛，身被肉甲，鼻端有角，食生刍瓜果，必先以杖击之，然后食。时以为麟。田况言其与书史所

载不同，恐为夷人所诈，而杜植亦奏其不似麇而有甲，此必非麟，番商有辩之者特山犀也。（罗泌《路史·余论五》）

此典故的大意是，交趾人向朝廷贡献了两头奇兽，认为就是麒麟。这两兽身上长有肉甲，鼻端有角，平时吃蔬菜瓜果，但是需要用木棍敲打才进食。田况和杜植都认为这个特征和古书上记载的麒麟不同，不能轻信交趾人的一面之词。后来通过外邦商人的辨认，确定这两头奇兽实质上是山犀。王晖先生以此例为证，实质是倒果为因。宋朝的这桩插曲不能证明麒麟的原型是犀牛，只能反映此事为后人胡乱拿其他生物乱套麒麟概念的例子之一。而且例子里田况和杜植的意见，恰恰说明中原知识分子，一直将"似麇"作为麒麟的重要外貌特征。

这种乱套概念的事件，并非只此一例。

明朝永乐年间，朝廷也获得了一头麒麟，永乐皇帝觉得值得纪念，命画工把麒麟的样子作了几幅图存世，并颁赐给了一些大臣。到万历年间，学者谢肇淛在某人家里看到了其中一幅，图中的"麒麟"和古书中的描写很相近，外貌几乎和鹿一模一样，唯一可诧异的地方是脖子特别长，足有一米开外。

> 永乐中曾获麟，命工图画，传赐大臣。余尝于一故家得见之，其身全似鹿，但颈甚长，可三四尺耳，所谓麋身、牛尾、马蹄者近之，与今俗所画迥不类也。（谢肇淛《五杂组》）

按照谢肇淛的描述，这头所谓的麒麟毫无疑问应该是长颈鹿。

而无论宋朝还是明朝的例子中，士人对麒麟的理解，始终都没有脱离《尔雅》和《说文解字》里"麇身"或"麋身"的描述。东汉时期的天文学家张衡有名篇《东京赋》，其中有句"解罘放麟"，三国时人薛综注释此句时，干脆说"大鹿曰麟"。由此可以大致得出结论，可能我们永远没有办法确定麒麟概念的起源，但至少能够知道，在古代知识分子的印象里，一直认为麒麟和鹿类有着较深的渊源。

既然麒麟已经在自然界不常见，以致后人产生了混淆，为何这一年刘彻在雍地祭天，群臣又认为捕捉到的白色异兽就是麒麟呢？

这和麒麟在经学文化中的地位有关，也和孔子以及《春秋》有关。如果把《春秋》翻到最后，会发现它的结尾是这么一句话：

十有四年，春，西狩获麟。[1]

如前所说，这就是孔子的"微言"，简约是简约，经学生读起来就觉得没头没脑，不知详情，甚至连西狩获麟的主语是谁都不清楚，遑论其他细节。这就需要传经的老师来解释其中的"大义"。《公羊传》是这么解释的：

何以书？记异也。
何异尔？非中国之兽也。
然则孰狩之？薪采者也。
薪采者，则微者也，曷为以狩言之？大之也。
曷为大之？为获麟大之也。
曷为为获麟大之？麟者，仁兽也，有王者则至，无王者则不至。

这段话简单翻译，大意如下：
问：《春秋》为什么要记录"西狩获麟"这件事呢？
答：是因为要记录奇异之事。
问：获麟这件事奇异在哪里？
答：奇异在麒麟并非中原本土的野兽，却在中原出现了。

---

[1]《公羊传》和《穀梁传》皆以此句为经尾，《左传》则不然。

问：那么请问是谁狩猎到了麒麟呢？

答：是一个樵夫。

问：樵夫是个地位低微之人，为什么要用"狩"这种王者才配用的词呢？

答：这是为了隆重其事。

问：为什么要隆重其事呢？

答：因为获麟这件事值得。

问：哪里值得？

答：因为麒麟，是一种仁兽，人间没有真正的王者，它是不会出现的；反言之，它既然现身在中原，说明中原出现了受命于天的王者，这还不值得隆重记录一下吗？

这段话里的一问一答，就是《公羊传》释经的经典模式，就像老师和学生之间的学术传授，所以我们说《公羊传》相当于一本《春秋》的教辅。以上对于"西狩获麟"注释中最重要的信息是，公羊派把麒麟定位为"仁兽"，它的出现，是一种昭示人间出现太平圣王的祥瑞。

了解这个文化背景，就明白"麒麟"为什么会在公羊派当道的刘彻时代出现了。且群臣向刘彻献上的祥瑞非但是一头所谓的麒麟，还是一头白麟。白色并非野生动物常见的肤色，这种色调不太利于它们隐藏和保护自己，故一般只有特殊变异或人工培育才会出现白色品种。物以稀为贵，白色的不常见的动物古往今来经常被当作祥瑞进献给帝王。因而这头白麟简直是祥瑞中的祥瑞。刘彻兴奋地命令臣下作了一首《白麟之歌》，作为郊祀音乐。在雍五畤祭天的时候还特别加礼，多烤了一头牛。

此事之后不久，天下还发现一颗奇异的大树，它的枝条从旁岔出之后，长到高处时又重新合在一起，按照知识分子的解释，白麟和奇木之类祥瑞的出现都带有天意，等于上天明示刘彻是天命所归，而当今正值太平盛世。

群臣中，年轻的给事中济南人终军的意见很具有代表性。他在一封对奏中说：自从陛下即位以来，南方的东瓯、闽越、南越无不臣服，北

元狩四年（公元前119年） 263

方的匈奴自古以来不曾震慑，如今也单于窜逃，浑邪王归顺，可见陛下的威德恩泽流于四方。而国内更是赏罚分明，德教兴隆，能者进，不贤者退，这是古代圣王都没有达到的功绩。当初周武王伐纣，行舟至中流，白鱼自动跳入王舟；如今陛下亲自祭天，虽未能得见神仙之面，然而获得麒麟，正是上天对陛下盛德大功的回应，足以说明您已经上通天命，才能有祥瑞之符。

终军的对奏中，有一句"野兽并角，明同本也；众支内附，示无外也"，意思是天降祥瑞并非随便降的，必有相应关联和暗示，比如"一角兽"和"并支木"，都是大一统的象征。这当然是一种儒生的附会，不过"野兽并角"的描述倒也侧面印证了"一角"非如今人学者所言的"像一字的角"，而是两角合并成了独角。

一个汲汲求传世功名的帝王，一群汲汲求现实利益的学者，一个由众生艰苦共同背负起来的时代，出现可以昭示盛世太平的祥瑞，无疑是一种迫切的刚需。大家都需要一种心照不宣的神迹，来使历年来那些巨大的牺牲和付出看起来获得了期待中的回报。

元狩五年

（公元前118年）

● 刘彻三十九岁 ●

宦海悲歌

相对于前面的时光，元狩五年显得有些平静。与匈奴的决战之后，军事行动暂时被搁置，帝国的财政危机虽仍然深重，至少延缓了向深渊坠落的速度，军士和民众们也得到了稍微喘口气的机会。这一年的主要变化，集中于高层官吏间的人事变动。

李广将军已于去年自尽身亡，成为大胜欢庆画面背后一曲轻扬的哀伤之歌。然而陇西李氏家族的悲剧并没有到此为止，这一年刚刚开始，李广的族弟，丞相李蔡也自杀了。

出身于六郡良家子的李蔡，跟李广一样在文帝时就担任武骑常侍；景帝时，"积功劳至二千石"；刘彻即位后，官至代国相。这样的履历，几乎是和李广同步的，客观说明他的能力即使不及兄长，应该也不会差到哪里去。司马迁认为其"为人在下中，名声出广下甚远"，一方面是从人品角度所作的评价，另一方面还因为李蔡没有李广那样长年镇守边境的经历，拥有那么多世人爱听的英雄传说。

李蔡比兄长幸运的是，在元朔五年（前124年）那场汉军奇袭匈奴右贤王的大胜中，他以轻车将军身份跟随卫青出征，功劳恰好达到标准，因军功被封为乐安侯，食邑一千六百户。元狩二年，李蔡又顶替病故的公孙弘为丞相。跻身列侯，位登三公，这是李广一辈子都未能完成的梦想。

李蔡担任丞相的四年，也没有任何事功留下记载。从田蚡之后，刘彻一贯用以为丞相之人，要么有经术缘饰政治的手段，要么有忠谨媚顺的性格，公孙弘兼有这两个特点，而出身行伍的李蔡，大概率只有后者。刘彻用他，可能只是权且备位，充当摆设，其没有事功自然也在情理之中。

这一年的三月，李蔡突然被问罪，罪名是侵占了刘彻父亲汉景帝阳陵的土地，进行买卖和私葬。李蔡赶在下狱之前选择了自尽。这种选择是古代士大夫的一种礼遇和尊严，所谓"刑不上大夫"，并非指士大夫可以免除责罚，而是朝廷会优先让他们以自尽的方式避免在牢狱之中遭受狱吏的肉刑摧残，较为体面地离开人世。这种礼遇方式实质上也是为了维护尊卑等级。贾谊对此解释道：王侯、三公如果犯有过失，可以废爵罢官，可以赐他自尽，但不能让小小的狱吏也能随意鞭笞凌辱他们，这会让百姓失去对贵族高官固有的敬畏，甚至产生对天子高贵身份的质疑。

> 今而有过，帝令废之可也，退之可也，赐之死可也，灭之可也；若夫束缚之，系绁之，输之司寇，编之徒官，司寇小吏詈骂而榜笞之，殆非所以令众庶见也。夫卑贱者习知尊贵者之一旦，吾亦乃可以加此也，非所以习天下也，非尊尊贵贵之化也……故古者礼不及庶人，刑不至大夫，所以厉宠臣之节也。（贾谊《治安策》）

李蔡之死开了一个先河，他是有汉以来第一个被问罪至死的丞相。自此之后，刘彻屡屡对不满意的丞相痛下杀手，一人之下的宰相尚且如此，其他百官有多战战兢兢也就可想而知了。

《资治通鉴》里记载有汲黯一段对于刘彻用人观的直谏。他曾怒气冲冲直言说："陛下您平时求才若渴，但是一不如意就杀掉他们，四海有才之士都不够您杀的，还有谁来为您治理天下呢？"刘彻很不以为然地回答道："哪个时代没有人才，担心的只是能不能发现而已。有了发现的渠道，还怕没有源源不绝的人才供应吗？再说了，人才就相当于有用的工具，光说自己有才却不肯为我所用，不就跟无才一样吗，这样的人不杀留着有什么用？"

汲黯谏曰："陛下求贤甚劳，未尽其用，辄已杀之。以有限之士恣无已之诛，臣恐天下贤才将尽，陛下谁与共为治乎！"黯言之甚怒，上笑而谕之，曰："何世无才，患人不能识之耳。苟能识之，何患无人！夫所谓才者，犹有用之器也，有才而不肯尽用，与无才同，不杀何施！"（《资治通鉴·汉纪十一》）

这段记载绘声绘色地描画出刘彻和汲黯二人脸谱化的个性，令人不免对帝王之无情生出无限感慨。然而此内容并不见于《史记》和《汉书》，司马光将其选入《资治通鉴》，应该是取材于《汉武故事》。此书托名为班固所作，实际上是西汉朝以后的人拾取民间故事和传说汇编而成，里面提及的情节，真实性都要打上一个问号。刘彻轻贱大臣之命，视万民如草芥固然是事实，但他会不会直截了当说"不杀何施"这样的话，个人表示存疑。

比如李蔡之死，究竟是刘彻对其不满意随意处死，还是其真的罪有余辜，我们不得而知。还有研究者认为，李蔡之死，可能缘于李广自杀激化了李氏和卫氏集团的矛盾，这一观点看上去有些捕风捉影，倒也并非完全无由，因为此年除了李蔡，李广的儿子李敢也巧合地死于"意外"。

李敢也是一名骁勇善战的骑将，这是陇西李氏骄傲的家族传承。元狩二年汉军东征那场战役，李广四千骑陷入左贤王四万人的包围，李敢亲自率数十名敢死队员冲阵，为重围中的士兵壮胆示范，已经充分显示了他的能力和勇气。去年的大决战里，他又随霍去病大军，以校尉身份突进两千余里，力战左贤王并夺取了对方的旗鼓，因功被封为关内侯。

这里面有个细节问题，大决战中，李广属于卫青的西路军团，按照情理，李敢都应该跟随其父而不该跟随霍去病的东路军。司马迁在介绍霍去病的带兵特点时，有一句话不经意间解释了这个问题。

> 诸宿将所将士、马、兵亦不如骠骑，骠骑所将常选，然亦敢深入，常与壮骑先其大军……（《史记·卫将军骠骑列传》）

大意是，每次霍去病出征，刘彻都让他优先挑选最好的士兵、战马和兵器。一方面，这样才能发挥他善于千里奔袭的特长；另一方面，这也明确体现了刘彻一心尊宠霍去病的意图。故李敢在大决战不随其父，应该是其骑战能力突出，被霍去病看中后特意选中挑走的，而他在决战里的表现也确实配得上这次选拔。

对于李敢来说，大决战本是人生一次辉煌的经历，封侯拜爵更值得好好庆贺。然而回到国内，他却听到了父亲自尽的噩耗，心情瞬间从巅峰跌入低谷。不仅如此，父亲的旧属间还流传着一条令人震惊的传闻。据大家说，李老将军是遭到了大将军卫青的不公平对待才愤而自杀的。李敢做不到以"上帝视角"去验证传闻的细节和真假，那一刻他的内心想必是愤怒且自责的，既愤怒于父亲的遭遇，同时又也许在想，假如自己没被选走而是留在父亲身边，或许大军就不会迷路失期，即使失期被责，自己也有机会力劝父亲不死。

这种纠结的情绪令李敢一时失去理智，他私下找到卫青，怒而将其击伤。卫青虽然被打，却把这件事按了下来，没有对外声张。世上没有不透风的墙，霍去病知道舅舅被李敢凌辱，同样怒火攻心，趁陪同刘彻一起在甘泉宫狩猎时，一箭将李敢射死。刘彻知悉其中的曲折之后，选择了息事宁人，对外宣称李敢狩猎中不幸发生意外，被一头鹿撞死。

但问题又来了，既然这是刘彻的亲口解释，那么外间人应该都只知道"被鹿撞死"这一官方的统一口径，司马迁又何从知道李敢是死于霍去病之手呢？或者说，这又是一条外间传闻？

268　有为：汉武帝的五十四年

传闻的可能性当然有，不过根据司马迁的行年，李敢死时他恰好担任郎官且几乎时刻跟随刘彻，至少在距离上十分亲近，理论上他应该是这一时期许多宫廷内幕的亲眼见证者。

李广育有三子，长子李当户、次子李椒都早死，李敢也死去后，李广后代最有名者，只有李当户的一名遗腹子李陵。未来，他还将续写李广家族的时代悲歌。

这一年走向仕途最后一岗的，还有永远直谏不讳的汲黯。去年，他因为一些过错从右内史的职位上免职下来，此时又被起用为淮阳郡太守。对于这一任命，汲黯起初并不肯接受，他以自己体弱多病，无法胜任地方上纷繁复杂的民事为由，表示宁可担任低级的郎官，只求可以在刘彻近侧服侍左右。刘彻则认为汲黯是瞧不起淮阳太守这一职务，于是开解这位老臣，表示淮阳当地的官民关系很糟糕，自己不得不倚重他的能力来摆平，虽然身体欠佳，还是希望他能勉强一行。

> 上曰："君薄淮阳邪？吾今召君矣。顾淮阳吏民不相得，吾徒得君之重，卧而治之。"（《史记·汲郑列传》）

这个事情如果不了解一些基础知识，读起来就觉得隔了一层纱，不明白其中的逻辑和缘由。如前所说，对于制度史的掌握，有助于我们体会历史人物的行事动机。

汲黯去年被免职的"右内史"，是个什么概念呢？《汉书·百官公卿表》里有一段解释：

> 内史，周官，秦因之，掌治京师。景帝二年分置左、右内史，右内史武帝太初元年更名京兆尹。

这段话的意思是说，内史是一个官职名，周朝就有，它的主要职责是负责治理京畿一带，相当于京师的地方首长。秦朝和汉朝承袭了这一制度，但是汉景帝前元二年（前155年）把它分成了右内史、左内史两个岗位。再到汉武帝刘彻后期，右内史又改名为京兆尹。

如果仅仅是这样，还不难理解。问题是，《汉书·地理志》颜师古注又有另几条："京兆尹"系"故秦内史，高帝元年属塞国，二年更为渭南郡，九年罢，复为内史。武帝建元六年分为右内史，太初元年更为京兆尹"；"右扶风"系"故秦内史，高帝元年属雍国，二年更为中地郡，九年罢，复为内史。武帝建元六年分为右内史，太初元年更名主爵都尉为右扶风"；"左冯翊"系"故秦内史，高帝元年属塞国，二年更名河上郡，九年罢，复为内史。武帝建元六年分为左内史，太初元年更名左冯翊"。

这段话更为复杂，且其中所提到的"内史"明显不是官职，而是一个地名，是地方行政单位。如果把这段信息和相关历史事件梳理一下，作为地名的"内史"的变迁历史是这样的：秦朝的"内史（地名）"所指，就是指秦的关中故地，也即以咸阳为政治中心的京畿地区。项羽灭秦后，将"内史（地名）"这一块区域分成了两部分，一部分划归塞王司马欣，一部分划归雍王章邯。汉高祖东出和项羽争霸，旋即灭掉了这两国，以塞王司马欣的地方分成两郡渭南郡和河上郡，以雍王章邯之地为中地郡。之所以设郡管理，因为当时并没有定都关中之意，此地尚非汉朝京畿。而到了高祖九年，已经确定了长安为首都，才把这三郡撤销，重新合并成秦时的"内史（地名）"。从中也可以看出，作为地名的"内史"，就是一种对于京畿的习称。在秦汉帝国里，非京畿地区，实行以郡统县，郡归郡守管理。而京畿地区的所有县，其上不设郡，径归"内史（地名）"统辖，只不过巧的是，管理这一区域的地方官，也叫"内史（官职）"。因此，"内史"具有官职和地名两层属性，在实例中究竟指的是哪个意义，需要我们在读史料时留意。

汉景帝前元二年把"内史（官职）"分成了右内史、左内史两个岗位，但其时，作为地名的"内史"却还没有分置，所以我们并不知道这左右内史是各管一区域，还是一人为另一人之副。直到汉武帝建元六年（前135年），才把"内史（地名）"也分为左右两部分，真正做到了官职与地名的统一。下表为"内史"官地两属性的变迁过程。

	京兆尹	右扶风	左冯翊
秦朝地名	内史		
官长名称	内史		
高帝二年地名	渭南郡	中地郡	河上郡
官长名称	郡守	郡守	郡守
高帝九年地名	内史		
官长名称	内史		
景帝二年地名	内史		
官长名称	右内史、左内史		
武帝建元六年地名	右内史		左内史
官长名称	右内史		左内史
武帝太初元年地名	京兆尹	右扶风	左冯翊
官长名称	京兆尹	右扶风	左冯翊

根据以上信息，可知汲黯所任右内史，实质上就是管理长安一带的京畿地区，这一区域在刘彻时期虽然没有景帝时期面积广，但地位上仍然是全国的政治文化中心。尽管右内史和郡守一样，都是一块地方上的首长，由于京畿的特殊性，右内史却实际比郡守要尊贵。从系统而言，郡守属于地方官，右内史却属于朝官，名列九卿。汲黯从右内史职上下来，又被派往淮阳郡担任郡守，不仅离开了长安这一权力中心和天子近侧，地位也相应地降低了不少，也难怪汲黯对此任命不情不愿。

在古代，天子脚下生活居住的外戚贵族、高官巨富比比皆是。财富和

元狩五年（公元前118年） 271

权力越集中越显耀的地方，往往也是以权谋私最普遍，潜规则最盛行，治安最难管理的地方。难以治理的原因在于，每个人身后可能都有千丝万缕的关系和深不可测的背景，故治理京畿意味着要开罪很多人，常常要兼有强硬的手腕和来自天子本人的撑腰，非一般官吏能够胜任。汉景帝初即位，任命晁错为内史。晁错是铁板一块，一心只维护皇权，不怕得罪任何人，最终也确实得罪了所有人。然由于景帝在背后支持，故起初他能维持不倒。武帝刘彻初即位时，任命酷吏宁成为内史，很快宁成就被外戚集中潲毁，被处以重刑，这是由于刘彻初年不掌实权，内史工作得不到皇权支持故终于难以开展。

根据《汉书·百官公卿表》，汲黯担任右内史，是在元朔五年（前124年），免职在元狩四年，前后五年时间。汲黯不惧任何人任何事的铁面无私，确实是担任内史所必备的；然而他崇尚黄老之术，其治民多好清静无为，这又非刘彻所喜和内史之职所需。同时汲黯对天子也直言不讳、直谏不休的个性，也决定了他不可能像公孙弘、张汤一样从九卿的业务岗位上晋升为可参与议政的三公宰辅。右内史这一职，注定是他一生中的最高官位。

接替汲黯为右内史的，是原定襄太守义纵，这是又一名见诸史传的酷吏。义纵初到定襄上任时，就审理了狱中两百余名罪犯，认为他们罪重而判轻，同时抓捕了两百余名这些罪犯的"宾客昆弟"，理由是这些人经常不守规定私自探监，想为罪犯求情开脱。义纵一日之内，将这四百多人全部公开处死，于是"郡中不寒而栗，猾民佐吏为治"。这些罪犯既然有宾客，还可以私入狱中，说明并非普通百姓，当地的官吏与豪强之间私相勾结的现象也确实严重。义纵这种敢对豪强下手的强硬手段，恰恰是刘彻认为内史之任所必需的。

义纵从郡守为右内史，是正常的升迁顺序，而这一变化恰恰和汲黯相反。刘彻起用汲黯为淮阳太守的理由，也和任用义纵为右内史相反。他在开解汲黯时提到一句"淮阳吏民不相得，吾徒得君之重"，透露了其中的关节。这句话意思是当地的官民关系非常糟糕，故不得不派汲黯前往修复缓和。虽然刘彻并没有说明糟糕的原因，但考虑到汲黯的风格是清静无为，我们也能猜想到淮阳官民关系是由于前任太守手段酷虐而造成的。淮阳前任太守不是别人，是汲黯的外甥司马安，而《史记·汲郑列传》称司马安"文深"，《史记·酷吏列传》称"司马安之文恶"，就是他"持文深刻"，喜欢整人的意思。水多了加面，面多了加水，酷吏和循吏的关系，就是水和面的关系。

汲黯虽不情愿，在刘彻的坚持下还是前往淮阳赴任了，十年之后死在任上。在离开长安前，他对大行令李息有一番忠告。他说："我被天子弃置远郡，今后不得参与朝政了。御史大夫张汤，是一个智慧和奸诈都超越常人者，平日只知道媚上取容，喜欢以刑法生事整人。君身为九卿，应当早些为主上揭发，否则迟早和张汤一起遇祸。"李息生性懦弱怕事，畏于张汤的权威，并没有重视汲黯的劝告。张汤也继续在刘彻的信用之下享受着权力带来的红利，完全没有预料到一场大祸，正在一步步向自己走来。

元狩六年

(公元前 117 年)

● 刘彻四十岁 ●

方术、疾病与死亡

刘彻步入了不惑之年，眨眼之间，他已经统治汉帝国达二十四年之久，超过了之前任何一位皇帝。四月，刘彻为三名皇子进行了隆重的策立仪式，立刘闳为齐王，刘旦为燕王，刘胥为广陵王。之所以称隆重，是因为分封此三位皇子时，朝廷首次模仿《尚书》的文风撰写了三份诰书。《尚书》的风格本就是庄严古奥的，因此这些诰书连文章大家司马迁也觉得"文辞烂然，甚可观也"，让本次分封看上去显得特别有仪式感。

这三位皇子中，刘旦和刘胥都是相对并不太受宠的李姬所生，而齐王刘闳的母亲则是此时最得刘彻宠爱的王夫人，即卫青当初曾主动拿五百金为其贺寿者。提出本次分封的建议者，又恰恰是新任大司马的霍去病。他在奏书中声明，虽然作为将军不宜越权干涉皇帝家事，但还是冒死作了如此提议。这一年初，王夫人就已经病重，筹划这么郑重的一场封王盛事，主要目的是为了告慰王夫人也好，为其冲喜也好。霍去病的这一提议，恰恰摸准了刘彻的心理，很快就得到了执行。

据褚少孙所补的《史记》内容，刘彻亲自到病床前问王夫人，希望儿子刘闳当哪个地方的王。王夫人客气了一下，说这是陛下一句话的事情，哪里轮得到臣妾决定。刘彻也想表现一下自己的大度和对她的宠爱，便说：没关系，想要哪块地方随便说。王夫人见状，老实不客气道：那我替他要洛阳。刘彻听完却犹豫起来，半天说：洛阳有武库和敖仓，是大汉重要的都城，又是天下要害，先帝以来，没有哪一个皇子分封在洛阳。我看你还是换一个吧，除了洛阳，任何地方都可以。

刘彻的犹豫并非没有道理，洛阳确实有不一般的政治意义，它既是东周的都城，又是刘邦统一之后起初打算定都之地。同时洛阳的地理位置、财富积聚、城市规模，也都和其他普通城市不太一样。这样一个中心城市只可以掌控在朝廷名下，而不宜交到诸侯王手中。

王夫人被拒绝后，干脆一声不吭，刘彻顺势说："关东之国最富裕最广阔者，莫过于齐。恰好齐王在十年前自杀[1]，齐国被废除了，不如就让刘闳去齐地当王。"王夫人这才同意。

以上便是三位皇子分封仪式的来由。不过在正式册立时，王夫人已经病故，刘彻非常伤痛，派使者追赐其为齐太后。其时，正有一名叫作少翁的齐地方士在宫中，他便投其所好为刘彻表演了招魂术。招魂的具体做法是在宫中设两处帷帐，刘彻坐在一处，少翁招来的王夫人鬼魂现身在另外一处。少翁自然要说服刘彻鬼神不能亲见，只可以隔着重帷遥望。于是，刘彻从远处听声辨形，鬼魂无论音容，好像还真和王夫人一般无二。现代人肯定能明白这是一种骗术，然而刘彻是囿于时代认知也好，是出于对亡妾的深切怀念也好，对神奇"仙术"非常受用，立刻拜少翁为文成将军，大加赏赐，并以客礼待之。有人可能觉得"拜将军""客礼"没什么，如果对比以"踞厕视卫青"，就容易理解此间的区别和对为国立功捐躯者的不公。不过这个少翁并没有过太久的好日子，很快他就因弄虚作假被刘彻识破而诛杀。这正是方士命运的一体两面，有些君主把方术当成统治的工具，所谓"设神道以教"，他需要的只是方士配合自己演戏，至于伎俩真不真实

---

[1] 详见元朔二年"主父偃的结局"篇。

并无所谓；而像刘彻这样痴迷神仙鬼魂的君主，越是对方术较真，越容不得其中有半点诓骗。

这个故事在《汉书》里，被描述成招的是李夫人之鬼魂。但李夫人之得幸和去世，远在少翁被诛之后多年，不知班固为什么会犯这样一个低级错误。又或者，之后确实有另一个方士也为李夫人之魂施展过同样的法术，而到了东汉时期，这些类似的故事已经在传播中被整合到了一起。

王夫人之死从时间上看，应该在这一年的四月之前。八月，年轻的大司马霍去病也突然病故，年仅二十四岁[1]，这对于刘彻来说，无疑是再一次沉重的打击。为了悼念霍去病，刘彻给了他陪葬的待遇，并发五属国士卒，全部穿上黑色铠甲，从长安沿路一直排列到自己的茂陵为其送葬。霍去病之冢被设计成祁连山的形貌。为何如此设计，一部分学者认为是为了彰显其河西之战的功勋，这种思路可能来源于《史记索隐》中引用的崔浩的观点。

> 去病破昆邪[2]于此山，故令为冢象之以旌功也。

也有相当一部分学者认为这是一种方术的仪式，目的在于期待人死后可以升仙。

> 总体上，升仙说的解读基本认定霍墓石刻与当时神仙方术有关，旨在将霍去病墓塑造成茂陵陵区内的一座仙山。（武光雪、付龙腾《西汉霍去病墓石刻群历史地位的再检讨》）

其实这两种目的并非对立冲突，完全可以同出于刘彻意图，同样寄予

---

[1] 张大可先生《卫青、霍去病生年试探》一文对霍去病的年龄有不同考证，认为其卒年为二十九岁，总之都称得上英年早逝。

[2] 即浑邪。

了他对早逝的天才将军的深切痛悼。

关于霍去病的史料其实非常稀少，基于现有内容，说霍去病是天才将军丝毫不为过。回顾他短短一生的四次出征，非但保持不败，且创造了前无古人的战绩。他的首次亮相是在元朔六年（前123年）以嫖姚校尉身份跟随卫青征战漠南，在苏建、赵信与卫青主力皆苦战不利的情况下，他独以一支轻骑部队完成追袭，成为那场战役唯一亮点。元狩二年春夏，他又二度出征河西走廊，千里转战，对匈奴右方势力实现连续致命打击，废其"右臂"，为汉朝从此赢得河西要冲的控制权。元狩四年的漠北大决战，他更是独自肩负着擒斩匈奴单于的重任，虽然没有最终相遇，却仍然重挫左贤王部队，深入匈奴腹地，封狼居胥而还。尽管后世对于这些战争的必要性存在讨论的余地，但该不该主动深入进攻匈奴，是君主层面需要考虑的问题，是刘彻该拿的主意；怎么记录和评价战争的得与失，是手执史笔如太史公马迁父子需要考虑的问题，我们不该把这些层面的意义，强加到卫青和霍去病的头上。霍去病只是一个战略的执行者，就事论事地说，他十分出色地完成了君主所托付的重任，且没有任何人可以比拟，绝对称得上一名不世出的英雄。

刘彻曾经想要传授他孙子和吴起的兵法，霍去病拒绝道："行军打仗靠的是临阵应变，没有必要学古人。"早于霍去病将近一百年，西楚霸王项羽幼年时学兵法也曾"略知其意，又不肯竟学"。可能两人天生都属于少年自负的杰出天才。司马迁写到霍去病的性格时，用了八个字："少言不泄，有气敢任"，可谓言简意尽。"少言不泄"形容其冷漠高傲，"有气敢任"形容其敢作敢当，很难找到更贴切而又生动的八个字来描画出霍去病清冷高绝的气质。

这种气质也只有放在霍去病身上才合适，卫青就不可能有这种性格。一来年龄不同，卫青和刘彻年龄相仿，比霍去病年长约十五岁左右，自然要更成熟老到些。二来成长环境不同，卫青少时生活在平阳，过了很长一段时间奴隶般的日子；而霍去病还在襁褓中，就被母亲卫少儿跟随主人从平阳带到了咸阳,姨娘卫子夫很快得到了刘彻宠幸,整个家族突然发迹平步青云,以致他从小心理就和贵族一般无二。

这种阅历可能也正是二人处事和治军风格不同的根源。卫青为人"仁善退让",既谦谨又低调,淮南王谋士伍被的谋反供词里,提及卫青对待军士也体贴入微,身先士卒。军士没有吃饱休息好,自己绝不进食睡觉;撤军时先让士卒安全渡河,自己再行撤退;得到的赏赐,也尽数用以激励将士。

> 及谒者曹梁使长安来,言大将军号令明,当敌勇,常为士卒先;须士卒休,乃舍;穿井得水,乃敢饮;军罢,士卒已逾河,乃度。皇太后所赐金钱,尽以赏赐。虽古名将不过也。(《汉书·蒯伍江息夫传》)

这份供词虽然存在为求自保有意抬举卫青之嫌,但大体不可能违背事实过多,足可略观卫青生平性格。

而霍去病则与舅舅截然相反,他的贵族习气常常显得他不太近人情。刘彻对其十分偏爱倚重,有时出军,单独为其准备了数十辆车,装满宫内最好的食物。回程时,这些食物常有盈余,但即便士兵面露饥色,他也没有想过与众分享。有时千里远征,军士难免一时疲累饥渴,他行军训练的安排与力度也时刻不会改变。一般认为,这些事例是司马迁作为对霍去病的批评记载下来的,并且最后还用了"事多此类"总结,表示这是他一贯的作风。司马迁喜欢李广胜于卫霍是众所周知之事,而很多学者还认为,在卫青、霍去病两人之中,司马迁其实也仍有偏好,相对来说他更喜欢卫青一点。曾国藩就说,太史公常常把两个人放在一个合传里以显出高低,比如《卫将军骠骑列传》里卫青高于霍去病,就像《魏其武安侯列传》里窦婴高于田蚡。

《卫青霍去病传》右卫而左霍，犹《魏其武安传》右窦而左田也。（曾国藩《求阙斋读书录》）

清初学者姜宸英对司马迁关于卫霍的偏好，从写作技巧的角度作了更详尽的揣摩。他认为司马迁凡写卫青的战斗，唯恐描写不够细致。我们回想一下确实，比如奇袭右贤王和大决战中对阵单于，都有细节经过，甚至对阵单于那次并非多么漂亮的胜利也写得绘声绘色。作为对比，姜宸英说，《卫将军骠骑列传》里提到霍去病的大胜，一点直接描写都没有，反而倒是刘彻赏赐霍去病战功的三封诏书更为详尽一点。姜宸英据此认为，司马迁可能怀疑霍去病幕府上报朝廷的军功有假，毕竟卫青七次大规模出击，才斩捕五万多人，而霍去病三次出征就斩捕超过了十一万，故略去他的作战经历，只以诏书作为官方口径，留待后人考察其中的真实性。

余熟观太史公传所谓两人点次处，则右卫也，其于霍也，多微辞矣。传叙卫战功，摹写唯恐不尽，至骠骑战功，三次皆于天子诏辞见之，而太史公核实，一曰"出陇西有功"，一曰"捕首卤甚多"，一曰"兵所斩捕功已多"而已，岂非以天子之诏特据幕府所上功次，其辞多铺张失实，而天子方深信之，则姑存此以为传疑之案乎？观大将军七出击匈奴，斩捕首虏才五万余级，而骠骑三出，诏书所叙已不啻十一万余首级，其虚伪可见，此良史言外褒贬法也。（百家汇评本《史记》引姜宸英《湛园未定稿》语）

这样的猜测多少有些"诛心"，司马迁可能出于人情味的角度确实更推崇卫青一些，但要说他记录诏书是在质疑霍去病的战功，则毫无根据。事实上，《卫将军骠骑列传》不仅有刘彻褒奖霍去病的诏书，也同样记录了褒奖卫青的。与其说太史公在"疑以传疑"，不如说是为了凸显刘彻对卫霍二人的青睐和有意尊宠。

刘彻有意让卫青和霍去病立功，扬显二人在军中的声威，并最终让他们共同统领军队，通常认为是因为二人的外戚身份。自他即位以来，对匈奴的军事行动早就是提上日程的事，把军权全部交给旧臣宿将，恐怕没有哪一人是值得信任的。而外戚姻亲的特殊性，使得他们比起一般人，对皇帝的忠诚度要更高、依附性要更强，理所当然是统军的更优人选。实际上，并非到刘彻才这么做，景帝时七国之乱，朝廷大用兵，选择监军的大将军就是外戚窦婴。刘彻在出征中对卫霍有所偏护，比如给予更优越的战备物资，优先让霍去病挑选最勇猛的士兵等等，实在是再正常不过。司马迁形容霍去病时用了一个词——"天幸"，意思是除了主观英勇，运气也特别好，所以从未陷入困境。但我总疑心"天幸"在这里含有双关意。众所周知，皇帝代表的就是天命，皇帝之宠也称为"幸"。或许司马迁不想直言刘彻对霍去病的偏爱和照顾，故以"天幸"一词隐晦概括。

不过即便拥有刘彻的祖护，上战场拼生死毕竟靠的还是真实才能。无论司马迁还是后世读史者，对霍去病本身的作战能力并未否定。如清人王治皞认为卫霍二人都称得上将才，并非一个"幸"字就能全部概括，他站在自己的时代，觉得卫霍征讨匈奴的功绩哪怕千百年来都无人可及。

> 两人固将才，规其辞令布置，则其成功非幸也，一时制胜，必有可观……出塞之功数千百年无能继之者，则其功岂不较著哉？（百家汇评本《史记》引王治皞《史记榷参》语）

除了"天幸"，我们仍可以从《史记》里找出许多霍去病成功的因素，比如其本人精于骑射，又擅长闪电战和奔袭战术，这恰恰是过去汉军之不足，能够出乎匈奴意料之外；再如从历次封赏的诏书来看，霍去病领属的军队中出现了很多诸如"仆多""复陆支""伊即靬"等胡人姓名，可推知其部下必有相当一部分投诚归顺的匈奴，这些人的存在不仅有效提升了汉军的骑兵能力，而且能保证霍去病深入匈奴之地而不至于迷路绕远、缺水乏食。能够统领好数万汉匈混编的部队屡次执行千里歼灭之任，足可见霍去病本人将才。

霍去病的出生之年恰恰在刘彻初即位的建元元年（前140年），一生的亮点全部集中在元朔六年至元狩四年（前123—前119年）这五年里，等到匈奴北遁，他又突然与世长辞，巧合得仿佛是上天特意送给刘彻的一份大礼。失去这样一名才不世出、功耀千古的青年英杰，可想而知刘彻有多么痛惜和不舍。

霍去病英年早逝，死因不明，《汉武故事》里有一则和此相关的逸闻。逸闻称霍去病还没有发迹时，曾经数次去上林苑中供奉的神君那里祈祷。如前所述，所谓的神君，只不过是一名叫作宛若的女子，借称其死去的妯娌会显灵装神弄鬼而已[1]。像这种把戏，为了保持神秘感，在显灵之时往往会以帷幕阻隔，绝不让祈祷问神之人见到本尊被神灵上身的样子。而霍去病去过几次之后，"神君"竟然主动现身在他面前，且一看就像精心打扮了一番，直言不讳地表示要和霍去病同房。听上去像是神君的意思，实际我们都知道，这是宛若春情萌动，几次见面后对这位少年动了心。假如这个故事是真的，霍去病其人的风范应该也算是出众了，而汉时女性热情主动的性格也令人佩服。不过，故事里霍去病拒绝了宛若自荐枕席的要求，不知是觉得"神君"不可冒犯，还是嫌弃宛若的长相不符合自己的审美。等到霍去病病重，刘彻担心不已，向神君祈祷。神君回答说："霍将军精气不足，所以寿命不长。当初我曾想为他注入太一之精，助其延年益寿，可惜霍将军没有珍惜，可见其命数已定，如今已经无药可救了。"

> 霍去病微时，数自祷神君，乃见其形，自修饰，欲与去病交接，去病不肯，神君亦惭。及去病疾笃，上令为祷神君，神君曰："霍将军精气少，寿命不长。吾尝欲以太一精补之，可得延年，霍将军不晓

---

[1] 详见元光二年"鬼神之祀"篇。

此意,遂见断绝。今疾必死,非可救也。"去病竟死。(《汉武故事》)

这个故事把霍去病的死因归为玄学,而有的学者猜测,这一年可能汉帝国正在流行一场疫病。大兵大灾之后必有大疫,连续多年的征战不休、死伤无数,的确有可能带来传染病的传播。这一观点也缺乏有效材料的印证,能勉强支撑的证据是王夫人和霍去病的相继死亡,以及紧跟着在这一年的年尾,刘彻本人也陷入重病,几乎不治,经历了巫术、医术、方术的联合会诊才病愈。四十岁的帝国天子,经历了人生中最险恶的年份之一。

附录四：终军"祥瑞"对

时又得奇木，其枝旁出，辄复合于木上。上异此二物，博谋群臣。军上对曰：

"臣闻《诗》颂君德，《乐》舞后功，异经而同指，明盛德之所隆也。南越窜屏葭苇，与鸟鱼群，正朔不及其俗。有司临境，而东瓯内附，闽王伏辜，南越赖救。北胡随畜荐居，禽兽行，虎狼心，上古未能摄。大将军秉钺，单于犇幕；票骑抗旌，昆邪右衽。是泽南洽而威北畅也。若罚不阿近，举不遗远，设官㝎贤，县赏待功，能者进以保禄，罢者退而劳力，刑于宇内矣。履众美而不足，怀圣明而不专，建三宫之文质，章厥职之所宜，封禅之君无闻焉。

"夫天命初定，万事草创，及臻六合同风，九州共贯，必待明圣润色，祖业传于无穷。故周至成王，然后制定，而休徵之应见。陛下盛日月之光，垂圣思于勒成，专神明之敬，奉燔瘗于郊宫，献享之精交神，积和之气塞明，而异兽来获，宜矣。昔武王中流未济，白鱼入于王舟，俯取以燎，群公咸曰'休哉！'。今郊祀未见于神祇，而获兽以馈，此天之所以示飨，而上通之符合也。宜因昭时令日，改定告元，苴白茅于江淮，发嘉号于营丘，以应缉熙，使著事者有纪焉。

"盖六鹢退飞，逆也；白鱼登舟，顺也。夫明暗之征，上乱飞鸟，下动渊鱼，各以类推。今野兽并角，明同本也；众支内附，示无外也。若此之应，殆将有解编发，削左衽，袭冠带，要衣裳，而蒙化者焉。斯拱而俟之耳！"

（摘自《汉书·严朱吾丘主父徐严终王贾传》）

元鼎元年

（公元前 116 年）

● 刘彻四十一岁 ●

算缗与告缗

假如真的可以开启上帝视角，那么会发现，这一年整个帝国上下可能处在一种惶惶不安的情绪之中。这种情绪与天子久病初愈有关，与一些朝臣之死有关，也可能与一些政策实施有关。

这项政策称为告缗，而它之所以会出台，是因为另一项政策算缗推行得并不太顺利。

为了更好理解算缗，需要对这两个字做简单的训诂。

"缗"字从"纟"，本指线绳，汉时人常常用线绳把一千枚铜钱串成一串，一千钱称为一缗，于是"缗"也就有了"资产"这一引申义。而"算"字，除了有"计算"之义，还是汉朝一种特殊的统计单位，汉人经常把各种统计的结果都称为一算，至于一算究竟指多少，却无定数。比如《汉书·高帝纪》记有：

四年……八月，初为算赋。

此处的"算赋"应理解为"以算为单位征收百姓的赋钱"，具体是十五至五十六岁的百姓每人年缴一算，此处的一算是一百二十钱。

再如《汉书·景帝纪》有：

> （后）二年……五月，诏曰："……今訾算十以上乃得官，廉士算不必众。有市籍不得官，无訾又不得官，朕甚愍之。"

此处的"訾算"是指统计之后的个人财产，一算是一万钱。需要家产十万钱以上才有资格以訾担任郎官，汉景帝认为过高，下诏调整门槛为訾算四，即四万钱。

又如《九章算术》有一道按比例摊派徭役的数学题：

> 今有北乡算八千七百五十八，西乡算七千二百三十六，南乡算八千三百五十六，凡三乡，发徭三百七十八人。欲以算数多少衰出之，问各几何？

其中的"一算"指的就是一名可征发的劳动力。

再如出土的居延新简里，有对士兵竞技考评的记录：

> 九月都试，骑士驰射最，率人得五算半算。

其中的"一算"类似于一次得分。

综上，我们可以发现，"算"是一种汉朝官方使用的统计用语，既是财税单位，也是人数单位，甚至是一种绩效考评单位。而上述的"算缗"，显然是一种财税政策，因此其完整意义可以理解为"以算为单位征收财产税"。

算缗政策的出台，时间大约在元狩四年（前119年）左右，正是与匈奴纠缠激战前后，针对的对象是无论有无市籍的全体商人，包括放贷者、手工业者。政策要求他们自己估算经营性成本，统一换算成缗钱，其中商人每两千缗钱需要缴税一算,手工业者则是四千缗钱缴税一算。这里的一算也是一百二十钱,上述税率分别相当于百分之六和百分之三。尽管《史记》和《汉书》中都曾提及过商人理想化的利润率可以达到20%,但这只是一些金字塔顶端的例子,普通商贾和手工业者显然不可能有这么高的收益。即使按最高的利润率来看,算缗政策也相当于一下子没收了商人辛苦一年盈利的三分之一。回想元光六年(前129年),刘彻还曾发布过征收车船税的政令,从算车船到算缗,实质上是把征税范围从商业运输工具扩大到全部商业资本,以便和盐铁专卖同步对商贾这一阶层进行更彻底的掠夺和打击,这自然广泛引起了天下为商者的普遍不安与抵制。

一连串的侵削政策,除了是小农经济下一以贯之的抑商思想的体现,还与时局紧紧相关。国家被战争、开拓与灾荒拖入了严重的财政危机,在财富无法突然增长的前提下,天子和平民能想到的渡过难关的办法其实一样,要么是借钱,要么是捐赠。不到万不得已,谁都不会动手去抢。刘彻屡次希望有人能主动急国家之困,担朝廷之忧,贡献一些财产出来缓解现实难题,这些对象包括但不限于平日养尊处优的王侯,以及在承平时代赚得盆满钵满的商贾群体。有没有这样心怀国事的慈善家涌现呢?答案是有的。

有一位河南郡的牧民叫作卜式,起初他将田宅财产悉数留给成年的弟弟,自己取了一百多头羊入山放牧,十几年之后羊群翻了十倍,而弟弟却经营不善破了产,他又多次将所获收益周济弟弟。看上去,这是一位既有能力又有善心之人。

还在汉朝与匈奴的战事刚刚拉开序幕时,卜式就屡屡向朝廷表达心愿,希望能够捐献一半家产,为边军尽一点绵力。通常这样主动捐赠的,总会让人觉得是利益交换,必有所求。所以刘彻自然而然派遣使者问:"你是不是想要做官?"卜式答:"臣自幼种田放牧,不懂吏事,也不想为官。"使者又问:"是不是家里有什么冤屈,想要天子为你申冤?"卜式答道:"臣平时不但与人从无纷争,还时时教导乡民、周济乡里,远近之人对我无不恭恭敬敬，哪里有什么冤情要诉？"使者更疑惑不解了，问："那你为什么这么做呢？"卜式道："天子有志剿灭匈奴，我认为应该有力者出力，有钱者出钱，匈奴才能早日灭亡。"

使者曰："苟如此，子何欲而然？"式曰："天子诛匈奴，愚以为贤者宜死节于边，有财者宜输委，如此而匈奴可灭也。"（《史记·平准书》）

这一番对话里，使者屡次表达了卜式行为的不解。不仅使者，刘彻对此也充满了怀疑，于是又征求当时还在世的丞相公孙弘的意见。公孙弘回答："这不是人之常情，希望陛下不要答应，以免不轨之人借此生事。"这件事便被搁置了下来。但从刘彻到小臣一连串的反应，倒真的体现了一种人之常情：一个人主动捐献财产而不求任何回报，口称为了国家大事，就算天子本人听起来也觉得不可思议。当然，刘彻此时没有接受卜式的捐赠，其中也有战事方起，财政一时间还没有被拖垮的因素在其中。

等到元狩二年（前121年），那一年接连发生了几件大事，第一是春夏发动了三次军事行动；第二是浑邪王率众投降，需要安置数万匈奴降众；第三是关东大水灾，迁徙七十万贫民前往朔方郡以南，财政一下子愈发捉襟见肘。卜式所在的河南郡就有徙民，然而本郡的财政无法支撑这一政治任务，只能向当地的富户募捐，有少数富人献了爱心，其中卜式一人就捐献了二十万钱。在最后河南太守上报给朝廷的捐款名单里，卜式的名字应该比较显眼，刘彻一眼就认了出来，说："这不是当年要捐一半家产之人吗？"

时迁境移，此年帝国的财政状况已经不同于往日，刘彻对于捐资的心理也大异于当初，于是二话没说就拜卜式为中郎，并将其爵位升至左庶长，同时布告天下，"欲尊显以风百姓"。

这里用到了一个"风"字，古汉语里这个字用作动词的时候，非常形象。风是无形的，但是风经过的地方，草木总是会改变自己的形状来顺应。所以"风"作为动词，有期望形成某种群体性行为之义。刘彻尊显卜式以风百姓，目的自然是希望通过树立一个出钱为国分忧的道德典型，激励天下更多的富户纷纷慷慨解囊，为国分忧。起先不愿做官的卜式也没有再推辞，当然他的才能在行政岗位上也得到了充分发挥，短短几年就从郎官晋升为齐国太傅，这是题外话，此处不再引申。

然而以上这些事的结局颇令刘彻意外和心伤，无论树立典型，还是出台算缗令，利诱和威逼一齐用上了，效果却并不明显。不但鲜有人像卜式那么无私，愿意主动拿出真金白银支援国库，即便是政令性质的算缗，也遭到了商人群体一致的虚与委蛇，大家纷纷隐匿自己的财产，并不如实申报。

> 天子既下缗钱令而尊卜式，百姓终莫分财佐县官，于是告缗钱纵矣。(《史记·平准书》)

有人会站在大义角度指斥这些群体既不够爱国，也不够守法。他们会拿出这样的理由：平日里是国家抵御匈奴保障了和平稳定的环境，让你们赚得大量利润。国家有难之时，难道不该贡献一份力量吗？算缗令毕竟是国家的政策法令，连这都不遵守，不是刁民又是什么呢？

这种指斥看似有理，其实既忽略了古代社会的生存艰难，也选择性无视了平民百姓日常中已经尽到的义务。大汉帝国里的编户齐民，平日就通过各种繁重的赋税、徭役、兵役，为皇室、国家、朝廷贡献着自己应尽之力，没有理由无限制地在他们肩上横加义务、捆绑道德。朝廷如果可以随意就开征一项新税对平民财富进行掠夺，平民自然也有情理对此表达不满和抵制。我们尽可以站在大国角度思量为政者的大局和不易，但不能因此忽视亿万小民头顶各种生存问题带来的真实难处。

在算缗令并不奏效的前提下，告缗令在这一年顺势出台了。财产不申报，或不如实申报的，罚戍边一岁，并没收所有经营成本。同时鼓励民间互相举报，举报成功，可以分到被没收财产的一半。

任何时候，纵容举报都是一种懒政，也是一种极其罪恶的制度。之所以称其是懒政，在于举报制度某种程度上，是把有关部门的责任和义务转移给了另一无关群体。而更关键的是，举报制度常常是掌权者使用的一种政治斗争术，它可以成功释放人性之恶，在人与人之间塑造出本不存在的敌对关系，从而把每个人都变成一个监视机器，成为掌权者手中可以利用的工具。举报制度不会让一个社会变得更加和谐健康，也不会给编户齐民带来安稳放心的生活，它只是给掌权者提供了一种低成本的社会管理手段。与它所揭发的违法行为相比，这种制度所造成的诬告冤案只会更多，对社会层面的信任破坏只会更为彻底。

告缗令出台以后，算缗很快扩大化，本来是针对商贾、放贷者、手工业者的经营成本，实际操作中变成了针对几乎所有家庭的家庭资产。而且举报有利可图，告缗令很容易就成为仇富者或者有私怨者的一场狂欢，"中家以上大抵皆遇告"，凡是有点家产的，都被人惦记上了。而官府通过算缗、告缗，"得民财物以亿计，奴婢以千万数，田大县数百顷，小县百余顷，宅亦如之"，"用益饶矣"。

无论之前的白金白鹿皮币、盐铁专卖，还是如今的算缗告缗，背后都有一个人的影子——御史大夫张汤。

> 汤每朝奏事，语国家用，日晏，天子忘食；丞相充位，天下事皆决于汤。百姓骚动，不安其生，咸指怨汤。(《资治通鉴·汉纪十一》)

丞相公孙弘死后，相继顶替的李蔡、庄青翟都是摆设，真正可以与刘彻议事决事的，只有张汤这名懂得揣摩上意的专业法吏。他也深知刘彻目前的燃眉之急是"国家用"，故在他牵头之下，任用孔仅、东郭咸阳、桑弘羊、杨可等人陆续推出了这些所谓的财政改革政策。不管民间的怨言有多少，至少在刘彻看来，张汤此人不但有招，且有效。虚空的国库再次充盈起来了，他再也不必为没钱实现志愿而紧锁眉头。

也有一些官员对这些政策的破坏性表现出了担忧，对于这些不和谐的声音，张汤很快就进行了处理。比如前面提及过的两个人名：右内史义纵、大农令颜异。

义纵是在元狩四年（前119年）接替汲黯担任右内史的。如前所说，他也是一名天下闻名、一日可以处死四百人的酷吏。但是他至少做错了两件事，以致给自己惹上杀身之祸。第一件事是刘彻去年重病期间，从京城出发去甘泉宫疗养，途经右内史界内。可能是生病导致性情暴躁，也有可能确实是义纵的疏忽，刘彻觉得沿途的接待工作质量很差，大发雷霆，说出了极重的话：义纵是不是觉得我必死无疑，再没机会走这条路了！让天子衔怒已经基本决定了他的命运，紧接着他又在告缗令一事上表现出了不太高的姿态，他认为举报会导致民间大乱，下令抓捕了朝廷派来主持告缗的使者，这就直接让自己走上了一条绝路。这一年年初，他被弃市处死，甚至没能得到"刑不上大夫"可以自尽的待遇。

和义纵相比，大农令颜异的遭遇更冤一些。前面也提过，大农本身就是主管财政和经济的部门，身为部门长官，颜异当初却对白鹿皮币一事表达过委婉的异议，这让刘彻极度不满。后来一系列改革政令出来后，颜异学乖了，当有人问起他的意见，他默不作声，只是嘴皮稍微动了一下，把本想说的话硬生生吞了下去。张汤却因此上奏，认为颜异虽没有出声，其实是在腹中诽谤朝廷政策，应该判以死罪。

> 异与客语，客语初令下有不便者，异不应，微反唇。汤奏当异九卿见令不便，不入言而腹诽，论死。自是之后，有腹诽之法比，而公卿大夫多谄谀取容矣。（《史记·平准书》）

原文中的"有腹诽之法比"，"比"是律法术语，意思是参考。意即从此以后，相似的情况可以参考颜异这个案例来进行判决。于是张汤开了一项极其黑色幽默的罪名先河，其荒诞程度比起"莫须有"有过之而无不及。当批评不自由，当沉默也是罪，违心取容就成了唯一可行的生存之道。

元鼎二年

（公元前115年）

● 刘彻四十二岁 ●

张汤之败

在诸侯王中，赵王刘彭祖是个性格特异之人。从出身来看，他和中山王刘胜同是景帝贾夫人之子，都是刘彻的同父异母兄弟，且两人与刘彻的关系，在众兄弟之中相对比较亲密。其时，诸侯王的日子过得都不太如意，朝廷派在诸侯国内的官员纷纷以苛察为手段，专门窥伺诸王不法之事。其他各王自保不暇，赵王却有一套独特的应对之招。《史记》称其有两个特点，第一是"好法律，持诡辩以中人"，喜欢钻研朝廷的法律条文，然后用诡辩术去治人之罪。他经常故设圈套，卖个破绽引国中官员来调查，等事情澄清后反咬一口，控告这些官员陷害自己。因此，凡是派遣到赵国的国相、二千石官员，没有一人能做满两年，不是得罪处死，就是被加以肉刑。

赵王第二个特点是"不好治宫室、机祥，好为吏事"，他不喜欢讲究排场和那些神神鬼鬼的东西，却非常务实，喜欢干那些基层官员才干的具体业务。比如他曾上书请愿亲自抓捕国中的违法分子，经常夜里跟着士卒们一起巡逻。

从以上两点来看，赵王其人非常聪明，精力无限，内心却十分阴险狡点。无论是设计对付官员，还是抓捕盗贼，他热衷的事情，无非是折磨他人，自己从中获得幸灾乐祸的快感。但在其他诸侯国普遍战战兢兢，如履薄冰的大环境下，他能如此放肆妄为，可以想象，刘彻一定给予了他极大的宽容和默许，只不过我们无法得知刘彻这么做的原因。

时光往前推十几年，当初炙手可热的主父偃之所以倒台，就是赵王悄悄给刘彻上了一封告密信，称其借实施"推恩令"收受诸侯王贿赂[1]。看上去，刘彻对他不仅容忍，而且信任，似乎有意发挥他的性格特长，拿他当一位关系亲密的线人，来窥探身边大臣们的隐私和忠诚度。一方面，普遍任用酷吏打压诸侯王；另一方面，又以某个亲信诸侯王反过来震慑官员，这也是一种平衡之道。

这一年，赵王把矛头对准了如日中天的御史大夫张汤。他在一封告密信中称：张汤有一名熟人，叫作鲁谒居，是个不知名的小吏。鲁谒居生病的时候，张汤曾亲自为他摩脚。身为朝廷三公，位极人臣，却卑躬屈膝为小吏服务，其中必定有什么奸情。刘彻下令廷尉调查此事，很快鲁谒居及其亲友们被悉数逮捕问询。在狱中，鲁谒居病死。有一日，张汤到狱中审理其他案件，瞧见了关押中的鲁谒居弟弟。弟弟眼巴巴地望着他，期待他能助己脱狱。然而张汤假装不认识，默不作声走了过去。这其实怨不得张汤，毕竟这件案子本来就牵连到他，他当然不能公然使用权力插手救人。张汤的本意是打算暗度陈仓，慢慢平息此事，鲁谒居的弟弟却等不了那么久，身陷囹圄中，面临生死存亡问题之人，对于时间的量度是和牢外不一样的。他认为张汤一定是想拼命撇清关系，以求自保。既然得不到庇护，自己还不如主动招供哥哥和张汤的隐私，或许能转为"污点证人"博个从轻发落。

于是张汤的一桩阴谋被揭发。当初曾有一名叫作李文的御史中丞得罪了张汤，不久被人告发有不法行为。张汤时任廷尉，掌管司法刑狱，李文

---

[1] 详见元朔二年"主父偃的结局"篇。

落在他手里自然难逃一死。告发李文之人，正是鲁谒居安排的。当刘彻不经意间问起时，张汤表现得全然不知鲁谒居与此案有何关系，称肯定是李文某个有私怨的熟人所为。而据鲁谒居弟弟交代，张汤不仅知道内情，实际上他全程参与了谋划诬告李文一事。陷害大臣自然是重罪，而诓骗天子更是不可饶恕的行为。这一主动爆料，让张汤陷入了难以回旋的境地。李文一案的重新翻查也在刘彻授意之下，瞒着张汤悄悄启动了。

一波未平，一波又起。这一年，刘彻祖父汉文帝的陵园发生了一起盗陵案。这历来属于冒犯皇权的重案，后世被归入"重罪十条"，再到隋文帝修订《开皇律》时正式定义为"十恶"，也就是通常所称的"十恶不赦"。盗陵就属于"十恶"中"谋大逆"的一种具体行为。[1]

盗陵的性质有多严重呢？可以拿汉文帝在世时一桩旧事来说说。当时，有人偷窃了高庙中祭祀高祖刘邦的玉器，有司按律判决其人斩首。而文帝犹觉不解恨，认为要族灭其家，才能明子孙孝敬宗庙之意。文帝在位期间，为了保存有生劳动力，推动了减轻肉刑以及废除族灭罪，然而在这件事上，却唯恐其论罪不够严厉。可见一旦事关冒犯皇权，统治者自然而然敏感起来。

现在轮到汉文帝自己死后的陵园被盗，刘彻作为孝孙和皇权持有人，当然也雷霆震怒。时任丞相的庄青翟、御史大夫张汤，两人身为朝廷执宰，事先约好了一起趁上朝时向天子陛下请罪。但真的到了刘彻面前，张汤突然改口，认为巡视陵园是丞相一职的分内事，而与御史大夫无关。不仅如此，张汤还打算套用"见知之法"来论庄青翟之罪。所谓"见知之法"，是指知情故纵。这样一来，丞相所犯的错就从不小心失察变成了故意有所隐瞒，更加不可饶恕。本来一件道歉就能平息天子怒火的事情，将变得一发不可收拾。

---

[1]《开皇律》所定的"十恶"为谋反、谋大逆、谋叛、恶逆、不道、大不敬、不孝、不睦、不义、内乱。

通常认为，张汤之所以要整庄青翟，是想要取而代之。张汤担任御史大夫已经六年，基本上，西汉朝墨守着丞相都由御史大夫提拔晋升这样一条不成文的规定。然而三年前上一任丞相李蔡自杀后，刘彻却突然跳过张汤，直接选中了时任太子少傅的庄青翟，想必张汤或多或少心里会感觉到有一丝失落。其实在刘彻眼里，庄青翟充其量是个摆设，跟张汤的作用绝对不可等量齐观，甚至刘彻经常让张汤代理执行丞相职权。然而代理的终归不如正式的，无论是名誉还是俸禄，御史大夫离人臣最高位始终差着那么一步尴尬的距离。这一步距离，成了张汤心中过不去的坎。此刻，盗陵案成了天赐良机，假如庄青翟因此被削去相位，没准儿他就成功上位了。

庄青翟丞相府中有三名长史，过去都曾担任过二千石以上的高级职务，位居张汤之上，后来因犯错才降级为丞相长史。张汤代理丞相职权时，三人经常遭到凌辱，以故衔恨在心。此时见张汤欲借机扳倒丞相，新仇旧恨一起涌上心头，决定与其坐以待毙受到牵连，不如先下手为强。

三位长史想到的办法是抓捕了一名商人田信，称张汤与其暗中营私舞弊，提前把朝廷即将发布的政策内幕透露给他，让他囤积居奇，从中大获利益，然后给足张汤回扣。这一计策可谓聪明，准备击中了帝王最忌讳的东西，即失信。假如帝王觉得一名臣子不值得信任，这名臣子的政治生涯也就走到了尽头。假如原来这名臣子还特意表现得非常老实、非常可信，还会瞬间给帝王造成长期遭到瞒骗的愤恨感，那就不仅仅是仕途终结那么简单了。

刘彻得知此事，找机会装作无意随口一问，对张汤说道："听说有些朕想办的事情，外间商人能够提前得知，从中获利，你看会不会有人故意泄密？"

张汤的反应非常吃惊，回答道："理论上应该是有。"

> 上问汤曰："吾所为，贾人辄知，益居其物，是类有以吾谋告之者。"汤不谢，又阳惊曰："固宜有。"（《汉书·张汤传》）

元鼎二年（公元前 115 年）

《汉书》在这里用了"阳惊",意思是假装很震惊,这个措辞等于是坐实了张汤和田信营私一事。当然,张汤也有可能是真的不知情,完全是三长史诬陷栽赃。但是真是假都不重要了,至少在刘彻眼里,张汤此番的表现算是露出了狐狸尾巴,暴露了"不老实"的本性,过去他所做出的忠诚、顺服的模样,都不过是暗怀鬼胎、打着小算盘的伪装。

这件事和鲁谒居弟弟的告发,同一时间爆发,决定了张汤的命运。刘彻暴怒不已,将他定罪为"怀诈面欺",一连派了八批使者前去问责,可见其怒气长久未消。

张汤拒不认罪,直到刘彻派出了另一名酷吏,当初曾和他一起修订律法的赵禹。

赵禹并非前来问罪,他就是来了结张汤的,所以他直截了当说了三句话。第一句:君怎么一点都不识时务呢?第二句:你还记得自己夷灭了几家几口吗,现在哪个人不想你死?第三句:天子下令严治,是希望你自行了断,为什么还要浪费时间呢?

张汤听完,默然接受了这一命运。不过在自尽前,仍然写了一封书信请赵禹转交刘彻。信中感谢了天子的知遇之恩,同时坚决不承认有罪,称自己遭到了三长史的栽赃陷害。

这一位叱咤汉武朝二十多年的重要人物,终于退出了历史舞台。他以顺承人主之意而贵盛,又因忤逆人主之罪而灭亡,身为酷吏,死于另一名酷吏,权力之笔总是书写如此诡异而又巧合的故事。

张汤的手段是不是残酷的,似乎毫无疑问。其死是不是清白的,也有一些事情似乎可以印证。他的家人想要将其厚葬,其母拒绝道:"我儿身为天子大臣,被人诬陷而死,何必厚葬?"于是用牛车载棺下葬,并且没有在棺外再套上木椁,仪式异常简单。刘彻拿到张汤的绝笔信,又听闻其母之言,颇有些懊悔,诛杀了三名丞相长史,丞相庄青翟也引罪自杀。这一场帝国最高层的内斗,到此才两败俱伤,告一段落。

于是,这样的张汤给世人留下了一个比较矛盾的形象。他对待那些天子和自己想要整治的人，极度残酷无情，而对待其他同事和宾客，又嘘寒问暖异常贴心。他经手了多个大案血案，破家无数，屠人千万；推动了盐铁专卖、算缗告缗等财政改革，为朝廷敛财无尽；然而他本人却又没有从中获取财富，堪称清廉。他死后，刘彻才发现他"家产直不过五百金"。注意，这里不是说其家中有五百斤黄金，而是说所有资产换算过后，相当于这一价值。西汉朝一斤黄金约等于一万钱，五百金就是五百万。听上去似乎不少了，但当时丞相的年俸禄就七十二万钱，御史大夫相差也不太多。再考虑到刘彻赐卫青战功，一次就是千金，相当于两倍张汤身家。如此相比，张汤酷吏的另一面，又足可算得上一名廉吏。

更有意思的是，张汤的儿子张安世，后来在昭帝、宣帝朝权位更高，虽身为宰辅，却无比恭俭谦卑。一父一子，难道性格真的差异如此之大吗？又或者，张汤之"酷"，只不过是一种适应时代的生存需要呢？

2002 年，西安市文物保护考古研究院对西北政法学院南校区内的一座古墓进行了保护性发掘，这座古墓曾经两次盗扰，考古人员从中发现了一些陶鱼、铜镜、钱币等随葬品，除此之外，还有两枚穿带铜印。铜印均为边长十一点八厘米的正方形，厚度仅有零点一七厘米，正反两面有阴刻篆文。其中一枚印文为"张汤""张君信印"，另一枚印文为"张汤""臣汤"。从出土物件和墓葬形制来看，此墓年代基本可推断为西汉中期以后，且符合薄葬的特点。乐观一些的学者认为，这就是我们熟知的武帝朝著名酷吏张汤之墓，如果这个结论正确的话，那就是"《史记》《汉书》相关传记有记载的人物墓葬的首次发现"。也有一些学者严谨地指出：铜印只能说明墓主姓张名汤，或许是同名同姓也未可知，若要证明他就是大名鼎鼎的酷吏张汤，还缺乏一些更有力的证据。希望这个谜题能够早日破解。

张骞又回来了

这一年，张骞结束了第二次出使西域，回到长安。至于他是在哪一年出发的，史无明载。考虑到元狩二年（前121年）他曾经率军和李广一起东征匈奴左贤王，失期被废为庶人，他的二次出使必在该年之后。这次远行历时要比第一次缩短至少一半以上，前后不会超过六年时间。

促成此次西行，有许多因素。自从张骞首次返回带来远方异域的风土人情，"天子数问骞大夏之属"，刘彻对异国故事表现出极大兴趣。外面的世界总是很新奇，这种好奇心是人之常情，倒也无可厚非。而张骞恰好又在战争中被剥夺了侯爵，急于再次立功，没有什么比重操旧业更简单直接的了。更何况，如今西行比起当年，安全系数要高得多，河西走廊的匈奴势力已被驱除，浑邪王率众归降，当年导致张骞被俘的生死之路，现在已经成了安全畅通的便利通道。

张骞向刘彻进言的计划是这样的：当初第一次出使，目的是劝说大月氏人返回河西故土，成为汉朝联手对付匈奴的同盟，然而劝说行动最终失败。不过，他被俘虏在匈奴的时候，听说了另一个当初也生活在河西走廊，后来远迁西域的民族，与匈奴同样有一番恩怨瓜葛，这个民族建立的国家叫作乌孙。既然大月氏人对组成抗匈联盟不感兴趣，不如试探一下乌孙的态度。

为了让刘彻相信此计划不会再次流产，张骞说出了他听来的乌孙与匈奴的往事。乌孙当初与大月氏同在河西走廊，一在东部，一在西部，互为邻居，其国王的王号称作"昆莫"[1]。难兜靡昆莫当政时，被匈奴冒顿单于攻杀，其子猎骄靡刚出生便被遗弃荒野，很快有乌鸦衔肉来给猎骄靡喂食，还有母狼主动前来为其哺乳，匈奴人被这一神迹惊呆，不但收养了他，等他长大以后，还让他领兵作战，并把原先的乌孙族人全部归还，由他领导。等猎骄靡率领族人复兴之后，便西迁远避，不愿再去朝会匈奴。

> 骞既失侯，因言曰："臣居匈奴中，闻乌孙王号昆莫，昆莫之父，

---

[1] 《汉书》作"昆弥"。

> 匈奴西边小国也。匈奴攻杀其父，而昆莫生，弃于野。乌嗛肉蜚其上，狼往乳之。单于怪以为神，而收长之……今单于新困于汉，而故浑邪地空无人。蛮夷俗贪汉财物，今诚以此时而厚币赂乌孙，招以益东，居故浑邪之地，与汉结昆弟，其势宜听，听则是断匈奴右臂也。"
> (《史记·大宛列传》)

按照《史记》中张骞的说法，劝说乌孙人东归之计，至少有三条成功的理由。第一，猎骄靡昆莫虽然由匈奴养大，毕竟和匈奴有杀父之仇。第二，张骞认为蛮夷人都很贪婪，只要汉朝拿出足够财物进行贿赂，就能让他们动心。第三，匈奴刚刚遭遇了汉朝的致命打击，向北远遁，实力大损，故乌孙人绝对可以安全放心地回到故土。

但是这里面第一条理由，是值得打个问号的。因为对照《汉书·张骞传》，猎骄靡昆莫的杀父仇人另有一版说法。在班固记载的版本里，杀死难兜靡昆莫、灭乌孙国的并非匈奴，而是邻居大月氏人，倒是匈奴救了当时还在襁褓的猎骄靡，收留了他的族人。这样一来，猎骄靡昆莫和匈奴之间非但无仇，反而有恩，完全没有了报仇动机。

> 昆莫父难兜靡本与大月氏俱在祁连、焞煌[1]间，小国也。大月氏攻杀难兜靡，夺其地，人民亡走匈奴。(《汉书·张骞李广利传》)

两个版本孰是孰非，很难说清，目前学界一般采信后者。至于为什么会出现截然不同的两个故事，有学者认为可能是张骞本人的消息来源靠的就是耳闻，未必准确，加上乌孙真正臣属汉朝要到汉宣帝时期，司马迁撰写《史记》时，掌握的乌孙国资料不多，故只能采用张骞口头的阐述；而班固创作《汉书》时，已经对乌孙有了更全面充分的了解，所以他的版本

---

[1] 即敦煌。

相对更可靠一些。如果真是如此,那么张骞此行似乎从一开始就埋下了失败的种子。

无论如何,刘彻再次接受了张骞的建议,让他带着三百多人,六百多匹马,一万多头牛羊,金银布帛无数,浩浩荡荡启程。这三百多人里,还有许多人被封为"副使",同样也持着天子使节。沿路上如果有邻近小国,张骞就派出若干副使,顺道出使拜访。这是除了劝说乌孙东归以外的第二个目的,招揽其他境外小国向汉朝称臣,以彰显泱泱大汉天子德披四海,天下归心。

有赖霍去病扫清河西走廊,张骞一行很快就顺利无阻到达乌孙。乌孙国大约位于今中亚东部,以及我国新疆的西北部,地处伊犁河、楚河流域。《汉书·西域传》称此处"地莽平,多雨,寒,山多松樠",其中包括了伊犁河至天山山麓中间的一大片草原,多草多水的地理和气候非常适合游牧民族栖息。游牧民族除了随季节在各草场间转移生活,还有一些相对定居的都城。乌孙的首都史称"赤谷城",通常认为在今吉尔吉斯斯坦的伊塞克湖东南。

> 今天吉尔吉斯斯坦的人民经常热衷于讨论伊塞克湖的湖底中,那一座神秘的古城,是否就是乌孙赤谷城的问题。(乔尔波纳《乌孙及其与西汉之关系再研究》)

西域有大小国家数十,小的甚至全国只有数千人,乌孙则是其中最大之一,其鼎盛时国内有十二万户,六十三万人口,兵力达到十八万八千八百人,俨然强国。这可能也正是刘彻认为可倚为强援的原因。乌孙国人种大约以突厥种为主体,同时混杂塞人和月氏人。唐朝的颜师古说,乌孙国人在西域各国人中,形貌与中原人差异最大,大唐生活着成千上万的各国胡人,有一些青色眼珠、红色毛发,"状类猕猴"者,就是当年乌孙人的后裔。

到达乌孙后，张骞向猎骄靡昆莫提出了东归河西走廊的意愿，承诺嫁以汉朝诸侯王之女。出乎张骞意料但是在我们意料中的是，猎骄靡昆莫同样没有返回故土的意思，理由和大月氏人大同小异。游牧民族并没有农耕文化那种安土重迁的故乡情结，现世安稳胜过一切。而且，乌孙国本就是为了避开匈奴而西迁的，"其大臣皆畏胡"，更不知道汉朝实力，没有人愿意重新靠近匈奴人威胁。除此之外，乌孙国的政治现实也决定了猎骄靡昆莫无法一人决定此事。如同匈奴一样，昆莫的子孙都各自领兵自占一方，国中此时大约分为三股势力，猎骄靡自己领万余骑居中，他的次子领万余骑别居他地，长子早死，长子之子岑陬也领有万余骑。长子死前期望以岑陬为太子，猎骄靡允诺下来，次子却认为应该兄终弟及，故常常谋划着反叛。在这样的情势之下，猎骄靡昆莫自然无法轻易应允张骞的东归之请。

不过猎骄靡昆莫并不愿轻易放弃和汉朝建立联系的机会，他仍然派遣数十人组成使节团，带了数十匹马作为回报，与张骞一道返回长安，"因令窥汉"，他想借机看一看汉朝的国力究竟几斤几两，值不值得依靠。

张骞的原计划虽以失败告终，毕竟让两国外交从此开始，而且乌孙使者带来的礼品乌孙马让刘彻惊喜不已，故张骞返回之后，就官拜大行令。至于刘彻为何对乌孙马如此重视，以及汉朝的相关马政，我们留待未来汉朝远征大宛时再一并说及。

一年多之后，张骞就去世了，而他沿途派往康居、大夏、安息等国的副使也相继回到长安。跟着他们前来的，还有远方诸国的使者，异域外邦的风情，新奇绝妙的特产，大汉帝国的拥有者体验到一种前所未有的万方来朝的荣耀。

张骞一生，都与两次出使西域紧密相连，如何评价他与他的事功，无论当时还是后世，都存在两种迥异的意见。

司马迁论及张骞的性格，用了"为人强力，宽大信人，蛮夷爱之"一语，算得上是一种肯定。而对其开辟与西域的外交一事，司马迁用了"凿空"两字，其实就是"开通"的意思。相较"开通"，"凿空"两个字语音更有斩钉截铁的力量感，语义上更有一种穿山越岭、不避艰险的画面感，可见太史公也认为张骞的两次出使是置之死地而后生的冒险之旅，殊为不易。

后人对张骞的赞扬，也多站在勇毅忘死、持节守忠、立功异域的角度，认为其有力促进了汉朝和西方的文化交流，使得以长安为起点，途经河西走廊，直通域外各国的这条陆上丝绸之路成为一段时期内闪耀繁荣的文明通道。从一名外交使者的身份来看，张骞的表现确实无可挑剔。不过需要指出的是，《史记》和《汉书》都称此时汉朝和西域"始通"，是指两边正式建立了官方认可的外交联系。汉朝和西域民间的商业及文化交流，实际上源源不绝且要远早于张骞。

考古资料证实，张骞出使西域之前，中原与西域的联系是广泛存在的。王炳华先生指出："可以肯定，在公元前1000年的周秦时期或其以前，自陕西通向西方的丝绸之路，已经实际存在。只不过主要还是处于一种自发的、民间的、无组织的状态，因此在官府文档中少见反映。"（孟宪实《张骞的"不得要领"与丝绸之路的开通》）

孟宪实先生同时强调：虽然民间的联系更早，"但这丝毫不能降低张骞出使的意义"。

而另一方面，司马迁并没有为张骞单独列传，而是将其通使一事的前后过程记录在了《大宛列传》。从相关的描述中，学者普遍相信，司马迁认为通使西域虽是一项前无古人的创举，但其初衷，以及在当世造成的现实影响，却都给此事的意义打了折扣。司马迁无疑是一名杰出的史学家，但他的眼光并不能跳出时代，空谈丝绸之路如何惠及后人。作为一名活在当下，行动举措都在天子近旁的观察者，司马迁看到的，是整个出使西域的计划出自刘彻和张骞的一己之愿，假如说第一次出使大月氏还以抗击匈奴为主要目的，第二次沿路发使各国，更多的只是一种臣服外邦的大国侈心，以及张骞想要重新封侯的个人私心。他看到的还有，自从张骞之后，仿效者无数，多少急功近利之辈争先恐后"上书言外国奇怪利害"，求为使者。谁吹牛吹得厉害便可以作为大汉使节，带着厚重的财物和成群的随从浩荡西去。然而这些人并非真心为国，只是为了到境外倒卖东西从中获利而已。眼看着这些"妄言无行之徒"一波又一波毫无节制地白白耗费民膏民脂，司马迁很难不认为这件事带来了无穷的现实恶果。更何况在未来，他还看到了张骞看不到的李广利远征大宛一事，多少士兵因无谓的战争葬身异域，而这一切，都是因为张骞助长了天子的贪欲。

汉通西域，起于武帝之欲攻匈奴，而成于武帝之侈心。（吕思勉《秦汉史》）

后人对张骞之批评，基本也出于这一论断。比如宋人楼钥评论说：

若骞者，往来匈奴十余年，谓其勤劳则可，然竟不得月氏要领，犹之可也。奉使有指而多取外国奇物，失侯之后益言所闻于他国者，以荡上心，帝之黩武，以至虚耗，骞实启之，殆汉之罪人也。（楼钥《跋赵睎远使北本末》）

抛开功过二元论，我想"了不起的冒险家"一词可能更适合描述张骞的一生身份。

元鼎三年

（公元前114年）

• 刘彻四十三岁 •

大广关

这一年，相对事少，除了匈奴伊稚斜单于去世，儿子乌维单于继立，还有一件看上去似乎很小的事情：

> 冬，徙函谷关于新安。以故关为弘农县。（《汉书·武帝纪》）

《汉书》的记载就这么一句，非常简单，只是说把函谷关移到了新安，原来的位置新设置了一个县叫作弘农。不明就里的读者很容易就略过去了，不会意识到这是一桩历史地理方面改变政治空间格局的重要史事。东汉的应劭给《汉书》作集解时，给此段补上了一个传闻。

> 时楼船将军杨仆数有大功，耻为关外民，上书乞徙东关，以家财给其用度。武帝意亦好广阔，于是徙关于新安，去弘农三百里。

应劭说：当时有一名官封楼船将军的人，叫作杨仆。他的家在函谷关外，觉得身为关外人很跌份，于是上书请求把函谷关往东迁移，直到把他的家乡划分到关内为止。这当然是一项不小的工程，所以杨仆愿意出资赞助。刘彻恰好也是个讲究场面，喜欢摆阔的人，于是一拍即合，下令把函谷关东移了三百里，新址在新安县附近。

到了北魏郦道元所著的《水经注》里，又增添了一个更具体的细节，说杨仆派遣了七百个家童参与此项工程建设。

这两处增补很符合故事流传的特征，随着时间和距离的加长，一个事件总是越传播细节越详细，然而离事实却越远。应劭所讲的传闻，更是从头到尾散发出一股民间故事的味道，很有戏剧性，同时很不讲逻辑。

古代学者也早就注意到这个传闻的真实性待考。其中最明显的漏洞，在主人公杨仆身上，此人在元鼎三年前后的经历被很简要地记载在《史记·酷吏列传》中。

> 杨仆者，宜阳人也。以千夫为吏，河南守案举以为能，迁为御史，使督盗贼关东。治放尹齐，以为敢挚行。稍迁至主爵都尉，列九卿。天子以为能。南越反，拜为楼船将军。有功，封将梁侯。

这段简短的信息，交代了杨仆的籍贯和发迹史。杨仆家乡宜阳，不在今河南省洛阳市西南的宜阳县，而是要再往西，大约在宜阳县和洛宁县之间。他踏入仕途，靠的是"以千夫为吏"，这里需要回忆一下当初刘彻设置和颁布的武功爵。武功爵的出台，是因为财政无钱可以赏赐军功，旧的军功爵又已贱滥，不得不研究一套新爵制来兜售。为了鼓励平民百姓都来买爵，武功爵从第五级开始就有优先当公务员的权利，而"千夫"就是其中的第七级。也就是说，杨仆实际上是借此机会，买到了入仕的机会。杨仆为吏的作风，十分严酷果决，所以担任过御史，负责督捕关东盗贼，后来又升迁为主爵都尉，直到南越国谋反时，才官拜楼船将军。

南越谋反，还在函谷关东移之后，元鼎三年时，杨仆自然不能以楼船将军的身份提出徙关建议。质疑者可能会指出，毕竟这段传闻是东汉人所记，后人说及前事，难免会出现官职和时间对不上的小误差，这最多说明杨仆提出建议时的身份不是将军，而不能证明他没有提出该建议。这种质疑当然是符合逻辑的，不过即便这样，把"耻为关外人"和"意好广阔"认定为刘彻徙关的理由，似乎也太低估了一代雄主的政治智商，更看轻了函谷关对于汉朝根本的重要性。

旧的函谷关，在今河南省三门峡市下辖的灵宝市内，它之所以被叫作函谷关，是因为关卡修筑在崤山一条深险如函的谷道之中。这条谷道大约长十五里，是关外各国从东面入秦的必由之路，史念海先生在《历史时期黄土高原沟壑的演变》一文中对其环境描写道："沿途绝岸壁立，崖上松柏邃密，掩映谷中，行者殆不见天日。道路既极窄狭，来往车辆仅得通过。"

古代行军打仗，交通是极大的制约条件，假如没有开阔便捷、路况良好的大道方便运送粮草，就难以行军为继。同时越是狭小的山间小路，越是容易提前设置伏兵。从防御角度而言，函谷道就是最值得凭借的天险。在这条谷道上设置一个关卡并派以重兵把守，就可以真正起到"一夫当关，万夫莫开"的效果。

战国时期，函谷关就已经成为秦国进攻退守的一道重要门户。东方六国军队有无数次联军出师，都是到了函谷关就止步不前。假如不通过函谷关而想入秦，要么从北面冒险渡过一次，甚至两次黄河，要么往南走更迂回绕远的道路改攻东南方武关。汉高祖刘邦西向灭秦，选的就是后一种方案。实际上，这也是一招险棋，行军路线越长，补给越难，风险越大。故大多数情况下，东面敌国仍总是选择正面攻打函谷关。秦末函谷关有过两次失守，一次是在毫不知情的情形下被陈胜大将周章攻破，另一次则是刘邦定关中之后派兵守关而被项羽攻破。这两次属于准备比较仓促的特例，但从中均可见函谷关作为秦国腹心屏障的重要性。

刘邦即天子位之后，本来定都洛阳，但如此则身处众异姓诸侯包围之中。娄敬和张良劝说高祖以关中为都，用的理由便是"左崤函，右陇蜀，沃野千里……独以一面东制诸侯"，再次充分说明函谷关的军事意义。

更换这样一座重要的军事要垒之址，仅仅只是因为照顾一名大臣的面子，恐怕不是刘彻的行为模式。更何况这名叫作杨仆的大臣，至少在徙关这一年，还没有建立平定南越的军功。而他作为酷吏对朝廷的贡献，司马迁在列传中没有提过任何一件具体事例，只笼统提了一句"使督盗贼关东"，远远比不上同篇中其他如张汤、义纵等酷吏，自然也使得应劭所述传闻中的"数有大功"，显得非常苍白无力。这样一个平平无奇的人物，哪里值得刘彻为他一己私求劳师动众，迁移咽喉关卡。

说到这里，似乎仍停留在揣测刘彻意图的层面上驳斥应劭传闻之虚，还缺少一些更有力的佐证。清朝史学家王荣商为我们提供了另一条资料，他在《汉书·文三王传》中发现了这么一句话：

> 元鼎中，汉广关，以常山为阻，徙代王于清河。

这句话里所提及的常山，就是恒山，属于太行山支脉。汉朝人要避讳汉文帝刘恒的名讳，所以改为常山。而代国原分封地在恒山以西，清河则在恒山东面。整件事的信息如果还原一下，是说：汉朝廷实行了一个官方称为"广关"的策略，"广"是扩大的意思。那么朝廷打算把关扩大到哪里呢？答案是向东以恒山为界限。那么扩大以后，恒山以西的部分自然就属于新的关中了。为了保持一贯以来"关中无王国与侯国"的格局[1]，所以把原在恒山西面的代国迁徙了出去。《汉书》虽只提到此事件发生在"元鼎中"，但对照《史记·汉兴以来诸侯王年表》，赫然发现正是和函谷关东移同时的元鼎三年。

到此为止，事情就比较清楚了。函谷关东移三百里，实际上只是这一年"广关"策略的一部分。无论恒山，还是新的函谷关，都是汉朝廷新设置的关中与关外分界线上的一段或一点。辛德勇先生在充分考察文献资料后认为，新的分界线应是以大的太行山脉为准，"广关"之后，在这一条线上，除了函谷关，还有天井关、壶口关、五阮关等多处关卡，它们起着分隔关中、关东两大政治区域的作用。

"广关"的"广"字，也更准确地点明了刘彻此举目的，并非单纯的

---

[1] 这一格局的相关考证，推荐阅读马孟龙先生《西汉侯国地理》一书。

元鼎三年（公元前114年） 307

更换函谷关一关之址，而是为了进一步扩大关中区域。假如把汉朝天下比作一个人的身体，朝廷所在的关中就是腹心，而关东郡国好比四肢。贾谊、晁错等谋士，都曾痛言汉朝建国以来四肢臃肿而腹心孱弱的致命问题。

> 天下之势方病大瘇。一胫之大几如要，一指之大几如股，平居不可屈信，一二指搐，身虑亡聊。失今不治，必为锢疾，后虽有扁鹊，不能为已。（贾谊《治安策》）

贾谊这段话的意思是，天下大势已经严重失衡，腿有腰那么粗，脚指头像腿那么肿，平时都无法正常屈伸。一旦个别手指脚趾发作，整个身体都吃不消。为了解决此顽疾，贾谊和晁错才建议用不同策略进行削藩。与之相比，广关实际上是对四肢臃肿问题的另一种解决方案。削藩是去病消肿，广关是强基固本，此消彼长，殊途同归，无非是以关中制衡东方战略的不同体现。特别是经过广关之后，一些边境要郡如云中、定襄、雁门、代郡等就全部成为关中之地，这些地方因长期抵御匈奴，戍兵最多，军事实力最强，把它们纳入腹心区域，自然极大增强了中央的威慑力。

> 这一改变的结果……使朝廷得以最大限度地直接控制对外作战的国防兵力，增大威慑关东地区的实力。（辛德勇《汉武帝"广关"与西汉前期地域控制的变迁》）

胡方先生则站在"马政"的角度解释了"广关"的目的。他认为地处太行山和黄河之间的太原、河东诸郡是关东为数不多的产马地区，汉朝经历元狩四年（前119年）那场与匈奴的漠北大决战，马匹数量急剧损耗，将太原、河东诸郡括入关内，可以更大程度加强朝廷对马匹这一重要战争资源的管控。

相比杨仆"耻为关外民"的出发点，上述目的显然更符合刘彻这一年广关的逻辑。那么应劭所记载的这段传闻，基本就可证实为一条流传在东汉时代的"谣言"。但我们似乎还可以顺便题外再追问一句，一条古代的"谣言"，对于史学研究者和爱好者来说，是否就意味着毫无意义，完全没有史料价值了呢？

答案应该是积极的。我们需要理清的一个思路是，即便是谣言、传言，在它被编造出来时，也希望说服别人，让别人相信，所以它背后的推进逻辑，必须符合当时人的观念，以及符合基本的事理。恰恰这一点，使得谣言、传言成为研究者观察历史时代和古人观念的上好材料。

就拿应劭所记录的杨仆因"耻为关外民"而请求徙关的传闻为例，虽然整个故事是对"函谷关东迁原因"的错误理解，但是却如实反映了东汉人的生活中，至少存在着关中人身份高贵过关外人的普遍认知，否则这一故事就失去了发生的逻辑和传播的动力。同时我们还可以知道，至少在东汉人眼里，汉武帝刘彻就已经有着一个"意好广阔"的形象。

顾颉刚先生有一个著名的"层累地造成的中国古史"理论，他在给钱玄同先生的书信中解析其中有"三个意思"，第三个意思是：

> 我们在这上，即不能知道某一件事的真确的状况，但可以知道某一件事在传说中的最早的状况。我们即不能知道东周时的东周史，也至少能知道战国时的东周史；我们即不能知道夏、商时的夏、商史，也至少能知道东周时的夏、商史。（顾颉刚《与钱玄同先生论古史书》）

这个观念引申到对待历史"谣言"的问题上，有着同样的意义，我们既可以通过《史记》来还原司马迁时代的观念和刘彻形象，也可以通过应劭记录的传闻来了解东汉时代的观念和刘彻在东汉时期的形象。

从未必真实的资料里推究出真实的历史细节，很多前辈学者都谈及此种治学方法。陈寅恪先生在引用古籍《剧谈录》时曾说：

> 《剧谈录》所纪多所疏误，自不待论。但据此故事之造成，可推见当时社会……仍不失为珍贵之社会史料也。（陈寅恪《唐代政治史

述论稿》）

陈寅恪先生谈《太平广记》时，又说：

（《太平广记》）为小说体裁，小说亦可作参考，因其虽无个性的真实，但有通性的真实。（《陈寅恪集·讲义及杂稿》）

赵冬梅女士也表达过类似的观念：

历史时期的通俗文艺却是历史学的研究对象和资料，因为它构成了族群历史记忆的一部分，其中所传递的具体内容可能不真实，比如主人公和具体情节可以是虚构出来的，然而故事发生的常识背景、主人公面临的挑战与困境，却是真实存在过的，这是作者（不一定是故事主人公）生活的时代普遍性的真实。（赵冬梅《人间烟火：掩埋在历史里的日常与人生》）

正因为有着如此作用，真正的历史研究者决然不会放弃任何一条似真或假的史料，它们在荒诞或虚构之下，往往隐藏着最真实的细节。

我们还可以进一步对所谓的"正史"和"野史"作一解说。初级历史爱好者凡谈及"野史"，总是抱以鄙夷，觉得不值一哂。其实正史之义，只不过是指以特定体例编成的官修史书，除此之外都称野史。"正"和"野"，并非"真"和"假"的区别。当然，官方掌握的资料资源更丰富，人才更充沛，技术更高超，理论上可信度能够做到更高；但官方同时也有出于政治目的对历史修改涂抹、美化丑化的需要，而私人著述有时反而可以避免这一点。所以从真实性而言，不可仅凭正或野一概而论。应当理性认为，无论哪一种史料，都有其值得研究的价值。

学习历史，首先要摈弃掉只有正史才是历史这一陋见。

元鼎四年

（公元前113年）

● 刘彻四十四岁 ●

后土祠与天命宝鼎

冬天的时候，刘彻再次到雍地进行了郊天仪式，前面曾屡次提及，这是继承自秦朝又有所增置的五色天帝祭祀。仪式过后，刘彻提出了一项建议，他认为对天，自己已经亲自礼拜表达过虔诚敬意，然而对于大地之神，似乎礼数还有所欠缺，于是他下令相关部门研究一套祭祀地神的方案。

这个有关部门指的是太常及其属官。作为九卿之一，太常主管礼仪、祭祀、教育以及人才的选育，兼有后世礼部和吏部的一部分职能。而在《史记·封禅书》中，特别提及两个具体参与此事研讨的太常属官：太史公、祠官宽舒。

太史公就是太史令，此时担任太史令者尚不是司马迁，而是他的父亲司马谈。初涉历史的朋友可能因为司马迁作了《史记》，太史令又沾一"史"字的缘故，会误以为这一官职就是专职写史。这是一个比较常见的误解。其实，"史"字的原始含义比较复杂，它存在一个广义所指和狭义所指。在甲骨文中，"史"字往往有三个用法，一作"使"字用，一作"事"字用，一作"吏"字用。总而言之，都和行使职事或者行使职事之人有关。所以就广义而言，"史"可以理解为某一专职。古代职名中很多都带有"史"字，如太史、御史、令史、卒史，其中的"史"都并非我们现在所理解的历史之义。从各种文献资料显示的情况来看，"史"最初可以追溯到上古时代的神职，他们在部落的祭祀中和"巫""卜"等一起扮演着重要角色。祭祀占卜的目的在于指导日常生活，如殷人无论大小事都习惯于征问祖先和神之旨意，所以"史"也在祭祀占卜中接受神的指示后，参与具体的世俗事务。如此一来，"史"在人间官职之地位，难免会跟随着"神"在国家日常生活的重要性而变化。

同时，由于祭祀活动总是需要掌握祝颂之词，掌握祖先事迹，掌握过去经验，并留下相关记录，因此"史"的职责与语言、文字、诗歌都产生了莫大联系，从而在神职之下延伸出了"史"的另一狭义所指：文字记录。虽然这只是"史"的极小一面，但后来的"记言记事"，再到成型的史学，都是在这极小一面上逐渐生发而来的。

而古代的"太"字，通"大"，是和"小""少"对应的。太史，即表示和其他史官相比，地位更尊崇的一类职官。周朝太史仍然偏重神职，同时由于其时神权和王权、国事与家事尚蒙昧不清，官僚体系分工尚未明晰细化，故太史也在神职之下辅助君主，担任各种重要角色。

> 尽管太史职掌在先秦还很难有一个明确的认识，但其倾向于神职、主掌天事还是可以肯定的，西周时太史寮下有众多的巫史卜祝等属吏便说明了这一点；而且，由于殷周时古人对天道的格外重视，太史位尊而权重，因此除掌握神权外，同时也掌握着很大的世俗权力，如：助王册命、赏赐、命百官、官箴王阙、为王使等。（苏卫国《两汉太史令考述》）

随着春秋战国君权不断突出，国家形态和官僚体系愈发成熟，神权逐渐退居次要的形而上的指导位置，原先有诸多世俗事务的"太史"渐渐消失了，只保留了神职，重要性一落千丈，成为"近乎卜祝，倡优畜之"的尴尬角色。

从《续汉书·百官志》的表述来看，秦汉时的太史，主要职掌天时星历。具体而言：一年将终，太史要负责进献下一年的历法；国家有大的祭祀、红白事活动，太史要负责选取良辰吉时以及注明一些节令禁忌；如果国家出现祥瑞和灾异，太史还要负责记录这些特别的异象。

太史令则是太史的长官，秦汉时的这一官职，没有撰写史书的职责，更像一个天文气象的技术型官员。司马迁父子在太史令任上创作《史记》，只是一个凑巧的例外，与他们的本职无关。还有一个我们比较熟悉的太史令，是东汉时的张衡，众所周知他在天文学方面做出了很多探索和贡献，而这才是此职务的分内工作。从职责来看，太史令所管之事，既有科学的部分，也有玄学的部分，主要起着给政事做参考的作用，看似重要，实则无权。司马谈在此年参与祭祀大地之神的讨论工作，实属职责范围。

另一个参与此事的祠官宽舒，《史记》着墨甚少，只是提到当初刘彻信任的方士李少君死去时，其徒子徒孙们声称他只是羽化成仙，刘彻曾派宽舒前去学习李少君遗留下来的方术。祠官相比太史令，职掌更加具体，就是负责各类祭祀。假如司马谈是理论家，宽舒则是实践者。汉朝各种祭祀名目繁多，很多天子不能亲致的，就由祠官牵头负责打理。

司马谈与宽舒商议的结果，是建议在河东郡汾阴县（今山西省运城市万荣县）的脽丘新设一座后土祠，祠中设五个祭坛，由刘彻亲自前去祭祀，一切礼数和祭天无二。值得注意的是，"后土"在先秦时代，是一个比较混乱的概念，有时它指上古时代的官职，有时它指上古时代的人名，有时它又指土地神，从这几种不同的用法来看，后土极有可能是上古部落里专司土地一族最终被神化的结果。后土在刘彻时从民间祭祀一跃成为国家祭祀，标志着这一概念从先秦时期蒙昧不清的状态最终成为确定的大地之神。

为了匹配后土，不久之后，刘彻又正式把太一神抬高为最高天帝，以原先的五色天帝作为太一之辅佐。早年间他所立的太一祠在长安，由祠官祭祀，这次之后，正式在甘泉宫建立太一祠，由刘彻亲自礼拜。

从出土的先秦竹简来看，后土和太一之祭祀原先都普遍盛行在楚地，属于南方系统之神。从先秦到秦汉，随着战争和统一，整个中华大地的民俗文化有一个迅速融合的过程，很多地方上的传说都在这一过程中升华成了全民族的共同记忆。后土和太一祭祀，就是这一现象的典型事例。

但一个天帝、一个地神，为何后土祠偏偏要建立在河东汾阴，而不是放在几个原先就很重要的祭祀场所，比如长安、雍，或者干脆像太一神那样放在甘泉呢？这一年六月发生的事情或许可以作一解答。

六月，汾阴当地的一名巫师为百姓家操办祭祀，发现后土祠附近有一块土地显示出不同寻常的异象，"如钩状"，经过挖掘，得到了一只宝鼎。此鼎的规格、款式、花纹都和常用的鼎有很大区别。巫师谨慎起见，赶紧上报至新任河东太守处。为什么说是新任太守，因为就在不久前，由于刘彻建立后土祠事发突然，原先的河东太守没有料想到天子会不期而至，预案不够充分，接待不够周到，在天子怪责之下选择了自尽。新任太守到任时间不长，就在郡内发掘到了宝鼎这一祥瑞，忙不迭地向朝廷报喜。刘彻先是派人查验此事真伪，在确认不是作伪欺诈之后，派人把宝鼎隆重地从汾阴一路迎到甘泉，进献给了祖庙，并以之祭天。

为何一个鼎可以视作祥瑞，还要刘彻如此隆重其事来对待？这和鼎的象征意义有关。

鼎的原始功能是烹煮食品，是一种先民赖以生存的重要食器。既然是煮，当然打猎来的动物肉煮得，奴隶和罪犯的人肉也同样煮得，所以鼎也是一种刑器。本书之前提及的主父偃，曾豪言"丈夫生不五鼎食，死即五鼎烹"，恰好说到了鼎的这两种用处。除此之外，鼎所烹煮的食物，既可以给活人饱腹，也可以作为一种虔诚的礼数进献给自然界的鬼神，以及死去的祖先享用。这时，它又是一种礼器。

夫礼之初，始诸饮食。（《礼记·礼运》）

这三种功能里，由于祭祀活动在商周时代具有不可或缺的特殊性，鼎作为国与家重要礼器的一面日益呈现越来越重要的意义。特别是西周时期，与宗法制、封建等级制相配套，逐渐产生了一套列鼎制度，大致是天子用九鼎，诸侯或卿用七鼎，大夫五鼎……逐次减少。考古资料表明，列鼎制度的兴衰和规制可能要比上述方法更复杂，但存在等级差异则是毫无疑问的事实。刘颖惠、曹峻《周代中原用鼎制度变迁及相关问题探讨》一文列举了一些重要数据：比如山西省曲沃县曲村镇北赵村发现的十九座晋侯及夫人墓葬，年代约在西周早期至春秋早期，晋侯一般陪葬七鼎或五鼎，他们的夫人均相应地减少二鼎。陕西省宝鸡市区渭水南北两岸发现的西周方国弢国墓葬，几代国君均以五鼎或三鼎居多。这些资料显示出，鼎的多少不仅可能和贵族爵级有关，也和性别有关。

如此，"九鼎"就有了双重的神圣性，"鼎"本身是沟通人与鬼神、后人与先人的礼器，"九"又代表天子之尊，故九鼎自然而然成为王权象征。《左传·桓公二年》称"武王克商，迁九鼎于雒邑"，意思周天子的九鼎是继承商朝而来的。战国诸子皆托古自重，产生了"夏铸九鼎"的传说，九鼎在夏、商、周三代不断传承的说法逐渐被接受。因为王朝换代被寄托了天命观念，那么九鼎所在，当然就是天命所在。

> 昔者夏后开[1]使蜚廉折金于山川，而陶铸于昆吾……九鼎既成，迁于三国。夏后氏失之，殷人受之。殷人失之，周人受之。（《墨子·耕柱》）

进入春秋争霸时代，站在礼制顶端的周天子基本丧失对天下的掌控能力，其王权受到来自四方诸侯的挑战。《左传》记载，楚庄王在洛水边问

---

[1] "夏后开"即禹的儿子启。诸子所称的铸鼎之人有两套说辞，一为禹，一为启。

周王派来的使者九鼎之大小轻重，此事被认为含有觊觎王权、以下犯上的政治隐喻，"问鼎"从此成了中文词库里夺取政权的含蓄表达。这一时期，和其他礼制一样，列鼎制度也遭到了普遍违背。已发现的春秋诸侯墓葬里，陈列九鼎的不乏其人。

再到战国时代，变法纷起，到晚期时原先的封建等级制几乎全面摧毁，列鼎制度实际上已经丧失了生存的土壤，不过周天子的九鼎归属仍然具有天命转移、王朝更迭的象征意义。秦国历史上有过一次究竟先攻打韩国继而胁迫周王，还是先灭蜀的辩论，辩论双方一个是著名纵横家张仪，另一个则是司马迁的先祖司马错。

张仪主张前者，理由之一是：

> 周自知不能救，九鼎宝器必出。据九鼎，案图籍，挟天子以令于天下，天下莫敢不听，此王业也。（《史记·张仪列传》）

张仪认为得到周的九鼎，主动把王权象征抓在手里，让天下人知道天命所归，这才是王道。司马错则反对这一主张，他认为，此时周天子虽然没有实力了，好歹还是名义上的天下共主，攻打并要挟周王无非是让秦国成为道德上的罪人，落下被众诸侯联手对付的口实，不如打下蜀国这块天府之地，扩充疆域，富国强兵，收些实实在在的好处。更何况，假如周王被逼急了破罐子破摔，把九鼎送给秦国最大的对手楚国，天下认为天命已经转移到楚国那里，那就更得不偿失了。

这次辩论虽然张仪告负，但周朝最多也就再苟延残喘若干年而已，终究逃不掉灭亡的命运。那么，历经夏、商、周三代，代表天命的九鼎最后去了哪里呢？这又是一个扑朔迷离的话题。至少在司马迁的时代，已经没有人搞得清楚九鼎去向，所以在《史记》中，司马迁"疑以传疑"地保留了几种口径。

第一种是说秦昭襄王灭周时，取其九鼎，见于《周本纪》与《秦本纪》，这种说法至少在逻辑上较为顺理成章。第二种则是说随着宋国的太丘社灭亡，鼎沉没在泗水之中。这一说法见于《封禅书》，已经很不符合情理，周朝的九鼎和宋国有何关系呢？更何况，太丘社灭亡远早于秦国灭蜀，假如九鼎一早就沉没泗水，张仪和司马错在辩论时提及九鼎，至少会用另一种措辞。然而第二种说法看似漏洞百出，却偏偏在《秦始皇本纪》里，有个细节可以和它相互印证。

> 始皇还，过彭城，斋戒祷祠，欲出周鼎泗水。使千人没水求之，弗得。

意思是，秦始皇曾经专门去泗水里打捞过九鼎，不过徒劳无功。

以上两种说法或者一真一假，又或者都为虚构传说，但至少说明了汉朝的确没有从秦的手里得到周之九鼎。而且从细节来看，"没于泗水"这一说法，更像是汉朝儒生的编排。泗水郡，正是汉高祖刘邦的龙兴之地。周鼎消失在泗水，秦始皇求而不得，都不过是为了说明天命在汉不在秦。然而问题也随之而来了，假如天意真如此，汉朝建立已经那么久了，周鼎为何还不现身呢？

这个问题，汉文帝时已经有人在考虑，这个人正是前面说过的方士新垣平。新垣平进言说：周鼎当初沉没在泗水中，恰好现在黄河决口改道，河水和泗水相通了。臣近来观察东北汾阴方向有一股金宝之气，会不会是周鼎要在那里出现了呢？

这番话术很有技巧，不仅解决了天命归汉问题，还顺便把黄河决口解释成了一次方便输送祥瑞的异象。按照新垣平那些装神弄鬼的法术套路，显然他是预先在汾阴埋好了鼎，只等汉文帝前去祭祀求出。至于他为何把出鼎地点从遥远的东方泗水移至离长安较近的汾阴，就不得而知了。

事有凑巧，新垣平的其他把戏很快被人检举揭穿，他被诛灭三族，周鼎现身的大戏也就没有按照原计划进行，当然短期之内也无人再敢效仿新垣平之所作所为。不过这一文帝时期的安排,却给数十年后的刘彻时代埋下了巧妙的伏笔。

到这里,我们就可以知道这一年刘彻在汾阴而不是其他地方设立后土祠的目的了,一方面是为了祭祀地神以匹配天帝,另一方面则是为了引出周鼎现身这一幕重头戏。当然,并不能就此认为这一切都出于刘彻授意,或许仍然只是群下投上所好组织的一系列表演。封建帝王总是需要天命暗示的,无论是安慰自己,还是欺骗臣民。这场自我感动式的演出,注定不会缺席,只是迟到了几十年而已。

> 使新垣平不诛死,则汾阴之鼎早出于文帝世矣。(辛德勇《建元与改元》引顾颉刚语)

周鼎在自己统治的时代出现,刘彻对这一结果自然是欣然满意的,不过他仍然小心谨慎地问了群臣一个问题:近年来黄河屡次泛滥,四方粮食歉收,所以我才巡祭后土,为百姓祈求年岁丰登,至今这方面还没有任何效果,为什么周鼎会在这个时间出现呢?

有司则再次在回答里强调了周鼎的"天命"属性,让皇帝宽心。有司的回答是这样的:臣听说当年天帝铸有一鼎,"一"者,代表万物一统;黄帝铸有三鼎,"三"者,代表天地人;大禹铸有九鼎,"九"者,代表天下九州。九鼎遇到圣人就会出现,已经历经夏、商、周三代,直到"宋太丘社亡"才没入泗水。如今周鼎再次现身,陛下将它迎接到甘泉,天空因此出现黄云祥瑞,足以证明陛下受命于天,圣德无疆。

这篇回答算是官方为周鼎现身这一事件给出一份确定的解释口径。所谓官方口径,就是不管你信不信,总之这就是唯一正确的答案。

怎么在一片套路化的歌功颂德里独辟蹊径,成功抢镜,曾经与公孙弘辩论要不要禁弓弩的吾丘寿王在这次事件里作了很好的展示。当所有人都祝贺刘彻得到天命象征的周鼎之时,他独独表示:这并不是周鼎!刘彻顿时又好奇又生气，要求他立刻说明理由，"有说则可，无说则死"。吾丘寿王马上解释道：这个鼎秦始皇曾经亲自去求而不能得，如今陛下当政有德，宝鼎自现，可见天命在汉。依臣看，不能叫周鼎，而应该叫汉鼎。

这一番话再次把汉朝的地位及刘彻的功德升华到无上的位置，哄得他心花怒放，口中称"善"，群臣也顺势齐呼万岁，朝廷上下弥漫着一股快乐的气氛。

为了隆重纪念得鼎一事，刘彻接受群臣的意见，决定将这一纪元年号改为"元鼎"。不过我们发现，此时已经是元鼎四年，可见至少元鼎的前三年，都是后来追改。同样，班固在处理这个追改事件时，犯了和处理元狩年号一模一样的想当然的错误，因此《汉书》中在元鼎元年和元鼎四年重复出现了两次得鼎。

宝鼎代表的所谓"天命"，所谓"祥瑞"，无疑是一种迷信。那么问题来了，包括刘彻在内的历代封建帝王，许多都喜欢搞这一套，个别甚至痴迷于此，知识分子也乐得逢迎附和。他们是真的相信这些概念，抑或只是觉得有助于统治？钱锺书先生在《管锥编》里列举了一些例子，或许可以解答这一疑问。

比如《墨子》称："今若使天下之人偕若信鬼神之能赏贤而罚暴也，则夫天下岂乱哉？"大意是，假若世上都相信鬼神会善待好人，惩罚恶人，天下就秩序井然了。墨家主张明鬼，而从此句看来，统治者是不是认为有鬼神并不重要，让老百姓相信鬼神的存在，并慑服于鬼神之力才是目的。

和刘彻同时期的《淮南子》一书则直接表示："为愚者之不知其害，乃借鬼神之威，以声其教……"大意是，百姓中总有一些愚人，他们不知道有些事情不能做，所以才拿鬼神来吓唬他们，起到警戒作用。

唐人柳宗元在《断刑论》中称："且古之所以言天者，盖以愚蚩蚩者耳，非为聪明睿智者设也。"意思和《淮南子》一样，古之人老借天意、鬼神来说话，无非是恐吓一下愚民，聪明人谁信这些呢？

英国史学家吉本因此总结：普通人觉得鬼神都是真的，聪明人觉得鬼神都是假的，统治者觉得鬼神都是有用的。

所以古代提倡的"以神道设教"，至少有相当一部分情况，统治者和知识分子之间，都是直白不讳、心照不宣的，只是瞒着那些需要被统治的愚众。当然，若说统治者全不信鬼神之说，也太绝对。具体对应到刘彻身上，也许宝鼎事件是一场有预谋的表演，但我们很难相信他对于神仙和长生的痴迷不是真实的，特别是他前几年刚刚经历过一场几乎不治的大病，似乎正是得到了"神君"的帮助才脱险转安。同时，这一年他已经四十四岁，这个年龄的人，总是会开始敏感觉察到时间在身上留下的痕迹。中年人刘彻，即将开始他生命的另一段寻仙之旅。

如果说这一年还有什么值得略提一笔的，就是"一生一死"。

"一生"是指刘彻的孙子——太子刘据的儿子出生了，这个孩子因母亲之姓而号曰史皇孙。史皇孙是个悲剧的角色，将来会惨死在巫蛊之祸中，不过他的儿子就是未来的汉宣帝。

"一死"则是指刘彻的同父异母兄——中山王刘胜去世了，谥号为"靖"，也就是汉昭烈帝刘备自称的远祖。这里并不想考究二人关系，倒是想说另一件事。中山王刘胜与赵王刘彭祖是同母兄弟，而刘彭祖就是那个好法律、喜欢抓捕盗贼、专门挖坑陷害二千石官员，告密导致了主父偃、张汤倒台的那位。刘胜为此曾专门写信告诫这位兄长，称我们当诸侯王，每天听听音乐，沉迷女色就好了，何必去干那些事情。而刘胜自己似乎也确实在践行这一理念，《汉书》形容其为人"乐酒好内"。不过细心的人可能已经回忆起来了，二十五年前，刘彻还是一位刚刚即位不久，屈服于窦太后威势之下的少年天子，刘胜曾在朝拜时带头进言，说及政事[1]，而且通篇情感真挚，文采出众，怎么随着时光流逝，突然又变得似乎胸无大志，贪图享受了呢？答案当然是环境变了，后来的刘彻再也不是一个需要兄弟宗室当外援的无助少年了，历年来他对于诸侯王的打击，比起他们的父亲

---

[1] 详见建元三年"卑微的诸侯王"篇。

汉景帝有过之而无不及，但凡聪明一些的兄弟，都知道谨言慎行，勿谈国事，最好的明哲保身就是流连酒色，把自己装扮成一个废物。郁郁死于酒色，是威权之下多少英杰的无奈终局。

《十三王传》载靖王闻乐对，词旨悲壮，小司马称为"汉之英蕃"，则非徒乐酒好内也。盖以汉法严吏深刻，托以自晦，有信陵君、陈丞相之智识，《史》略之何与？（梁玉绳《史记志疑》引汪绳祖语）

元鼎五年

（公元前112年）

• 刘彻四十五岁 •

南越王国消亡史

之前的篇章里，曾简略地提到过南越国，不过没有详说。到这里，南越国即将灭亡之际，我们有必要完整回顾一下它的短暂历史，以及它与汉朝的一路恩怨外交。

秦始皇一统天下，将遥远的岭南之地也收归治内，在这一区域，他设置了三个郡——桂林、南海、象郡，大致覆盖了今天中国的广东、广西、贵州，以及越南的部分地区。

其中，南海郡的郡治就在今天的广州，当时叫作番禺。

岭南本就和中原路途遥阻，沟通不便，又当秦二世时，陈胜、吴广起义隔绝了岭南和秦朝廷之间的联系。岭南三郡实际上成了郡守、郡尉自治之下的独立王国。南海郡的郡尉任嚣行将病死，叫来郡内龙川县县令赵佗，在病床前嘱托道："听说陈胜等人起兵作乱，天下豪杰纷纷叛秦自立。南海郡离中原僻远，我也打算征兵自卫，断绝道路，以免叛军来侵。只是身染疾病，不日将死。我看番禺这个地方有高山作为天然屏障，地方数千里，颇有徙居此处的中原人可以相助成事，完全可以自立为一国。郡中其他人不足与谋，所以叫赵公你前来，希望可以听从我的建议。"

赵佗因此接替任嚣掌握郡中兵力，设置关卡、断绝交通，然后杀掉不肯服从的一些官吏，开始拥兵自卫。等秦灭亡后，赵佗又攻下桂林和象郡，兼并三郡，自立为南越王。

这便是南越国的兴起。和中原秦末以及楚汉相争的纷乱相比，岭南这一区域以自保为原则暂时实现了稳定。

汉高祖刘邦击败项羽之后，将吴芮封为长沙王。这是刘邦生前唯一没有打击的异姓藩王，除了长沙位于卑湿之地，中原人看不上，可能还因为长沙国正好毗邻南越国北部，刘邦乐得有一人一地处在汉与南越之间作为缓冲。

不仅如此，高祖五年（前202年）分封吴芮时，诏书是这么说的：

> 故衡山王吴芮……有大功……其以长沙、豫章、象郡、桂林、南海立番君吴芮为长沙王。（《汉书·高帝纪》）

这当中，封给吴芮的领地里，赫然有赵佗实际控制的南越三郡。把未实际占领的地区提前分封给某人，这是战争时期一种常见做法，叫作"遥封"。遥封的政治暗示是，刘邦作为汉朝天子，不承认南越赵佗政权，我只承认岭南三郡是你吴芮的地盘，但你要凭自己的本事去抢回来。

刘邦以这么一封诏书，操纵了长沙国与南越国的敌对关系，这不能不说是他另一种对付异姓诸侯王的手段。

转眼过了六年，高祖十一年（前196年），刘邦突然一反常态，派出辩士陆贾作为使节，出使南越，以汉朝廷的名义，正式立赵佗为南越王。

这前后态度一百八十度转弯的两个事件，由于在《史记》里分列在不同篇章里，很难留心到。既然留心到了，我们就不得不来问一问原因，毕竟刘邦不可能毫无理由就做出一项重大的外交政策改变。

刘邦对南越态度的好转，原因可能在于这一年前后他剿灭异姓诸侯王的计划正进入高潮。他相继诛杀了陈豨、韩信、彭越等一干功臣，在这种情势之下，另一名异姓诸侯王英布被逼无奈，反叛之心也已萌动。风声传到了刘邦耳中。而长沙王吴芮正是英布的岳父，这一对翁婿会不会联手起兵，是刘邦极其担心和忌讳的。陆贾突然出使南越，代表刘邦承认赵佗政权，实际上意味着刘邦原先寄希望以长沙控制南越，现在枪头调转，不得不联手南越，反过来牵制长沙国，令吴芮无暇向女婿英布伸出援手。

予取予求，看似平常的外交联系，往往是政治家的博弈游戏。

不过，示好只是汉朝一方的策略，站在南越或者赵佗本人的立场，并不容易接受刘邦这一意图。当初你二话不说把我的地盘划给吴芮，现在凭什么我要接受你的册封？我赵佗早就是南越实际的王，何须再多此一举？更何况，接受汉朝廷的册封，也就意味着要屈居刘邦之下，臣服于汉，对于南越又有什么好处呢？由于早年树立的敌对关系，陆贾的初次出使具有极大的难度和危险。这也解释了为什么史书里记载的首次出使过程，一上来就气氛紧张。

赵佗有意先给陆贾个下马威，于是"魋结箕踞"。所谓"魋结"，是指把髻扎成一个锥形，"箕踞"是指两腿张开而坐，是一种非常不正规不礼貌的坐姿。赵佗故意不以中原之礼接待陆贾，目的正是要羞辱他一番。

陆贾见状，不卑不亢道："足下本是中国人，亲戚兄弟坟墓皆在赵国真定县。然而足下一反天性，抛弃礼仪，妄想以区区越国之地和大汉天子抗衡，我看足下即将大祸临头。"

赵佗听完陆贾之言，大怒："小子大胆！刘邦算什么大汉天子，不就是沛县一小小亭长吗！"

陆贾不慌不忙答道："暴秦乱政，失却民心，诸侯豪杰因此纷涌而起。然而汉王一马绝尘，先据咸阳。而后项羽背弃楚怀王之约，自立为西楚霸王，诸侯皆臣属于他，可谓天下至强。然而汉王西起巴蜀、鞭笞天下、统率诸侯、剿灭项羽。仅仅五年之间，就统一海内、平定天下，这岂是人力所为？是上天也以汉王为众望所归。天命所归，不是天子又是什么？"

赵佗一时语结，不快道："那他自做他的大汉天子好了，跟我南越有什么关系？"

陆贾道："当初天下人为大义而反抗暴秦、征讨项羽，哪个诸侯不来助汉王一臂之力。足下却趁机割据岭南，岂是英雄所为？汉朝将相听说之后，无不愤激，纷纷劝皇帝移兵南越，前来兴师问罪。幸而皇帝哀怜百姓征战不已，这才暂且按下不提，并特意派我为足下颁赐王印，从此两国通好。皇帝如此大恩，大王理应在郊外亲自远迎，向大汉北面称臣。如今大王不顾国家新建、民心未顺的事实，偏要在大汉使臣面前逞威。假如天子听我回报，雷霆震怒，下令挖掘大王先人陵墓，扬烧祖宗尸骨，夷灭亲戚宗族，再派遣一名将军率领十万兵马大军压境，恐怕越国百姓在畏惧之下，取大王人头以降汉，只是易如反掌之事。"

这番话虽然只是辩士的一套说辞，倒也的确指出了一个现实问题。南越此时才建立十多年，本就是赵佗以南海郡为根据地，吞并周边两郡而成，赵佗又是以中原汉人的身份治理南方越民，民心不稳的确是国内矛盾。假如汉朝果真大兵压境，难保不生内乱。

可能陆贾准确击中了赵佗比较担忧的弱点，故他有所收敛，收拾好仪态，正襟危坐表示歉意道："我在蛮夷之中居住时日太长，礼仪方面有所疏忽，请莫见怪。"

陆贾也回了回礼。气氛缓和下来之后，双方便开始聊起两国风土人物，试图增进了解。

赵佗对兴汉立国的一班功臣十分感兴趣，问道："我和萧何、曹参、韩信等人比，谁更贤明？"

陆贾顺势恭维道："大王貌似更贤明一些。"

没想到赵佗紧接着又问："那我和大汉皇帝比呢？"

陆贾敛容道："大汉皇帝从丰沛起家，先灭暴秦，后诛强楚，为天下人除害，故得以百姓爱戴、统理中国。他继承的是三皇五帝的事业，谁人能比？而且中国百姓数以亿计，地方万里，物产富饶，民众齐心，自开天辟地以来未有如此之格局。大王治下，人口不超过数十万，又以蛮夷居多,地处崎岖山海之间,论规模,不过大汉之一郡而已。南越和大汉,哪有可比之处。"

一提到敏感问题,陆贾一言不让。

赵佗听了并不服气,哈哈大笑道:"我没有参与中原战事而已,否则未必不如汉朝。"

这句话一方面说明他心里虽不服刘邦其人,认为他这位大汉天子不过是因缘际会,时势所造;另一方面也说明他至少承认眼前汉朝与南越两国的实力差距,能够化敌为友,暂时低头称臣,不失为一个短期内可接受的策略。陆贾因此有惊无险顺利完成了出使任务。

这次出使的过程有没有被夸张和美化过,陆贾的辩才究竟是不是真的那么出神入化,都很难讲。因为太史公司马迁写这段经历所依据的原材料,可能就是陆贾本人所写的《楚汉春秋》,把自己吹嘘得更厉害一些,似乎在所难免。抛开这层滤镜不谈,起码可以知道的一个事实是,汉朝和南越建立的时间相差无几,在初建国阶段,双方存在一个从敌对到建交的转变。汉朝主动抛出橄榄枝,以求在平定异姓诸侯王阶段力保南方稳定。而南越也乐得表面屈服,以获得大国暂时的宽宥和保护,赢来自身的发展良机。

发展良机中,很重要一条是从汉朝进口铁器。铁的物性,决定了它比木石更适宜制作成农业生产、手工业生产所依赖的工具,同时它又比青铜更适宜冶铸成战场上士兵所操持的武器。

中原地区使用铁器可追溯到春秋时期,至少到战国时期铁器已普遍得到推广。然而在岭南地区,考古显示秦统一之后,铁器才大量出现,且主要仍依靠从北方输入。特别是在铁制兵器方面,还与中原存在不小差距。

> 到了汉代,铁制的长剑、长矛和环首大刀经常与铜剑、铜矛、铜弩机同出,铁制兵器已逐渐取代青铜兵器而占居主要地位。在岭南,还不是这样,铁器与铜兵的比例,大概是2与3之比,即青铜武器在

数量上比铁武器为多。(麦英豪《象岗南越王墓反映的诸问题》)

作为当时的先进材料，铁的引进可以直接决定南越国的生产力和军事实力，这是促使南越和汉朝建交的重要利益点。南越周边还存在很多百越之族，平日互相攻伐，手握更好的兵器，则有更大的生存底气。

关于铁器的线索，史书里其实并未特意强调，只提到吕后当政时，"有司请禁南越关市铁器"，足以说明这种输入在吕后前是存在的。至于为何吕后会突然禁止铁器流通，原因正是南越国凭着这一便利实力大长，通过军事和外交，臣服了周边闽越、西瓯等诸多少数民族部落，其势力达到"东西万余里"，俨然有成为汉朝南方劲敌的可能性，故只能通过禁止关市输出铁器的方式对南越实行限制。用今天的话来说，这也是一种资源性的"卡脖子"。

赵佗当然不能接受汉朝廷的这一政策调整，采取了一系列反击手段。首先是名号上，改"王"为"帝"，自称南越武帝。前面说过，这一"武"字不是谥号，而是生前所用的帝号。早期君主会使用"生号""美号"，死后起谥号是至少要到西周中期以后才确立下来的制度，但是在楚国及一些边境地区，仍然保留着生号的习俗。赵佗自称为帝，自然就和汉朝天子平起平坐，不再承认称臣的义务。其次，他立刻发兵攻打了长沙国的边境，直接用战争表达自己不满。汉朝虽然也派出大军前去迎击，不幸时值夏日，北方人不习惯南方的湿热天气，士兵大面积感染疫病，未果而罢。这场战争之后，南越就此结束了与汉朝不长的和平关系。

吕后死后，功臣集团和诸侯王联手发动政变，剿灭吕氏，汉文帝意外地从藩王即天子位。内部的政权稳定、反制功臣集团和诸侯王再次成了主要矛盾，汉文帝从即位的第一年就果断与南越重修旧好，以息外患。

为了实现外部和平，汉文帝主动表态，为赵佗在中原真定的亲人坟墓设置守邑，按时祭祀；并召来他留在中原的堂兄弟们，赐以高官侯爵；同时修书一封派使臣携至南越。这封信的语气，十分委婉和谦让，大意如下：

"大汉皇帝向南越王致意：

"朕，乃是高皇帝侧室之子，一直在北疆为国守护边境，路途遥远，性格鲁钝，所以未曾有书信和南越往来交流。

"高皇帝驾崩之后，孝惠帝不幸身体有疾，吕后用事，诸吕变乱法制，以他人子作为孝惠帝后嗣，幸得功臣将乱臣诛杀殆尽，又力推朕入主宫中，现已正式即位。

"听说王曾写信来寻访亲兄弟，要求撤销大汉在长沙国的驻军将军。朕已经一一办妥。但前两日听说王又发兵入寇，攻打长沙。战争一起，必杀伤将士、孤寡妻子、弃绝父母，得不偿失，又岂止是长沙国百姓受苦，南越国百姓也将深受其害。

"朕有意和王一起重新界定长沙和南越的边界，但臣下告诉我，长沙的国土是高皇帝划定的，我不能够擅自更改。臣下又建议，就算得到王的土地和财富，对汉朝来说也是九牛一毛，因此岭南之地，就任由王自己治理。

"但王假如执意称帝，两帝并立，却没有使者在其中沟通往来，必然造成纷争。争而不让，不是仁者所为。希望能和王尽释前嫌，重新通使修好。希望王能够接受这一建议，从此不为边寇。"

书信虽短，信息却非常多，可以补足史书所未明载。从内容来看，南越自从吕后时期发动战事后，就不断地在挑起边衅，并向汉朝廷提出了一些要求。边境撤销警备和寻找赵佗亲戚这些，文帝都一一照办了；而像割让土地这样的，文帝则以高祖时期划定的疆界自己无权更改为由，予以拒绝。不过南越能提出如此过分的要求，可见此阶段，汉朝忙于内乱，在和南越的军事较量上并不占什么优势。

总体来说，这封信以停战修好为主要目的，其中虽然也提到了赵佗称帝一事，却并没有明确地表示要让赵佗取消帝号。最大的可能是，文帝有许多难以形容在书面上的话，只能靠使臣口头去传达协商。那么这个使臣人选，就显得十分重要了。

最后，高祖时期完成艰巨出使任务的陆贾，再次踏上前往南越之旅。

和第一次相比，这一次出使全过程秘而不宣，没有人知道发生了什么，这已经非常蹊跷，而最后陆贾带回来的赵佗之回信，更令人生疑。

最可疑的地方在于赵佗的语气，如"然夙兴夜寐，寝不安席，食不甘味，目不视靡曼之色，耳不听钟鼓之音者，以不得事汉也""老夫死骨不腐，改号不敢为帝矣"等语，显得非常卑躬屈膝。十多年前，赵佗以弱势的新建之国面对久经沙场的高祖刘邦，尚能傲然自居，言辞之中毫不退让；此时的南越"东西南北数千万里，带甲百万有余"，实力远超当初，在战场上和汉朝的对抗也屡占先机，不落下风，怎么面对一个刚经历动乱的汉朝廷，以及一个看上去乳臭未干刚即位的文帝，反而表现得像个犯了大错的罪臣一般呢？这一次出使，显然汉朝是被动有求的一方，所以文帝修书温和谦恭至极。赵佗完全可以依礼而答，有什么理由态度比文帝还畏惧忧恐呢？

除此之外，赵佗的回信中虽明确表示会取消帝号，实际上在国内却一直继续使用，只在和汉朝外交中才降级称王。

> 然南越其居国窃如故号名，其使天子，称王朝命如诸侯。（《史记·南越列传》）

由于中间过程全不知晓，我们只能根据情势和结果做一些合理的推断。文帝遣陆贾出使，主要目的是促成停战，重续两国和平。这一目的有足够的正当性，故可以在去信中明确表达。而关于帝号问题，上策当然是能让赵佗取消。下策不能取消其实也无妨，南越本就不归汉朝所有，汉朝难道还能阻止周边国家的合理存在？上策、下策之间，还有一个中策，即最后陆贾通过努力实现的结果：南越表面上称臣服膺汉朝，实际上称帝不改。

理论上，上策是不可能达成的，因为南越历年来收服了诸多周边的少数民族小国，这些小国的君主都以王为号，赵佗作为南方霸主，自然需要以帝为号和他们区别开来。不过达成中策也已经给足了文帝面子。从情理推断，汉朝为这一目的，一定付出了相当代价，做出了某些承诺，才能打动优势一方的赵佗做出退让。我们也有足够的理由相信，正因为这些代价和承诺有损国体和文帝形象，陆贾二次出使的过程才最终秘而不宣，不像第一次那样被他洋洋洒洒记录在自己创作的《楚汉春秋》中。

作为新即位的文帝来说，拿到赵佗给的面子，赢得外部和平，已经是巨大成果。后来历文、景二帝，汉朝廷能够放手把主要精力都用来压制诸侯王和稳定内部政局，不得不说也得益于南方的稳定。

建元四年（前137年），百岁老人赵佗去世，由于太子早死，其孙赵胡即位，是为南越文帝。南越和汉朝的外交关系也随之进入一个新的时期。1983年，广州象岗南越王墓葬中，出土了赵胡的"文帝行玺"金印，从而证实了"武帝""文帝"都是南越君主生前使用的帝号。

仅仅两年之后的建元六年，闽越就攻击了新君统治的南越。由于赵佗在位时曾经收服过闽越，所以这一次事件说明在后期，南越的实力确实有所下降，原先臣服于它的一些部落已经脱离控制。而这时，汉朝的窦太后刚刚去世，二十二岁的汉武帝刘彻急于耀武试兵，便以帮助南越国抵抗侵略为名，进攻了闽越国。战争结束后，南越文王为继续寻求汉帝国保护，采用了"质子"政治，送太子赵婴齐入汉朝宿卫。赵婴齐在长安生活期间，娶了邯郸女子樛氏，樛氏为他生下一子赵兴。"樛"这个姓很少见，《汉书》里写作"摎"，而钱大昕认为和嫪毒的"嫪"其实是同一个姓，源出先秦赵国。

当质子十数年后，南越文王也去世，赵婴齐请求回国继位，刘彻同意了。樛氏和赵兴跟随他一起返回了南越。而作为"质子政治"的延续，赵婴齐把自己的另一名儿子赵次公送到长安作为质押。这个赵次公是谁，我们暂且先记住他的名字，后面还要对其做一番考察。

回到国内，《史记》记载赵婴齐有一个非常奇怪的举动："即臧其先武帝玺"，立刻把赵佗的皇帝行玺秘密藏了起来。而《汉书》在这里，则写作"武帝、文帝玺"。历来学者都认为班固写得更全面，司马迁则是有漏书。但南越王墓葬里出土的文帝行玺则说明，赵婴齐回国之后，文帝玺是陪葬了，所以藏起来的只有武帝玺，反而司马迁的写法更如实一些。当然，或许武帝赵佗的墓葬也找到后，会再次改变大家的观点。

前面说过，南越国一直对汉朝实行阳奉阴违的政策，外交口径上君主是向汉称臣的藩王，在国内却以皇帝自居，故有皇帝行玺。但问题是，国内已经实行了数十年这样的两套方案，从上到下都已熟知且习惯，赵婴齐为什么突然要隐瞒这一做法呢？或者说，他需要瞒着谁呢？从逻辑上来推断，原先谁不知道，谁就最有可能是他想要隐瞒的对象。排除下来，最大的嫌隙人当然就是刚刚来自汉朝的樛氏。从这一点看来，赵婴齐与樛氏在长安的结合，应该是一场含有政治目的的婚姻，是为了在将来南越继位之君身边提前安插一个眼线。同时我们也可以预知，樛氏未来对于南越与汉之间的政治关系，大约会是怎样一个态度。

赵婴齐一改先君做法，是因为他曾经生活在长安十多年，能够切身感受那里的汉朝人对于南越国的真实情绪。建元六年（前135年）那一仗，汉朝名为救南越，实际上结束以后，刘彻很快就在唐蒙建议之下试图开通西南夷道，其目的正是为了从牂牁江上游对南越形成军事威胁。此举说明这位雄心万丈的大汉天子，从即位之初就始终怀着把南越真正变成汉朝内属国的计划。当皇帝流露出这样的意图，臣属中的那些迎合之徒、希望通过战争获益的急功近利之徒自然更加踊跃，唐蒙这样的官员显然不可能是个例。大汉的朝野之上，一定洋溢着类似于"早日杀进番禺城""一旦开战我捐一个月俸禄"的种种好战之声。

不仅如此，赵婴齐在长安还亲眼见识了大汉的国力和军事实力，见识了当今天子为达成伟大志愿有多么舍得消耗人力物力。这些十数年以来耳濡目染的见闻决定了他回国之后的转变：立即收起原先国内称帝的一套，真正降号为王，向汉朝称臣。同时，他还奏请汉朝立樛氏为王后，樛氏所生的赵兴为嗣子。这一切，无非是希望通过示好示弱，争取不给刘彻留下

元鼎五年（公元前112年）　331

任何可以出兵的口实，最大程度保持南越的自治权。

站在赵婴齐的角度，这算是他审时度势选择的一种政治表态，不过这样的表态能不能奏效则要另说。尽管汉朝的确在很长时间里都没有用兵南越，但似乎更主要的原因，只是刘彻暂时把精力放在了征讨匈奴和防范诸侯王之上而已，甚至一度为了开发朔方郡作为攻打匈奴的集结地，而暂缓了西南夷道工程的进度。这样的决定意味着匈奴与南越两大矛盾在刘彻心里，是有主次区别的。至少当时，南越尚不在他的考虑范围。假如没有北方的边患，很难保证他不会提前部署南方攻略。那时候，即使赵婴齐再怎么表态恐怕也无济于事，当一个人处心积虑想要收拾你，还怕找不到合适的罪名或理由吗？

赵婴齐没多久就病死了，他被称为南越明王。对于这一王号是生号还是谥号，我们却没有像判断"武帝""文帝"那么有底气来断定了，理由当然也是赵婴齐生前对汉的态度转变。宋人编撰的《太平寰宇记》里，引用了一条南朝人所著《南越志》的内容：

> 黄武五年，孙权使交趾治中从事吕瑜访凿佗墓，自天井至于此山，功费弥多，卒不能得。掘婴齐墓，即佗之子，得珠襦玉匣之具，金印三十六，一皇帝信玺，一皇帝行玺，余文天子也。又得印三组，铜剑三枚，并烂若龙文，其一刻曰纯钧，二曰干将，三曰莫邪，皆杂玉为匣。

这是说孙权使人盗掘赵佗墓，然而未果，只找到了赵婴齐的墓葬，发掘了玉衣、皇帝之玺、莫邪之剑等宝藏。

《南越志》本书已经亡佚，按照这一段引文，则与《史记》《汉书》的说法截然相反，赵婴齐似乎仍然在国内称帝，实行阳奉阴违的老一套。不过这段引文漏洞是很大的，不仅把赵婴齐说成是赵佗的儿子，还误以为称帝就一定会有"皇帝行玺"。实际上，"帝"和"皇帝"当时是两种称号，

"皇帝"一词还是中原的新鲜名称，按照南越的习惯以及其父赵胡墓葬出土的玺文来看，即使赵婴齐有帝玺，也应该是"明帝行玺"。总体来看，《南越志》的内容符合民间文学的特点，多所夸张，其中最真实的部分可能只是赵婴齐的墓葬曾真的被盗掘，但被盗走哪些东西，这些东西的细节如何则因史料阙如而无从考证了，故我们仍只能按照《史记》《汉书》的记载来叙事。

赵婴齐死后，樛氏升为王太后，其子赵兴即位，成为南越第四代君主。由于赵兴年少，樛氏实为掌权人物。

元鼎四年，一群汉朝使者突然来到南越，引起了一阵骚乱。为首的使者叫作安国少季，他私下还有另一个身份，是樛氏当初在长安还没嫁给赵婴齐之前的老情人。刘彻给予他们的任务十分明确，督促樛氏和赵兴抓紧时间入朝，趁新老君主交替这一最好时机迅速完成南越的正式内地化，成为真正属于大汉的一个诸侯国。而派遣安国少季作为主使，显然是想多打一张感情牌，确保目的顺利达成。为了配合使者的行动，刘彻还令卫尉路博德率军驻扎在桂阳，以作接应和预防不测。

如前所说，樛氏对于内附问题的态度，其实早就可以预知。她欣然接受了汉朝的条件，具体来说是，今后每三年到长安朝拜一次；撤去南越国和汉朝边境上的关卡；现今南越丞相、内史、中尉、太傅的人选保持不变，但未来皆由中央派遣，其他官员南越国可以自置；取消黥刑劓刑等肉刑，一切和汉法保持一致。其中还有很不起眼的一条："使者皆留填（镇）抚之"。意思是本次前去的使者，包括安国少季在内，就留在南越当地了。这不得不说是为樛太后量身定做的感情条款。

从一个独立王国转为内属一蕃，事关国体巨变，当然触及方方面面的利益，而非国王和王太后一己私事。尤其是南越和汉朝之间，还存在越民和中原汉人的民族问题，当然不可能全国上下一致同意。其中对内附意见反对最强烈者，是南越的老丞相吕嘉。

《史记》称吕嘉"相三王"，拥有一个庞大宗族，其中担任官职者就

元鼎五年（公元前112年）

达七十余人，子孙不是娶了公主，就是嫁给王子宗室，并且和周边少数民族部落领袖苍梧秦王联姻。清人所著《南越五主传》里引用了一部已经亡佚的书《粤记》，称吕嘉是"越人之雄，佗因越人所服而相之"。看来后人把吕嘉的"相三王"理解成了武帝赵佗、文帝赵胡、明王赵婴齐三个时期，并且他本就是一名当地的越民。这本书的真实性有待商榷，不过吕嘉是越人的可能性的确很大，南越国君赵氏是汉人，其统治越人，借助当地豪族的威望来调和汉越关系再正常不过。《史记》原文也说吕嘉"居国中甚重，越人信之，多为耳目者"。尤其是当他连续担任几朝丞相之后，势大根深，"得众心愈于王"，南越政治对他的依赖性也就更为明显。作为国内最大权臣以及当地民族最大豪门，吕嘉既有权力又得民心，除非遇到强硬之主，不出意外的话，他身后丞相一职仍然脱离不了吕氏家族。而南越国一旦失去独立性，变成内地诸侯国，未来的国相就会改由中央任命，整个吕氏家族的命运一损俱损。南越王虽然内属后也失去了生杀予夺的权力，至少可保王位世袭。所以整个计划中利益受损最多者，非吕嘉与其家族莫属。

吕嘉因此屡次上书进行劝阻，樛太后与南越王都无动于衷。但此事无他的明确表态，樛太后母子作为新主和汉人，又无法服众。吕嘉见状，玩起了拖延之计，他一直称病，不肯见汉使。其间樛太后曾设宴，希望在宴会上借汉使之力逼迫吕嘉就范，实在不行可以当场将其擒杀，然而吕嘉之弟带兵守在宫外，汉使怯懦不敢发。吕嘉借机离开，从此更加杜门不出，开始密谋反叛。同一时期，樛太后与老情人安国少季的八卦传闻也传遍国内，显然这是吕丞相进一步毁坏樛氏民意基础的舆论战术。

南越国的动态传到长安，尽管进度令人无法满意，刘彻也没觉得有太大问题，毕竟作为一国之主的樛太后母子主意已定，只是臣下有一些小小阻拦而已。刘彻认为还不值得动用驻扎在桂阳的路博德大军，只需略施惩戒就可以解决。他决定再派遣两千人的使节团前往南越，见机行事，不排除使用武力斩杀吕嘉的可能。第一个接到命令的人叫庄参，他分析过后断然拒绝。他的理由是，此行如果是前去好言相劝，那么带几个人就足够；如果要前去动武拼命，两千人估计也只是白白送死。不管这样的理由是出于怯懦还是出于对事实的分析，都让刘彻感到了抗命的愤怒，立刻罢了庄参的官职。另一名壮士韩千秋则欣然表示：区区南越，不足挂齿，何况还有樛太后作为内应。赐臣三百勇士便够，誓斩吕嘉首级回报陛下！这一豪言壮语令刘彻动容，不过稳妥起见，还是给足了他两千人，并让樛太后的弟弟樛乐随团同行。

第二拨使节团出发时，吕嘉正式在国内发动政变，由于其弟掌有兵权，很顺利地就攻进宫殿，杀死樛太后、南越王赵兴，以及前番已到的汉使。政变当然需要一个正当的理由，吕嘉向国内民众以及联姻的苍梧秦王宣称：王年少不懂事，而太后是中国人，又与使者淫乱不堪，一心只想覆灭国家，献媚汉朝。并且他们还准备掳掠越人到长安贩卖，完全不顾赵氏社稷和南越百姓。

> 吕嘉等乃遂反，下令国中曰："王年少。太后，中国人也，又与使者乱，专欲内属，尽持先王宝器入献天子以自媚；多从人，行至长安，虏卖以为童仆。取自脱一时之利，无顾赵氏社稷，为万世虑计之意。"（《史记·南越列传》）

这种政治宣传，扣帽子比什么都重要，不管真实性有几分，总之一定要把斗争的对象说成无恶不作的道德罪人，把正义大旗竖在自己高地。

吕嘉的反叛，并没有自己称王——尽管他应该有这个实力——而是立了前任南越明王赵婴齐的另一个儿子赵建德。但特别奇怪的事是，这个赵建德，竟然有一个汉朝所封的侯爵：术阳侯。

关于赵建德，《史记》和《汉书》的功臣表里的叙述有一些细微的出入。

> 以南越王兄越高昌侯。（元鼎）四年，侯建德元年；五年，侯建

德有罪，国除。(《史记·建元以来侯者年表》)

以南越王兄越高昌侯侯，三千户。(元鼎)五年三月壬午封，四年，坐使南海逆不道，诛。(《汉书·景武昭宣元成功臣表》)

综合一下，还是可以得出比较明确的结论。第一，赵建德是第四任南越王赵兴的异母兄长。第二，他原来在南越时为高昌侯，后来又在元鼎四年接受了汉朝的分封，为术阳侯，翌年就因罪被废除，《汉书》在这两个年份上应该是传抄颠倒了。第三，他的罪是"坐使南海逆不道"，"逆不道"当然是指他参与了吕嘉的政变，并被立为南海新的君主；不过前面还有一个"使"字，说明赵建德是作为汉官的身份，出使南越的。于是我们大概可以捋清赵建德的人生履历：他的父亲赵婴齐还没到长安当质子前，在南越国生下了他，并在南越受封为高昌侯；赵婴齐回国即位后，把赵建德作为代替送到长安；元鼎四年第一批使节团前往南越时，赵建德也在其中担任说客，并因此被封为术阳侯；然而赵建德因为本身就是兄长，父亲跳过他立赵兴为王，先已不满，恰好此番在吕嘉的谋划下一拍即合，发动了篡位。由于前面曾说到，赵婴齐回国后送往长安的质子，文献记载其名为赵次公，故极有可能次公是赵建德的别名。或者当初送往大汉的南越质子，可能不止一人。

韩千秋和樛乐率领的汉朝第二拨使节团开到境上，放弃了说理的计划，直接进行军事行动，顺利攻下了几座小城。赵建德和吕嘉命令沿路城邑不做抵抗，箪食壶浆热烈欢迎汉朝王师，诱他们一路深入。直到离番禺城仅剩四十里时，南越才以逸待劳，以大军瞬间将轻敌的汉使团两千人歼灭殆尽，然后修书向汉朝谢罪。

摆在刘彻面前的有两个办法：一个是承认南越现状，吞下两拨使者被团灭这口气，从此继续和南越保持原先的外交关系；另一个则是正好以平叛为由，正式对南越发起军事攻击。不消说，按照刘彻性格，加上北方暂时安定的局势，他不可能选择第一条路。

以上从第一拨使者出发至赵建德、吕嘉政变，时间跨度大约在元鼎四年至元鼎五年春三月。

入秋以后，一切准备妥当，刘彻调集五路大军一齐向南越进发。一路为原先就驻扎在桂阳待命的路博德军，路博德领伏波将军号，直接就地出兵；一路为主爵都尉杨仆，领楼船将军号，率军从豫章郡出发；另三路都由归顺的越人率领，分别从零陵郡和巴蜀出发。特别值得一提的是从巴蜀出发的这一支军队，主力由谪贬在当地的罪人组成，同时还征调了夜郎国的兵力，他们将从牂牁江顺流直下，预备和其他四路军相会在番禺城，完美实现了二十多年前唐蒙向刘彻进呈的攻打南越计划。

一场灭国战争，即将正式拉开序幕。

战争的幕后插曲

南征军队开始调遣后，刘彻收到一封来自齐国的上书，上书人是时任齐相的卜式，就是当初那位屡次自愿捐赠家产为朝廷分忧的牧羊人。[1] 这一次，卜式再次发扬了无私的爱国爱朝廷精神，他认为攻打南越这么重要的国事，当然是人人有责，诸侯国也不能例外。为此他请愿，称可以发动齐国所有熟悉行船和水战的男子，踊跃参加到战争中去。同时他自己父子也会身先士卒，主动上前线为国拼死。

这番话又一次说到了刘彻的心里。和前度一样，刘彻亲自下诏褒奖卜式，赐爵关内侯，赐金六十斤，赐田整十顷，当然更重要的是一定要"布告天下"，让王国、列侯都来学习。整套流程都是一种赤裸裸的明示：天子有大事，要么你捧个人场，要么你捧个钱场，总得有所表示，而不是冷眼旁观好像与己无关。然而这次的结果也和前度一样，"是时列侯以百数，

---

1 详见元鼎元年"算缗与告缗"篇。

皆莫求从军击越",完全没有人响应刘彻的号召。令天子失望的后果是很严重的。恰好年底要祭祀宗庙,诸侯王与列侯有义务缴纳一定量的黄金助祭,刘彻令少府对黄金品质严格审核,凡重量不够或成色不好的,全部以不敬罪名弹劾,或直接剥夺爵位,或从王国里削去若干县。这样一来,被削夺的原本供养他们的民户之赋税就全部流入国库。这一惩罚性事件史称"酎金案",其中被夺爵者达到一百零六人,除国者达到五十五人。时任丞相的赵周也因知而不报被刘彻追究失职之罪,下狱自尽。

问题是,汉家祭祀至此时已近百岁,难道大家凑巧在这一年约好了齐刷刷贡献不合格的酎金吗?当然不可能。只不过这项制度重的是形式,平时大家按时上贡,意思意思也就过去了,彼此心照不宣。而到了今年,恰好天子对王侯们不肯在南越战争中为国分忧的表现极不满意,认为大家政治站位有所放低,必须找个理由敲打敲打,财政又急需一批真金白银来支持军事行动,那么在平时放松管理的事情上突然收紧,显然最能起到一网打尽的震慑效果。

酎金案之外,刘彻此年还腰斩了另一名方士。此人名叫栾大,与当年因欺罔被处死的方士少翁同出一师。[1]刘彻本身对于少翁之死已颇后悔,《史记·封禅书》解释其原因为"惜其方不尽",意思是刘彻虽然觉得少翁有一些欺骗的伎俩,但总体来说还有些真实水平,人死了不要紧,可惜的是没把他那些有效的法术保留下来为我所用。于是在元鼎四年,栾大由人引荐给刘彻。

栾大"为人长美,言多方略,而敢为大言",形象不错,又敢吹牛,具备了做一名优秀骗子的良好条件。他初次见天子,就夸下海口,称:"臣经常在海上游行,见过安期生、羡门这些仙人,他们觉得臣卑贱,只愿意和高贵之人见面。臣的老师会炼金、长生和求仙之术,只不过臣担心步少翁后尘,得罪陛下,故不敢前来进见。臣死不足惜,只是怕坏了陛下

---

[1] 详见元狩六年"方术、疾病与死亡"篇。

名声，从此没有人敢来贡献良方。"

听闻此言，刘彻对杀少翁一事矢口否认，只说他是不小心吃了马肝中毒而死，并热切希望栾大能把他老师的法术带到长安。为了证明法术的真实性，栾大先表演了一个"斗旗"的小把戏。具体来说大概是把两面小旗摆在特制的棋盘上，小旗一靠近就自动闪躲腾移，仿佛在激烈地以气功相斗。这个把戏在《淮南子》里也有过记载，东汉人高诱揭穿了其中的奥秘，其实是利用了磁石同极相斥的特性。

> 取鸡血，与针磨捣之，以和磁石，用涂棋头，曝干之，置局上，即相拒不止也。（《淮南子》高诱注）

刘彻对栾大的法术深信不疑，相继赐他的封号有五利将军、天士将军、地士将军、大通将军，并封其为乐通侯，食邑二千户，赐屋宅和僮仆千人，其他各种车马、器物无计其数，最后干脆把卫皇后所生的长女嫁给了栾大。刘彻亲自前往栾大家中问候，平时派遣的使者相属于道，络绎不绝。其他王公将相见状，自然也纷纷争相巴结。

对于栾大，刘彻有两大寄望。一是希望他和他老师的炼金术能够奏效，这自然是由于国库的连年吃紧，加上黄河不断水患，急需拨款治理。二是希望他们真能为自己招来神仙。得见天神与仙人，从而令自己长生或者得道，这是贯穿刘彻后半生的终极追求。栾大曾说海上仙人嫌他太过卑贱，言下之意刘彻是世间最尊贵之人，最有希望打动神仙。不过栾大又说，要打动神仙，必须有他的老师作为使者，而他的老师是得道高人，也不容易得见，必须天子派遣使者隆重相请。骗子的套路一贯如此：既暗示你希望，又设置诸多障碍以便回旋。

刘彻对求仙一事尤其执着，又刻了一道"天道将军"的玉印赐给栾大。所谓"天道"，是为天子导引天神之意。授印仪式也煞有介事，特意挑选在晚上，朝廷使者和栾大都穿着羽衣，站在白茅之上，完成了玉印交

元鼎五年（公元前 112 年） 339

接。之所以不穿朝衣，搞得这么神秘，是为了表示刘彻和栾大之间并非天子和大臣的关系，而是一个求仙者虔诚地向天使作了许愿。

几个月时间里，栾大得到了许多文武将相一生都获得不了的利益和荣誉。这种示范效应是巨大的，"于是海上燕齐之间，莫不扼腕自言有禁方、能神仙矣"。上有所好，下必趋之，谁不想踏上这条瞬间可以荣华富贵的捷径呢？

但任务总有完成的期限，在长安拖延了一段时间后，栾大不得不正式东游去海上求仙。可能是担心露馅，他没有真的出海，而是躲到了泰山中。刘彻暗中派人跟随栾大的踪迹，始终毫无所见，因此不得不逐渐认清自己可能再次受骗的事实。很快栾大就同样以诬罔之罪被处死，短暂的人生巅峰只维持了一年，仿佛黄粱一梦。不过若是以为刘彻从此会对弄虚作假的方士绝望，那也未免低估了他对成仙一事的渴望。

元鼎六年

（公元前111年）

● 刘彻四十六岁 ●

南方大定

上一年末尾和这一年年初，还有一些小插曲。一个是西部的羌人反叛了，不久被平定。同时匈奴一支又卷土重来，杀死五原郡守，刘彻利用之前浑邪王投降后设置的五属国之众，进行了还击。这些都没有引起太大波澜，刘彻真正关心的地方，还是五路大军齐往的南越。后来的事实证明，南越不过是他此番战略的目的地之一而已，而此次南征的军事行动，也是在为另一件大事作铺垫。

或许是内部政变导致人心不稳，再加上实力本就悬殊，南越国的地利以及沿途设置的防守并没有给汉军带来过多阻力。五路大军里，楼船将军杨仆率领的是数万精锐部队，一路势如破竹，连连攻破城邑，并截获了越人的补给船，率先在前方等待伏波将军路博德之军会合。路博德率领的部队主要由罪人构成，路途也更遥远，等到会面时才剩千余人，然后一起开到番禺城下。赵建德和吕嘉没有想到汉军这么快就神兵天降，困在城中只能坚守。

杨仆和路博德分别驻扎在城的东南和西北面，两人根据实际情况采用了完全不同的战略。杨仆用其精锐在东南方猛攻城池，不断用攻势摧毁南越人的心理防线；而路博德则在西北方稳扎大营，不暴露真实军力，只是派人进城招降，给南越军民留一线生存的空间。一头进攻越猛烈，另一头招降的计划便越顺利。攻城战从日暮开始，只用一夜时间便大势已定，城中文武应降尽降，只有赵建德和吕嘉带了一百多人连夜逃亡。

路博德从降人口中得知二人去向，没有多久便捕获了赵建德，落难的吕嘉也很快被南越人擒住献给了汉军。两名元凶落网的消息先后传到刘彻耳中时，他正在东巡途中，一时开怀，便更改了当地的县名，一将桐乡改为闻喜（今山西省运城市闻喜县），一将新中改为获嘉（今河南省新乡市获嘉县）。随即，南越各郡县纷纷表示缴械归顺，并主动谕告周边瓯骆等部落四十余万口悉数内属，与吕嘉联姻的苍梧秦王一听说汉兵杀至，也立刻投降。

刘彻将南越之地分为南海、苍梧、郁林、合浦、交阯、九真、日南、珠崖、儋耳九郡。自此，立国九十三年的南越正式灭亡，成为汉朝一部分。

由于番禺城下得过于迅速，汉朝五路大军中，另外三路甚至还没有及时赶到，战争就已经结束。这三路随即顺道转征西南夷，用武力征服了当地各个部落小国。说是顺道，显然不可能是没有刘彻的授意便自作主张。实际上，将这些少数民族地区纳入汉朝版图，正是早年刘彻开通西南夷道的目标，此番正好趁征讨南越的机会一齐收服，免得大军频出。刘彻将西南夷之地设置了武都、牂牁、越嶲、沈黎、交山数郡。同时，东越国由于南越的灭亡，惶惶不安，主动发兵攻打边境汉军，刘彻干脆也派遣杨仆等将军还击。越人杀王投降，东越国被废除，其民全部被北迁至长江和淮河之间。

如果试图评论刘彻元鼎年间发动南征的性质，很容易陷入无休止且无意义的争论。站在不同的立场，看待这场战争的眼光自然也有所区别。后人有认为这是维护统一的正义之举者，也有认为实质仍然和战国一样是大鱼吃小鱼的帝王霸业者。事实上，在刘彻死去仅六年之后的昭帝时代，时人已经在盐铁会议上对用兵问题充满分歧。

以桑弘羊为代表的一方以为，刘彻讨伐四夷的举动是在"征不义、攘无德"，言下之意他攻打的对象都是道德上的败类，而汉军则一直扮演着仁义之师的角色，屡屡拯救他国人民于水火之中。这条理由当然是有漏洞的，它最大的问题是涉及一个底层逻辑：正义由谁来定义？假如最后都是由强者、胜者说了算，这样的"正义"究竟还有多大说服力？以贤良文学为代表的另一方则坚持认为战争不是王者的最优选，特别是对于蛮夷之地，只需要以德化之，让他们臣服就可以了，用武力去争夺他们的土地则得不偿失，弊大于利。主动持续地发动对外战争，不仅会造成经济衰退，民生困苦，甚至还有将军在外拥兵自重的隐患。贤良文学的论述出自先秦流传下来的王者观念，虽充满人文关怀，却试图用一种一成不变的方法论来应付复杂的国际关系。

盐铁会议的双方各说各话，始终无法劝服对手，达成共识。但相比他们的分歧，还有个更现实、更直击人心的问题：战与不战的讨论，注定只能在昭帝时代才可以摆上台面。在刘彻活着的时候，不管正义与否，经济与否，许多问题可能并没有选择余地，而只有符合上意的唯一解。

汲黯生前对刘彻的评价是"多欲"，这是站在批评者的角度而言；如果换个立场，就是司马相如口中的"世必有非常之人，然后有非常之事，有非常之事，然后有非常之功"。两种说法一体两面，画出了一个外张力和事业心都极强的帝王形象。假如再用今天的话语描述，大概刘彻是一个极度追求存在感的人。这类性格的人我们生活里也不少见，他们似乎总是活力无限，对各种事情饶有兴趣，敢于拿资源在各个领域冒险，他们的事业无论成功失败，永远跌宕起伏，充满话题性。他们能干成多大的事，取决于站在什么样的平台，手里握有什么样的资源。而坐在九五至尊之位，心理上的确很容易就把四海之众、天下之财都当成了自己予取予求的资源。刘彻似乎很喜欢司马相如那句话，很多年后他将此话略微改编了一下，写在了求贤的诏书里：

> 上以名臣文武欲尽，乃下诏曰："盖有非常之功，必待非常之人……"（《资治通鉴·汉纪十三》）

"非常之功"是他毕生的追求，而人的生命却是有限的。以有限的时间要立非常之大功，没有什么比开疆拓土更快捷、更实在、更能让世人都看在眼里的。南越该不该打，对于刘彻可能根本就不是一个问题，假设真有人这么问，我很怀疑刘彻随口就反问一句：为什么不打？

事实上，这种心态在他早年间尚未大权独揽时就已经有所流露。建元三年（前138年），没有兵权的他想要解决闽越与东瓯的纷争，田蚡和庄助曾在他面前有过一番争论，庄助的话代表了刘彻的心声：

> "特患力不能救，德不能覆。诚能，何故弃之？……"（《汉书·严朱吾丘主父徐严终王贾传》）

有这个资源，有这份能力，为什么不追求这样的功业？钱穆先生认为，"是为武帝初事开边之第一声。"

这一年年中，北方的草原荒漠、西方的河西走廊已无匈奴之迹，祖辈多年来被北境之敌欺压凌辱的前耻已雪；南方的山川丛林、湖泊海岸也悉数归于大汉，四十六岁的刘彻终于长舒一口气。这种志得意满的成就感来得非常及时，足够支撑他在知天命之年快要到来之前去完成另一件人生大事：封禅。

倾国倾城

《汉书·外戚传》里，绘声绘色写了一段很适合拍成影视的故事。情节是这样的：刘彻有一个非常喜欢的乐工，叫作李延年。此人特长是不仅自己能歌舞，还兼创作，善为"新声变曲"，他的歌声每让人感动不已。

有一回，他在表演中，演唱了一首新歌，辞曰：

> 北方有佳人，
>
> 绝世而独立。
>
> 一顾倾人城，
>
> 再顾倾人国。
>
> 宁不知倾城与倾国，
>
> 佳人难再得！

这首歌令刘彻大为感慨，忍不住叹息道："世上真的有可以倾国倾城的绝色吗！"

在场的平阳公主顺势进言，称李延年的妹妹就配得上歌词所称。此话瞬间勾起了刘彻的好奇心，于是召见其妹，一见之下果然明艳动人，妙丽善舞。李夫人从此得幸。

整个故事一环扣一环，情节推进十分顺畅，每个角色性格也十分鲜明，然而越是这样，越显得像经人为加工过。

而在《史记·佞幸列传》里，司马迁讲了一个过程与《汉书》所述完全相反的李氏兄妹得幸故事。

> 李延年，中山人也。父母及身兄弟及女，皆故倡也。延年坐法腐，给事狗中。而平阳公主言延年女弟善舞，上见，心说之，及入永巷，而召贵延年。

由于司马迁父子都常伴刘彻身边，故他所述的情节可能更为靠谱一些，不过故事性就比班固的差了很多。特别是那首后来被列为乐府名篇的《北方有佳人》，压根都没有提到。

在司马迁的版本里，李延年反而是其妹得幸后提携的。而两个版本

元鼎六年（公元前111年） 345

里，相同之处是李夫人都由平阳公主引荐。平阳公主即刘彻的姐姐，当初卫子夫得宠也有其力，可见刘彻与这位姐姐的关系十分亲密。平阳公主初嫁开国功臣曹参之曾孙曹寿，后因曹寿染有恶疾，故改嫁同是元勋夏侯婴之曾孙夏侯颇。夏侯颇又因罪自杀之后，平阳公主仍想再婚。按照惯例，公主必须嫁给列侯，她便与左右商议人选，大家的答案令她很吃惊，异口同声推荐卫青。平阳公主笑称：卫将军过去是我家的骑奴，侍奉我左右，让他当我的丈夫真的合适吗？左右皆称：大将军如今是国舅身份，三个儿子也都封侯拜爵，富贵天下莫比，还有比他更佳的人选吗？平阳公主遂与卫皇后通气，让她征求刘彻意见。卫皇后一来感谢旧主荐己之功，二来自然希望刘卫二家亲上加亲，一口允诺下来，卫青于是成了平阳公主的又一任丈夫。

二人的结合具体在哪一年，史无明文，但有迹可循。夏侯颇之死，按照《史记·樊郦滕灌列传》，十分清楚是于元鼎二年，因为和父亲宠幸过的婢女有奸情，被告发后自杀；而平阳公主的左右推荐人选时，又言卫青三子皆封侯，考诸《史记·建元以来侯者年表》，卫青的次子、三子都在元鼎五年的酎金案中被剥夺了爵位[1]，综上，卫青和平阳公主的婚事，只可能发生在元鼎二年夏侯颇死至元鼎五年卫青二子失侯这段时间里面。那么随之而来的问题是，平阳公主此时以卫青之妻的身份，已经和卫氏集团的关系越来越深，为什么会热情推荐另一名李夫人给刘彻，制造卫氏的潜在对手呢？她这一举动，难道不会引发卫皇后包括卫青的反感吗？

这一问题可能没办法得到真实答案。比较大的可能性，是卫皇后和卫青的性格一直温和隐忍，他们并非不知道刘彻多一名宠姬，就是自家多一分隐患，但比起在乾纲独断的刘彻面前宫斗争风，卫皇后可能觉得做个大度的妇人更容易保全皇后之位。这一选择，其实在卫青当年用五百金巴结王夫人时就已经显露端倪。所以在王夫人死后，平阳公主推荐李夫人给刘

---

[1] 卫青长子失侯是元鼎元年，但考虑到他迟早会继承父亲爵位，故此时仍说三子封侯也不矛盾。

彻，未必不是卫皇后和她的共同意见。只不过此时，她们都没有意识到，这一决定将来会造成多么大的政治风波，会带给卫氏惨酷的灭顶之灾。

李夫人和李延年都以能歌善舞得到了刘彻的喜爱，这和他们籍贯中山也有一定关系。战国时期的赵地、中山地，民风与其他地方殊异，显著特点是无论男女，很多都以倡优为职业，当地的歌曲风格又悲壮高亢，十分动人，诸侯后宫里特别喜欢收纳赵和中山两地的女子。直到秦汉时仍是如此。

> 赵、中山地薄人众，犹有沙丘纣淫乱余民。丈夫相聚游戏，悲歌忼慨，起则椎剽掘冢，作奸巧，多弄物，为倡优。女子弹弦跕躧，游媚富贵，遍诸侯之后宫。（《汉书·地理志》）

李延年同时凭借"善为新声变曲"这一特长，被任命为协律都尉，为刘彻改革乐府做出了巨大贡献。他之得幸，无论司马迁还是班固，都把时间准确定位到"灭南越"和"封禅"两件大事之间，即在此年——元鼎六年，故一般认为乐府之兴也在此年。乐府是秦时设立的音乐管理机构，汉承秦制将其保留了下来，由于其间所唱的歌诗通常被称为"乐府诗"或"乐府歌"，后来经简化，"乐府"便逐渐成为一种诗歌体裁的名称。

乐府演奏之乐，起初主要是用在祭祀场合的，可想而知其重要性。同时"乐"还具有教化人心的特殊政治功能，国家推崇什么风格的音乐，百姓就体现出什么样的教养和素质。

> 是故志微焦衰之音作，而民思忧；啴缓慢易繁文简节之音作，而民康乐；粗厉猛起奋末广贲之音作，而民刚毅；廉直经正庄诚之音作，而民肃敬；宽裕肉好顺成和动之音作，而民慈爱；流辟邪散狄成涤滥之音作，而民淫乱。（《史记·乐书》）

所以周人以降，常常把"礼乐"并称，当礼崩乐坏的时候，往往也就是政教不行、风俗浇薄、天下大乱的时候。

汉初乐官有制姓世家担任，这一家族继承了一些周人之乐，但已经只懂演奏，不能通其义理；叔孙通又用秦朝的旧乐官制作了一些宗庙乐；高祖刘邦自己创作的《大风歌》也被列入祭祀乐；而自孝惠帝到汉景帝，乐府所演奏内容"无所增更"，习旧而已。总体来说，汉朝前期的乐府，所做的是被动传承。

刘彻对乐府的改革，最主要的在于极大增加了文人创作和采诗收集。司马相如等数十名专业文士争相撰写诗赋，然后交由李延年这样的音乐行家们谱写新曲，同时设置采诗之官，遍采天下八方民间诗歌进行改编和再创作，从而使得各种曲风、各种内容如百川归海一般流入宫廷乐库。

特别是采集民歌这一举措，在文学史上的意义是无与伦比的。我们会发现，《诗经》之后，战国至秦再至汉初的四百年间，诗歌创作仿佛进入了一个低潮，甚至可以说是中绝了一般。实际上，作为一种叙事抒情的自然载体，诗歌在民间必然是不绝于耳的，只不过缺少了记录和保存而已。而刘彻对乐府的重视，恰好弥补了这一制度缺陷，让更有生命力、更鲜活生动的民歌经由主动采择再度进入了上层视野，既而推动汉乐府在之后的数百年里完美继承了《诗经》的优秀传统，成为文学史上的又一巅峰。余冠英先生用非常感性的笔法评价了乐府的成就。

> 《江南可采莲》《枯鱼过河泣》的手法固然不是步趋"骚""雅"的文人所能梦见；孤儿的哭声，军士的诅咒也不是"倡优所畜"的赋家所肯关心。乐府之丰富了汉代诗歌，简直是使荒漠变成了花园。（余冠英《乐府诗选》）

除了余先生提到的几篇，我们熟悉的《上邪》《陌上桑》《白头吟》也都是乐府诗中的名篇。刘彻对于文化遗产之贡献，丝毫不亚于开疆拓土。

假如乐府没有从被动传承走到主动创作和采撷的路上来，我们也许不会有机会听到"山无棱，江水为竭，冬雷震震，夏雨雪，乃敢与君绝"那么大胆的山盟海誓，"少壮不努力，老大徒伤悲"那么朴素的衷恳劝勉，以及"盈盈一水间，脉脉不得语"那么哀婉的离愁别绪。

李延年所歌的《北方有佳人》，无论是不是真如班固所载，是歌颂其妹李夫人，至少文辞方面称得上乐府绝唱，也为后世贡献了"倾国倾城"这一使用率极高的成语。班马对于李夫人的生卒年都未明书，从与她相关事件的年份推算起来，她得宠之年和李延年之进都在此年左右，而其卒年不能迟于太初三年（前102年），故满打满算，也就陪伴了刘彻十年上下。当时女子进宫年龄一般不会超过二十岁，多在十四五六之间，如此李夫人死时大约也不会有三十岁，故班固称其"少而蚤卒"。刘彻十分惋惜，亲自为她写了一首悼亡诗，也令乐府弦而歌之。班固还写到刘彻让方士少翁为李夫人招魂，但这件事应该是他搞混了，前面曾说及，少翁招魂的是更早得宠和去世的王夫人。

李夫人为刘彻留下一子，即后来被封为昌邑王的刘髆，刘彻晚期和死后的政局之变都将与此子家族紧密相关，容后详说。

附录五：汉乐府《有所思》

有所思，乃在大海南。何用问遗君？双珠瑇瑁簪，用玉绍缭之。闻君有他心，拉杂摧烧之。摧烧之，当风扬其灰。从今以往，勿复相思！相思与君绝！鸡鸣狗吠，兄嫂当知之。〔妃呼豨〕秋风肃肃晨风飔，东方须臾高知之。[1]

---

[1] 余冠英先生题解："这是情诗，叙女子要和她的情人断绝，下了决心，但回想起当初定情时偷偷地相会，惊鸡动犬，提心吊胆的光景，又觉得很难断绝。究竟绝不绝呢？她说：等天亮了，天日自会照彻我的心。"（余冠英《乐府诗选》）

元封元年

（公元前110年）

● 刘彻四十七岁 ●

封禅大典

元封元年十月，汉帝国北方的路途上，行进着一支庞大浩荡的军队，装容整肃，旌旗绵亘，从首至尾足有千余里长。这支军队整合了十八万骑，但还不是帝国可以征调的全部军事力量，因为行军的同时，东越战场还没有完全收尾。只不过南方用兵以楼船水军居多，所以这十八万骑，基本也可以算是准备用来征伐匈奴的上限。这是继马邑之谋、卫霍率领的漠北大决战之后，帝国再一次调集大规模军事行动。

刘彻本人也在此趟远行队伍中，相当于这是一次御驾亲征。为此他设置了十二部将军，可惜史书没有提及他们的具体名字。军队的行程起自云阳县，也即甘泉宫所在，然后一路北上，穿越上郡、西河郡，到达今内蒙古自治区境内的五原郡之后，越过此地长城，登上单于台，然后转向往西，抵达朔方郡，到达阴山脚下的北河，即今天的乌加河。

这段路程里，从西河郡往后的区域，几乎都是刘彻十数年经营北方，从匈奴手中夺得的领地。如今，这一带已经不见胡骑踪影，刘彻在十八万雄武的汉军护卫下，心满意足地沿路巡视帝国北疆。同时，他派出了以郭吉为首的使节团，带着天子口谕，送达单于本人。

刘彻的口谕是这么说的:"南越王的首级,已经悬挂在大汉北阙之上。朕如今亲自率军抵达边境,单于若能战,来战;不能战,速来称臣!何必一直藏匿在大漠之北、苦寒之地!"

遣使者告单于曰:"南越王头已悬于汉北阙矣。单于能战,天子自将待边;不能,亟来臣服。何但亡匿幕北寒苦之地为!"匈奴詟焉。(《汉书·武帝纪》)

这一番充满挑衅意味的话,至少从军事外交角度而言,称得上大汉建国以来对匈奴的时代最强音。自高祖和匈奴平城一战以来,无论惠、吕,还是文、景,对待北方强邻始终隐忍屈服,没有谁能如此张扬大胆,视单于无物。而这种自信的底气,不仅来自十数年里将士军卒舍生忘死的黄沙百战,更来源于全汉百姓在十数年里承担着比以往更重的赋役所贡献的财政基础。我们讨论军事,眼光不能只着眼战场,忽略了战场以外一样有血肉之躯在做出牺牲。

单于闻听刘彻口信,虽然勃然大怒,将郭吉扣押在北海,却慑于实力悬殊,未敢有任何针对性行动。单于的反应其实也在刘彻意料中,他此行更大的目的并非真要再决战一番,只是借南方战胜之余威,向匈奴耀武,然后偃旗息鼓,所谓"振兵释旅"是也。这一做法仍然不过是封禅前奏,因为按照封禅理论,天下太平,不再有兵革之事才算功德圆满。此趟北巡之后,南越归降、匈奴慑服,恰好是告别大规模战争、走向和平的最完美契机。

北巡归来,四月,刘彻就完成了长久以来的封禅志愿。

封禅本身是一件极其简单的事情,"封"指在山巅封土祭天神,"禅"指在山脚筑坛祭地神。论其渊源,封禅可能是上古部落联盟进行首领推举并互相盟誓祭神的一种仪式遗存,只不过降自商周,已经不再成为一种固有之礼。《管子》一书虽称古者封禅之君有"七十二家",不过是后学的杜撰而已。战国以后提倡封禅者,尤以燕齐儒生和方士居多,所以封禅的地点泰山、梁父山都在齐国。这些鼓说之士为封禅赋予了至高无上的意义，要之不外有三：一是王者受天之命，改朝换代，治理天下又太平安乐，功德兼备，那么就该封禅，以宣示自己是真命天子并完成了上天交代的使命；二是王者应该每五年进行一次封禅和巡狩天下，接受四方郡国的朝拜，考评诸侯和地方首长的绩效，以彰显人间君王的身份职责；除此以外，第三则是通过封禅，祈求自身的长寿或登仙，这一功用尤其为燕齐方士所热衷提倡。

秦始皇一统六国，成为前无古人的首位皇帝，本人性格又痴迷方术，追求长生，无论从哪一义来看，都极其符合封禅的条件。为此他征集了齐鲁儒生七十人，一起聚集到泰山脚下商议封禅之礼。然而作为一项久废难征的制度，儒生们并不知道具体的操作细节，一时众说纷纭，争论不已。齐鲁在先秦学术的思想体系中又属于保守派，极其重视礼之仪式感，所举之论往往复杂繁难，秦始皇干脆一概不听，尽罢诸议，最后袭用了秦国固有的郊祀上帝的一些礼仪，不过究竟采取的是怎样一种仪式，仍然不得而知。

在司马迁时代，流传着一种说法，称秦始皇登泰山途中遇到暴风雨，并没有完成封禅典礼就灰溜溜地下了山。而司马迁认为，这大约是儒生和天下人对秦朝统治抱有怨言而编造的故事。既然封禅是受命天子的大典，百姓自然不愿意承认秦始皇拥有如此天命，阻止这位暴君完成封禅的暴雨才是他们眼中的天降正义。

而在刘彻少年即位之初，国内就已经再次掀起有关封禅的舆论。

> 元年，汉兴已六十余岁矣，天下艾[1]安，搢绅之属皆望天子封禅改正度也。（《史记·封禅书》）

在司马迁和许多后来人的记忆里，百姓最好的时代始终是"文、景之

---

[1] 艾通乂。

际，建元之始"，尽管那时北部边境偶尔会遭到强邻骚扰，但那属于"自古以来"的局部冲突，除此以外，国家内部总体上人和政通，民富国安。除非遇到天灾，一个普通人至少可以安稳地度过余生，不必担心太多预期之外的政策风险。特别是汉景帝平定七国之乱后，中央与地方的矛盾也缓和下来，这数十年是战国以来数百年里难得一见的和平时期。

（大夫）曰："……文、景之际，建元之始，民朴而归本，吏廉而自重"，殷殷屯屯，人衍而家富……（《盐铁论·国疾》）

说上面这段话的大夫不是别人，正是完整经历了景帝后期和武帝一生，在盐铁事务中初露头角，并全程参与武帝朝几乎所有重要财政改革的桑弘羊。即便在盐铁会议中站在最拥护刘彻政策这样一个立场，他也不得不承认，刘彻执政的五十四年里，社会层面幸福感最强烈的时段是他即位之初的建元年间。

国势冉冉上升，人民安居乐业，新主受命登基，似乎没有比这时更适合封禅的契机了。"荐绅之属"和少年刘彻在这件事上也一拍即合，前者急于借参与封禅实现仕途晋升，后者则急于借封禅来向天下人宣示天命，改弦更张。假设当时没有遭到窦太后反对，也许封禅大典在建元之初便已经宣告完成。

建元六年（前135年）窦太后死后，刘彻对于封禅的意愿反倒没那么迫切了，而是把主要精力放在了用兵匈奴上，也许是韬光养晦的六年里，他想明白了如果即位就封禅，不过是追叙文景遗政，只有自己建立了超越先人的大业，才更有资格站在泰山之巅向天告功。而完成这份值得认可的大业，他用了整整三十年。

在这三十年里面，儒生和方士始终没有停止对封禅一事的游说怂恿，其痕迹散见于《史记》各篇。儒生方面，终军关于获麟的奏对里，称刘彻之功德已经胜过古代所有"封禅之君"，暗示封禅的时机已经来到；司马相如则于临终前留下遗书，大谈封禅之事。儒生的出发点，尚在受命和耀功二义，方士则费更大力气，极力在刘彻面前赞成封禅可以成仙的功用。为了增强说服力，方士抬出了一个业已成仙的古人作为榜样：黄帝。

先是获得宝鼎的元鼎四年（前113年），一名叫作公孙卿的方士借此机会，称黄帝当初也曾经得到一个天赐宝鼎，当时的纪元是己酉朔旦冬至。黄帝经过推算，每经过三百八十年，纪元就会周而复始。每当纪元复始，世间就有可能出现如黄帝的圣人，并获得和黄帝一样最后得道成仙的机会。在所有人还停留在把宝鼎仅当作王朝更替象征物的时候，方士又赋予了它登仙长生的特殊意义。

公孙卿同时称自己得到了一封鼎书和从黄帝那里代代相传下来的口信，口信内容是时移世迁，圣人会应在汉高祖的孙子或者曾孙身上，纪元将周而复始到与黄帝时一致，届时宝鼎一出，圣人只要登泰山进行封禅，就可以像黄帝那样成仙登天。

这一番话果然打动了刘彻，其时他步入中年，又经历过一次生死考验的重疾，求仙之心比任何时候都更为炽盛，假如封禅还额外拥有如此功效，何乐而不为呢？他听着方士的传说，流露出无尽的歆羡：

"嗟乎！吾诚得如黄帝，吾视去妻子如脱躧耳。"（《史记·封禅书》）

若真能成仙，刘彻认为自己可以轻易割断人间的各种爱恨情缘。所以钱穆先生认为"武帝封禅，最大动机，实由歆于方士神仙之说而起"，这与儒生的原始封禅主张，已有相当差异。

刘彻的封禅过程，也碰到了秦始皇同样的难题，诸儒在长达数年的时间里，始终无法达成仪礼的共识。其实刘彻更在意方士的祠祭有没有效果，顺便"颇采儒术以文之"，儒生的意见只是外在的装饰而已，有没有这些表面功夫，丝毫不影响封禅典礼的进行。这点倒与他即位以来尊儒崇经的目的一以贯之，并无分别。既然儒生们看不清本质，为了无关细节争论不下，干脆全部弃置不用，以免耽误大事进程。

于是刘彻最后的封禅仪式，只是在泰山的东面山下，先用祭祀太一神之礼封土祭天，然后独自带着霍去病年幼的儿子霍嬗等极少数人登山，在山巅再次进行了封土仪式，礼毕从北道下山，最后在泰山脚下东北方的肃然山，用祭祀后土神之礼完成了"禅"的仪式。其中，山上发生的所有事和当初秦始皇登泰山一样，皆隐秘不宣。特别是下山之后，霍嬗一日之间暴毙，更为此行增添了神秘色彩。东汉时代人传说，刘彻在山上得到了神仙赐予的玺印石，然而被霍嬗弄丢，怒而杀之。又有称霍嬗其实未死，只是羽化成仙而去，大约都是好事者的揣测编造。其真实内情虽已不得而知，但联想霍去病父子，一以英年在决战匈奴后突然辞世，一以孤弱在封禅泰山后无故死亡，都以短暂生命成为刘彻一生大事的匆匆注脚，总难免让人心生无限唏嘘。

两个黄帝

无论如何，在这一年，刘彻又完成了毕生志愿之一。其后他每五年封禅一次，成为定制。封禅本身已无甚可谈，但与之相关的事件却仍有许多值得探讨之处。比如上面所说的封禅里的关键角色：黄帝。

司马迁作《史记》，体例分明，篇章有序。其第一卷是为《五帝本纪》，然后直到第二十八卷，称作《封禅书》。由于中间隔了许多篇幅，不容易觉察到异样。然而若把这两卷连读，立刻就会发现一个巨大的问题，太史公在两卷里，写了两个不同的黄帝。

为方便对比，在此不嫌啰唆，特将两卷里写黄帝的重要文字掇拾罗列。

> 黄帝者，少典之子，姓公孙，名曰轩辕。生而神灵，弱而能言，幼而徇齐，长而敦敏，成而聪明。
>
> 轩辕之时，神农氏世衰。诸侯相侵伐，暴虐百姓，而神农氏弗能征。于是轩辕乃习用干戈，以征不享，诸侯咸来宾从。而蚩尤最为暴，莫能伐。炎帝欲侵陵诸侯，诸侯咸归轩辕。轩辕乃修德振兵，治

五气,艺五种,抚万民,度四方,教熊罴貔貅䝙虎,以与炎帝战于阪泉之野。三战,然后得其志。蚩尤作乱,不用帝命。于是黄帝乃征师诸侯,与蚩尤战于涿鹿之野,遂禽杀蚩尤。而诸侯咸尊轩辕为天子,代神农氏,是为黄帝。天下有不顺者,黄帝从而征之,平者去之。披山通道,未尝宁居。

东至于海,登丸山,及岱宗。西至于空桐,登鸡头。南至于江,登熊、湘。北逐荤粥,合符釜山,而邑于涿鹿之阿。迁徙往来无常处,以师兵为营卫。官名皆以云命,为云师。置左右大监,监于万国。万国和,而鬼神山川封禅与为多焉。获宝鼎,迎日推策。举风后、力牧、常先、大鸿以治民。顺天地之纪,幽明之占,死生之说,存亡之难。时播百谷草木,淳化鸟兽虫蛾,旁罗日月星辰水波土石金玉,劳勤心力耳目,节用水火材物。有土德之瑞,故号黄帝。

黄帝二十五子,其得姓者十四人。

黄帝居轩辕之丘,而娶于西陵之女,是为嫘祖。嫘祖为黄帝正妃,生二子,其后皆有天下:其一曰玄嚣,是为青阳,青阳降居江水;其二曰昌意,降居若水。昌意娶蜀山氏女,曰昌仆,生高阳,高阳有圣德焉。黄帝崩,葬桥山。(《史记·五帝本纪》)

在这一卷里,司马迁用短短五百多字为黄帝作了一个小传,叙述其人特质、得国经历、治民之政和绩、家族成员以及最后的结局。从生到死,整段文字谨慎克制,俨然像是在描述一个真实的人间有德君王的生平。其中当然也有些神化的痕迹,但这并不是司马迁所为,而是他所本的原始资料就已经有了这样的痕迹。他说:当代学者言必称五帝(黄帝、颛顼、帝喾、尧、舜),然而在古老的文献《尚书》里,只提到了"尧以来",这说明尧之前的几帝,真实性待考。而各家对黄帝的记述、我从四方采风得到的五帝传说又往往比较浮夸,颇有异同。我通过对《春秋》《国语》等文献的阅读考辨,认为有些记载还是有可信之处的,所以选择其中尤其正统严谨的资料，作了《五帝本纪》。这段自白解释了为何黄帝的小传读起来相对朴实，甚至神话色彩都不如后代正史里记载的一些开国之君的奇闻逸事。太史公治史态度之审慎可见一斑。

转头再来看《封禅书》里的黄帝形象，比较重要的信息有以下几段：

少君言上曰："祠灶则致物，致物而丹砂可化为黄金，黄金成以为饮食器则益寿，益寿而海中蓬莱仙者乃可见，见之以封禅则不死，黄帝是也。"

（公孙）卿有札书曰："……于是黄帝迎日推策，后率二十岁复朔旦冬至，凡二十推，三百八十年，黄帝仙登于天。"

（公孙）卿曰："……申公曰：'……黄帝且战且学仙……鼎既成，有龙垂胡髯下迎黄帝。黄帝上骑，群臣后宫从上者七十余人，龙乃上去……'"

与《五帝本纪》里勤政有德、造福苍生，最后也像正常人一样死去的人间君王形象相比，《封禅书》里的黄帝则治国修方两不误，终于得道登天，成为神仙中人，两者结局迥异。为何同一人物，会有两个不同生命走向？因为前者是儒生塑造的黄帝，而后者是方士塑造的黄帝。又可说，前者是历史叙事中的黄帝，后者是神话叙事中的黄帝。[1]

刘彻更喜欢哪一个黄帝，毫无疑问是后者。公孙卿所言"且战且学仙"，明是叙述黄帝，其实不正是刘彻本人三十年来的写照吗？一个人怎么可能不喜欢自己的同类。

很难说究竟是方士塑造的黄帝形象影响了刘彻的人生追求，还是刘彻

---

[1] 假如细论，其实还有政治哲学中的黄帝，即"黄老之术"，不过宽泛来讲，仍可归类于历史叙事。

的行为模式决定了方士必须塑造这样一个形象的黄帝来迎合圣意，很可能双方是相互作用的。但当天子的喜好明确流露以后，显然成仙的黄帝才是最符合当时政治正确的。

两个黄帝形象，最大的区别在于结局不同。一个黄帝明白死了，另一个则成了仙。对此矛盾，刘彻本人也产生过怀疑。在耀武北边的回程中，曾途经桥山，那里有传说中的黄帝墓。拜祭完毕，刘彻发问："既然你们说黄帝没有死，成仙而去了，为何人间还有他的墓葬呢？"这么简单的问题当然难不倒早有准备的方士们，公孙卿回答道："黄帝仙去之后，群臣葬其衣冠作为纪念，此地只是一座衣冠冢。"刘彻听完再次感慨不已，表示："待我将来升天之后，是不是也可以把衣冠葬于东陵？"这番话再次说明他追慕的、愿意相信的黄帝究竟是何种形象。

事实上，任何带有玄学色彩的故事，在民间的市场本就胜过朴实无华的版本，假如再经官方背书提倡，必然很轻易成为主流文化。由于刘彻的尊尚，"黄帝"一词在汉朝愈发成为最流行元素之一，凡欲推崇某样学说，必冠以黄帝之名，以显示其理论源远流长，本自神仙圣人。据逯耀东先生统计，《汉书·艺文志》收录的"托名于黄帝，或与黄帝有关的著作，计二十一种四百四十九篇"（《〈太史公自序〉的"拾遗补艺"》）。汉人书名冠"黄帝"，大约相当于今人产品，每每冠上"纳米""量子""AI"一样。

然而神仙的黄帝在刘彻时代越正统、越堂皇，越可见司马迁在《史记》开首第一篇就老老实实写下"黄帝崩，葬桥山"的勇气和执着。

被封禅影响的人与事

作为此年最隆重的盛事，封禅大典从各个层面深刻地影响着许多人与事。泰山之封只是整个仪式的高潮，而在这之前和之后，其实还有从关中到帝国东方的长途巡游，直至登船出海，寻求仙迹。在长达数月的行程里，天子要视察众多的地方郡县，祭祀大大小小的山川诸神，赏赐上上下下的官员百姓，累计消耗的财物"帛百余万匹，钱金以巨万计"。这笔钱理论上至少有相当一部分应该出自少府——天子的私人金库，而实际此时都"取足大农"，来自国家的公共收入。当初推行盐铁改革，刘彻就已经试图打破这种公私的界限。为了平衡，他也曾从少府中拿出"私奉养"赏赐过为国家立有战功的军士。既然如此，当天子有需要时，从国库调用点资金也就是合情合理的了吧。

在盐铁改革中脱颖而出的桑弘羊此时任治粟都尉，主持大农工作，为了让国库变得更加充实，以备天子与朝廷随时之需，他还在元鼎二年（前115年）左右试着推行了均输与平准两项制度。

所谓"均输"，指在各郡国设置均输官，改变原先被动接受各地上贡特产给朝廷的模式，变成由均输官根据需求，主动向各地列明清单和数量，要求地方缴纳，继而由官方根据市场价格运送到不同地区贵卖贱买，从中获利。而"平准"专置于京师，统筹均输事务，不仅相当于"均输官"在京城的总公司，且拥有调控重要资源和全国物价的重要作用。显而易见，这一制度的实质是朝廷充当大商人，以国有企业的身份进入市场，凭借权力优势进一步从民间资本手里攫取财富，"使富商大贾无所牟利"。刘勃先生有一句打趣的话评价汉朝对商贾的打击："汉兴七十余年，培养出一个富裕阶层，现在朝廷消灭了富裕阶层，实现了共同贫困"。

那么普通百姓有没有从平准和均输制度中获利呢？可能并没有。缘于均输既是一种商业行为，又带有行政特点，最终均输官点名缴纳的产品，势必变成地方摊派在农民身上的又一项重负。这正是后来盐铁会议上贤良文学当面指斥桑弘羊的一条理由。

> 行奸卖平，农民重苦，女工再税，未见输之均也。（《盐铁论·本议》）

对于国家财政来说，桑弘羊的一系列改革无疑是粗暴有效的。自元鼎年间起，真金白银、谷物锦帛如潮水一般从民间流入了大农库藏，确保了刘彻在大举用兵南方的同时，还有余力能够巡游天下，封禅求仙。封禅大典之后，刘彻满意地赐予桑弘羊左庶长爵位，以及黄金两百斤。

这时，对于桑弘羊的经济手段，忽然冒出一个最令人意想不到的反对者：卜式。

在世人眼里和刘彻心中，卜式一向都是无私奉公的老好人形象。无论天子要南征北伐，还是要大搞土木工程，他都举双手拥护，甚至不惜主动捐献家产，一心为大汉事业添砖加瓦。也正因姿态如此之高，他在封禅前一年便已经由齐相升任御史大夫，离丞相之位也就一步之遥。

然而卜式自从名列三公之后，却像瞬间变了个人，一连提出了几条针对经济政策的批评意见。他不仅称百姓都不满意官方的铁器，地方上存在强买强卖的现象，还称算缗令破坏了市场经济，导致经商者少，物品愈发稀缺，物价日见腾贵。假如联想到当初大农令颜异就是因"腹诽"这些政策而死于张汤之谮害，就可以猜到，卜式这一举动必将引发刘彻不满。"上由是不悦卜式"，很快就以"不习文章"为由，将他贬为太子太傅，去其实权。紧接着，封禅仪式过后，天下出现了局部旱灾，刘彻令有关部门求雨。卜式又口出直言道："古来朝廷都是靠赋税供养的，现在桑弘羊令官吏都坐在市场里像商人一样做买卖，这是违背天理。烹杀桑弘羊，天自然就下雨了。"

从坚定的拥护派转而为异见者，如何理解卜式前后的转变，成了一个众说纷纭的话题。有一种意见认为，卜式本身出于牧羊商人，最了解民间商业状况，而刘彻的财政改革利刃却无一不是瞄准商贾群体砍去，对自然的市场经济破坏极大。卜式欲为这一群体代言，又不得直斥天子，故只能把矛头指向这些财政改革的推手桑弘羊。另一种较为阴谋论的意见则认为，卜式身处御史大夫要职，担心桑弘羊风头盖过自己，出于嫉妒之心有意排斥。清人姚苎田则干脆认为，卜式自始至终都是一个奸诈之人，开始伪装得很忠诚，通过为朝廷谋利求媚于天子来换取自己功名；等到致位三公，又想通过削减朝廷之利为百姓发声来换取民间口碑。而从刘彻对卜式前后态度的转变中，世人大约也可以读懂天子心里究竟更在意利，还是更

元封元年（公元前110年） 361

在意百姓，这正是司马迁的曲笔所在。

> 卜式逢汉武之恶，始以利进，饰为朴忠，及致位三公，而又欲稍省利权，以自媚于百姓。史公特下一语曰"上由是不悦卜式"，盖观其后之所不悦者，而知其前之所以悦者矣！岂非以利之言微而旨显，令读者恍然自悟？所以为良史之笔。（姚苎田《史记菁华录》）

姚氏对卜式的动机揣测未必如实，但认为司马迁对当时的财政改革抱有微词，则八九不离十。《史记》全书，读来最能体会太史公深切痛感的，就是记录财政和经济的《平准书》。此篇写到刘彻时代，以一句"汉兴七十余年之间，国家无事"起头，接下来便详细记录每一件竭尽国力民力的大事。事功是卓著的，耗费是巨大的；国家是强盛的，民众是困苦的；在对比如此强烈的现实矛盾之中，司马迁觉得世道人心正在渐渐变坏，而美好的时代已经一去不再复返。《平准书》的结语与其余各篇相比，风格截然不同，看上去特别仓促，就是上面所提到过的卜式的原话："烹弘羊，天乃雨"。明人杨慎认为，司马迁用此六字斩钉截铁作为结束，正是对这个时代"兴利之臣"的痛斥。

> "而烹弘羊，天乃雨"之句，乃毕此意而断之也，亦借其辞以断制兴利之臣之罪，而"功利"二字该尽武帝所行事。（《史记研究资料萃编》引杨慎《总纂升庵合集》语）

事后的痛诉多少显得有些无力，事实上，这一年为天子兴利的桑弘羊正因为保障了封禅等大事而平步青云，而指斥他的卜式们却失了官降了职。什么样的时代，适合什么样的人才。

有因封禅得意者，也有因封禅失意者，司马迁的父亲司马谈便是后者。太史令一职与祭祀紧密相关，理论上应该全程参与封禅一事，然而他生命的终点却留在了洛阳，没有跟随天子登封泰山。

因为缺席千载难逢的盛事,司马谈临终前的心情十分激愤,他拉着出使西南刚刚返回的儿子司马迁,老泪纵横地亲口交代遗言。

他首先追怀了先祖曾为周朝太史,家族世典天官的荣耀,正因背着家族传承和太史令职责的双重压力,他尤其无法释怀不在封禅现场的遗憾,重复吁叹着"命也夫,命也夫",无奈而又不甘地接受了命运打击。

继而,他教诲司马迁自己对于"孝"的理解。所谓"孝","始于事亲,中于事君,终于立身,扬名于后世,以显父母,此孝之大也"。无论事亲还是事君,最后的评价标准始终要归结到立身上来。一个人只有成就不朽的事业,让世人因此联想到他父母成功的教育,君主英明的领导,这才是最大的孝。

基于这一理念,遗言的最后,司马谈托付给儿子一项特殊使命:记录当下这个伟大的时代。他以周公、孔子为例,他们之所以被后世学者当作模范,是因为周公能够让天下人都歌颂缅怀周朝历代圣主的光辉形象和仁德统治,而当王道缺失、礼崩乐坏之后,孔子又通过修订经书来为世人传播正能量,树立正确的准则规范。但是孔子最后的痕迹留在《春秋》的获麟事件,自此以后又四百多年过去了。这四百年里,从诸侯互相兼并战争不休,直到如今海内一统,明主在上,忠臣义士遍布天下。假如身为太史令而不把这样的古今之变记录下来,他始终觉得有亏天命,内心十分恐惧愧疚。此刻他命数将终,希望儿子务必继任太史令一职,以完成自己这一著述。他相信这部作品,就是司马迁可以赖以扬名,完成孝之大义的传世之作。

司马迁"俯首流涕",诚惶诚恐接受了父亲临终遗命,从此他将凭借超人的毅力,历时十多年去完成这部今天名为"史记"的史书。

这里我们要再说一说遗憾辞世的司马谈。他另有一篇文字存世,在学术史上也占有相当地位,如今通常称为《论六家要旨》。这里仍简要叙述大概内容,而附原文为附录六。

司马谈的大意是,天下学者讨论政治的观点,大约分为六类:阴阳、儒、墨、名、法、道德,但本质上殊途同归,都是为了辅助君主治理国家。

阴阳类的理论，包括阴阳、四时、八位、十二度、二十四节这些概念，不同时节有不同教令规矩，常常让人觉得既拘谨同时又心生敬畏。对于这些规矩，提倡者号称顺之者昌，逆之者亡，我觉得有些夸张。不过春生夏长、秋收冬藏这些，的确是天之常理，还是应该理顺四时规律以便天下人遵守。

儒者以六艺、六经为学习内容，研究的东西很多，知识量很广，普通人终其一生，甚至穷尽几代也无法学通，劳而少功、得不偿失，所以儒者的规矩很难尽从，会让人觉得太复杂，不过儒者弘扬君臣父子、夫妇长幼之间的等级礼仪，这方面的重要性无可取代。

墨者也崇尚尧舜时代，特别提倡节俭，连君主也要节制自己各种欲望，减损各种场合的排场，为天下人树立榜样。然而这样的话，尊卑就没有分别了，故也不能尽用。仅说让是平民阶层坚持节俭，同时力行他们所提倡的农业为本，倒的确是通往人给家足的必由之途，这是墨者的长处。

法家推崇以法治国，而且法律的制定完全不考虑亲疏贵贱之别，严苛刻薄，不讲恩情，如此一来，必然摧毁正常的人伦基础，只能作为权宜之计，不可长久施行。不过法家尤其强调君臣上下，致力让下位者安分守己，不可逾越职责本分，这一点无论哪家都不能轻易改变。

名家过分追求名实相符，往往违背人情、脱离实际，不过循名责实在某种程度上仍然是维持秩序的重要手段，不可不察。

道家讲究"无为"，又说"无不为"，用理论来讲叫作"虚无"，运用到实际中叫作"因循"。所谓因循，就是没有固定不变的应对之策，而是根据万事万物的规律和实际情况顺时度势，改变自己的策略。能熟练运用这种方法论的君主，没有什么事情是干不成的。违背规律做事，容易伤害人的精神和形体，自身难保，何以治国？所以不懂事物规律者，也就没有资格称自己懂得治理天下。

按照《汉书》的记述，司马谈曾学天官于方士唐都，学《易》于儒生杨何，又学道于黄子，本身是一名博采众长的学者。过去认为这篇《论六家要旨》为何重要，在于它是历史上首次对传承自诸子时代的学说作明确的流派分类，并提出了阴阳、儒、墨、法、名、道六个具体的学术思想分类名称。在这之前的先秦时代和秦汉早期，其实论者只知有儒、墨，而这一"儒"，还是之前我们所说的广义之儒，即包含几乎所有知识分子。故西汉末刘向在叙及荀子时说："李斯尝为弟子，已而相秦，及韩非号韩子，又浮丘伯，皆受业为名儒。"李斯、韩非也是儒。换句话说，你在先秦时代问商鞅：你是不是法家代表人物？商鞅可能会完全摸不着头脑：什么是法家？先秦学术传承，除了墨家形成了较为严格的门派形式，其余知识分子本没有那么多的门户分限，无非是各自择其所善所好教学。

打一个比方，先秦学者相当于共同生活在儒墨两所高校里，而学校经营到刘彻时代，司马谈首个提出，学术经过传承和演变，已经更加细分，应该根据各学生特点，将他们分为若干专业，以更好地区别异同、理清师承。司马谈之所以写《论六家要旨》，正是因为当时的知识分子已经搞不清楚其学术渊源，"愍学者不达其意而师悖"。

司马谈的命名分类虽然仍显简单宽泛，但具有开创性。西汉末刘向刘歆父子又在这一基础上，将各家思想更加细分为儒、道、阴阳、法、名、墨、纵横、杂、农九个流派，如果再加上小说家，就合称为"九流十家"，奠定了后来人对诸子百家的基本认识。

只不过，随着对先秦学术研究的深入，今天的学者已经对这种机械分类法是否合理有了更深刻到位的反思。就拿司马谈这篇《论六家要旨》来说，阴阳、儒、墨、法、名、道六者真的就是严格的六家学术派别吗？那为何司马谈的原文里，对六种学术的后缀名称都不一样呢？具体来讲，法家、名家、道家，都称"家"，是一类。儒者、墨者，都称"者"是一类。阴阳，不称"家"也不称"者"，又是特别一类。如果研究者连这一关键细节都没留意到，很可能就谬以千里了。

为什么有这样的细节差异？我想原因在于，"者"字，是用来标明身份的，正如我们前面所说，先秦以学干政者，确实要么是统称为"儒"的学者，要么是加入了墨家这一门派的墨者，除此以外无其他身份。故司马谈自然而然仍有这样的表述习惯。而"家"字，才是用来细分学术渊流的。我认为司马谈的概念，应该类似于儒墨两者本是学术的主干，而法名道三家则是主干之上生发的枝干，当然还有其他一些枝条，但只有这三根枝干长得最为茁壮，已经堪与主干相媲美。至于阴阳，究竟在司马谈眼里，是一种学派，还是一种理念，葛兆光先生认为司马谈眼里阴阳是学派，但同时葛先生说司马谈这个观点不对，他说："阴阳家是根本没有的，阴阳观念是当时中国的普遍观念，几乎所有的学者都依托它来理解和解释世界。"我也认为阴阳是共识，是贯通于所有主干和枝干的养分。不过我认为司马谈心同此理，故原文里"阴阳"之后既不缀"者"，也不缀"家"，而是说"阴阳之术"。

葛兆光先生还认为，名家的存在也不合理，因为刑名和阴阳一样，是先秦至汉的大共识，而不是小差异。

至于"九流十家说"，问题更多。比如被归为杂家的《吕氏春秋》，实际上是战国晚期最主流的学术代表，放在今天就相当于全社会的通识，称之为杂家，倒好像不伦不类，不入流了。要之，这种分类过于机械。再如法家，严格来说，其实"法"不能算是一种学术派别。前文曾提到，李斯、韩非也是"名儒"，所谓的"法家"只不过是个别帮助帝王实现政治管理术（帝王术）的儒生（学者），"法家"与其说是一种学派，不如说是一种儒生的特殊就业岗位。按照"九流十家"分类法，我们会过分割裂先秦学术之间的联系，把先秦学者看得过于泾渭分明、派系对立，认不清实质。葛瑞汉先生则干脆认为，这种后人回溯性的产物，也是对诸子派系的最大混淆。

当然，先秦学术不是本书重点，我们只消知道诸子分家的方法论是萌芽于司马谈这篇文章就行。先秦学术和本书内容关联最大的一个常识，需要大家谨记的只有一条，即本书中凡提到"儒"或者"儒生"，基本都是广义，统称当时学者，狭义的情况，我会称以"经学"或"经学生"。这样理解，最符合先秦至汉的实际。

元封二年

（公元前 109 年）

● 刘彻四十八岁 ●

天下

  这一年的刘彻，仍然身在匆匆的行程中。十月，先按照旧例祭祀了雍五畤，又往甘泉祭祀了最高的太一神。这一次祭祀略微有些特殊，去年封禅过后，善于望气的王朔称有一颗"填星"在夜空反复出现，其大如瓜。这颗星在《淮南子》里写作"镇星"，其实它就是现在所说的土星。在古代，金、木、水、火、土五星都有特殊的名称，木星叫作岁星，火星叫作荧惑，金星称为太白，水星则曰辰星。有关部门当然不会放过借天文现象刷一刷存在感，于是妄称这是德星，它的出现是上天对刘彻首次代表大汉封禅的热情回应。所以此年初的太一祭祀，相当于刘彻对天神做出的答礼。

  紧接着，一月的时候，公孙卿进言称，在齐地东莱的山中见到了神仙，仿佛听到仙人说想见一见当今天子。刘彻遂马不停蹄，一路东巡。然而他在东莱停留了数日，除了听说有巨人的脚印，并没有见到任何神仙踪影。但来都来了，他又派出上千名方士，四处搜寻仙迹，采集芝药。由于封禅之后持续干旱，为免民间批评皇帝此时还热衷求仙，刘彻祭祀了东莱当地的万里沙神祠，装作此行目的并非为个人长生，而是为天下祈福。

  求仙无果，君臣一行人折返回程，途中又一次祷祠泰山，随后来到黄河瓠子决口处。元光三年（前132年）河决之后，出于种种原因，朝廷放弃了实施治理，河水已经为患东南二十多年[1]。这一次，刘彻亲临黄河边祭祀河神，沉白马玉璧于水中，下令跟随出巡的群臣，只要职位在将军以下，都必须身体力行，同士卒一起担柴来堵塞决口。当地的薪柴不够，又砍淇园之竹制作一种叫作楗的工具以助工程。按照三国如淳的解释，楗大约是用竹竖在水中作为框架结构，等足够密实以后填以草木、土石之类的内容，最终成为挡水的堤防。除此以外，刘彻还下令在河边修建了宣防宫，这也是出于镇压河水的目的。科学的、玄学的手段一起用上之后，黄河终于被引导恢复到所谓禹时故道，北流而去。

司马迁也在此次东巡和治河的队伍之中，但是他并没有交代朝廷在二十多年后突然治河的原因。推测起来，这可能和北方封禅这几年连续的旱灾有关，适时地引水北上，可以或多或少减缓一些灾情。

回到关中，刘彻接受公孙卿建议，在长安和甘泉新建和扩建了一批宫殿建筑，因为公孙卿说神仙喜欢居住在高楼之上。刘彻让他拿着天子使节，做好各种必要准备，在这些楼宇之中随时迎候仙人到来。

由于已经将南方越地兼并，刘彻此年还开始采纳越人的祭祀和卜筮方法。"卜"和"筮"是两个概念。"卜"是用动物之骨，"筮"是用草木之茎，通常用蓍草。《周易》和八卦的诞生，就与蓍草占事有关，但是没有我们想象得那么早。根据考古，起初蓍草占事只记录数字，是数字卦。一直要到西周以后才渐渐被图像卦，也就是常说的八卦、六十四卦代替。而且图像卦里所谓的"阴爻"和"阳爻"，可能只是由数字卦的"八"和"一"变化而来，起初没有阴阳的哲学概念。《周易》最早是一本蓍草占卜的参考书、工具书，要到春秋时代往后才慢慢哲学化。

古之人凡事情有疑难不解，就用卜筮等方法决疑，包括战争之前，也会测一测吉凶。

1　详见元光三年"黄河改道"篇。

《尚书·洪范》称，如果对某事有疑问，可以作五个方面的咨询：一是问问自己内心意愿，二是问问身边大臣意见，三是问问民间意见，四是问"卜"的意见，五是问"筮"者的意见，此之谓"五谋"。《史记·龟策列传》又曰："五谋而卜筮居其二，五占从其多。"可见不仅要卜筮并用，还需多占几次，取多数结果。

五谋意见不合如何取舍，《洪范》有列举不同情况，整理如下表。大致以卜筮结果为最重要之参考，其中龟卜又大于筮占，帝王己心于理论而言似乎无足轻重。足见古人欲以天意制约王权之谋。

自己内心	卿士意见	庶人意见	龟卜结果	筮占结果	最终结果
√	√	√	√	√	大同
√	×	×	√	√	吉
×	√	×	√	√	吉
×	×	√	√	√	吉
√	×	×	√	×	内事吉，外事凶
			×	×	静则吉，动则凶

作为最重要参考的"卜"，黄河流域和江淮地区大约都比较习用牛骨、龟骨来占卜，而岭南地区为方便，常用鸡卜，这一习俗直到唐宋仍有遗存。南宋人范成大的《桂海虞衡志》还载有鸡卜的具体方法：

> 南人占法，以雄鸡雏执其两足，焚香祷所占，扑鸡杀之。拔两股骨，净洗，线束之。以竹筳插束处，使两骨相背于筳端，执竹再祝。左骨为侬，侬，我也。右骨为人，人，所占事也。视两骨之侧所由细窍，以细竹筳长寸余遍插之，斜直偏正，各随窍之自然，以定吉凶。法有十八变，大抵直而正，或近骨者多，吉；曲而斜，或远骨者多，凶。亦有用鸡卵卜者。握卵以卜，书墨于壳，记其四维；煮熟横截，视当墨处，辨壳中白之厚薄，以定侬、人吉凶。

元封二年（公元前 109 年）　369

汉兴以来，几代君主都不甚在意占卜一事，只是因循承袭秦的太卜官制度。而刘彻时代所采用的占卜方法、祭祀的鬼神，不仅有楚系、齐系、关中系，还有越系，甚至有匈奴等北方民族的胡系。大凡天下诸神，无所不祭，尽管是些鬼怪虚幻的东西，但终究也是这个时代文化兼容并包，趋向融合的一例。

循吏与酷吏

这一年，刘彻提拔御史中丞杜周为廷尉。昔日张汤还在廷尉任上时，杜周是其属员，连张汤都佩服他能力出色，屡次在天子面前称赞。后来杜周提为御史，受命审理边境逃兵的案件，在他手上"论杀甚众"，毫不手软。张汤当年是用什么办事风格博取天子欢心的，杜周看得一清二楚，他也知道刘彻需要廷尉机构在当下这个时代起到什么作用，尽到什么职责，所以杜周治理天下刑狱的套路，基本和张汤一致。

用司马迁的话来说：杜周特别善于观察刘彻的真实意图，凡是刘彻想要除掉之人，他一定有办法将其治罪；凡是刘彻想要放一马的，他就故意不审理等着刘彻过问时透露一些冤情疑点。

很多人读到这里，或许会油然生出一句经典反问：执法如此，还有天理吗？还有王法吗？事实上，汉朝时人已经发有此问，有门客当面质疑道：君审狱不按照写在竹简之上的成文法，专门揣摩主上意思，廷尉怎么能这么当呢？

杜周的回答同样很经典，足以作为一道印迹记入法制史。他理直气壮道：竹简上刻的是前任君主认为对的法条，称作"律"，新任君主觉得有不合理之处，做出的调整称作"令"，无非都是主上的意思，既然没有区别，当前主今主意见冲突时，当然以今上的意思办。

客有让周曰："君为天子决平，不循三尺法，专以人主意指为狱。

狱者固如是乎?"周曰:"三尺安出哉?前主所是著为律,后主所是疏为令,当时为是,何古之法乎!"(《史记·酷吏列传》)

汉朝的法律系统,确实存在成文的"律"和即时性的"令"。官方文件里,经常出现"如律令"的表述,相当于"按照文件执行"的意思。后来这一说法被道教借去施咒时使用,还把"律令"附会成雷部一个行动敏捷的小鬼名字。

既然如此,是不是说明杜周的回答逻辑上就没有问题了呢?当然不是。无论"律"或"令"的出台,理论上都不是天子一言为之的事情。皇帝的意图要得到执行,也必须经过丞相的审核。丞相拥有"封驳权",对于不同意的诏令,可以拒绝往天下执行。所以即便是人治时代,杜周也完全没有理由"专以人主意指为狱"。这种制度的设计,本是为了避免国家完全由天子一人的喜怒掌控,也是皇权和相权之间的博弈。但遇上过于强硬和专制的君主,博弈的平衡会被彻底破坏。在刘彻执政时期,丞相之位早就成了虚列的摆设,韩安国、汲黯那样的先朝老臣去世后,更鲜有人敢于提出和天子不同的意见。所以杜周的回答,虽是逻辑上的诡辩,倒也是真实状况的写照,相当于嬉皮笑脸地回应你:这个时代,哪个人到了我的位置不是如此?

这样一个人物,理所当然被司马迁写在《酷吏列传》中,与张汤、义纵等人同列。在整部《史记》里,司马迁只对儒生、游侠、商贾等少数群体专门作传,酷吏作为其中之一,说明太史公认为这个群体极有代表性。而作为参照,在《酷吏列传》之前,他还写有一篇《循吏列传》。

《循吏列传》文字特别短,不过一千二百多字,里面一共提到了楚国的孙叔敖、石奢,郑国的子产,鲁国的公仪休,晋国的李离五人,平均每个人事迹不过短短两百字左右。而在此篇开头,司马迁提到"奉职循理,亦可以为治,何必威严哉"。他认为循吏是指能够做到遵章守职,顺应人情和事理做事的朝廷官吏。

元封二年(公元前 109 年)　　371

比如传中的公仪休，担任鲁国相，回家见到夫人在织布，而且织的布非常精美，立刻将其休出并烧掉织机。公仪休的理由是，身为朝廷大臣家属，织的布肯定比其他人更好卖，不管人家是出于真心想买还是通过买布变相行贿，总之你夺取了一部分普通织布人的谋生机会。官员已经是靠朝廷俸禄养活，而朝廷俸禄又来自民脂民膏，不能在这种事情上还与民争利，什么好处都要占一占。又比如传中的孙叔敖，在楚王下令改革币制引起百姓不便、民间市场混乱时，果断进言恢复了原来的货币，三日之后，"市复如故"。这两个例子就是"奉职循理"的体现，虽然其中的理并不一定符合现代观念。司马迁的心目中，奉职者不但尽职，而且不逾职；循理者不但顺应人情和规律，当违背人心和实际的法令出现时，他们也能勇敢地向人主提出反对意见，及时纠错。

而这篇《循吏列传》最奇妙的地方则在于，篇中提及的五个人，全部来自距离司马迁很多世纪以前的春秋时代。而与之对比，《酷吏列传》的篇幅六倍于《循吏列传》，里面总共提到了十三人，侯封在吕后时期，晁错、郅都在景帝时期，宁成、周阳由活跃在景武两朝，其余张汤、赵禹、义纵、杨仆、杜周等八人，全部都是由刘彻提拔专任。反而一向被汉人视为反面典型猛烈攻击的亡秦，却没有一个人物入选。王颖女士在论文《酷吏与汉代政治》中也问及："为何亡国的暴政却未孕育典型的酷吏，而作为汉代盛世的武帝一朝却涌现出如此之多的酷吏"？其实秦政之下不可能没有酷吏。秦末大乱时，范阳人蒯通对本县县令说："这十年里，您杀人之父、孤人之子、断人之足、黥人之首，早已不计其数了吧。"——范阳县，显然绝非秦政之下的个例。太史公不记秦之酷吏，大约因为他的重心，还是在于借《酷吏列传》感慨当世政失而已。而用悬于数百年前的五名春秋循吏作题外之引，又似乎在用这种方式表达一种"世道人心每况愈下，而于今尤甚"的哀叹。

但我们不禁由此想起他的父亲——老太史令司马谈的临终之言，在那番饱含深情的嘱托里，司马谈谈及自己对时代的认识。他认为春秋以来孔子之后，世道的确曾变坏，但经过汉朝历代君主，尤其是今上的治理之后，已经回到正确轨道之上。如今海内一统，天下升平，堪称盛世。这正是司马谈想要撰史的动机之一。而从《循吏列传》《酷吏列传》的创作手法来看，司马迁对于"盛世"的感受，显然和父亲是不一样的。如果一个时代还需要不断涌现酷吏、依赖酷吏，那和盛世总归还有些距离。父亲的意旨和自己的良心之间，他试图用一种很委婉的方法两全之。

为什么这个时代会频频出现酷吏，司马迁也做了自己的分析，他至少总结了两条原因，一条说得比较明白，一条则十分隐晦。明白的那条原因，可以用老子的"法令滋章，盗贼多有"来概括。法律的设置确实可以保护人的权益，但必须在适度的空间之内，一旦过度，会反过来侵害人的自由权利。法网编织得过于苛刻严密，百姓始终处于一种手足无措，动辄触网的状态，这种社会是极其不稳定的。事实上，秦末的大批盗贼，包括刘邦本人，都是因为触犯秦法为逃避制裁才落草为寇。被逼亡命的百姓越多，政府就不得不依靠大量酷吏去惩治镇压，甚至主要精力都用来防治乱民，其他正常的行政公务都被耽搁下来。

> 自张汤死后，网密，多诋严，官事浸以耗废。（《史记·酷吏列传》）

司马迁认为官位最高的酷吏张汤死后，大汉的状况并没有好转，尤其是杜周上位以来，法网只是越来越密，触犯法律的官民只是越来越众，廷尉每年审理的案子也因此越来越多，光是二千石以上的官员，就有上百人被扣押。由于酷吏的风格所致，每个案件都牵连甚广，仅中央和京城的监狱里经常关有六七万人。为了保证查案效率，办案吏员的人数比过去总体增加了十万以上。

以上是说得较为明白的原因，隐晦的原因则在每一名酷吏的个人小传文字里，如"赵禹者……上以为能"，"张汤者……治陈皇后蛊狱，深竟

元封二年（公元前109年）

党与，于是上以为能"，"义纵者……以捕案太后外孙脩成君子仲，上以为能"……几乎每一人，必注明"上以为能"，其他列传里都没有如此频繁。酷吏的出现，几乎无一例外都是今上觉得这些人有用而予以提拔。如果说酷吏顺应时代需要，那么刘彻，显然就是司马迁心目中认为的时代代言人。

元封三年

(公元前108年)

● 刘彻四十九岁 ●

东征朝鲜

在上年中,还有一件重要的事,汉帝国最东北面的辽东郡,与相邻的朝鲜发生了摩擦。

通常认为,殷商灭亡之后,纣王之叔父箕子带领其族人避难至朝鲜半岛的北部,从此定居于彼。关于朝鲜的历史,以及与中国王朝的渊源,说得比较详细的有裴松之为《三国志》作注补充时所引用的《魏略》。按照此书的说法,箕子的后人被周朝封为朝鲜侯,与中原的燕国为邻。进入战国时代,燕国和朝鲜相继僭越称王,双方为辟土开疆而冲突加剧。燕国派大将秦开东征,一直把国界线推到了满番汗(在今朝鲜平安北道博川郡境内),这一阶段的纷争以燕国胜利告终。始皇帝兼并天下后,朝鲜畏于强秦,宣布臣服但不肯朝会。秦末天下大乱,中原燕、赵、齐三地有不少百姓为避战争,都东向逃亡至朝鲜,此时朝鲜王名叫准。刘邦灭楚,以发小卢绾为燕王。当此之时,燕国和朝鲜以浿水(今朝鲜清川江)为界。高祖晚年和吕后联手剿灭异姓诸侯王,卢绾惶惶无以自安,逃入匈奴,其国中有一名叫卫满者变为胡服,东渡浿水,向朝鲜投降。朝鲜王准对卫满大为宠信,拜其为博士,封疆百里,让他在朝鲜西部驻守,招纳汉朝流民及亡命者。卫满实力壮大后，诈称汉兵压境，借机反攻王准，取而代之。自此该国从箕子朝鲜进入卫氏朝鲜时代。

孝惠帝和吕后时期，辽东太守约卫满作为汉朝的外臣，目的是希望卫满可以主持维护周边各大小民族的秩序，不使他们骚扰汉朝边境，如果这些民族有朝拜天子的意向，朝鲜作为陆上必经之国，也不要从中阻拦。朝鲜趁这一段时间降服了不少周边的部落，国力大增，也愈发骄矜起来，不再允许小国借道入见大汉皇帝。显然，这是因为朝鲜自己想要成为该区域的独尊。

这种情形之下，汉、朝两国的冲突实际上已经埋下种子，爆发只是早晚的事。

那么发生在上年的摩擦具体是怎么回事呢？起因在于汉朝派了一名叫作涉何的使者前往朝鲜，他此行的任务是督促卫满之孙——此时的朝鲜王卫右渠，尽快履行外臣的职责，比如到长安面见天子。实际上，由于一东一西，遥隔万里，从秦至汉没有哪一任朝鲜王履行过这一义务。但自古没有，不代表现在也不用。此时的刘彻刚刚北驱匈奴，南平百越，西通外域，东封泰山，完成了千古未有的帝业，要小小的朝鲜前来臣服一下，心理上似乎完全说得过去。只不过卫右渠也很强硬，无论涉何怎么游说，只是一口拒绝，此趟出使不欢而终。在离开朝鲜时，走到浿水边上，涉何竟然派手下刺杀了奉命送行的朝鲜裨王，也不知是双方起了矛盾冲突，还是涉何一时心血来潮，想做个惊人之举。刘彻倒是挺欣赏涉何的这一行为，不但没有怪罪，反而封其为辽东东部都尉，干脆让其以武职守卫边疆。这一提拔没有给涉何带来多大好运，很快他就死在卫右渠发动的报复性攻击中。

整件事里，涉何就是鲜明的"徼利之徒"形象，只图一时之快，而不顾两国大局。而刘彻似乎也可以有更妥善的解决方案，不至于进一步激化双方矛盾。不过话又说回来了，我们所谓的"妥善"，可能根本不符合刘彻这一雄主的性格，他自有他的行为逻辑。

年底的时候，两支汉军就分道而进，决定给朝鲜实施惩戒打击。一支由刚刚在南方战场建立战功的楼船将军杨仆率领，累计五万人，以水军为主，从齐地浮渤海而东；另一支由左将军荀彘率领，以陆军为主，具体人数未知，从辽东郡出发。为了保证有充足兵源，两支军队中有相当一部分是临时招募的"罪人"，即赦免那些触犯汉法而在逃者之罪，希望他们主动投军。

楼船将军杨仆的第一支船队约七千人，出其不意，率先从水路抄近到达朝鲜的首都王险城（今朝鲜平壤市）外，令朝鲜人吃了一惊。不过卫右渠很快就镇定下来，见汉军人少，果断出城迎击，大败楼船军。杨仆逃入山中藏匿了十余日，才稍稍收齐了败散的士众。而左将军荀彘则干脆被阻拦在浿水界，数战都未能取胜，军队始终无法向前推进。

初战不利让刘彻颇感意外，十数年来他已经习惯了屡战屡胜，攻无不克，没曾想一个蕞尔小国竟让两路汉军连连受挫。谨慎起见，他派遣卫山为使者，挟兵威再次前去劝说卫右渠。卫右渠很快表达了屈服，他对卫山说："我早就愿意归降，只是怕两位将军诈我前去暗杀，如今见到天子使节，终于可以相信。"卫右渠立刻派太子整点行装，跟随卫山一起入汉面谢刘彻。

太子一行走到浿水界时，与左将军荀彘又产生了一些争论。为什么呢？因为太子带领的队伍看起来实在有些奇怪，总共有一万多人，都持有兵刃，还带着军粮，名义上称是献给荀彘的，另外还带了五千匹马，也说是准备献给大汉天子。这样一支队伍，说是来归降的当然可以，说是来打仗的也毫不过分。而且战局至少暂时对朝鲜人有利，为何他们满口承诺投降，其渡过浿水的真实意图难免让人生疑。荀彘担心太子一行诈降，随即要求他们全部缴械。而太子也以担心放下兵器后，被荀彘诈杀为由，坚决不同意。双方都不肯退步，僵持至最终，太子放弃了原计划，迅速回到国中。

刘彻听闻这个消息，大发雷霆。他认为本来可以兵不血刃降服朝鲜，却在这种小小的关节上犯错，以致影响全局，完全是使者的责任，于是诛杀了卫山。而错过这一次和平解决的良机，也就注定了双方只能继续兵戎相见。

好在左将军荀彘接下来击破了浿水上的敌军，一路不断推进，直至王险城的西北。楼船将军杨仆的大军也已重新集结在城南，两路军团形成包围之势。卫右渠率国人坚守不降，汉军数月都未能攻下，这似乎可见其先前的投降，可能真的只是一种策略。

渐渐地，荀彘和杨仆出现了分歧。起初，荀彘所率领的士兵多数来自燕代两地，作风本就骄悍，又仗着屡屡取胜，一心以攻破城池，多斩敌首立功为目标。但是在他们急攻王险城，并约杨仆一起合攻的时候，杨仆总是不愿出力，而是私下遣使与城内进行和谈。随后，荀彘见久攻不下，也想与守军约降，然而朝鲜的主降派又更认可杨仆一方，这导致王险城的战局时间越拖越长，久而不决。

为何杨仆表现得如此不配合，司马迁写到了两个原因。其一是他的水军自登陆以后，战多不胜，从裨将到士卒都无久战之意，只希望敌人识相，能主动投降。其二则与三年前的南越番禺之战有很大关系。在那一战中，杨仆采用的就是现今荀彘的猛攻方案，结果他攻得越厉害，南越臣民越偏向招降的路博德军，功劳全跑去了别人那里。所以这一次，杨仆才先率精锐抢滩登陆，有意在荀彘军到达前攻下城池，谁知事与愿违。于是等两军集结之后，他又仿效路博德，打算趁荀彘猛攻之际，自己坐收渔翁之利。

此时，刘彻派出第二名使者公孙遂[1]，去往前线督战并得以便宜行事。

荀彘见到公孙遂，先告一状，他指称杨仆不与自己合战，又与城中暗里沟通，朝鲜之所以那么久都不投降，恐怕是在和杨仆搞什么密谋。公孙遂听信了这一看法，以天子使节将杨仆召至左将军营中抓捕起来，令荀彘

---

[1] 武帝一朝，姓公孙的名人尤其多，前有白衣丞相公孙弘，搭救过卫青且与李广自杀一案有关联的公孙敖，为武帝求神的方士公孙卿，此处又有一位公孙遂，后面还会有另一名丞相、卫青的连襟公孙贺。请大家注意分辨。

统管两军，并将消息迅速回报国内。

在这里，《史记》和《汉书》出现了一点小小的矛盾。《史记》称刘彻的反应是"天子诛遂"，杀掉了公孙遂。而《汉书》则写的是"天子许遂"，意思是刘彻同意了公孙遂的处理意见。两种说法完全相反，何种为准呢？

从行文逻辑来看，似乎《汉书》合理一点，毕竟刘彻上一秒刚给予公孙遂便宜行事的权力，哪有公孙遂真这么做了，下一秒就反悔恼怒将他杀掉的道理？但事实上，公孙遂还真的就是被杀掉了，这在《史记》里是有其他文字可以参照印证的。

太史公曰：……荀彘争劳，与遂皆诛。(《史记·朝鲜列传》)

可见公孙遂之死，毫无疑问，而原因显然是因为刘彻认为他越权了。真实世界的行为逻辑，往往和书写的行文逻辑不必符合。所谓"便宜行事"，可以有多便、有多宜，解释权始终在刘彻手里。

那么《汉书》为什么会变成另一个说法呢？这倒不一定是班固的问题，有可能班固是照抄的史公原文，但是后人传抄的时候不小心把"诛（誅）"抄成了"许（許）"。因字形相近产生抄写讹误，是文献流传中的普遍现象。

不过至少在两军意见统一之后，战局于这一年的夏天最终解开了。荀彘连续多次猛攻王险城，城内失去了和谈的希望，人心越加分崩离析，众多大臣纷纷选择出逃投诚，朝鲜相无奈之下杀卫右渠向汉军示降，这一场维持了近一年的战争终于落下帷幕。朝鲜自此被纳入汉朝版图，刘彻将此地分设乐浪、临屯、玄菟、真番四郡。

中国文化，传播于四方者，以东方为最盛。东方诸国，渐染中国文化最深者，莫如朝鲜。其所由然，实以其久隶中国为郡县故，而收郡县朝鲜者，则汉武帝也。(吕思勉《秦汉史》)

尽管战争胜利了，但军队的整体表现让刘彻极度不满。左将军荀彘以争功和乖计两项罪名被判决弃市，所谓"乖计"，是指违背了原先制定的作战计划；楼船将军杨仆则因登陆之后擅自先攻王险城，导致士卒大量死伤，也被判处死罪，最终赎为庶人。整场灭朝战争，"将率莫侯矣"，没有一人因功封侯。

元封四年

(公元前 107 年)

• 刘彻五十岁 •

大民溃

巧合的是,封禅之后,帝国出现了连年旱灾,这让刘彻不免有些忧虑,一方面担心民间生计,另一方面又疑心自己求仙的效果。究竟是自己心意不够诚恳,还是礼节出了差错,才导致老天没有给出充分的瑞应?如前所说,卜式曾颇带抱怨地称:杀掉桑弘羊,天就会下雨。而方士公孙卿对此做出的解释是,黄帝的时候也这样,只要封禅,必会天旱,要"干封三年"。

公孙卿曰:"黄帝时,封则天旱,干封三年。"(《史记·封禅书》)

封禅之"封",是指在泰山之巅增加一块封土。公孙卿的意思是,天旱的原因,在于老天要让那块封土充分暴晒变干。这样一解释,天旱就从一件灾情变成老天对天子封禅的回应,而且是自古以来的惯例,不但不值得忧心,简直应该普天同庆。刘彻接受了这样的说法,将其写在昭告天下的诏书里,以宽慰久旱望雨的民心。

为什么不多不少,干封的年数正好是三年呢?因为刘彻问到公孙卿的时候，就是元封三年，封禅以来至此，也刚刚好旱了三年。公孙卿当然不能违背实际说出一个更小的数字。同时他大约也不敢往大了说，一来数字越大，"干封"理论显得越不可信，二来连着小旱了三年，再旱第四年第五年的可能性也越来越低。怎么看，"干封三年"都像一个完美的最佳答案。

元封四年夏天，大旱。

老天无情地扇了公孙卿一个大耳光，用最大的力度。这一年大旱是与高温共同袭来的，灾情之重远超以往，百姓多有脱水中暑而死。旱灾严重威胁着众多郡国人民的生存，让他们不得不背井离乡寻求活路。经过七年前的广关调整，关东政区已经变小，但此年仍然在这一区域里造成了流民二百多万，无户籍者四十万，这可能是汉朝建立以来规模最大的民溃事件。

导致如此严重的社会危机，主要原因当然有天灾的意外因素。许倬云先生统计，在刘彻即位前的三十九年里，见诸史书记录的旱灾共有五次，平均近八年发生一次；而刘彻在位的五十四年里，旱灾达到十三次，平均每四年就要发生一次，频率快了一倍。特别像元封以来百年难遇的连续旱情，对农业的伤害短期内集中叠加，令构成帝国基层基础的以农为生的自耕农群体根本无法应付。

一个生活在汉朝的自耕农，真实的生活状况究竟如何，是个可以模拟探讨的事情。

班固在《汉书·食货志》里参考了一个战国时期魏国的自耕农家庭模型。一家五口，耕田一百亩，一年大约可以收获粮食一百五十石，缴税十五石，家庭消耗九十石，这样的话还可以剩下四十五石。这个家庭一般会留下一部分作为应急，拿出三十石积余去市场换钱，按照当时的米价可以换成一千三百五十钱。这些钱都是准备着应对各种计划内的支出的，比如乡里春秋两次社祭要三百钱，一家五口一年的衣服材料要用掉一千五百钱左右，如此一年下来，可能还要亏空四百五十钱。

这个模型相对简单，比如这个家庭或许还能靠蚕桑采织、畜禽养殖、农业手工获取些其他收入；同样，这个模型也没有考虑家庭成员生病，以及需要面对的其他赋敛等各类支出。总体来说，它可以在一定程度上反映底层自耕农的普遍艰难。

模型里提到五口之家耕种一百亩田地，虽然这一百亩是古制，小于现在，但仍然是个比较理想化的数字。湖北江陵凤凰山十号汉墓出土了汉景帝二年南郡江陵县郑里廪簿，按照簿中的数据，当地农户每户的耕地面积从八亩至三十七亩不等，最高者也只有五十四亩且只此一户。这个簿的例子比较特殊，因为里面可能贫农较多。但战国时代以后，人口总量的趋势是逐渐增加的，人均土地占有量确实会进一步缩减。事实上，傅筑夫先生在《中国古代经济史概论》中认为："自古代到近代，自耕农民占有的土地，一般都是少则七八亩，多则二三十亩，最高限没有超过一百亩的。"但晁错也生活在景帝初年之前，在他的话语中曾提到："今农夫五口之家，其服役者不下二人，其能耕者不过百亩，百亩之收不过百石。"似乎大家都喜欢以"百亩"作为一个极限数字来说事。而我们要清楚，能够耕种百亩的家庭，应该是自耕农中的佼佼者水平，要真正考量自耕农群体的普遍耕种收入，实际上还得再打折扣。

黄今言先生通过研究，给出过另一个更具体、更符合汉代情况的农户模型，大约是占地六十亩，一年粮食收入七千二百钱，纺织收入四千钱；开支方面，口粮、食盐、衣着等生存消费七千七百钱，留种、饲料、农具等再生产费用一千三百八十钱，各种租赋九百钱，祭祀、交往、医药费用三百六十钱。黄先生计算下来，农户每年能剩余八百六十钱。拥有六十亩地，这至少应该是一个中等以上的农民家庭了。

黄先生的模型里没有提到具体赋税比例，而在《汉书》的模型中，魏国的田赋为每一百五十石缴十五石，比例是十分之一。《管子·大匡》提出过按年景差别收取不同比例田赋的设想："上年什取三，中年什取二，下年什取一，岁饥不税"，丰收之年甚至要缴纳三成。总体而言，可以认为十分之一是战国时代比较理想的田赋水平。秦的田赋究竟是多少，董仲舒认为是"泰半之赋"，达到三分取其二，这一事实过于夸张，有待考量。而汉兴以来，田赋倒确实处在比较低的水平。汉初大部分时候为什五税一，即假如收成一百五十石，只需缴十石。汉文帝时经常在这一比例上再减半收取，甚至一度全部取消；景帝时则正式固定为三十税一，从此后世很少再进行更改。

田赋之外，耕农还需缴纳一定量的刍藁——草料和秸秆，一般以实物形式收取，也可折算成钱。刍藁的用途是提供给国家战马作为精饲料和粗饲料，它的质量直接影响战斗表现和军事实力，故属于非常重要的一项赋税。张家山汉简《二年律令》中的《田律》记载，凡是拿陈年刍藁以旧充新的，抓到后要罚金四两。

> 令各入其岁所有，毋入陈，不从令者罚黄金四两。

田赋减轻的确给自耕农群体带来了一定程度的松绑，不过他们身上还有其他更重的负担。

仍以一家五口为例。这样的家庭结构中多半至少会有一名未成年人，汉初承秦制，以十五岁为成年与否的界限。年龄在七岁至十四岁之间的未成年人，每人每年需缴纳二十钱作为口钱，刘彻在此基础上加至二十三钱，以供养车骑备战匈奴，并把缴纳门槛降低至三岁，如此一来，一名未成年人的口钱总额从一百六十钱增至二百七十六钱。这一度导致民间生养成本过高，"生子辄杀"的惨况比比皆是。除去未成年人，家庭中的成年人无论男女，虽不用缴口钱，但需缴每人每年一百二十钱的算赋，直到活至官方认定的老年下限——五十六岁。[1]

在这样的情况下，当未成年人达到十五岁时，他的义务就从缴纳二十三钱的口钱变成了缴纳一百二十钱的算赋，从经济角度而言，其家长当然迫不及待希望他可以赶紧结婚成家，独立成户，好减轻原生家庭的

---

[1] 可以被认定为老年的年龄与爵位有关，最低为五十六岁。

赋税负担。尤其当这个孩子是女性时，汉惠帝时期曾一度规定，十五岁至三十岁之间的女性若不出嫁，她一人就需要缴纳五倍的算赋，即每年六百钱，这更促使民间为规避风险而及早嫁娶生子，从而为帝国增加更多的人和户。

以上还是理想化的法定算赋，真正落实到基层，实际上还可能存在各种摊派和加赋。湖北江陵凤凰山十号汉墓出土的竹简，记载了汉朝时当地市阳里、郑里、当利里三个地方的算赋征收情况。其中市阳里仅二月至六月，实际征收的一算累计为二百二十七钱，同比例计算的话，全年可能要缴纳五百钱左右。

假如一个汉民家庭除了耕田，还额外做一些手工制造、牲畜养殖或蚕桑采织，那么在刘彻时代可能还要面对算缗、算商车、牲畜税、市税等各种杂赋。所以即便田赋降到了三十税一的比例，底层百姓入不敷出的局面仍然没有得到明显改善。

除了缴纳赋税，成年人还有义务承担帝国的徭役。

> 根据年龄，分别为国家服役，内容五花八门，有地方性的，有全国性的，有生产性的，有军事性的，有的是公共工程，有的则是专门为统治阶级私人服务。（臧知非《秦汉赋役与社会控制》）

徭役大致可分为力役和兵役两种。其中"力役"顾名思义，即为国家或贵族干力气活。卫青和霍去病的父亲都是平阳县人，因此一度在平阳侯家中服役干活，这就是力役之一种。力役的另一主要形式则是强制参与政府的土木工程建设，一个成年人每年有三十天要为本郡县干苦力，即所谓"月为更卒"。比如汉惠帝三年、五年，曾两次发动长安六百里以内的男女十余万人来修补长安城，每次都是三十天，就是一个很典型的力役事例。从中也可见，即便是女性，也有同样义务。

> 三年春，发长安六百里内男女十四万六千人城长安，三十日罢……五年……春正月，复发长安六百里内男女十四万五千人城长安，三十日罢。(《汉书·惠帝纪》)

并非所有的工程都能在三十日内完成，比如刘彻前期致力开通西南夷道，数年未就，就是一个长期工程。像这类工程，除了长期服劳役的刑徒，必须调用民力轮流完成，一批人完成自己的三十日义务后，换成另一批人继续顶上。

若不愿出力者，也可出钱雇人替自己完成该项义务，每月两千钱。这两千钱是缴纳给官府的，对于中家以上家庭自然不在话下，一般民众却往往无力承受。故力役最终还是转嫁到底层百姓身上，虽然他们可以从中获取一部分雇佣的酬劳，但一旦国家妄兴土木，多所征发，这种酬劳是以超负荷的身体劳累，以及耽误正常农时为代价获取的。若再遇上蝗旱、洪水、雨雪等天灾，也就难免会直面饥荒的生死冲击。

> 今农夫五口之家，其服役者不下二人，其能耕者不过百亩，百亩之收不过百石。春耕夏耘，秋获冬藏，伐薪樵，治官府，给徭役；春不得避风尘，夏不得避暑热，秋不得避阴雨，冬不得避寒冻，四时之间亡日休息；又私自送往迎来，吊死问疾，养孤长幼在其中。勤苦如此，尚复被水旱之灾，急政暴赋，赋敛不时，朝令而暮改。当具有者半贾而卖，亡者取倍称之息，于是有卖田宅鬻子孙以偿责者矣。(《汉书·食货志》)

以上这段话出自晁错口中，而背景则是公认的汉初最美好的年代——文景时期。即便是这时，他仍然认为百姓的苦难是惨不忍睹的。一个五口的家庭，耕种无所收获，无数苛捐杂税，并且至少有两个人需要承担各种朝廷派发的力役，"四时之间亡日休息"。而进入刘彻时代，战争马不停蹄、工程日渐增加、赋税不断翻新、天灾更趋频繁，可以想见底层过的究竟是怎样一种生活，出现卖田卖房、卖儿卖女的现象也就不足为奇。

当耕种无法维持自己的生活，卖掉土地成为佃农，或者干脆成为富户的家奴，就不用再承担以上各种赋税和力役，这对于生计本来就艰难的贫户来说，何乐而不为呢？这是土地被不断兼并的一大原因。过去人们一度觉得土地兼并的根本原因是富人地主贪得无厌的逐利性，是他们迫使农民愈发贫困。这种现象当然有，但认为是根本原因，就把因果关系颠倒了，是农民先在天灾和政策的双重压迫下不可避免地走向贫困，才拿出土地和富人交易，换取一定的生活保障。在古代，贫者的有限选择，不过是在官府和豪族之间，挑选相对程度更轻的剥削而已。此话虽然难听，却是不争事实。

而站在官方的角度，富者对贫者的收容是一把双刃剑。从好的一面来看，允许贫者依附到富户庄园，避免了他们由于衣食无着而直接流向山野之间，变成流民或草寇，成为诸多社会不稳定因素。富者在中间起到了缓和矛盾的作用。而从不利的一面来看，假如一个富人家族在地方上拥有堪比封君的财富，又收容成千上万的私人家丁奴仆，这个家族很容易自己就变成影响社会治理的不稳定因素，也就是通常所称的"地方豪强"。

元封四年夏天的大民溃，显然已经超越了这一范畴。天灾人祸一下子造成二百多万的灾民流民，远远非地方富户可以消解稀释，假如不予以解决，必将引发剧烈的社会动荡。奇怪的是，这一年朝廷的解决方案，并没有见诸记载。我们能够知道的是，公卿大臣曾一致商议迁徙流民四十万到边境去戍边，刘彻对这一建议大怒不已，认为这是"摇荡百姓"，欲治罪出此下策的所有公卿。从此推测，估计大概率最后是朝廷花大笔的资金原籍或就近安置了这些流民，才终于没有在这年的夏天造成进一步的社会危机。

而这一年的秋天，外交方面又出现了一些问题。匈奴自从在决战中被卫青、霍去病重创以后，就远渡漠北，休养士马，很少入寇犯边。单于屡次派使者前来，也一改往日态度，都是"好辞甘言"，请求和汉朝继续和

元封四年（公元前107年）

亲，并许诺以太子作为人质送往汉朝。单于先派他的贵使来到长安，不料使者突然犯了重病，汉朝赐药医治仍不见好转，很快一命呜呼。汉朝派路充国为使，佩二千石印绶，为匈奴使者隆重送丧归国。单于却认为使者死因蹊跷，有可能是被汉人毒杀，因此扣押了路充国一行。汉朝和匈奴两国原本略微缓和的气氛再度紧张起来。

元封五年

（公元前 106 年）

● 刘彻五十一岁 ●

南巡与射蛟

这一年的冬天，五十一岁的刘彻开始了南巡之路。在这之前，他已经屡次巡游过北方、东方。像百年前的秦始皇一样，中年之后，刘彻也把很多时间用在游历和巡视自己拥有的天下。这种行为动机可能很复杂，既有酬谢山川众神的意思，也有彰显武功盛德的目的，还有寻仙长生的追求。

这次南巡路线，班固记载如下：先到了个叫作盛唐的地方，在那里举行遥祭虞舜的仪式；然后抵达今安徽省境内，登上天柱山；随后在浔阳，也就是今江西省九江市附近坐船浮江东游，并且在江上亲自射猎了一头蛟，直至在今安徽省境内的枞阳县登陆，最后一路北上到今山东省境内的琅琊郡，再次东临大海。

> 五年冬，行南巡狩，至于盛唐，望祀虞舜于九嶷。登灊天柱山，自浔阳浮江，亲射蛟江中，获之。舳舻千里，薄枞阳而出，作《盛唐枞阳之歌》。遂北至琅琊，并海，所过礼祠其名山大川。(《汉书·武帝纪》)

这段行程里最令人捉摸不透的，是地名盛唐究竟何指。按照行文来看，它应该很大概率是个当时的县名。不过《汉书·地理志》中就已经不见了这个名字，或许它已经在西汉末年王莽大改名运动中换掉了旧名而恰巧没有被记录下来。总之，东汉时代人就已经搞不清盛唐在哪里，随之产生了两种见解。一种是三国时人文颖的解释，他怀疑盛唐就在路线里提到的另一处地名——枞阳附近，即今安徽省铜陵市附近；另一种解释则来自另一个三国时代的学者韦昭，他认为"盛唐"应该属于西汉的南郡，即今湖北省境内。

两种解释都没有提供任何证据，仅属于猜测。不过从行文表述来看，刘彻显然是从关中出发，先南至"盛唐"，随后才选择沿江东行。"枞阳"是江行的结束，而"盛唐"则在江行之前，且此行规模宏大，"舳舻千里"，江行之后又迅速转而北上，整段路程都不太可能设计回头路，故"盛唐"

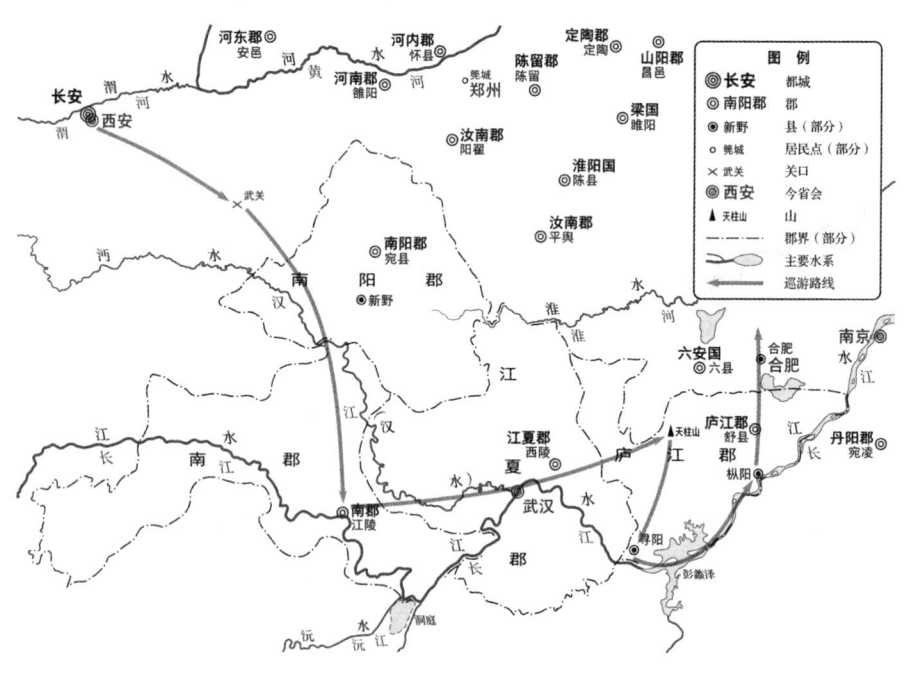

元封五年（公元前 106 年），汉武帝东南巡狩示意图

在"枞阳"附近的可能性微乎其微。而假如盛唐在南郡，刘彻从武关出发，则刚好可以一路东南而行，历经《汉书》中提及的所有地点。[1]

此行中另一个有意思的内容是，刘彻亲自在长江中猎杀了一头蛟。蛟究竟是什么动物，也值得考察一番。

论及蛟的早期著作有战国时期的《吕氏春秋》：

> 地大则有常祥、不庭、歧毋、群抵、天翟、不周，山大则有虎、豹、熊、螇蚸，水大则有蛟、龙、鼋、鼍、鳣、鲔。

这段文字没有描述蛟的具体特征，只是点明了蛟是一种水生动物，并且从文字逻辑来看，所举的例子应该都以体型大作为本身特点。

再到刘彻时代的《淮南子》里，对蛟有了一些简单的体征介绍：

> ……蛟革犀兕，以为甲胄，修铩短鈹……

大意是蛟和犀牛的皮革，都很坚硬，是制作甲胄的上佳材料。《淮南子》虽然是汉朝中期的著作，然而记录的许多民间观念，却传承自先秦到汉初，也可算是比较早期的资料。

比之更详细的介绍来自三国魏张揖所著《广雅》：

> 蛟状鱼身而蛇尾，皮有珠。

张揖认为蛟就像放大的蜥蜴，并且点到了其皮肤上有珠状颗粒这一具

1　南北朝以后，盛唐作为县名重新出现，也确实在庐江郡枞阳附近，汪祚民先生在《汉代"盛唐"地望与"盛唐枞阳之歌"新解》一文中认为，这是后世受文颖说法影响，"假借夸饰以侈风土"，即屡见不鲜的抢占名人文化的做法。

体特征。

比《广雅》略晚，晋人郭璞注释《山海经》时，又有了更具体的补充：

> 蛟，似蛇而四脚，小头细颈，有白婴，大者数十围，卵如一二石瓮，能吞人。

郭璞称，蛟整体而言像四脚蛇，但是身体庞大，甚至有数十围那么粗，它的头相对身体来说显得略小，脖子也较细，有一圈白色的颈纹。他还首次提到蛟是一种卵生动物，其卵就像一个小型的酒坛。性格凶狠，能够生吞行人。

通过以上文字记载，其实蛟的原型基本已经呼之欲出，我们可以相信，古人在描述这一概念的时候，实际指代的生物应该是淡水鳄。至于鳄鱼为何会被称作"蛟"，有学者从词源角度比较分析，认为"交"旁字大多都带有相交、旋转、搅动的含义，这和鳄鱼利用旋转绞杀猎物的捕食特点十分符合。

东汉之前，中原气温较之今天要更为湿暖，许多生物的活动疆域都比今天要更偏北，比如黄河流域也曾活跃着野生大象，鳄鱼当然也不例外，所以历朝历代各地都有恶蛟伤人的民间故事。我的家乡江苏省宜兴市直到今天还流传着西晋大将周处除三害的传说。三害就是南山猛虎、水中恶蛟和周处自己。能在江南的河道中为患一方者，除了鳄鱼，确实也找不到更合适的对象。

初置刺史

这一年无论对于刘彻，还是他的太子刘据来说，都不算是一个特别好的年份，因为春天的时候，长平侯大司马大将军卫青去世了。太子失去的不仅仅是一名舅舅，也是保住自己地位最重要的一根支柱。而对于刘彻来说，卫青是他一手提拔成长起来的当世名将，是霍去病早卒后朝廷震慑匈奴的最后一张王牌。在汉朝与匈奴关系再度剑拔弩张的时刻失去卫青，无疑是巨大损失。

无论怎么诟病卫青的出身，或者批评他在刘彻面前低调隐忍没有尽到人臣劝谏之责，又或者质疑他在李广之死案件中是否存在私心，都无可否认他在抗击匈奴大计中的杰出表现。

元朔二年（前127年），年轻的卫青率军两度出征，以两场漂亮的完胜驱逐了阴山以南河套地区的匈奴势力，夺回朔方等战略要地，从此这一区域成为拱卫长安和进击匈奴的最重要据点。元朔五年，卫青率军奇袭右贤王，是汉兴以来采用主动进攻兼长途跋涉战略取得的首次大胜，一洗七十多年耻辱，扭转了匈奴人认为汉军无法在大漠中远征的固有印象。自此之后，虽然刘彻把更多精锐资源交给了霍去病，卫青则以大将军身份统领大军，在元狩四年（前119年）的漠北决战中，卫青首度面对单于本部，仍然打出了极其漂亮的一仗。毫无疑问，汉兴以来对于匈奴所有振奋人心的胜仗，都是卫青和霍去病两舅甥亲自打出来的。

所以卫青去世，刘彻给了他和霍去病一样的待遇，允许他葬在自己的茂陵东侧，死后也一起护卫皇家园陵。霍去病和卫青之冢，一座模拟成祁连山的样子，一座模拟成庐山的样子。这个庐山，就是漠北大决战卫青到达的匈奴国中的寘颜山。刘彻大约以这样的方式表彰二人杰出的征胡之功。

卫青之死，多少让五十一岁的刘彻起了人生之叹。人活半百，能见识很多欢乐哀愁，也能看见不少枯荣生死。那些一路伴随的鲜活面孔，不知不觉间都渐渐不见了。七十岁才荣登相位的公孙弘，文采飞扬却身染糖尿病的司马相如，学富五车激情澎湃的老太史令司马谈，看着自己长大铁面无私的直臣汲黯，历经三朝举世闻名的名将李广，两度冒生命危险远使绝域的博望侯张骞……在人生路上走着走着，就一个接一个相继告别提前谢幕了。活得越长，走得越久，往往最为孤单，就像凋零枝头仅剩的黄叶。

史书里有一句更务实的话，用来表达刘彻这种心态，叫作"名臣文武欲尽"。五十年来他所熟悉、所信赖、所憎恶的那些人，眼看着都没了。

所以这一年刘彻再度下了一道求贤诏：

> 诏曰："盖有非常之功，必待非常之人，故马或奔踶而致千里，士或有负俗之累而立功名。夫泛驾之马，跅弛之士，亦在御之而已。其令州郡察吏民有茂材异等可为将相及使绝国者。"(《汉书·武帝纪》)

诏书第一句，仍是化用司马相如那句名言：不世之功，总是要靠不寻常的人士来谋取。顽劣之马也能行千里，世俗鄙夷之人也能功成名就，重要的是在上之人如何使用。各州郡仔细考察官吏百姓，看看是否有才能出众可以担任将相，或者出使远国者。

这封诏书某种程度上，就是对"名臣文武欲尽"现状所作的对策。不过在这里，我们的关注点要放到其中一个字上："州郡"的"州"。

汉帝国建立以来，此年开始，首次出现了州这一区域概念。州的出现，是配套刺史制度而产生的。

战国至秦，国家政治体制的一大变化是从分封制走向郡县制。两者的根本区别是权力和资源归属问题。分封制下，所封区域内一切都实际归封君所有，包括土地和人民；而郡县制下，一切都归中央帝王所有，郡县的地方首长只不过是由帝王派出，替帝王实行管理的代理人。换句话说，帝王是权力的所有者，而郡守是权力的实操者。这种变化，是中央集权的必然，因此也是战国时期变法的关键方向。

但是当权力的所有者与实操者分化时，自然而然产生一个问题，权利所有者必须要对实操者的忠诚与能力进行监督和考核，这就是监察制度进化的内在动力。

> 从权力分析的角度看，监督或监察的实质就是权力控制的主要手段或制度化形态。而权力控制之所以必要，其根本原因就在于权力在

394　　有为：汉武帝的五十四年

所有者与行使者之间的分离。(张晋藩《中国古代监察法制史》)

秦统一之后，国内全面实行郡县制，形成了"中央—郡—县"三级行政，郡守实际成为封疆大吏，一人可以对郡内数县的上百十万人行使生杀予夺等大权，俨然一方霸主。郡中还有一定军事力量，假如郡守以此和当地豪强勾结，很容易形成对抗中央的潜在威胁。秦朝便以监御史"掌监郡"，代表皇帝监察郡守。监御史顾名思义，是从中央的御史当中选取一些人，冠以"监察"之职。

"御史"是一个身份比较特殊的群体，"史"是"吏员"的意思，"御"一般指皇帝本人使用，所以"御史"本义是指皇帝本人御用的官吏，可见御史一职是从皇帝近臣亲信进化而来，本来是内朝人员。但是秦以御史大夫统领所有御史，御史大夫却是外朝政府的三公之一，"掌副丞相"，御史便兼有了内外之职。总体而言，御史仍不脱离皇帝御用的身份，仅对皇帝本人负责，而不用对政府序列之首的丞相负责。那么由御史来监察百官，当然最合适，也最让皇帝放心。

汉朝建立之初，不知出于何因，放弃了这一套监察体系，只是偶尔由丞相派遣使者到各地巡查。需要注意的是，这种政府内部的考核制度和皇帝本人派出的监察制度性质完全不同。刘邦这么做，是因为郡守的权力在汉代不如秦朝吗？当然不是。事实上，汉朝的郡守仍然拥有十分自由的主政权，无论中央的政策如何定调，他都可以在本地适度地左右调整，这也是为何有许多酷吏上任郡守之位，可以一改治理风格，瞬间导致地方流血千里的原因。

秦汉的郡仍是单元式的地方行政单位，郡守就是一郡之主，集财政、司法、监察、军政及选官权力于一身。(阎步克《波峰与波谷：秦汉魏晋南北朝的政治文明》)

汉初开国功臣，刘邦的同乡绛侯周勃，其封国在河东郡内。周勃就国后，每每河东郡守行县来访，周勃都瑟瑟发抖。这固然是由于周勃当时得罪了文帝，但也可见郡守有治罪郡内封侯的权力。

汉惠帝时，相国曹参建议在京城附近几郡局部恢复秦朝的御史监郡制度，并制定了九条监察标准：

> 惠帝三年，相国奏遣御史监三辅不法事，有辞讼者，盗贼者，铸伪钱者，狱不直者，繇赋不平者，吏不廉者，吏苛刻者，逾侈及弩力十石以上者，非所当服者，凡九条。(《唐六典·御史台》)

该制度针对郡守以下官吏，包括官吏被人举报者，当盗贼者，制造假币者，审理案件不公者，擅自且不公平地征税、征发徭役者，不廉洁者，过于苛刻故意陷害无辜者，作风奢靡越制并且携带超规格大杀器者，衣着不当者。这份标准被称为《监御史九条》，是我国历史上首部成文的地方性监察法规。其中提到的所有行为，某种程度上可以认为是汉初郡内比较常见的官吏乱作为现象。

但直到这一年之前，汉朝始终没有形成正式的、全国性的监察制度，林剑鸣先生认为很多时候采取的是"临时措施……这就很难保障将各地置于中央朝廷直接控制之下"。

这一年，刘彻终于给出了自己的改革方案，这一方案确实有所突破和超越。他将全国近畿（左右内史）以外的所有郡统分为十三州（部），每州派遣一名刺史进行监察。也就是说，每一名刺史都负责若干郡，无形之间在每一州的几郡中形成了竞争机制。

"刺史"的命名方法和"御史"如出一辙，"史"是"吏员"的意思，"刺"是"刺举"的意思，"刺史"即专门刺探郡内之事的吏员，相当于中央巡察员。刺史每以秋分之日开始监察所负责的郡，也包括诸侯国。郡国则派遣专员到界上迎接接待，然后辅佐其开始调查工作。相比惠帝时的

396　有为：汉武帝的五十四年

《监御史九条》，刺史的工作法规虽少却更具体，称为《六条问事》：

一条，强宗豪右田宅逾制，以强凌弱，以众暴寡。
二条，二千石不奉诏书、遵承典制，倍公向私，旁诏守利，侵渔百姓，聚敛为奸。
三条，二千石不恤疑狱，风厉杀人，怒则任刑，喜则任赏，烦扰苛暴，剥戮黎元，为百姓所疾；山崩石裂，妖祥讹言。
四条，二千石选署不平，苟阿所爱，蔽贤宠顽。
五条，二千石子弟怙恃荣势，请托所监。
六条，二千石违公下比，阿附豪强，通行货赂，割损正令也。
（《汉书·百官公卿表》颜师古注）

除了第一条是针对地方豪强的，其余五条都直接针对二千石官员，即郡守级别，内容则包含政治姿态不高、治理能力不佳、家风不正、徇私枉法等等。

《六条问事》比《监御史九条》更为精准，它要求刺史只监察二千石，而不涉及郡国内基层小官吏，且"非条所问"，一概不究。刺史只需要抓住"关键少数"的"关键职责"，就实现了对一郡之内的监督。

刺史制度另一精妙设计在于，刺史本身的品秩是六百石，仅相当于县令，但是却因直承皇命，可以监察品秩高过自己的二千石官员，是典型的官轻而权重。清人赵翼认为这样设计的好处是，官轻则刺史不会太爱惜身家，更敬业奉公；权重则监察官吏整饬风纪的效果更佳。

官轻则爱惜身家之念轻，而权重则整饬吏治之威重。（赵翼《陔余丛考》）

并且，刺史的下一级官位，就是品秩二千石的郡守或者国相，即便是为了方便自己升迁腾出空位，刺史也要不遗余力地对他们严格监督。

刺史起初有没有治所，即在监察州内平时有无固定办公场所，目前尚无定论。一种意见认为创始即有，另一种意见则认为至东汉时方才有。而有一条是可以确认的，即由于刺史只负责监察，而无军政权，故在刺史制度刚推行时，十三"州"还只是一种区域概念，还远没有变成一种具有实际意义的行政级别。不过，任何一种实权都会无形之间为自己增加权重。随着时移世易，刺史逐渐插手郡内民生、军事事务，也就自然而然从旁外监察官的身份，变成了郡守真正意义上的上级长官，而地方行政级别也就从"郡县"二级变成了"州郡县"三级。东汉末年，刺史、州牧都是一州之主，割据一方，而他们，便是从这一年刘彻设置的六百石小官进化而来的。

元封六年

（公元前 105 年）

● 刘彻五十二岁 ●

死在异乡的公主

这一年的不知何月，一名汉朝公主抑郁地死在了遥远的乌孙国。

前面曾经论述，乌孙是张骞第二次出使西域的目标，尽管联手抗击匈奴的任务宣告失败，乌孙倒也派出了使者，于元鼎二年（前 115 年）跟随张骞一道返回了长安。乌孙人想要借此行，一窥汉朝实力。在这之前，乌孙并不知汉，却经常受匈奴兵威欺掠，既然汉朝与匈奴有恩怨，他们自然要比较一下这两个邻居，究竟哪个更值得依靠。

乌孙使者回国后，将在汉朝的见闻如实禀告猎骄靡昆莫，猎骄靡昆莫认为不可轻易得罪，从此越发尊重汉使，并希望娶汉朝公主，通过与汉朝联姻来加深两国关系。

乌孙以千匹良马作为聘礼，刘彻却不愿嫁以真正的公主，最后送去乌孙的，实际是他的侄孙女刘细君。

刘细君的爷爷是江都王刘非，是刘彻的异母兄，当年也很英武受宠，既曾在平定七国之乱中立有战功，又曾在王太后面前状告刘彻的幸臣韩嫣[1]。元光年间朝廷欲反击匈奴，刘非自告奋勇愿意领兵，然而刘彻对诸侯王弄兵颇为忌惮，没有答应。

元朔初，刘非去世，儿子刘建继任江都王，七年之后就紧随淮南王谋反大案之后，也被揭发有反谋，自杀国除。在朝廷的盖棺定论中，除了谋逆，刘建的私德也极其败坏。比如，他在父亲的丧期中，就和父亲的姬妾们聚众淫乱。又如，他经常在游船上故意把下人丢入水中，看着他们淹死而开怀大乐。他还喜欢看宫女裸立敲鼓，放野狼在宫中乱咬奴仆，甚至故意强迫人兽乱交，有司认为"虽桀纣恶不至于此。"刘建自杀之后，按照惯例，女性家属会被收为官奴，那么他的女儿刘细君应该也是被如此处置了。

把一名罪人之女当成公主远嫁，刘彻当然不会有太多不舍。对于不太重要的女性，史书也不会多费笔墨记载她的生平，不过即使按照刘细君爷爷和父亲都是十五岁生子顶格来算，她远嫁乌孙时最多也才三十出头；而猎骄靡之父死于冒顿单于时代，冒顿卒于前174年，推算起来，猎骄靡昆莫此时可能已经超过七十岁。这是一场典型的政治老少配。

尽管以公主身份出嫁，细君在乌孙的生活仍然比较悲苦失落。猎骄靡昆莫为了两头讨好，另外也娶了匈奴的女子为妻。汉朝以右为尊，匈奴则以左为尊，这一差异正好给了猎骄靡昆莫耍滑头的机会。他便以细君为右夫人，以匈奴女为左夫人，两边都不得罪。但乌孙本国也是以左为尊的，故实际上他们还是偏向匈奴一些。细君因此也并没有得到真实的尊重，她住在另外建筑的宫殿里，每年仅有数次得见年老的猎骄靡，而且双方言语不通，交流自然也不够顺畅。这样的婚姻，无异于换个地方坐牢。更要命的是，乌孙也采用收继婚制，猎骄靡向刘彻请求，自己死后，由他的孙子收娶细君，继续和汉朝保持联姻。这更让浸染中原文化的细君无法接受，对于她来说，与其这样，还不如回到长安做一个官奴。孤苦的细君多次让使者把自己的思乡之情以及不肯再嫁猎骄靡之孙的心愿带回长安，希望天

1　详见建元四年"天子的男宠"篇。

子可以念在亲情，拯救绝望中的自己。刘彻也确实起了怜惜之心，不过除了派人给细君多送些绫罗绸缎，只是劝她汉朝要和乌孙共同对抗匈奴，应以大局为重，入乡随俗。

公主不听，上书言状。天子报曰："从其国俗，欲与乌孙共灭胡。"（《汉书·西域传》）

于是细君公主最终还是接受了命运的安排，由猎骄靡的孙子岑陬继承收娶，并为他生下一女。就在这一年，她郁郁而终。古往今来有多少人生，都被以"大局"为由无情摧毁。特别是女性，谋划大局时从来无权参与，需要为大局牺牲时却总要推她们上前。

世间少了一个卑微的公主，而乌孙与汉朝的通途上，还飘荡着她思乡的悲歌：

吾家嫁我兮天一方，
远托异国兮乌孙王。
穹庐为室兮旃为墙，
以肉为食兮酪为浆。
居常土思兮心内伤，
愿为黄鹄兮归故乡。（《汉书·西域传》）

细君一死，刘彻立刻又把楚国的解忧公主嫁去乌孙。大局为重嘛，为了两国友谊，公主我们大汉有的是。

众所周知，细君、解忧公主这种远嫁异族的婚姻模式叫作和亲。崔明德先生对和亲下有定义：

和亲是指两个不同民族或同一种族的两个不同政权的首领之间出

于"为我所用"的目的所进行的联姻,尽管双方和亲的最初动机不全一致,但总的来看,都是为了避战言和,保持长久的和好。(崔明德《中国古代民族关系研究二题》)

具体到汉朝初年,和亲是在汉高祖刘邦被围平城之后发起的一种对策,由刘敬首发提议。刘敬认为,一来中原天下新定,士卒疲敝,试图用武力威服匈奴,恐怕不太现实。二来,当时的匈奴冒顿单于弑父即位,一意扩张,用仁义道德去说服他,显然更行不通。因此可以嫁以公主,再不时派使者辩士对匈奴谕以礼节。那么冒顿单于作为刘邦女婿,自然不好意思再骚扰汉朝。而将来公主所生孩子即单于位,身份是刘邦的外孙。刘敬认为哪有外孙击外公之理,届时匈奴将更不会以中原为敌。

后面我会在另一章里详细解释,平城之围之所以能够解围,不是靠世传的什么奇计,而是刘邦被迫无奈应允了匈奴的某些条件。而嫁以公主,只不过是履行这些条件的表面掩饰,或者说是一种礼节性的仪式,并非匈奴真正所图。因此刘敬劝说刘邦的这番建议,听上去既矛盾又幼稚。

比如,既承认冒顿是弑父篡位不讲仁义之人,又觉得靠翁婿关系或者使者喻以礼节就能改变他的对汉策略,这是其幼稚一面。唐人刘贶就说:"且冒顿手弑其亲,而冀其不与外祖争强,岂不惑哉?"再如,世传的平城之围解围奇计,阏氏对冒顿的影响力极大,假如此计是真,刘敬却觉得嫁去的公主一定可以当大阏氏,生的儿子还能即单于位,岂非互相矛盾?更何况,在最后真正和亲时,嫁的是宗室女,两国的关系也是"约为昆弟",而非翁婿。那么和亲真正能起到的效果,也就绝非刘敬所建议的那么理想。

……汉患之,高帝乃使刘敬奉宗室女公主为单于阏氏,岁奉匈奴絮缯酒米食物各有数,约为昆弟以和亲,冒顿乃少止。(《史记·匈奴列传》)

因此，廖伯源先生在《论汉廷与匈奴关系之财务问题》一文中概括道："汉廷和亲匈奴，盖以粮食物资贿赂匈奴，以求和平。"

古代学者多有认为和亲之策始自刘敬者。比如司马光说："古代帝王对付夷狄用什么策略呢？如果他们臣服则怀之以德，如果叛变则震之以威，从来没听说过有和他们联姻的。"

这个观点有些过于轻易而不顾事实。实质上中原与周边少数民族的联姻关系，远远早于汉朝，只不过那时不用"和亲"一词指代讳饰。比如春秋时期的晋国处在中原北部，毗邻许多游牧部落，晋国公室就常与戎狄通婚。晋文公重耳兄弟四人，都是晋献公所娶的戎女所生。不仅诸侯国，上至王室也是如此。周襄王曾娶狄女为后，借戎狄之兵共同讨伐郑国，这更是含有明显政治意图的联姻之举。所以吕思勉先生认为和亲绝不是始自汉朝，源自刘敬，而是"古代诸侯履盟交质，事之以货贿，申之以婚姻"的一种传统策略。

需要注意的是，并非史书每次提到"和亲"二字，都代表着有一名宗室女会嫁到异族。崔明德先生认为在刘彻元封纪元之前，一共有十位汉朝公主远嫁匈奴，大概就是因为这个误会。从文献来看，这个数字可能只有四位：其一，高祖九年（前198年），"乃使刘敬奉宗室女公主为单于阏氏"（《史记·匈奴列传》）；其二，惠帝三年（前192年），"以宗室女为公主，嫁匈奴单于"（《汉书·惠帝纪》）；其三，文帝前元六年（前174年），"复遣宗室女公主为单于阏氏"（《史记·匈奴列传》）；其四，景帝年间，"复与匈奴和亲，通关市，给遗匈奴，遣公主，如故约"（《史记·匈奴列传》）。

以上文字，凡有婚娶，必写明"遣公主（宗室女）"。其他记载如文帝元年"复修和亲之事"、刘彻初即位"明和亲约束"等，只能认为是局部战争之后，双方决定重申和履行前一次和亲的承诺，而并没有重结婚姻。故刘彻嫁到乌孙的细君、解忧公主，应该算是有汉以来第五和第六位和亲的宗室女。比起前面四位，她们好歹在历史长河里留下了自己的名字。

作为一种多少有些迫于无奈的外交策略，汉初的和亲究竟起了多大作用，只能说相当有限。班固对此有比较详细的论说。他说，刘敬和亲之论，是特殊时期的对策。当时天下初定，高祖皇帝又新遭平城之难，是不得已才用和亲来"贿赂单于"，暂息边患。孝惠皇帝和吕后时期虽严守约定，匈奴却寇盗不已，单于反而愈发倨傲。文帝时对匈奴更加优厚，边境仍然屡被其害，所以文帝中年之后才发愤图强，开始择将练兵。从以上事迹来看，"和亲无益"，已经是相当明显的事实。

和亲为什么没有起到预期效果，或者说为何它只能在很短的时间里让匈奴停止骚扰汉朝，这是因为和亲所带给匈奴的最大收益，或者说匈奴真正贪图的，实质上是汉朝所供奉的财帛粮食，而非公主。这些财物能够满足单于王庭一时的生活需要和享乐需求，却无法从根本上解决游牧民族的资源缺乏问题。同时匈奴国家是部落联合形式，诸多大小王分草场而治，每个单位独立性都非常强，各部落联系并不像农业城居社会那么频繁，单于对各部日常生活的控制，也不像中原帝国天子对四方那么严密。即使单于本部能够和汉朝保持相对和平，也不能保证左右贤王之下各部在冬天到来时都不用劫掠就安然无恙、衣食无忧。

故此汉朝对匈奴前期的和亲，本质是以财贿赂、花钱消灾，公主的出嫁只不过是完成一种契约的仪式感，让整个事件看上去更冠冕堂皇一些，至少在表面上形式上，双方似乎结成了一种合作伙伴关系。用更不堪的话来说，公主只不过是合同中的一个"添头"。

而刘彻除即位之初"明和亲约束"，不出数年就兴马邑之谋，彻底断绝了和平关系，自此战争无已，自然不可能再与匈奴有和亲之举。他的和亲对象从执政中期开始由北方转移至西域。嫁细君和解忧两位公主至乌孙，就是出于一种争取政治同盟的考虑，而不再是汉初对异国的纳贡行为。两种不同的和亲选择，体现的是羁縻策略的两种不同形式。

> 羁縻对象有强有弱，强者使不为害；弱者使其听我，不附强敌为乱。（林显恩《中国古代和亲研究》）

无论哪一种和亲目的，其本质都不变，能够打动对方的，只有物质好处和政治利益。尽管解忧公主在乌孙，以及更往后的王昭君在匈奴，表面上似乎起到了一些推动合作的积极作用，但背后真正决定两国关系的，仍然是实力格局，而非情感羁绊。女性在和亲政治里，表现得积极或消极，改变不了她们被动卷入的悲剧身份。纳贡也好，结盟也好，她们都是被道貌岸然操纵的幌子，是政治游戏的无辜牺牲品。

在这种男女权力不对等的情况下，责怪女性在和亲中的表现不符合期望，是残忍和不道德的。比如《匈奴通史》拿细君公主和王昭君对比，称："作为和亲使者，细君比昭君逊色，二人有天壤之别；贵族出身、过惯剥削生活的细君对自己的政治使命就毫无认识。"所谓的政治使命强加到头上，细君有说不的权利吗？当然，古代专制皇命之下，无论男女都是如此。我们虽不能以现代眼光硬套古代实际，但至少应对这些无奈之人抱有同情，留有口德。

后世对和亲政策多有评价，肯定者和否定者都各有其人。相比较而言，肯定者的意见比较统一，认为和亲大致有这样一些好处：一是可以争取与国与民休息的时间；二是可以通过文化交流不断同化对手；三是可以在敌人内部培养亲我一方，实现分化离间。

而否定者的理由就因人而异，比较五花八门了。比如有直接从出发点就予以否认的，坚持认为和亲是一种屈辱的示弱，天朝上国对待胡虏就应该用战争打击，使其降服。比如唐人王维诗称"当令外国惧，不敢觅和亲"；五代人李中则说"谁贡和亲策，千秋污简编"，宋人朱熹也认为"中国结婚夷狄"是"自取羞辱"。也有觉得为国谋策效力是天子大臣、热血男儿之事，不应该把责任推给无辜女子的。比如唐人李山甫称"遣妾一身安社稷，不知何处用将军"；宋人欧阳修称"玉颜自古为身累，肉食何人与国谋"。否定理由里最有喜感的一条，出自唐人苏郁的《咏和亲》，诗称："君王莫信和亲策，生得胡雏虏更多"。意思是不要白白送女性给胡虏了，这样只会让敌人生下更多的小敌人。不知道他是真的这么以为，还是在曲线讽刺和亲。

以上都是站在大局立场的观点，唐人白居易独站在女性角度写过一首《过昭君村》，末几句言：

村中有遗老，指点为我言。
不取往者戒，恐贻来者冤。
至今村女面，烧灼成瘢痕。

白居易说，王昭君家乡村子里的老人为他介绍，数百年以来，此地女性至今还保留着自毁其容的习惯，为的就是避免被选入宫中要么冷清余生，要么送去异域的悲剧命运。

附录六：司马谈《论六家要旨》

《易·大传》："天下一致而百虑，同归而殊涂。"夫阴阳、儒、墨、名、法、道德，此务为治者也，直所从言之异路，有省不省耳。尝窃观阴阳之术，大祥而众忌讳，使人拘而多所畏。然其序四时之大顺，不可失也。儒者博而寡要，劳而少功，是以其事难尽从。然其序君臣父子之礼，列夫妇长幼之别，不可易也。墨者俭而难遵，是以其事不可遍循。然其强本节用，不可废也。法家严而少恩，然其正君臣上下之分，不可改矣。名家使人俭而善失真，然其正名实，不可不察也。道家使人精神专一，动合无形，赡足万物。其为术也，因阴阳之大顺，采儒、墨之善，撮名、法之要，与时迁移，应物变化。立俗施事，无所不宜。指约而易操，事少而功多。儒者则不然。以为人主天下之仪表也，主倡而臣和，主先而臣随。如此则主劳而臣逸。至于大道之要，去健羡，绌聪明，释此而任术。夫神大用则竭，形大劳则敝。形神骚动，欲与天地长久，非所闻也。

夫阴阳、四时、八位、十二度、二十四节，各有教令，顺之者昌，逆之者不死则亡。未必然也，故曰"使人拘而多畏"。夫春生、夏长、秋收、冬藏，此天道之大经也，弗顺则无以为天下纲纪，故曰"四时之大顺，不可失也"。

夫儒者以六艺为法。六艺经传以千万数，累世不能通其学，当年不能究其礼，故曰"博而寡要，劳而少功"，若夫列君臣父子之礼，序夫妇长幼之别，虽百家弗能易也。

墨者亦尚尧、舜，言其德行，曰："堂高三尺，土阶三等，茅茨不翦，采椽不刮；饭土簋，啜土刑，粝粱之食，藜藿之羹；夏日葛衣，冬日鹿裘。"其送死，桐棺三寸，举音不尽其哀，教丧礼，必以此为万民之率。使天下法若此，则尊卑无别也。夫世异时移，事业不必同，故曰"俭而难遵"。要曰强本节用，则人给家足之道也。此墨子之所长，虽百家弗能废也。

法家不别亲疏，不殊贵贱，一断于法，则亲亲尊尊之恩绝矣，可以行一时之计，而不可长用也，故曰"严而少恩"。若尊主卑臣，明分职不得相逾越，虽百家弗能改也。

名家苛察缴绕，使人不得反其意，专决于名而失人情，故曰"使人俭而善失真"。若夫控名责实，参伍不失，此不可不察也。

道家无为，又曰无不为。其实易行，其辞难知。其术以虚无为本，以因循为用。无成势，无常形，故能究万物之情；不为物先，不为物后，故能为万物主。有法无法，因时为业；有度无度，因物与合。故曰"圣人不朽，时变是守。虚者，道之常也；因者，君之纲"也。群臣并至，使各自明也。其实中其声者谓之端，实不中其声者谓之窾。窾言不听，奸乃不生，贤不肖自分，白黑乃形。在所欲用耳，何事不成！乃合大道，混混冥冥，光耀天下，复反无名。凡人所生者神也，所托者形也。神大用则竭，形大劳则敝，形神离则死。死者不可复生，离者不可复反，故圣人重之。由是观之，神者，生之本也，形者，生之具也。不先定其神形，而曰"我有以治天下"，何由哉？

（摘自《史记·太史公自序》）

太初元年

（公元前 104 年）

● 刘彻五十三岁 ●

太初改历

远古先民对于时间的度量和历法的制定并非一蹴而就，这个过程漫长而充满智慧的探索。

人对于时间消逝的感受，最简单最直观，便是看到太阳月亮相继升起落下、天空呈现亮暗交替变化，然后循环往复。这是人眼最容易捕捉到的时间变化，于是这样一个循环被定义成一日。先民也根据这样的时间周期来安排自己的作息，所谓"日出而作，日入而息"是也。

而当先民需要度量一个更长的时间段时，发现可以借助月相的变化作为参考。相比太阳恒定不变的样子，月亮每天都变换形状，且呈现出连续可见的盈亏规律——它总是从暗淡无光，到露出月牙，渐渐变成满月再渐渐缩小直至不见，于是月亮形状变化的一个周期被定义为一个朔望月。世界上各民族的历法几乎都是从观察月亮周期开始的。又因为月亮在中国也叫太阴，所以这种历法也叫太阴历（俗称阴历）。

先民中的天文观测者已经发现了月亮运行周期并不是一个整数，而是比二十九天半还要略长一些，所以用设置大月（三十天）、小月（二十九天）间隔的办法来调和，又因为这个"略长"导致的误差，故每隔一段时间，还会设置两个连大的月份来消除累计误差。

太阴历还有一些潜在的规律，比如一个月中有朔日和望日之分。朔日指晚上月亮暗淡无光的日子，实际上是因为这一天，日、月和地球的位置排成"太阳—月球—地球"顺序[1]，而月球本身不发光，这时在地球上看月球，看到的恰好是其照不到太阳光的一面。假如这一天，三个星球还恰好基本处在同一个平面，那么不但晚上看不到月光，白天我们还会看到月亮把太阳挡住，这就是日食现象。因此，日食理论上应该都发生在朔日。同理，望日是指满月那天，日、月和地球的位置大致按"太阳—地球—月球"排列，假如地球不处在日、月的同一平面，就能看到月亮被完整照亮的一面，反之，地球的影子就遮住了月亮，则会发生月食。因此，月食理论上应该都发生在望日。

先民对于更长时间段的感受，来源于太阳和地球位置关系不同导致的冷暖变化，以及因此带来的草木荣枯等物候变迁，这就引发了对"年"的定义。先民很早就发现，地、日相对位置不同会影响地球上物体影子的长度，影子从最长的一天到最短，再到最长，这代表着太阳相对地球运动一个周期之后，又回归到了原点，这个过程就称为一个回归年。不仅如此，先民还通过实测发现，尽管相邻的两年各自有一个影子最长日，但这两个最长的影子长度却并不一致，这意味着这两日太阳的位置实际上没有完全重合，要到大约运行四个周期，计一千四百六十一天之后，才会基本重合，即每四个回归年之后，太阳才会更接近四年前那个原点。那么把一千四百六十一除以四之后，就得到了相对更为准确的回归年平均长度：三百六十五又四分之一日。这就是每四年要多出一个闰日的原因。

> 日发其端，周而为岁，然其景不复，四周千四百六十一日，而景复初，是则日行之终。（《后汉书·律历志》）

---

1 这里的连线只是表示基本位置，由于月绕地、地绕日有各自的轨道，故三者大多数情况下不在同一平面。

以太阳相对地球位置变化周期，即回归年周期为基本数据制定的历法，称为"（太）阳历"。

现在世界通用的公元纪年法采用格里历，就是一种阳历，它规定平年为三百六十五日，闰年为三百六十六日，可见是按回归年来计算的。为什么它不是阴历，因为格里历每个月的大小无论是三十一日、三十日还是二十八日，都是人为规定的，跟月相规律毫无关系。

而中国古代先民为了更好地计时指事，始终把阳历和阴历结合起来制定历法，既按回归年长度定义年，也按朔望月规律来定义月，兼顾日、月的运行规律，这种历法称为阴阳合历。只不过，阴阳历简单结合时有个无法回避的缺陷：回归年的长度是三百六十五又四分之一日，而朔望月的长度是二十九点五二日，假如一定要顾及阴历，十二个朔望月的长度加起来也不超过三百五十五日，与一个回归年相差十一日多。多出来的这些日子怎么办？先民于是想到每隔一段时间多安插一个阴历闰月，每十九年总共安插七个闰月的办法，完美解决了这一缺陷。

春秋战国时期，各国无视王命，各自为政，历法方面也产生了一些差异。但是需要注意的是，各国历法的原理其实是一样的，都是阴阳合历，所谓差异指的只是历法的起始点选择，每年的岁首是哪个月，这些细节方面可能因为各国人为偏好，而有不同设置。

比如云梦睡虎地秦简中的《日书》，记载了秦楚两国的月名对照：

十月，楚冬夕。十一月，楚屈夕。十二月，楚援夕。正月，楚刑夷。二月，楚夏屎。三月，楚纺月。四月，楚七月。五月，楚八月。六月，楚九月。七月，楚十月。八月，楚爨月。九月，楚虞马。

这张对照表可能是秦统一后，原楚国地区为了方便记忆和适应秦历而制作。从中可以看到，因为历法的不同，统一之前秦人在过阴历十月时，楚人正在过他们的阴历一月。

秦历也叫颛顼历，其最大特点之一是把十月作为一年岁首，这也是本书屡屡强调的要点。一般认为汉承秦制,也直接继承了秦朝历法。[1]

> (颛顼历)是以十月冬季到来为一年之始的。粟与稻在春天播种,秋天收获,于是一年结束。"年"字本来自于"稔"(谷物成熟)的意思,因此以秋季为年终,人们没有不妥之感。(鹤间和幸《始皇帝的遗产:秦汉帝国》)

颛顼历的回归年长度也是按三百六十五又四分之一日计算,尽管已经很精确,但终归和地球绕日运行的实际周期存在细微误差,这种误差经过数百年累积,也能达到肉眼可见的程度。比如之前曾说过,日食应该发生在朔日。到刘彻的时代,日食却在朔日的前一日出现了,说明历法和实际的天文周期已经存在一整日的误差。这是时人呼唤改历的动机之一。

改历的另一大动机则仍出自方士公孙卿等人怂恿,按照他给刘彻讲述的黄帝故事,黄帝所行的大事包含有得宝鼎、封禅、改历,继而成仙,刘彻几乎是按部就班地照办无误。黄帝曾得宝鼎,刘彻在元鼎四年(前113年)也在汾阴得了宝鼎;黄帝曾封禅,刘彻元封元年(前110年)也在泰山封禅,那么,效仿黄帝改历也就是迟早的事情了。

这一年的五月,改历之事正式启动,参与人员里当然有提及此议的公孙卿,也有新太史令司马迁,如前所说,太史本就是天官,执掌天文星历。不过历法推算需要实在的天文学和数学,故又特招了邓平、唐都、落下闳等一批专业人士共同谋划,最终一部新的《太初历》出台,取代了已有不小误差的《颛顼历》。《太初历》确定了以一月为岁首,从此各朝历法无论怎么更新,这条规矩始终再无变化。

《太初历》还确定了汉朝在五德终始理论中属于土德,颜色崇尚黄色,数字则崇尚五,凡官员之印章,都想办法凑足五个字,缺字就用"之"字添

---

[1] 近来学界通过研究,认为可能在高祖五年、汉文帝后元元年有过两次改历,不过都没有改变十月岁首的习惯。

补，如"丞相之印章"。五德终始是战国邹衍等人在原先的五行知识基础之上附会而成的王朝气运更迭规律。这种观念认为，凡受命之王，都会相应地在金、木、水、火、土五行中占有一种元素作为德运，而天则会相应地出现符合该种元素的祥瑞。这一理论在战国末年已经广为流传并被普遍接受。《吕氏春秋》举例：黄帝是土德，夏禹是木德，商汤是金德，周文王是火德。

> 凡帝王之将兴也，天必先见祥乎下民。黄帝之时，天先见大螾大蝼。黄帝曰："土气胜。"土气胜，故其色尚黄，其事则土。及禹之时，天先见草木秋冬不杀。禹曰："木气胜"。木气胜，故其色尚青，其事则木。及汤之时，天先见金刃生于水。汤曰："金气胜。"金气胜，故其色尚白，其事则金。及文王之时，天先见火赤乌衔丹书集于周社。文王曰："火气胜。"火气胜，故其色尚赤，其事则火。（《吕氏春秋》）

从这几个例子可以看出，五德终始理论起初的依据是按照五行相克来推算的。金克木，则金德王朝最终会取代木德王朝。火德的周朝最终是灭亡在秦人之手，那么秦朝就必须是水德，因为水克火。而汉朝又推翻了水德的暴秦，土克水，自然再次回到了土德。恰好，土德拥有者曾经是黄帝，这意味着刘彻和黄帝的相似性又增进了一层。

山东日照海曲汉简中，有一枚简文作"天汉二年城阳十一年"。这是目前发现最早的，诸侯国把汉朝纪年冠在本国纪年之前的实例。这种纪年方式，说明中央对地方的统摄力进一步加强，也是"大一统"的表现。虽然目前还没有找到更早的例子，但这种地方纪年方式的"一统"，极有可能是在本次改历时完成的。

改历事关重大，往往意味着万象更新，开启一个崭新的纪元，故刘彻随更换历法，对官职制度也进行了大规模调整。比如原先的郎中令，改名为光禄勋；大行令，改名为大鸿胪；大农令，改名为大司农；中尉，改名为执金吾；右内史，改名为京兆尹；左内史，改名为左冯翊；主爵中尉，改名为右扶风。新置禁军建章营骑，后又改名为羽林骑，凡从军牺牲者的子孙，由羽林营收养训练，成为后备禁军，这批人被称为"羽林孤儿"。又设置八校尉：中垒校尉内掌北军内部护卫，外掌西域[1]军事；屯骑校尉掌骑兵；步兵校尉掌上林苑门屯兵；另有越骑、胡骑、长水、射声、虎贲等分掌不同兵种。

改历和改革，都给人一种革故鼎新的感觉，很容易生发对未来的希望。日历掀开全新的一页，官僚层面有了新的变动，东南西北的战事都以胜利告终，连年的旱情结束了，黄河水患也治理好了，天子每年在巡狩他美好的江山，为自己和百姓祭祀各地的神灵，这一切，像是过去的终点，又像是新的序章。

田余庆先生在其经典作品《论轮台诏》中也认为，刘彻的全部事业，几乎全是执政前半期完成的，"其中除四出征伐外，还有罢黜百家、独尊儒术这样的意识形态的改革，还有如收相权、行察举、削王国、改兵制、设刺史等项政治、军事制度的改革，还有如统一货币、管盐铁、立平准均输制等项经济制度的改革，等等"。最晚到元封年间，刘彻"已经完成了历史赋予他的使命"。

假如刘彻能在这一年趁着太初改历收敛多欲的个性，调整积极兴事的政策，让人民得以像文景时代那样充分地休养生息、务农复本，国家的走向可能会大有不同，他本人在后世获得的评价可能也会正面得多。

当然了，历史从来没有"假如"。

汉朝的马政

这年八月，刘彻突然发动了对西域国家大宛的战争，按照史书说法，战争的焦点在于大宛出产的马匹。因此在叙述这场战争前，有必要总结一下汉兴以来的马政。

无论战时平时，马都是一种极其重要的资源。它既可以载人战场驱

---

1 一说"西域"二字为"四城"之误。

驰，也可以千里负重运输。不仅如此，马的品种、数量通常还显示一个人在社会中的财富和地位。

> 马者，甲兵之本，国之大用。安宁则以别尊卑之序，有变则以济远近之难。(《后汉书·马援列传》)

东汉的马援就是一名相马专家，照他说来，马甚至可以用来区别尊卑。用马来区分身份不单是中原王朝的现象，游牧民族也同样如此。尽管他们蓄养的动物多种多样，包括且不限于牛、羊、驴、骆驼等，但唯有马是超越其他而最尊贵的牲畜。

中原马的最大用途起初是用来挽车，礼制用一个人可以乘坐几匹马拉的车来区分贵贱。马拉战车也是中原战争的一大特征，故战国以前常常用战车有"千乘""百乘"来形容一个国家或某个家族的军事实力。游牧民族的马则以骑乘射猎为主要用途，到得战场之上，骑射之兵要远比战车更机动敏捷。故先秦时期，秦赵燕等中原国家就在与游牧民族的较量中，逐渐意识到建立骑兵部队的重要性。

晁错曾分析汉朝与匈奴各自的军事优势。其中匈奴的优势，正是在于他们的马善于在山谷溪涧的地形里奔驰跳跃，而骑射兵因此更善于在曲折险要的环境里骑驱射击。汉朝也有汉朝的长处，比如到了平原地带，战车就可以发挥冲阵的特点了，汉朝的武器科技也远胜匈奴，冶铁技术保证了汉军的剑戟兵刃更加坚硬耐战，汉朝还有一种用脚踩动操控的强力弩，射程威力都超过马上之弓。

《汉书·傅常郑甘陈段传》也有记陈汤之言：

> 夫胡兵五而当汉兵一，何者？兵刃朴钝，弓弩不利。今闻颇得汉巧，然犹三而当一。

陈汤生活在汉元帝、汉成帝年间，离晁错又过去了近百年之久，也就是说到那时，匈奴已经学到一些汉人的冶炼技术，兵器上的劣势仍然导致要三个匈奴才能和一个汉兵有同样战力。

理论上，只要把匈奴引到平地之上，大家列阵以待，迎面冲锋，短兵相接，匈奴几乎没有取胜的可能。然而，匈奴的战法却正是极大发挥了骑兵之机动性，他们总是偷袭劫掠，行踪无定，来去如风，从不给你集结大部队正面交锋的时间与机会。汉军的战车、强力弩本是笨重之物，不利于深入和速战。再加上匈奴地理环境复杂、补给线过长等，都是阻碍汉军长途行军、主动打击对手的重要因素。匈奴易攻易退，特长全用上了；而汉军难进难守，所有的优势都发挥不了，这一对比决定了汉初对抗匈奴只能采取守势、疲于应付。

贾谊和晁错都是积极进取型的谋士，两人也都给文帝出过治胡之策。贾谊的策略重在搞文化输出，通过利诱和德化等方式影响匈奴的内部演化。晁错的建议相对更务实，他提出移民屯边，以夷制夷等措施，逐渐提升边境的守备能力。也就是说，即使当时最一流的两位谋士，也并不主张对匈奴轻易主动进攻。倒并非是二人怕事或短见，而是从上到下其实都知道，在汉军优势无法发挥的前提下，若想主动进击匈奴并取胜，除非汉朝自己也有一支足以和对方匹敌的骑兵力量。

所谓骑兵，不仅要有"兵"，还得有大量的"骑"，即稳定数量的战马。这恰好是中原的短板，而汉初尤其如此。经过秦末和楚汉两场战争，马匹消耗巨大，一时之间连天子的马车都找不到四匹颜色相同的马，有些王侯将相则干脆改坐牛车。民间一匹马的价格涨到了百金以上。百金即一百万钱，家资十万钱即为中家，一匹马可以相当于十个中家的资产价值，是当之无愧的奢侈品。在这种情况下，国家也没有力量有效组织像样的骑兵部队。

所以汉高祖刘邦希望借平城一役彻底解决边患时，悉举全国之兵三十二万，其中仍然是"多步兵"。相对比而言，冒顿单于却能够纵精兵四十万骑围城，且排成了十分壮观的阵仗，四方分别是白马、青马、黑马、红马等不同颜色的骑阵。家底富，真的可以为所欲为。

> 匈奴骑，其西方尽白马，东方尽青駹马，北方尽乌骊马，南方尽骍马。(《史记·匈奴列传》)

平城被围成了汉兴以来高层所认为的第一国耻，也从此认清了两国战马上的实力差距。之后从惠、吕到文、景，一面对匈奴隐忍不发，一面默默调整马政，为蕃育积蓄这一重要军事物资而不断努力。

张家山汉简《二年律令》是吕后时期相关法令，其中有严格控制关中马匹外溢的条例，不但普通人不得私自买关中马带出关外，即便如长沙国这样的诸侯国官方驿站需要买仅十匹关中马，也需要上报到中央朝廷，由丞相、御史大夫奏明给皇帝本人批准。直到景帝中元四年（前146年）时，仍然"禁马高五尺九寸以上，齿未平，不得出关"。辨别马的年龄一般看它们的牙齿，通常十龄以上之马，上下牙都已磨平，而马最佳使用年龄往往不超过十五岁，所以这一政策目的在于把年轻精壮的良马严格留在关中本部。

文帝前元二年（前178年）时，曾颁布马复令，"今令民有车骑马一匹者，复卒三人"，大意是百姓为国家养战马一匹，就可以免除该家庭三人的徭役。这是鼓励民间养马的有力措施，按照爵位制，获得第九等爵位才可免役一人，由此可见力度之大。除此以外，国家也建立了官方的牧养战马苑所，至景帝时期，累计在西部、北部边境设立三十六处养马苑，以宫中郎官作为苑监，共有三万名相关人员在苑中工作，牧养战马三十万匹。

多管齐下的政策调控下，七十年间国家马匹数量与日俱增，凡是有人迹的街巷集市，就有马匹在使用。而田间小路之上，也经常看到成群的马儿奔驰嘶鸣。马的价格直线下降，不但人人得以蓄养，还有足够的余力可以挑选品质，一匹好马成为居家旅行、炫耀身份的必备物品，要是骑着幼马母马参加聚会，都不好意思跟人打招呼。

> 众庶街巷有马，阡陌之间成群，而乘字牝者傧而不得聚会。(《史记·平准书》)

马匹在国家而言是军事物资，而在民间而言，则是生活用品。马匹数量的增长，反映的其实是社会稳定指数和富庶程度的上升。惠、吕、文、景四代人，为刘彻用武匈奴奠定了一个无比坚固的经济基础和军事基础，马政就是其中一环。

元光二年（前133年）马邑之谋，刘彻调动了骑兵步兵累计三十万人，虽然没说各自占比，考虑到这是次针对单于本人主力且旨在全歼的行动，骑兵数量必然不在少数。元朔五年（前124年），卫青率三万人马奇袭右贤王，同时东方有另一支部队也远征匈奴，累计超过十万人，因为这是第一次大规模主动深入匈奴之地，骑兵应该也占有相当比例。而且历数战胜匈奴的战斗，无论领兵者是卫青、霍去病还是其他人，最终都是骑兵发挥了巨大的作用。王夫之认为，汉唐两朝能对外扩张取得胜利，绝对离不开战马蓄养这一重要原因。

> 汉唐之所以能张者，皆唯畜牧之盛也。（王夫之《黄书·噩梦》）

特别是元狩四年（前119年）的漠北大决战，这场战争使用马匹的数量是最精确的，累计组织了十万匹战马供骑兵装配，另有四万匹负责辎重及后备。而这一仗的惨烈程度也有目共睹，最终活着入塞回国的马匹，不足三万。可想而知在连续十几年的攻略匈奴中，总体损耗有多大。

大决战之后，由于国内马匹骤然减少，一度无法再次发动对匈奴的攻势。马价也瞬间暴涨，以致第二年，刘彻不得不通过国家调控的方式，强行降低市价来鼓励民间蓄养。饶是如此，当年购买一匹公马，仍然需要二十万钱。

元鼎五年（前112年），刘彻又下诏令，鼓励边境县民利用当地良好资源牧马，由官方租借母马给百姓帮助生育，三年之后归还，但是需要支付利息，每租借十匹母马，三年后要还十一匹。

到元封元年（前110年）封禅大典前，刘彻耀武北边所带的骑兵再次达到十八万骑，可见在扎实的牧苑基础上，以及合适的政策引导下，马匹恢复的速度相当之快。

除了蕃育数量，改良马种可能也在历代汉朝天子的谋划之中。中原马种不仅体型偏小，速度也并不见长，更适合牵挽负重，用到战场之上载人驱驰厮杀则相对逊色。如何改良马种，起初可能是靠战场俘获以及关市买卖匈奴马。战场俘获不必多说，开在边境的关市一直是汉匈双方各取所需的重要渠道。和有些人认为游牧民族经常杀牲畜大块吃肉的刻板印象不同，他们其实更多把牲畜当作生财资源，而以乳制品为食，相对单调，所以匈奴人很喜欢中原的饮食。除此之外，匈奴人还喜欢汉人精美的衣饰，依赖汉人先进的铁器等，而汉朝则主要通过关市从匈奴人手中获取牲畜及周边产品。

自从张骞通乌孙以来，品质更好的乌孙马进入刘彻视线。乌孙国曾经派使者随张骞到长安，随行赠送数十匹宝马，后和亲细君公主时又以千匹作为聘礼。刘彻喜出望外，为强健的乌孙马起名为"天马"。之所以如此命名，与早年间他用《易》所做的一次占卜有关，那次占卜的结果表明："神马当从西北来"，可能这也是刘彻汲汲以通西域的目的之一。

只是西北究竟在哪里，《易》却没有明示，所以理论上，凡是长安以西、以北所产的良马，都可以附会成天马。在得到乌孙马之前，就有人利用刘彻这一心理玩过欺骗的把戏。河西走廊的环境本就利于牧马，当地也时常能见到成群野马奔逐戏水。有个因罪被谪贬敦煌屯田的内地人，发现有一群野马总结伴到敦煌渥洼水饮食嬉闹，其中有一些样貌特别、精壮不凡者，便设计捕捉。他先用泥塑土人，手持缰绳立在水里，等时日久长野马渐渐习惯，再把土人换成真人，用缰绳套住它们进行驯服，最后当成天降神马献给朝廷。史书也把此事当成一件神奇的祥瑞记载了下来，称之为"马生渥洼水中"。

汉兴以来的马政以及刘彻对良马的需求就介绍到这里，那么对天马的追求和此年汉军西征大宛有何关系，我们借着战争的过程在下一年里继续详说。

太初二年

（公元前 103 年）

● 刘彻五十四岁 ●

西征大宛与再战匈奴

> 大宛之迹，见自张骞。（《史记·大宛列传》）

司马迁把张骞的事迹，西域各国的风俗、与汉朝之外交一股脑儿塞进同一篇文字里，然而篇名既不叫"张骞列传"，也不叫"西域列传"，而是独独名曰"大宛列传"。另外，张骞第一次使西域是往大月氏，第二次是往乌孙，大宛都非关键目标，但是该传篇首跑上来的第一句，就是上段八字。从这些细节足可见太史公心目中，西域诸国里，唯有大宛与汉朝的纠葛最值得重点记述。

西汉时的大宛，地处中亚帕米尔高原西部，它的疆域现在分属乌兹别克斯坦和塔吉克斯坦两国。

张骞第一次去往大月氏，中途被匈奴俘虏，关押十余年后出逃，首先到达的就是大宛。得到大宛的帮助后，张骞才顺利完成出使任务。按照张骞回国复述的情报，大宛国的大致方位是在匈奴的西南方向，汉朝的正西方向，离大汉路途遥远、相隔万里。大宛人口虽不及乌孙、康居和大月氏，然而也有数十万，同时有大小七十余城，俨然西域一大国。大宛兼有农业民族和游牧民族的特色，比如他们主要以耕种稻麦为主，特产是葡萄和苜蓿，因此安土重迁，建立了相对定居的城郭屋室，然而其地又盛产良马，其兵众很擅长弓矛骑射。大宛马尤其以"汗流如血"著名，被认为是天马与凡马的后代。三国时人孟康记载了这一大宛传说，称大宛国的高山上曾经有天马出现，受地形限制，当地人无法捕捉，于是退而求其次，以本地的母马送去引诱天马交合，自此生下汗血宝马。这个传说尽管有所夸大，但揭示的是汗血马最初可能来自家马与野马杂交改良这一事实。

张骞的第二次出使，得益于河西走廊已经被汉朝控制，成功地派出诸多副使前往西域各国，大宛也在其列。这次之后，汉朝才真正与西域建立了较为频繁的外交，每年都有十数批上千名使者行进在长安至各国的路途之上。欲效仿张骞的徼利之徒，于时为多。西域大小诸国随汉使来访的外国使者，也越来越多，有的冀图寻求保护，有的借机窥探实力，有的则只是博取财利。无论来自哪里，刘彻都大方地展示了天朝上国的好客之道，让外使统统跟随其巡游海上和天下四方，沿路盛情款待、大行赏赐，并且为他们遍示中国府库收藏之众、工艺机巧之精、角抵奇戏之妙，从疆域、财力、科技、文化等角度全方位地展示汉朝之广大。

> 是时上方数巡狩海上，乃悉从外国客，大都多人则过之，散财帛以赏赐，厚具以饶给之，以览示汉富厚焉。于是大觳抵，出奇戏诸怪物，多聚观者，行赏赐，酒池肉林，令外国客遍观各仓库府藏之积，见汉之广大，倾骇之。(《史记·大宛列传》)

汉朝与大宛之纠葛，正是在这种热烈的外交气氛中逐渐展开。一批出使大宛的使者回来禀告，称大宛的汗血宝马都在其国的贰师城，但是每次使者前去，他们就故意藏匿起来不肯示人。这一消息多少令刘彻有些不开心，毕竟客人来的时候，大汉可从来没有藏着掖着，耍小家子气。对于良马，刘彻内心确实极其想要，既然对方爱惜，他干脆派人持千金和金马出使大宛，打算交易汗血马。不白要你的，而是用沉甸甸的黄金实物来换，足以展示大国风范和诚意了吧。

大宛国听闻刘彻的意图，却有自己的盘算。王国高层商量过后形成一致意见，都认为汗血马是国宝，不该同意这笔交易。大宛人仔细考量过拒绝后果，最坏的结局无非是汉朝人恼怒来攻。只不过他们自恃汉朝到大宛有万里之遥，中间既有遭北方匈奴袭击之险，又屡有迷途缺水乏食之虞，平时汉使前来就经常死者过半，所以即使派遣大军，也无法对本国构成足够威胁。

大约是大宛人拒绝态度非常强硬，交涉的过程想必也充满侮辱，汉使最终愤怒地砸掉金马离去。大宛贵人也火气郁结，不肯罢休，偷偷令其国东边的郁成王在途中截杀汉使，并劫掠了随行财物。

也就是说，大宛人蛮横无理地把一桩交易最终变成了拦路抢劫。消息传到长安，刘彻暴怒，立刻召人商议如何报仇雪耻。曾经去过大宛的一名使者非常自信地称：大宛兵极弱，只需要三千名汉军随便拿强弩射一射，足以灭国。口气虽然轻妄，刘彻却认为不无道理。这是因为元封年间，他曾经发动过一次小规模战争，目标是西域的楼兰国。那一次汉军几乎兵不血刃，七百名骑兵率先到达，很快就俘虏了楼兰王。这一定程度上让刘彻看轻西域诸国的实力，而忽略了进攻大宛之路程，要倍于楼兰，而且楼兰人口一万四千余，总兵力不过三千，大宛则"户六万，口三十万，胜兵六万人"，两者哪能相提并论？

太初元年，刘彻最后调动的西征军团包括六千属国骑，以及数万罪人，由李广利统领。由于目标是前往大宛贰师城报仇取马，故命李广利为贰师将军。师出之年，国内发生了巨大蝗灾，铺天盖地的蝗虫从关东肆虐郡县后越境而过，一直飞到了大汉的西疆敦煌郡。两年之后，蝗虫复现。班固在《汉书·五行志》里将此事作为灾异记录了下来，认为两次蝗灾预示着大汉的百姓，将连年遭受大宛战争的兵役之苦。

贰师将军李广利是何人呢？他是刘彻已故宠姬李夫人以及幸臣李延年

的兄弟。元封年间，李夫人因色艺双绝而极受宠爱，为刘彻诞下一子刘髆后突然染上重疾。刘彻亲自前去探望，李夫人却以被蒙面，称：妾染病已久，样貌丑陋，不能再见陛下，只希望陛下念在旧情，好好照顾我的兄弟和儿子刘髆。刘彻知道她命不久矣，执着要见绝色佳人最后一面，李夫人则坚决不肯，刘彻气得最终拂袖而去。当人问起李夫人为何如此绝情，李夫人说了一句看破人性的千古名言：

夫以色事人者，色衰而爱弛，爱弛则恩绝。(《汉书·外戚传》)

李夫人虽然病重，头脑却十分清醒，她说皇帝陛下之所以念念不舍，是因为还眷恋我平时的容颜。一旦见到我被病情摧毁的样貌，必然从此心生厌恶，还会念旧日恩情照顾我的兄弟吗？

李夫人死后，心愿最终达成了，刘彻确实保留了对她的爱恋，不但用皇后之礼厚葬了她，还封其子刘髆为昌邑王。此时以李广利为贰师将军出征，实际上也是借机给他立功封侯的机会。刘彻生平，喜欢用外戚掌控军权，可惜此时霍去病和卫青都相继去世，卫氏一族已无人可用，转而起用李广利，可见刘彻对他足够信任。

且说李广利从太初元年便率军一路西行，然而沿路西域小国非但没有箪食壶浆犒劳王师，反而惊恐地紧闭城门，坚壁清野，绝不肯接济汉军一点粮食。毕竟，楼兰王被汉军俘虏的前车之鉴历历在目，在各国眼里，汉军的形象可能更像一个霸道跋扈的侵略者。

李广利为了粮草，不得不选择性攻打这些城守的小国，然而又不能为他们停留过久，所以数日攻不下的，也只能接受白白损耗军士和粮食的现实，忍痛放弃而去。等到达大宛东界攻打截杀汉使的郁成王时，汉军士卒已经只剩几千人，个个饥乏力疲，毫无战斗力可言，很快就被对手击败，溃不成军。

李广利与手下军正、校尉等一合计，都认为凭现在的实力，连郁成城都攻不下，出征任务已经没有完成的可能性，随即选择了回程。当时隔一年西征军东返到汉界时，士卒已经只剩出发时的一二成。李广利派使者如实汇报战况，解释了路途遥远、饥饿乏食等不利因素，请求暂时罢兵，等合适时机征发更多士兵再攻打不迟。

刘彻却无法接受这一解释，汉使被杀、远征失利，接二连三的挫败令他大丢脸面，他派遣使者赶到玉门关，向关外的李广利军宣命不得入关，违命者立斩不赦。这一决定意味着李广利只剩两个选择，要么凯旋，要么战亡，这是刘彻下给他的死命令。

惶恐的李广利该何去何从，暂且不提。几乎是在收到大宛失利消息的同时，刘彻还得知了另一路军队被匈奴击败的噩耗。

汉匈双方在漠北大决战中都大伤元气，之后相对和平了一段时间。刘彻把扩张的精力转向南方，而匈奴为了避开汉朝，也把栖息地整体西徙，原先他们的左方势力毗邻汉之渔阳郡、右北平，现在已经西至云中郡附近，而右方势力原先生活在河套地区以及河西走廊的东部，现在已经迁徙至河西走廊西部的敦煌郡、酒泉郡附近。除了畜牧，游牧民族也离不开狩猎、采集、农作、贸易、掠夺等辅助性生业，特别当资源极其匮乏，掠夺是他们赖以活命的常规手段。

> 虽然游牧是一种以草食性动物来利用自然资源的一种经济生业，但游牧人群对于游牧之外的辅助性生业与外来资源非常的依赖。（王明珂《游牧者的抉择：面对汉帝国的北亚游牧部族》）

匈奴的外部资源主要来源于汉朝与西域，方式有掠夺、进贡和关市。与汉朝的关系彻底破裂而不得不西徙，意味着他们必须对西域国家加强控制和剥削，才能弥补生计上的平衡。而刘彻在打通西域通道后，也有意建立大国话事权，这势必导致汉匈的新一轮争端将主要围绕西域问题而不断升温。

近几年里，双方就重新处在一种紧张对峙的气氛之中。相继发生的一些事件，加速了矛盾恶化。比如汉朝与乌孙的联姻，就一度使得"匈奴闻乌孙与汉通，怒，欲击之"。再如元封四年（前107年）匈奴使者病死在长安，单于认为是汉人下毒，因此扣留了汉使路充国，并开始频繁侵边。元封六年，匈奴乌维单于去世，其子乌师庐继位，由于年少，被称为"儿单于"。汉朝发使吊丧，但另派了一队使者前去离间右贤王，不料被匈奴识破，悉数扣押。汉匈双方前后都羁押了对方十余批使者，摩擦不断升温。

由于儿单于年幼好杀，不能服众，加上屡遭天灾，牲畜多死，匈奴内部产生分裂。太初元年，匈奴左大都尉使人暗中告汉，称只要汉兵前来应援，他便做内应杀儿单于投降。刘彻认为这是个极好的机会，命老将公孙敖为因杅将军，在河套以北的长城之外筑受降城，随时接应。

受降城相对来说，还算近塞，毕竟不能把一座城随便深入地树在敌境，孤立无援。所以刘彻又遣浚稽将军赵破奴率两万余骑从朔方郡出发，往西北行进两千余里，与匈奴左大都尉约定在浚稽山（今蒙古国土拉河、鄂尔浑河上源以南一带）等候。赵破奴曾为霍去病司马，前面所提俘虏楼兰王也是他的功劳，有着丰富的作战经验。然而他到达浚稽山后，却突然遭到匈奴的攻击。这一变故倒并非是左大都尉诈降，而是计划不幸全盘暴露，儿单于不但诛杀了左大都尉，还立刻派兵抓捕前来接应的汉军。

赵破奴毕竟久经战场，在这种情况下没有慌乱，果断指挥部下迎击，击退匈奴并俘虏了对方数千人，然后有条不紊地向受降城方向迅速撤退。儿单于对赵破奴势在必得，大遣八万骑兵追击，终于在离受降城还有四百里的地方将其包围。赵破奴夜间寻找水源的时候，被巡逻的匈奴生擒。由于汉朝军法，一旦失去将军，所有军士都是死罪，故汉军坚持力战，直至全军覆没。匈奴骑兵顺势攻打受降城，未果而去。

两场惨败，令刘彻大为光火。在这两次军事行动前，他还特意让巫觋丁夫人、虞初等对匈奴和大宛进行了一番诅咒，看起来完全没有达到效果。而这一操作也让苏轼读来嘲笑不已，他认为刘彻严禁他人行巫蛊之事，为此不惜对亲戚爱人痛下毒手，然而自己却行之不误，未免太过"双标"了。

　　汉武帝恶巫蛊如仇雠。盖夫妇、君臣、父子之间，嗷嗷然不聊生矣！然……己且为巫蛊，何以责其下？此最可笑。（苏轼《仇池笔记》）

太初三年

（公元前 102 年）

● 刘彻五十五岁 ●

再战大宛

正月，刘彻再次东巡海上，仍旧是为了寻求神仙之迹。此行和前面几趟没有什么两样，大海渺茫，无迹可寻，方士所言的事情，一样都不曾应验。方士继续吹嘘着黄帝，称黄帝时为了迎候仙人，筑有"五城十二楼"。刘彻失望之余尚保留着一线希冀，答应按照他们的建议方案，也建造一些高台楼宇。

四月时，刘彻为了重新对抗匈奴，遣光禄勋徐自为从五原郡（治所在今内蒙古自治区包头市）以北的塞外，隔一段路程便筑一处城堡亭障，往西北方向绵延数千里。筑成之后，由游击将军韩说负责屯守，另遣征伐南越时立有大功的强弩都尉路博德在河西走廊居延泽附近，也筑亭和屯兵。

这实际上是刘彻屯田计划的一部分，他虽然震怒于去年两路将军的溃败，但头脑很清楚。李广利上书中，提到一句"士卒不患战而患饥"，确是不争事实。汉军从来不怕和匈奴、西域兵正面对战，最大的困难其实是深入千里之后的补给问题。士卒行军途中就饿死甚多，幸存的也面黄肌瘦，还谈什么战斗力呢？靠沿路劫掠小国城市里的粮食，风险太大也浪费时间，最好的办法是沿路有己方的补给点。这就是屯田方案的由来。屯田的意思是在一些战略要位上，寻找合适的区域，让一部分士兵边耕种边驻守，既能有效控制该区域，又能在关键时候解决后勤供应的燃眉之急。为了保障屯田区的人员和粮食安全，有必要建造一些防御和预警工事，也就是上段中所提及的城堡亭障。

城堡亭障是一个统称。工事的主体为亭。边塞上的亭后来又改称"隧"，其最主要的功能建筑之一就是通常所说的烽火台。《说文解字》称："亭，民所安定也。"说明亭与治安有关。劳榦先生认为，"远古时期，为防水并且防野兽的侵袭，人就选择高处来建房舍，这种高处的房舍就叫作京或亭。这些不同地位的亭，往往是可以互相看望的。结果主要的亭就变成贵族宫室的台殿，而附属的亭就成为瞭望侦察的瞭望台。"

众所周知，高祖刘邦发迹前曾担任泗水亭长，这属于内郡的亭，与边塞之亭出于同源而又有区别。有意思的是，史籍甚少提及内郡之亭，以至于我们对该亭制的了解也非常不足。而边塞之亭因为有考古发掘的大量汉简，反而研究成果更多。内郡的亭，主事者为亭长，下有负责治安的求盗一人，负责清洁洒扫、各项接待等事务的亭父一人，这种亭更像地方派出所、招待所和综治中心的作用。边塞之亭，则由亭长（隧长）统率若干戍卒，起军事预警作用。

亭的建筑既包括用来侦察的望楼，也有一些供生活起居的套间小屋，还有一些养马养犬的畜圈。戍卒除了每日望风探察敌情，还要照料牲口，以及定期维护建筑物。《敦煌汉简》记有工作日常：

> 一人草涂候内屋上……一人马矢涂亭前地……二人削除亭东面……

而当望见敌人踪迹时，亭有燃烧积薪、点燃火炬向其他地方传递敌情的义务。白天多用薪草束于长杆头，燃烧后举高示警，称之为"烽"；夜晚多用火炬，称之为"苣火"；积薪则早晚都用。戍卒会根据望见的敌人数量、距离远近采取不同的报警方式。吴礽骧先生曾根据出土的《敦煌汉简》《居延汉简》《塞上烽火品约》列表以明。比如，望见十个以上敌人在塞外，白天要焚两烽一积薪，夜晚则点燃两个苣火；如果一千以上数量的敌人已经开始进攻，白天要焚三烽三积薪，夜里则是三苣火三积薪，以此向远近各亭报信。各处的标准可能有差异，大致来说，可能是白天看烽烟，夜里看火光。[1]

为了保护亭与其中的士卒，往往在外围要建造一些防御性的墙体建筑。一般有三种，最大规模的是与内地城市一般的城墙；其次称作障，是一种较小规模但墙体坚厚的城，一般只有一座城门；再小一点的叫作坞，墙体更低更薄，据敦煌汉简里的实例，坞的高度可能只及亭的三分之一，主要起阻拦遮挡敌人的作用。

所有这些建筑，有一定的规格标准，但都会视实际环境择地利依险而筑，并在周围设置相应的壕沟、栅栏，务求保障屯田安全，并成为扎实有效的军事据点。

> 在西汉势力向西域推进的过程中，我们可以看到在绝域中列置亭障具有多么重要的意义。亭障相连，构成交通线，也构成供应线。亭障还为汉向更西的地方传播政治、经济、文化影响提供保障。可以说，没有亭障，也就没有汉在西域的经营。（田余庆《论轮台诏》）

田余庆先生所述，实际上是再往后的情形，这一年刘彻授意修筑的亭障，主要还是以控制匈奴为主，它们在边境之外一座座拔地而起，势必会成为匈奴无法忍受的一颗颗眼中钉。匈奴此时内中也发生了变故，即位不久的年轻的儿单于突然病故，他的儿子又还年幼，部族遂拥护他的叔父右贤王呴犁湖为新领袖。新单于为了树立威信，很快率领人众大举入侵边

---

[1] 预警机制的细节目前争论较多，尚没有形成确切之论。

境，败定襄、云中等数郡而去，一路上，徐自为所筑的亭障悉数遭到了破坏，单于又使右贤王攻河西走廊，劫掠酒泉、张掖两郡数千汉民，幸有汉军军正任文率众相救，右贤王才丢弃所得飞速离去。

匈奴的连番骚扰，加上赵破奴军去年的失利，让汉匈争端立刻成为朝廷上下最关切的主要矛盾，众公卿一致认为，此时应该暂时放下和大宛国的恩怨，集中精力对抗匈奴这一老对手。

对此问题，刘彻却有一番自己的考虑。他认为如果连大宛这种小国都无法攻下，不但得不到垂涎已久的良马，还会让大汉在西域丢尽脸面，遭人耻笑。从此之后，西域各国只会愈发轻视汉朝、为难汉使、投向匈奴。比起和匈奴的长期纷争，解决大宛是个更为紧急而重要之事。因此，刘彻不但治了几个认为不宜再打大宛者的罪，还下令立刻赦免天下囚徒，发恶少年及边境骑士，凑足六万人交给李广利继续出征，同时征集十数万牛马橐驼用以运粮，后又从酒泉郡和张掖郡征发甲卒十八万，以守卫西境。最后按照常规征兵标准，已经无人可征，故不得不向秦末一样，大发"七科谪"，即七种身份的人前往战场：有罪的官吏、脱离户籍者、赘婿、现商贾、过去曾为商贾者、父母有市籍者以及祖父母有市籍者。如此大规模征兵，一时天下骚动。

在大军中，刘彻还特意选了两名能识马者，拜为执马校尉、驱马校尉，他们的任务是取胜之后为刘彻仔细挑选大宛的上等良马。攻打大宛目的何在，众多学者众说纷纭，有认为是为改良马种的，有认为是为攻打匈奴而争取西域的，也有认为是求西方仙人以得长生的。其实原因未必单一，而从这两名校尉的设置来看，至少求马应该是其中一个重要因素。

李广利本被刘彻拦在关外进退无据，得到兵力支援，遂再次启程西进。这一回他人马更众，担心沿途小国看到这么庞大的军队，没有能力以粮食犒军，反而会选择坚守，于是将士卒分为数军，从天山南北道分路而行。而且，他改变了按部就班进军的策略，只派一支部队攻打前次受阻的郁成城，自己则从别道直接前往大宛首都贵山城。果然，一路上诸城邦纷纷开门迎接，只有轮台选择了抵抗，李广利花几日攻下轮台之后屠了城。之后汉军一路无阻，直至贵山城下。

由于前番的胜利，大宛人对李广利还带有轻视情绪，毫不犹豫就选择出城迎击。汉军一阵强弩射击，大宛人无法招架，迅速后退，据城而守。自此李广利开始了长达四十多日的围城战。大宛人原先都从城外取生活用水，被围之后只能挖井，然而李广利军中带有水工，早已想办法抽走了附近的地下水。时间一长，城中不免人心惶惶，开始产生分歧。正在一些大宛贵族相谋杀王投降时，汉军也攻破了外城，俘虏了大宛赖以抵抗的名将。贵族愈发慌张，立刻遣使者持大宛王首级与李广利和谈，称："汉军只要勿再攻打，我尽出好马与粮食相赠。如若不听，我便杀掉所有马，坚守等待康居国支援。届时我将与康居内外联合，夹攻汉军。何去何从，请慎重抉择。"

实际上，康居援兵确实已经在不远处，只不过见汉军人多势众，未敢轻易前进。而李广利则怕夜长梦多，既然大宛人已经服输，实在没有必要继续厮杀，何不痛快答应下来，拿着王的首级，牵着大宛的好马，高高兴兴回国交差呢？于是和议就此敲定，李广利立大宛贵族中亲汉派的昧蔡为新王，从汗血宝马中挑了数十匹上等的、三千匹中下等的，罢兵凯旋。

太初四年

（公元前 101 年）

● 刘彻五十六岁 ●

大宛之战的尾声

在上一年的大宛攻势中，还有一段小插曲。贰师将军李广利分军几路，其中校尉王申生率领的一千多人，目标是大宛东界的郁成城。当初受命杀汉使引发天子之怒的就是郁成王，阻败李广利第一次西征的也是这座城堡，故汉军对此城仇恨尤深。

可惜王申生此番也被郁成王击败，几乎全军覆没，只带着几人一路逃归李广利本部。贰师将军闻讯，改遣搜粟都尉上官桀往攻，顺利攻下郁成城，并追奔逃亡的郁成王直至康居国。康居听说大宛已破，立刻交出郁成王自保。上官桀令四名骑士将其押送至李广利处，四名骑士生怕有闪失，途中一合计，斩了郁成王，只把首级带回军中。汉军前番大仇总算得报。

之所以提此一笔，是希望读者留意立此大功的上官桀，他在史书里首次出现，只是贰师将军麾下校尉一名，而未来他还会有很多重头戏在刘彻晚年及身后上演。

开春之时，李广利率军在万众瞩目下回到长安。如刘彻所料，西域各国震慑汉军声威，皆遣子弟随贰师将军一起入汉作为人质，寻求汉朝未来的保护。一场远征万里的域外大胜，让朝廷上下欢欣鼓舞，掩盖了汉军本身也损失惨重的事实。入得玉门关时，士卒仅剩一万余，马匹出关时有三万匹，如今仅剩一千多。战死疆场和乏食饿死的倒没有很多，由于军纪不严，将吏贪暴欺凌导致士兵死亡的现象却非常严重。刘彻没有放在心上，"天子为万里而伐，不录其过"，下诏封李广利为海西侯，砍下郁成王首级的骑士赵弟为新畤侯，升上官桀为少府，位列九卿，累计提拔了上千人。如果严格按照军法，军队失亡过半，长官其实不应该得到封赏，不过李广利的征伐又确实取得了一些前所未有的功绩，令天子威名远播西域，刘彻决意要赏，也便赏了。更何况，刘彻起初以李广利为统帅，本就为了给他机会立功封侯，而凯旋就是一个最好的封侯理由。

回过头再看西域大小诸国战争之后争相遣子为质，这说明他们真心和匈奴决裂，从此一意依靠汉朝了吗？其实未必。楼兰国在这场战争里的表现很能说明问题。

楼兰处在西域最东端，也叫鄯善，离汉关非常近，仅一千多里。全国居民大约有一千五百七十户，累计一万四千一百人口，常规兵力也就两千九百一十二人，是西域很具代表性的小国。起初汉朝兵威未及西域，楼兰臣服于匈奴。后刘彻遣赵破奴击破其国，俘虏楼兰王，楼兰便又降服并纳贡于汉。李广利二度征伐大宛时，匈奴逼迫楼兰在后方阻拦汉使，截断贰师将军和朝廷之间的联系。屯兵玉门关的汉军军正任文得知这一情报，立刻上禀朝廷，刘彻令任文抓捕楼兰王问罪。楼兰王的供词既老实又无奈，他是这么说的："小国夹在两个大国之间，不两面讨好根本无法立足。若想楼兰只臣服汉朝也容易，只消皇帝让我们举国迁徙至汉之内地便行。"

> 上诏文便道引兵捕楼兰王，将诣阙，簿责王，对曰："小国在大国间，不两属无以自安。愿徙国入居汉地。"上直其言，遣归国……
> （《汉书·西域传》）

楼兰王所说确是实话，为自存，他把一个儿子留在匈奴当人质，一个儿子留在汉朝当人质。这大概也是西域大小国家共同的生存之道。匈奴和汉朝，哪个他们都惹不起，哪个都必须俯首称臣。对于他们而言，哪一个大国更正义，还真的不太好说。

攻破大宛之后，汉朝控制西域的计划得以进一步深入，从敦煌一路向西，直至盐泽（今新疆东部的罗布泊），都筑有亭障，而远至轮台（今新疆巴音郭楞蒙古自治州轮台县）等地，都可见汉军屯田之卒的身影。田余庆先生总结刘彻西域推进程序，大致是占领一个据点，便在据点后方修筑亭障，以便后期向据点更前方进军，继续扩大在西域的声威。照这个程序演进，假如后期没有特殊事件导致刘彻调整政策的话，他很可能还要以大宛为据点，将汉朝的兵威伸向中亚更深处。

刘彻从征伐大宛中获得的一大利好是汗血宝马，李广利凯旋带回一些。之后两国又缔结合约，每年大宛向汉朝岁贡两匹。起初，刘彻把乌孙马称为天马，至此把这一宝号转送大宛马，而改称乌孙马为西极马。

大宛岁贡天马的政策延续了一段时间，敦煌悬泉置出土的汉简记载，汉宣帝即位初，朝廷仍在派使者到敦煌郡迎接天马。

元平元年十一月己酉，□□□诏使甘□□□迎天马敦煌郡，为驾一乘传，载奴一人。御史大夫广明下右扶风，以次为驾，当舍传舍，如律令。

良马的引进带来一个很有意思的话题，即西汉朝的中原马究竟有没有因此得到品质改善。这个问题也有争论。赞成有改善者认为，武帝茂陵丛葬坑里出土的鎏金铜马即按照大宛马形态制成，而后世一些陶马、壁画中都可寻见类似鎏金铜马特征的痕迹，据此推断大约"中原的传统马种在西汉中期以后已掺进了大宛马的血液"。否定有改善者则以秦始皇兵马俑一号坑所出陶马为本，发现这些陶马肩高基本处在一百二十四厘米至一百四十七厘米之间，平均约一百三十五厘米。而敦煌悬泉置出土

434　有为：汉武帝的五十四年

的《传马名籍》记录了西汉成帝时该驿站所用官马的信息，其肩高大约在一百三十厘米至一百四十厘米之间。汉成帝离秦始皇时期已将近两百年，可见至少在这段时期里面，中原马的品质似乎并没有明显的提高。当然，这两种意见证据都不算特别充分，还待有识之士继续深入研究。

"高皇帝遗朕平城之忧"

刘彻经营西域的战略，必有与匈奴争锋的因素在其中。相对来说，匈奴的经济生活方式，更依赖于西域诸国的人民与财富，若汉朝能够赢得西域的话事权，无形间就扼制住了匈奴其中一条生命线。

借着战胜大宛的余威，刘彻打算再次集中精力对付北面这位长期而又强劲的老对手。这一年的冬天，他专门下了一封诏书：

> 高皇帝遗朕平城之忧，高后时单于书绝悖逆。昔齐襄公复九世之仇，《春秋》大之。(《史记·匈奴列传》)

大意是，高皇帝当年在平城的遭遇，给朕留下了无尽忧虑，单于致信高后，语气又极其无礼。《春秋》褒扬齐襄公复前代几世之仇的行为，所以朕势必剿灭匈奴，一雪前耻，扬我国威。

短短两句话，所说的却是汉匈百年恩仇，而且一定程度上解释了刘彻即位以来勠力讨胡的动机，包含了很多信息。我们一一说来。

诏书所说的齐襄公复仇是怎么一回事呢？以"微言"为特色的《春秋》关于此事其实只有一句话：

> 纪侯大去其国。

剩下的"大义"则仍由《公羊传》来阐发。整件事情其实是这样的：

春秋时期有个纪国，早年间的纪侯曾经在周王面前说过齐国的坏话，导致齐哀公被烹杀。九世以后，齐襄公跑去灭了纪国。那么为什么《春秋》不说灭国，却要婉转地说纪侯永远离开了他的国家（"大去其国"）呢？这是因为灭人之国总归不是好事，然而齐襄公的动机是复先祖之仇，值得肯定，所以《春秋》善意地隐去齐襄公之名。这是一种无言的褒贬。不仅如此，《公羊传》还设问：过去了九世的仇还能报吗？然后自问自答：可以，国与国的仇恨，即使过去了百世也值得雪耻。

刘彻诏书引用齐襄公的例子，是为自己攻伐匈奴找理论依据，并用《春秋》经术缘饰。那么在他心目中，汉匈之间必然也存在着几世以上的血海深仇。这段仇恨，他用一句"高皇帝遗我平城之忧"提纲挈领。

高祖皇帝刘邦给刘彻遗留下来的，究竟是一种什么样的忧虑？

这件事情要追溯到高祖六年（前201年），匈奴从雁门郡入侵，包围了分封在马邑的韩王信，韩王信投降，从此雁门这一边境线上的重要关塞失守。第二年冬天，冒顿单于就亲自率众从这一缺口南下，一直深入到晋阳（今山西省太原市），若再往前进，很快就可以到达中原腹地洛阳。面对紧急军情，刘邦选择了亲征，举全国之兵三十二万，北上驱逐匈奴、抓捕单于。

隆冬对于双方来说都不是一个好的作战时节，游牧民族此时缺乏水草，最是人马俱疲，可能这正是他们深入内地劫掠的原因。但是冒顿也充分利用了这一特点，见到汉军大众后，故意败走，将精锐尽数隐藏，沿路只留下羸弱士卒马匹，不断引诱汉军追击。刘邦认为这是天赐良机，哪怕己方战士也被严重冻伤，仍然选择了进军姿态。为了不错过机会，他甚至先带着一部分人马脱离步兵，率先抵达平城（今山西省大同市），驻扎在白登台。在这里，冒顿单于突然率四十万骑兵涌来，将汉军围个水泄不通。这一数字可能有所夸大，但显然远超刘邦的先头部队，足够将他困在圈内插翅难飞。

整整七日，"汉兵中外不得相救饷"，眼看高祖皇帝才统一中原两年多就要丧命于此。随即不知发生了什么,匈奴竟然放开包围圈的一角,放刘邦出逃,自己也引兵而去。一场两国君主剑拔弩张的生死大战就此突然结束。这就是著名的"平城之围",或称"白登之围"。

那么问题来了,这一场甚至没有交战就双方退兵的围城,何以能给百年之后的刘彻带来那么深重的怨念和忧虑呢?"高皇帝遗朕平城之忧",这个忧难道仅仅指的就是被围七日之耻吗?任何一个经历过长期战争的人,恐怕都不会仅仅把被围就当成难以释怀的耻辱。除非刘彻所说的"忧"根本不是指被围,而是指高祖皇帝当初如何解围,以及整个事件对汉朝后继之君造成的后续影响。

然而刘邦究竟是通过怎样的努力让匈奴撤围,成功逃出生天的,至少在汉朝是一个不太方便细说的秘密。

《史记·匈奴列传》给过一个解释,称刘邦遣使贿赂冒顿单于的阏氏,阏氏遂劝单于道:两个国家的君主不要互相为难,我们国人习惯游牧,即使得了汉朝的地,也没办法定居,而且我看汉王也像是有神灵相助的样子,你要不要再考虑一下?冒顿单于一方面觉得阏氏所言有理,另一方面担心汉军外有援兵,故最后选择放刘邦一马。

这个解释相当没有说服力。劳四十万大众,把敌国君主围困了七日,最后什么都没有得到却慈悲心发作高抬贵手,这哪是杀父篡位四方征伐的冒顿单于,这不是圣母现世吗?虽然此说极不合理,但有可能就是汉朝的官方口径。司马迁在其他篇章里也留下了又相似又矛盾的记录。比如以下这条:

> 高帝用陈平奇计,使单于阏氏,围以得开。高帝既出,其计秘,世莫得闻。(《史记·陈丞相世家》)

这里的说法同样认为阏氏在其中扮演了重要的角色,而计策是陈平所出,然而又矛盾地称此条计策的具体内容严格保密,世间无人得知。且不说《匈奴列传》已经明白地把计策说了出来，这算哪门子保密，就阏氏劝服冒顿所说的话，我们也实在看不出有任何需要保密的理由，这不就是极其常见的说客手段吗？除了夸刘邦有神明相助，就是称匈奴得汉地也不能居住，这两条理由，有哪一条需要隐秘讳饰，又有哪一条足够给几世之后的刘彻增加需要雪耻的忧虑呢？

所以西汉末年扬雄评论此事时，坚信以上并非合理解释，他认为刘邦成功脱困的真实原因已经无人知晓，"世莫得而言也"。

比扬雄小约三十岁左右的桓谭则在《新论》中给此事脑补了一些细节。他说陈平的具体计策是对阏氏说，汉朝皇帝被围急了，将以中原美女贿赂单于，届时单于难保不喜新厌旧。而阏氏善妒，遂力劝冒顿放过刘邦。这种套路，不但像是民间传说的风格，也与后来汉朝解围之后的和亲史实相悖。哪有阏氏怕汉朝送女因而当说客，最后汉朝却真送了美女的道理？

那么就真没办法探究高祖脱困解围之真相了吗，倒也并非如此。其实从其他相关文字里，还是有蛛丝马迹可寻的。

比如汉文帝后元二年，朝廷给匈奴单于致信，全信以"皇帝敬问匈奴大单于无恙"开头，言辞谦卑恭敬，信中又提及：

先帝制：长城以北，引弓之国，受命单于；长城以内，冠带之室，朕亦制之。（《史记·匈奴列传》）

此处的先帝当然是指刘邦。也即汉文帝承认，高祖皇帝在世时，曾和匈奴达成了以长城为界，划疆域而治的盟约。这样一个盟约，当然不会是在平城之围前，双方互相敌对时签订的，最有可能的签订时间，无疑就是在被围时。或者当时完成口头承诺，解围之后再派遣使者完成正式签约。汉匈双方在平城，处于绝对不平衡的形势，占有优势一方的匈奴，不得好处，没有轻易撤围之理；陷入绝境的大汉皇帝，则唯有放低一些尊严，舍弃一些利益，方能换得求生的机会。自古以来，战争要么以明白的胜负告终，要么以双方和谈结束，无论哪种形式，最后必然走向一方或双方互相允诺某些条件。那么在平城之围中，由陈平作为刘邦的使者，秘密和冒顿单于达成利益方面的签约，才是最合情合理的解释。而由于汉朝在盟约中是弱势一方，牺牲一方，有损大国尊严，故不得不将其事秘而不宣，另寻借口。

那么除了划定疆界，当时还可能存在哪些商定的条约呢？《史记·匈奴列传》提及和亲时有如下文字：

>……高帝乃使刘敬奉宗室女公主为单于阏氏，岁奉匈奴絮缯酒米食物各有数，约为昆弟以和亲，冒顿乃少止。

此处所说的和亲之事，就发生于平城之围后不久。这段描述里，最奇怪的是"岁奉匈奴絮缯酒米食物各有数"。和亲说到底只是一时一年之大事，然而汉朝却每年都要敬奉织物、粮食若干，可见"岁奉"并不是嫁公主的配套嫁妆或赠予，而是单独一条汉朝必须每年履行的义务。和亲既可能是，也可能不是平城之围的关键要素，"岁奉"却基本可确认为刘邦为逃出生天而向匈奴许下的承诺。

通常两国签订合约，还会确定尊卑之序。平城之围中有没有可能就此也作了约定呢？暂且先不管有没有，至少我们看往后数十年里的史实，很可惜，不管是屈服于匈奴的实力也好，是完成高祖时的许诺也好，汉朝始终是把自己放在卑位的。

例如高祖死后，冒顿休书给吕后，以极其骄横无礼的口气羞辱她，信中称"听说你新死了老公，正好我也很孤单，不如我率众去汉朝，我们俩各取所需，让彼此快乐一下。"面对这么过分的挑衅，吕后最终的回应仍然谦卑忍让，只是称自己"年老气衰，头发牙齿都快掉光了，路都走不动，实在配不上单于"，并送上礼物，希望冒顿单于放过汉朝。[1]

汉文帝时，中行说建议单于在与汉朝互通书信简牍时，礼制全部高出一个规格。汉朝的牍一般是一尺一寸，匈奴则用一尺二寸，其他物品也仿照如此。这一建议虽然是中行说提议，但疑心是因为原来和亲时就定下了以匈奴为尊的原则，只不过在这些繁文缛节的细节上匈奴原先不重视，至此才完善起来。故中原虽尤其重视礼制贵贱，但碍于前诺，对匈奴这一做法也只能默默忍受。贾谊在对策中，曾痛心疾首并直言不讳地问文帝：

> 陛下何忍以帝皇之号为戎人诸侯，势既卑辱，而祸不息，长此安穷！（贾谊《治安策》）

贾谊之言，几乎是赤裸裸地在揭露汉朝其实一直屈于匈奴之下的现实。如果要问这种屈服始自何时？答案很明显，只可能是高祖平城之围时。

从多处相关文字综合来看，基本可以推断出刘邦当年为了解围，究竟答应了冒顿单于什么条件。以长城为界，互不侵犯是一条；汉朝和匈奴约为兄弟，但以匈奴为尊是一条；汉朝每年进贡若干物资是一条；和亲可能也是其中一条，另从其他史实来看，互通关市应该也是会谈及的条件。

这样的条约当然是极度损害大汉天子尊严的，所以当时只能秘而不宣。如果严守这样的条约，不仅仅影响刘邦本人，还关乎后世继位者如文帝、景帝，包括刘彻的脸面。只有这种耻辱性的不平等盟约长期存在，刘彻所谓的"高皇帝遗我平城之忧"才在逻辑和心理上都说得通。

从后续汉匈外交来看，汉朝由于内乱未已、骑兵不强，起初既没有实力也没有精力对抗北境之敌，故始终只能被动履行合约。而且和亲似乎成了一种约谈的固有外在形式或心照不宣的暗号，任何一方希望对原先的合约进行适当调整时，就可能会主动提出和亲提议。可惜这方面文献太少，

---

[1] 单于与吕后通信全文见附录。

暂时无法深入细究。匈奴方面则握有主动权，每当欲望膨胀有所需求，便主动撕毁和亲之约入侵边境，成为汉朝无止无休的噩梦。

"高皇帝遗我平城之忧！"五十六岁的刘彻唏嘘愤懑地感叹着年少时就萦绕于心的愁绪，他已经用了半生去结束这场已经持续一百年的噩梦。《春秋》认为百世之仇都需复，更何况大汉高祖至今才四世。再用司马迁的话来说：圣明天子高高在上，他文武双全，拥有全天下百姓作为资源，难道会在乎和平这种小节而不去完成攻伐大业吗？

> 况乃以中国一统，明天子在上，兼文武，席卷四海，内辑亿万之众，岂以晏然不为边境征伐哉？（《史记·建元以来侯者年表》）

这一年的宣战诏书，像是吹在大汉子民头顶又一声嘹亮而悲壮的集结号。

附录七：匈奴冒顿单于与汉高后往来书信

　　孝惠、高后时，冒顿浸骄，乃为书，使使遗高后曰："孤偾之君，生于沮泽之中，长于平野牛马之域，数至边境，愿游中国。陛下独立，孤偾独居。两主不乐，无以自虞，愿以所有，易其所无。"……（高后）令大谒者张泽报书曰："单于不忘弊邑，赐之以书，弊邑恐惧。退日自图，年老气衰，发齿堕落，行步失度，单于过听，不足以自污。弊邑无罪，宜在见赦。窃有御车二乘，马二驷，以奉常驾。"

（摘自《汉书·匈奴传》）

天汉元年

（公元前 100 年）

- 刘彻五十七岁

苏武牧羊

刘彻在上一年发出了表达心志的一封诏书，既是对之前数十年征讨匈奴动机的解释，也是开启下一阶段击胡攻势的号令。这封诏书意味着，汉匈争端至少在目前，仍然只有武力解决的可能。

同时，匈奴国中却发生了一件意外，即位才一年的呴犁湖单于突然病死，他的弟弟且鞮侯为部众拥立继位。且鞮侯单于根基未稳，又听闻刘彻新颁诏书语气强硬，有意先缓和与汉关系，故遣使入汉，归还之前几代单于扣押在胡且坚决不肯投降的路充国等汉使。

且鞮侯单于还破天荒做出谦卑姿态，称刘彻是自己的长辈，自己绝不敢正视大汉天子。

> 单于初立，恐汉袭之，乃自谓："我儿子，安敢望汉天子！汉天子，我丈人行也。"（《史记·匈奴列传》）

其实，且鞮侯是冒顿单于的曾孙，刘彻是高祖刘邦的曾孙，而刘邦和冒顿在和亲时曾"约为兄弟"，所以严格来说，刘彻和且鞮侯也是平辈的。

匈奴突然这么屈意示好，倒让上一年刚刚把嗓门提高的刘彻有点不适应。不过既然对方主动归还汉使，大汉自然也应该有所回应。这一年，刘彻准备了丰厚的礼物，遣苏武持天子使节，以中郎将身份出使北国，随行也归还多年来羁押在长安的诸多匈奴使者。

苏武是杜陵人，前文曾提到过几次他的父亲苏建。作为大将军卫青部属，苏建在元朔二年（前127年）略取河南地的战役中因功封为平陵侯，随后便在当地主持建设朔方郡，也是大功一件。不过在元朔六年的出击中，苏建和赵信遭遇兵力十倍于己的单于本部，力战一日有余，全军覆没，苏建只身逃回卫青军中，因此赎死废为庶人。之后他又任代郡太守，足见刘彻仍然倚重其能力防守匈奴。

苏建历任卫尉、郡守，都是二千石以上职位，按照汉法只要担任超过三年就可以安排子弟为郎官，年少的苏武便是因此入仕，后来升迁至栘中厩监，是管理宫中马匹的小官。

这一年苏武突然受命出使时，大约四十岁出头。他的副手是副中郎将张胜，另有一名假吏常惠，三人带领了一百余人的使节团，前往答谢且鞮侯单于。

苏武此行的任务其实很简单，把礼物及扣留的匈奴使者送至匈奴国中，与单于礼节性寒暄交谈一番，就可以回程复命了。到了北方，所有事情也如愿办得顺顺利利，眼看着苏武就要完成使命，匈奴却发生了内乱。

由于汉匈长期敌对交战，两国之间因战争俘虏、出使被留或主动投降者不计其数，此次谋乱的主角便是几个降人。其中之一为匈奴缑王。缑王当年跟着舅舅浑邪王一起，在被霍去病击败后归顺了汉朝，几年前又随赵破奴接应匈奴左大都尉谋杀单于，计划失败一起被俘虏。另一人叫作卫律，他虽是胡人，却从小生长在汉朝，与李延年关系不错。在李延年的推荐下，卫律出使匈奴，返程时恰闻李延年因罪被诛，卫律怕被牵连，故带领随从立刻掉头，从此死心塌地为单于服务。单于也非常信任卫律，让他常常伴随左右。

和卫律不同，缑王尽管也是胡人，却一心想要回汉朝，毕竟浑邪王当初是带领整个部族尽数内附，他的族人亲戚都在中原。缑王便与另一名降胡者虞常谋划，打算发动当初卫律带来的汉人，一起劫持且鞮侯单于之母大阏氏作为人质，共同归汉。就在计划商定期间，苏武、张胜、常惠的使节团来到胡中。虞常与副使张胜为故交，私下找到张胜，告知他全盘计划："听说天子对卫律恨之入骨，我可以借此机会将他射杀。如此一来，我未必能活着回国，希望你能向天子转告我的功劳，为我留在大汉的母亲和弟弟博一些恩赏。"面对这样忠孝且悲壮的要求，张胜满口答应下来，并暗中以物资相助。

一个多月后，单于出外射猎，几日里营中都只剩其母和其他子弟，虞常等七十多人打算趁势谋变。不料有一人临阵反悔，连夜告密。单于子弟抢先发兵，杀死缑王，生擒虞常。

且鞮侯单于返回后，令卫律审理此事。张胜得到消息，知道难免会被牵连，这才着了慌，赶紧把事情原委一五一十向苏武坦白。苏武听完道："事已至此，单于必然会怪罪我等，与其被匈奴凌辱而死让大汉蒙羞，不如自行了断。"说罢苏武便打算动手，张胜和常惠联手阻拦下来。

被生擒的虞常果然架不住逼供，交代了与张胜的私议。且鞮侯大怒，召集诸贵人商议，打算尽杀汉使。有贵人不以为然道："汉使不过欲杀卫律，并非针对单于，不如给个机会招降他们。"且鞮侯允诺下来。

卫律受命把苏武传唤至营中，准备劝降。苏武见状，再次动了殉节的念头。他感叹屈节辱命，即使活着，也没有面目再回大汉，旋即抽佩刀自刺。卫律大惊，亲自上前死死抱住苏武，并叫人立刻传唤胡医前来救治。胡医的治疗方案充满民族特色，在地上挖了个坑，坑中生火，然后把苏武面朝下置于坑上，踩踏其背直至出血。苏武本来已经断气，这样一套折腾下来，半天之后竟然醒转。常惠等悲痛号哭，将他抬回使节团大营细心照护。

且鞮侯单于听说苏武宁死不屈，也为其击节赞叹，派人早晚问候，只将副使张胜关押起来。

等苏武身体逐渐好转,且鞮侯再次传唤他参与谋叛案的审理处决,希望能用刑杀之威起震慑作用,让他改变主意。

匈奴首先将叛乱主犯虞常斩首。紧接着,卫律又传张胜,宣判道:"汉使张胜,谋杀单于近臣,按律当死,单于格外开恩,诚心投降归附者,可免死罪。"闻听此言,张胜忙不迭请降。

卫律又转向苏武道:"副使有罪,主使理应连坐。"

苏武不卑不亢道:"我本就没有参与谋划,又非张胜亲属,哪有连坐之理?"

卫律拔剑对准苏武,苏武纹丝不动。

卫律道:"苏君,卫律我当初投奔匈奴,蒙单于恩宠,封号称王,拥众数万,赐牛马不计其数。苏君今日降,明日就可以如我一样富贵及身。何苦寻死,葬身于无人知晓的荒野呢?"

苏武默不作声。

卫律又道:"苏君若听我之言,我便与苏君结为兄弟,从此互相照应。若今日不听,以后反悔,就再无机会见我了。"

苏武再也无法忍受,破口大骂道:"汝为人臣子,不顾恩义,背叛君国,甘愿做蛮夷奴仆,我有何见你之必要!且单于让你审案,你不公正持平,反而挑拨两国关系,欲从中获利。当初南越杀汉朝使者,最终国土化为汉朝九郡;大宛杀汉朝使者,王的首级已经悬在宫门之外;朝鲜杀汉朝使者,旋即国灭身死。现在只剩匈奴,你明知我绝不肯降,若想匈奴也步三国后尘,大可以从杀我开始。"

卫律一时语塞,向且鞮侯单于承认毫无办法。愈是这样,且鞮侯却越想让苏武屈服,于是把他关在地窖之中,断其饮食。恰好天寒下雪,苏武便以雪水解渴,以旃毛充饥,绝口不提投降二字。数日过去,匈奴见其不死,以为有神灵相助,遂将苏武迁徙到北海,让他在荒无人迹之处独自牧羊,又将常惠等使节团成员置于别处,不令相见。匈奴给苏武的都是公羊，要求什么时候公羊产奶，才允许返回。

苏武从此在苦寒绝境里手持汉节，独自牧羊度日，饿了便挖野鼠与果实为食。

苏武拿的这个节，是个什么东西呢？简单来说，节的作用和印章是一样的，它主要是一种授权的象征。当一个拿着节的人站在那里，此一刻他就不再是他自己，而是代表着背后授权给他的人或者机构。通常，持节者代表的是天子或者国家。

《周礼》当中有专门的"掌节官"，这一官职的主要职责是保管各种各样的节，熟悉它们的不同用法，然后根据使者领受的不同任务来颁发。比方说，在本国内部遣使执行任务，用玉质的节作为凭证；地方上遣使，则用角质的节。如果是国与国之间外交遣使，要看将去的国家的特征。如果去山陵地区的国家，以虎型的节作为凭证；去平原黄土地区的国家，以人形的节为凭；去河流湖泊居多的泽国，则以龙形的节为凭，这三种节都用金制成，用专门的容器盛放。除此以外，还有符节、玺节、旌节等，都是不同部门不同用途下用以授权的物件。

> 守邦国者用玉节，守都鄙者用角节。凡邦国之使节，山国用虎节，土国用人节，泽国用龙节，皆金也，以英荡辅之。门关用符节，货贿用玺节，道路用旌节，皆有期以反节。(《周礼·掌节》)

《周礼》中提及的制度，有些出自后人附会，周朝时真正的用节情况，未必如此丰富详备。而秦汉以来，外交出使往往用的是旌节。旌节是一根长长的竹竿，在竿头及竿身装饰几层牦牛尾毛。至于竹竿多长，见诸文献的说法有七尺（约一百六十一点七厘米）、八尺（约一百八十四点八厘米）两种。秦朝尚黑，牦牛尾毛也用黑色。汉朝将其改成了红色。

苏武牧羊时拿着的，正是这种可能装饰有三层红毛的长竹竿。无论何时，他都不放下旌节，这意味着他时刻在提醒自己，他不仅仅是苏武，而是代表着大汉，故绝不能向匈奴屈服投降。时间一长，旄节之上的毛都凋落殆尽，他仍然紧握不放。所以我们看后世描绘这一事件的画卷，苏武手中都有一根光秃秃的竹竿。这不是拐杖，而是汉节，是他不能动摇的信念，也是这些画卷里真正的主体。"节"之为物，用以授权，传递的价值观是一个"信"字。授予者付出"信任"，接受者报以"忠信"。要么不接受，要么不辜负。

苏武在北海的生活一度得到过改善，且鞮侯单于之弟于靬王曾率领部众游猎于此地，看中苏武会织网缴丝、矫正弓弩的特长，赠予他衣食作为回报，病重后又赏赐苏武一些穹庐、马匹等物资。不过于靬王病死后不久，部众就渐渐散去，不能再照应苏武。就在当年冬天，北方的丁零民族劫走苏武一大批牛羊，他再次陷入穷苦潦倒的境遇。苏武还将在这样的绝境里生活很多年，直到回国的曙光最后照及身上。

关于苏武还有一个问题，他羁留的"北海"究竟在何处，至今也是众说纷纭。比较热门的说法有俄罗斯贝加尔湖、今甘肃省武威市民勤县白亭海等。不过这两个说法都没有充足的依据，而且与文献描述颇有不符之处。清人齐召南较早提出贝加尔湖说。

> 齐召南曰："按北海为匈奴北界，其外即丁令也。塞外遇大水泽通称为海。《唐书·地理志》骨利干、都播二部落北有小海。冰坚时马行八日可渡。海北多大山，即此北海也。今日白哈尔湖在喀尔喀极北鄂罗斯国之南界。"（王先谦《汉书补注》）

齐氏的说法里并没有过硬的证据，贝加尔湖离匈奴王庭距离过远，不便于严密监控，其方位又在匈奴业已西徙之后的东北，苏武很容易就可以逃往周边民族。而且齐氏自己在解释匈奴"瀚海"时，也说荒漠可称"海"，"沙碛四际无涯，故谓之海"。此处径直把北海认为是水域，未免有些武断。

民勤县白亭海说更不可靠，这个地点就在汉匈边境，哪有如此流放汉使的道理，是嫌苏武回国不够近吗？参考张骞被羁押时，匈奴将其置于西方，假如张骞要归汉，必须斜跨整个匈奴国界，难度极大。北海的位置，应该也类似于此，而不可能太靠近汉朝疆域。且民勤县与丁零民族之间，又隔绝万里，与史书所述情形甚相违背。

从情理来推断，北海的位置应在单于王庭往西或往北不太远的某个位置，而具体指向何处，还是需要更多资料及更细致的研究方能有更接近的答案。

天汉二年

（公元前99年）

● 刘彻五十八岁 ●

李陵兵败

因为去年匈奴国的一场内乱，不但导致苏武等一百多人被扣押，也让本有可能趋向和缓的汉匈关系重新敌对起来。

五月，刘彻终于开始了他人生主动攻伐匈奴战略的第二阶段攻势。这个曾经给他带来深重耻辱感、忧愁感的老对手，于十几年前大决战后销声匿迹了一段时间，然而很快又死灰复燃，卷土重来，不时侵扰着汉朝西北方的边境。有点像百足之虫，死而不僵，必须再给他们更致命的打击，永远杜绝后患。

刘彻再度以不久前凯旋的贰师将军为统帅，率三万骑兵从河西走廊的酒泉郡出发，在天山附近遭遇匈奴右贤王部。由于双方兵力悬殊，汉军被围多日，苦无外援和补给，死伤甚多。在危急关头，军中假司马陇西人赵充国带领百余名敢死队员，奋力在包围圈上打开了一个突破口，李广利大军紧随其后，这才逃出生天。

此战汉军损失高达六七成，赵充国身中二十余处创伤，幸而未死。刘彻听闻战报，将他征召到行在所，拜为中郎。刘彻亲自察看伤口时，也忍不住为他的勇猛和无畏击节赞叹。这是赵充国崭露头角的第一仗，此时他已接近四十岁。他未来也会成为西汉朝流传千古的名将，最高光的时刻是七十高龄平定西羌叛乱，并列名麒麟阁十一功臣。不过他的光辉主要在宣帝时代，本书先略过不提。

李广利军第一战挫败后，刘彻又遣因杅将军公孙敖从西河郡出发，与强弩都尉路博德相会匈奴境内涿涂山，配合贰师将军共同驱逐匈奴，不过这两路军队都没有遇见敌人。

除此之外，刘彻还叫来一名勇将，准备给他安排任务。此人叫作李陵，是二十年前自尽身亡的名将李广之孙。

李广共有三子，李当户、李椒、李敢。李敢前面曾作过介绍，作战极其骁勇，因为父报仇打伤卫青，最终被霍去病射杀。李当户和李椒则更死在李广之前，死因未载。李椒生前曾任代郡太守，而代郡直临匈奴单于本部位置，是遭受侵扰的重灾区，可见李椒能力被朝廷充分信任。李当户曾为刘彻近侍。有一回刘彻与幸臣韩嫣嬉闹，韩嫣的举止略微过分，李当户当场将他打得四处乱跑。《史记》总结此事时，用了一句"于是天子以为勇"。而《汉书》则说："于是上以为能"。如果熟悉古代史套路，一般在类似的故事下，突出的都是侍者之"忠"，即忠心护主的意思。而班马在此处用的"勇"和"能"，都是重在能力而非品质。看起来似乎刘彻更欣赏的不是李当户挺身而出，而是挺身而出之后竟然真的有实力能把韩嫣痛扁一顿。刘彻有这种心态还是挺正常的，韩嫣死于刘彻即位早期，虽是佞幸，却精于骑射，能力不弱，李当户能把这样的人物揍得满地找牙，确实说明了其"勇"。且当时刘彻正处用事匈奴之际，所以对勇士自然也格外留意。

而从李广与其三子的经历来看，都可以看出刘彻与这一名将家族，不仅充分肯定和信任，关系其实也非常亲密。特别是李敢的女儿和儿子，在刘彻太子那里都非常受宠。

李陵是李当户的遗腹子，年少时担任建章监，监管建章骑兵，这也是卫青当年起步的职位。能够担任这一职务，当然需要自身本领过硬。李陵

天汉二年（公元前99年） 451

的特点是"善射、爱士卒"，就像他爷爷李广一样。所以刘彻认为他是"李氏世将"，可能看着他，刘彻就想起了当年雄壮威武、声名赫赫的飞将军。

李陵曾经领命率八百骑，深入匈奴境内两千余里视察地形，回来之后就拜为骑都尉，在酒泉、张掖两郡为五千名屯兵教授射术。汉军第二次征大宛凯旋时，刘彻还亲自赐书给李陵，让他出关迎接李广利。

此番刘彻给他的任务，是在后方为李广利前征匈奴输送辎重。李陵却不肯接受，叩头请求道："臣所率领的屯兵，都是荆楚勇士，力能扼虎，射无不中。负责辎重，只会埋没了这些勇士的奇才。希望陛下让我自为一队，往兰干山南挑战匈奴，为贰师将军分散敌军。"

刘彻道："你是不愿接受贰师将军指挥吗？自为一队不是不可，只是我前面发兵已多，没有骑兵可以再调配给你。"

李陵道："不需骑兵，我愿以步兵五千人，直蹈单于老巢。"

刘彻被李陵的豪气所动，许诺了他的要求。不过五千步兵，显然不足以成为一支正规军团，只能起到奇袭或者侦察作用，故刘彻同时下诏强弩都尉路博德，命他将兵在半道迎接和配合李陵。

路博德当年在攻打南越时便已经是伏波将军的身份，如今让他配合一名骑都尉，不免觉得有些羞耻，因此上奏劝说道："如今秋高草长，匈奴正是兵强马肥之时，不可轻易开战。臣请求留李陵至来年春季，届时我与他二人各自将五千骑兵分道进击东西浚稽山，如此必可擒拿单于。"

刘彻并不知道路博德心里的小九九，看到上奏，产生了另一种误解。他以为李陵之前的豪言壮语只是故作姿态，如今又串通路博德演戏，实际上胆怯不肯出战。刘彻立刻下诏分予二人，一面叫路博德拦住西河郡方向的匈奴兵，一面催促李陵尽快进军。

给李陵的诏书中，刘彻详细地布置了任务，要求他九月穿过遮虏障，前进到东浚稽山山南的龙勒水附近，仔细察看匈奴动向。如果没有敌人踪影，就从当时赵破奴接应匈奴左大都尉的老路返回，到受降城休养士卒。同时，就与路博德串通一事，刘彻让李陵立刻写信解释清楚。

李陵于是率步卒五千人从居延障出发，向北行走了三十日，到达东浚稽山安营扎寨，准备侦察敌情。他又将沿路所行看到的山川地形，全部绘成图籍，让麾下陈步乐立刻快马加鞭送往天子处。一向以来，不熟地理环境都是对胡作战的最不利条件之一，也是导致李陵祖父自尽的重要因素，刘彻拿到这一宝贵资料，又听说李陵在前线颇得众心，大为欣慰，立拜陈步乐为郎官。

但离开大军的陈步乐不知道的是，其实他刚走不久，匈奴且鞮侯单于的三万骑兵就赶到了浚稽山。此时汉军驻扎在两座山之间，以大车为营。李陵令步兵全部到营外列阵，前阵一手持戟，一手持盾；后阵则张满弓弩，然后约定一旦开战，闻鼓声则进，闻鸣金则止。

匈奴见汉军人少，选择了向前冲锋。李陵一面率前阵与敌人短兵相接，一面令后阵万箭齐发，一时间匈奴人众应弦而倒。单于见不妙，立刻下令撤退上山。汉军追击上前，斩杀敌人数千，以少胜多赢下一场不易的胜利。

且鞮侯单于休整之后，遣人征召左右方势力共同来援，总兵力最后达到八万余骑。而李陵也知不宜久战，故且战且退，试图向汉境后撤。

南行数日之后，汉军到达一座山谷之中。由于连日来苦战不已，人数又过于悬殊，虽然杀敌数千，汉军士卒也损失惨重，几乎人人负伤，只能让受三处伤以上的乘车，两处伤的负责驾车，一处伤的继续坚持战斗。

李陵发现军中士气有些低迷，经常击了鼓仍有士卒迟迟不起，于是大搜各车营，发现不少士兵藏了女子在车中。这些女子是哪里来的呢？其实她们大多是关东人士，由于此前连年受灾，许多关东百姓为活命沦为打家劫舍的盗贼，而其女性家属则被官府逮捕发配到边境，有些便做了当地屯兵的妻子并偷偷随军出征。为维持军纪，李陵将这些女子全部斩杀。

太阳升起，汉军继续南撤，几日之后到达一片长满茂密芦苇的大泽之中。匈奴从上风纵火，李陵也让部下提前烧掉下风的一片芦苇，成功阻断了火势。不久又到山间，李陵令士卒选树木间穿行，匈奴骑兵在茂林里却行动非常不便，又被汉军杀死数千人。然而且鞮侯单于始终没有放缓追逐的马蹄。

这一日，汉军捕得一名俘虏，从他口中得知了单于的计划。其实，且鞮侯曾犹疑过要不要继续抓捕李陵。因为李陵这支军队战斗力极强，屡攻不下，行进路线又不断朝汉塞靠近，很难不让单于觉得他们是设有伏兵，故意引诱自己南行。但是匈奴其他贵族则称：单于你亲自率领数万骑兵，连区区数千汉人都打不过，将来还如何服众，我国岂不是更要被汉人轻视。在众人劝说之下，且鞮侯单于同意继续力战奔逐，如果到了平原之上还不能取胜，再放弃不迟。

第二日又交战数十回合，汉军虽然已经非常窘迫，还是凭着惊人的意志力和战斗力再度杀伤敌人二千多。眼看着匈奴就要失望作罢，一个意外发生了。汉军军侯管敢由于和校尉的私怨，突然投降，并把李陵军中的现况通盘告诉了单于。管敢称：汉军不但没有援兵，营中弓箭也即将射尽。李陵和成安侯韩延年各自带八百人在前面领头，分别以黄旗和白旗为号，非常好认，只要射杀二人，全军即破。

且鞮侯闻讯大喜，立刻遣骑兵急攻汉军，一边高声喊道："李陵、韩延年速速投降！"以此摧毁汉军心志。

匈奴把汉军再次驱赶入一处山谷之中，从山上四面八方持弓怒射，矢如雨下。李陵一面率人以弓弩回击，一面速速前行。一日之间，弓矢全部射完，最后士卒还剩三千余，有些不得不斩断车辐作为武器防身。单于又命人滚石下山，汉军躲闪不及，死伤甚众，且前路后路都被阻断，陷入了真正的绝境。

黄昏时分，李陵穿着便衣独步出营，良久之后回来，长叹道："今日不免兵败将死！"

左右安慰道："将军威震匈奴，只是时运不佳而已。不如先归顺匈奴，日后再想办法返回大汉。当初赵破奴将军也是如此[1]，回来之后，天子仍旧

---

1 李陵故事，详情皆见于《汉书》。照此处描述，赵破奴应在此年之前便已逃回，但《史记》称他在匈奴中待了十年余才回汉，故这是两书一个矛盾点。有学者因此认为李陵故事的细节有不实之处。

以客礼相待，何况将军您呢？"

李陵回绝了左右的建议，尽数砍断军中旌旗，把值钱之物埋于地下，令军士们各自带着一些干粮和冰块，约定夜里战鼓声一起，便各自逃难，相期到遮虏障再碰头，或许还有人能为天子讲述这段凄惨悲壮的经历。谁知夜里战鼓不知发生了什么问题，怎么敲都不响，于是众人仓促出发，单于发数千骑紧随其后，最终韩延年战死。李陵长叹"无面目报陛下"，投降匈奴。余下的军士四处逃散，活着回到汉塞的仅有四百人。而李陵兵败之处，离边塞也只剩百余里路。李陵投降前最后一夜曾叹"再有几十支箭矢便足以脱困"，假如天遂他愿，或许真能改变无数人的命运。

刘彻一心希望李陵为国死战，曾经让相者为李陵母亲和妻子相一相面，发现她们脸上完全看不出有什么死丧之色。随后，边境果然传来了李陵没有战死而是败降的消息。刘彻盛怒不已，首先问责起初来报送地图的陈步乐，陈步乐恐惧自杀。群臣瞧出了刘彻的怒火，纷纷火上浇油，落井下石，谴责李陵背德忘义，辜负了天子和国家的重托。

当问到太史令司马迁的意见时，司马迁却说出了与所有人不一样的观点。

司马迁说道："李陵平日里孝敬母亲，待人诚信，常常奋不顾身以救国家之急。这是他一贯以来的修养，堪称有国士之风。如今他为国事刚刚遭遇不幸，满朝自私自利明哲保身的大臣就跟风中伤，实在令人痛心！且李陵以不满五千人的步卒，深入戎马之地，抵抗敌军数万之师，杀得匈奴死伤遍地自顾不暇，不得不发全国之兵前来围剿。李陵转斗千里，弓矢射尽，无路可走，士卒仍然北向拼死作战不言放弃。这么得众心，即使古代名将也不过如此。虽然最终兵败，但此战经历足以扬名天下。李陵之所以不自尽，或许是为了将来仍有机会报效大汉。"

事实上，一时无奈投降匈奴，后又复归汉朝的前人的确有不少。当年的燕王卢绾、韩王信，后人都在不久后就举家回国，且韩王信的曾孙韩嫣还是刘彻之宠臣。所以司马迁这番话不能说没有道理，但显然需要十足的勇气才能在盛怒的刘彻面前如此为李陵辩解。而勇气需要的代价，往往让人难以承受。司马迁直言的结果我们都知道，刘彻正在火头上，认为这是一派胡言，并且是在夸大李陵而贬低李广利，判处司马迁腐刑。

理论上，司马迁是可以缴钱赎罪的。腐刑大约需要缴金一斤四两，御史大夫张汤死后家产是五百金，大将军卫青一次给王夫人贺寿也是五百金，但是司马迁竟然穷得拿不出这笔钱。同时，也没有人为他说一句话或者帮他交掉这笔赎金。究竟是不愿，还是不敢呢？没人知道。

> 家贫，货赂不足以自赎，交游莫救，左右亲近不为一言。身非木石，独与法吏为伍，深幽囹圄之中，谁可告愬者。（司马迁《报任少卿书》）

李陵的悲剧并没有到此结束，留待后面继续讲述。

天下大乱

这一年的刘彻，正经历着可能是即位以来最大的危机。

先看一段描述：

> 自温舒等以恶为治，而郡守、都尉、诸侯二千石欲为治者，其治大抵尽效温舒，而吏民益轻犯法，盗贼滋起。南阳有梅免、白政，楚有殷中、杜少，齐有徐勃，燕赵之间有坚卢、范生之属。大群至数千人，擅自号，攻城邑，取库兵，释死罪，缚辱郡太守、都尉，杀二千石，为檄告县趣具食；小群以百数，掠卤乡里者，不可胜数也。（《史记·酷吏列传》）

这段文字上来先说，其时天下地方长官治民，都效仿王温舒的风格。

王温舒是什么人呢？说他是列名《酷吏列传》中最残暴又贪婪者，大约并不过分。

王温舒户籍在景帝守陵的阳陵邑，年少时"椎埋为奸"，"椎埋"有两种理解，一种是杀人埋尸，一种是盗人墓穴。不管哪一种，此人都是一个典型的乡里恶少。之后王温舒当过县内的亭长，几次被废黜，仍以善于治案当了张汤的廷尉史。能被张汤赏识，他治案的手段如何也就不言而喻了。

再往后王温舒被提拔为御史，负责督捕盗贼，显然也是看中他严厉冷酷的风格。在这一任上，他"杀伤尤多"，又提拔为广平郡都尉。是恰好他督捕的盗贼犯罪情节特别严重吗？当然不是，只是他热衷用严刑上邀主功、下慑吏民而已。

在广平郡，王温舒挑选了十几个小吏作为爪牙，挑选的对象也很精准，一要性格很豁得出去做事，二要私下犯有重罪而未发觉，这样他就可以捏着他们的把柄，随意指使、为所欲为。听话懂事的吏员，即使再怎么无视法律，他也不追究；一旦不配合，不但立刻揭发他们的重罪处死，还要夷灭宗族，斩草除根。都尉的职责也是督捕盗贼、维持治安，有这么一群爪牙辅助，加上他惨刻的治案风格，附近群盗没人敢靠近广平郡，郡内也的确"声为道不拾遗"。"声为"即"号称"的意思。

让治下百姓安分守己，通常有两种途径。一种是想办法让他们安居乐业、富足有余。所谓仓廪实而知礼节，衣食足而知荣辱，百姓过上有希望有尊严的生活，拥有值得珍惜的家业，有产者有恒心，自然会向善重德。还有一种是用条条框框、细致繁苛的法律条文规定约束百姓的每一项行为，尽量不留自由选择的空间，当他们一旦触碰法网边界，再用特别重的刑罚来惩治，让他们时刻活在战战兢兢、束手束脚的恐惧之中，这种方法短期之内甚至能收到超越前者的效果。王温舒擅长的，正是后一种。

王温舒在广平郡的治绩很快就传到刘彻耳中，被升迁为河内太守。他九月到达河内，立刻让郡内准备了五十匹私马，专用来向长安奏事，然后用老手段抓捕当地豪强奸猾，连坐千余家，情节轻者处死，重者灭族，家

天汉二年（公元前99年）

产尽数充公。由于他向天子奏事特别快，一般两三日就得到批复，于是杀伐连连，流血千里。到十二月的时候，河内郡已经没人敢随便说话，夜里无人出行，野外自然也无鸡鸣狗盗之事。饶是如此，王温舒仍然嫌杀得不够，他恨恨道："冬天再多一个月，我的事就成了。"因为用刑一般都在秋冬季，到了春天就会实行大赦。

王温舒之后屡为中尉，风格始终不变，又多从治狱中诈取财利，最后被告发自尽，甚至牵连家人也被族灭。古有夷三族之罪，他是第一个被夷灭五族的。

王温舒结局虽惨，但只要他不是因残酷而倒台，残酷就仍会成为天下官吏汲汲营营进身取利的不二法门，所以"郡守、都尉、诸侯二千石欲为治者，其治大抵尽效温舒"。

不过很快，酷吏政治的副作用就出来了，"吏民益轻犯法"。有人会问，前面你不是还说酷吏让大家战战兢兢束手束脚吗，怎么现在大家又不把犯罪当回事了？诚然，人类是复杂的，的确有一些人天生有较重的犯罪倾向，但也有很大一部分人触犯法律是走投无路。比如连年的自然灾害，无休止的兵役劳役，不断加重的苛捐杂税，都可能导致底层百姓面临死亡的威胁而不得不铤而走险。此时若不论情节，都判重罪，那么一个人本来饥寒交迫只需要偷一个馒头，衡量过收益之后，还不如直接杀人越货来得划算；而单独作案，更不如落草为寇寻求组织庇护来得安全，反正这些行为，面临的可能都是死罪。当苛刻程度超过可以忍耐的界限，百姓也就不再觉得守法是件必要的事。

于是关东群盗纷起，南阳有梅免、白政，楚有殷中、杜少，齐有徐勃，燕赵之间有坚卢、范生之属。"盗"是官方对他们的统称，实际上按照规模大小，群盗的行为模式完全不一样。小规模组织可能只有几十上百人，也就是在本郡县打家劫舍为生，被缉捕时则东躲西藏。而大规模的群盗可以至数千人，拥有各自旗号，劫掠对象也不限于乡里，甚至会攻打大型城市，攻击官府，盗取其中兵器装备，释放关押死囚，杀死郡守、都尉等朝廷官员。这种流寇大盗离谋逆不过一步之遥，假如他们实力和政治性更强，不再单以温饱为目标，而是占据某座城市作为根据地，并建立国号，遣兵四出略地，那就和陈胜、吴广一般无二了。

这就是让刘彻头疼的大烦恼。尽管他一意尊尚尧舜，声称要恢复圣王时代天下一统、太平昌盛的良好秩序，事实是，底层的生态已被天灾人祸破坏殆尽。当人民纷纷失去家园、亡命草莽，不惜以脱离统治换取活命机会，哪里还有一点点盛世的样子。又或者说，这盛世只是某些人的概念游戏，而与百姓没有什么关系。

群盗如星星之火散布关东，倒颇有些秦二世时期的味道了。于是这一年，刘彻一方面下诏严查出入关者，防范关中豪杰与关东群盗互相联结；另一方面，派出了一批身份特殊的使者，他们穿着锦绣衣服，手持天子使节和虎符，前往各地督捕盗贼。历史上对这批人记载不多，名称也不太统一，有"绣衣使者""直指使者""绣衣直指"等多种叫法。

数年之前，刘彻曾经新设刺史制度以监察郡国，不过刺史以六条问事，针对的是二千石官员本人的违法违纪行为。绣衣使者为临时设置，权限更高，可以调遣郡国兵力，问责从二千石以下大小各级官吏，直接拥有地方上的生杀大权。

既以剿灭盗贼为根本目的，绣衣使者行事比起一般酷吏，更舍得痛下杀手，深究牵连。一郡之内，绣衣使者处死最多者多达万人，其中当然并非都是盗贼，还包括与盗贼有过任何交往的吏民。

尽管绣衣使者如此雷厉风行，数年之间也抓捕了很多首领级别人物，但那些散亡的盗贼还是藏匿山林之间，时而聚众为乱，并没能彻底解决问题。为此，朝廷又设置了《沉命法》，试图以更严厉追责的办法让基层官吏尽到捕盗之职。《沉命法》规定：凡郡有盗贼，没有上报贼情或者抓捕不够数量，无论是什么级别的负责官员，都是死罪。这一法案也没有起到实际效果。自此之后，小吏担心抓不够人数也是被诛，反而更不敢上报贼情。上级同样如此，于是上下互相隐匿，只是在报告里砌词讳饰而已。

绣衣使者制度存在时间很短，在刘彻后期不知不觉间就消失了，故对这一制度的研究甚少，可能它主要还是针对盗贼急剧增多时的一种临时方案，事毕则罢，不再常设。朱绍侯先生怀疑它最后变成了司隶校尉一职，也有学者推断它演变成了后来的督邮，不过都缺乏更充分可靠的证据。

　　担任过绣衣使者的，有几个人值得稍微一提。一个是江充，不久之后他将导演刘彻晚年最重要的一场政治大案。另一个叫作王贺，与其他使者的杀伐果断不同，他在魏郡督捕群盗时，原则上尽量轻判，放人一条生路，因此最后以不称职的理由被罢免。王贺叹息道："我听说存活一千人，子孙可以得到封侯。我所救下的生命何止一万，后世应该也会兴旺吧。"

　　这句话成了西汉王朝最致命的谶语，王贺的子孙里有一对著名的姑侄：王政君和王莽。

天汉三年

（公元前98年）

● 刘彻五十九岁 ●

初榷酒酤

这一年，《汉书·武帝纪》记载了几件事。

> 三年春二月，御史大夫王卿有罪，自杀。
> 初榷酒酤。
> 三月，行幸泰山，修封，祀明堂，因受计。还幸北地，祠常山，瘗玄玉。
> 夏四月，赦天下。行所过毋出田租。
> 秋，匈奴入雁门，太守坐畏懦弃市。

这里面几乎所有事情，史书都没有可查的细节，故也无展开详说的必要，"初榷酒酤"这件事同样记载甚少，但可以稍微具体聊一聊。

中国人酿酒和喝酒的历史都很悠远，而且对酒充满复杂的感情。《战国策》里有一个魏惠王和鲁共公酒席宴间的故事，谈及古人对酒的看法：

> 鲁君兴，避席择言曰："昔者，帝女令仪狄作酒而美，进之

禹，禹饮而甘之，遂疏仪狄，绝旨酒，曰：'后世必有以酒亡其国者。'……"（《战国策·魏策》）

仪狄是传说中夏禹的酿酒官，有一次夏禹喝了他的酒，觉得好喝极了，于是从此疏远仪狄，远离美酒。因为夏禹觉得这么好喝的东西很容易上瘾，那么后世一定会有人因为贪杯废事，最终导致亡国。

人总是这样，明明自己抵制不了诱惑，却老把过错推给美女或者美酒。

这个故事传递的是先秦时期的认知，时人认为夏朝就已经开始酿酒，并且对这样东西又爱又惧，既觉得它能给生活带来极致美妙的体验，又害怕它会带来难以承受的灾祸。

这两种矛盾心理也影响着各个时代对酒的使用和管理，大抵而言，是一面培养出尚酒乐酒的文化，一面又将酒作为重要物品严加限制，只对民众有条件地放开一定权限。现代中国人对酒文化也不陌生，虽然古今异俗，但其中是有传承的。古代尚酒文化表现在重要的祭祀、节庆活动、公私宴会上，都要以酒助兴，每当国有大事，朝廷还要向特殊对象赐酒作为奖赏。汉文帝以藩王身份刚到长安即天子位，颁发给民间的第一封诏书就提到：

朕初即位，其赦天下，赐民爵一级，女子百户牛酒，酺五日。（《史记·孝文本纪》）

"酺"是聚饮的意思。天子即位，不仅会大赦天下，普赐爵位，还发酒给民间让他们一起以酒相庆。《周礼》也说"春秋祭酺"，意思是春秋两季要举行祭祀，参与祭祀之人也会一起聚饮。秦始皇曾"置酒咸阳宫，博士七十人前为寿"；鸿门宴项羽对樊哙"赐之卮酒"，这种情况是宴会饮酒。

除了这些特殊情况，绝大多数时候，朝廷对民间饮酒持相对保守的态度。高祖刘邦时曾下诏"三人以上无故群饮酒，罚金四两"，反过来可见统一之前可能是允许的。

高祖之所以加强对饮酒的管理，除了酒能乱性闹事的原因，还有其他因素在其中。酒的酿造需要以粮食为原料，然而秦末以来，长期的战争消耗巨大民力，也破坏了整个国家的农业经济，物价飞速上涨，一石米的价格涨到了一万钱，其他粮食莫不如此。减少饮酒机会，可以一定程度上限制酒品的消耗，从而起到为国家节约粮食的作用。

事实上，酒的政策总是跟随粮食储备情况而改变的。汉景帝中元三年（前147年）曾下达更严格的禁酒令，禁止民间一切酒类交易，原因也是因为当年夏天发生了严重的旱灾，势必影响未来的粮食收成，故景帝未雨绸缪出台政策。禁止交易可以让大小酒商极大地缩减酿造规模，以免粮食过多损耗。

当然，朝廷平日也是从酒品交易中收取税费的，主要是以市租的形式，即当它作为商品进入市场销售时，需要向国家缴纳一定费用。不过和以上两种禁酒的目的，尤其是和节约粮食相比的话，酒税似乎显得相对不太重要，可以做出适当让步。

> 酒酤之禁，由来甚古，其义有二：A.恶其乱性……B.恐其糜粟以病民。（吴晗《西汉经济状况》）

而刘彻时代又和前代有所不同。虽然粮食价格已经比文景时代翻了数倍（文帝时粟价每石十余钱，刘彻时每石三十至八十钱），但还在正常涨落空间。他最大的问题不是粮价，而是因为大事太多，导致国库经常性地不济。有一阶段经过若干攫取性质的财政改革，状况一度有所改善，近年来又连续用事西域和匈奴，大农之钱似乎又紧张起来。刘彻因此在这年，把目光投向了酒的市场，推出"榷酒酤"的制度。

"榷"是专卖之义，所以这三个字简单来说，就是由国家垄断酒品市场的意思，从此不允许任何私人再进行酒品的酿造和销售，全部由朝廷统

天汉三年（公元前98年）

一管理，与当初对盐铁资源的操作如出一辙。

薛雪认为，榷酒酤政策"实际是向有钱人征收的消费税"，因为民间普通百姓，很少有买酒的能力和饮酒的机会。这一概括并不是十分精准。榷酒酤之前，国家是收取酒商的交易税，而榷酒酤之后，其实是把原先商人的利润直接收入了朝廷囊中。

这笔费用究竟有多少，很难估算。但有两个结论似乎可以从比较中得出。一个是，在接下来的几年，刘彻曾连续下诏，让天下人通过缴五十万钱来免除死罪，是不是可以说明酒榷实际没有起到预期的效果。毕竟，酒不是盐铁这样的生活必需资源，需求量可能是会随着政策大幅下降的。另一个是，在刘彻驾崩后不久召开的盐铁会议上，盐铁酒三项专卖制度都被摆上台面讨论。而会议结束后不久，唯独酒榷被撤销，盐铁专卖则维持不变。这或许也说明，酒榷对于财政的帮助，确实显得有些无足轻重。

长安城的防卫系统

除了上面《汉书·武帝纪》里提到的几桩事情，《汉书·杨胡朱梅云传》里还插叙了一个人物的片段故事，只说发生在天汉年间，具体哪年则不得而知，此处我们一并介绍。

此人叫作胡建，籍贯河东郡，此时他正担任守军正丞一职。汉朝各支军队都设有军正，掌管军纪执法。《史记》中多处记有军正的相关职事。比如《司马穰苴列传》有："（司马穰苴）召军正问曰：'军法期而后至者云何？'对曰：'当斩。'"又如《卫将军骠骑列传》中，苏武之父苏建全军覆没，独身逃回，卫青曾问军正闳该如何治罪，闳答："自归而斩之，是示后无反意也。不当斩。"可见若要军法处置，军正有很重要的参议权。军正之下，又设军正丞，"丞"通常是承接、辅助之义。胡建此时担任的是长安城中北军的守军正丞，"守"字表示他仍在试用阶段，而非实职。

尽管这已经算是一个军中比较有实权的岗位，胡建的生活却并没有因此得到太多改善，甚至穷得买不起车马，经常和士卒们一起步行，所以和他们打成一片，甚得众心。

当时还有一位监军御史，奉天子之命下派在北军。此人仗势跋扈，竟然把北军营垒的墙壁打通一片，在军中设立了一块专门的商业区，私下买卖东西以谋私利。这种事情发生在军队之中，性质和其他地方还不太一样。一方面，破坏墙体相当于损毁了一部分军队的防御工事；另一方面，商业区的设置，会带来一些意想不到的后果，比如人心会变得比较浮躁，士气逐渐受到影响，甚至有人贪念作祟会偷盗军中物资转卖。而要整治这种现象，也存在两个难题。一是要处理的对象可是监军御史，好歹是从天子身边派来的要人，拥有监察全军的权力，哪有那么容易对付。二是交易区的设置，军队部分官兵实质也从中谋利或受益，该不该为了军纪而触犯众怒，也是需要衡量的事。

但胡建决定动手。他提前约了一些关系要好的走卒，同他们商定："我准备处置一些不法之人，到时听我号令，让你们拿谁便拿谁，让你们斩谁便斩谁。"

到了北军选练士马的日子，监军御史和诸护军校尉一齐坐在堂上等待检阅士兵。胡建带着走卒从军中冲上堂，用手一指御史，大喝道："拿下！"走卒们二话不说把御史一直拖至堂下。胡建又喝道："斩首！"御史的头顿时当着全军的面被砍了下来。整个过程都发生在电光火石之间，诸护军校尉完全没缓过神，看得目瞪口呆。

而胡建早就写好了一封奏书，待御史一死，立刻叫军中送呈至天子处。奏书称：

"臣闻军法，立武以威众，诛恶以禁邪。今监御史公穿军垣以求贾利，私买卖以与士市，不立刚毅之心，勇猛之节，亡以帅先士大夫，尤失理不公。用文吏议，不至重法。《黄帝李法》曰：'壁垒已定，穿窬不由路，是谓奸人，奸人者杀。'臣谨按军法曰：'正亡属将军，将军有罪以闻，二千石以下行法焉。'丞于用法疑，执事不诿上，臣谨以斩，昧死以闻。"（《汉书·杨胡朱梅云传》）

天汉三年（公元前98年）　465

胡建的意思是，监军御史行为不端，影响北军形象，但是按照文吏的看法，似乎并不算重罪。所以他引用《黄帝李法》这部托古的军法，其中有这一条，"不按路径随意穿凿已经确定的军营壁垒者是奸人，奸人者可杀"，判定御史死罪。同时，他又按照汉军的军法规定：二千石以下官员犯法，军正可以直接处置，所以对御史实施了当场斩杀。

刘彻不仅没有怪罪胡建，还特意下制书，引另一部古军法《司马法》对他的行为进行了官方肯定。胡建由此名动长安。

这个故事只是刘彻执政生涯中的一个小小片段，而胡建在这个时代也没有可值得一提的其他事迹。不过既然此事发生地在北军营垒，我们可以借此来了解一下长安城的防卫系统。

长安城是逐步修建完善的。汉高祖五年（前202年），先在秦兴乐宫的基础上，将其改建为长乐宫，后又在西面新建未央宫，自此分为太后和皇帝所居。此时的长安城，还没有在两宫周围修建城墙。直到惠帝时期，方两次发动十余万男女筑城墙，将两宫圈在城的南面。刘彻时又在城外西面筑建章宫，在长乐宫以北筑明光宫，未央宫以北建桂宫和增修高帝时期草创的北宫。为了维护长安城内治安，以及守卫天子、吏民的安全，汉初组建了由外到里共三层的保卫系统。

最里一层由九卿之郎中令（光禄勋）负责，他属下有一大群郎官，其中一部分的职责是"执戟宿卫"，或者"出充车骑"。简单来说，当皇帝在内殿有事，他们就手拿武器在殿下护卫；当皇帝出外巡游，他们就充当天子仪仗队。这些人离皇帝最近，但战斗能力可能并不是最强，相比起贴身侍卫作用，更多的还是门面装饰功能。

中间一层由九卿之卫尉负责，他管辖整个宫内尤其是宫门附近的安全。按照《汉旧仪》的解释，皇宫之内，"殿外门舍属卫尉，殿内门舍属光禄勋"。汉初可能只设一名卫尉，之后随宫而设，比如李广和程不识就分别担任了未央宫和长乐宫的卫尉。理论上，汉初卫尉所率领的皇宫护卫卒，统称为南军，这是因为两宫都在长安城南的缘故。南军的士卒，主要来源于郡国的服兵役人员。

最外一层，即宫殿之外则由中尉（执金吾）负责。但是中尉的职责，要稍微详细解说一下。他除了要保护长安城内的安全，还要维持整个京畿地区的治安稳定。如前所说，长安附近的京畿，最初称作内史地区，后分为左右内史两部分，太初元年则彻底分为三辅（京兆尹、左冯翊、右扶风）[1]。所以中尉的职权相当之大，他可以调动整个京畿地区相当于三个郡的兵力。而中尉另有一支军队，营垒设置在长安城未央宫北阙之外，起着维护城内安全的重要作用。相对南军，他们处于北面，故称之为北军。北军士卒的来源，也正是调自中尉管理的京畿地区。

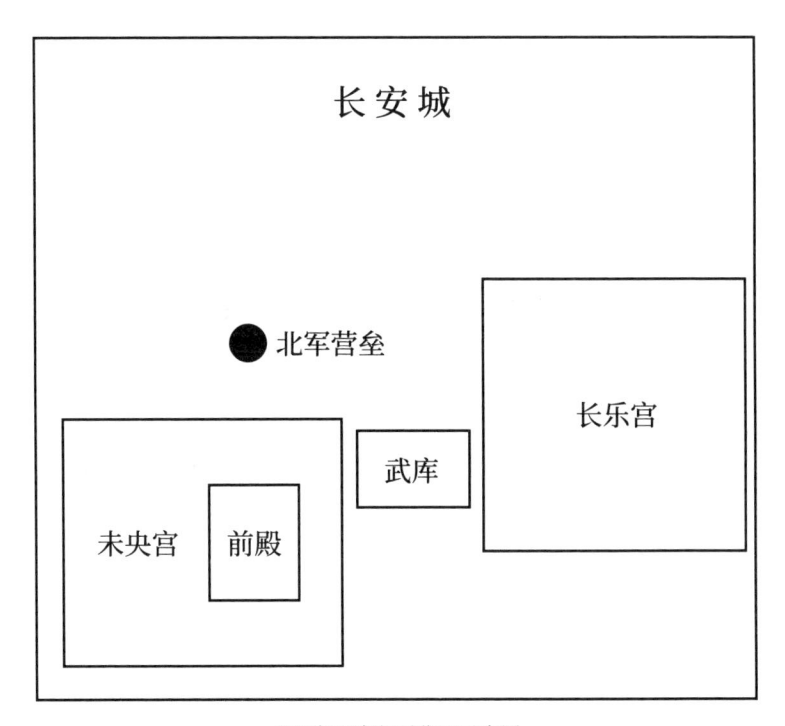

北军与两宫相对位置示意图

---

[1] 详见元狩五年"宦海悲歌"篇

这样里、中、外三层的防卫系统，保证了京城，当然最主要是皇宫内部天子的安全。其中以南、北两军尤为重要，特别是北军的实力无疑是最强的。控制住这两支部队，一定程度上能够影响皇帝的安危。

当初，吕后去世前，皇帝是她极其年幼的孙子，故临终布置侄子吕产以相国身份统率南军，侄子吕禄以上将军身份统率北军，以防止特殊时期有人作乱。从吕产和吕禄的职务，也可以看出南军、北军两支守卫的性质略有不同。虽同称"军"，但南军偏宫廷禁卫，由卫尉管理，故临时由丞相统管；北军更符合真正意义上军队的性质，由中尉管理，临时由上将军统管。而之后的诸吕之乱中，陈平、周勃等大臣也正是先诓得了北军的军权，以此为基础交由刘章率领进攻保障未央、长乐两宫安全的南军，才得以成功政变，随即商议立谁为新天子。而汉文帝被选中以后即位的当夜，马不停蹄部署的第一个人事安排，就是以代国带来的亲信宋昌为卫将军，统一收缴南北两军军权，又以张武为郎中令，实际上全权接管了里、中、外三层防卫系统，防止功臣诸侯王再次作乱，确保自身安全。

> 乃夜拜宋昌为卫将军，镇抚南北军；以张武为郎中令，行殿中。（《史记·孝文本纪》）

刘彻时期，对这三层防卫作了相当大的调整。在建元年间，迫于窦太后的威严，他感觉自身安危难测，仪仗队一般的执戟郎不但能力有限，忠诚度也未可知。故他借上林苑射猎的由头，组建了一支期门郎组成的期门禁卫军，这是最早属于他个人的亲卫。后期刘彻又组建了一支骑兵禁卫羽林军，这两支军队成员都以六郡良家子充任，作战能力要远超南北军。朱绍侯先生认为期门是步兵，事实上期门的兵种应该存在一个变化过程，最初可能是骑步混合的，到设置羽林军之后，才转为单种兵。

刘彻对北军，也作有三番四次调整。先在元鼎四年（前113年）为左右内史设置二辅都尉，这样就分走了中尉管理近畿的军权和治安权。太初元年（前 104 年）将左右内史分为京兆尹、左冯翊、右扶风三辅的时候，同样设有京辅都尉专管这些事务。同时，太初元年刘彻设置了中垒、屯骑、步兵、越骑、长水、胡骑、射声、虎贲八个校尉，每个校尉各负责一支部队，其中中垒校尉管理北军内务，而步兵、越骑、长水、胡骑四校尉的部队都在长安城之外。这样一来，就造成很多后果。第一，护卫力量被相当程度地扩散了，北军不再是长安城内独大的力量，一旦有人试图以北军作乱，其他校尉可以对他发起围剿。第二，南军的作用相对更小了，更偏重宫廷门卫，故此后文献，几乎不再见到"南军"二字。而"北军"所指，也仅限于中垒校尉所领营垒。第三，中尉的权力大为缩小，既不能从近畿调集兵员，也无法再管北军营内事务，故中尉官职名称也顺势改成了执金吾，"金吾"是金色的棍棒，变成了维持长安城内治安的巡逻长官，很威风，然而实权有限。

天汉四年

（公元前 97 年）

● 刘彻六十岁 ●

李陵与苏武的后事

这年一月，刘彻在甘泉宫朝见了诸侯王。这一习惯和之前略有时间和地点两个不同之处。过去岁首在十月，《太初历》实行之后，朝拜之季便换在了开春。过去朝拜往往在长安未央宫，诸侯从宫门东阙入见。后期甘泉宫的祭祀功能日渐突出，故许多礼仪都移到此处。即使不在甘泉宫，刘彻也常常在外巡狩或避暑，多在各处行宫，在长安的时间比以往减了不少。

朝拜过后，刘彻就再次发"天下七科谪及勇敢士"，调配给贰师将军李广利六万骑兵、七万步兵，让他再度从朔方郡出发，北上讨伐匈奴，另外令因杅将军公孙敖率一万骑兵、三万步兵从雁门郡出发，游击将军韩说率三万步兵从五原郡出发，又令强弩都尉路博德率一万余步兵支援李广利。

所谓"七科谪"，前面有所提及，是指"有罪的官吏、脱离户籍、赘婿、现商贾、过去曾为商贾、父母有市籍以及祖父母有市籍"七种身份的人。秦汉人的身份——即籍——有很多种，包括民籍、市籍、宦籍等等。

> 户籍制度，大体上有如下几项内容……第三，根据出身、职业、地位分别立籍，实行不同的管理制度。（臧知非《秦汉赋役与社会控制》）

"七科谪"里几种身份，都属于秦汉社会认为身份比普通民籍还要低等的罪人、贱人。正常情况下，服兵役是普通民籍的义务，然而当战争频繁、死亡过多时，也会不得已扩大征兵范围，征及"七科谪"里的一种或几种。这在战国时期以及秦朝是屡见不鲜的现象。睡虎地秦简《魏奔命律》有征发赘婿上战场的律文，并说明这些人一餐只配给予三分之一的饭，没有资格吃肉，每当攻城时，可以优先拿他们来填补壕沟。

叚（假）门逆（旅），赘婿后父，或（率）民不作，不治室屋，寡人弗欲。且杀之，不忍其宗族昆弟。今遣从军。将军毋恤视。享（烹）牛食士，赐之参饭而勿鼠（予）殽。攻城用其不足，将军以埋豪（壕）。

故庄春波先生认为，刘彻短期内两次征发"七科谪"，说明其时死于连年战争的人数非常可观，"天下编户齐民已无兵可征，与秦始皇晚年几乎完全相同。"

本次出征，汉军总兵力达到二十万以上，可见刘彻决胜心态。且鞮侯单于也很快就收到情报，把国中老弱辎重全部迁至余吾水北，自己率领十万精锐在南岸迎战李广利。两军相斗十余日，都没有占到什么便宜；而因杅将军公孙敖那一路遇到了匈奴左贤王，交战也不利，两路大军双双引归。

公孙敖此行，其实还带有另一个特殊任务，深入敌境，找到李陵并带他回国。刘彻起初听到李陵投降的消息大发雷霆，冷静下来之后又颇有些后悔，觉得兵败的悲剧不能完全怪他，主要原因还在于路博德军没有按照自己的吩咐做好接应。

然而公孙敖带回来的消息再次点燃刘彻心头怒火。他解释道，据抓到的俘虏透露，李陵投降之后，便在匈奴营中教授单于之兵如何针对汉军，匈奴战斗力见长，因此他此番前往才吃了苦头，无功而返。很难说这是不是公孙敖为掩饰作战不利而编造的谎言，但刘彻听完却实实在在感到了背

天汉四年（公元前97年）　471

叛，立刻下令夷灭李陵全族。从此"陇西士大夫以李氏为愧"。其实，汉朝降胡之人比比皆是，为匈奴重用者也并不少见，文帝时有著名的中行说，刘彻时代又有试图劝降苏武的卫律，但似乎只有李陵顶上的"汉奸"名头特别刺眼。可能一是由于他的投降让天子特别恼火，二是他毕竟是汉朝人最爱歌颂的名将李广之后，爱国英雄家族竟然出了大叛徒，这样的戏剧冲突更让人热血上头。

之后汉朝又遣使到匈奴，李陵愤愤地质问使者："我为汉朝率五千步卒横行匈奴之间，只不过因没有救援而失败，对国家哪里有亏欠，为何杀我全家？"

使者道："天子恨李少卿您教匈奴练兵，故如此。"

李陵这才明白内情。确实有一个投降的李姓汉人在教单于之兵，只不过那人叫作李绪。李陵恼怒之下派人将李绪刺杀，因此得罪了单于之母大阏氏，且鞮侯单于便将李陵藏到北方，等大阏氏去世以后才接回来重用。

我们无法确切知道李陵前番投降是不是真的准备找机会归汉，即使有，在亲属族灭之后，他回国的念头肯定也就此断绝。自此他接受了现实，不但娶了单于之女，还担任右校王，平时居外，有大事则入内商议。不过他的受重用程度，仍然不及卫律。

李陵在汉朝之时，曾与苏武一起担任侍中。投降之初，他不敢去见苏武，决定长留匈奴以后，便受单于委托，再度前去尝试劝降。

他来到北海，置酒设宴，对苏武道："单于听说我和子卿你素来交好，故遣我来坦诚相劝。假如最终都无法回国，子卿你的信义和你在这无人之地承受的痛苦，国内又有谁能知道？你的兄长苏嘉，曾跟随皇帝行幸雍城棫阳宫，扶着皇帝下辇开道时，不小心撞坏了车辕，被治以大不敬之罪，伏剑自杀。你的弟弟苏贤，跟随皇帝祭祀河东后土。一名宦骑在争船时把黄门驸马推落河中淹死，苏贤奉命捉拿逃亡的宦骑未果，惶惧之下服毒自尽。我出征前，你母亲太夫人也已仙逝，我亲自送葬到阳陵。你的夫人正青春年少，听说已经改嫁他人。如今国内家中只剩女弟二人，你们已分离十余年，存亡也未必可知。人生就如朝露一般，转瞬即逝，子卿何必如此自我折磨？我当初投降，每日恍惚不安如在梦中，一想到自己辜负大汉，老母又被收押，便痛心不已。不会有人比我更明白子卿你不愿投降的心情。只是，皇帝年事已高，法令无常，大臣无罪被诛者不下数十家，苟活之人无不战战兢兢，子卿既然国内已无可挂虑之人，心心念念要回汉朝又是为何？愿子卿听我一言，不要再拒绝推辞。"

李陵这番话说得沉痛诚恳，确实说出了个人苦衷和现实无奈。苏武听闻，却道："我父子素无功德，今日位在将军、爵至列侯，全蒙陛下成就。故兄弟亲属，常怀肝脑涂地报国效死之心。今日杀身成仁，虽遭斧钺汤镬，也含笑以对。自古臣子事君，如同孝子事父。子为父死，何来遗憾。愿少卿无复多言。"

李陵与苏武对饮数日，终不能改变其心志。临走之前，他做最后努力，希望苏武听一听劝。苏武道："我早就该赴死，若大王必要降我，请今日欢饮完毕，让我死在大王面前。"

李陵喟然长叹："义士！李陵与卫律之罪，上通于天！"

虽立场不同，李陵对苏武仍照顾有加，让妻子送了数十头牛羊给他谋生。之所以不自己送，是避免苏武觉得他像是故意在面前炫耀投降之后得到的荣华富贵。很久之后，李陵又到北海，告诉苏武一个噩耗，听云中郡捕得的汉人透露，汉朝太守以下全部穿着白装，说明国有大丧，应该是皇帝驾崩了。苏武听闻，对着南面号哭呕血不已。

再往后，昭帝时代，李陵和苏武都得到了回国机会，两人再次选择了不同的人生走向。李陵认为"丈夫不能再辱"，拒绝入汉。他置酒欢送即将获得自由回到故土的老友苏武，席间，举觞为其祝贺。

李陵道："足下归国，从此扬名于匈奴，功显于汉室，必将名垂青史，流芳万世。陵何尝不愿为国再效生死之力，只是汉朝族灭吾家，留下奇耻大辱，才让我从此死心。希望子卿理解我的选择。从此你我将成为异域之人，今日与君永别！"

天汉四年（公元前97年）

两种命运交织对比，同是悲剧，又有着鲜明差异。生前事与身后名，复杂纠结得像一道无解之题，令李陵内心无限感慨和悲哀，他借着酒兴翩翩起舞，长歌道：

> 径万里兮度沙幕，
> 为君将兮奋匈奴。
> 路穷绝兮矢刃摧，
> 士众灭兮名已陨。
> 老母已死，虽欲报恩将安归！（《汉书·李广苏建传》）

字字句句，都是李陵看不破参不透的血与泪。

李陵与苏武的后事就交代到这里。当然，里面很多内容都不是当年，甚至是刘彻身后发生的，但我仍觉得很有必要在此处给二人做个完结。

如果还有什么要说的，那就是考察一下二人故事的史料来源。

李陵和苏武的故事非常精彩，细节尤其丰富，戏剧感也特别强，所以后世经常被搬上舞台或再创作为其他文学形式。不过我们要清楚的一点是，这么精彩的内容，基本上都非司马迁所写。因为自从苏武出使、李陵出征之后，两人都被关押在匈奴二十年左右。在这一阶段里面，汉朝人包括司马迁在内，基本不知道他们的确切消息，甚至汉朝人一度以为苏武已死。而苏武回国之时，司马迁又已过世，故《史记》里不可能提到二人到达匈奴之后的任何故事，特别是苏武。《史记》对李陵是有细节描述的，主要是其出征、作战和败亡过程，这个细节我们可以认为是来自李陵幸存的四百多名战士向朝廷汇报的口径，有一定可信度。但是自李陵投降匈奴以后，以及苏武的全部故事，我们的主要信源都只能来自班固的《汉书》。

除此以外，比《汉书》更早记有苏武故事的文献，是西汉末刘向的《新序》。其中关于苏武在匈奴的经历，文字非常简略，与班固所述也有细节出入。

单于使贵人故汉人卫律说武，武不从。乃设以贵爵重禄尊位，终不听。于是律绝不与饮食。武数日不降，又值盛暑，以旃厚衣并束，三日暴。武心意愈坚，终不屈挠。称曰："臣事君，由子事父也。子为父死，无所恨。"守节不移，虽有铁钺汤镬之诛而不惧也，尊官显位而不荣也。匈奴亦由此重之。武留十余岁，竟不降下，可谓守节臣矣。
（刘向《新序·节士》）

这一版本和班固的版本相比，除了叙事简洁，主要差异在于，一没有北海严寒牧羊的部分，却有酷暑暴晒的相反操作，二没有提到李陵劝降。班固版本里苏武回应李陵的"臣事君，由子事父也。子为父死，无所恨"，在刘向版本里明显是对卫律说的。

理论上，汉朝人所知道的苏武事迹，应来源于他本人归国后的自述。而刘向作为比班固更早的西汉皇家秘阁藏书的整理者，掌握的材料应该更为可信，所以很难否认《新序》里苏武故事的真实性。如此一来，《汉书》的版本就有些可疑了，我们实在不知班固的资料采自哪里。

但是，要说哪个版本的故事更精彩，则显然是《汉书》，而且班固还有意把李陵和苏武写在了同一篇传记——《李广苏建传》里。仅论李广和苏建，完全没有合传的必要，应该说合传的目的非常明显，就是为了将李陵和苏武并置做对比。因为两人几乎同年落入匈奴，面对命运所作的抉择却大为不同，一个是国家主义立场，一个是个人与家族主义立场，对比尤其鲜明。如果要写一部带有褒贬意味、主题突出的戏剧，总是既需要正面人物，也需要反面典型，还有比苏武和李陵更适合放在一起相互对比映衬的人选吗？按照《新序》版本，李陵和苏武在匈奴中甚至未必有交集。但《汉书》版本的高潮，显然就是最后几次宴会上的二人言语交锋。所以《汉书》版本细节越精彩，命运越纠缠，对比越强烈，越像是经很重的手笔加工过。这一点，研读历史者尤当留意。

附录八：《汉书·李广苏建传》节选

初，武与李陵俱为侍中，武使匈奴明年，陵降，不敢求武。久之，单于使陵至海上，为武置酒设乐，因谓武曰："单于闻陵与子卿素厚，故使陵来说足下，虚心欲相待。终不得归汉，空自苦亡人之地，信义安所见乎？前长君为奉车，从至雍棫阳宫，扶辇下除，触柱折辕，劾大不敬，伏剑自刎，赐钱二百万以葬。孺卿从祠河东后土，宦骑与黄门驸马争船，推堕驸马河中溺死，宦骑亡，诏使孺卿逐捕不得，惶恐饮药而死。来时，大夫人已不幸，陵送葬至阳陵。子卿妇年少，闻已更嫁矣。独有女弟二人，两女一男，今复十余年，存亡不可知。人生如朝露，何久自苦如此！陵始降时，忽忽如狂，自痛负汉，加以老母系保宫，子卿不欲降，何以过陵？且陛下春秋高，法令亡常，大臣亡罪夷灭者数十家，安危不可知，子卿尚复谁为乎？愿听陵计，勿复有云。"武曰："武父子亡功德，皆为陛下所成就，位列将，爵通侯，兄弟亲近，常愿肝脑涂地。今得杀身自效，虽蒙斧钺汤镬，诚甘乐之。臣事君，犹子事父也，子为父死亡所恨。愿勿复再言。"陵与武饮数日，复曰："子卿壹听陵言。"武曰："自分已死久矣！王必欲降武，请毕今日之欢，效死于前！"陵见其至诚，喟然叹曰："嗟乎，义士！陵与卫律之罪上通于天。"因泣下沾衿，与武决去。

陵恶自赐武，使其妻赐武牛羊数十头。后陵复至北海上，语武："区脱捕得云中生口，言太守以下吏民皆白服，曰上崩。"武闻之，南向号哭，欧血，旦夕临。

数月，昭帝即位。数年，匈奴与汉和亲。汉求武等，匈奴诡言武死。后汉使复至匈奴，常惠请其守者与俱，得夜见汉使，具自陈道。教使者谓单于，言天子射上林中，得雁，足有系帛书，言武等在某泽中。使者大喜，如惠语以让单于。单于视左右而惊，谢汉使曰："武等实在。"于是李陵置酒贺武曰："今足下还归，扬名于匈奴，功显于汉室，虽古竹帛所载，丹青所画，何以过子卿！陵虽驽怯，令汉且贳陵罪，全其老母，使得奋大辱之积志，庶几乎曹柯之盟，此陵宿昔之所不忘也。收族陵家，为世大戮，陵尚复何顾乎？已矣！令子卿知吾心耳。异域之人，壹别长绝！"陵起舞，歌曰："径万里兮度沙幕，为君将兮奋匈奴。路穷绝兮矢刃摧，士众灭兮名已隤。老母已死，虽欲报恩将安归！"陵泣下数行，因与武决。

太始元年

（公元前96年）

● 刘彻六十一岁 ●

秦汉刑罚制度

这一年重要的事情并不多，匈奴且鞮侯单于去世算一件。前面已经多次提及，单于往往以太子为左贤王，且鞮侯另有次子为左大将。在匈奴官制里，单于以下，先是左右贤王，再是左右谷蠡王，再是左右大将、左右大都尉、左右大当户、左右骨都侯。且鞮侯死后，不知为何太子左贤王没有如期而至，诸贵族以为他得了重病，便改立次子左大将。太子听闻，更加不敢前赴父丧。次子使人召太子，愿意让位，称："假如兄长不幸过身，再传位于我。"太子这才放心，如约继位，是为狐鹿姑单于。

狐鹿姑是刘彻一生面对的第七位匈奴单于[1]。此年刘彻六十一岁，年逾花甲。活得长有个好处，能够眼睁睁看着对手接连被自己熬死。

另一件事是因杅将军公孙敖被判处腰斩罪，理由为前一年出征中，他败于匈奴左贤王——实际上就是此年新即位的狐鹿姑单于——之手，伤亡惨重。而公孙敖不知用什么方法，竟然玩了一出诈死，躲在民间五六年才被发觉，最终族灭。

---

[1] 前六位分别是军臣单于、伊稚斜单于、乌维单于、乌师庐（儿）单于、呴犁湖单于、且鞮侯单于。

这件事本身没有什么细节值得挖掘，但可以借此来认识一下秦汉的死刑及其他刑罚制度。

研究刑罚历史的学者都注意到了"刑"与"兵"的同源性，即刑罚起源可能与对外军事战争有莫大关系。故汉以前的文献常常把二者并称，班固在撰写《刑法志》时，甚至先列兵事，再述刑法。

尽管早期文献对于此间关系，甚至对于三代以前刑罚的描述都是蒙昧含混的，仍然可以从中理出一条较为清晰的发展路线。

起初，战争是部落之间常态，双方各以兵器厮杀，以期武力征服，这便是"兵事"。对于那些没有在战场上被杀死，而是生擒俘虏来的外族人，便作为奴隶罪人使用，每当祭祀时，又用利刃或其他方式取其性命，这便是"刑事"。这也是"国之大事，在祀与戎"的一种表现。而奴隶平时犯有过错，当然更要用刑。刑事之初，要之以对付异族奴隶为主。

如何惩治本族之罪人，毕竟内外有别，不可能在情感上一下子便与外族奴隶同等对待，于是便有所谓"象刑"。什么叫象刑呢？顾名思义，即用象征性的手段表示刑罚。比如外族奴隶要杀头，本族人犯了同样的罪，只给他穿一件没有领子的衣服象征斩首。

> 有虞之诛，以幪巾当墨，以草缨当劓，以菲履当刖，以艾韠当宫，布衣无领当大辟，此有虞之诛也。（《太平御览》引《慎子》）

象刑的意义在于把本族罪犯视同外族奴隶，起到一种羞辱作用。用通俗一点的语言来说，目的在于让其在族内"社会性死亡"。象刑诞生，大约只能在族群尚小、成员关系亲密的历史阶段。当族群不断融合扩大，国家形态不断成熟之后，对待本族人的手段就也可以像对待外族人一样强硬残忍了。此时，象刑消失，一些特殊的刑罚方式开始出现。

> 案髡即越族之断发，黥则其文身。苗民在江、淮、荆州，其初盖

太始元年（公元前96年）

俘异族以为奴婢，后则本族之犯罪者，亦以为奴婢而侪诸异族，因以异族之所以为饰者施之；后益暴虐，乃至以刀锯斧钺，加于人体，而又膑、宫、劓、割头之刑也。（吕思勉《先秦史》）

吕思勉先生的大意是，为什么髡（剃发）、黥（刺面）会成为一种刑罚？假如上古中原部族抓到江淮之间的越族俘虏，显然不会对他们采用髡刑、黥刑，因为越人早就自己断发文身，这不过是他们的习俗。髡、黥一定是中原部族在某个历史阶段用以惩罚本族人的手段，通过剃发和刺面，把本族人变得和俘虏来的越族奴隶一般，从而让他们失去族内的身份和尊重。这是对本族罪犯最轻的惩治，如果犯有更严重的过错，当然也要和外族奴隶一样，承受刀锯斧钺带来的其他重刑。

以上便是兵刑同源的来历，刑罚有一个从对外族到内外通用的扩大过程，而从中可以看出，古代刑罚的精神内核，起初在于把人奴隶化、贱等化。

秦汉的刑罚措施虽然比起三代有很大改变，更具体系，但精神内核则基本相似。

最重的刑罚当然是死刑，秦及汉初官定的死刑包括但不限于弃市、枭首、磔与腰斩。所谓"官定"，是指确切可见于出土的秦简与汉简的律文中。

弃市的意思，通常认为是将罪犯于闹市中公开行刑。唐人颜师古对这一名称解释为"弃市，杀之于市也。谓之弃市者，取刑人与市，与众弃之也。"实则仍是一种羞辱性的"社死"行为。名称很好理解，但至于怎么行刑算弃市，因为文献不足引起了激烈争议。目前主要有斩首、绞刑两种主流观点。

持斩首观点者，比较有力的证据为东汉经学家郑玄注释《周礼》时所用的一句：

> 斩以铁钺，若今要[1]斩也。杀以刀刃，若今弃市也。

但严格来讲，"若今弃市"只能证明东汉时弃市是用刀刃而非绞刑，不能推及秦与汉初。

再往前一些的旁证有刘彻同时代的著作《淮南子》。其中描述用刑时称：

> 然而立秋之后，司寇之徒继踵于门，而死市之人血流于路。(《淮南子·氾论训》)

学者认为绞刑不至于出现"血流于路"的情形，故"死市之人"更有可能是被斩首。这一证据其实也不太充分，弃市是死刑中最轻的基准刑，判处弃市之罪者的确多是在闹市中被杀死，但不代表其他死刑就不在闹市行刑了。比如秦丞相李斯在"具五刑"之后，就腰斩于市；汉景帝时晁错最后的结局也是"腰斩于市"。这说明"死市之人""血流于路"，未必都是因为弃市。

学界支持绞刑观点者，常引用的论据有二。一出自《后汉书·吴祐传》：

> 至冬尽行刑，(毋丘)长泣谓母曰："负母应死，当何以报吴君乎？"……因投缳而死。

然而这段记载里，甚至没有提及毋丘长被判处的究竟是不是弃市罪，径因"投缳而死"四字推断出弃市为绞刑，未免有些武断。

另一论据出自1986年天水放马滩秦墓出土的一段简文：

---

1 要通腰。

> 七年，丹矢伤人垣雍里，中面，自刺矣。弃之于市，三日，葬之垣雍南门外。三年，丹而复生。

大意是说：有一个叫作丹的人，伤人后自尽，被"弃之于市"，三年之后丹又死而复生。这大约是一个秦以前的迷信故事。前文说过，即便是迷信、谣言，其逻辑、细节仍应符合真实事理和时代特征，所以从丹的故事确实可以考察秦的刑罚。学者认为，假如丹的"弃之于市"是被处以斩首，断首之人死而复生的故事很难令时人信服，故弃市应为绞刑。不过严谨来讲，这个故事里，丹首先是选择了自刺。仅从文字里，我们无法判断出他是自刺以后没死，又被处以弃市，还是自刺死亡后，只是他的尸体被"弃之于市"。在古代，将罪犯尸体陈诸市集是常见的做法。更何况，按照秦法，丹犯下的伤人罪，还远远达不到需要弃市的标准。故这里的"弃之于市"，仍然很难有力证明绞刑观点。

2022 年，陈侃理先生又提出新解，认为弃市的具体操作方式为割颈，"刀割喉部，切断颈动脉"，但是不断其首。此处也备一说。

相较而言，我认为秦至汉初的弃市，可能只代表处理罪犯尸体的方式，而并不特指某种具体行刑手段。一个罪犯被判弃市罪，有可能被任意一种方式杀死，弃市只是说明他死后，尸首将遗弃在公共场所。

同理，枭首也是如此，他只是指将把罪犯首级悬挂示众，作为羞辱警示。虽然的确要先断犯人之首，但"枭首"二字的侧重点，显然不在于告诉你用什么方式取得首级，而在于如何处理首级。

磔刑这一名称有相同特点，它的含义历来蒙昧不清，争议很大。有一种曾经较为普遍的观点认为"磔"便是车裂。如《后汉书·董卓传》："恨不得磔裂奸贼于都市，以谢天地！"章怀太子李贤注此"磔"字曰："磔，车裂之也。"不过这应该是李贤的误解，此文句里，"裂"才是指分裂尸体。至于"磔"字与"裂"字，究竟是同义并列关系，抑或状语修饰关系，似乎难以确论。另一种观点认为"磔"是凌迟，这个结论如果放在唐宋以后还算合理，因为凌迟之刑出现本身便晚。若以为秦汉时"磔"也是如此，便不确了。

了解秦汉时的磔刑，还是应当对"磔"字做一番训诂才行。《说文解字》："磔，辜也。"对于"辜"字，段玉裁注云："周礼：杀王之亲者辜之。郑注：辜之言枯也，谓磔之。按辜本非常重罪，引申之、凡有罪皆曰辜。"大意是，"辜"是一种重罪和重刑，将犯人"辜之"，等同于将其"枯之"，或"磔之"。

段注又对"磔"字做进一步解释："按凡言磔者，开也，张也，刳其腹而张之，令其干枯不收。"段玉裁的理解是，"磔"字的含义主要是指"张开"，磔刑大概是把人像屠宰猪羊一样开膛破肚，把胸腔腹腔往两边张开，取走五脏六腑。

严格来说，"刳其腹"是段玉裁对于"开张"之意的联想，并不一定符合磔刑的特征，究竟是指把犯人的腹腔打开张开，或纯粹只是伸张展开人的肢体，以便将其固定在某处，我以为如果没有进一步的证据，后者的可能性要更大一些。这么认为是有依据的。

同为东汉人的高诱曾经为《吕氏春秋》作注解，其中有一句："伯劳夏至后应阴而杀蛇，磔之于棘而鸣于上"。大意是指：伯劳鸟会将蛇杀死之后，将其尸首悬挂在荆棘之上。其实不独是蛇，伯劳会将自己捕捉的几乎任何大型猎物的遗体，包括其他鸟类、蛙类、鼠类等，整个地悬挂在树枝，一点点撕扯着进食。

高诱虽是东汉末人，比起清朝的段玉裁，离《说文解字》作者许慎显然近得多。而他对于"磔"字的用法，应该也更类似许慎，更符合秦汉人的理解。高诱说伯劳鸟杀蛇之后"磔之于棘"，"磔"字应该就是将伸展的蛇尸固定在树枝之意，并没有开膛破肚的多余意思。观察生物界伯劳鸟的真实进食特点，就能证明这一点。

因此我们再来看《后汉书·董卓传》那句"恨不得磔裂奸贼于都市"，"磔裂"之意，大概也是先将其身体四肢张开固定，再行车裂。"磔"是为了"裂",而非"磔"等同于"裂"。

再看同是东汉人班固所著《汉书》,其中对"磔"字的使用:

> 章坐要斩,磔尸东市门。(《汉书·云敞传》)

> 尊于是出坐廷上,取不孝子悬磔著树,使骑吏五人张弓射杀之。(《汉书·王尊传》)

都可以看出几个特点,比如磔的对象甚至不一定是活人,可以是尸首,这和伯劳的行为也相符。既然可以是尸首,那么把"磔"当作死刑中怎么处死人的方式便不太合理了,应当认为,"磔"字单纯就是指把犯人四肢张开固定,这样做包含有两个目的,一是为了方便行刑处死,如上述第二条引文之例;一是为了将其尸首固定在公众场合示众羞辱,如第一条引文之例。综上,秦汉时的磔刑,应该是指处死(可能与弃市一样运用任意手段)、固定(或先固定再处死)、暴晒尸体(干枯之)示众的完整过程链。

由此我们也发现,磔、枭首、弃市的命名方法,可能有着类似的思维模式。它们都不侧重于如何处死,而侧重于如何处理尸体。

汉景帝时期曾"改磔曰弃市,勿复磔"。对此更准确的理解,应是原来犯人需要固定在木桩之上暴晒示众,但改为弃市之后,只是伏尸于众,至少亲属可以很快前来为其收尸,程度上的确较减轻了一些。

与上述几种死刑相比,腰斩是最能顾名思义知其如何用刑的,故争议最少,也是法定死刑中最重者。程令政在《秦及汉初刑罚制度研究》中认为腰斩"有强烈的军刑性质,其初始应该是军刑,后来才进入到普通死刑的序列中来"。腰斩的意思比较清晰,此处便不再赘述。唯在读史料时需注意,有时腰斩之刑会只用一个"斩"字作为简称。

以上为几种可见于律文的死刑,秦汉时真正处死人,还有车裂、坑杀、烹杀、醢(剁为肉酱)等多种残酷形式。

死刑以下，为肉刑，按程度从重至轻包括腐刑、刖刑、劓刑、黥刑。

腐刑即以破坏男女生殖系统为手段的刑罚，之所以以"腐"为名，是因为遭刑之后，人便"如腐木不生实"。根据《二年律令·具律》，"有罪当腐者，移内官，内官腐之"，意思是腐刑是在宫中由专门人员施行的，故也称宫刑。

刖刑有时也叫作膑刑或剕刑，可能在早前它们所指的受刑部位不同，但是在汉初基本刖刑就意味着砍去左脚，假如在此基础之上再犯罪，会连右脚也一并砍去。

劓刑即割去鼻子，黥刑即在面上刺字，同样都是通过改变罪犯的面貌，使其有别于常人，从而达到令其"社死"之目的。

《二年律令·具律》载：

> 有罪当黥，故黥者劓之，故劓者斩左止（趾），斩左止者斩右止（趾），斩右（趾）者腐之。

这是一个累犯如何加罪的示例，理论上一个人身体可以叠满所有肉刑。尤其值得一提的是，学者已经通过出土简文研究发现，劓刑和刖刑似乎很少独立存在，它们是被当作黥刑的加刑存在的。意思是，当一个人要被判处劓刑或刖刑时，他肯定同时也被刺了面，黥刑就像是一个肉刑的必加选项。

肉刑以下，还有髡刑（剃发）、耐刑（剃去须鬓）。除此之外，便是徒刑，包括城旦舂、鬼薪白粲等等，即无偿为官府干苦力。

如前所说，当时刑罚的精神内涵仍然是把人奴隶化。奴隶化有两个概念，一是指外形上，显然肉刑、髡刑、耐刑都是；二是指使用上，显然徒刑便是。所以秦汉时肉刑和徒刑往往结合在一起判罚，一个人在被剃发、刺面或割鼻之后，还要继续干苦力以偿罪。

汉文帝十三年对肉刑体系进行了改革，主要是以鞭笞代替肉刑。本来应当割鼻的，用鞭笞三百下代替；当刖刑的，用鞭笞五百下代替；本来只需要黥刑的，则改成髡刑。宫刑在文帝时一度也是废除的，只不过仅在景帝即位元年的诏书中有提及，没有更多详细资料。

文帝改革肉刑的初衷是通过减轻惩罚，保护有限劳动力的身体，毕竟"刑者不可复属"，断掉的肢体是没办法复原的。但实际效果未必如愿，特别是鞭笞的执法轻重，全在行刑者掌握。行刑者往往对看不顺眼之人用更大气力抽打，罪犯承受不到法定鞭数便气绝身亡。若是有意对某人放一马，手下稍轻，笞刑则形同虚设。故笞刑被认为"外有轻刑之名，内实杀人"。景帝时又先后两次降低鞭笞数量，直到降至原刖刑笞两百，原劓刑笞一百。即便如此，鞭笞仍不是一项公平的刑罚手段，一直到东汉末、三国时，屡屡有提议恢复肉刑者，他们的理由不是觉得笞刑太轻不足以惩恶，反而是觉得其实际效果重得令人难以承受。

汉初另有一项废除又复用的制度是"夷三族"，这一手段往往针对重罪死刑犯。三族是指罪犯的父母、兄弟、妻与子女，按照《汉书·刑法志》的介绍，罪犯本人要"具五刑"，就像李斯一样。所谓具五刑，是指把黥、劓、刖等肉刑统统体验一遍，然后鞭杀，并枭首示众，最后把尸体剁成肉酱，假如这个人受刑时嘴里有诽谤诅咒之言，还要提前割掉他的舌头。至于他的三族，是普通弃市还是也需要具五刑，则不得而知。

> 汉兴之初，虽有约法三章，网漏吞舟之鱼。然其大辟，尚有夷三族之令。令曰："当三族者，皆先黥，劓，斩左右止，笞杀之，枭其首，菹其骨肉于市。其诽谤詈诅者，又先断舌。"故谓之具五刑。彭越、韩信之属皆受此诛。

《刑法志》称汉初功臣异姓诸侯王彭越、韩信，都曾被夷灭三族。而前文曾提及，酷吏王温舒甚至被刘彻诛灭了五族，又是一项划时代的制度创新。

486　　有为：汉武帝的五十四年

太始二年

（公元前95年）

● 刘彻六十二岁 ●

田仁与任安

是时候插叙两个人了，一个叫作田仁，一个叫作任安。他们两个出身有别，经历有异，但在命运安排之下走入了同一个幕府，又将在不久的将来卷入同一场政治风波。

田仁的父亲叫作田叔，是战国时期齐国王室后裔，在高祖初年担任赵王张敖的郎中。张敖是刘邦故人张耳的儿子，也是刘邦和吕后的女婿。在刘邦统一剿灭异姓诸侯王时，如何处理身份较为特殊的赵王张敖，着实动了一番脑筋。最后他借一桩莫须有的谋逆案，将女婿废王为侯，总算留了一条小命。当时所有赵国官吏鲜有敢依附张敖者，只有田叔等十余人自称赵王家奴，情愿一同治罪。田叔一登场，便是刚正不阿的忠直形象，故被刘邦提拔为汉中郡守，之后也深得文、景二帝信任，卒于鲁国相任上。

田仁是田叔的幼子，年少时便因壮健为卫青舍人。舍人不是什么官职，类似于就食的门人宾客。由于屡次从军奋击匈奴表现不错，田仁被卫青推荐入宫担任郎中，几年之后，就提拔为丞相长史，不过很快因事失了官。但似乎他只是失官而并未失宠，因为后面他不但接受了监察河南、河东、河内三郡的重要使命，还得以跟随刘彻一同东巡，又升迁为负责长安和近畿治安的京辅都尉。他最后的职务是司直，职责为辅佐丞相检举百官不法之事。从这一系列任命来看，几乎都是和监察相关，看来田仁和父亲一样，有比较刚硬的性格。

司马迁在《史记·田叔列传》中透露说，这篇列传主要是为了称颂田叔之贤，而田仁恰好和我交情不错，所以顺带提及一下。"仁与余善，余故并论之"。所以关于田仁的事迹，篇中总共不过短短一百余字。

另一位我们要介绍的任安，其实也是司马迁的好友，不过在《史记》中，太史公甚至提都没有提到他。西汉博士褚少孙为这部史著添补了不少资料，这才为我们提供了两人更多信息。

按照褚博士的说法，任安是荥阳人。荥阳北有黄河便利运输线，旁有著名粮仓敖仓，一直是战国以来战略位置极重要、经济水平最发达的大城市之一。不过再富庶的城市，也有难以聊生的贫民阶层，任安就是悲苦底层中的一员。年轻的他并不愿接受这样的命运，于是找到一份为人赶车的活计，趁着工作便利，来到无数人梦寐向往的大汉首都长安。在那里，矗立着帝国最繁华的宫阙，流动着人间最真实的欲望，生活着一群权力和财富到达顶峰的神秘人物，也聚集着天南地北企图改变自身命运的老少"西漂"。每个人来到长安，手里都像捏着一张不知真伪的藏宝图。据说曾有人按图索骥寻到了富贵和权位，更多的人则在不断的失望和失意中无限轮回。

任安试着在长安寻找一份差事做，哪怕只是个小吏。但他的希望很快破灭，因为"未有因缘也"。长安不是个完全看能力的地方，天下九州的能人异士齐聚于此，谁没有点不同于人的本事呢？比起才能，因缘也就是机会才是最重要的。"因缘"两个字很有意思，"因"可以理解为依靠，"缘"可以理解为人缘。一个孤苦伶仃、无亲无故的底层百姓，长安可未必易居。

任安转变思路，主动落户在右扶风西界的武功县（今陕西省西安市周至县西）。选择这个地方有两层原因，一是因为县小人少，又没有什么豪族名门，普通士民容易在这样竞争相对公平的小县城脱颖而出，获得良好名声。二是因为武功县离长安的距离并不远，直线距离不到一百公里，有什么出色的事迹也很容易传到京城要人耳中。任安总算在当地得到了一份亭上的工作。亭负责管辖区域内的治安和接待，通常由亭长带领求盗（负责治安）和亭父（负责洒扫接待）二人主事，李广当年夜猎过晚犯了宵禁，被当地都尉强留在亭上过了一夜才放回城，这就是亭的招待住宿功能。任安起初不过是替人偶尔当一当求盗或者亭父，大约是工作表现不错，后来自己升任亭长。武功县居民经常集体出外打猎，总是由任安根据每人特点分配具体任务，结束以后又统一分配猎物。假如某人缺席，任安也会一眼就发现。当地百姓对任安的公平与能力十分信任尊敬。

关于集体出猎和分配猎物的事情，汉著《九章算术》也有体现。

> 今有大夫、不更、簪褭、上造、公士，凡五人，共猎得五鹿。欲以爵次分之，问各得几何？（《九章算术·衰分》）

可见当时分配物品，未必皆以各自在打猎中的角色或功劳，有时也要参考每个人的爵级。像这种时候，由官方人物主持分配，更容易服众。

任安最后成功担任了武功县的县长，年俸禄为三百石。汉朝超过万户的县为大县，首长称县令，俸禄在六百石至一千石；而万户以下的为小县，首长称县长，俸禄从五百石至三百石不等。由此也可看出，武功县确实是小县中的小县。可能正是地小财薄，有一次刘彻出行路过武功，任安的招待工作不尽如天子意，因此被罢免。

任安下一次登场，便是和田仁同在卫青幕府为舍人。按照褚少孙的记录，两人虽在府中"同心相爱"，却因为家贫，没有钱去卫青家里的总管处打点，故而也得不到大将军的赏识。直到少府赵禹奉旨来卫青处选人，才在众人从中独独看重任安与田仁，此时卫青犹以二人贫穷而觉得颇丢脸。当刘彻召见任、田时，问及他们各有什么长处，田仁回答道："提桴鼓立军门，使士大夫乐死战斗，仁不及任安。"任安也答道："夫决嫌疑，定是非，辩治官，使百姓无怨心，安不及仁也。"于是刘彻根据他们的特点，各尽其才安排了职事，两人因此立名天下。

这个故事的真实性可能存在问题。一来他们只是被选为郎官，还远没到安排重要职务的阶段。二是他们与卫青的关系并没有那么糟糕。赵禹担任少府是在元朔五年至元鼎二年之间（前124—前116年），而元朔六年（前123年），任安正在担任大将军幕府中的长史一职，已经受到重用。当元狩四年（前119年）霍去病如日中天时，卫青许多门客都改投霍之幕府，《史记·卫将军骠骑列传》称唯独"任安不肯"，说明这一年任安依然在卫青府中。那么赵禹挑选任安、田仁的时间，就只剩公元前119至公元前116年这一段。而这段时间里，显然任安并不像褚少孙说的那么不受卫青待见。

故极有可能，任安和田仁都是卫青当作人才主动推荐给刘彻的，也正是这层缘故，他们才分别被刘彻委以重任。田仁刺举三河和京畿时，河南、河内两郡太守都是御史大夫杜周的父兄子弟，河东太守则是丞相石庆子孙，杜周本人和石氏族人都出面向田仁求情，田仁拒不接受，最后三河太守全部下吏诛死。刘彻因此认为他不畏强权，一路将其提拔至丞相司直，秩比二千石，名声威震天下。

我之所以把田仁和任安两人的传记放在此篇记述，也并非随意编排。虽然二人的事迹多没有清晰标明年代，但御史大夫杜周就卒于此年，所以田仁刺举这些要郡，最迟也不会晚于此年。

而任安先为益州刺史，后又被任命为监北军使者。北军的意义在刘彻前后期虽不可同日而语，但仍然是长安城内比较重要的一支军事力量，能够亲承皇命监督此军，充分说明其能力与见信。

两个因能力得到刘彻信任的才俊，五年之后将同时因失去刘彻的信任被处死。普通人的生与死，成与败，往往只在大人物的一念之间。

太始三年

（公元前94年）

● 刘彻六十三岁 ●

赵地、赵国与赵人

这一年发生的事，都与赵地、赵国、赵人有关。

"赵地"是一个大概念，说到这个概念时，往往是指战国末期七雄之一赵国曾管理过的疆域。具体来说，包含如下：

> 北有信都、真定、常山、中山，又得涿郡之高阳、鄚、州乡；东有广平、巨鹿、清河、河间，又得渤海郡之东平舒、中邑、文安、束州、成平、章武，河以北也；南至浮水、繁阳、内黄、斥丘；西有太原、定襄、云中、五原、上党。（《汉书·地理志》）

赵地人往往剽悍冲动、生活放纵奢侈，倡优之人较多也是当地一大特色。自统一之后，赵地始终属于比较难以管理的区域。

此处说到的"赵国"，则是特指刘彻时代的诸侯国，它仅仅只占了赵地的极小一部分。其他部分当然曾经也属于赵国，只不过在文、景二帝处置诸侯国的进程中，要么划归了中央，要么设置了其他小的诸侯国，比如河间国、中山国等。

而文献谈及"赵人",常常狭义指赵国之人,广义指赵地之人,有时需要注意区别。

这一年的第一件事,与一赵地之女子——刘彻后宫的赵婕妤有关。

赵婕妤是赵地河间国人,因居住在钩弋宫,也称作钩弋夫人,此年她为刘彻生下了最后一名儿子:刘弗陵,也就是后来的汉昭帝。关于这一对母子的事情,还要先放一放,留待后面再详说。

这一年的第二件事,则是赵国邯郸人江充被任命为水衡都尉。由于不久他就要在刘彻在位最大一案中扮演重要角色,所以是时候来认识一下此人的来历。

江充本名江齐,字次倩,他的妹妹江氏善于鼓琴歌舞,虽然史书没有透露,但很可能两人也是出自赵地传统的倡优家庭。江充本人得到赵王刘彭祖的赏识,列为上宾,而江氏则嫁在赵太子丹后宫。赵王刘彭祖前面已经做过一些介绍,他是刘彻的异母兄,景帝十四个孩子里面,他与刘彻活得最久。相比其他诸侯王,刘彻对他非常宽容,甚至默许他不断揭发朝中大臣之罪,主父偃和张汤之败,都有刘彭祖参与其中。按照这样的设定,江充生活在一个天子比较信赖的诸侯王国中,又得到此诸侯王的宠幸,他应该有着极其光明的前途。

接下来发生的事情改变了江充与赵国的命运,也深刻影响着帝国的走向。先看一下史书原文如何描写:

> 久之,太子疑齐以己阴私告王,与齐忤,使吏逐捕齐,不得,收系其父兄,按验,皆弃市。齐遂绝迹亡,西入关,更名充。诣阙告太子丹与同产姊及王后宫奸乱,交通郡国豪猾,攻剽为奸,吏不能禁。书奏,天子怒,遣使者诏郡发吏卒围赵王宫,收捕太子丹,移系魏郡诏狱,与廷尉杂治,法至死。(《汉书·蒯伍江息夫传》)

按照原文的意思,太子丹和江充之间突然发生了严重冲突,太子丹疑心他在赵王面前告发自己的"阴私",抓捕不得,便逮捕了江充的父亲和兄长,全部弃市处死。江充遂西向逃入长安,向天子状告太子丹与姐姐、父亲后宫淫乱,同时勾结郡国豪杰在国内为非作歹,无视朝廷下派的官吏。刘彻闻讯大怒,遣使者发郡兵包围赵王宫,抓住太子丹,下狱判处死罪。

那么导致太子丹和江充决裂的根本原因,就在于太子丹的"阴私"问题。根据江充在刘彻面前揭发的内容来看,似乎此"阴私"包含两项:一是淫乱问题;二是勾结郡国豪杰问题。不过起初太子丹只是怀疑江充在赵王面前告状,假如是第二项内容,则完全没有理由需要担心。作为诸侯国之储君,平时结交各类人物是再正常不过的事情,赵王对儿子的交游状况也未必不知。故太子丹在意的"阴私",应该主要还是与姐姐、父亲后宫淫乱之事。

那么问题就来了,江充的妹妹本就嫁与太子丹,江充的未来,可以说全在妹妹与妹夫身上,他有什么理由要在赵王面前揭发,导致太子丹有可能在父亲面前失宠,甚至失去继位的可能呢?所以整件事情的过程可能如下:江氏在太子丹那里并不受宠,她得知这些淫乱的"阴私",以此为要挟,逼太子丹专宠自己,否则就鱼死网破,让哥哥江充在赵王面前告发。于是太子丹先下手为强,"使吏逐捕齐(充)",抓捕未果后又杀其父兄,以免任何知情人在赵王面前走漏风声。史书虽然没有交代,但江氏自己应该也在此事中逃难一死。

太子丹起初只在意淫乱问题被揭发,不代表第二项联结豪强的问题就不存在。至少江充到刘彻面前告发时,刘彻更关心的肯定是后一项。集权中央总是一要提防诸侯国,二要提防地方豪强,三要提防他们联合起来。

如前所说,刘彻对赵王刘彭祖这位兄长给予了充分信任,只不过刘彭祖已经持国数十年,早晚要让位于太子,太子还值不值得这份信任,那就难说了。从刘彻大发雷霆,立刻派人严审太子丹来看,显然答案是否定的。

刘彭祖为了救儿子,上书情愿从军击匈奴,"极尽死力,以赎丹罪",刘彻仍然没有批准。太子丹最后结局在《汉书》里存在两个看似矛盾的记

太始三年(公元前94年) 493

录,《蒯伍江息夫传》称"竟败赵太子",《景十三王传》称"久之,竟赦出",未知孰是。而参考《史记·五宗世家》,则是说"充告丹,丹以故废,赵更立太子"。看起来,太子丹最后的确被赦免死罪,但同时也被废除了继位资格。

因为此案,江充走进了刘彻的视野。刘彻第一次召见他时,他故作姿态,请求穿着自己平时的服装觐见。于是江充亮相时,"衣纱縠襌衣,曲裾后垂交输,冠襌纚步摇冠,飞翮之缨",完全一副神仙中人模样。加上他身材魁岸,相貌堂堂,刘彻一时大为惊异,忍不住对左右说:"燕赵固多奇士!"

刘彻问以政事,江充也侃侃而谈,这大约正是他当时能成为赵王座上宾的资本。后江充毛遂自荐,请愿出使匈奴,回国之后刘彻对其愈发欣赏,终于在天汉二年(前99年)任命他为绣衣使者,负责督捕三辅盗贼,同时禁察踰侈,即整治奢靡之风以及僭越行为。三辅指的是原内史之地,太初元年(前104年)分为京兆尹、右扶风、左冯翊,是关内长安近畿。相比关东群盗纷起的情况,三辅的盗贼压力实际更小一些,更偏重的还是针对高官贵戚"禁察踰侈"。

因此我们看到江充在绣衣使者任上的成绩,没有关于捕盗,只有举劾奢僭的贵戚近臣,将他们的财产没收充公,人则充军击匈奴。江充天汉二年(前99年)为绣衣使者,天汉四年刘彻发"七科谪"给李广利出征,有一类便是罪吏。一时之间,贵戚近臣人人惶恐,纷纷请愿出钱赎罪,刘彻批准他们按照官职高低缴纳不同数量,最后竟然收到数千万的军费。既解决了官僚贵族骄横问题,又一定程度补充了战争所急需的人和钱,简直一举三得。通过这些事,刘彻觉得江充此人刚正不阿,办事得力,对他很是信赖。

为了说明江充手段强硬,不避贵戚,《汉书》还特意举了两件具体案例。

一件是馆陶长公主带着随行车骑在驰道上前行,这是不符合礼制的,江充发现后果断上前呵止。长公主辩称自己得到了"太后诏"特许。江充仍然铁面无私，按照规矩只放公主一人独行，其余车骑全部没收充公。

> 充出，逢馆陶长公主行驰道中。充呵问之，公主曰："有太后诏。"充曰："独公主得行，车骑皆不得。"尽劾没入官。（《汉书·蒯伍江息夫传》）

这件事其实是有疑点的，馆陶长公主最迟在元鼎元年（前116年）就已去世，而她所称的"太后"无论是窦太后还是王太后，都死于更早时候，江充如何能在天汉二年之后遇见十几年前已卒的公主，还口称拿着更早卒的太后的诏令或遗诏呢？所以司马光在编撰《资治通鉴》时写到江充，就没有采用此事。

另一件事和太子刘据有关，与上述事件比较相似。江充跟随刘彻在甘泉宫的时候，遇见太子的使者乘马车在驰道上行走，江充作了同样的处置。太子闻讯，十分惶恐，特意遣人向江充谢罪，称自己倒不是爱惜几副车马，而是不愿意让父亲知道此事。太子此言其实已经说得非常直白，他希望江充帮助自己隐瞒，以免破坏他在刘彻心目中的形象，最终影响顺利继位。

要不要接受太子私托，其实是个重大到可能影响生命和前途的抉择。顺水推舟应承下来似乎也无不可，毕竟刘彻年高，太子不出意外会在不久的将来继承帝国，早点卖个人情与他未尝不是好事。这么做的风险是，大臣私下结交太子是个让任何皇帝都非常敏感的问题，假如此事被第三人甚至是政敌知道，作为把柄爆料到刘彻面前，自己的政治生涯可能也就立刻到了头。赌未来还是赌现在，江充选择了后者，将此事一五一十原原本本向刘彻上奏，刘彻因此非常满意，大赞道："为人臣子，就应该这样。"言下之意是忠诚第一，而不考虑其他。从此江充更见信用，威震京师。

这两件事情过于相似，疑心可能馆陶长公主那件是流传过程中的讹变，太子一事则可能是事实。在此案之中，江充与太子产生了一些不可弥合的矛盾，有一种观点认为这是几年后"巫蛊之祸"的一大内因。

此年，江充被提拔为水衡都尉，这是刘彻在元鼎二年（前115年）新设置的一个重要官职，掌管皇家园林上林苑。徐卫民总结"上林苑自武帝扩大后，功能增加，不只为皇家游猎之地，而是一个包括宫殿台阁、山水园池、祈祷求仙、听政受贺、手工业加工等活动为一体的园林"。其实不止如此，上林苑中还有屯兵，还储积各类奇珍异宝，以及通过告缗政策收缴上来的大量财富。由于苑中事务比过去远远增加，不能仅靠原先的少府一并打理，故增加水衡都尉一职，秩二千石。上林苑的经营收入一度占到帝国的五分之三，每年为皇室增加约2.3亿钱，这么重要的一个地方，其长官必然需要由天子十分信赖之人担任。

江充在水衡都尉任上以权谋私，照顾了一大帮子亲朋好友，"宗族知友多得其力者"，在忠直的表面下，他似乎并没有刘彻先前所认为的那样无私。江充很快就犯事被免了职，按照他的性格，必不会就此放弃原本平步青云的仕途，他将在短暂的蛰伏中努力寻找讨好刘彻，让自己重新冒头的另一个机会。

太始四年

（公元前93年）

- 刘彻六十四岁

寂寞的独白：《报任少卿书》

喜好总是带着主观因素的，如果要评西汉第一文章，我个人的意见是，非司马迁的《报任少卿书》莫属。

顾名思义，《报任少卿书》是太史公写给好友任安的一封回信。这封信写于何年，学界有两种意见。一种认为写于征和二年（前91年），因为信中提到任安犯有死罪，事实上任安也确实因那一年的巫蛊之祸被诛。另一种意见发端自清末学者王国维，他认为此信写于这一年——即太始四年，主要理由是司马迁还提到了写信当年刘彻的一些行程，对照文献只有这一年符合；另外刘彻曾提到任安犯有死罪而"吾常活之"，可见任安不止面临一次死亡，故放在此年更为合适。

《报任少卿书》不仅仅是一篇文学上的不朽之作，由于它还跟司马迁的个人命运，与刘彻晚期的史实紧密相关，所以也是一篇重要的历史文献。不仔细阅读和理解此文，就无法更好地走入太史公内心，无法更深刻理解《史记》一书的旨意，无法更身临其境体会身处刘彻时代的个体感受。

正因为意义重大，笔者虽然拙于文情，还是要斗胆把《报任少卿书》意译一下：

"少卿足下：

"承蒙您之前赐书，规劝我务必要谨慎待人接物，为君上推荐贤能人士。足下情真意切，言语之间仿佛有责怪我随波逐流，不遵教诲之意。我何敢如此！我虽资质愚钝，总算也曾听闻过前辈长者的风姿，心向往之。只不过如今，我躯体已经残缺，又身处污秽之中，动辄得罪主上，越是努力弥补，越是受到指责，所以满腹抑郁而无人可语。俗话说：'为谁而行，叫谁来听？'钟子期一死，伯牙便终身不再弹琴。士为知己者死，女为悦己者容。像我这种本质已经缺损之人，就算才能如随侯珠、和氏璧那么罕有，品行如许由、伯夷那么高洁，也不足以自尊自荣，只不过刚好可以增他人笑料而自取其辱而已。

"本应及时答复足下来信，正值跟随主上东巡，之后又扰于各种烦琐贱事，相见之日少之又少，匆忙之间竟然抽不出时间向足下尽叙衷肠。如今少卿您遭遇不测之罪，而不久的十二月我就要随主上去雍地祭祀。唯恐足下突遭不幸，而我将再无机会一抒心中愤懑，让您在天之灵留下无穷遗憾，所以请允许我在此处略微陈述心中鄙陋的想法，万勿见怪。

"我曾听闻，懂得修身是智慧的源头，乐善好施是仁心的起点，学会取舍是道义的象征，为耻辱而发是勇气的标准，立千古之名是终极的追求。士人如果具备这五种品行，足以跻身君子、扬名于世。所以，祸莫大于逐利，哀莫大于心死，品行之丑恶莫大于玷污先人，对尊严之侮辱莫大于遭受宫刑。凡受宫刑者，自古以来不配与人并论，而称作'刑余'。当年卫灵公与宦者雍渠同车共载，孔子以为非礼，毅然离开卫国；商鞅得宠，全凭宦者景监引荐，赵良因此顿觉寒心；孝文帝让宦者赵同一起乘车，袁盎见之脸色大变。从古至今，人人贱视刑余之人，概莫能外。只要事关宦者，普通人尚且倍感耻辱，何况世间慷慨之士！如今朝廷虽缺人才，也不至于沦落到要让一个刑余之人来引荐天下豪俊。

"我有幸凭先人庇荫在主上跟前担任卑微的职务，至今已二十余年。我自视，既不能尽忠诚信，有任何奇谋与才能可得陛下重视；也不能拾遗补缺，招贤进能，为朝廷网罗天下人才；既不能充军作战，攻城略地，立斩将拔旗之功；也不能积累功劳，加官进爵，为宗族亲友增光添彩。既然一无是处，可见我平日无非也是苟合度日，得过且过，对朝廷没有一丝贡献。我曾经有过厕身下大夫之列的机会，得以在议政之时附和几声。当时我没有殚精竭虑，伸张纲纪，现在身为残废之贱人，再来昂首展眉大谈是非，岂不是轻视朝廷，又将把满朝士大夫置于何处？呜呼！呜呼！到了我这一步，还有什么可说！什么可说！

"况且，世间之事，起因结果本来就难以辨明。我自小就没有不羁之才，成人以后又无乡里美誉。主上看在先父分上，让我凭着浅薄的伎俩，出入宫禁之中。我自思，戴盆[1]何以望天，因此杜绝宾客来访，抛却家中私事，日夜所想，唯有如何竭尽绵薄之力，一心守职奉献，期望能够得到主上信赖。

"然而凡事总有事与愿违者。我和李陵都在内朝供职，平日交往不多，趣味也大有不同，从未一起举杯相邀，共尽殷勤之欢。不过我平时观察李陵之为人，堪称奇士。他事亲极孝，交友重信；在钱财面前秉持廉洁，取舍合乎礼义；对长幼尊卑分别对待，或恭敬、或礼让、或谦卑，无不周到备至；平日经常怀着奋不顾身，为国赴死的志愿。他一贯以来的表现，我认为当得起'国士之风'四字。

"为人臣子，当国家有难，能够完全不顾生死挺身而出者，已经鲜有。如今李陵执行任务稍有不当，那些只顾保全身家性命的大臣便跟风指责，落井下石，我怎能不感到痛心。何况李陵以不满五千人的步卒，深入匈奴之地，脚踏单于王庭，亲临虎穴，横挑强敌，独抗亿万之师，勇战十余日，所杀匈奴远超汉军伤亡。胡虏以至于无暇救治伤员，贵族以下莫不惊怖惶恐。于是单于大发左右贤王之兵，悉举全族引弓之民，以一国之力围

---

[1] 戴盆有两种解释，一种是头上扣着盆，一种是头上顶着盆，是古人一种运货的方式，似应以后者为是。不管何种解释，都是说这种姿态和举头望天相冲突。此处指有顾虑杂念则无法一心做事。

攻李陵一军。而李陵转斗千里，矢尽路穷，士卒死伤不断，救兵却始终不至。然而此时李陵一声令下，士卒仍然无不抹干血泪，听命而起，以空弩作战，冒匈奴白刃，人人杀敌不已。

"李陵尚未战败时，有使者来报军情，满朝公卿争相举杯庆贺。几日后军败之信传来，主上听闻寝食不安，上朝时愁眉深锁，郁郁寡欢，而满朝大臣虽然内心忧惧，却没有任何计策应对。我见主上凄惨哀痛，故没有考虑自己身份低微，想略尽愚忠为主上解忧。我以为李陵能与士卒同甘共苦，故人人甘愿为其效死，即使古来名将，也不过如此。虽然身陷匈奴，我揣测他的真实意图，或许是想寻找机会继续报效大汉。事已至此，诚无可奈何。但要论李陵此战所经历的险情、所摧败的敌人，实在无愧于天下人。

"我怀着这样的想法，却没有途径为主上陈说。恰好主上召见问及此事，我便如实讲述，赞扬李陵之功。我的本意是宽慰主上，让他不受那些无端指责的干扰。然而可能是我表达不够清晰，明主以为我是借夸赞李陵来攻击贰师将军，于是将我打入诏狱。我一腔拳拳的忠诚，再也无法自陈。

"主上批示了我'毁谤君主'的罪名，我家境贫穷，无钱自赎，也没有一个朋友出面营救，主上左右亲信更没有一人为我仗义执言。我并非木石之躯，以区区肉体交于法吏之手，深陷囹圄之中，还能向谁喊冤呢？这些都是少卿您亲眼所见，我行事难道不是一向如此耿直吗？李陵生降匈奴，从此陇西李氏声名尽毁；而我又下入蚕室，更被天下人耻笑。可悲！可悲！这些事情，无法向俗人一一解释。

"我的先祖不是什么开国元勋，而所掌管的文、史、星、历等职事，与占卜、巫祝类似，只不过是主上当作倡优蓄养，平时嬉戏玩弄的对象，连世俗之人都不太瞧得起这些。假如我伏法受死，就像是九牛一毛，与蝼蚁有什么分别？世人也不会拿我与那些殉节义士相比，只会以为我平庸无能、罪大恶极，自取灭亡而已。这种结果是我向来没有任何成就导致的。人固有一死，有重于泰山者，也有轻于鸿毛者，取决于为何而死。最杰出的人不辱没先祖，其次者不辱没自己的名声，再次者可以不看他人脸色，再次者可以不受言语凌辱，再次者不得不对人卑躬屈膝，再次者沦为罪人，身受各种刑罚，而最不堪的，便是遭受宫刑者，宫刑是施加在人身上最极致的侮辱。

"传曰：'刑不上大夫。'这是说必须勉励士人节操，让他们懂得耻辱。猛虎处于深山之中，百兽无不震恐，一旦堕入陷阱、身陷木笼，也不得不摇尾乞食，毫无尊严，这是因为人使用暴力约束训练的结果。有羞耻之心的士人，本来即使画地为牢，也耻于身处其中，即使面对木偶做的法吏，也决不开口接受审讯，而是在这之前便会自我了断。如今我却手脚交叉，戴着枷锁，赤身露体接受捶打，身陷于高墙之内。在这种情势下，一见狱吏便叩首求饶，一见牢头便心生恐惧，这也是暴力约束导致的结果。事已至此，再谈什么义不受辱，只不过是强要面子罢了，不值一提。况且，西伯侯姬昌身为诸侯之长，曾被幽禁于羑里；李斯身为秦朝宰相，终被施加五刑；韩信身为诸侯王，也在陈县戴上枷锁；彭越、张敖身为一方之主，皆下狱治罪；绛侯周勃诛杀吕氏，权倾天下，最后被囚禁于悔过之室；魏其侯窦婴担任大将平定七国之乱，也曾披上囚衣身戴三层镣铐；义士季布曾卖身为朱家之奴，猛士灌夫曾受辱于居室。这些人哪个不是名扬天下的王侯将相，一旦被治重罪，都不能自行了断。尘世之中，古往今来莫非如是，哪有真能永不受辱者？由此可见，勇敢还是怯懦，强大还是弱小，皆由情势决定，这个道理显而易见，无足可怪。人不能提前自裁，等受到凌辱鞭打时再来殉节，岂不是舍近求远？古人所以不轻易对士大夫用刑，正因如此。若论人之常情，谁不贪生怕死，谁不挂虑父母亲戚，谁不怜惜妻子儿女？只有那些愤激于大义之人，出于不得已才选择毅然赴死。我不幸早失双亲，又没有兄弟，孤身一人独立于世，少卿您看我平时对妻子儿女如何？况且勇者不一定非要为名节而死，怯懦之人若向往大义，也能殉节。我虽怀怯懦苟活之心，同时也知道生死和名节的关系，怎会自甘堕落选择牢狱之苦刑罚之辱呢？奴婢之辈都有能自行了断者，何况于我！之所以我默默忍受屈辱，苟且偷生，身陷粪土一般的环境中而绝不肯死，只因内心还有未了志愿，痛恨自己文章不能传于后世就草草死去罢了。

"古之人生而富贵，死后名声磨灭的，数不胜数。只有那些才能超拔，异于常人者，才能著称于世。西伯侯被幽禁而推演《周易》；孔子陷于困顿而创作《春秋》；屈原被放逐而赋有《离骚》；左丘明眼盲而写成《国语》；孙膑遭膑刑，《兵法》因此问世；吕不韦贬谪蜀地，世间流传《吕氏春秋》；韩非被囚禁于秦国，诞生了《说难》《孤愤》名篇。包括《诗经》三百余篇，大抵都是圣贤为抒发内心愤懑而作。大凡人内心有所郁结而无法诉说，便记述往事，以待来者共鸣。就像左丘明和孙膑，身已残废，终不得用，于是退而著书以缓释激愤之情，期望借作品来袒露心迹。我自不量力，近来用不太高明的文笔，网罗天下行将湮灭的旧闻轶事，作了一番考证，推究其中兴亡成败之规律，上至轩辕黄帝，下止于今时今日，写成十篇《表》、十二篇《本纪》、八篇《书》、三十篇《世家》、七十篇《列传》，总计一百三十篇。大抵是为了探究天道与人事之关系，梳理古往今来社会之变迁，成就一家之言。只不过还在草创期间，我就遭遇大祸，因为担心书不能写成，所以即使接受最耻辱的极刑也没有显露怒色。如今书已著成，我将藏之于名山，交给合适之人，待将来再流传于世。如此，前面所受的侮辱便得到了补偿，届时再披重刑也万死不辞。内中情理，只能解释给智者听，而很难为俗人一一道来。

"再者，处于逆境并不是一件容易的事，处于卑贱之位者往往多遭非议。我因为口舌之祸被乡党耻笑，侮辱先人，还有何面目再去拜祭父母之坟。即使再过百世，这种耻辱也只会日益深重。因此我每日愁肠百转，在家则恍恍惚惚，仿佛失了魂，出外则犹豫踟蹰，不知该往何处去。每每念及这种耻辱感，未尝不汗流浃背，沾湿衣襟。身为刑余之人，难道还有资格学隐士退居山林岩穴吗，所以不得不与世俗时势同流合污，随波浮沉，来抒发狂乱之情。

"如今少卿足下教诲我推贤进士，不是和我的私心相悖了吗？就算我用漂亮的理由自我粉饰，自我开脱也无济于事，世俗之人非但不会相信，反而只会令我更加自取其辱。可能只有等我死后，世人对我的是非评论才能真正盖棺论定。

"书信未能完整表达心意，只是大致陈说我浅陋的内心。"

原谅我拙劣的文笔，不能把司马迁这封书信里浓厚的情感贴切翻译到位，故本章之后仍照旧把原文附录。但即便从我打了很大折扣的表述里，相信也能体味太史公对于受宫刑耻辱的满腹幽愤，以及忍辱负重、发愤著书的顽强意志。

司马迁将宫刑视为对人格尊严最极致的侮辱，"最下腐刑，极矣"，相比较而言，死亡反而更容易接受。且按照一个士人的标准，在面对法吏拷问之前，就应果断选择自行了断，"定计于鲜也"。他本人并非真的贪生怕死，他既"侧闻长者之遗风"，也明白"生死去就之别"，尽管他自谦地称"怯懦，欲苟活"，但同时又称自己"早失父母，无兄弟之亲"，妻子儿女更完全不在顾虑之内，临辱而死，"臧获婢妾"都能做到，对他来说也并非难事。不过人都有一死，为什么事而死，意义却大有不同。司马迁当然也能因为李陵仗义执言，招惹口舌之祸而毅然赴死，但这样轻易告别人世，除了让世间人觉得他罪有余辜、辱没先人，没有任何价值。接受宫刑当然也极大损毁家声，但假若加以数年，能够将父亲临终前所托的那部"究天人之际，通古今之变，成一家之言"的史书完成并流传于世，无论对司马氏，还是他们父子二人，都有十足重要的意义，甚至之前所受的所有屈辱都可补偿，"虽万被戮，岂有悔哉"！司马迁认为这些曲折的内心"可为智者道，难为俗人言"，这句话看似普通实则沉痛，可想而知隐忍偷生的他，当时一定受尽了俗人的种种道德指责。

司马迁还在信中用非常豪壮、详细的语言，描绘了李陵与匈奴的战争过程。如前所说，这些细节应该来自此战之中李陵幸存的四百多名部下。无论《报任少卿书》写于此年，还是更往后的征和二年（前91年），都是作于李陵彻底被打成汉奸投降派之后，而司马迁在此信里仍固执地夸赞李陵，四度下评价称其"自守奇士""有国士之风""虽古之名将，不过也""功亦足以暴于天下"，并没有因为治罪受刑便扭曲一以贯之的价值观来迎合取容。这种有些不太懂得左右逢源的坚持和勇敢，让我们更加相信若不是心有遗憾，他的确并不畏死。

司马迁在信中还交代了《史记》一书记事的起讫时间，"上计轩辕，下至于兹"，不过这个"于兹"究竟是讫于哪一年，说得不明不白，以至于形成了许多不同观点。但无论哪种观点，有一个事实是共识，即司马迁记事的结束之年，肯定晚于他的父亲司马谈原先设定的时间。在《太史公自序》里，对于《史记》起讫时间有另一个描述，"卒述陶唐以来，至于麟止，自黄帝始"。刘彻获麟是在元狩四年（前119年），我们相信这个结束点是老太史令的设计，因为他所打算完成的史书是欲比肩《春秋》的，而《春秋》就结束于获麟。司马迁则把元狩四年之后很多年里发生的事情也记录下来，想必其中一定有他无法舍弃，甚至不惜违背父亲原始设定的原因，比如如实记录李陵事件。

写《报任少卿书》的时候，司马迁已经担任中书令，这是一个离皇帝非常亲近且越来越重要的职位，或许这是刘彻冷静下来以后对他的一种补偿。在这封信之后，司马迁就无声无息地死去了，不知死因，不知死年。一个成就最杰出史书的史学家，却没有人记录下他人生最后几年的历史。

附录九：司马迁《报任少卿书》

太史公牛马走司马迁再拜言。

少卿足下：

曩者辱赐书，教以顺于接物，推贤进士为务，意气勤勤恳恳。若望仆不相师，而用流俗人之言，仆非敢如此也。仆虽罢驽，亦尝侧闻长者之遗风矣。顾自以为身残处秽，动而见尤，欲益反损，是以独郁悒而谁与语。谚曰："谁为为之？孰令听之？"盖钟子期死，伯牙终身不复鼓琴。何则？士为知己者用，女为说己者容。若仆大质已亏缺矣，虽才怀随和，行若由夷，终不可以为荣，适足以见笑而自点耳。书辞宜答，会东从上来，又迫贱事，相见日浅，卒卒无须臾之间，得竭指意。今少卿抱不测之罪，涉旬月，迫季冬，仆又薄从上雍，恐卒然不可为讳，是仆终已不得舒愤懑以晓左右，则长逝者魂魄私恨无穷。请略陈固陋。阙然久不报，幸勿为过。

仆闻之：修身者，智之符也；爱施者，仁之端也；取与者，义之表也；耻辱者，勇之决也；立名者，行之极也。士有此五者，然后可以托于世而列于君子之林矣。故祸莫憯于欲利，悲莫痛于伤心，行莫丑于辱先，诟莫大于宫刑。刑余之人，无所比数，非一世也，所从来远矣。昔卫灵公与雍渠同载，孔子适陈；商鞅因景监见，赵良寒心；同子参乘，袁丝变色：自古而耻之！夫以中才之人，事有关于宦竖，莫不伤气，而况于慷慨之士乎！如今朝廷虽乏人，奈何令刀锯之余，荐天下之豪俊哉！

仆赖先人绪业，得待罪辇毂下，二十余年矣。所以自惟：上之，不能纳忠效信，有奇策才力之誉，自结明主；次之，又不能拾遗补阙，招贤进能，显岩穴之士；外之，不能备行伍，攻城野战，有斩将搴旗之功；下之，不能积日累劳，取尊官厚禄，以为宗族交游光宠。四者无一遂，苟合取容，无所短长之效，可见于此矣。向者，仆常厕下大夫之列，陪外廷末议。不以此时引维纲，尽思虑，今已亏形为扫除之隶，在阘茸之中，乃欲仰首伸眉，论列是非，不亦轻朝廷、羞当世之士邪？嗟乎！嗟乎！如仆尚何言哉！尚何言哉！

且事本末未易明也。仆少负不羁之行，长无乡曲之誉，主上幸以先人之故，使得奉薄伎，出入周卫之中。仆以为戴盆何以望天，故绝宾客之知，忘室家之业，日夜思竭其不肖之才力，务一心营职，以求亲媚于主上。而事乃有大谬不然者！夫仆与李陵俱居门下，素非能相善也。趣舍异路，未尝衔杯酒，接殷勤之余欢。然仆观其为人，自守奇士，事亲孝，与士信，临财廉，取与义，分别有让，恭俭下人，常思奋不顾身，以徇国家之急。其素所蓄积也，仆以为有国士之风。夫人臣出万死不顾一生之计，赴公家之难，斯已奇矣。今举事一不当，而全躯保妻子之臣，随而媒孽其短，仆诚私心痛之。且李陵提步卒不满五千，深践戎马之地，足历王庭，垂饵虎口，横挑强胡，仰亿万之师，与单于连战十有余日，所杀过半当。虏救死扶伤不给，旃裘之君长咸震怖，乃悉征其左、右贤王，举引弓之人，一国共攻而围之。转斗千里，矢尽道穷，救兵不至，士卒死伤如积。然陵一呼劳军，士无不起，躬自流涕，沫血饮泣，更张空弮，冒白刃，北向争死敌者。

陵未没时，使有来报，汉公卿王侯皆奉觞上寿。后数日，陵败书闻，主上为之食不甘味，听朝不怡。大臣忧惧，不知所出。仆窃不自料其卑贱，见主上惨怆怛悼，诚欲效其款款之愚，以为李陵素与士大夫绝甘分少，能得人死力，虽古之名将，不能过也。身虽陷败，彼观其意，且欲得其当而报于汉。事已无可奈何，其所摧败，功亦足以暴于天下矣。仆怀欲陈之，而未有路，适会召问，即此指推言陵之功，欲以广主上之意，塞睚眦之辞。未能尽明，明主不晓，以为仆沮贰师，而为李陵游说，遂下于理。拳拳之忠，终不能自列。因为诬上，卒从吏议。家贫，货赂不足以自赎，交游莫救，左右亲近不为一言。身非木石，独与法吏为伍，深幽囹圄之中，谁可告愬者！此真少卿所亲见，仆行事岂不然乎？李陵既生降，隤其家声，而仆又佴之蚕室，重为天下观笑。悲夫！悲夫！事未易一二为俗人言也。

506　　有为：汉武帝的五十四年

仆之先，非有剖符丹书之功，文史星历，近乎卜祝之间，固主上所戏弄，倡优所畜，流俗之所轻也。假令仆伏法受诛，若九牛亡一毛，与蝼蚁何以异？而世又不与能死节者比，特以为智穷罪极，不能自免，卒就死耳。何也？素所自树立使然也。人固有一死，或重于泰山，或轻于鸿毛，用之所趋异也。太上不辱先，其次不辱身，其次不辱理色，其次不辱辞令，其次诎体受辱，其次易服受辱，其次关木索、被箠楚受辱，其次剔毛发、婴金铁受辱，其次毁肌肤、断肢体受辱，最下腐刑，极矣！传曰："刑不上大夫。"此言士节不可不勉励也。猛虎在深山，百兽震恐，及在槛阱之中，摇尾而求食，积威约之渐也。故有画地为牢，势不可入，削木为吏，议不可对，定计于鲜也。今交手足，受木索，暴肌肤，受榜箠，幽于圜墙之中。当此之时，见狱吏则头枪地，视徒隶则正惕息，何者？积威约之势也。及以至是言不辱者，所谓强颜耳，曷足贵乎！且西伯，伯也，拘于羑里；李斯，相也，具于五刑；淮阴，王也，受械于陈；彭越、张敖，南面称孤，系狱抵罪；绛侯诛诸吕，权倾五伯，囚于请室；魏其，大将也，衣赭衣，关三木；季布为朱家钳奴；灌夫受辱于居室。此人皆身至王侯将相，声闻邻国，及罪至罔加，不能引决自裁，在尘埃之中。古今一体，安在其不辱也？由此言之，勇怯，势也；强弱，形也。审矣，何足怪乎？夫人不能早自裁绳墨之外，以稍陵迟至于鞭箠之间，乃欲引节，斯不亦远乎！古人所以重施刑于大夫者，殆为此也。

　　夫人情莫不贪生恶死，念父母，顾妻子，至激于义理者不然，乃有所不得已也。今仆不幸，早失父母，无兄弟之亲，独身孤立，少卿视仆与妻子何如哉？且勇者不必死节，怯夫慕义，何处不勉焉！仆虽怯懦，欲苟活，亦颇识去就之分矣，何至自沉溺缧绁之辱哉！且夫臧获婢妾，犹能引决，况仆之不得已乎？所以隐忍苟活，幽于粪土之中而不辞者，恨私心有所不尽，鄙陋没世，而文采不表于后世也。

　　古者富贵而名摩灭，不可胜记，惟倜傥非常之人称焉。盖文王拘而演《周易》；仲尼厄而作《春秋》；屈原放逐，乃赋《离骚》；左丘失明，厥有《国语》；孙子膑脚，《兵法》修列；不韦迁蜀，世传《吕览》；韩非囚秦，《说难》《孤愤》；《诗》三百篇，大底圣贤发愤之所为作也。此人皆意有所郁结，不得通其道，故述往事、思来者。乃如左丘无目，孙子断足，终不可用，退而论书策，以舒其愤，思垂空文以自见。

仆窃不逊，近自托于无能之辞，网罗天下放失旧闻，略考其行事，综其终始，稽其成败兴坏之纪，上计轩辕，下至于兹，为十表，本纪十二，书八章，世家三十，列传七十，凡百三十篇，亦欲以究天人之际，通古今之变，成一家之言。草创未就，会遭此祸，惜其不成，已就极刑，而无愠色。仆诚以著此书，藏诸名山，传之其人，通邑大都，则仆偿前辱之责，虽万被戮，岂有悔哉！然此可为智者道，难为俗人言也。

且负下未易居，下流多谤议。仆以口语遇此祸，重为乡党所笑，以污辱先人，亦何面目复上父母丘墓乎？虽累百世，垢弥甚耳！是以肠一日而九回，居则忽忽若有所亡，出则不知其所往。每念斯耻，汗未尝不发背沾衣也！身直为闺阁之臣，宁得自引深藏于岩穴邪？故且从俗浮沉，与时俯仰，以通其狂惑。今少卿乃教以推贤进士，无乃与仆私心剌谬乎？今虽欲自雕琢，曼辞以自饰，无益，于俗不信，适足取辱耳。要之，死日然后是非乃定。书不能悉意，故略陈固陋。谨再拜。

（摘自《昭明文选》）

征和元年

（公元前 92 年）

● 刘彻六十五岁 ●

巨变的前奏

"征和"是刘彻使用的第十个年号，按照应劭的解释，代表着"征伐四夷而天下和平"的美好愿望。这一年刘彻已经六十五岁，多年来努力求仙并没有让他的身体停止衰老，以如此高龄还思索着继续征伐四夷，不得不说他的精力和追求真不是一般人能够想象。匈奴是他一生之敌，或许是这个老对手始终没有彻底解决，让他心里颇有遗憾的缘故，他似乎不能接受付出了那么多财力人力代价，却像打了一辈子没有结果的仗。

"天下太平"也确实是他毕生的志愿，从他即位初年策问贤良屡屡提及恢复圣王太平盛世秩序就能够看出，不过至少在前面快五十年的现实来看，大汉的兵威是足够强盛了，疆域是更加广阔了，文化是愈发繁荣了，只是百姓的日子离"太平"的目标，好像总隔着一些不远不近的距离。

征和年间能不能兴太平，谁也说不准。

这一年的前三个季度，帝国都在宁静之中度过，除了三月有一次告别：陪伴刘彻最久的兄弟赵王刘彭祖也离开了人世。景帝之子终于只剩高高在上的天子一人，不知道刘彻收到丧报时，究竟心里是轻松多一些，还是孤独多一些。他有一首传世作品《秋风辞》：

秋风起兮白云飞，
草木黄落兮雁南归。
兰有秀兮菊有芳，
怀佳人兮不能忘。
泛楼船兮济汾河，
横中流兮扬素波。
箫鼓鸣兮发棹歌，
欢乐极兮哀情多。
少壮几时兮奈老何！

鲁迅认为仅从这首作品来看，"缠绵流丽，虽词人不能过也"，即使和专业文人相比也不遑多让。之所以写得好，除了和刘彻一贯的文学素养有关，可能也和他对于衰老的忧伤的确发自肺腑有关。这首词的写作年代很难考实，但大致写于刘彻四十四岁至六十岁之间。如今渡尽劫波，兄弟皆不在了，他对于年华衰逝的感受，想必也更为深切。

难得的宁静到年底就被两件事打破。其一是十一月的时候，刘彻居住在建章宫，恍惚间见一男子仗剑闯入龙华门到了禁中。刘彻既怒且惧，命人捉拿，男子弃剑而走，在众人眼皮底下神秘失踪。不知道这究竟是刘彻衰朽产生的幻觉，还是真有人打算行刺，但一个人在守卫森严的禁宫里来去自如，让刘彻非常恼怒，他斩首了镇守宫门的门候，开始对这名男子发动大范围搜捕。搜捕方向主要是两个，一个是上林苑，由于苑中山林茂密，宫阁众多，很容易藏身，故刘彻大发三辅骑士，兴师动众一齐入苑搜查男子行踪；另一个地点是长安城内，男子极有可能没有及时出逃，仍躲在城中，刘彻下令即时封城大搜，十一日之后未果才放开，这段时间，"待诏北军征官多饿死"。

这一事件始终没有一个合理解释，但《汉书》在此事之后立刻跟了一句"巫蛊起"，即认为灵异男子的出现，与紧接着发生的第二件事，以及下一年的巫蛊之祸之间，可能存在着一定的联系。

第二件事指的是公孙贺家族遭遇大案。说此事之前，需要回顾和介绍一下公孙贺其人其族。

公孙贺的祖父在《史记》《汉书》中有时叫作公孙浑邪，有时叫作公孙昆邪。无独有偶，当初被霍去病在河西走廊击败而投降的匈奴王，也时而写作浑邪王，时而写作昆邪王。这不但说明浑邪、昆邪是同一个词汇的不同写法，似乎还暗示着公孙浑邪可能和匈奴浑邪部族有某种关系。实际上，公孙浑邪的确是胡人，他籍贯在北地郡义渠县（今甘肃省庆阳市宁县），这个地方曾经是西戎义渠族的领地，后来被秦吞并。一个生活于义渠族故地的人，又以浑邪族为姓名，我们很难由此确定他究竟是来自浑邪的移民，或是浑邪本就和义渠是同源一族。不过公孙浑邪本人应该是从小就接受着胡汉两种文化的共同熏陶，他不但有骑射之能，在景帝时任陇西太守并参与平定七国之乱有功，而且还著有学术著作十余篇，是一个不可多得的文武双全人才。

公孙浑邪还和李广有过交集。景帝时李广为上谷太守，如前所说，当时对抗匈奴的策略就是被动防御，在边境全部谨守这一战略思想时，只有李广经常和匈奴开战。公孙浑邪曾经流着眼泪劝景帝说：李广才气天下无双，但他过于自负，"数与虏敌战"，一旦有闪失，大汉将失去一位不世英才。这番话出于什么目的一向有争论，其中的确侧面印证了李广的卓异才能，但可能更多的还是对李广过于冒险风格的委婉批评。

公孙贺是公孙浑邪之孙，"少为骑士，从军数有功"，应该指的是一直跟随祖父在边境御敌，也练就了一身本领。刘彻还是太子时，公孙贺就担任太子舍人，算是亲信。故刘彻即位之后，他很快就升迁至太仆，列位九卿。公孙贺还娶了卫皇后的姐姐卫君孺，这桩婚姻没有刘彻的首肯显然不大可能成功，从此公孙贺又从亲信变成了卫氏外戚集团一员，更见宠幸。在刘彻征伐匈奴的前期，公孙贺常常随卫青共同出征，数有功勋，不过在那一次大规模的酎金案中，他也丢了侯爵。好在他终究是刘彻连襟，爵位更不过是天子随口予夺之物，故在太初二年（前103年），刘彻决定拜公孙贺为丞相，再次赐爵列侯。

这一次拜相的过程略有些曲折，公孙贺非但没有因为可以荣登宰执之位而兴高采烈，反而顿时涕泪横流伏地不起，死都不愿意接受任命。这是因为自从当年八十岁的老丞相公孙弘去世后，历届继任者几乎没有一个能落得好下场，李蔡、庄青翟有罪自杀，赵周下狱而死，唯一善终者石庆也在任上频频被刘彻严厉谴责。大汉丞相在建国一百年后，不但成为花瓶摆设，还俨然是一份高危职业。

公孙贺哭着拒绝道："臣本是边鄙之人，一向以鞍马骑射为官，才能实在不够担任宰相。"

刘彻见他如此战栗悲哀，一时也被赚下泪水，但是嘴里说的却是吩咐左右"扶起丞相"。感动归感动，任命还是不能推辞。

于是尴尬的一幕发生了，公孙贺赖在地上绝不肯起，刘彻见状拂袖而去，干脆把他一个人留在原地。公孙贺这才拜谢起身。左右还奇怪他为何不肯担任丞相这么一份拥有光明前途的官职，公孙贺哭着道："主上这么贤明，我的能力又不够背负这份责任，总之我是完蛋了。"

> 初，贺引拜为丞相，不受印绶，顿首涕泣，曰："臣本边鄙，以鞍马骑射为官，材诚不任宰相。"上与左右见贺悲哀，感动下泣，曰："扶起丞相。"贺不肯起，上乃起去，贺不得已拜。出，左右问其故，贺曰："主上贤明，臣不足以称，恐负重责，从是殆矣！"（《汉书·公孙刘田王杨蔡陈郑传》）

公孙贺委婉表达刘彻太贤明，"明"则容易发现别人过错，所以这个年代的丞相不太好当，动辄见罪。

其实征和元年已经是他当丞相的第十二年，比起前面几任已经年限很长，算是一路平稳，这当然和他外戚身份不无关系。只不过有些事该来的，总归还是躲不掉。

公孙贺的儿子公孙敬声，补父亲之缺担任太仆一职，仗着父子都是高官，自己又是天子之侄，平日骄奢枉法，这一年竟然挪用了北军一千九百万军费。刘彻震怒，将公孙敬声下狱问罪。救子心切的公孙贺走投无路，想了个办法向刘彻求情。恰好刘彻同时在全国缉捕关中闻名的游侠朱安世，公孙贺便毛遂自荐，愿通过抓捕此人立功，来为儿子赎罪。刘彻应允了下来。

朱安世很快便被捉拿归案，不过在听说公孙贺的想法之后，他却大笑道："离丞相祸及宗族不远了，我即将揭发的他的罪恶，用尽南山之竹也记录不尽。"

朱安世所要告发的究竟是什么内容，留待下一年再说。

汉武帝时期丞相表

姓名	任职期限	年限	去职事由
卫绾	建元元年（前140年）	1年	免职
窦婴	建元元年—二年（前140—前139年）	2年	免职
许昌	建元二年—六年（前139—前135年）	5年	免职
田蚡	建元六年—元光四年（前135—前131年）	5年	病逝
薛泽	元光四年—元朔五年（前131—前124年）	8年	免职
公孙弘	元朔五年—元狩二年（前124—前121年）	4年	病逝
李蔡	元狩二年—五年（前121—前118年）	4年	有罪自尽
庄青翟	元狩五年—元鼎二年（前118—前115年）	4年	有罪自尽
赵周	元鼎二年—五年（前115—前112年）	4年	下狱死
石庆	元鼎五年—太初二年（前112—前103年）	10年	病逝
公孙贺	太初二年—征和二年（前103—前91年）	13年	下狱死
刘屈氂	征和二年—三年（前91—前90年）	2年	有罪腰斩
田千秋	征和四年—后元二年（前89—前87年）	3年	

征和二年

（公元前 91 年）

● 刘彻六十六岁 ●

长安城里的巫术

朱安世在狱中称公孙家族之罪罄竹难书，然而《汉书》实际列举的，主要为以下几条：

> 安世遂从狱中上书，告敬声与阳石公主私通，及使人巫祭祠诅上，且上甘泉当驰道埋偶人，祝诅有恶言。（《汉书·公孙刘田王杨蔡陈郑传》）

这段话里共有三件事，第一件公孙敬声与公主私通，比较好理解；第二件"巫祭祠诅上"说的是向鬼神诅咒刘彻；第三件"上甘泉当驰道埋偶人，祝诅有恶言"是完整的一个过程，在刘彻去甘泉宫的必经驰道地下埋设木偶，然后下恶毒诅咒。第二和第三略有差别，可能出于两种不同的巫师文化系统。不少学者认为在地下埋物，是胡巫的做法。匈奴就经常派巫师在汉军行军路线上预先埋入牛羊，行巫蛊之事。同样，前文曾提及，刘彻也曾在大军出发前使巫觋丁夫人、虞初等对匈奴和大宛进行过诅咒，用的应该就是上述第二种方法。

各种巫蛊之术，都传播汇入中原之地，民间对于此类事情，往往持"宁可信其有"的态度，有必要不妨用之。而朝廷对行巫蛊一事，则当成一种或许有神秘力量的禁忌，天子与朝廷用之当然无碍，但必须尽量阻绝其他人私下使用，毕竟，谁知道他们行巫蛊术时，诅咒的对象是不是天子本人。

在秦时，朝廷甚至专门设有秘祝官。唐人张守节在《史记正义》中解释这个官职的职责：一旦有灾异出现，秘祝官便作法，向鬼神祈祷灾难不祸及君上，而是转移到百官及百姓身上。

> 谓有灾祥，辄令祝官祠祭，移其咎恶于众官及百姓也。

这一秘祝制度直到汉文帝十三年（前167年）才废除。而在这之前，汉文帝还有另一条诏令，大意是民间有人会诅咒皇帝，往往官吏认为这是大逆之罪，假如确实是因为朝廷朝令夕改、承诺百姓的事情没有做到，那么这类情况下的恶意诅咒就由他们去吧。这条诏令被认为是文帝惠政之一，但是也从侧面说明，在这之前，包括之后绝大多数情况下，针对天子的诅咒都是大逆死罪，与秘祝官移过百姓的做法一比，就能看出权力下的"双标"。

无论是秘祝官，还是文帝所说的民间"祝诅上"，似乎都是最前面所说的第二种巫术，没有埋物于地下这一环节。不过到了刘彻时代天汉二年（前99年），首次出现对另一种巫术的禁令：

> 秋，止禁巫祠道中者。大搜。（《汉书·武帝纪》）

王子今先生等学者认为这里所禁者，与朱安世所告公孙敬声的"当驰道埋偶人，祝诅有恶言"是同一类。原文里的"大搜"，指的正是搜查地下所埋之物。这种巫术虽然环节更复杂，要之目的是一样的，都是转移灾祸给特定人物，或随机过路之人。

既然在八年前就已下达禁令，那么公孙敬声私下行此巫术必然有违令之罪，何况朱安世所交代的埋物之地是天子法驾行走的驰道，针对的当然是刘彻本人，毫无疑问这是一条不可饶恕的死罪。

这一案的审理时间极长，牵连甚广。一月，主犯公孙贺和公孙敬声父子先死于狱中，全家族灭。四月，与公孙敬声私通的阳石公主也被处死，一起被杀的还有诸邑公主、卫青长子长平侯卫伉等。两位公主都是刘彻的亲女儿，部分学者认为都是卫子夫所生。

年老体衰的刘彻在此案里受到了一定程度的惊吓。通过调查，无论是长安城的官吏居民，还是后宫的那些美人，使用各种巫术互相诅咒攻击的比比皆是，甚至不乏直接针对天子本人的。刘彻为此大怒，不惜处死了数百人。然而杀得越多，他内心越是疑惧，不知道还有多少人藏在暗处悄悄诅咒。某个白天他打盹，梦见几千个木偶拿着棍子前来攻击自己，一下子惊醒过来，自此身体每况愈下，经常神情恍惚若有所失，记忆力大幅下降。正欲借势再起的江充趁机向他奏言，称刘彻的病全是因为行巫蛊者还没有彻底抓捕归案。刘彻想起那个恐怖的白日梦，觉得言之有理，遂派江充为使者，大治巫蛊案。

这一年的夏天，病恹恹的刘彻由马车一路送到甘泉宫避暑调养。而他离开后的长安城，即将兴起一场始料未及的改变帝国政局和无数人命运走向的大乱。

巫蛊之祸

江充起初搜捕行巫蛊者，集中在宫外。他以一些胡巫为助手顾问，四处搜寻调查。他本意不过是为了借此机会东山再起，故查案之中不妨使些栽赃嫁祸的手段，然后强行拷打逼使屈服，务求把案件无限扩大，立功越多越好。巫蛊案在他手里，从长安城波及三辅之地，再到各大郡国，前后被判死罪者达数万人。

而刘彻的疑心并没有因此得到缓解，他不但开始怀疑吏民，甚而至于觉得左右亲近都可能在行巫蛊之事。江充揣摩得他的心思（以上在《汉书·蒯伍江息夫传》），让一名叫作檀何的胡巫进言，称宫中也有蛊气，假如不除之，天子之病终不能痊愈（以上在《资治通鉴》）。江充因此继续担任使者，得以在宫中横行。刘彻同时还派了三人协助：按道侯韩说、御史章赣、黄门苏文（以上在《汉书·武五子传》）。黄门本就是近侍，御史又是天子私属，韩说则和早死的兄长韩嫣一样，都是刘彻幸臣。以此三人出面辅助，江充相当于手握三个人形的天子使节，愈发有恃无恐。

江充在宫中无处不入，随意掘地搜查凭证，后宫那些鲜少得到宠幸的夫人，几乎都被搜查了一遍，最后终于到达卫皇后和太子宫中。（以上在《汉书·武五子传》）

理论上，江充治巫蛊所立之功已经远超预期，似乎没有必要一定波及太子刘据。《资治通鉴》认为，这可能与江充一早就和太子有嫌隙有关。除此之外，三名辅助中的黄门苏文也和他有私怨。有一次太子拜见皇后，第二天才离开。苏文得知后便在御前告状，称太子和皇后宫中的宫女嬉戏，大约是想说他荒淫不避嫌。刘彻听后倒没有怪罪，反而觉得太子可能是服侍的人太少，大手一挥给他把宫人数增加至两百人。此事虽未引起波澜，却让卫皇后内心极为痛恨，她和太子的命运是一体的，任何攻击太子以欲摇动继位权者，都是他们母子的深仇死敌。苏文和另外几个刘彻近侍经常侦察太子的过错，好在卫皇后和太子平时行为端正，没有遭到致命的谮毁。（以上在《资治通鉴》）

由江充领衔，苏文辅助，搜捕巫蛊很难不针对太子，毕竟二人都担心他在不久的将来即位后会秋后算账。江充率人在皇后母子宫内大肆挖掘破坏，宫中甚至"无复施床处"（以上在《资治通鉴》）。最后，一行人果然在太子处挖得桐木人（以上在《汉书·武五子传》）许多，又有帛书上写着大逆不道的诅咒（以上在《资治通鉴》），决定立刻快马上奏身在甘泉宫

征和二年（公元前91年）

的老皇帝。

太子此时也惶惧不已,赶紧跑去问老师太子少傅石德。

石德同样非常惊恐,他道:"前不久丞相父子、两公主及卫氏都因为巫蛊被诛,如今使者在你宫中搜到证据,是栽赃还是真有此事,你已经无以自明。为今之计,只有假称有天子使节,迅速逮捕江充等人,穷治其奸诈之罪。况且皇帝身在甘泉宫养病,连皇后派人问候都没有回信,现今是存是亡都不可知,焉知使者不是假承上命?太子难道忘了秦朝扶苏的下场了吗?"(以上在《汉书·武五子传》)

太子惶然道:"我身为人子,怎么可以擅自诛杀父亲使者。不如亲自前往甘泉谢罪解释,或者可得宽恕。"

太子并没有成功地离开长安城前往甘泉宫,因为此时江充也已经在宫中四处派人准备抓他归案。(以上在《资治通鉴》)太子无计可施,最后还是听从老师的策略,派遣门客诈称是刘彻派来的使者,要将江充等人一起逮捕。韩说怀疑有诈,被太子门客当场格杀,苏文、章赣逃亡(以上在《汉书·武五子传》),江充等人被扣住,太子亲自将其斩首,又将协助江充的胡巫焚杀在上林苑中。(以上在《汉书·蒯伍江息夫传》)

太子一不做二不休,又使人持节入未央宫告知卫皇后,打开武库取走兵器,发宫中战车和长乐宫守卒进行自卫。一时长安城中吏民惊扰,开始有传言称太子准备起兵谋反。

而幸免于难的苏文逃归甘泉宫,在刘彻面前痛诉太子的种种大逆不道行为。起初刘彻并不在意,他道:"太子必然是因为内心忧惧,又愤恨江充,才如此应对。"

为解决事端,刘彻再次派出使者往长安召太子前来甘泉。使者未到长安便不敢再进,反而回来禀报,称太子一心造反,想杀自己。

刘彻这才相信大怒。(以上在《资治通鉴》)

此时,刚刚继公孙贺新上任的丞相刘屈氂也派了使者前来报信,称太子发兵攻打丞相府。

518　有为:汉武帝的五十四年

刘彻问使者道："丞相做了什么应对？"

使者答道："丞相先对外保密，暂时没有命令，还不敢发兵。"使者此对，大概是想暗示刘屈氂临危不惧，谨慎有序。

不说还好，一说刘彻更怒，道："外头已经传得纷纷扬扬，丞相保的这是什么密？丞相难道不知当年周公诛管蔡之事吗？"（以上在《汉书·公孙刘田王杨蔡陈郑传》）

"周公诛管蔡"指的是西周周公旦不徇私情，杀死叛乱的兄弟，此故事一向被当作史上美谈。刘屈氂是中山靖王刘胜之子，辈分上正好是太子堂兄弟。刘彻言下之意，假如太子果真谋反，刘屈氂身为宰执，也应该以大局为重，果断发兵平定内乱。

刘彻说完便亲自赐书给刘屈氂，书中称："凡逮捕和斩杀谋反者，自然论功行赏。但总体要以牛车为盾防御，不要短兵相接，不要多杀伤。紧闭城门，不要放谋反者出逃。"（以上在《汉书·公孙刘田王杨蔡陈郑传》）

这封信相当于定了平叛的主基调，可以看出，刘彻可能对太子谋反一事始终还心有疑虑。尽管他以周公诛管蔡喻示刘屈氂，但似乎更重在平乱和围困，意在令太子投降缴械，而不在于将其立刻诛杀。

刘彻自己也很快从甘泉出发，驻扎在长安城西的建章宫，下诏发三辅周边的县兵，全部交由丞相统领。而同时在长安城内，太子不知外情，也向百官宣告称："天子病在甘泉，疑有奸臣作乱谋变。"（以上在《汉书·公孙刘田王杨蔡陈郑传》）太子口中的奸臣，当然是指江充等，他的宣言是想在城中为自己争取更多的支持者。

太子为增加自己军队实力，大赦城中囚徒为兵，又遣人持节召长水及宣曲两支胡人骑兵来助力。刘彻使者马通追斩了太子派遣之人，反引胡骑到长安平叛。

太子又亲自坐车到北军南门之外，赐监北军使者任安使节，任安默默接受了使节，但进入军营之后就闭门不出。太子无奈离去，驱赶长安市集中数万人为兵，到达长乐宫西门外时，恰逢丞相军，双方合战五日，死者数万，鲜血染红了长安城中无数沟渠。(以上在《汉书·公孙刘田王杨蔡陈郑传》)由于民间的舆论都认为是太子谋反，故支持太子者愈见少(以上在《汉书·武五子传》)。

太子见大势已去，逃至长安城城南东面的第一座城门，司直田仁本来按照诏令紧闭城门，但认为毕竟是刘彻父子之间的矛盾，还是应该留有一线，最终还是放太子出城而去。刘屈氂本欲立刻斩首田仁，御史大夫暴胜之道："司直，好歹也是二千石官员，杀之前应该请示一下。"不擅权杀人，本来的确是臣子的明哲保身哲学，不过也要看处于什么情势之下。刘彻之所以下诏闭城，不让反者逃亡，正是为了要留住太子查验事实，因此他对暴胜之的理由大为光火，严厉问罪，暴胜之惶恐自杀。(以上在《汉书·公孙刘田王杨蔡陈郑传》)

刘彻随即遣宗正、执金吾收卫皇后印玺，卫子夫引咎自尽，被盛以小棺，匆匆埋于城南。(以上在《汉书·外戚传》)

监北军使者任安虽未发兵，但收受了太子的使节，刘彻认为他怀有二心，欲坐观成败，连同放走太子的田仁一起腰斩。(以上在《汉书·公孙刘田王杨蔡陈郑传》)

除此以外，太子宾客中的要人全部被诛杀，跟随太子发兵的更被族灭，凡被太子逼迫着参与谋反的官吏士卒，都遣谪到敦煌郡为戍兵。(以上在《汉书·公孙刘田王杨蔡陈郑传》)

虽然城内之乱平定下来，刘彻之盛怒却久久不能平息，谁也不知道他是在恼怒太子的行为，还是在愤恨那么多人竟然没能帮他留住儿子，又或者担心太子在外仍能举兵反攻。群臣面面相觑，除了内心忧惧，不敢讲任何一句话。刘彻是一个把诛杀当成家常便饭之人，此事又是他与太子的家事，更涉及究竟是不是谋反的定性问题，一个话题只要和这三点沾上任何一个，都会变得非常危险，不能随便置喙。而太子的巫蛊案把这三个元素聚齐了，哪怕说错一句都极有可能惹来杀身之祸。

最后是壶关县的一位担任"三老"(负责基层教化)者上书，为刘彻解了心中之怒。原话大意是说皇帝和太子本是骨肉至亲，之所以父子之间会产生疑虑，因为有江充这样奸诈之人从中挑拨离间，希望刘彻体谅太子苦衷，尽早罢兵，不要让太子长久逃亡在外，导致社稷不稳民心不安。

这封上书让刘彻颇有幡然醒悟之感，不过仍没有马上宣言赦太子之罪。

太子从长安出逃以后，躲藏在京兆尹湖县泉鸠里的一户人家。这户主人家里并不富裕，只能靠上街卖鞋周济太子。太子另有一位富裕的故人也在湖县，他使人前往联系之时不幸走漏风声。八月，当地官吏使人围捕太子。太子自思终无法幸免于难，遂走入屋内锁好门，上吊而死。山阳县男子张富昌率先用脚踹开门，新安县令史李寿第一个跑上去把太子抱下来，两人都因此被刘彻封侯。这户主人则为保护太子格斗而死，太子的两个儿子也一并在围捕中遇害。（以上在《汉书·武五子传》）

巫蛊之祸到这里暂时告一段落，但还远未终结。

谜团

在叙述以上整个过程时，我特意列出了每一段史事的出处。可以看到，后人了解巫蛊之祸，基本以《汉书》为主要信源，只不过该事件被记得很散乱，分列在很多独立的篇章里。另有很小一部分关键细节，比如黄门苏文在刘彻面前的告状，太子起先打算前往甘泉宫谢罪等，《汉书》也没有提供，是司马光等人编撰《资治通鉴》时采于别的文献。这部分细节可能来源于《汉武故事》，也有可能是其他资料。如前所说，《汉武故事》内容的真实性需要好好考究，不能想当然认为其一定多真或多假。正是因为巫蛊之祸的细节争议很多，且这些争议关乎整个事件的性质，故我列明记载出处，让读者可以更好地作出自我判断。

历史上，皇帝与太子兵戎相见的例子并不少见，后来唐朝就有许多。但汉武帝刘彻和太子刘据，是帝制以来的第一例。更何况刘彻为五十多年天子，刘据也已身为三十年太子，假如继续平稳度过几年，帝位交接会非常顺当。为什么在刘彻生命最后的时光，会突然发生如此巨大的变故呢？其中究竟隐藏着什么样的秘密？假如是人为因素，那么究竟谁是推动者？假如是非人为因素，那么是怎样错综复杂的关系导致最终不可避免地走到了这一步？这些问题自古以来就让所有人迷惑和争论。

其中最主流的一种意见，认为江充出于对太子的个人私怨而主导了这一切，刘彻和太子则是被迷惑和被陷害的受害者。毕竟，壶关三老那封上书里也是同样观点，而直接采信史书最自然，在原则上肯定不会有什么大问题。班固本人的看法也类似于此，不过除了怪咎江充，他还认为巫蛊之祸的发生出于天意。他说戾太子出生前，显现了蚩尤之旗的天象，从此三十年里汉军四处讨伐不断，死伤无数，到最后巫蛊事件里又喋血京师，十分惨烈，太子的生死始终和兵事伴随，而这一点上天早就用天象暗示过了。

> 赞曰：巫蛊之祸，岂不哀哉！此不唯一江充之辜，亦有天时，非人力所致焉。建元六年，蚩尤之旗见，其长竟天。后遂命将出征，略取河南，建置朔方。其春，戾太子生。自是之后，师行三十年，兵所诛屠夷灭死者不可胜数。及巫蛊事起，京师流血，僵尸数万，太子子父皆败。故太子生长于兵，与之终始，何独一嬖臣哉！……故曰"兵犹火也，弗戢必自焚"，信矣！是以仓颉作书，"止""戈"为"武"。圣人以武禁暴整乱，止息干戈，非以为残而兴纵之也。（《汉书·武五子传》）

班固这段话符合当时东汉初笃信灾异和谶纬的观念，但是他不但过于迷信，还搞错了蚩尤旗出现和太子出生中间相隔的时间，班固以为在同一年，其实隔了七年。

比这种观点更进一步的是，认为虽然江充的奸诈有不可推卸之责任，但他之所以能够挑战太子成功，还是因为当时刘彻给足了空间。宋人洪迈在《容斋续笔》中说，卫皇后所生的两个公主在数月前就因巫蛊下狱而死，这就是明显的征兆，就算没有江充，太子也仍然不会有活命机会。如前所说，被诛的两个公主是不是卫后所生，没有实据，所以洪迈的话也仅能作为参考。不过清乾隆帝也抱有同样看法，他说，江充再怎么奸诈，也没有胆量离间天子和太子，只不过是他瞅准了刘彻有易储之心，所以趁势取利而已。

>充虽大奸，岂能谋间骨肉？特觑易储之萌，足以乘机窃发耳，物先腐而后虫生。（顿文聪《再论巫蛊之祸——以卫氏宠衰与昭帝承统为中心的考察》引乾隆语）

乾隆和洪迈的意思是，刘彻早就有更换太子之意，才给了江充这类徼利之徒借巫蛊案大展拳脚的机会。作为和刘彻一样寿命长、在位时间长、自认为有"十全之功"的帝王，乾隆的意见似乎会比一般人更具有同理心一些。而这种趁巫蛊案易储的观点，也是目前主流之一。

那么当时政局究竟有没有类似易储的迹象，客观来说的确是有。

太子刘据生于元朔元年（前128年），是二十九岁的刘彻第一位皇长子。刘彻当时十分开心，不仅立刻立卫子夫为皇后，还在四年后就因功封太子舅舅卫青为大将军，又五年后太子表兄霍去病与卫青同为大司马，这显然是要以卫氏外戚集团掌兵来为太子将来保驾护航。卫子夫本人很快就不再得宠，甚至之后很少得召见。刘彻培养卫氏集团，完全是出于对太子的喜爱。

不过随着霍去病、卫青先后去世，刘彻后来的几位宠姬也生下多数名皇子后，事情起了一些变化，尤其是李夫人去世后竟被刘彻以皇后之礼下葬，这种超礼制规格的处理方式，敏感之人都能从中感受到一些不同寻常的味道。

再往后，刘彻又像当初提拔卫、霍一样，重点培养李夫人之兄李广利；同时，任用酷吏打击卫氏一族，就更像一种明示了。打击卫氏一族在《汉书·杜周传》中有确凿的文字可寻。

> （杜）周中废，后为执金吾，逐捕桑弘羊、卫皇后昆弟子刻深，上以为尽力无私，迁为御史大夫。

杜周担任执金吾仅一年，为天汉二年（前99年），正是李广利征大宛凯旋被封侯，又将出征匈奴之时。此时杜周严酷地逮捕了一批皇后亲属卫氏成员，刘彻不仅没有怪罪，还将他提拔为御史大夫，若你是同朝大臣你会怎么想？

包括在太子之前被诛的公孙贺父子、卫青长子卫伉，显然也同样都是卫氏集团成员。若说刘彻晚年没有刻意针对卫氏，似乎不太可信。

当然，即使这么做，仍然不能代表刘彻就一定有易储之心。也有可能，他觉得卫氏集团党羽过多，权位太盛，对太子将来执政存在一定的威胁。更何况，他虽然给李广利机会立功，却并没有让他和卫、霍一样担任大将军大司马，掌握全部军权。或许，他只是为了培养卫氏、李氏两个势均力敌的集团，让太子未来可以更好地操控平衡。

《资治通鉴》中倒确实有一段记载，提到过刘彻与太子政见不同，这一段也经常被拿来证明他确然有易储之心。

> （太子）及长，性仁恕温谨，上嫌其材能少，不类己……上用法严，多任深刻吏；太子宽厚，多所平反。（《资治通鉴·汉纪十四》）

大意是说，太子刘据的性格过于仁厚，完全不同于刘彻严酷苛察、杀伐果断的风格。不过《资治通鉴》这两句话，其实是用在整段文字里起衬托作用的，为的是表达刘彻有意让太子刘据将来更换以"守文"为基调的国策，不要像自己一味征伐劳民。夹在这两句中间的原文如下：

皇后、太子宠浸衰，常有不自安之意。上觉之，谓大将军青曰："汉家庶事草创，加四夷侵陵中国，朕不变更制度，后世无法；不出师征伐，天下不安；为此者不得不劳民。若后世又如朕所为，是袭亡秦之迹也。太子敦重好静，必能安天下，不使朕忧。欲求守文之主，安有贤于太子者乎！闻皇后与太子有不安之意，岂有之邪？可以意晓之。"大将军顿首谢。皇后闻之，脱簪请罪。太子每谏征伐四夷，上笑曰："吾当其劳，以逸遗汝，不亦可乎！"（《资治通鉴·汉纪十四》）

这段文字同样不见《汉书》，真实性待考。即便是真实的，也不能证明刘彻因风格不一致而想易储，反而只能说明刘据正是他心目中的最佳人选。

总体来说，刘彻并没有确切地对太子表达不满，但他对于卫氏的连续打压，却无疑让一些卫氏集团之外者看到了一线有利可图、有机可乘的希望。

于是一些学者认为，贰师将军李广利、丞相刘屈氂，包括江充就是这些别有企图者。这三人，不但同是赵地人，李广利和刘屈氂还是儿女亲家，而江充又与太子有私人恩怨，他们想要在刘彻身后达到利益最大化，最好的办法就是让李夫人之子——昌邑王刘髆登上皇位。故整个巫蛊之祸中，由于李广利带兵在外，刘屈氂和江充的身影最为活跃。清人王夫之就持有这种看法。

（刘屈氂）必出于死战，此其心欲为昌邑王地耳！太子诛，而王以次受天下，路人知之矣。其要结李广利，徇姻亚[1]而树庶孽，屈氂之愿，非一日之积矣。（王夫之《读通鉴论·武帝》）

---

1 亚通娅。

以上所有说法，虽有异同，但基本都认为太子在巫蛊之祸中是无辜被陷害者，江充在太子宫中发掘的桐木人是有意栽赃。辛德勇先生对此持反对意见，他在《制造汉武帝》一书中详细论证了"太子确实行了巫蛊之术"这一观点。不过此观点有些难以回避的逻辑问题是，江充治此案，先从宫外再及宫中，又从宫中不得宠幸之美人再及皇后与太子，在这么长的一段时间里，太子不可能充耳不闻，即便他真的埋有桐木人，也没有道理不作任何处置放任江充挖掘。

　　以上便是学界对巫蛊之祸的一部分看法。虽然众说纷纭，没有确论，但历史从来不是给一个标准答案，而是通过梳理资料启发思考。巫蛊之祸究竟真相如何，也留待读者自行辨识。

征和三年

(公元前 90 年)

● 刘彻六十七岁 ●

余波

假如站在刘彻的角度考虑问题,即使在巫蛊之祸前他确实没有考虑过易储,在太子刘据已经死亡、无法挽回的情况下,他也不得不真的开始思量这一重大抉择。

此时他还有哪几个儿子可立为继承者呢?

如果按年龄排序,应该是这样的:燕王刘旦、广陵王刘胥,这两人都是由并不受宠的李姬所生;昌邑王刘髆,正是当初最受宠幸的李夫人所生。此年他可能为十几岁,最大不会超过二十一岁;刘弗陵,是新进的钩弋夫人所生,此年只有五岁。

通常认为司马迁至少是活到此年之后的,那么太史公如何看待刘彻的继嗣问题呢?学界有一种观点,认为《史记·三王世家》这一篇隐晦地做了预判。刘彻共有六个儿子,上述燕王刘旦、广陵王刘胥,以及早逝的齐王刘闳,都记录在《三王世家》里。卫太子是未来的皇帝,将来当然应该有自己独立的本纪,那为什么昌邑王刘髆和刘弗陵没有按照常例,与另外三个哥哥一起放入"世家"中呢?一种意见是这两个孩子都还没成年,没什么事情可以记录;另一种意见则认为司马迁不写是因为不太好处理,他实际已经预测到卫太子地位不稳，而刘髆和刘弗陵都是潜在的有力竞争对手，都有可能成为下一任天子。

第二种意见其实很难成立，如果卫太子不稳，谁都不能确保燕王刘旦、广陵王刘胥就不会被刘彻选中，谨慎的做法是五个孩子暂时一个都不写，而不是只留刘髆和刘弗陵。更何况，两个小儿子假如真有事情可写，将来继承皇位再修改也不是什么难事。那么如何解释《世家》只写了"三王"而非"五王"呢？很简单，《史记》中很多篇目都是司马迁父亲司马谈提前设定甚至写就，司马谈死于元封元年（前110年），死之前，刘髆和刘弗陵都还没出生，当然只可能有《三王世家》。而司马迁不修改父亲预设的此篇，则更可能是因为两个皇子年幼无事可记的缘故。这里面大概率就是一个很自然的逻辑，没有什么特殊暗示。

司马迁虽没有发表任何意见，但刘彻这时已经六十七岁，这个问题其实已经刻不容缓，自太子死后，他一定在脑子里盘算了。但是我们还可以先放一放，来看看他还需要处理的其他事。

春天的时候，匈奴再度入侵五原和酒泉，杀死两名汉朝都尉。五原郡是汉朝北方的边境，酒泉郡则在河西走廊，属于两个不同的方向，虽然《汉书·武帝纪》并作一起记为"匈奴入五原、酒泉"，但我们要清楚这实际上是匈奴两支军队的两条相隔很远的行军路线。

刘彻对此的反击则是三个方向的，主力七万人仍由贰师将军李广利统领，出五原北上讨虏。重合侯马通率四万人从酒泉郡出发，他的目的地是继续往西直到天山附近。新任御史大夫商丘成率两万人从西河出发，这个"西河"可能指的不是西河郡，因为此郡相对来说处于内地；此处"西河"指的应是黄河"几"字形的西段。从位置来看，西河段正夹在五原郡和酒泉郡中间，商丘成在此地渡过黄河，便可以一路往西北方向斜插入匈奴国境，配合北上的李广利和西进的马通。商丘成和马通都是在巫蛊之祸击败太子之战中立有军功者，故此次被刘彻委以重任。

马通军进至天山，遇见了匈奴两万骑兵，不过匈奴人未敢迎战，很快便撤退。汉军担心附近的西域车师国绝己方后路，干脆征发周边小国人众，助自己围攻了车师国，将一国民众从王到百姓尽数俘虏而归。

商丘成军则进军至当时李陵也曾到达过的浚稽山，遇到匈奴大将和李陵共同率领的三万余骑，双方合战九日，汉军大胜，多有斩获。匈奴见战局不利，也很快引去。

主力李广利军同样以大胜开局，他出塞以后，率先遇到的是匈奴右大都尉和卫律率领的五千精骑。七万对五千，优势非常明显。李广利一路乘胜逐败，追击至范夫人城。"匈奴奔走，莫敢距敌"。

正在军事形势一片大好之际，国内却再次发生了令人意想不到的变化。内者令郭穰向刘彻告发丞相刘屈氂的阴谋，称其夫人因为刘屈氂经常被天子责骂，于是行巫术，恶毒诅咒刘彻。不仅如此，刘屈氂本人还和李广利暗有阴谋。在此年春天贰师将军即将出征时，刘屈氂亲自饯行送至渭桥，李广利特意嘱托，让他在国内向刘彻进言，争取早日立昌邑王刘髆为太子。

经过有司审理，刘屈氂为大逆不道之罪。刘彻下诏将他游街示众后于东市腰斩，妻子儿女全部枭首于华阳街，李广利家人也同样被收罪。这一消息传到塞外，李广利不禁忧心如焚，惶惶不安。起初他想立功赎罪，便将兵继续深入敌境，渡致居水大败左贤王两万骑，并成功击杀匈奴左大将。不过此时，他的军中已经产生了一些动摇情绪。一部分士卒认为李广利这是在"危众求功"，即为了挽救自己命运，绑架所有士兵的安危去拼命，如此冒险的行为必将导致溃败。怀有这种念头的军士们计划军变控制李广利，不料走漏风声，李广利斩杀为首者，但也不敢继续进军，遂引兵而还。匈奴单于见汉军疲惫，亲自率领五万骑拦截追堵。数战之后，李广利大败，且明白终究无路可退，不得已选择了投降。单于嫁以女儿，对他的尊崇程度更在卫律之上。而李广利在国内的亲族，也因此悉数诛灭。

《汉书·匈奴传》中，还有一句"自贰师没后，汉新失大将军士卒数万人，不复出兵。"李广利是带着数万汉军士卒一起投奔匈奴的，对于刘彻来说，又是一个沉重的打击。从这一事件开始，年老的他才真正开始考虑余生是不是应该放下和匈奴的多年恩怨。

无论刘屈氂和李广利是不是真的有所勾结，暗行祝诅，他们的双双败亡，事实上宣告李夫人之子昌邑王刘髆已经失去刘彻的信任，从此退出继位之争。这似乎可以反过来说明，至少在巫蛊之祸的过程中，刘彻尚没有产生以刘髆代替太子之意。对于太子之死，他既愤怒又忧伤，诛杀刘屈氂家族可视作这种情绪的发泄。丞相和太子是巫蛊之祸的对立面，是两方势力的标志性人物，这在长安城中人所尽知。刘彻特意在杀掉刘屈氂之前将他游街示众，颇有深意，仿佛是在用此举公告官吏士民谁才是罪魁祸首，而太子不过是被逼无奈。

元凶有了着落，就需要有人适时为太子鸣冤。高寝郎田千秋扮演了这一重要角色。

田千秋是长陵邑人。长陵邑是供奉守卫高祖刘邦长陵的城市，汉初曾大批迁徙齐国王室田氏到此地居住，有一部分到了那里就纷纷改掉自己的姓氏，有姓第一、第二，直至第八的，当然也有一部分保留了原姓。[1] 田千秋担任的高寝郎实际上也是负责刘邦的高庙。

田千秋有一日突然上了一封急奏：

"子弄父兵，罪当笞；天子之子过误杀人，当何罪哉！臣尝梦见一白头翁教臣言。"（《汉书·公孙刘田王杨蔡陈郑传》）

自古以来，儿子私下调用父亲的军队，鞭笞一顿就足够抵罪，那么天子的儿子因为过失杀人，又该当何罪？田千秋的意思是，这两种行为其实相差无几，太子实在罪不至死。他同时表示，这并不是他本人的意见，而

---

[1] 先秦姓和氏区分较严谨，男子称氏，以别不同宗；女子称姓，以别血脉。田在先秦为氏，不过汉初姓氏已不太区分，此处为叙述便，统一称姓。

是有一位白头老翁在梦里教他这么说的。

刘彻收到这封上书,"大感寤",立刻召见田千秋,感慨地表示:"父子之间的家事私事,外人一向是最难插手的。但是你说的话很有道理,对我启发非常之大,这一定是高庙的祖先之灵派你来开导我,你干脆以后就在身边辅佐我吧。"

通过这番话,就能发现"高寝郎"身份的巧妙。在高庙梦见的白头老翁,除了刘邦的神灵,还能是谁呢?而高祖都来托梦教诲了,刘彻还有不原谅太子的理由吗?刘彻出于大孝,听从了祖先劝告,又出于父亲的仁慈,宽恕了太子的过失行为,想必天下人也一定能接受这个充满大爱的正能量故事结局吧。为了进一步表明太子无辜,刘彻又族灭了江充一家,焚苏文于横桥,在湖县泉鸠里曾有一个抓捕太子最力者,起初因功被提拔为北地太守,在此之后也被灭族。刘彻还修筑了思子宫,在湖县又建归来望思之台,天下闻之,无不悲泣。

至于适时配合的田千秋,在进言之后就被提拔为大鸿胪,这是一个主管外交礼宾的九卿职位,下一年他又迅速升迁为丞相,封富民侯。史书称田千秋并没有什么特殊才能,又无任何功勋可言,只不过因为寥寥数语贴合上意,就瞬间封侯拜相,恐怕是自古以来未有之事。后来匈奴单于问起汉使新任丞相,也嘲笑说,原来汉朝丞相不用贤人,随便一个男子说两句话就行。

不过刘彻时代的丞相,重要性本来就不同于往日了,贤不贤不重要,要的就是会说话,会说天子想听的话。

征和三年(公元前90年)　531

征和四年

(公元前 89 年)

● 刘彻六十八岁 ●

《轮台诏》

这一年春夏两季,刘彻都在东巡。一月,到达东莱,打算继续他的寻仙之旅。征伐匈奴的计划已经搁置了,他有限人生所剩最强烈的愿望,大概也只有长生不老这一件。他来到大海之滨,不听群臣劝谏,再次想要浮船出海,可惜这次不巧遇上了糟糕的天气,"大风晦冥,海水沸涌"。刘彻一连等了十余日也不见好转,甚至都无法安全登上楼船,只好作罢。

二月的一天,长安以西的雍县万里无云,突然三声雷响,从天上掉下来两块陨石,色如黑玉。雷响应该就是陨石划破长空之声,黑色说明或许其中含铁量比较高,这是科学角度的解释。如果从古人的玄学角度来解释,陨石是一种很不吉祥的灾异。

《汉书·五行志》里记录了几次刘彻时代之前的陨石案例。一例是春秋时期,一连掉了五个陨石在宋国。没过几年,宋襄公就在著名的泓水之战中大败于楚,自己也重伤,很快一命呜呼。董仲舒和刘向牵强附会地解释了一番,称石头属于阴类,而五这个数字是阳数,五个陨石从上往下掉,这叫作"阴而阳行,欲高反下",代表德不配位,总之君主最后要受其害。

第二例是汉惠帝三年（前192年），在天水郡的縣诸道掉了一颗陨石。《五行志》没有对此做出解释，不过从史实来看，四年后惠帝才二十多岁就英年早逝，似乎也符合君主受其害的规律。

假如刘彻熟知秦朝的历史，可能还会记得一个更著名的例子。秦始皇三十六年（前211年），"有坠星下东郡，至地为石。"次年，始皇帝就死于巡游途中。

刘彻当然不会看过后出的《五行志》，但天降陨石对于古人，确乎是一种能够让人心生恐惧和不安的天文现象。

三月，刘彻再次到泰山进行封禅，这是元封元年以来，每五年就会进行一次的重要仪式。不过这次在泰山脚下会见群臣时，他发表了一番好似幡然悔悟的感言。

刘彻说："朕自从即位以来，所做的一些事情过于狂放，有悖常理，以至于让天下人因此陷入悲苦。朕回想起来，追悔不及。从今往后，凡对百姓造成伤害，浪费民间资源，导致天下动荡不安的事情，统统停止撤销。"

此时尚为大鸿胪的田千秋顺势道："如今为陛下说神仙之事的方士接踵而至，又没有明显的功效，臣请先将他们全部罢免遣散。"

刘彻不仅同意了田千秋的奏言，之后回忆起来还经常带着懊悔对群臣叹道："过去我糊涂，受了方士蛊惑。天下哪有什么神仙，都是些骗人的把戏。所谓的节食、服用丹药，至多不过少生些疾病而已。"

> 上乃言曰："朕即位以来，所为狂悖，使天下愁苦，不可追悔。自今事有伤害百姓，靡费天下者，悉罢之！"
> 田千秋曰："方士言神仙者甚众，而无显功，臣请皆罢斥遣之。"
> 上曰："大鸿胪言是也。"于是悉罢诸方士候神人者。
> 是后上每对群臣自叹："向时愚惑，为方士所欺。天下岂有仙人，尽妖妄耳！节食服药，差可少病而已。"（《资治通鉴·汉纪十四》）

征和四年（公元前89年）

这段原文同样不见于《汉书》，但事关刘彻晚年战略的重大转变，历来古今学者都选择采信，认为这是他首次显露反省懊悔和打算调整政策的心态。

从情理上来说，经历了巫蛊之祸太子之死的打击，又遭遇李广利带数万主力汉军投降匈奴的挫败，加上国内连年天灾人祸导致的百姓骚动，本人又即将步入古稀之岁，刘彻为后继者考虑，想要适时把国策从积极扩张调为宁静守文，也是符合一个老人晚年心境的，并没有显得过于突兀。

不过，辛德勇先生提出了不同的看法。他认为，刘彻作为天子，即使反省，也不至于用到"所为狂悖""向时愚惑"这么"丑诋"的词句；同时他认为，刘彻一月刚在东莱打算求仙，继而又在泰山举行封禅，何以突然厌倦方士神仙之说。最终，辛德勇先生结合对其他资料的解读，认为《资治通鉴》采用的这段文字不足为信，刘彻晚年不存在全局政策的重大更改，只是在军事方面做了局部调整。

辛氏这两条理由有一定道理，但算不上有充分依据。比如刘彻的反省，只是口头交流，并非落于纸面的诏书，用语当然存在一定的随意性，不可能那么严谨考究。更何况，被汉人认为是三代圣王之一的商汤，也曾在正式场合自称"余一人有罪"，"有罪"的程度当然甚于"狂悖"或"愚惑"。这些都属于政治人物的特殊表态行为，用语上惺惺作态并无不妥。

至于求仙问题，继一月在东莱的十余日不能登楼船，正符合田千秋所说的"而无显功"，这样的结果让年老体衰的刘彻顿觉兴味索然，失望之余做出遣散方士之举，也并无不合逻辑之处。封禅虽也有模仿黄帝求仙的目的在其中，同时也是五年一度祭拜天地的正规仪式，自然和劳民伤财出海寻仙不同性质。前文曾提及，元封二年（前109年），刘彻同样也到东莱浮船出海，为了掩饰这一目的，他甚至故意祭祀了当地的万里沙神祠。由此可见，祭祀，尤其是祭祀天地，尚是民间能够接受的帝王行为，求仙则容易被指责为虚妄和劳民。所以这一年，封禅仪式和之后的罢斥方士也并不矛盾。更何况，至少从此之后，我们确实没有再看到刘彻有求仙之举，而郊祀的仪式却照常举行。

六月，刘彻意兴阑珊从东面回到甘泉宫。在那里，田千秋被正式任为丞相，封为富民侯。这个爵名，通常也被认为是一个他有意调整政策的迹象。经过五十多年后，雄才大略的天子终于意识到，帝国的重心，应该切换到让百姓富足上来了。

> 而封丞相车千秋[1]为富民侯，以明休息，思富养民也。(《汉书·西域传》)

紧接着，刘彻就发布了著名的《轮台诏》。

这条诏令发布的前因是，时任搜粟都尉的桑弘羊与丞相、御史奏言，轮台（今新疆巴音郭楞蒙古自治州轮台县）之东有五千顷良田足以让汉军士卒在那里屯田驻守，同时建议从张掖、酒泉起往西直到乌孙国附近，开发更多农田，建设更多亭障，征募壮健勇敢之士前往开垦，同时远派斥候侦察，从而进一步在西域树立大汉之威。

《轮台诏》就是刘彻对桑弘羊等人建议的答复，而以诏令形式发布，正是因为其中涉及重大政策的确定和调整。

诏书原文附于章后，其中大体可分为三部分，第一部分反思了西域攻伐的得不偿失，尽管战胜诸大小国家，然而汉军因战争因饥乏丧生者也数不胜数；第二部分，检讨了后期征战匈奴的失败，每次出征前，刘彻都会采用占卜、望气、观天象等方法预测，结果却往往相反，李广利等人接连失败，士卒伤亡惨重；第三部分，明确拒绝远戍轮台的建议，提出当今的重点工作是"禁苛暴，止擅赋，力本农，修马复令，以补缺，毋乏武备而已"。

对此诏令的研究，学界当推田余庆先生的《论轮台诏》一文最为经典。田先生在文中总结了汉朝西域攻略的大体程序：

---

[1] 田千秋为丞相时，年事已高，汉武帝优待他，准他乘坐小车出入宫廷，故人称"车千秋"。

汉朝向西域推进，大体的程序是，先是军队向西占领据点，然后是：一，在据点的后方修筑亭障；二，在据点的前方向更西的区域扩大声威。

李广利为汉朝争取的最新据点就是大宛国，而轮台就在大宛后方，那么桑弘羊等人请求在此地屯田，并把更后方的亭障继续延伸至乌孙附近，实际上等于建议以此为基础，继续往大宛和轮台更西的地方发动下一轮攻势。而《轮台诏》的第一部分内容就是对这一建议的否定。所以在这部分原文中，刘彻说，轮台已经在乌孙西面千余里，去年开陵侯马通虽然俘虏了乌孙王，但因为"辽远乏食"，汉军路上就死了数千人，如何再往更远处迈进？刘彻在诏令中对西域军政的指示是保持现状，不作继续深入。

由于桑弘羊的建议主要针对屯田轮台，而汉朝经营西域的重要目的之一又在于征讨匈奴，故《论轮台诏》的第二、第三部分可以视作由谈西域问题而不可避免引申到对匈奴策略和整体国家军事策略的调整。从这两部分内容来看，刘彻的意图是放弃即位以来一贯主张的主动进攻，重新切换至汉初的防御模式。之所以如此调整，当然是基于现实困境的：兵源不足、兵粮不足、马匹不足，这些都是连年征战造成的后遗症。汉朝就像一架长时间剧烈运动的躯体，即使过去身强体壮，此时也已经疲惫虚弱不堪，处处潜伏着危险的病灶。刘彻在诏令中所作的每一项指令，都是在针对这些病灶对症下药。"禁苛暴"，才能让百姓有喘息余地；"止擅赋"，才能让百姓不流离失所，投附豪族隐匿户口；"力本农"，才能从根本上扭转"国富民穷"的倒悬之势，真正解决帝国的财政危机；至于"修马复令，以补缺，毋乏武备"，相当于国防建设，尽管不再主动攻伐匈奴，但由于游牧民族的侵扰本性，边境的守备是不可以放松的。

相比刘彻执政前五十年的军事不断、巡游不已、大兴土木、广徭多赋，虽然诏令是从军事切入，但最后提及的几项政策，都涉及民生，主张与民休息，并几乎与他曾经自信满满的酷吏政治、算商车、算缗告缗、盐铁专卖等手段理念完全相悖，所以《轮台诏》被认为是全局性的政策调整，并无不妥。虽然有一些学者试图以后来昭帝时代的状况来说明改变不多，不过毕竟刘彻的生命只剩下两年了，我们不能以两年里这些政策调整得不够到位，来否定他曾经做过这些努力。

因为《轮台诏》，刘彻在历史上给人留下一个晚年幡然悔悟的印象。比如班固就称此举为"仁圣之所悔"；朱熹赞其"轮台之悔，亦是天资高"；宋人学者胡寅也认为正因为有这条诏令，刘彻才不至于落得和秦始皇一样的评价。

> 武帝至是，年已七十有五（此处年龄有误），精神意虑，鼓舞倦矣，而能尽知昔日狂悖之事，深自悔咎，一切更改，虽云不敏，而去遂非者远矣。彼既往之愆，与化俱徂，元可系执，而自新之善，照映方来，使人反复味之，叹慕而兴起，可为帝王处仁迁义之法，秦穆公不得专美于前矣。世之议者，乃与吕政（秦始皇）等比而致疵，夫岂尚论之当哉？（胡寅《读史管见》）

司马光则在说完《轮台诏》之后又别有深意地插了另一段史料：

> 又以赵过为搜粟都尉。过能为代田，其耕耘田器皆有便巧，以教民，用力少而得谷多，民皆便之。（《资治通鉴·汉纪十四》）

这段话介绍了具有农业专业知识的官吏赵过。紧接着，司马光开始发表自己的评论，他说："天下哪个时期没有人才呢？当刘彻喜欢征伐四夷的时候，朝廷就充满了勇锐轻死之士，攻城略地，无往不利。等到他下诏要与民休息，务农重本的时候，赵过之类的专业人士就开始教民耕耘，造福百姓。同一个君主，当他身上体现出不同的喜好，就有不同的人才呼应他。"帝王但凡想要，一定会有相应的人才涌现，就看他内心真正想要打造什么样的人间秩序。

> 臣光曰：天下信未尝无士也！武帝好四夷之功，而勇锐轻死之士充满朝廷，辟土广地，无不如意。及后息民重农，而赵过之俦教民耕耘，民亦被其利。此一君之身趣好殊别，而士辄应之，诚使武帝兼三王之量以兴商、周之治，其无三代之臣乎！（《资治通鉴·汉纪十四》）

这段话，私以为足可为千古统治者诫。

我们回过头来看《资治通鉴》里另一段刘彻对卫青说的话。他说："汉家庶事草创，加四夷侵陵中国，朕不变更制度，后世无法；不出师征伐，天下不安；为此者不得不劳民。若后世又如朕所为，是袭亡秦之迹也。太子敦重好静，必能安天下，不使朕忧。欲求守文之主，安有贤于太子者乎！"

假如司马光这段取材足够可信，说明刘彻并非不清楚自己长期穷兵黩武造成的祸患，他也并非不清楚如何挽救，只不过他知道太子"敦重好静"，是"守文之主"，故有意留待将来让太子拨乱反正。有太子在，他就还有时间再试一试，等一等。

换句话说，假如巫蛊之祸没有发生，《轮台诏》里那些与民休息的政策很有可能会换一种口吻，出现在留给太子的遗诏中。可惜最适合改弦更张的太子突然不在了，新的继承人选一时无法确定，李广利的败局又来得那么突然，刘彻不得不提前做出调整，甚而至于不惜否定自己。

关于这一年还有两件事情可以补充，一个是李广利在匈奴遭遇了卫律的谗言陷害，被单于杀死用于祭祀（一说死于上年）。另一个是刘彻新设立了司隶校尉一职，专门负责纠察京城官吏，以及三辅（京兆、冯翊、扶风）、三河（河东、河内、河南）与弘农七郡。林剑鸣先生称，司隶校尉加上刺史等"一套严密的监察制度建立，使全国各地官僚机构紧紧地控制在皇帝手里"。林先生的论述没有问题，但还应该看到，司隶校尉在此年设立以及它所监察区域的特点，是和巫蛊之祸后的人心动荡不安分不开的。而人心之所以动荡不安，究其根本，显然还是皇帝年老衰迈，帝国继承人之位却忽然空缺下来的缘故。

附录十：刘彻《轮台诏》

上乃下诏，深陈既往之悔，曰："前有司奏，欲益民赋三十助边用，是重困老弱孤独也。而今又请遣卒田轮台。轮台西于车师千余里，前开陵侯击车师时，危须、尉犁、楼兰六国子弟在京师者皆先归，发畜食迎汉军，又自发兵，凡数万人，王各自将，共围车师，降其王。诸国兵便罢，力不能复至道上食汉军。汉军破城，食至多，然士自载不足以竟师，强者尽食畜产，羸者道死数千人。朕发酒泉驴橐驼负食，出玉门迎军。吏卒起张掖，不甚远，然尚厮留甚众。曩者，朕之不明，以军候弘上书言'匈奴缚马前后足，置城下，驰言"秦人，我匄若马"'，又汉使者久留不还，故兴遣贰师将军，欲以为使者威重也。古者卿大夫与谋，参以蓍龟，不吉不行。乃者以缚马书遍视丞相御史二千石诸大夫郎为文学者，乃至郡属国都尉成忠、赵破奴等，皆以'虏自缚其马，不祥甚哉！'或以为'欲以见强，夫不足者视人有余'。《易》之，卦得大过，爻在九五，匈奴困败。公车方士、太史治星望气，及太卜龟蓍，皆以为吉，匈奴必破，时不可再得也。又曰'北伐行将，于鬴山必克'。卦诸将，贰师最吉。故朕亲发贰师下鬴山，诏之必毋深入。今计谋卦兆皆反缪。重合侯得虏候者，言'闻汉军当来，匈奴使巫埋羊牛所出诸道及水上以诅军。单于遗天子马裘，常使巫祝之。缚马者，诅军事也'。又卜'汉军一将不吉'。匈奴常言'汉极大，然不能饥渴，失一狼，走千羊'。乃者贰师败，军士死略离散，悲痛常在朕心。今请远田轮台，欲起亭隧，是扰劳天下，非所以优民也。今朕不忍闻。大鸿胪等又议，欲募囚徒送匈奴使者，明封侯之赏以报忿，五伯所弗能为也。且匈奴得汉降者，常提掖搜索，问以所闻。今边塞未正，阑出不禁，障候长吏使卒猎兽，以皮肉为利，卒苦而烽火乏，失亦上集不得，后降者来，若捕生口虏，乃知之。当今务在禁苛暴，止擅赋，力本农，修马复令，以补缺，毋乏武备而已。郡国二千石各上进畜马方略补边状，与计对。"由是不复出军，而封丞相车千秋为富民侯，以明休息，思富养民也。

（摘自《汉书·西域传》）

后元元年

（公元前 88 年）

● 刘彻六十九岁 ●

扑朔迷离的最后时光

自有正史以来，绝大多数帝王的晚年史事记载，都复杂难解，甚至矛盾重重。这是因为越到权力交接时，往往政局越混乱，头绪越繁多，而且新一任君主即位后，又不可避免要为自己的正统性美化粉饰，从而必须对前代某些特殊事件做些涂抹修改。

我们现在能看到的刘彻最后两年的事情，就非常扑朔迷离。大体来说，是一些人突然登场，一些人突然谢幕。

这一年首先告别我们的，是焦点人物昌邑王刘髆。《汉书·武帝纪》简单记叙了一句："昌邑王髆薨。"但是在《汉书·武五子传》中，班固又记载道："昌邑哀王髆天汉四年立，十一年薨。"天汉四年（前 97 年）往后数十一，刘髆的死亡日期至少要再往后推一到两年。两条互相矛盾的记录，要么是班固写错了一条，要么从当时就流传下来互相抵牾的两种说法。但不管哪一种是真实的，才二十岁出头的刘髆都极有可能非正常死亡。他是最受刘彻宠爱的李夫人之子，又本是巫蛊之祸最大受益人。倒不是说他本人一定积极参与了迫害卫太子，然而当他的母亲早已不在，有亲缘关系的长辈李广利和刘屈氂又相继死亡后，他在朝中已处于完全孤立无援之势，生存的希望也已经极其渺茫。即使他不死于刘彻时代，也会在下个时代被认为曾是皇位有力争夺者，而被皇帝和权臣重点针对。《汉书》没有交代刘髆的死因，他杀和自杀，我们认为都不算意外。刘髆留下一名儿子，叫作刘贺，是若干年以后短暂的皇位拥有者，后来人习惯按最后的爵位称他为"海昏侯"。

第二个非正常死亡的，是御史大夫商丘成。前文曾提及，他在巫蛊之祸中战太子有力而得到升迁，又在次年三路出征中大胜匈奴。这一年的六月，他突然也被治罪，因此自杀。至于他犯有何罪，同样充满疑云。《汉书·百官公卿表》称也是因为祝诅；而《汉书·景武昭宣元成功臣表》则称是因为在孝文庙堂下醉酒高歌，被判以大不敬之罪。至于哪个才是真的，一时也无法考实。

第三、第四个非正常死亡的，是同样在巫蛊之祸中立功，次年同样率军三路出征的重合侯马通，以及马通的兄长侍中马何罗，此二人的死因则是谋反被诛。

整个事件按照《汉书·霍光金日䃅传》记载，大致如下：

马何罗与江充本是好友，马通又因为在巫蛊之祸中截杀了太子派往召唤胡骑的使者，起着极其关键的作用。当刘彻为太子平反的意图越来越明显，曾经迫害太子而被秋后算账者越来越多，马通和马何罗兄弟不禁内心忧惧，生怕哪一天账也算到自己头上。两人一合计，与其等死，不如利用马何罗是侍中身份，可以接近刘彻的便利来刺杀暴怒复仇中的老皇帝。

六月的某一日，刘彻行幸林光宫，马通和马何罗夜里私自夜出发兵，打算里应外合。等安排妥当，第二日早晨马何罗一人偷怀利刃入见，突然发现另一名侍中金日䃅在旁虎视眈眈，顿时脸色大变，加快脚步打算闯进刘彻卧室，心急忙慌中不慎被绊倒。金日䃅立刻上前紧紧抱住他，大喊道："马何罗谋反！"刘彻大惊而起，左右抽刀便欲上前，刘彻担心误伤金日䃅，呵止住众人。这时金日䃅也仗着人高力大，将马何罗压倒制服，众人赶紧上前将其捆绑擒拿下来。最终所有参与谋反者都被逮捕治罪。

初，莽何罗与江充相善，及充败卫太子，何罗弟通用诛太子时力战得封。后上知太子冤，乃夷灭充宗族党与。何罗兄弟惧及，遂谋为逆。日䃅视其志意有非常，心疑之，阴独察其动静，与俱上下。何罗亦觉日䃅意，以故久不得发。是时上行幸林光宫，日䃅小疾卧庐。何罗与通及小弟安成矫制夜出，共杀使者，发兵。明旦，上未起，何罗亡何从外入。日䃅奏厕心动，立入坐内户下。须臾，何罗袖白刃从东箱[1]上，见日䃅，色变，走趋卧内欲入，行触宝瑟，僵。日䃅得抱何罗，因传曰："莽何罗反！"上惊起，左右拔刃欲格之，上恐并中日䃅，止勿格。日䃅捽胡投何罗殿下，得禽缚之，穷治皆伏辜。（《汉书·霍光金日䃅传》）

马通、马何罗的后人里，有东汉明帝的明德皇后，也是名将马援之女，她觉得这两位先人干了件谋反的丑事，便给他们改了恶姓"莽"，以警示族人。所以我们看到的《汉书》原文里，马何罗写作莽何罗。

仅从描述来看，马氏兄弟整个计划的执行过程颇有不合逻辑之处，只不过所有相关资料仅限于此，故无法进一步探讨。我们能看到的是，刘髆、商丘成、马通，全部都是和巫蛊之祸紧密相关者，到这一年在六个月之间全部不得善终，如果说只是巧合，那未免也太巧了。许多学者相信，所有这些非正常死亡，仍然不过是巫蛊之祸所造成的政治影响余波。

一场巨变，支持太子的最终死了，反对太子的最终也死了，连太子本人也死了，恐怕这是任何人，包括刘彻也始料未及的。

说完那些突然落幕的，再来看那些在此年突然登场的人物，第一个便是力禽莽何罗的金日䃅。

其实前文曾稍带提过此人。远在元狩二年（前121年），霍去病两征河西走廊，导致浑邪王和休屠王两匈奴部族失去牧地，决计投降。休屠王

---

[1] 箱通厢。

中途反悔,被浑邪王斩首,部族也被吞并一齐带入汉朝。金日䃅就是被杀的休屠王太子,只不过时年十四岁的他是被当成俘虏献给朝廷,从此成为宫中官奴,发挥其匈奴人的特长在黄门养马。不出意外,他就要在这个岗位上做到身故,或者触犯某条汉法被用刑处死。

不过有一天,刘彻在游宴时突然想要视察一下御马的情况,于是官奴们一个接一个牵着自己照料的马从御前鱼贯而过。由于当时天子身边坐满了后宫佳丽,那些官奴们经过时都忍不住偷偷瞥几眼,只有金日䃅神情端肃,目不斜视。而且他养的马格外肥壮,自身的外形条件又非常好,"长八尺二寸,容貌甚严"。汉尺一尺为二十三点一厘米,八尺二寸为一米九左右的身高,人群中当然特别显眼。刘彻立刻召问了金日䃅的情况,当天就提拔为马监,后来又升迁为侍中驸马都尉光禄大夫。侍中驸马都尉是加官,有了这类加官就可以入禁中,有机会服侍天子左右。

金日䃅的性格十分谨慎小心,他侍奉刘彻多年,从未有任何过失。刘彻对他也特别信任,赏赐累千金,出门则让他一起乘车,可能一个一米九的大个子旁边护卫,更有安全感。金日䃅的受宠幸程度甚至惹来其他贵戚的嫉妒,私下纷纷抱怨:"皇上怎么如此偏爱一个胡儿!"刘彻听到这些话,反而待他更加优厚。

金日䃅有两个儿子,金日䃅的母亲对他们的教育非常严格,刘彻听说之后表达了对这名女性的敬意。金母去世后,刘彻还特意叫人画了一幅画像,题名"休屠王阏氏",挂在甘泉宫。金日䃅只要看到这幅画,必拜礼洒泪而去。他的两个儿子也深受刘彻喜爱,成日被叫在身边玩耍。有一回某个儿子从后面紧紧揽住刘彻的脖子,行为非常无礼。金日䃅看到以后,急得直瞪眼睛。儿子顿时吓得边哭边跑,刘彻却毫不在意,反而宠溺地责怪金日䃅道:"为何要对我儿发怒?"由于生活在这样的环境里,两名儿子长大以后没有父亲那么为人小心,行为比较随便。金日䃅某次见到长子和宫女嬉戏,回去便将其杀死。刘彻知道后大怒,直到听说金日䃅的理由才理解,从此对他愈发信任。

这段故事，全为说明金日䃅是一个汉文化视野里忠孝两全之人。当然，在古代，孝与忠其实是一回事，当时的社会结构决定了家就是国的缩影，家长在家庭中的地位，代表的就是帝王在国家里的地位，父权实质上可视为君权的象征。在这种观念下，父亲可以因为绝大多数理由杀死儿子而不用负死罪，除非他被一个更大的所有人的"父亲"——君主怪责。不过，当君主理解了他这么做是出于忠诚的原因，那么所有的错都可以被原谅。

不过以上所有背景故事的重要性，都尚不足以让金日䃅在史书里登场亮相。直到这一年，在已经入宫三十三载时，他才终于凭力擒逆贼马何罗一事，开始在刘彻生命的最后时刻扮演重要角色。

《汉书·霍光金日䃅传》叙述谋逆案的全过程，从头至尾只提及金日䃅一个功臣的名字，但是在别的地方，又加了两个人进来，认为他们也有捕逆大功。此二人，就是接下来要说的突然登场的第二、第三号人物。

第二号人物叫作上官桀。记忆力比较好的读者可能对这个名字也有些印象，贰师将军李广利第二次出征大宛时，正是上官桀的部队攻下了东面重要据点城堡郁成，并追获了郁成王。上官桀是陇西人，从出身来看应该也属于"六郡良家子"。这些人善于骑射，是汉军精锐的常选对象。上官桀年少时就被选为羽林期门郎，担任禁军。有一回刘彻前往甘泉宫，途遇大逆风，只能下令把车盖取下来以减少阻力。上官桀就负责一路举着车盖，每当下雨时，他还要在狂风之中用车盖努力为御驾挡雨。刘彻被上官桀的神力所折服，升迁他为未央厩令，也是一个管理御马的职位。刘彻一度患病，痊愈之后视察工作，见许多马匹瘦骨嶙峋，当即叫来上官桀大骂道："你是不是以为我生病不会好，再也见不到这些马了？"正要将他治罪，上官桀叩首道："臣听说皇上圣体不安，因此日夜忧惧，所以才没有心思照管马匹。"说完，他泪如泉涌，不胜悲伤。刘彻觉得这个人还挺忠诚，于是又将他一路提拔至太仆。

至于上官桀是怎么参与捕逆的，只在《汉书·外戚传》提到寥寥数字："以前捕斩反者莽通功，封桀为安阳侯"，没有任何细节，是若干年后封赏时的追述。

暂且先不管这段追述的真实性，接下来看第三号人物，也是最重要的登场人物：霍光。

霍光的身份比起上官桀和金日䃅来说，算是高光很多了，他是骠骑将军大司马霍去病同父异母的弟弟。当年平阳县人霍仲孺在平阳侯府中服役，与卫少儿私通生下霍去病，服役之后就回家和正妻生下霍光。霍去病尚在襁褓之中就因平阳侯搬迁至长安居住而被带离家乡，从此没有见过父亲和弟弟。

霍去病成年后在战场上大放异彩，被封骠骑将军，某次出征后返回路过平阳县，才把十几岁的少年霍光也带至京城。

> （霍去病）会为票骑将军击匈奴，道出河东……还，复过焉，乃将光西至长安。(《汉书·霍光金日䃅传》)

霍光究竟哪一年到达长安，一些学者从"会为票骑将军"这段文字，认为是霍去病刚刚当上骠骑将军之后，所以放在元狩二年（前121年）。实际上，"会为"两个字不代表新任，可以指他担任骠骑将军期间的任何时间。而且元狩二年霍去病两次出征，方向都是从长安往西，扫荡河西走廊，无论去时或返回均不可能经过长安东北面的河东郡平阳县。霍去病担任骠骑将军后唯一往东北方向行走的征讨，正是元狩四年的漠北大决战。故霍光入宫的时间，基本是可以确定的，只比金日䃅晚两年。

刘彻的确由于爱屋及乌的心理，对霍光多有照顾。不过两年之后霍去病就病亡了，霍光顿时失去了最可依靠、最能庇佑他的亲人。《汉书》称"去病死后，光为奉车都尉光禄大夫，出则奉车，入侍左右"，这里应该也有一点小出入。霍去病死后，首先担任奉车都尉的应该是他的儿子霍嬗。从亲近的角度而言，刘彻也应该更偏袒霍嬗而非霍光。而且元封元年（前110年）封禅仪式，刘彻只带了极少数人登顶泰山，唯一具名的就是霍

后元元年（公元前88年） 545

嬗，当时他的职务还是奉车都尉。故霍光担任此职，只可能是封禅结束霍嬗暴毙之后，刘彻对霍氏的恩泽这时才全部汇集于他。

而此后的霍光，是靠着自己的谨慎小心，不犯错误，才能够一直"出入禁闼"，服侍刘彻左右。他有多谨慎呢？据说有人偷偷观察过，他每次出入殿门，走的路线、点位都是固定的，几乎没有丝毫偏差，甚至用强迫症来形容都不过分。他的这种小心和前述的金日磾不相上下。可能也只有如此，才能长期而安全地伴随在刘彻身边。

霍光和金日磾一样都在漫长的岁月里蛰伏着，直到三十多年后这场马何罗谋逆案。但是霍光在此案里扮演了什么角色，与上官桀一样没有任何细节，只有一句话，称他被封侯是"以前捕反者功"，显然也是追述。为什么霍光和上官桀在此案中的戏份如此隐晦简要，与金日磾截然不同？甚至在那么详尽地叙述金日磾抓捕马何罗的情节时，哪怕一次都没提过此二人的姓名？这个答案将在接下来的篇章里继续探讨。

这一年的所有事情都显得尤其扑朔迷离，让我们先记住这一年突然登场亮相的霍光、上官桀、金日磾三人，紧接着他们还要上演更加悬疑的戏份。

后元二年

（公元前 87 年）

● 刘彻七十岁 ●

落幕

正月，刘彻在甘泉宫接见了诸侯王，遍赐宗室。紧接着，二月，他就转移到盩厔县（今陕西省西安市周至县）的五柞宫。

这一月的丁卯日，七十岁的一代雄主刘彻驾崩，在位整整五十四年，谥号为"孝武"。应劭引用当时的《谥法》版本解释这个"武"字说"威强睿德曰武"。我们今天看到的通行版本《谥法》写作"威强敌德"，除此之外，"刚强直理""克定祸乱""刑民克服""夸志多穷"都可以谥"武"字，看上去似乎每一条都可以用在刘彻身上。

让我们先抛开对这位帝王的评价，来看看他另一件重要的身后事：继嗣问题。

在昌邑王刘髆也退出竞争之后，刘彻实际上还剩下三名可挑选的皇子：燕王刘旦、广陵王刘胥，此二子都早已成年，为不受宠的李姬所生；幼子刘弗陵，年仅八岁，为钩弋夫人赵氏所生。

论受宠程度，钩弋夫人是刘彻晚年新进，她的儿子显然更占优势。不过年龄也是需要考虑的重要指标。幼子即位，没有自主朝政的能力，权力往往旁落外戚或权臣，政权的稳定程度通常都会受到极大考验。而刘旦、刘胥本无宠，基本不在考虑范围，不过卫太子和刘髆相继去世后，年龄反而成了他们和刘弗陵相比的一大优势。

站在现实角度，刘彻选择其中任何一个都有可能。而结果我们都已经知道，就在他与世长辞的前一天，宫里突然下了一封册立太子的诏书，宣布幼子刘弗陵为帝位继承人。第二日刘彻便撒手人寰，第三日八岁的太子就即位，是为汉昭帝。

假如我们翻阅史书，尤其是官修正史，会发现几乎每一位看似正常即位的帝王，身上一定有众多深受先帝宠爱的优点，或者远胜其他兄弟竞争者的理由。诚然，假如真是正常的帝位交接，那么继位者必然是上一任精心选中的。但里面如果有非正常的因素，继位者也同样会涂抹修改，以表现出自己的确优于其他人。所以在看待继位帝王的这些优点，以及其他竞争者失败的理由时，最好都要打一些折扣再做考量。

比如《汉书·外戚传》如何形容汉昭帝刘弗陵的优点呢：

> 钩弋子年五六岁，壮大多知，上常言"类我"，又感其生与众异，甚奇爱之，心欲立焉。

意思是刘彻看到刘弗陵五六岁就长得比一般人高大聪明，经常夸他像自己。"生与众异"则是指钩弋夫人怀孕十四个月才生下他。

而广陵王刘胥为什么没被刘彻看中呢？《汉书·武五子传》是这么说的：

> 胥壮大，好倡乐逸游，力扛鼎，空手搏熊彘猛兽。动作无法度，故终不得为汉嗣。

刘胥也同样壮大，而且说到像刘彻，刘胥的喜欢"倡乐逸游"难道不是和他如出一辙吗？

再来看同传中另一位燕王刘旦的特征：

548　　有为：汉武帝的五十四年

> 旦壮大就国，为人辩略，博学经书杂说，好星历数术倡优射猎之事，招致游士。

如果说广陵王刘胥还有些"动作无法度"的毛病，燕王刘旦的特征则是身体壮健、能言善辩、多才博学、兴趣广泛，简直和刘彻是一个模板刻出来的。不选这样一个和自己非常接近的成品，而选择一个未来不知会变成何样的八岁孩子，"类我"这条证据的确很难让人信服。

当然，史书里一定会给刘旦安排足够让刘彻放弃他的理由。比如在巫蛊之祸太子死后，称刘旦非常开心，自以为按照年龄排序，轮也该轮到自己了，便上书请求入宫保卫父皇。这种过于明显的意图，让刘彻非常反感。说得好听是入宫宿卫，谁知道你是不是打算借机向老父亲逼宫呢？

而在刘弗陵一面，则还有塑造他是刘彻一早就选定的继承人的其他史事，这些事都和刘弗陵的母亲钩弋夫人有关。

据《汉书·外戚传》称，钩弋夫人生下刘弗陵后，刘彻说，当年古代圣王唐尧也是母亲妊娠十四个月才降生，故把钩弋临盆的殿门命名为"尧母门"。把儿子和曾经拥有天下的尧相提并论，难道不是一种暗示吗？

又《史记·外戚世家》中褚少孙补的一段故事称，刘彻有一天叫画工作了一幅周公背着年幼的成王的图画，于是左右群臣便知道刘彻有立少子之意。几日之后，刘彻突然下令处死了钩弋夫人。事后他向左右解释道：这种事你们这些蠢人是不会懂的。自古以来国家所以发生动乱，往往是由于君主年幼而母后少壮。女人独居难免骄淫，以此造成祸患。褚少孙最后总结道：所以凡是为武帝刘彻生下孩子的女人，全部被处死了。真是深谋远虑啊，非我们一般人能及，他的谥号为"武"，真不是随便起的！

> 上居甘泉宫，召画工图画周公负成王也。于是左右群臣知武帝意欲立少子也。后数日，帝谴责钩弋夫人。夫人脱簪珥叩头。帝曰："引持去，送掖庭狱！"夫人还顾，帝曰："趣行，女不得活！"夫人

后元二年（公元前87年） 549

死云阳宫……其后帝闲居,问左右曰:"人言云何?"左右对曰:"人言且立其子,何去其母乎?"帝曰:"然。是非儿曹愚人所知也。往古国家所以乱也,由主少母壮也。女主独居骄蹇,淫乱自恣,莫能禁也。女不闻吕后邪?"故诸为武帝生子者,无男女,其母无不谴死,岂可谓非贤圣哉!昭然远见,为后世计虑,固非浅闻愚儒之所及也。谥为"武",岂虚哉!

褚少孙最后的评价虽然听上去阴阳怪气,但以上两段资料,确实是支持刘彻一早就决定传位幼子刘弗陵的最重要论据。不过仔细看来,可能都有些问题。

第一段资料,刘弗陵出生在太始三年(前94年),那时卫太子尚在,李夫人之子刘髆则刚被立为昌邑王四年,李广利也正在起势阶段,刘彻有什么理由当时就决定选一个刚出生的婴儿为继承人呢?仅因为他在母亲腹中待了十四个月?由此可见,刘彻命名"尧母门",纯粹只是因为钩弋夫人的妊娠期与尧母巧合,又逢老来得子的一时之喜,不太可能有什么政治上的寓意。

第二段资料,"子少母壮故而提前杀母"的故事在历史上流传很广,影响也不小,甚而至于某些朝代直接借鉴此例来制定成法。不过流传和影响都不能为故事的真实性加分,一来,《汉书·外戚传》完全没有采信褚少孙的说法,只是简单记述钩弋夫人是"因过"被"谴死",没有任何相关的解释。二来,褚少孙所谓"诸为武帝生子者,无男女,其母无不谴死",是用来辅证钩弋夫人的遭遇,这段文字也和史实完全相悖,如王夫人、李夫人等,都是因病而亡与谴责无关。三来,假如提前杀母的事情是真实的,且刘彻本人对左右解释了杀钩弋的动机,那立刘弗陵为太子应该是小范围众所周知的事情,这也与后面马上要讲述的事情矛盾。

总而言之,立太子一事充满疑云,并非如史料记载般确凿无疑。吕思勉先生对此云:

然则昭帝之立，果武帝意与否，信不可知矣。(吕思勉《秦汉史》)

辅政疑云

既然最后立了幼子，必然涉及谁来辅政的问题。向来即位君主弱小不能自主政事，要么由后宫太后话事，比如吕后时期；要么在朝中选定几位顾命大臣，共同辅佐，互相牵制。卫皇后、刘弗陵的母亲钩弋夫人都已经去世，后宫缺位，也就只有后面的办法可行。

只不过汉武帝临终托孤选择的辅政大臣究竟是哪几个人，在《汉书》中就有至少四个不同版本。一为霍光一人："以侍中奉车都尉霍光为大司马大将军，受遗诏辅少主。"(《汉书·昭帝纪》)二为霍光、金日䃅二人："及上病，属霍光以辅少主，光让日䃅。日䃅曰：'臣外国人，且使匈奴轻汉。'于是遂为光副。"(《汉书·霍光金日䃅传》金日䃅传部分)三为霍光、金日䃅、上官桀、桑弘羊四人："上以光为大司马大将军，日䃅为车骑将军，及太仆上官桀为左将军，搜粟都尉桑弘羊为御史大夫，皆拜卧内床下，受遗诏辅少主。"(《汉书·霍光金日䃅传》霍光传部分)四为霍光、金日䃅、桑弘羊、田千秋四人："拜大将军霍光、车骑将军金日䃅、御史大夫桑弘羊及丞相千秋，并受遗诏，辅道少主。"(《汉书·公孙刘田王杨蔡陈郑传》)

假如说个人列传只突出传主，不记述别人是可以理解的，那么在《昭帝纪》这种全局性帝王纪里也只写霍光一人，不交代所有辅政大臣姓名，就不太说得过去了。这种遗留在不同篇章里的关键细节差异，往往正是后人对史料补缀修改而不慎留下的痕迹。也就是说，从这几段资料的差异对比来看，尤其根据第二段，事情极有可能是这样的，汉武帝临终时真正在场者，恐怕只有霍光和金日䃅两位亲近侍臣，上官桀、桑弘羊和田千秋三位外朝大臣本身就不能随意出入禁内，他们最后被列入辅政大臣名单，可能是因为霍光为方便秉政需要拉拢外朝助手。

从上面资料和后来霍光成为昭帝朝独一无二权臣的事实来看，也很容易看清，霍光才是汉武帝刘彻临终时的关键人物。而他一日之间从区区奉车都尉突然提拔为掌握军权的大司马大将军，并领衔辅佐幼主，也让人十分生疑是不是真的出自刘彻的遗命。

《汉书·霍光金日䃅传》还有另一段资料：

> 上乃使黄门画者画周公负成王朝诸侯以赐光。后元二年春，上游五柞宫，病笃，光泣涕问曰："如有不讳，谁当嗣者？"上曰："君未谕前画意邪？立少子，君行周公之事。"

如前所说，刘彻使人画周公负成王图的故事，是褚少孙补在《史记》中的，同时并没有说这幅画最终如何处理。而在《汉书》中，这幅画最终归向了霍光。按照霍光在昭帝朝不可一世的局面，要编造一个这样的故事以及这样一幅画作为官方口径，来表明自己辅政地位来得正当，完全不在话下，也符合情理。不过这个故事里，武帝临终前，作为随身近侍的霍光尚不知他有意立谁为嗣，那就和褚少孙所说的提前杀钩弋夫人故事逻辑相悖了。可见这两个故事，至少有一个是虚假的。

霍光、金日䃅、上官桀的官职一日之间都得到了跃迁，列为大司马大将军、车骑将军、左将军，而按照军职架构，后两者是统属于大司马大将军的。三人之间实际上形成了霍光主话事、金日䃅和上官桀并为副手的辅政局面。

现在还存在一个问题，由于一天之前，他们尤其是霍金二人还不是高级官职，所以爵级还配不上新提拔的职位，所以必然要对他们重新封侯。然而汉朝有"无功不侯"的惯例，于是马何罗谋逆案便被搬了出来，而此案中有功者，很巧正是金日䃅，以及霍光和上官桀。

霍光称刘彻死前有遗诏以此案之功封三人为列侯。一件将近一年前就发生的谋逆大案，隔了许久到临终才论功行赏，已经是咄咄怪事，偏偏金日䃅还非常不领情，拒不接受。他推说汉昭帝刚即位，所以不能接受封

552　有为：汉武帝的五十四年

赏。以这样的理由不听先帝"遗诏",多少有些牵强。或者这只是金日䃅委婉表达遗诏是假的一种方式。另有一位叫作王忽的侍中,一日也在不经意间对人说起:"先帝驾崩前,我也常常在身边服侍,哪来的什么遗诏封侯这种事!这些家伙在自己给自己抬价呢!"

> 时卫尉王莽子男忽侍中,扬语曰:"帝崩,忽常在左右,安得遗诏封三子事!群儿自相贵耳。"(《汉书·霍光金日䃅传》)

说这话的若是其他人,可能还不足信,而王忽的父亲王莽恰好是霍光的心腹,所以大约是年轻人口无遮拦喜欢炫耀,一不小心把内幕说了出来。霍光严厉斥责了王莽,王莽最终将口风不紧的儿子毒杀。

以上便是关于汉武帝刘彻临终托孤的相关史事,其中同样疑云重重,与千古以来无数次帝位交接一样。

盖棺难论定

本书以刘彻执政的五十四年作为考察的时间段,记录了整个时代里被裹挟前进的人与事,而刘彻本人是这个时代的一根引线。在书的结尾,似乎很难避免要对他再进行一个简单的评价。

司马迁和班固开创的,是一种论述性质的新史学。用雷家骥先生的话来说:

> 是则此种学术之成立,必须经此广搜史料、考证事实、稽论道理之三段法,始克善之。(雷家骥《中国古代史学观念史》)

而三段法里,"稽论道理"的重要性最容易被忽略。实际上,古人评价一部史著是否"良史",材料可信和叙述准确固然是标准,而史论是否通达精彩也同等重要。《史记》中的"太史公曰"、《汉书》中的"赞曰"、《资治通鉴》中的"臣光曰"部分，就是史著中的史论。它们未必完全客观，但往往很鲜明，不仅体现史著作者的行文逻辑，通常也反映当时人的价值观念。

那么要评价汉武帝，就很有必要先来看一看为他作史著的这几位史学家的评论。不过《史记·今上本纪》已经亡佚，司马迁的真实意见我们也不得而知。班固在《汉书·武帝纪》里对汉武帝的评价如下：

> 赞曰：汉承百王之弊，高祖拨乱反正，文、景务在养民，至于稽古礼文之事，犹多阙焉。孝武初立，卓然罢黜百家，表章六经。遂畴咨海内，举其俊茂，与之立功。兴太学，修郊祀，改正朔，定历数，协音律，作诗乐，建封襢，礼百神，绍周后，号令文章，焕焉可述。后嗣得遵洪业，而有三代之风。如武帝之雄材大略，不改文、景之恭俭以济斯民，虽《诗》《书》所称，何有加焉！

班固这段文字其实颇奇怪，他只字不提汉武帝最大的事功征伐四夷，而详尽列举了他尊崇经术、兴办太学、订立制度的各项成就，认为汉兴以来在文化方面的阙失，到武帝一朝终于灿烂可观。班固立场之所以如此，是因为孔门经学到东汉已经正式成为国家意识形态，他所列举的，都是在经学价值中最值得称述的内容。最后一句他对武帝的批评也基于同样的理由，称假如刘彻能够保持文、景二帝克己爱民的政策基调，那么他就足以和三代圣王相提并论了。

> 班固是个历史学家，同时也是个经学家，而且首先是个经学家，写史的目的之一就是用历史证明经学的正统性。（臧知非《秦汉赋役与社会控制》）

为何不提武事，可能有两个原因。一是班固并不觉得武帝的征伐取得了特别好的成绩，他在《汉书·匈奴传》说，孝武皇帝之时，虽然通过征战杀获了一定数量的胡虏，但中国的士卒马匹死亡也相差无几。虽然夺得河南地，建立朔方郡，但是也主动放弃了造阳之北九百余里的大好河山[1]，只能算有得有失，功过相当。二是班固本人对匈奴的策略，也是经学家的一贯主张，认为应该如先圣一样，对蛮夷之人"禽兽畜之"，既不屑与他们和亲约誓，也不浪费精力去主动攻伐。"来则惩而御之，去则备而守之。"假如匈奴主动慕义归顺，则待之以礼即可。这就是班固认可的"圣王制御蛮夷之常道"。

总的来说，班固眼里的圣王之治，大约是文、景之民政与武帝之文德的结合体。

司马光在《资治通鉴》里对汉武帝的评价，就没有班固那么客气委婉了。

> 臣光曰：孝武穷奢极欲，繁刑重敛，内侈宫室，外事四夷，信惑神怪，巡游无度，使百姓疲敝，起为盗贼，其所以异于秦始皇者无几矣。然秦以之亡，汉以之兴者，孝武能尊先王之道，知所统守，受忠直之言，恶人欺蔽，好贤不倦，诛赏严明，晚而改过，顾托得人，此其所以有亡秦之失而免亡秦之祸乎！（《资治通鉴·汉纪十四》）

司马光用一长串罪恶之词痛诉汉武帝的过失，并直接下结论：这和汉朝人自己嘴里整天批评的秦始皇有什么区别？但是为什么秦朝速亡，汉朝却没有，这是好在汉武帝有一些关键地方做对了，比如他懂得要尊先王之道，能用贤人，赏罚严明，晚年又及时拨乱反正，所以汉武帝虽然有"亡

---

[1] 造阳在上谷郡，今河北省张家口市赤城县以北。元朔二年（前127年），卫青在夺取河南地的同时，东方连年边患严重，故放弃了造阳附近燕长城以北的大片土地。

后元二年（公元前87年） 555

秦之失"，而终于免遭"亡秦之祸"。

比起《汉书》，《资治通鉴》的政治目的性更强，司马光写作此书，是为了"鉴于往事，有资于治道"，用来教育宋神宗应该如何吸取历史教训，当一名合格天子。甚至《资治通鉴》的书名，也是宋神宗本人所起。所以司马光在本书中价值观的爱憎十分鲜明，用词尤其泼辣，就是要立场坚定地告诉天子哪些行为错，哪些行为对。

司马光对汉武帝的评价，更像把汉武帝作为一个工具人，来表达自己的喜恶。特别是他所认为刘彻做对的那些关键点，严格来说都不算客观。汉武帝的"尊先王"，只不过是借古圣一个名头，他所行之道并非司马光心目中的王道，而是后来汉宣帝所称的"霸王道杂之"。其中绝大多数制度，更是武帝一朝所独创，而非先圣遗制。汉武帝用人也称不上"用贤"，称以"用能"可能更为贴切。司马光所举这些特征，只能算是他所希望宋神宗拥有的秉性。特别是汉武帝有那么多创制，司马光作为一流史家，岂能不知？为何他要掩盖这一点，反而独赞其"尊先王"，这与宋朝崇尚"祖宗家法"，而宋神宗新即位后颇有积极变法作为之心不无关系。司马光希望借评价刘彻，来引导新天子多遵循先王之道，而莫轻举改革。倒不是改革不好，而是此等难事需要有大魄力之主从长计议方可缓步推进，轻举其事，只会引起天下骚动。

司马光评价刘彻的优点，确实没有到位。不过他的"有亡秦之失而免亡秦之祸"的观点，却深得古往今来学者认可，后世论及汉武者，动辄和秦始皇置于一处对比。如钱穆先生在其著作《秦汉史》中称：

> 汉武遣方士，求神仙，行封禅，立明堂，造历推德，外攘四夷，又事事与始皇如出一辙。

其实不止这些，其他如酷吏政治、横征暴敛、大兴土木、滥用民力、为不断攻伐征及"七科谪"、晚年导致盗贼纷起等，两者也无不相似。同时大多数史家学者认为，幸而汉武帝后来知悔而改辙，所以在总体评价上

556　有为：汉武帝的五十四年

他还是要略胜秦始皇一筹。如唐人虞世南说:

> (汉武)方于始皇,则为优矣。至于骄奢暴虐,可以相亚,并功有余而德不足。(虞世南《帝王略论》)

大致来说,无论评价者站在什么立场,对汉武帝一朝的高举经学旗帜、民族精神高涨基本都持肯定意见,而对其奢侈无度、不恤百姓一面则基本深恶痛绝。唯独对其毕一生而追求的"武功",历来褒贬最是不一。赞扬者认为攻伐四夷是一件扬国威、促统一的盛事,为了长远国家安全,哪怕短期内付出极大牺牲也未尝不可;反对者则认为有些仗完全可以不打,或至少应有节制地打,正是因为攻伐过于无度,才导致财力、民力空前衰竭以及各种民间乱象频发。总之,代价有些大。

这里面,尤其值得一提的是历朝帝王们对这位前辈皇帝的看法。汉武帝的"武功"几乎成了一种风向标,当帝王们自己也从攻伐中获利或正欲兴边事,则大赞刘彻拓土之功;当帝王们自己想要偃武息戈,则大批刘彻穷兵黩武。

以上这些提醒我们,历史评价总是无法做到完全客观的,它与时代、立场、身份和需要紧密相关。

拿汉朝和匈奴那场漠北大决战来说,二十一岁的霍去病征战两千余里,封狼居胥而还;李广迷路失期,愤而自尽;汉军诛杀和俘虏匈奴八九万人,自己也损失数万;十四万匹马出塞,归来不满三万。此战之后,单于远遁,大漠南方不见匈奴踪影。仅这一小段史料,每个人的观感也是不一样的。喜欢英雄叙事的,看到了青年英豪;悲情主义的,看到了落拓老将;悲悯苍生的,看到了蝼蚁白骨;大国情怀的,看到了煌煌盛世。

作为本书作者和一名历史研究者,如果定要用一句话评价汉武帝刘彻:他是一个绝对有作为的帝王,但假如活在他的时代,我希望他能够少点作为。

附录十一：甘肃玉门花海汉代烽燧出土疑似汉武帝遗诏

制诏：

皇太子，朕体不安，今将绝矣！与地合同，众（终）不复起。谨视皇大（天）之笱（嗣），加（如）曾朕在。善禺（遇）百姓，赋敛以理；存贤近圣，必聚谐士；表敢奉先，自致天子。胡佼（亥）自记（圮），灭名绝纪（祀）。审察朕言，众（终）身毋久（已？）。苍苍之天不可得久视，堂堂之地不可得久履，道此绝矣！告后世及其孙子（子孙），忽忽锡锡（惕惕），恐见故里，毋负天地，更亡更在，□如□庐，下敦间里。人固当死，慎毋敢（佞）。

附录十二：《汉书·武帝纪》

孝武皇帝，景帝中子也，母曰王美人。年四岁，立为胶东王。七岁为皇太子，母为皇后。十六岁，后三年正月，景帝崩。甲子，太子即皇帝位，尊皇太后窦氏曰太皇太后，皇后曰皇太后。三月，封皇太后同母弟田蚡、胜皆为列侯。

建元元年冬十月，诏丞相、御史、列侯、中二千石、二千石、诸侯相举贤良方正直言极谏之士。丞相绾奏："所举贤良，或治申、商、韩非、苏秦、张仪之言，乱国政，请皆罢。"奏可。

春二月，赦天下，赐民爵一级。年八十复二算，九十复甲卒。行三铢钱。

夏四月己巳，诏曰："古之立教，乡里以齿，朝廷以爵，扶世导民，莫善于德。然则于乡里先耆艾，奉高年，古之道也。今天下孝子顺孙愿自竭尽以承其亲，外迫公事，内乏资材，是以孝心阙焉。朕甚哀之。民年九十以上，已有受鬻法，为复子若孙，令得身帅妻妾遂其供养之事。"

五月，诏曰："河海润千里，其令祠官修山川之祠，为岁事，加曲礼。"

赦吴楚七国帑输在官者。

秋七月，诏曰："卫士转置送迎二万人，其省万人。罢苑马，以赐贫民。"

议立明堂。遣使者安车蒲轮，束帛加璧，征鲁申公。

二年冬十月，御史大夫赵绾坐请毋奏事太皇太后，及郎中令王臧皆下狱，自杀。丞相婴、太尉蚡免。

春二月丙戌朔，日有蚀之。

夏四月戊申，有如日夜出。

初置茂陵邑。

三年春，河水溢于平原，大饥，人相食。

赐徙茂陵者户钱二十万，田二顷。初作便门桥。

秋七月，有星孛于西北。

济川王明坐杀太傅、中傅废，迁防陵。闽越围东瓯，东瓯告急。遣中大夫严助持节发会稽兵，浮海救之。未至，闽越走，兵还。

九月丙子晦，日有蚀之。

四年夏，有风赤如血。

六月，旱。

秋九月，有星孛于东北。

五年春，罢三铢钱，行半两钱。

置五经博士。

夏四月，平原君薨。

五月，大蝗。

秋八月，广川王越、清河王乘皆薨。

六年春二月乙未，辽东高庙灾。

夏四月壬子，高园便殿火。上素服五日。

五月丁亥，太皇太后崩。

秋八月，有星孛于东方，长竟天。

闽越王郢攻南越。遣大行王恢将兵出豫章，大司农韩安国出会稽，击之。未至，越人杀郢降，兵还。

元光元年冬十一月，初令郡国举孝廉各一人。

卫尉李广为骁骑将军屯云中，中尉程不识为车骑将军屯雁门，六月罢。

夏四月，赦天下，赐民长子爵一级。复七国宗室前绝属者。

五月，诏贤良曰："朕闻昔在唐、虞，画象而民不犯，日月所烛，莫不率俾。周之成康，刑错不用，德及鸟兽，教通四海。海外肃眘，北发渠搜，氐、羌来服。星辰不孛，日月不蚀，山陵不崩，川谷不塞；麟凤在郊薮，河洛出图书。呜呼，何施而臻此与！今朕获奉宗庙，夙兴以求，夜寐以思，若涉渊水，未知所济。猗与伟与！何行而可以章先帝之洪业休德，上参尧、舜，下配三王！朕之不敏，不能远德，此子大夫之所睹闻也。贤良明于古今王事之体，受策察问，咸以书对，著之于篇，朕亲览焉。"于是董仲舒、公孙弘等出焉。

秋七月癸未，日有蚀之。

二年冬十月，行幸雍，祠五畤。

春，诏问公卿曰："朕饰子女以配单于，金币文绣赂之甚厚，单于待命加嫚，侵盗亡已。边境被害，朕甚闵之。今欲举兵攻之，何如？"大行王恢建议宜击。

夏六月，御史大夫韩安国为护军将军，卫尉李广为骁骑将军，太仆公孙贺为轻车将军，大行王恢为将屯将军，太中大夫李息为材官将军，将三十万众屯马邑谷中，诱致单于，欲袭击之。单于入塞，觉之，走出。六月，军罢。将军王恢坐首谋不进，下狱死。

秋九月，令民大酺五日。

三年春，河水徙，从顿丘东南流入勃海。

夏五月，封高祖功臣五人后为列侯。

河水决濮阳，泛郡十六。发卒十万救决河。起龙渊宫。

四年冬，魏其侯窦婴有罪，弃市。

春三月乙卯，丞相蚡薨。

夏四月，陨霜杀草。

五月，地震。赦天下。

五年春正月，河间王德薨。

夏，发巴蜀治南夷道，又发卒万人治雁门阻险。

秋七月，大风拔木。乙巳，皇后陈氏废。捕为巫蛊者，皆枭首。

八月，螟。

征吏民有明当时之务、习先圣之术者，县次续食，令与计偕。

六年冬，初算商车。

春，穿漕渠通渭。

匈奴入上谷，杀略吏民。遣车骑将军卫青出上谷，骑将军公孙敖出代，轻车将军公孙贺出云中，骁骑将军李广出雁门。青至龙城，获首虏七百级。广、敖失师而还。诏曰："夷狄无义，所从来久。间者匈奴数寇边境，故遣将抚师。古者治兵振旅，因遭虏之方入，将吏新会，上下未辑，代郡将军敖、雁门将军广所任不肖，校尉又背义妄行，弃军而北，少吏犯禁。用兵之法：不勤不教，将率之过也；教令宣明，不能尽力，士卒之罪也。将军已下廷尉，使理正之，而又加法于士卒，二者并行，非仁圣之心。朕闵众庶陷害，欲刷耻改行，复奉正义，厥路亡繇。其赦雁门、代郡军士不循法者。"

夏，大旱，蝗。

六月，行幸雍。

秋，匈奴盗边。遣将军韩安国屯渔阳。

元朔元年冬十一月，诏曰："公卿大夫，所使总方略，壹统类，广教化，美风俗也。夫本仁祖义，褒德禄贤，劝善刑暴，五帝三王所繇昌也。朕夙兴夜寐，嘉与宇内之士臻于斯路。故旅耆老，复孝敬，选豪俊，讲文学，稽参政事，祈进民心，深诏执事，兴廉举孝，庶几成风，绍休圣绪。夫十室之邑，必有忠信；三人并行，厥有我师。今或至阖郡而不荐一人，是化不下究，而积行之君子雍于上闻也。二千石官长纪纲人伦，将何以佐朕烛幽隐，劝元元，厉蒸庶，崇乡党之训哉？且进贤受上赏，蔽贤蒙显戮，古之道也。其与中二千石、礼官、博士议不举者罪。"有司奏议曰："古者，诸侯贡士，一适谓之好德，再适谓之贤贤，三适谓之有功，乃加九锡；不贡士，一则黜爵，再则黜地，三而黜爵地毕矣。夫附下罔上者死，附上罔下者刑，与闻国政而无益于民者斥，在上位而不能进贤者退，此所以劝善黜恶也。今诏书昭先帝圣绪，令二千石举孝廉，所以化元元，移风易俗也。不举孝，不奉诏，当以不敬论。不察廉，不胜任也，当免。"奏可。

十二月，江都王非薨。

562　　有为：汉武帝的五十四年

春三月甲子，立皇后卫氏。诏曰："朕闻天地不变，不成施化；阴阳不变，物不畅茂。《易》曰'通其变，使民不倦'。《诗》云'九变复贯，知言之选'。朕嘉唐、虞而乐殷、周，据旧以鉴新。其赦天下，与民更始。诸逋贷及辞讼在孝景后三年以前，皆勿听治。"

秋，匈奴入辽西，杀太守；入渔阳、雁门，败都尉，杀略三千余人。遣将军卫青出雁门，将军李息出代，获首虏数千级。

东夷、薉君、南闾等口二十八万人降，为苍海郡。

鲁王馀、长沙王发皆薨。

二年冬，赐淮南王、菑川王几杖，毋朝。

春正月，诏曰："梁王、城阳王亲慈同生，愿以邑分弟，其许之。诸侯王请与子弟邑者，朕将亲览，使有列位焉。"于是藩国始分，而子弟毕侯矣。

匈奴入上谷、渔阳，杀略吏民千余人。遣将军卫青、李息出云中，至高阙，遂西至符离，获首虏数千级。收河南地，置朔方、五原郡。

三月乙亥晦，日有蚀之。

夏，募民徙朔方十万口。又徙郡国豪杰及訾三百万以上于茂陵。

秋，燕王定国有罪，自杀。

三年春，罢苍海郡。

三月，诏曰："夫刑罚所以防奸也，内长文所以见爱也；以百姓之未洽于教化，朕嘉与士大夫日新厥业，祗而不解。其赦天下。"

夏，匈奴入代，杀太守；入雁门，杀略千余人。

六月庚午，皇太后崩。

秋，罢西南夷，城朔方城。令民大酺五日。

四年冬，行幸甘泉。

夏，匈奴入代、定襄、上郡，杀略数千人。

五年春，大旱。大将军卫青将六将军兵十余万人，出朔方、高阙，获首虏万五千级。

夏六月，诏曰："盖闻导民以礼，风之以乐，今礼坏乐崩，朕甚闵焉。故详延天下方闻之士，咸荐诸朝。其令礼官劝学，讲议洽闻，举遗兴礼，以为天下先。太常其议予博士弟子，崇乡党之化，以厉贤材焉。"丞相弘请为博士置弟子员，学者益广。

秋，匈奴入代，杀都尉。

六年春二月，大将军卫青将六将军兵十余万骑出定襄，斩首三千余级。还，休士马于定襄、云中、雁门。赦天下。

夏四月，卫青复将六将军绝幕，大克获。前将军赵信军败，降匈奴。右将军苏建亡军，独身脱还，赎为庶人。

六月，诏曰："朕闻五帝不相复礼，三代不同法，所繇殊路而建德一也。盖孔子对定公以来远，哀公以论臣，景公以节用，非期不同，所急异务也。今中国一统而北边未安，朕甚悼之。日者大将军巡朔方，征匈奴，斩首虏万八千级，诸禁锢及有过者，咸蒙厚赏，得免减罪。今大将军仍复克获，斩首虏万九千级，受爵赏而欲移卖者，无所流眬。其议为令。"有司奏请置武功赏官，以宠战士。

元狩元年冬十月，行幸雍，祠五畤。获白麟，作《白麟》之歌。

十一月，淮南王安、衡山王赐谋反，诛。党与死者数万人。

十二月，大雨雪，民冻死。

夏四月，赦天下。

丁卯，立皇太子。赐中二千石爵右庶长，民为父后者一级。诏曰："朕闻咎繇对禹，曰在知人，知人则哲，惟帝难之。盖君者心也，民犹支体，支体伤则心憯怛。日者淮南、衡山修文学，流货赂，两国接壤，怵于邪说，而造篡弑，此朕之不德。《诗》云：'忧心惨惨，念国之为虐。'已赦天下，涤除与之更始。朕嘉孝弟力田，哀夫老眊孤寡鳏独或匮于衣食，甚怜愍焉。其遣谒者巡行天下，存问致赐。曰'皇帝使谒者赐县三老、孝者帛，人五匹；乡三老、弟者、力田帛，人三匹；年九十以上及鳏寡孤独帛，人二匹，絮三斤；八十以上米，人三石。有冤失职，使者以闻。县乡即赐，毋赘聚'。"

五月乙巳晦，日有蚀之。

匈奴入上谷，杀数百人。

二年冬十月，行幸雍，祠五畤。

春三月戊寅，丞相弘薨。

遣骠骑将军霍去病出陇西，至皋兰，斩首八千余级。

夏，马生余吾水中。南越献驯象、能言鸟。

将军去病、公孙敖出北地二千余里，过居延，斩首虏三万余级。

匈奴入雁门，杀略数百人。遣卫尉张骞、郎中令李广皆出右北平。广杀匈奴三千余人，尽亡其军四千人，独身脱还，及公孙敖、张骞皆后期，当斩，赎为庶人。

江都王建有罪，自杀。胶东王寄薨。

秋，匈奴昆邪王杀休屠王，并将其众合四万余人来降，置五属国以处之。以其地为武威、酒泉郡。

三年春，有星孛于东方。

夏五月，赦天下。立胶东康王少子庆为六安王。封故相国萧何曾孙庆为列侯。

秋，匈奴入右北平、定襄，杀略千余人。

遣谒者劝有水灾郡种宿麦。举吏民能假贷贫民者以名闻。

减陇西、北地、上郡戍卒半。

发谪吏穿昆明池。

四年冬，有司言关东贫民徙陇西、北地、西河、上郡、会稽，凡七十二万五千口，县官衣食振业，用度不足，请收银锡造白金及皮币以足用。初算缗钱。

春，有星孛于东北。

夏，有长星出于西北。

大将军卫青将四将军出定襄，将军去病出代，各将五万骑。步兵踵军后数十万人。青至幕北围单于，斩首万九千级，至阗颜山乃还。去病与左贤王战，斩获首虏七万余级，封狼居胥山乃还。两军士死者数万人。前将军广、后将军食其皆后期。广自杀，食其赎死。

五年春三月甲午，丞相李蔡有罪，自杀。

天下马少，平牡马匹二十万。

罢半两钱，行五铢钱。

徙天下奸猾吏民于边。

六年冬十月，赐丞相以下至吏二千石金，千石以下至乘从者帛，蛮夷锦各有差。

雨水亡冰。

夏四月乙巳，庙立皇子闳为齐王，旦为燕王，胥为广陵王。初作诰。

六月，诏曰："日者有司以币轻多奸，农伤而末众，又禁兼并之途，故改币以约之。稽诸往古，制宜于今。废期有月，而山泽之民未谕。夫仁行而从善，义立则俗易，意奉宪者所以导之未明与？将百姓所安殊路，而挢虔吏因乘势以侵蒸庶邪？何纷然其扰也！今遣博士大等六人分循行天下，存问鳏寡废疾，无以自振业者贷与之。谕三老孝弟以为民师，举独行之君子，征诣行在所。朕嘉贤者，乐知其人。广宣厥道，士有特招，使者之任也。详问隐处亡位，及冤失职，奸猾为害，野荒治苛者，举奏。郡国有所以为便者，上丞相、御史以闻。"

秋九月，大司马骠骑将军去病薨。

元鼎元年夏五月，赦天下，大酺五日。

得鼎汾水上。

济东王彭离有罪，废徙上庸。

二年冬十一月，御史大夫张汤有罪，自杀。

十二月，丞相青翟下狱死。

春，起柏梁台。

三月，大雨雪。

夏，大水，关东饿死者以千数。

秋九月，诏曰："仁不异远，义不辞难。今京师虽未为丰年，山林池泽之饶与民共之。今水潦移于江南，迫隆冬至，朕惧其饥寒不活。江南之地，火耕水耨，方下巴蜀之粟致之江陵，遣博士中等分循行，谕告所抵，无令重困。吏民有振救饥民免其厄者，具举以闻。"

三年冬，徙函谷关于新安。以故关为弘农县。

十一月，令民告缗者以其半与之。

正月戊子，阳陵园火。

夏四月，雨雹，关东郡国十余饥，人相食。

常山王舜薨。子教嗣立，有罪，废徙房陵。

四年冬十月，行幸雍，祠五畤。赐民爵一级，女子百户牛酒。行自夏阳，东幸汾阴。

十一月甲子，立后土祠于汾阴脽上。礼毕，行幸荥阳。还至洛阳，诏曰："祭地冀州，瞻望河洛，巡省豫州，观于周室，邈而无祀。询问耆老，乃得孽子嘉。绍其封嘉为周子南君，以奉周祀。"

春二月，中山王胜薨。

夏，封方士栾大为乐通侯，位上将军。

六月，得宝鼎后土祠旁。

秋，马生渥洼水中。作《宝鼎》《天马》之歌。

立常山宪王子商为泗水王。

五年冬十月，行幸雍，祠五畤。遂踰陇，登空同，西临祖厉河而还。

十一月辛巳朔旦，冬至。立泰畤于甘泉。天子亲郊见，朝日夕月。诏曰："朕以眇身讬于王侯之上，德未能绥民，民或饥寒，故巡祭后土以祈丰年。冀州脽壤乃显文鼎，获荐于庙。渥洼水出马，朕其御焉。战战兢兢，惧不克任，思昭天地，内惟自新。《诗》云：'四牡翼翼，以征不服。'亲省边垂，用事所极。望见泰一，修天文禅。辛卯夜，若景光十有二明。

《易》曰：'先甲三日，后甲三日。'朕甚念年岁未咸登，饬躬斋戒，丁酉，拜况于郊。"

夏四月，南越王相吕嘉反，杀汉使者及其王、王太后。赦天下。丁丑晦，日有蚀之。

秋，蛙、虾蟆斗。

遣伏波将军路博德出桂阳，下湟水；楼船将军杨仆出豫章，下浈水；归义越侯严为戈船将军，出零陵，下离水；甲为下濑将军，下苍梧。皆将罪人，江淮以南楼船十万人。越驰义侯遗别将巴、蜀罪人，发夜郎兵，下牂柯江，咸会番禺。

九月，列侯坐献黄金酎祭宗庙不如法夺爵者百六人，丞相赵周下狱死。乐通侯栾大坐诬罔要斩。

西羌众十万人反，与匈奴通使，攻故安，围枹罕。匈奴入五原，杀太守。

六年冬十月，发陇西、天水、安定骑士及中尉，河南、河内卒十万人，遣将军李息、郎中令徐自为征西羌，平之。

行东，将幸缑氏，至左邑桐乡，闻南越破，以为闻喜县。春，至汲新中乡，得吕嘉首，以为获嘉县。驰义侯遗兵未及下，上便令征西南夷，平之。遂定越地，以为南海、苍梧、郁林、合浦、交阯、九真、日南、珠厓、儋耳郡。定西南夷，以为武都、牂柯、越巂、沈黎、文山郡。

秋，东越王馀善反，攻杀汉将吏。遣横海将军韩说、中尉王温舒出会稽，楼船将军杨仆出豫章，击之。又遣浮沮将军公孙贺出九原，匈河将军赵破奴出令居，皆二千余里，不见虏而还。乃分武威、酒泉地置张掖、敦煌郡，徙民以实之。

元封元年冬十月，诏曰："南越、东瓯咸伏其辜，西蛮、北夷颇未辑睦，朕将巡边垂，择兵振旅，躬秉武节，置十二部将军，亲帅师焉。"行自云阳，北历上郡、西河、五原，出长城，北登单于台，至朔方，临北河。勒兵十八万骑，旌旗径千余里，威震匈奴。遣使者告单于曰："南越王头已县[1]于汉北阙矣。单于能战，天子自将待边；不能，亟来臣服。何但亡匿幕北寒苦之地为！"匈奴詟焉。还，祠黄帝于桥山，乃归甘泉。

东越杀王馀善降。诏曰："东越险阻反覆，为后世患，迁其民于江淮间。"遂虚其地。

春正月，行幸缑氏。诏曰："朕用事华山，至于中岳，获驳麃，见夏后启母石。翌日亲登嵩高，御史乘属、在庙旁吏卒咸闻呼万岁者三。登礼罔不答。其令祠官加增太室祠，禁无伐其草木。以山下户三百为之奉邑，名曰崇高，独给祠，复亡所与。"行，遂东巡海上。

夏四月癸卯，上还，登封泰山，降坐明堂。诏曰："朕以眇身承至尊，兢兢焉惟德菲薄，不明于礼乐，故用事八神。遭天地况施，著见景象，屑然如有闻。震于怪物，欲止不敢，遂登封泰山，至于梁父，然后升禋肃然。自新，嘉与士大夫更始，其以十月为元封元年。行所巡至，博、奉高、蛇丘、历城、梁父，民田租逋赋贷，已除。加年七十以上孤寡帛，人二匹。四县无出今年算。赐天下民爵一级，女子百户牛酒。"

行自泰山，复东巡海上，至碣石。自辽西历北边九原，归于甘泉。

秋，有星孛于东井，又孛于三台。

齐王闳薨。

二年冬十月，行幸雍，祠五畤。

春，幸缑氏，遂至东莱。

夏四月，还祠泰山。至瓠子，临决河，命从臣将军以下皆负薪塞河堤，作《瓠子》之歌。赦所过徒，赐孤独高年米，人四石。还，作甘泉通天台、长安飞廉馆。

朝鲜王攻杀辽东都尉，乃募天下死罪击朝鲜。

六月，诏曰："甘泉宫内中产芝，九茎连叶。上帝博临，不异下房，赐朕弘休。其赦天下，赐云阳都百户牛酒。"作《芝房》之歌。

---

[1] 县通悬。

秋，作明堂于泰山下。

遣楼船将军杨仆、左将军荀彘将应募罪人击朝鲜。又遣将军郭昌、中郎将卫广发巴、蜀兵平西南夷未服者，以为益州郡。

三年春，作角抵戏，三百里内皆观。

夏，朝鲜斩其王右渠降，以其地为乐浪、临屯、玄菟、真番郡。

楼船将军杨仆坐失亡多，免为庶民，左将军荀彘坐争功弃市。

秋七月，胶西王端薨。

武都氐人反，分徙酒泉郡。

四年冬十月，行幸雍，祠五畤。通回中道，遂北出萧关，历独鹿、鸣泽，自代而还，幸河东。

春三月，祠后土。诏曰："朕躬祭后土地祇，见光集于灵坛，一夜三烛。幸中都宫，殿上见光。其赦汾阴、夏阳、中都死罪以下，赐三县及杨氏皆无出今年租赋。"

夏，大旱，民多暍死。

秋，以匈奴弱，可遂臣服，乃遣使说之。单于使来，死京师。匈奴寇边，遣拔胡将军郭昌屯朔方。

五年冬，行南巡狩，至于盛唐，望祀虞舜于九嶷。登灊天柱山，自寻阳浮江，亲射蛟江中，获之。舳舻千里，薄枞阳而出，作《盛唐枞阳》之歌。遂北至琅邪，并海，所过礼祠其名山大川。

春三月，还至太山，增封。甲子，祠高祖于明堂，以配上帝，因朝诸侯王列侯，受郡国计。

夏四月，诏曰："朕巡荆、扬，辑江、淮物，会大海气，以合泰山。上天见象，增修封禅。其赦天下。所幸县毋出今年租赋，赐鳏寡孤独帛，贫穷者粟。"还幸甘泉，郊泰畤。

大司马大将军青薨。

初置刺史部十三州。名臣文武欲尽，诏曰："盖有非常之功，必待非常之人，故马或奔踶而致千里，士或有负俗之累而立功名。夫泛驾之马，跅弛之士，亦在御之而已。其令州郡察吏民有茂材异等可为将相及使绝国者。"

六年冬，行幸回中。

春，作首山宫。

三月，行幸河东，祠后土。诏曰："朕礼首山，昆田出珍物，化或为黄金。祭后土，神光三烛。其赦汾阴殊死以下，赐天下贫民布帛，人一匹。"

益州、昆明反，赦京师亡命令从军，遣拔胡将军郭昌将以击之。

夏，京师民观角抵于上林平乐馆。

秋，大旱，蝗。

太初元年冬十月，行幸泰山。

十一月甲子朔旦，冬至，祀上帝于明堂。乙酉，柏梁台灾。

十二月，禮高里，祠后土。东临勃海，望祠蓬莱。

春还，受计于甘泉。

二月，起建章宫。

夏五月，正历，以正月为岁首。色上黄，数用五，定官名，协音律。遣因杆将军公孙敖筑塞外受降城。

秋八月，行幸安定。遣贰师将军李广利发天下谪民西征大宛。

蝗从东方飞至敦煌。

二年春正月戊申，丞相庆薨。

三月，行幸河东，祠后土。令天下酺五日，媵五日，祠门户，比腊。

夏四月，诏曰："朕用事介山，祭后土，皆有光应。其赦汾阴、安邑殊死以下。"

五月，籍吏民马，补车骑马。

秋，蝗。遣浚稽将军赵破奴二万骑出朔方击匈奴，不还。

冬十二月，御史大夫兒宽卒。

三年春正月，行东巡海上。

夏四月，还，修封泰山，禮石闾。

遣光禄勋徐自为筑五原塞外列城，西北至卢朐，游击将军韩说将兵屯之。强弩都尉路博德筑居延。

秋，匈奴入定襄、云中，杀略数千人，行坏光禄勋亭障；又入张掖、酒泉，杀都尉。

四年春，贰师将军广利斩大宛王首，获汗血马来。作《西极天马》之歌。

秋，起明光宫。

冬，行幸回中。

徙弘农都尉治武关，税出入者以给关吏卒食。

天汉元年春正月，行幸甘泉，郊泰畤。

三月，行幸河东，祠后土。

匈奴归汉使者，使使来献。

夏五月，赦天下。

秋，闭城门大搜。发谪戍屯五原。

二年春，行幸东海。还幸回中。

夏五月，贰师将军三万骑出酒泉，与右贤王战于天山，斩首虏万余级。又遣因杅将军出西河，骑都尉李陵将步兵五千人出居延北，与单于战，斩首虏万余级。陵兵败，降匈奴。

秋，止禁巫祠道中者。大搜。

渠黎六国使使来献。

泰山、琅邪群盗徐㪍等阻山攻城，道路不通。遣直指使者暴胜之等衣绣衣杖斧分部逐捕。刺史、郡守以下皆伏诛。

冬十一月，诏关都尉曰："今豪杰多远交，依东方群盗。其谨察出入者。"

三年春二月，御史大夫王卿有罪，自杀。

初榷酒酤。

三月，行幸泰山，修封，祀明堂，因受计。还幸北地，祠常山，瘗玄玉。

夏四月，赦天下。行所过毋出田租。

572　　有为：汉武帝的五十四年

秋，匈奴入雁门，太守坐畏懦弃市。

四年春正月，朝诸侯王于甘泉宫。发天下七科谪及勇敢士，遣贰师将军李广利将六万骑、步兵七万人出朔方，因杅将军公孙敖万骑、步兵三万人出雁门，游击将军韩说步兵三万人出五原，强弩都尉路博德步兵万余人与贰师会。广利与单于战余吾水上连日，敖与左贤王战不利，皆引还。

夏四月，立皇子髆为昌邑王。

秋九月，令死罪入赎钱五十万减死一等。

太始元年春正月，因杅将军敖有罪，要斩。

徙郡国吏民豪桀于茂陵、云陵。

夏六月，赦天下。

二年春正月，行幸回中。

三月，诏曰："有司议曰，往者朕郊见上帝，西登陇首，获白麟以馈宗庙，渥洼水出天马，泰山见黄金，宜改故名。今更黄金为麟趾褭蹄以协瑞焉。"因以班赐诸侯王。

秋，旱。九月，募死罪入赎钱五十万减死一等。

御史大夫杜周卒。

三年春正月，行幸甘泉宫，飨外国客。

二月，令天下大酺五日。行幸东海，获赤雁，作《朱雁》之歌。幸琅邪，礼日成山。登之罘，浮大海。山称万岁。冬，赐行所过户五千钱，鳏寡孤独帛人一匹。

四年春三月，行幸泰山。壬午，祀高祖于明堂，以配上帝，因受计。癸未，祀孝景皇帝于明堂。甲申，修封。丙戌，禅石闾。

夏四月，幸不其，祠神人于交门宫，若有乡坐拜者。作《交门》之歌。

夏五月，还幸建章宫，大置酒，赦天下。

秋七月，赵有蛇从郭外入邑，与邑中蛇群斗孝文庙下，邑中蛇死。

冬十月甲寅晦，日有蚀之。

十二月，行幸雍，祠五畤，西至安定、北地。

征和元年春正月，还，行幸建章宫。

三月，赵王彭祖薨。

冬十一月，发三辅骑士大搜上林，闭长安城门索，十一日乃解。巫蛊起。

二年春正月，丞相贺下狱死。

夏四月，大风发屋折木。

闰月，诸邑公主、阳石公主皆坐巫蛊死。

夏，行幸甘泉。

秋七月，按道侯韩说、使者江充等掘蛊太子宫。壬午，太子与皇后谋斩充，以节发兵与丞相刘屈氂大战长安，死者数万人。庚寅，太子亡，皇后自杀。初置城门屯兵。更节加黄旄。御史大夫暴胜之、司直田仁坐失纵，胜之自杀，仁要斩。

八月辛亥，太子自杀于湖。癸亥，地震。

九月，立赵敬肃王子偃为平干王。

匈奴入上谷、五原，杀略吏民。

三年春正月，行幸雍，至安定、北地。匈奴入五原、酒泉，杀两都尉。

三月，遣贰师将军广利将七万人出五原，御史大夫商丘成二万人出西河，重合侯马通四万骑出酒泉。成至浚稽山与虏战，多斩首。通至天山，虏引去，因降车师。皆引兵还。广利败，降匈奴。

夏五月，赦天下。

六月，丞相屈氂下狱要斩，妻枭首。

秋，蝗。

九月，反者公孙勇、胡倩发觉，皆伏辜。

四年春正月，行幸东莱，临大海。

二月丁酉，陨石于雍，二，声闻四百里。

三月，上耕于钜定。还幸泰山，修封。庚寅，祀于明堂。癸巳，禅石闾。

夏六月，还幸甘泉。

秋八月辛酉晦，日有蚀之。

后元元年春正月，行幸甘泉，郊泰畤，遂幸安定。

昌邑王髆薨。

二月，诏曰："朕郊见上帝，巡于北边，见群鹤留止，以不罗罔，靡所获献。荐于泰畤，光景并见。其赦天下。"

夏六月，御史大夫商丘成有罪自杀。侍中仆射莽何罗与弟重合侯通谋反，侍中驸马都尉金日磾、奉车都尉霍光、骑都尉上官桀讨之。

秋七月，地震，往往涌泉出。

二年春正月，朝诸侯王于甘泉宫，赐宗室。

二月，行幸盩厔五柞宫。乙丑，立皇子弗陵为皇太子。丁卯，帝崩于五柞宫，入殡于未央宫前殿。

三月甲申，葬茂陵。

赞曰：汉承百王之弊，高祖拨乱反正，文、景务在养民，至于稽古礼文之事，犹多阙焉。孝武初立，卓然罢黜百家，表章六经。遂畴咨海内，举其俊茂，与之立功。兴太学，修郊祀，改正朔，定历数，协音律，作诗乐，建封禅，礼百神，绍周后，号令文章，焕焉可述。后嗣得遵洪业，而有三代之风。如武帝之雄材大略，不改文、景之恭俭，以济斯民，虽《诗》《书》所称，何有加焉！

参考文献

1. 图书

司马迁. 史记 [M]. 北京：中华书局，1982.

班固. 汉书 [M]. 北京：中华书局，1962.

陈寿. 三国志 [M]. 北京：中华书局，2012.

范晔. 后汉书 [M]. 北京：中华书局，1970.

百家汇评本史记 [M]. 张大可，辑评. 北京：商务印书馆，2020.

春秋公羊传 [M]. 黄铭，曾亦，译注. 北京：中华书局，2016.

韩非子译注 [M]. 张觉，马静，徐鹏，等撰. 上海：上海古籍出版社，2012.

商君书 [M]. 石磊，译注. 北京：中华书局，2011.

吕氏春秋集释 [M]. 许维遹，撰. 北京：中华书局，2022.

周礼 [M]. 徐正英，常佩雨，译注. 北京：中华书局，2014.

淮南子集释 [M]. 何宁，撰. 北京：中华书局，1998.

盐铁论校注 [M]. 王利器，撰. 北京：中华书局，2017.

九章算术（附海岛算经）[M]. 李继闵，译注. 北京：中华书局，2023.

刘向. 新序 [M]. 北京：中华书局，2014.

刘向. 战国策 [M]. 上海：上海古籍出版社，2015.

西京杂记 [M]. 刘洪妹, 译注. 北京: 中华书局, 2022.

尔雅 [M]. 管锡华, 译注. 北京: 中华书局, 2014.

许慎. 说文解字 [M]. 北京: 中华书局, 1963.

文选 [M]. 张启成, 徐达, 等译注. 北京: 中华书局, 2020.

虞世南. 帝王略论 [M]. 北京: 中华书局, 2008.

司马光. 资治通鉴 [M]. 北京: 中华书局, 2011.

苏轼. 东坡志林 [M]. 扬州: 广陵书社, 2011.

王应麟. 困学纪闻注 [M]. 翁元圻, 辑注. 北京: 中华书局, 2016.

朱熹, 赵师渊. 资治通鉴纲目 [M]. 北京: 中国书店出版社, 2021.

王益之. 西汉年纪 [M]. 北京: 中华书局, 2018.

谢肇淛. 五杂组 [M]. 上海: 上海古籍出版社, 2021.

王夫之. 读通鉴论 [M]. 北京: 中华书局, 2013.

王夫之. 黄书·噩梦 [M]. 北京: 中华书局, 1956.

梁玉绳. 史记志疑 [M]. 北京: 中华书局, 1981.

王念孙. 广雅疏证 [M]. 北京: 中华书局, 2019.

赵翼. 陔馀丛考 [M]. 北京: 中华书局, 2019.

王先谦. 汉书补注 [M]. 上海: 上海古籍出版社, 2021.

姚苎田. 史记菁华录 [M]. 上海: 上海古籍出版社, 2007.

钱大昕. 廿二史考异 [M]. 上海: 上海古籍出版社, 2014.

陶保廉. 辛卯侍行记 [M]. 北京: 中国国际广播出版社, 2016.

曾国藩. 求阙斋读书录 [M]. 山东: 山东人民出版社, 2018.

吴荣光. 历代名人年谱 [M]. 北京: 北京图书馆出版社, 2002.

顾颉刚. 秦汉的方士与儒生 [M]. 北京: 北京出版社, 2016.

顾颉刚. 古史辨自序 [M]. 北京: 商务印书馆, 2011.

吕思勉. 先秦史 [M]. 北京: 中国文史出版社, 2018.

吕思勉. 秦汉史 [M]. 北京: 中国文史出版社, 2018.

陈寅恪. 唐代政治史述论稿 [M]. 上海: 上海古籍出版社, 2020.

钱穆. 秦汉史 [M]. 北京: 生活·读书·新知三联书店, 2018.

钱穆.论语新解[M].武汉：长江文艺出版社，2020.

钱穆.两汉经学今古文评议[M].北京：商务印书馆，2015.

钱锺书.管锥编[M].北京：生活·读书·新知三联书店，2019.

吴晗.西汉经济状况[M].上海：大东书局，1941.

杨树达.汉书窥管[M].长沙：湖南教育出版社，2007.

劳榦.古代中国的历史与文化[M].北京：中华书局，2006.

严耕望.秦汉地方行政制度[M].北京：北京联合出版有限公司，2020.

庄春波.汉武帝评传[M].南京：南京大学出版社，2011.

剑桥中国秦汉史[M].崔瑞德，鲁惟一，编.杨品泉，张书生，陈高华，等译.北京：中国社会科学出版社，1992.

刘勃.司马迁的记忆之野[M].天津：百花文艺出版社，2020.

林剑鸣.秦汉史[M].上海：上海人民出版社，2019.

秦晖.传统十论[M].太原：山西人民出版社，2020.

刘文瑞.中国古代政治制度[M].北京：中国书籍出版社，2018.

王子今.秦汉社会政治意识研究[M].北京：商务印书馆，2012.

王子今.史记的文化发掘[M].武汉：湖北人民出版社，1997.

陈序经.匈奴通史[M].北京：新世界出版社，2017.

逯耀东.抑郁与超越[M].北京：九州出版社，2022.

姜鹏.汉武帝和他的时代[M].上海：学林出版社，2020.

陈侃理.儒学、数术与政治：灾异的政治文化史[M].北京：北京大学出版社，2015.

王葆玹.西汉经学源流[M].成都：四川人民出版社，2021.

鹤间和幸.始皇帝的遗产：秦汉帝国[M].李彦桦，译.新北市：台湾商务印书馆，2018.

汪篯.汪篯汉唐史论稿[M].北京：北京大学出版社，2017.

夏曾佑.中国古代史[M].石家庄：河北教育出版社，2000.

陈苏镇.《春秋》与汉道[M].北京：中华书局，2020.

陈苏镇.从未央宫到洛阳宫[M].北京：生活·读书·新知三联书店，2022.

葛剑雄.黄河与中华文明[M].北京：中华书局，2020.

祝总斌.两汉魏晋南北朝宰相制度研究[M].北京：北京大学出版社，2017.

安作璋，熊铁基. 秦汉官制史稿 [M]. 北京：人民出版社，2022.

安作璋. 学史集 [M]. 北京：中华书局，2001.

王明珂. 游牧者的抉择：面对汉帝国的北亚游牧部族 [M]. 上海：上海人民出版社，2018.

廖伯源. 制度与政治 [M]. 北京：中华书局，2017.

杨宽. 中国古代都城制度史研究 [M]. 上海：上海人民出版社，2016.

古代中国的战争之道 [M]. 费正清，小弗兰克·A. 基尔曼，编著. 陈少卿，译. 北京：民主与建设出版社，2019.

阎步克. 波峰与波谷：秦汉魏晋南北朝的政治文明 [M]. 北京：北京大学出版社，2017.

雷家骥. 中国古代史学观念史 [M]. 北京：北京师范大学出版社，2018.

孟祥才. 秦汉政治思想史 [M]. 北京：中国社会科学出版社，2018.

朱绍侯. 军功爵制研究 [M]. 北京：商务印书馆，2017.

马庆洲. 淮南子考论 [M]. 北京：北京大学出版社，2009.

中国历史地图集 [M]. 谭其骧，主编. 北京：中国地图出版社，1982.

武国卿，慕中岳. 中国战争史：卷 1[M]. 北京：人民出版社，2016.

辛德勇. 制造汉武帝 [M]. 北京：生活·读书·新知三联书店，2018.

赵冬梅. 法度与人心：帝制时代人与制度的互动 [M]. 北京：中信出版集团，2021.

赵冬梅. 人间烟火：掩埋在历史里的日常与人生 [M]. 北京：中信出版集团，2021.

马孟龙. 西汉侯国地理 [M]. 上海：上海古籍出版社，2021.

岳南. 越国之殇 [M]. 北京：商务印书馆，2012.

余冠英. 乐府诗选 [M]. 北京：中华书局，2012.

张晋藩. 中国古代监察法制史 [M]. 南京：江苏人民出版社，2017.

臧知非. 秦汉赋役与社会控制 [M]. 西安：三秦出版社，2012.

林显恩. 中国古代和亲研究 [M]. 哈尔滨：黑龙江教育出版社，2012.

葛兆光. 学术史讲义 [M]. 北京：商务印书馆，2022.

陈冬仿. 汉代农民生活研究 [M]. 北京：人民出版社，2020.

王恩田. 先秦制度考论 [M]. 北京：商务印书馆，2021.

陈侃理. 重写秦汉史：出土文献的视野 [M]. 上海：上海古籍出版社，2023.

陈寅恪. 陈寅恪集·讲义及杂稿 [M]. 北京：生活·读书·新知三联书店，2002.

张新科，高益荣，高一农，等. 史记研究资料萃编 [M]. 西安：三秦出版社，2011.

李林甫，等. 唐六典 [M]. 陈仲夫，点校. 北京：中华书局，1992.

2. 论文

史念海. 新秦中考 [J]. 中国历史地理论丛，1987(1)：119-160.

辛德勇. 秦汉直道研究与直道遗迹的历史价值 [J]. 中国历史地理论丛，2006(1)：95-107.

吴青. 灾异与汉代社会 [J]. 西北大学学报（哲学社会科学版），1995(3)：39-45.

张大可. 《史记》残缺与补窜考辨 [J]. 兰州大学学报（社会科学版），1982(3)：46-59.

张汉东. 秦汉博士官的设置及其演变 [J]. 史学集刊，1984(1)：6-12.

周及徐. 西汉通西南夷的几个问题及通西南夷大事年表 [J]. 语言历史论丛，2019(1)：117-131.

龚伟. 汉武帝经略"西南夷"年际考述 [J]. 中华文化论坛，2016(11)：48-52.

阿其图. "马邑之谋"与汉武帝开置郡国的西扩 [J]. 内蒙古师大学报（哲学社会科学版），1998(6)：59-65.

李零. 陈宝怒特解：陨铁与羚牛 [J]. 读书，2021(11)：51-57.

宋国华. 汉代"见知之法"考述 [J]. 咸阳师范学院学报，2008(3)：16-20.

任潇，周立刚. 匈奴龙城考古探索与进展 [J]. 大众考古，2021(1)：28-33.

尉博博，王向辉. 春秋鲁国"一继一及，鲁之常也"辨 [J]. 社会科学论坛，2010(10)：168-174.

闫爱民，赵璐. "踞厕"视卫青与汉代贵族的"登溷"习惯 [J]. 南开学报（哲学社会科学版），2019(6)：139-147.

刘敏. 秦汉时期的"赐民爵"及"小爵" [J]. 史学月刊，2009(11)：98-107.

朱绍侯. 再谈汉代的民爵与吏爵问题——兼答杨际平同志 [J]. 河南大学学报（社会科学版），1984(4)：74-78.

晋文. 西汉"武功爵"新探 [J]. 历史研究，2016(2)：165-175.

杨富学.霍去病征祁连山路线与月氏故地考辨[J].暨南学报（哲学社会科学版），2022(7)：123-132.

黄兆宏.元狩二年霍去病西征路线考释——兼谈汉唐时期东段丝绸之路北道[J].兰州大学学报（社会科学版），2006(6)：(67-71).

张亦鸣，李家妍.《史记》《汉书》记载的西汉元狩年间右北平之战考证[J].宁夏师范学院学报，2020(9)：56-59.

王勇.《皮币考辨》辨[J].宁夏社会科学，1988(3)：86-89.

尹荣方."麟"字原义与"西狩获麟"的文化意义[J].管子学刊，2017(3)：89-93.

王晖.古文字中"麐"字与麒麟原型考[J].北京师范大学学报（社会科学版），2009(2)：64-75.

赵志强.关于秦汉内史的几个问题[J].出土文献，2016(1)：236-252.

孔祥军.汉初"三辅"称谓沿革考[J].历史地理，2006(21)：52-58.

张大可.卫青、霍去病生年试探[J].社会科学，1982(1)：78-81.

武光雪，付龙腾.西汉霍去病墓石刻群历史地位的再检讨[J].博物院，2022(2)：24-31.

孙丽萍.河东盐春秋[J].中国文化遗产，2010(3)：46-51.

齐继伟.也说汉代"訾算"——兼论吴简中的"訾"[J].湖南大学学报（社会科学版），2018(3)：62-69.

岳庆平.汉武帝算缗考略[J].历史教学，1987(6)：(21-25).

张翔宇.西汉"张汤"墓相关问题探讨[J].辽宁师范大学学报（社会科学版），2012(3)：422-426.

后晓荣，刘云辉，温梦砥.西汉"酷吏"张汤墓葬出土文物研究三则[J].地方文化研究，2021(5)：13-16.

王炳华，王明哲.乌孙历史上几个重大问题的探讨[J].新疆社会科学，1982(3)：35-52.

孟宪实.张骞的"不得要领"与丝绸之路的开通[J].西域研究，2020(4)：1-10，167.

李佳.凿空之功与逢君之恶——张骞功过评说与《史记·大宛列传》的若隐不发[J].湖北大学学报（哲学社会科学版），2020(3)：119-128.

史念海.历史时期黄土高原沟壑的演变[J].中国历史地理论丛，1987(2)：3-54.

辛德勇.汉武帝"广关"与西汉前期地域控制的变迁[J].中国历史地理论丛，

2008(2)：76-82.

胡方. 汉武帝"广关"措置与西汉地缘政策的变化——以长安、洛阳之间地域结构为视角[J]. 中国历史地理论丛，2015(3)：40-46.

苏卫国. 两汉太史令考述[J]. 鞍山师范学院学报，1999(2)：50-53.

田瑞文. 司马迁对太史令职责的理解与《史记》写作[J]. 史学月刊，2009(5)：113-120.

田天. 西汉太一祭祀研究[J]. 史学月刊，2014(4)：39-51.

向晋卫，穆葳. 秦汉时期的后土崇拜——兼论汾阴后土祠的建置背景[J]. 南都学坛（人文社会科学学报），2015(1)：16-20.

刘颖惠，曹峻. 周代中原用鼎制度变迁及相关问题探讨[J]. 殷都学刊，2016(3)：26-37.

侯江波. 浅析鼎由食器演变为国之重器的过程及原因[J]. 大庆师范学院学报，2014(1)：136-138.

麦英豪. 象岗南越王墓反映的诸问题[J]. 岭南文史，1987(2)：20-36.

王丽. 试论西汉自耕农的生活水平和生活状况[J]. 牡丹江教育学院学报，2008(6)：14-15.

汪祚民. 汉代"盛唐"地望与"盛唐枞阳之歌"新解[J]. 中国历史地理论丛，2004(1)：111-114.

张振蓉. "蛟"字考[J]. 兰台世界，2019(6)：155-157.

黄敬愚. 简牍所见西汉马政[J]. 南都学坛（人文社会科学学报），2006(3)：1-7.

张廷皓. 论西汉鎏金铜马的科学价值[J]. 西北大学学报（哲学社会科学版，1983(3)：13-19.

刘振刚. 苏武与白亭海关系的疑案[J]. 中国边疆史地研究，2016(1)：109-117，181.

宋艳萍. 西汉持节制度考[J]. 东方论坛，2017(6)：43-53.

宋杰. 汉代"弃市"与"殊死"辨析[J]. 中国史研究，2015(3)：47-72.

陈侃理. 弃市新探：兼谈汉晋间死刑的变迁[J]. 文史，2022(1)：5-18.

徐卫民. 西汉上林苑的几个问题[J]. 文博，1994(4)：17-23.

罗庆康. 水衡都尉制度考述[J]. 益阳师专学报（哲社版），1988(1)：13-20.

秦进才.《汉书·江充传》"充出逢馆陶长公主"考[J]. 邯郸学院学报，2011(3)：35-41.

李二年. 说《报任安书》"戴盆"及《尚书》"植璧秉珪"[J]. 文化学刊，2021(3)：

参考文献　583

169-172.

方有国.司马迁《报任安书》词语训注补正 [J].西南师范大学学报（人文社会科学版），2006(6)：178-183.

王子今.西汉长安的"胡巫" [J].民族研究，1997(5)：64-70.

顿文聪.再论巫蛊之祸——以卫氏宠衰与昭帝承统为中心的考察 [J].唐都学刊，2017(5)：52-61.

林鹄.司马光的学术逻辑与唐宋时人对汉武帝的看法：读《制造汉武帝》[J].文史哲，2021(6)：43-53，162.

崔明德.中国古代民族关系研究二题 [J].中央民族大学学报，1995(2)：41-46.

刘玉堂，薛源.西汉对匈奴和亲政策的学术史考察 [J].中国边疆史地研究，2021(3)：24-35，213.

朱绍侯.略论秦汉中央三级保卫制 [J].南都学坛（社会科学版），1989(4)：1-11.

臧知非.试论汉代中尉、执金吾和北军的演变 [J].益阳师专学报，1989(2)：43-49.

谢彦明.西汉八校尉军事建置考辨 [J].上海大学学报（社会科学版），2008(6)：118-123.

卢元章.二十世纪后半期的汉武帝研究 [D].天津：天津师范大学，2017.

高一萍.秦汉马邑历史地理若干问题研究 [D].西安：西北大学，2007.

龚莉媛.刘安研究 [D].成都：四川师范大学，2017.

陈玉婷.汉武帝时期缗钱令研究 [D].广州：华南理工大学，2018.

乔尔波纳.乌孙及其与西汉之关系再研究 [D].呼和浩特：内蒙古大学，2016.

王颖.酷吏与汉代政治 [D].苏州：苏州大学，2010.

赵为之.西汉赋税种类探究 [D].兰州：西北师范大学，2011.

李洪波.两汉时期的马政与边疆安全 [D].长春：东北师范大学，2014.

杨之锋.西汉文帝至武帝时期骑兵建设研究——以马政、格斗兵器、战术等为例 [D].哈尔滨：哈尔滨师范大学，2022.

薛雪.汉代的酒政、酒业与酒俗 [D].南昌：南昌大学，2013.

程令政.秦及汉初刑罚制度研究 [D].长春：吉林大学，2020.

后记

这本书，写得心力交瘁。

起初打算放它在我说汉朝历史的系列中，但筹备期间突然有了别的念头，觉得汉武时代有很多话可说，值得单独一提。读者或多或少对这个人物有些了解，怎么比普及更深入一步，比学术更通俗一些，也是需要再摸索的事。以前的作品更多是给爱好者看的，这本有"轻学术"的意思了，想把专业的东西用简单的话语讲通。

我不习惯看电子书，记性又不好，写的时候参考书堆了满桌，论文全部是打印出来的，堆起来比我人高。用了十倍苦心，2月底完成初稿，8月底又在半年反思的基础上大修了一遍，总之最后成了这么一本书，仍不免有缺憾，还是希望有人喜欢。

写初稿时，父亲病重住院，在 ICU 躺了两个多月。其间大出血，几乎不治。后面一部分是我在 ICU 外边陪护边写的。书现在好了，他的病情也恢复不少，天可怜见。

2023 年 9 月 1 日